ullstein

NELE NEUHAUS, geboren in Münster/Westfalen, lebt seit ihrer Kindheit im Taunus und schreibt bereits ebenso lange. Ihr 2010 erschienener Kriminalroman *Schneewittchen muss sterben* brachte ihr den großen Durchbruch, heute ist sie die erfolgreichste Krimiautorin Deutschlands. Außerdem schreibt die passionierte Reiterin Pferde-Jugendbücher und Unterhaltungsliteratur. Ihre Bücher erscheinen in über 30 Ländern. Vom Polizeipräsidenten Westhessens wurde Nele Neuhaus zur Kriminalhauptkommissarin ehrenhalber ernannt.

Von Nele Neuhaus sind in unserem Hause bereits erschienen:

In der Serie »Ein Bodenstein-Kirchhoff-Krimi«:
Eine unbeliebte Frau
Mordsfreunde
Tiefe Wunden
Schneewittchen muss sterben
Wer Wind sät
Böser Wolf
Die Lebenden und die Toten
Im Wald
Muttertag
In ewiger Freundschaft
Monster

In der Sheridan-Grant-Serie:
Sommer der Wahrheit
Straße nach Nirgendwo
Zeiten des Sturms

Außerdem:
Unter Haien

NELE NEUHAUS

MUTTERTAG

Kriminalroman

Ullstein

Besuchen Sie uns im Internet:
www.ullstein.de

Ungekürzte Ausgabe im Ullstein Taschenbuch
1. Auflage November 2020
6. Auflage 2026

Bei Fragen zur Produktsicherheit wenden Sie sich bitte an
produktsicherheit@ullstein.de
Umschlaggestaltung: zero-media.net, München
Titelabbildung: gettyimages/ © Gabriele Grassl/EyeEm (Storch);
gettyimages/ © Michael Breuer (Nest); arcangel/© Hayden Verry (Landschaft)
Satz: Pinkuin Satz und Datentechnik, Berlin
Gesetzt aus der Sabon LT Pro
Druck und Bindearbeiten: ScandBook, Litauen
ISBN 978-3-548-06102-3

Für Andrea
Freundin und Agentin –
danke für deine Freundschaft und Unterstützung

Personenregister

Das K 11 in Hofheim:
Oliver von Bodenstein, Erster Kriminalhauptkommissar, Leiter des K 11
Pia Sander, ehem. Kirchhoff, Kriminalhauptkommissarin, K 11
Dr. Nicola Engel, Kriminaldirektorin, Leiterin der RKI Hofheim
Kai Ostermann, Kriminaloberkommissar, K 11
Kathrin Fachinger, Kriminaloberkommissarin, K 11
Cem Altunay, Kriminalhauptkommissar, K 11
Tariq Omari, Kriminaloberkommissar, K 11
Christian Kröger, Kriminalhauptkommissar, Erkennungsdienst
Stefan Smykalla, Kriminaloberkommissar, Pressesprecher, K 11
Merle Grumbach, Opferschutzbeauftragte der RKI Hofheim

Prof. Dr. Henning Kirchhoff, Leiter des Instituts für Rechtsmedizin in Frankfurt
Dr. Frederick Lemmer, Rechtsmediziner
Ronnie Böhme, Sektionshelfer

Dr. Kim Freitag, Forensische Psychiaterin
Dr. David Harding, Profiler

Personen in der Reihenfolge ihres Erscheinens:
Nora Bartels
Fiona Fischer
Ferdinand Fischer
Dr. Christoph Sander, Pias Ehemann
Karoline von Bodenstein, Olivers Ehefrau
Monika Wahl, Zeitungsausträgerin
Polizeioberkommissar Dennis Cordt
Theodor Reifenrath
Jolanda Scheithauer
Bettina Scheithauer, ihre Mutter

Dr. Karl-Heinz Katzenmeier, Nachbar
Uschi Katzenmeier, seine Frau
Dr. Raik Gehrmann, Tierarzt
Sandra Reker
Claas Reker, ihr Ex-Mann
Oberstaatsanwalt Rosenthal
Dr. Fridtjof Reifenrath
Martha Knickfuß
Ramona Lindemann
Sascha Lindemann, ihr Ehemann
Joachim Vogt
Prof. Dr. Martina Siebert
Anja Manthey
Jens Hasselbach, Flughafen
André Doll
Britta Ogartschnik

»Das Böse ist unspektakulär und stets menschlich,
es teilt unser Bett und sitzt mit uns am Tisch.«

(W. H. Auden)

Dieses Buch ist ein Roman. Ähnlichkeiten mit lebenden oder verstorbenen Personen oder Begebenheiten sind rein zufällig und von mir nicht beabsichtigt.

Prolog

Sonntag, 10. Mai 1981

Er lehnte mit dem Rücken am narbigen Stamm der mächtigen Trauerweide, deren Äste ins Wasser des Sees hingen, und genoss das seltene Glück, völlig allein zu sein. Dies war sein Lieblingsort. Hier konnte er ungestört seine Gedanken schweifen lassen. Hinter dem Vorhang aus Laub fühlte er sich geborgen und sicher, weil er wusste, dass ihm niemand hierherfolgte. Die Jüngeren entfernten sich nie so weit vom Haus, aus Angst vor den Strafen, die es unweigerlich geben würde, wenn man erwischt wurde. Die Älteren waren zu faul, so weit zu laufen, erst recht an einem so warmen Tag wie heute. Sie hingen am liebsten herum, rauchten heimlich, hörten Musik, drangsalierten die Kleinen und machten sich gegenseitig fertig, bis zum Schluss irgendwer heulte, meistens eins der Mädchen. Er hasste sie. Alle. Aber am meisten hasste er IHN. Wenn er nicht rechtzeitig zurück war, würde ER ihn bestrafen. Manchmal, wenn ER gut gelaunt war, gab es nur eine Tracht Prügel. War ER schlecht gelaunt, wurde es schlimmer. Viel schlimmer. Er spürte, wie sein Mund trocken wurde vor Angst, nur beim Gedanken daran, und er zwang sich, an andere Dinge zu denken. Am liebsten dachte er an Mama, seine schöne Mama, die so weit weg war. Sie roch so gut. Und wenn sie ihn umarmte, ihn »mein kleiner Prinz« nannte und mit ihm in den Zoo ging oder in ein vornehmes Café in Frankfurt, dann war er glücklich. Früher hatte er geglaubt, was sie ihm versprach, wenn sie ihn besuchen kam. Nämlich, dass sie ihn bald, ganz bald, zu sich holen würde und sie dann eine richtige Familie wären. Immer wenn es besonders schlimm war, hatte er sich ausgemalt, wie es wäre, bei Mama zu wohnen. Er hatte nicht verstanden, warum er hier sein musste, aber der Gedanke, dass es nur vorübergehend war und sie ihn bald holen würde, hatte ihn getröstet und alles ertragen lassen. Manchmal hatte er befürchtet, sie würde ihn vergessen, aber dann kam sie wieder und alles war gut. Wenigstens für ein paar Stunden. Als er noch kleiner war, hatte er beim Abschied geweint und sich an sie geklammert, weil er nicht wollte, dass sie wieder wegfuhr und ihn zurückließ. Das machte er jetzt nicht mehr, schließlich war er schon dreizehn, da heulte man nicht mehr wie ein Baby.

Noch immer hoffte er insgeheim, dass sie ihr Versprechen irgendwann wahr machen würde. Immerhin hatte er eine Mama. Die anderen nicht. Ach, wenn er das doch bloß für sich behalten hätte! Wie dumm von ihm, das ausgerechnet zu IHM zu sagen! Seitdem verspottete ER ihn und sagte gemeine Sachen über Mama. »Du bist nur ein hässlicher, kleiner Bastard«, hatte er einmal gesagt. »Wie blöd bist du eigentlich? Die hat dich abgeschoben, weil sie dich nicht will. Die holt dich niemals, kapiert? Wann schnallst du das endlich, du Trottel?«

Er presste die Augen zusammen, um nicht zu heulen. Es tat so schrecklich weh. Beim letzten Mal, als Mama ihn besucht hatte, hatte er all seinen Mut zusammengenommen und sie gefragt. Ob sie ihn nicht haben wollte, weil er ein hässlicher, kleiner Bastard sei. Da hatte sie aufgehört zu lächeln und ihn ganz komisch angeguckt. »Das darfst du nie, nie, niemals glauben, mein kleiner Prinz«, hatte sie geflüstert und ihn ganz fest in die Arme genommen. Das war am Muttertag vor zwei Jahren gewesen. Letztes Jahr war sie nicht gekommen. Und heute würde sie wohl auch nicht mehr kommen, um ihn abzuholen.

Er schluckte die Tränen herunter, atmete tief den erdigen Duft ein, den der Waldboden verströmte. Weit über ihm am wolkenlosen blauen Himmel zog ein Bussard träge seine Kreise. Ab und zu ließ er einen Schrei erklingen, der ein bisschen wie das Miauen einer Katze klang. Insekten summten geschäftig um ihn herum. Im Unterholz in der Nähe raschelte irgendein kleines Tier, eine Maus vielleicht. Er stellte sich vor, wie ihr kleines Mäuseherz vor Angst panisch pochte, weil sie den Bussard hörte und nicht wusste, ob und wann er herabstoßen würde, pfeilschnell und lautlos, und wenn sein Schatten über sie fiel, dann war es zu spät, um zu fliehen ... *Genau wie ich*, dachte er. *Wie wir alle, wenn wir SEI-NE Stimme hören und nicht wissen, was als Nächstes passiert.*

Er öffnete wieder die Augen und ließ den Blick über den See schweifen, der still dalag, glatt wie eine Glasscheibe. Zwei Libellen brummten über dem Schilf. Ein Wasserläufer krabbelte über das Wasser, in das plötzlich Bewegung kam. Er hob den Kopf und lauschte, hörte in der Ferne Stimmen, dann ein Platschen und das Rauschen von Rudern im Wasser. Das alte Ruderboot, das auf der anderen Seite des Sees im Schilf vertäut lag, war so morsch, dass es streng verboten war, es zu benutzen. Er kroch auf allen vieren näher ans Ufer und linste durch die Schilfhalme. Sein Herzschlag beschleunigte sich und ein Schauer freudigen Triumphs flutete seinen Körper. Die beiden hatten nicht geahnt, dass er ihren kurzen Wortwechsel vorhin nach der Messe belauscht hatte.

»Um zwei am Froschpfuhl?«, hatte ER geraunt, ohne sie anzusehen.

»Lieber um drei«, hatte sie genauso leise geantwortet. »Da sind meine Eltern weg.«

Er hatte gesehen, wie sich ihre Hände berührt hatten, fast wie zufällig in dem Gedränge der Menschen, die sich durch den Mittelgang des Kirchenschiffs Richtung Ausgang schoben. Es hatte definitiv Vorteile, unsichtbar zu sein. Manchmal war es demütigend, aber meistens gefiel es ihm. Jetzt hörte er Noras Stimme, ihr Lachen schwebte glockenhell durch den stillen Nachmittag. Sie lag hinten im Boot, die Ellbogen aufgestützt, ihre sonnengebräunten Beine lässig überkreuzt. Das lange blonde Haar fiel ihr in Wellen über die Schultern, ein Arm hing ins Wasser. Was sie sprachen, konnte er nicht verstehen, aber ER ließ die Ruder auf einmal durchs Wasser schleifen, stellte sich im Boot aufrecht hin, brachte es zum Schaukeln.

»Ey, hör auf mit dem Scheiß!« Nora richtete sich auf.

»Nur, wenn du mir einen Kuss gibst«, erwiderte ER.

»Ich denk nicht dran!«, sagte Nora hochmütig. »Los, ruder weiter! Sonst frag ich das nächste Mal jemand anders, wenn du so blöd bist.«

Es war wundervoll, sie streiten zu hören. Wie Nora ihn kränkte, mit nadelspitzen Gemeinheiten, die sich mit Widerhaken in der Seele festsetzten. Er wusste genau, wie sich das anfühlte.

Nora. Er hasste sie. Und liebte sie. Sie war das schönste Wesen, das er jemals gesehen hatte. Und das böseste zugleich.

ER schaukelte das Boot immer heftiger, bis es schließlich kenterte. Nora kreischte auf, als sie ins Wasser fiel, dann folgte ein Hagel empörter Beschimpfungen, aber ER beachtete sie nicht mehr. ER kraulte ans Ufer und verschwand zwischen den Bäumen.

Nun war er ganz alleine mit Nora. Einen kurzen Moment wurde ihm schwindelig, als ihm die Tragweite dieser Tatsache bewusst wurde. Nora. Sie war noch immer im Wasser, kam nicht vom Fleck. Der gekenterte alte Kahn war halb untergegangen.

»Hilfe!«, schrie sie. »Hilfe! Ich hänge fest!«

Zum ersten Mal klang das, was sie von sich gab, ehrlich. Er streifte die Sandalen von den Füßen, zog T-Shirt und Shorts aus und bahnte sich einen Weg durch das Schilf. Kalt und schleimig fühlte sich der Boden unter seinen nackten Fußsohlen an, und er musste aufpassen, dass er sich an den messerscharfen Schilfhalmen nicht verletzte. Nora schrie noch immer um Hilfe, als er aus dem Schilf trat und auf sie zuschwamm. Sie ruderte hektisch mit den Armen, Panik in den Augen. Noch ein paar Schwimmzüge und er war bei ihr. Nie zuvor war er ihr so nahe gewesen.

»Ich häng mit dem Fuß fest«, keuchte sie und versuchte, seinen Arm zu ergreifen. Er schwamm auf der Stelle. Selbst jetzt, so nass und voller Angst, war sie noch immer wunderschön. Tief in seinem Innern regte sich etwas, das schon lange darauf gewartet hatte, geweckt zu werden. Seine Hände schlossen sich um Noras Hals. Sie wollte wieder schreien, aber er drückte sie unter die Wasseroberfläche. Es war nicht leicht, sie dort zu halten, und wahrscheinlich wäre es ihm nicht gelungen, hätte sich ihr Fuß nicht in den Algen verfangen. Sein Blut begann schneller zu kreisen, als er mit Armen und Beinen ihren Körper umfing. Je verzweifelter sie sich wehrte, desto köstlicher war das Gefühl der Macht. Sie zappelte und kämpfte, aber er war stärker als sie. Mühelos hielt er sie jetzt mit den Knien unter der Wasseroberfläche. Fasziniert beobachtete er Nora beim Sterben, er sah die

Todesangst in ihren weit aufgerissenen Augen, die sich in Unglauben verwandelte. Dann brach ihr Blick, wurde stumpf und leer wie der einer Puppe. Er spürte, wie das Leben aus ihr wich. Als ihr Körper erschlaffte, ließ er ihn los. Noras Haare breiteten sich aus und schwebten im Wasser wie ein goldener Fächer. Aus Mund und Nase drangen letzte Luftbläschen. Nora Bartels' elfengleiche Schönheit war für immer dahin. *Weil er es so gewollt hatte.* Er sah zu, wie sie versank, kostete das herrliche Gefühl von Macht und Entzücken und Herrschaft noch ein wenig aus, dann schwamm er zurück ans Ufer, zog sich an und rannte los, rannte so schnell, dass seine Lungen brannten. Er erreichte das große Haus, ohne jemandem zu begegnen. Als spätnachmittags die Nachricht kam, ein Kind sei im Froschpfuhl ertrunken, erinnerten sich alle nur an den Jungen, der mit nassen Klamotten gesehen worden war, nicht an ihn. Manchmal war es wirklich von Vorteil, unsichtbar zu sein.

Als er an jenem Abend im Bett lag, wurde ihm klar, dass er an diesem Tag eine wichtige Lektion gelernt hatte, nämlich wie einzigartig und erregend der Moment war, in dem Leben zu Tod wurde. Das Gefühl der Allmacht, das er empfunden hatte, würde er niemals vergessen. Vorsichtig zog er die Haarsträhne hervor, die er Nora im Eifer des Kampfes ausgerissen und an seinem Geheimplatz zwischen der Matratze und dem Bettgestell versteckt hatte, schnupperte daran und presste sie an seine Wange. Ab heute, das wusste er, würde er nie mehr Opfer sein. Ab heute war er ein Jäger.

Zürich, 19. März 2017

Dichter Nebel hing wie Watte über dem See, nicht ungewöhnlich für die Jahreszeit. Im Frühling konnte das Wetter binnen Stunden zwischen Regen und Sonnenschein, Stürmen und Schnee wechseln, aber wenn kein Wind aufkam, dann blieb der Nebel den ganzen Tag lang hängen. Fiona Fischer saß im Tram Nr. 6, das vom Zoo den Zürichberg hinunterfuhr, wie schon unzählige Male zuvor in ihrem Leben. Aber noch nie war sie so aufgeregt gewesen. Die ganze Nacht hatte sie wach gelegen, darüber nachgedacht, was sie anziehen, was sie sagen sollte. Um 12 Uhr würde sie ihren Vater treffen, an den sie sich nicht mehr erinnerte. Seit Mamas Beerdigung waren vierzehn Tage vergangen. Der Brief, den sie ihm mit der Todesanzeige an eine Adresse nach Basel geschickt hatte, war zurückgekommen: Adressat unbekannt. Da hatte sie den Mut gefunden, Mamas Schreibtisch und die Kontaktliste auf deren Natel zu durchsuchen, und war auf eine Nummer von Ferdinand Fischer gestoßen. Direkt anzurufen hatte sie sich nicht getraut. Wie hätte sie sich melden, was hätte sie sagen sollen? »Hoi, ich bin's, deine Tochter!« Nein. Unmöglich. So etwas konnte man nicht zu einem Mann sagen, der Frau und Tochter verlassen und sich zwanzig Jahre nicht mehr gemeldet hatte, weder zu Weihnachten noch zu ihrem Geburtstag.

Fiona hatte oft an ihn gedacht und versucht, sich an sein Gesicht oder seine Stimme zu erinnern – vergeblich. Manchmal hatte sie geglaubt, sein Lachen zu hören, einen bestimmten Geruch zu riechen, den sie mit ihm verband. Aber im Laufe der Jahre war es mehr und mehr verblasst. Und Fotos von ihm gab es keine. Das hatte sie sehr traurig gemacht, denn sie hatte sich danach gesehnt, einen Vater zu haben, einen Papa, wie alle ihre Freundinnen. Selbst die, deren Eltern geschieden waren, hatten Kontakt zu ihren Vätern. Sie war die Einzige, die unter Frauen aufgewachsen war, wie in einem Kloster. Ihr ganzes Leben lang hatte sie allein mit ihrer Mutter und ihrer Näni in deren Haus im Heubeeriweg auf dem Zürichberg verbracht. Im Sommer waren sie zu dritt in die Toskana gefahren, im Winter Skilaufen im Wallis. Sie hatte die Ballettschule besuchen und Tennis spielen dürfen, und später hatte sie mit ihrer Clique im Sommer die Nachmittage im Strandbad Mythenquai verbracht. Es war kein schlechtes Leben gewesen, nein, aber eben ein vaterloses. Von ihrem Vater hatte ihre Mutter, wenn überhaupt, nur verächtlich gesprochen. Er hatte sie beide im Stich gelassen, so viel hatte Fiona begriffen. Als sie klein gewesen war, hatte sie geglaubt, er sei ihretwegen weggegangen. Irgendwann hatte sie herausgefunden, dass er nicht einmal Unterhalt für sie bezahlte. »Der grässliche Hunne! Deine Mutter wollte freiwillig kein Geld von ihm«, hatte die Näni einmal gesagt und gegrummelt, er sei sowieso ein komischer Typ gewesen. Durch diese Bemerkung hatte Fiona erst erfahren, dass ihr Erzeuger Deutscher war.

Das Tram stoppte an der Haltestelle Flunterner Kirche, Fiona stieg aus und wartete zusammen mit einer Gruppe japanischer Touristen auf das Tram der Linie 5, das bis hinunter zum Bellevue fuhr. Sie fand einen Fensterplatz im Mittelteil des Trams, das heute, am Sonntag, halb leer war. Fiona hatte den Namen »Ferdinand Fischer« bei Google eingegeben und ein paar Hunderttausend Treffer erhalten. Da sie keine Ahnung hatte, wo er lebte, wie er aussah und was er beruflich machte, hatte sie es bald aufgegeben. Schlussendlich hatte sie ihrem Vater eine SMS geschickt, an deren Wortlaut sie lange und sorgfältig gefeilt hatte. Zu ihrem Erstaunen hatte er, der vor zwanzig Jahren so sang- und klanglos aus ihrem Leben verschwunden war, nur eine Stunde später geantwortet und war mit einem Treffen einverstanden gewesen. Um 12 Uhr im Café Odeon am Limmatquai hatte er vorgeschlagen, ausgerechnet. Ihr wäre ein ruhigerer Ort lieber gewesen, denn sie hatte so viele Fragen, die sie ihm stellen wollte. Stellen musste. Außer ihm hatte sie schließlich niemanden mehr auf der ganzen Welt.

Das blau-weiße Tram rumpelte am Universitätsspital vorbei. Drei Haltestellen weiter, am Bellevue, stieg sie aus, schulterte den kleinen blauen Rucksack und überquerte die Straße. Ihr Magen krampfte sich vor Aufregung zusammen, als sie das Café betrat. Stickige Luft schlug ihr entgegen, es roch nach nasser Wolle, frisch gebrühtem Kaffee und Knoblauch. Jeder Platz am Tresen war besetzt, wie auch die meisten Tische. Fiona schob sich durch die Leute und blickte sich suchend um. Ganz hinten in der Ecke neben einem Haken, an dem Tageszeitungen in Holzklemmen hingen, war noch ein Tischchen frei. Ein Touristenpärchen hatte es auch erspäht, aber Fiona gewann den Wettlauf. Zehn vor zwölf. Sie hatte unbedingt etwas früher da sein wollen, um in Ruhe alle Männer studieren zu können, die ins Café kamen. Vielleicht würde er sie erkennen ... wobei sie ihrer Mutter nicht im Geringsten ähnelte. Mama war brünett, klein und mollig gewesen, bevor der Krebs und zig Chemotherapien sie bis auf die Knochen ausgezehrt hatten. Fiona betrachtete sich in der verspiegelten Wand gegenüber und sah eine blasse junge Frau mit langem dunkelblonden Haar und großen blauen Augen, deren Gesicht zu knochig war, um wirklich hübsch zu sein. Erschöpft sah sie aus. Und so fühlte sie sich auch. Erschöpft und leer und kraftlos. Mamas lange Krankheit war auch an ihr nicht spurlos vorbeigegangen. Sie wog nur noch 51 Kilo, und das bei einer Größe von 1,76 m, alle Klamotten schlotterten um sie herum. Mama hatte sich geweigert, in ein Hospiz zu gehen, und Fiona hatte sie bis zum letzten Atemzug gepflegt. Selbst kurze Ausflüge zu MIGROS oder zur Apotheke hatte sie jedes Mal wie eine Befreiung empfunden und war sofort von schlechtem Gewissen gequält worden, wenn sie sich rasch einen Latte macchiato gegönnt oder ein Eis gegessen hatte.

»Hoi!« Ein junger dunkelhaariger Kellner blieb vor ihrem Tisch stehen. »Darf's schon was sein?«

Fiona schreckte aus ihren Gedanken hoch und starrte ihn irritiert an.

»Äh ... nein, ich ... ich warte noch auf jemanden«, stammelte sie. Sie warf einen Blick auf ihr Natel. Punkt 12 Uhr. Das Café war voll, die Geräuschkulisse enorm hoch. Fiona war einen solchen Lärm und so viele Menschen nicht mehr gewohnt. Am liebsten wäre sie aufgestanden und gegangen, hinaus an die frische Luft, und sie hoffte fast, er würde nicht mehr kommen. Doch in diesem Moment trat jemand an ihren Tisch. Fiona verspürte einen Stich der Enttäuschung bei seinem Anblick. Sie hatte nicht gerade George Clooney erwartet, aber auch nicht diesen schwammigen Mann Mitte fünfzig mit schütterem braunen Haar, das an den Schläfen grau wurde, einem konturlosen Allerweltgesicht und braunen Augen hinter den Gläsern einer Goldrandbrille. Seine Kleidung sah teuer aus, genauso wie die Uhr, die er am Handgelenk trug.

»Ich bin Ferdinand Fischer. Sind Sie Fiona?«, fragte er und schuf mit der Anrede eine Distanz, die Fiona entmutigte.

»Ja.« Sie zwang sich zu einem Lächeln und stand auf. Seine Hand fühlte sich an wie ein toter Fisch und Fiona ertappte sich dabei, dass sie ihre Handfläche verstohlen an ihrer Jeans abwischte, als sie wieder saß. »Danke, dass du gekommen bist.«

Ein holpriger Beginn.

»Ja, gerne.« Er musterte sie mit unverhohlener Neugier, sodass sie sich unwohl zu fühlen begann. »Sie ... äh ... du bist eine schöne Frau geworden. Du erinnerst mich an die junge Uma Thurman.«

Fiona spürte, wie ihr das Blut ins Gesicht schoss, und sie senkte verlegen den Blick. Glücklicherweise kehrte der Kellner in diesem Moment zurück und bewahrte sie davor, darauf eine Antwort geben zu müssen. Ihr fiel auf, dass ihr Vater nicht in die Karte blickte, um seine Bestellung – Rindstatar Classic und ein Feldschlösschen vom Fass – aufzugeben; sie bestellte einen Schinken-Käse-Toast, das günstigste Gericht, und eine kleine Apfelschorle. Bis die Getränke und das Essen kamen, machten sie Konversation. Fiona erzählte, dass sie vor drei Jahren am MNG Rämibühl ihre Matura bestanden und sich an der Université de Fribourg für ein Studium der Mathematik eingeschrieben hatte, aber dann war die Mama krank geworden, und sie hatte ihre Pläne bis auf Weiteres auf Eis legen müssen. Was sie ihm nicht erzählte, war, dass Silvan und sie deswegen in Streit geraten waren. Sie hatte angenommen, dass ihre Mutter wieder gesund würde, aber das war nicht der Fall gewesen, und so hatte sie die letzten drei Jahre mit der Pflege der Schwerstkranken verbracht. Er hörte ihr aufmerksam zu, kondolierte ihr ohne echtes Mitleid und wollte wissen, ob ihre Großmutter noch lebe und sie nach wie vor im Haus in Fluntern wohne. Recht schnell kamen ihre Bestellungen, ihr Vater steckte sich die weiße Stoffserviette in den Hemdkragen und begann mit gutem Appetit zu essen. Fiona nahm das Besteck zur Hand und schnitt zögerlich eine Ecke des Toasts ab. Vorhin hatte sie Hunger gehabt, aber der Appetit war ihr vergangen.

»Bist … du öfter hier?«, erkundigte sie sich. Es fühlte sich komisch an, diesen Fremden zu duzen.

»Zwei bis drei Mal pro Woche«, antwortete er kauend. »Ich arbeite auf der anderen Seite der Limmat. Als Wirtschaftsprüfer.«

»Ach! Tatsächlich?« Fiona konnte ihr Erstaunen nicht verbergen. Der vertraute Schmerz aus Jugendtagen traf sie unvorbereitet mitten ins Herz. Ihr Vater arbeitete in Zürich! Vielleicht, nein, ganz sicher, war sie ihm schon ein Mal über den Weg gelaufen, denn Zürich war eine kleine Stadt! Weshalb hatte er sie dann in all den Jahren nicht ein Mal kontaktiert und sie besucht? Warum hatte sie mit dem Stigma der Vaterlosigkeit aufwachsen müssen? Und als Wirtschaftsprüfer verdiente er sicherlich genug Geld, um Unterhalt für sie zahlen zu können, wenn er sie schon nicht hatte sehen wollen! Ob Mama darüber Bescheid gewusst hatte?

»Wir wohnen auf der anderen Seeseite, in Wädenswil«, sagte Ferdinand Fischer beiläufig und häufte Tatar auf seine Gabel. »Mein Mann und ich haben uns dort vor ein paar Jahren ein Haus gekauft.«

Fiona starrte ihn so entgeistert an, als ob er sie in den Magen geboxt hätte. *Mein Mann und ich …* Kurz befielen sie Zweifel, ob sie überhaupt dem richtigen Ferdinand Fischer gegenübersaß. Was, wenn sie sich geirrt hatte? Aber nein, er musste es sein, denn woher hätte er sonst von ihrer Näni und dem Haus wissen sollen? Als ihr Vater ihre Fassungslosigkeit bemerkte, verschwand das Lächeln aus seinem Gesicht.

»Sag bloß …«, begann er mit deutlichem Unbehagen, brach kopfschüttelnd ab und legte das Besteck beiseite. Er betrachtete sie. »Nein. Oh mein Gott. Du weißt es tatsächlich nicht.« Nun schien er fassungslos zu sein. »Ich hätte es wissen müssen, dass sie …« Er verstummte, wirkte plötzlich hilflos.

»Was weiß ich nicht? Und was hättest *du* wissen müssen?« Fiona kämpfte mit den Tränen und hasste sich dafür, weil sie sich nicht besser im Griff hatte. *Dass mein weggelaufener Vater ein Schwuler ist, der all die Jahre keine fünf Kilometer von mir entfernt gelebt hat und mich trotzdem niemals sehen wollte?* Ihre Stimme bebte. »Hast du deswegen keinen Unterhalt bezahlt und mich nie besucht? War ich dir … peinlich? Hast du dich geschämt, *vor deinem Mann*, dass du ein Kind hast?«

Den letzten Satz hatte sie fast geschrien, und die Leute an den Nachbartischen guckten neugierig herüber, doch das bemerkte sie nicht.

»Fiona, bitte!« Dem Mann, den sie für ihren Vater hielt, war die ganze Situation sichtlich unangenehm. Er streckte besänftigend die Hand aus, aber sie zuckte vor ihm zurück. »Es war alles ganz anders!«

»Ich will es nicht hören! Es tut mir leid, dass ich dich kontaktiert habe!« Tränenblind raffte sie ihre Sachen zusammen, stopfte das Natel in ihren Rucksack und ergriff ihre Jacke. Keine Sekunde länger konnte sie das alles ertragen! Sie musste weg von hier, hinaus, an die frische Luft.

»Warte, Fiona!«, bat Ferdinand Fischer sie eindringlich und erhob sich halb, die Serviette noch immer im Hemdkragen. »Du musst die Wahrheit erfahren, wenn *sie* sie dir nicht erzählt hat! Ich bin nicht dein Vater! Und Christine war auch nicht deine Mutter!«

Tag 1

Dienstag, 18. April 2017

Kriminalhauptkommissarin Pia Sander saß auf der untersten Treppenstufe und band ihre Sneakers zu. Beim Versuch aufzustehen, fuhr ihr der inzwischen schon vertraute Schmerz zwischen dem vierten und fünften Lendenwirbel messerscharf durch den Rücken, und sie sackte mit einem unterdrückten Stöhnen zurück. Bevor sie nach dem Treppengeländer griff, um sich wie eine alte Frau daran empor zu hangeln, lauschte sie auf die Geräusche, die aus der Küche drangen. Es musste nicht sein, dass Christoph Zeuge dieser demütigenden Aktion wurde. Pia streckte vorsichtig den Rücken und der Schmerz ließ nach. In ein paar Wochen wurde sie fünfzig, und auch wenn sie sich im Grunde genommen gar nicht so alt fühlte, rächte sich ihr Körper nun für den Raubbau, den sie an ihm getrieben hatte. Das war einer der Gründe, weshalb Christoph und sie im Januar beschlossen hatten, den Birkenhof zu verkaufen. Der Hauptgrund war jedoch gewesen, dass sie sich auf dem Hof nicht mehr wohlgefühlt hatte. Zwei Mal war bei ihnen eingebrochen worden, das letzte Mal im vergangenen November, während sie alleine zu Hause gewesen war. Es war eine glückliche Fügung, dass just zu der Zeit die Leute, die vor ein paar Jahren Christophs Häuschen in Bad Soden auf Rentenbasis gekauft hatten, aus dem Rhein-Main-Gebiet wegziehen wollten und darum gebeten hatten, den Vertrag aufzulösen, was Christoph nur zu gerne getan hatte. Pia war die Entscheidung, den Birkenhof zu verkaufen, leichter gefallen, als sie befürchtet hatte. Ihre Pferde und Hunde waren nacheinander dahingeschieden, nur eine Katze war verblieben und die war mit umgezogen. Einen Käufer für den Hof zu finden war überhaupt kein Problem gewesen, sie hatten sogar die Wahl gehabt und schließlich an den Meistbietenden, einen türkischen Landschaftsgärtner, verkauft. Am vergangenen Donnerstag hatte Pia eine Mail vom Notar erhalten, dass der Kaufpreis in voller Höhe auf dem Notar-Ander-Konto eingegangen war, sodass die Schlüsselübergabe wie geplant morgen Abend um 18 Uhr stattfinden konnte.

Als Pia die Küche betrat, stand Christoph an der Kochinsel mit einer Tasse Kaffee in der Hand und studierte die Zeitung, die er vor sich ausgebreitet hatte. Die schwarz-weiß gefleckte Katze hatte es sich auf der Eckbank gemütlich gemacht und beobachtete jede seiner Bewegungen aus unergründlichen grünen Augen.

»Na, was macht dein Rücken nach der Kistenschlepperei gestern?« Er warf Pia einen prüfenden Blick über den Rand seiner Lesebrille zu.

»Alles super«, behauptete sie und gab ihm einen Kuss. »Ich bin fit wie ein Turnschuh.«

»Wirklich? Du hast dich ganz schön hin und her gewälzt heute Nacht.«

»Man ist halt nicht mehr fünfundzwanzig.« Pia nahm einen Kaffeebecher aus dem Hochschrank, stellte ihn unter den Kaffeeautomaten und drückte auf die Taste mit dem Symbol für Caffè Crema. »Ich habe aber richtig gut geschlafen.«

Und das stimmte. Nach zwölf Jahren direkt neben einer der meistbefahrenen Autobahnen Deutschlands empfand sie das Fehlen des beständigen Dröhnens als unglaublich wohltuend. Christoph war glücklich, wieder in dem Haus zu wohnen, in dem er zwanzig Jahre lang gelebt hatte. Seine jüngste Tochter Antonia wohnte mit ihrem Mann Lukas und ihren zwei kleinen Kindern nur ein paar Häuser weiter. Drei Monate hatten Umbau und Modernisierung gedauert, und in der Woche vor Ostern hatten sie Urlaub genommen, um ihre gesamte Habe in Kisten zu packen und den Hof aufzuräumen. Der neue Eigentümer hatte sämtliche Gerätschaften sowie Traktor, Miststreuer, Pferdehänger und sogar Pias uralten Geländewagen mitgekauft, was die Sache enorm erleichtert hatte. Am Gründonnerstag um acht war der Möbelwagen gekommen und innerhalb von zwei Stunden hatten die Möbelpacker alles verladen. Als sie das Tor des Birkenhofs hinter sich abgeschlossen hatte, hatte Pia Erleichterung verspürt statt

Wehmut. Es war an der Zeit, einen neuen Lebensabschnitt zu beginnen, genauso wie damals, vor zwölf Jahren, als sie nach der Trennung von Henning den Birkenhof gekauft und sich in die Arbeit gestürzt hatte.

Pia nahm einen Schluck heißen Kaffee und blätterte durch den Lokalteil des *Höchster Kreisblatts*, den Christoph schon gelesen hatte. Sie überflog die Artikel und wie üblich die Todesanzeigen auf der letzten Seite.

»Weißt du«, sagte sie zu ihrem Ehemann, »vorhin im Bad habe ich darüber nachgedacht, wie sehr mir doch Straßenlaternen, Nachbarn, das Läuten von Kirchenglocken, Geschäfte und Restaurants in Laufdistanz gefehlt haben. Ist es schlimm, wenn ich dem Birkenhof so gar nicht nachtrauere?«

»Überhaupt nicht«, erwiderte Christoph. »Wir hatten eine schöne Zeit dort, jetzt geht es hier weiter. *Nur wer bereit zu Aufbruch ist und Reise, mag lähmender Gewöhnung sich entraffen.* Das wusste schon Hermann Hesse.«

Pia musste lächeln. Christoph brachte die Dinge immer auf den Punkt. Sie trank den Kaffee aus und stellte die Tasse in die Spülmaschine.

»Bis heute Abend«, sagte sie, ergriff Jacke und Tasche, winkte der Katze zum Abschied und verließ zum ersten Mal ihr neues Zuhause, um arbeiten zu gehen.

* * *

Im K 11 war nicht viel los. Laut Dienstplan weilten Kathrin Fachinger und Cem Altunay im Urlaub, und der Chef der Abteilung, Kriminalhauptkommissar Oliver von Bodenstein, hatte noch drei Tage frei, war allerdings nicht verreist und deshalb in Bereitschaft. Nur die Kriminaloberkommissare Tariq Omari und Kai Ostermann hielten die Stellung. Letzterer futterte gerade eine Zimtschnecke und hob grüßend die Hand, als Pia das Büro betrat, das sie sich mit ihm teilte.

»Wünsche frohe Ostern gehabt zu haben«, sagte er kauend.

Pia kannte keinen Menschen, der so viel essen konnte, ohne dabei dick zu werden, wie ihren Kollegen Kai, obwohl er durch seine Behinderung gehandicapt war und nicht in dem Umfang

Sport treiben konnte, wie es andere Leute mit seiner Kalorienzufuhr wohl hätten tun müssen, um schlank zu bleiben.

»Gleichfalls.« Sie zog drei Packungen Schokoladenostereier und einen Schokohasen aus ihrer Schultertasche und legte sie auf einen von Kais Schreibtischen. »Frohe Ostern nachträglich.«

»Oh, danke!«

»Besser, du isst das Zeug als ich.« Pia zwinkerte ihm zu. »Bei mir geht jedes Gramm mittlerweile auf die Hüften.«

Früher, in einem Büro mit Pia und Frank Behnke, hatte Kai Ostermann sich mit einem einzigen Schreibtisch begnügen müssen, aber seit Behnke nicht mehr da und Pia während Bodensteins Abwesenheit ins Chefbüro umgezogen war, hatte er sich einen u-förmigen Arbeitsbereich aus drei Tischen errichtet, der mit den vier Bildschirmen und mehreren Tastaturen ein bisschen so aussah, wie Pia sich den Handelsraum einer Großbank vorstellte. Sie hatte ihn nie gefragt, wie er die Mittel für seine Technik bei Kriminaldirektorin Dr. Engel lockergemacht hatte, aber wahrscheinlich hätte er es ihr ohnehin nicht verraten.

»Hattest du einen schönen Urlaub?« Kai verstaute die Mitbringsel in einer Schublade, die immer gut mit Knabberzeug gefüllt war. Die Zeiten, in denen er mit Schlabberhosen, abgetragenen T-Shirts und einer fettigen Pferdeschwanzfrisur herumgelaufen war, waren vorbei. Seitdem er eine Freundin hatte, achtete er sehr auf sein Äußeres. Auch heute hatte er sein kurz geschnittenes Haar mit Gel zurückfrisiert und trug zu einer engen dunkelblauen Jeans ein schneeweißes Hemd und eine Weste. Seine Verwandlung hatte dazu geführt, dass Dr. Nicola Engel, die Leiterin der Kriminalpolizei bei der Regionalen Kriminalinspektion Hofheim, Pia in einem Vier-Augen-Gespräch unmissverständlich zu verstehen gegeben hatte, sie erwarte von ihr einen der Position als Interims-Kommissariatsleiterin angemessenen Kleidungsstil, außerdem sei sie für Jeans, Kapuzenjacken und Turnschuhe wohl mittlerweile zu alt. Pia hatte sich gemaßregelt gefühlt und verärgert erwidert, sie werde sich weiterhin exakt so kleiden, wie es ihr passe, und das hatte sie auch getan. Aber seitdem dachte sie jeden Morgen beim Anziehen an dieses Gespräch, und die Unbefangenheit war dahin, obwohl sie die Leitung der Abteilung letztes Jahr wieder an ihren alten und neuen Chef Oliver von Bodenstein übergeben hatte. Sicher hätte der Vorfall erheblich weniger an Pia genagt, wenn Dr. Engel nur ihre Chefin gewesen wäre, aber sie war seit fünf Jahren auch die Lebenspartnerin ihrer jüngeren Schwester Kim, also fast so etwas wie ihre Schwägerin, und sie hatte mit der ihr eigenen Impertinenz Kim dazu gebracht, sich einzumischen und ihre Partei zu ergreifen, was zu einem Zerwürfnis zwischen den Schwestern geführt hatte.

»Wir sind doch umgezogen«, erinnerte Pia ihren Kollegen. Sie ließ sich hinter ihrem Schreibtisch nieder, schloss die Schubladen auf und suchte nach der Packung Ibuprofen, die sie dort deponiert hatte. »Da kann von Erholung keine Rede sein. Was war hier los?«

»Letzte Woche so gut wie gar nichts«, erwiderte Kai. »Tariq ist gerade in Frankfurt beim Haftrichter. In einer Flüchtlingsunterkunft in Flörsheim gab's gestern Abend eine Messerstecherei mit tödlichem Ausgang.«

»Haben wir den Täter?«

»Ja. Ein abgelehnter marokkanischer Asylbewerber. Eine Stunde nach der Tat wurde er am S-Bahnhof festgenommen. War vollumfänglich geständig.«

Da Kriminaloberkommissar Tariq Omari, der seit drei Jahren zum Team des K 11 gehörte, fließend Arabisch sprach, brauchte er keinen Dolmetscher, wenn es in den Flüchtlingsunterkünften zu Straftaten kam, was leider immer häufiger der Fall war.

»Sehr gut.« Pia hatte die Tabletten gefunden und drückte eine aus der Blisterpackung. »Ist die Engel eigentlich im Haus?«

»Ich glaube, ja. Zumindest habe ich vorhin ihr Auto auf dem Parkplatz gesehen.«

Pia fuhr ihren Computer hoch, checkte die E-Mails, die in der letzten Woche eingegangen waren. Ein paar externe Anfragen, eine Doodle-Umfrage für die Verabschiedung eines Kollegen, ein Rundschreiben des Polizeipräsidenten, der wieder einmal mahnte, für dienstliche Kommunikation ausschließlich die Dienst-BlackBerrys zu nutzen und keine unsicheren Messenger-Dienste. Nichts wirklich Dringendes. Sie griff gerade nach der Post, die auf dem Stapel Akten lag, als das Telefon auf ihrem Schreibtisch klingelte.

»Hi, Pia«, meldete sich der Polizeiführer vom Dienst. »Ich hab etwas für euch. Wir haben gerade die Meldung reinbekommen, dass in einem Haus in Mammolshain eine männliche Leiche entdeckt wurde. Eine Streife ist auf dem Weg.«

»Wer hat die Leiche gefunden?«, wollte Pia wissen.

»Die Zeitungsausträgerin. Sie hat sich über den vollgestopften Briefkasten gewundert und durch ein Fenster geguckt. Offenbar liegt der Tote schon ein bisschen länger da.«

»Alles klar.« Pia legte die Briefe wieder zur Seite. »Ich fahre hin. Hast du eine Adresse?«

Sie notierte einen Straßennamen und eine Hausnummer, bedankte sich und stand auf.

»Ich muss nach Mammolshain«, sagte sie zu Kai. »Wie es aussieht, haben wir eine Wohnungsleiche.«

»Soll ich Tariq anrufen und ihn auch hinschicken?«

»Nee, lass mal.« Pia ergriff ihre Tasche. »Ich schau mir das erst mal an und melde mich.«

***

Kriminalhauptkommissar Oliver von Bodenstein hatte den Vormittag genutzt, um sich noch einmal gründlich auf seine morgige Aussage im Mordprozess vor der Schwurgerichtskammer am Landgericht Frankfurt vorzubereiten. Verhandelt wurde gegen einen 56-jährigen Mann und seine 49-jährige Freundin wegen des vor zweiundzwanzig Jahren gemeinschaftlich begangenen Mordes an der Ehefrau des 56-Jährigen. Der Vorwurf lautete auf Mord aus Habgier und weiteren niederen Beweggründen, denn die getötete Ehefrau war wohlhabend gewesen, und die heute 49-jährige Freundin damals schon die Geliebte des Ehemannes. Zweiundzwanzig Jahre hatte man den beiden nichts nachweisen können, denn die Freundin hatte dem Mann ein Alibi gegeben, das nicht zu widerlegen war. Vom Geld der ermordeten Ehefrau hatten sie in Saus und Braus gelebt, unbehelligt von der Polizei und ausgerechnet in dem Haus, in dem die Frau im Badezimmer getötet worden war, während nebenan die gerade zweijährige Tochter des Ehepaares geschlafen hatte. Da Mord in Deutschland nicht verjährt, war der Fall vor einem halben Jahr routinemäßig wieder überprüft worden, und man hatte die damals festgestellten Spuren erneut untersucht. Seit 1995 hatte sich in der Kriminaltechnik, besonders auf dem Gebiet der DNA-Analyse, sehr viel getan, und so hatte die Auswertung der Spurensicherungsfolien, mit denen der gesamte Körper der Leiche abgeklebt worden war, ein spektakuläres Ergebnis erbracht: DNA-Spuren der Freundin, die seinerzeit behauptet hatte, nicht im Haus des Ehepaars gewesen zu sein, waren am Arm der Toten festgestellt worden. Ein erdrückender Beweis dafür, dass sie entgegen ihrer Aussage doch im Badezimmer gewesen sein und physischen Kontakt zu der Getöteten gehabt haben musste. Damit war auch das Alibi, das sie ihrem Freund verschafft hatte, geplatzt, und Bodenstein hatte die beiden vor vier Monaten festgenommen. Der Haftrichter hatte das Paar umgehend in U-Haft geschickt und nun wurde ihnen der Prozess gemacht. Kein Zweifel, dass das Urteil für jeden lebenslänglich lauten würde.

Es erfüllte Bodenstein mit tiefer Zufriedenheit, alte, ungeklärte Fälle wie diesen zu lösen und den Angehörigen der Opfer späte Genugtuung zu verschaffen. Unter anderem deshalb war er in seinen Beruf zurückgekehrt, denn aufgrund von Umstrukturierungen hatte man dem K 11 der Regionalen Kriminalinspektion Hofheim die Abteilung für ungeklärte Altfälle angegliedert, was nicht nur eine enge Zusammenarbeit mit den Kollegen vom LKA bedeutete, sondern außerdem den unbeschränkten Zugriff auf alle Ressourcen von LKA und BKA.

Vor drei Jahren hatte er ernsthaft vorgehabt, den Polizeidienst zu quittieren. Sein letzter Fall hatte ihn an seine seelischen Grenzen und den Rand eines Burn-outs gebracht, und er hatte für sich entschieden, dass er eine Pause und ein wenig Abstand brauchte. Das Jahr hatte er genutzt, um in Ruhe darüber nachzudenken, wie es für ihn weitergehen sollte. Die Aussicht, Vermögensverwalter seiner Ex-Schwiegermutter zu sein, hatte ihn nicht wirklich gereizt. Schließlich war es seine langjährige Kollegin und Interims-Nachfolgerin Pia Sander gewesen, die ihn zur Rückkehr bewegt hatte. Da Bodenstein mehr Zeit für seine Tochter und seine Frau haben wollte, hatte er sich mit Pia, Dr. Engel und den zuständigen Stellen im Polizeipräsidium darauf geeinigt, dass er zwar wieder die Leitung des K 11 mitsamt allen anfallenden administrativen Aufgaben übernehmen würde, allerdings nur in Teilzeit zu achtzig Prozent.

Bodenstein steckte die Unterlagen in seine Aktentasche, erhob sich von seinem Schreibtisch und schlenderte hinüber ins Fernsehzimmer, wo Karoline schon seit dem frühen Vormittag bei heruntergelassenen Jalousien ihre Lieblingsserie auf Netflix guckte. Er blieb im Türrahmen stehen und lächelte beim Anblick seiner Frau, die ungeschminkt und in Jogginghosen faul auf der Couch lag. Karolines 16-jährige Tochter Greta war für vierzehn Tage mit der Familie ihres Vaters nach Florida geflogen, Sophia hatte die Feiertage bei ihrer Mutter verbracht und würde noch bis Freitag dortbleiben, und so war Ostern in diesem Jahr zu einer herrlich entspannten Angelegenheit geraten. In der Osternacht waren sie gemeinsam mit seinen Eltern in Fischbach in die Kirche gegangen, sonst hatten sie einfach nur »gechillt«, wie Sophia das so schön nannte. Während seines Sabbaticals hatte auch Karoline ihr Leben überdacht und ihren Job bei dem Beratungsunternehmen, dessen sie ohnehin seit Langem überdrüssig gewesen war, gekündigt. Sie hatte an Bodensteins Stelle die Vermögensverwaltung für Gabriela von Rothkirch übernommen, und das war auch gut so, denn Karoline kannte sich erheblich besser mit solchen Dingen aus. Bodensteins ehemalige Schwiegermutter hatte Karoline auf Anhieb vertraut, und gemeinsam hatten die beiden das millionenschwere Vermögen der Rothkirchs neu strukturiert und in verschiedene Stiftungen aufgeteilt. Selbst Cosima hatte erkannt, dass es der neuen Frau ihres Ex-Mannes nicht um persönliche Bereicherung ging, und ihre Ressentiments gegen Karoline aufgegeben. Sie reiste weiterhin um die Welt, produzierte Dokumentarfilme und hielt höfliche Distanz, aber die Absprachen bezüglich Sophia funktionierten mittlerweile.

»Ich bin schon bei Folge sieben von Staffel zwei.« Karoline gähnte und streckte sich genüsslich, als er hereinkam. »Mir tut es jetzt schon leid, dass ich nur noch sechs Folgen zu gucken habe.«

»Die nächste Staffel kommt bestimmt.« Bodenstein grinste.

»Findest du es schlimm, wenn ich an einem normalen Werktag faul vor der Glotze herumhänge?«, fragte sie ihn.

»Kein bisschen. Das ist der Vorteil, wenn man Freiberuflerin ist.« Er beugte sich über sie und gab ihr einen Kuss. Die Versuchung, sich zu ihr auf die Couch zu legen und den Rest des Tages zu verdämmern, war groß, aber er widerstand erfolgreich. »Ich wollte ein bisschen nach draußen an die frische Luft, bevor es anfängt zu regnen.«

»Schon klar.« Karoline erwiderte sein Grinsen. »Viel Vergnügen!«

Im letzten Jahr hatten sie geheiratet, auf Schloss Bodenstein mit der ganzen Familie gefeiert und anschließend Flitterwochen im Haus von Freunden an der Algarve verbracht. Bei ihrer Rückkehr hatte in der Garage eine Überraschung auf ihn gewartet, ein Geschenk von Gabriela, das er in seiner Bescheidenheit niemals angenommen hätte, wenn sie ihn zuvor gefragt hätte. Weil sie ihn jedoch gut genug kannte, hatte sie dies nicht getan, und so waren ihm fast die Augen aus dem Kopf gefallen, als er unverhofft vor seinem Traumwagen stand, einem nachtschwarzen Carrera 4 GTS Cabrio mit beigen Ledersitzen und Doppelkupplungsgetriebe, der so atemberaubend schön war, dass es ihm die Sprache verschlagen hatte. Greta, die seit zwei Jahren streng vegan lebte und radikale Ansichten zu den Themen Umwelt und Konsum vertrat, hatte verächtlich angemerkt, damit sei sein ökologischer Fußabdruck jetzt wohl so groß wie ganz Afrika, und sie würde sich vor ihren Freunden in Grund und Boden schämen, ihn als Stiefvater zu haben. Bodenstein hatte daraufhin entgegnet, bevor sie den Stab über ihn breche, solle sie bitte mal ausrechnen, was ihr Vater als Pilot eines Jumbos der Umwelt antue. Damit war das Thema erledigt gewesen. Mittlerweile gestattete Greta es ihm sogar gnädig, sie gelegentlich mit dem Porsche durch die Gegend zu kutschieren, allerdings stieg sie immer vor Erreichen des eigentlichen Zieles aus, damit sie vor ihren Freunden nicht an Glaubwürdigkeit verlor.

Bodenstein nahm seine Jacke von der Garderobe und den Autoschlüssel aus der Schublade der Kommode im Flur. Als er die Verbindungstür von der Küche zur Garage öffnete, lächelte er unwillkürlich beim Anblick des Autos, von dem er geträumt hatte, seitdem er ein kleiner Junge war. Noch in der Garage öffnete er das Dach, das sich automatisch hinter ihm zusammenfaltete, zog das Windschott hoch und brauste wenig später durch die Frühlingsluft Richtung Hintertaunus.

***

Pia verzichtete darauf, sich einen Dienstwagen aus dem Fuhrpark geben zu lassen, und fuhr stattdessen mit ihrem eigenen Auto nach Mammolshain. Nach dreizehn Jahren in spritfressenden, unhandlichen Geländewagen genoss sie das Fahrgefühl in ihrem Mini Cabrio in Volcanic Orange, das sie ziemlich günstig bekommen hatte, weil die Vorbesitzer sich schon nach wenigen Monaten an der auffälligen Farbe sattgesehen hatten. Immer wieder schielte sie auf den Tacho. In der letzten Woche war sie gleich zwei Mal geblitzt worden, weil sie sich noch nicht an die Spritzigkeit ihres Mini gewöhnt hatte. Sie fuhr die B 519 Richtung Königstein, bog kurz vor dem Kreisel rechts ab und folgte der Straße, die in Kurven durch den Wald abwärts nach Mammolshain, einem Stadtteil Königsteins, führte.

In Gedanken war sie bei dem, was sie am Ziel ihrer Fahrt erwartete. Leichen, die schon länger in geschlossenen Wohnungen lagen, waren nicht nur ein schlimmer Anblick, sondern vor allen Dingen extrem deprimierend, denn schließlich bedeutete der fortgeschrittene Zustand der Verwesung nichts anderes, als dass niemand den Menschen vermisst und die soziale Kontrolle vollkommen versagt hatte. Die meisten Wohnungsfaulleichen wurden nicht etwa wegen des Geruchs gefunden, sondern erst, wenn Maden unter einer Tür hindurch in den Hausflur krochen. Erst unlängst hatte ihr Ex-Mann Henning Kirchhoff, Leiter des Rechtsmedizinischen Instituts der Frankfurter Goethe-Universität, den unglaublichen Fall erlebt, dass Nachbarn in einem Hochhaus eine Wohnungstür, unter der Maden hindurchgekrochen waren, von außen einfach mit Decken und Zeitungen zugestopft hatten. Erst als Leichenflüssigkeit durch die Decke der darunterliegenden Wohnung gedrungen war, hatten deren Bewohner Alarm geschlagen. Die alte Dame, die über sechzig Jahre in dem Haus gelebt hatte, war sechs Wochen zuvor verstorben. Da die Miete automatisch von dem Bankkonto abgebucht worden war, auf das jeden Monat die Rente einging, war das Ableben der Frau der Hausverwaltung nicht aufgefallen. Tragödien wie diese kamen leider häufig vor, und auch wenn Verwesung und Zersetzung eines Organismus aus biologischer Sicht ganz natürliche Vorgänge waren, so empfand Pia es immer wieder als pietätlos, wenn diese öffentlich vonstattengingen, nur weil sich niemand verantwortlich gefühlt hatte.

»In zweihundert Metern links abbiegen!«, kommandierte die Computerstimme des Navigationsgeräts, als Pia die scharfe Spitzkehre in der Mitte des kleinen Ortes hinter sich gelassen hatte. »Achtung! Das Ziel liegt an einer zufahrtsbeschränkten Straße!«

Pia verlangsamte die Fahrt, um ungefähr hundert Meter vor dem Ortsausgang in ein schmales, von Schlaglöchern übersätes Sträßchen einzubiegen, das durch ein kleines Waldstück abwärts führte.

»Sie haben das Ziel erreicht. Das Ziel befindet sich links.«

Hinter den letzten Bäumen tauchten mehrere große Gebäude aus verwittertem Backstein auf, die einen kopfsteingepflasterten Hof umgaben, in dem das Unkraut schon vor einer ganzen Weile die Vorherrschaft übernommen hatte. Das rostige Tor machte den Eindruck, als wäre es nicht erst seit gestern geschlossen. In altmodischen Lettern prangte der verblichene Schriftzug *E. Reifenrath & Cie – Taunus-Mineralbrunnen Gesellschaft. Seit 1858* auf der Fassade eines der Gebäude.

»Wenn möglich, bitte wenden!«, forderte das Navi, aber Pia achtete nicht darauf und fuhr weiter. Hinter einer Kurve erblickte sie einen Streifenwagen. Der uniformierte Kollege, der am Kotflügel lehnte, hob die Hand und stellte sich ihr in den Weg. Pia ließ das Fenster herunter.

»Ach, Sie sind's!« Aus der Nähe erkannte sie der junge Beamte. »Neues Auto, hm? Haben Sie Ihren alten Panzer endlich verschrottet?«

»Verkauft. Jetzt ist Spritsparen angesagt.« Sie lächelte. »Wo muss ich hin?«

»Durchs Tor und dann immer die Auffahrt lang.«

Pia bedankte sich und nahm den Fuß von der Bremse. Das große schmiedeeiserne Tor stand weit offen. Eine asphaltierte Zufahrt schlängelte sich zunächst durch einen düsteren Wald aus Tannen, Thujen und meterhohen Rhododendronbüschen. Sonne und Regen im Wechsel hatten in den vergangenen Wochen die Natur geradezu explodieren lassen. Das Gras wucherte, überall blühten Narzissen, und Teppiche von Buschwindröschen leuchteten weiß unter den großen Edelkastanien, an deren Zweigen sich das erste helle Grün zeigte. Hinter einer Biegung tauchte das Wohnhaus auf. Aus der Ferne wirkte es geradezu majestätisch mit seinen Türmchen und einer Freitreppe, die zu einem von vier Säulen getragenen Portikus führte, doch aus der Nähe war nicht zu übersehen, wie sehr der Zahn der Zeit an dem großen Gemäuer genagt hatte. Putz war großflächig abgeblättert, das Dach war von Moos bedeckt und hing an vielen Stellen durch wie der Rücken eines alten Pferdes. Hier und da fehlten Dachziegel und im obersten Stockwerk waren einige Fenster mit Brettern vernagelt.

Pia hielt auf dem geschotterten Vorplatz an und stieg aus. Neben Polizeioberkommissar Cordt stand eine Frau. Sie war ungefähr in Pias Alter, das kurz geschnittene mausgraue Haar, durchzogen von gelblichen Strähnchen, wie es nur schlechte Friseure hinbekommen, schmeichelte ihrem hageren Gesicht nicht. Ihre Augen funkelten vor Aufregung.

»Das ist die Dame, die uns verständigt hat«, erklärte POK Cordt. »Frau … äh … trägt morgens die Zeitungen aus, und ihr ist aufgefallen, dass der Briefkasten voll ist. Dann hat sie am Haus nach dem Bewohner schauen wollen und durch ein Küchenfenster eine leblose Person gesehen.«

Die Frau nickte ungeduldig zu jedem Wort, das er sagte. Sie brannte darauf, endlich loszuwerden, was sie gesehen und erlebt hatte, und für einen Moment im Mittelpunkt zu stehen.

»Wahl, Monika Wahl«, sagte sie eifrig. »Ich trage hier seit sieben Jahren die Zeitungen aus. Das Haus vom Herrn Reifenrath ist immer das Letzte auf meiner Tour, weil ich dann noch mit meiner Peppi, also meinem Hund, unten im Quellenpark spazieren gehe. Ich hätte ja viel eher gemerkt, dass da etwas nicht stimmt, aber ich hatte die letzten zwei Wochen Urlaub und deshalb habe ich …«

»Langsam, langsam!« Pia hob die Hand, um den Redeschwall

der Zeitungsausträgerin zu bremsen. »Wie sind Sie zum Haus gekommen? Stand das Tor offen?«

»Ja, und das hat mich gewundert«, erwiderte Frau Wahl. »Das Tor ist normalerweise immer zu! Ich stelle mein Auto immer ganz an den Straßenrand, dann lass ich die Peppi rausspringen, stecke die Zeitung in den Briefkasten und drehe meine Runde. Aber heute ist die Peppi gleich abgezischt, durchs offene Tor und weg war sie! Und ich bin hinterher, weil ich mir Sorgen gemacht habe. Der Herr Reifenrath hat doch auch einen Hund, so einen Schäferhund, also, so einen belgischen ... einen Maloni ... Milano ...«

»Malinois?«, half Pia.

»Ja, genau, einen Malinua«, bestätigte Frau Wahl.

Sie war die lange Auffahrt entlanggerannt und hatte ihren Hund am Hintereingang des Hauses gefunden, wo er aufgeregt an der Tür gekratzt und herumgeschnüffelt hatte. Frau Wahl hatte an der Küchentür geklopft, und als niemand reagiert hatte, hatte sie durch die Küchenfenster gespäht und den Toten entdeckt.

»Sie haben das Haus also nicht betreten?«, fragte Pia nach.

»Nein, die Tür war ja zu. Ich hab von meinem Handy aus sofort die Polizei angerufen!« Die Zeitungsfrau wirkte kurz verunsichert. »Das war doch okay, oder?«

»Absolut«, bestätigte Pia. »Wissen Sie, um wen es sich bei dem Toten handeln könnte?«

»Ich denke, das wird der alte Herr Reifenrath sein. Er ist schon weit über achtzig«, erwiderte Frau Wahl und schauderte. »Aber so genau habe ich nicht hingeschaut.«

»Wohnt er hier alleine?«

»Ja, soweit ich weiß. Ich hab hier nie jemand anders gesehen.«

»Zeigen Sie uns doch bitte, wo Sie entlanggegangen sind und von wo aus Sie die Leiche gesehen haben«, bat Pia sie. Die Zeitungsfrau führte sie und POK Cordt zielstrebig um das Haus herum und deutete auf einen Seiteneingang, zu dem ein Weg aus brüchigen Waschbetonplatten führte.

»Durch das Fenster da können Sie ihn sehen.« Monika Wahl wies auf eines der beiden Küchenfenster, hielt sich aber in sicherer Entfernung. »Ich will mir das ehrlich gesagt nicht noch mal angucken. Und überhaupt – brauchen Sie mich noch? Ich müsste nämlich dann mal weiter.«

»Nein, Sie können jetzt ruhig gehen.« Pia lächelte freundlich. »Vielen Dank, dass Sie so aufmerksam waren und uns verständigt haben.«

Monika Wahl errötete vor Stolz über das Lob.

»Ich wusste gar nicht, dass hier unten so ein großes Haus steht«, sagte Pia zu ihrem uniformierten Kollegen, als die Frau verschwunden war. Sie blickte an der Hausfassade hoch. »Das ist ja beinahe schon ein kleines Schloss.«

Da die Küchentür abgesperrt war, gingen sie zum Eingangsportal zurück. Die Haustür war offen und der Türschnapper war umgestellt worden. Daran war eigentlich nichts Ungewöhnliches. Pia hatte das auf dem Birkenhof selbst auch so gehalten, zumindest tagsüber, wenn sie öfter rein und raus musste. Sie betrat das Haus, blieb auf der Schwelle stehen und schnupperte. Ein Hauch von Ammoniak und verdorbenem Käse drang ihr in die Nase. Typischer Leichengeruch. Sie wühlte in ihrer Jackentasche, fand ein Paar Latexhandschuhe und streifte sie über.

»Soll ich mit reingehen?«, fragte Cordt.

Pia sah ihm an, dass er nicht scharf auf eine Wohnungsfaulleiche war.

»Nicht nötig. Fordern Sie Verstärkung an und verständigen Sie einen Bestatter«, sagte sie und erntete dafür ein dankbares Nicken. Pia blickte sich in der Eingangshalle um. Das Haus bestach durch puritanische Schlichtheit. Abgesehen von einem großen geschnitzten Holzkreuz waren die Wände von der hüfthohen, dunklen Holzverkleidung an aufwärts völlig kahl. Einziger Blickfang war ein monströser Kachelofen in Weiß und Blau auf der rechten Seite der Halle. Ein verstaubter Kronleuchter hing von der hohen Decke herab. In der Mitte der Halle führte eine breite Freitreppe aus hellem Sandstein in die oberen Stockwerke. Links und rechts zweigten Flure ab. Durch zwei schmale Kirchenfenster aus Bleiglas fiel Licht herein und zeichnete bunte Muster auf den Marmorboden. Pia betrat den vorderen Flur auf der rechten Seite. Kalte Luft wehte ihr entgegen, und der faulige Leichengeruch wurde intensiver, je näher sie der Tür am Ende des Ganges kam. Pia legte kurz die Hand auf einen der altertümlichen Heizkörper. Er war eiskalt. In der Küchentür blieb sie stehen und zwang sich, nur durch den Mund zu atmen. Nach ein paar Minuten gewöhnte man sich an den Geruch, das wusste sie aus langjähriger Erfahrung, man durfte sich nur nicht zu sehr darauf konzentrieren. Im ganzen Haus war es so still wie in einer Kirche. Das Einzige, was zu hören war, war das Summen einer Fliege, die unermüdlich gegen die Scheibe eines der Küchenfenster flog.

Der Raum war groß und rechteckig. Auf der linken, fensterlosen Seite befand sich eine typische 60er-Jahre-SieMatic-Einbauküche in Traubengrün mit Griffleisten in Alu-Optik. Die gleiche hatte es in Pias Elternhaus zu ihrer Jugendzeit gegeben, nur in einer tristeren Farbe. Pias Blick glitt über eine Eckbank auf der gegenüberliegenden Seite des Raumes, den Küchentisch mit schraffierter Resopalplatte, auf der eine aufgeschlagene Zeitung neben benutztem Frühstücksgeschirr lag. In der Kaffeetasse wuchsen Schimmelpilze, das angebissene Brot war ebenfalls schimmelig und bog sich an den Rändern nach oben. Ein leerer Fressnapf und ein großer Hundekorb aus geflochtener Weide waren die einzigen Hinweise auf den Malinois, den die Zeitungsfrau erwähnt hatte. Von dem Tier selbst war nichts zu sehen. Die sterblichen Überreste des Mannes, die auf einer Art Diwan lagen, befanden sich in einem Zustand fortgeschrittener Verwesung. Fäulnisgase hatten den Körper grotesk aufgebläht, auf der grünlich marmorierten Haut des Toten hatten sich Blasen gebildet. Aus dem Mund quoll die dunkel verfärbte Zunge. Der weiße Haarschopf bildete einen bizarren Kontrast zu der rotbraun verfärbten Gesichtshaut. Wäre es in der Küche ein paar Grad wärmer gewesen, dann hätte der Leichnam wahrscheinlich von Maden gewimmelt. Es war ein wirklich grauenhafter Anblick, selbst für Pia, die schon viele Leichen gesehen hatte. Sie musste keine Rechtsmedizinerin sein, um zu sehen, dass der Mann nicht erst gestern gestorben war. Aber wieso hatte ihn niemand vermisst?

An Haken neben der Tür, die ins Freie führte, hingen mehrere Jacken neben einer Hundeleine, darunter stand auf einer Fußmatte ein Paar grüner Gummistiefel. Auf den ersten Blick sah es so aus, als wäre der Mann eines natürlichen Todes gestorben. Vielleicht war ihm beim Frühstück schlecht geworden, und er hatte sich kurz auf den Diwan gelegt, doch dann hatte sein Herz aufgehört zu schlagen. Mit über achtzig durchaus denkbar. Pia betrachtete die Leiche genauer und hielt plötzlich inne. War das getrocknetes Blut im Gesicht des Toten? Sie ging neben dem Diwan in die Hocke. Ja, tatsächlich! Es sah ganz so aus, als ob er eine Verletzung oberhalb der linken Augenbraue hätte. Ob diese von einem Sturz oder einem Schlag herrührte, musste ein Fachmann beurteilen, auf jeden Fall brachte es ihre Theorie von einem natürlichen Tod ins Wanken. Sie erhob sich, zog ihr Smartphone aus der Jacke und rief ihren Ex-Mann an.

»Ja?«, meldete der sich nach dem zweiten Klingeln.

»Bist du im Institut?«, fragte Pia, ohne sich mit einem Gruß aufzuhalten.

»Natürlich. Wo sonst?« Professor Henning Kirchhoff klang gereizt. »Ist es dringend oder willst du bloß plaudern?«

»Wann bitte schön habe ich dich jemals angerufen, um mit dir zu *plaudern*?«, erwiderte Pia genauso ruppig. »Ich brauche einen Rechtsmediziner.«

Henning wurde wirklich immer verschrobener. Vor anderthalb Jahren war auch seine zweite Ehe mit Pias Schulfreundin Miriam Horowitz endgültig in die Brüche gegangen. Pia hätte ihrem Ex eine glückliche Beziehung gewünscht, aber Miriam gegenüber empfand sie einen leisen Triumph, denn diese hatte anfänglich so getan, als würde ihr locker gelingen, was Pia nie geschafft hatte, nämlich Henning zu normalen Arbeitszeiten zu zwingen. Doch Henning Kirchhoff war und blieb ein Workaholic, er lebte für seine Arbeit, die für ihn mehr Berufung als Beruf war. Im Gegensatz zu Pia, die sich das Scheitern ihrer Ehe eingestanden hatte und ausgezogen war, hatte Miriam Henning jedoch eine Szene nach der anderen gemacht, war theatralisch mehrmals aus- und wieder eingezogen, bis Henning schließlich in die Dienstwohnung des Instituts geflüchtet war, wo er bis heute auf 35 Quadratmetern hauste.

»Ach ja?« Hennings Stimme klang plötzlich interessiert. »Hast du eine Leiche?«

»Wofür bräuchte ich wohl sonst einen Rechtsmediziner«, erwiderte Pia.

»Na ja, es hätte ja sein können, dass du Sehnsucht nach mir hast«, witzelte Henning, wurde aber gleich wieder ernst, als Pia ihm schilderte, was sie vorgefunden hatte.

»Ich komme selbst«, sagte er dann. »Fass nichts an, bis ich da bin! Und lass die Fenster zu!«

»Ich bin keine Anfängerin«, erinnerte Pia ihren Ex-Mann, gab ihm die Adresse durch und warf einen Blick auf ihre Uhr. Kurz nach elf. Sie verließ die Küche und sah sich in den benachbarten Räumen um. Gleich neben der Küche befand sich ein Schlafzimmer. Wuchtige Möbel aus Nussbaumholz, ein großer Kleiderschrank, ein Bett mit hohem Kopf- und Fußteil und ein Nachttischchen mit einem Wecker, der um zwanzig nach zehn stehen geblieben war. Über einem Waschtisch mit Marmorplatte hing ein wolkiger Spiegel mit Rosenholzrahmen. Auf einem stummen Diener eine ordentlich gefaltete Hose, ein kariertes Hemd und ein grüner Pullover. Die Möbel wirkten zu groß für den Raum; Pia mutmaßte, dass die fortschreitende Gebrechlichkeit den alten Mann dazu veranlasst hatte, sich auf das Erdgeschoss des großen Hauses zu beschränken. Sie zog die Schubladen der Kommode auf und ein eigenartiges Gefühl beschlich sie. Hier stimmte etwas nicht. Die Unterwäsche und Socken waren durchwühlt worden. Pia öffnete den Schrank. Kleidungsstücke waren von den Bügeln gerissen und achtlos auf den Schrankboden geworfen, Hemden waren auseinandergefaltet und einfach in die Schrankfächer geknüllt worden. Gegenüber lag das Badezimmer. Pia öffnete den Spiegelschrank. Auch hier sah es so aus, als ob jemand alles aus- und hastig wieder eingeräumt hätte: Rasierzeug, Zahnpasta, eine Haarbürste. Haftcreme, Gebissreiniger, Wattestäbchen, Rasierwasser. Sie fand eine Packung Aspirin, Hustensaft, Lutschpastillen, aber auch Omeprazol, Betablocker und ACE-Hemmer, was die Vermutung nahelegte, dass der alte Mann unter Magenbeschwerden, Bluthochdruck und Herzproblemen gelitten hatte. Neben dem Schlafzimmer befand sich ein etwas größerer Raum, der wohl als Büro und Fernsehzimmer gedient hatte. Der Fernsehsessel musste ein Lieblingsmöbelstück seines Besitzers gewesen sein, so fadenscheinig waren Armlehnen und Kopfteil. Der abgetretene Perserteppich war übersät mit Hundehaaren. An den Wänden hingen Ölbilder, die Landschaften darstellten und nicht besonders wertvoll wirkten. Ein helleres Rechteck auf der verschossenen Tapete ließ vermuten, dass ein Bild fehlte. Pias Blick glitt über den Schreibtisch aus dunklem Mahagoniholz mit Messingbeschlägen, über einen angestoßenen Aktenschrank aus Metall und einen Koloss von Tresor, der jeden Einbrecher zur Kapitulation gezwungen hätte. Pia rüttelte am Griff, aber er ließ sich nicht öffnen. Der Aktenschrank war gewaltsam aufgehebelt worden. Sie öffnete die Schreibtischschubladen, dann ging sie zurück in die Küche und durchsuchte die Anrichte und die Taschen der Jacke, die neben der Tür hing. Keine Spur von einem Portemonnaie oder einer Brieftasche! Jemand schien hier irgendetwas gesucht zu haben, aber derjenige war ziemlich diskret vorgegangen, nicht wie Drogensüchtige, die auf der Suche nach Schmuck, elektronischen Geräten und Bargeld Matratzen aufschlitzten, Möbel umwarfen und den Inhalt von Schubladen auf den Fußboden ausleerten. Hatten der oder die Einbrecher den Alten überrascht und umgebracht, oder war der ungebetene Besuch erst nach Reifenraths Ableben aufgetaucht?

Zürich, 19. März 2017

Sie hatten das stickige Café verlassen und spazierten die Uferpromenade entlang, vorbei am Sechseläutenplatz und den Stegen der Bootsverleiher, die an einem Tag wie heute vergeblich auf Kunden warteten. Die Äste der blattlosen Platanen glänzten vor Nässe, und auf dem See dümpelten lustlos ein paar Stockenten und Schwäne.

»Ich habe Christine damals über einen Kollegen kennengelernt«, begann Ferdinand zu erzählen. »Es war im Sommer 1994, und ich war in einer verzweifelten Situation, denn meine Arbeitserlaubnis für die Schweiz war abgelaufen und ich hätte zurück nach Deutschland gemusst. Da wollte ich aber auf keinen Fall wieder hin, denn erstens hatte ich Differenzen mit dem deutschen Finanzamt, und zweitens hatte ich mich kurz zuvor in Raphael, meinen jetzigen Mann, verliebt.«

Er räusperte sich, schlug den Kragen seines Mantels hoch.

»Christine suchte einen Mann, weil sie ein Kind adoptieren wollte«, fuhr Ferdinand Fischer fort. »Sie hatte einige Versuche, auf künstlichem Wege schwanger zu werden, hinter sich, ihr erster Mann hatte es satt und ließ sich scheiden. Aber ohne Mann hatte sie keine Chance auf ein Kind, zumal sie bestimmte Vorstellungen hatte. Ein Mädchen sollte es sein, und zwar kein asiatisches oder afrikanisches. Und am besten von intelligenten Eltern abstammend. Schwierig, wie du dir denken kannst.«

Aber typisch Mama, dachte Fiona. Sie hatte ihren ersten Schock überwunden. Die frische Luft tat ihr gut.

»Sie hatte also einen Plan und brauchte dafür einen Ehemann. Sie war Schweizerin, ich Deutscher. Wir schlossen einen Vertrag ab. Ich würde sie heiraten und mit ihr verheiratet bleiben, bis sie ein Kind adoptiert hatte. Dann würden wir eine Frist von fünf Jahren abwarten, damit wir uns nicht der Scheinehe verdächtig machten. Anschließend würden wir uns scheiden lassen, ohne Ansprüche gegeneinander. Sie hätte ihr Kind, ich die Schweizer Staatsbürgerschaft, fertig.«

»Aber ich habe nirgendwo in Mamas Unterlagen eine Adoptionsurkunde gefunden«, entgegnete Fiona.

»Konntest du auch nicht.« Ferdinand blieb stehen, seine Miene wurde düster. »Denn während Christine händeringend auf ein passendes Kind wartete und jeden Abend darum betete, dass irgendeine intelligente Frau ihren hellhäutigen weiblichen Säugling in eine Babyklappe legen würde, griff das Schicksal ein.«

Fiona lauschte wie betäubt einer schier unglaublichen Geschichte. Mit jedem Wort, das Ferdinand Fischer sagte, zerbrach ihre Welt ein Stückchen mehr.

»Eines Tages erhielt Christine einen Anruf von einer Ärztin aus der Klinik für Reproduktions-Endokrinologie des Universitätsspitals hier in Zürich. Die Ärztin kannte sie gut und wusste um ihren geradezu pathologischen Wunsch nach einem Kind. Sie wollte am Telefon nichts sagen, sondern kam am Abend vorbei. Ich musste auch zu Hause sein und den Ehemann spielen. Die Ärztin – leider kann ich mich nicht an ihren Namen erinnern – hatte eine Bekannte, die ungewollt schwanger geworden war, dies aber erst festgestellt hatte, als es für einen Abbruch zu spät war. Die beiden Frauen hatten einen Plan geschmiedet, der für Christine geradezu perfekt war: Das Kind sollte heimlich zur Welt gebracht und gleich nach der Geburt der neuen Mutter übergeben werden. Die Frau wünschte keine Adoption, um keine offiziellen Spuren zu hinterlassen. Warum auch immer. Die Ärztin schlug also vor, Christine solle mithilfe einer Schwangerschaftsprothese aus Silikon und einem Mutterpass, den sie selbst fälschen würde, eine Schwangerschaft vortäuschen, um dann das Baby als eigenes Kind präsentieren zu können.«

»Wie bitte?«, flüsterte Fiona ungläubig.

»Ich konnte mich für diesen Vorschlag nicht begeistern, aber letztlich war mir egal, auf welche Weise sie an ein Kind kam, Hauptsache, für mich gab es eine Perspektive, diese Farce in der vorgesehenen Zeit beenden zu können. Der Vorschlag der Ärztin wurde von beiden Seiten angenommen. Christine bekam Hormone, schnallte die Prothese auch nachts nicht ab und spielte die Schwangerschaft außerordentlich glaubwürdig. Ich fand es, gelinde gesagt, grotesk.«

Fiona sagte nichts. Ihr fehlten schlichtweg die Worte.

»Es lief alles glatt. Am 4. Mai 1995 rief die Ärztin an und sagte, das Baby sei da. Ein gesundes Mädchen. Abends gegen halb zehn brachte sie dich in einer Sporttasche. Anderthalb Jahre später trennten wir uns und ließen uns 1999 wie vereinbart scheiden. Und da war Christines Glück perfekt. Sie hatte bekommen, was sie sich am meisten im Leben gewünscht hatte: ein Kind, ganz für sich alleine.«

***

»Frau Sander?«

»Ja?« Pia ging den Flur entlang in Richtung Eingangshalle. In der Haustür wartete Polizeioberkommissar Cordt. Neben ihm stand ein dunkelhaariges Mädchen von etwa elf Jahren und blickte ihr neugierig entgegen.

»Ich habe die Kleine gerade noch daran hindern können, ins Haus einzudringen«, sagte Cordt.

»Ich wollte nicht *eindringen*!«, protestierte das Mädchen empört. »Wir sind vorhin aus dem Urlaub zurückgekommen und ich will nur schnell Opa Theo und Beck's hallo sagen!«

»Das ist ja nett von dir.« Pia lächelte, streifte sich die Handschuhe ab und hielt dem Mädchen die Rechte hin. »Ich bin Pia Sander. Und wer bist du?«

»Jolanda Scheithauer«, erwiderte die Kleine und reichte Pia die Hand. »Wir wohnen gleich da drüben.« Sie machte eine vage Handbewegung nach hinten, dann schnupperte sie und verzog das Gesicht. »Wonach riecht's denn hier? Und wo ist Beck's?«

»Wer ist denn Beck's?« Pia schob das Mädchen sanft zur Haustür hinaus.

»Das ist der Hund von Opa Theo. Er heißt Beck's, weil Opa Theo am liebsten Beck's-Bier trinkt. Lustig, oder?«

»Allerdings.«

»Bist du auch eine Polizistin?« Jolanda musterte Pia skeptisch.

»Ja. Ich bin Kommissarin«, bestätigte Pia.

»Oh!« Die Kleine schien zu überlegen, was die Anwesenheit einer Kommissarin wohl zu bedeuten hatte. »Hat der Opa Theo was Verbotenes gemacht?«

»Nein, ich glaube nicht.« Pia schüttelte den Kopf. »Ich würde dir gerne ein paar Fragen stellen, aber es wäre gut, wenn deine Eltern dabei sein könnten. Kannst du mir die Telefonnummer von deiner Mutter sagen?«

»Ja, klar.« Jolanda diktierte ihr die Handynummer, und Pia bat POK Cordt, dem Mädchen den Streifenwagen zu zeigen, damit sie in Ruhe mit der Mutter sprechen konnte.

Zehn Minuten später kam eine zierliche dunkelhaarige Frau durch den Park gelaufen. Sie stellte sich als Bettina Scheithauer vor und war ganz betroffen, als sie hörte, dass ihr Nachbar verstorben war und eine ganze Weile unentdeckt in seinem Haus gelegen hatte.

Scheithauers waren vor sechs Jahren nach Mammolshain gezogen. Jolanda war schon als kleines Mädchen in der ganzen Nachbarschaft unterwegs gewesen und hatte sich unbefangen überall, wo es ihr gefiel, selbst eingeladen, auch bei Herrn Reifenrath, der im Allgemeinen als brummig und einzelgängerisch galt. Es war ihrem Mann und ihr zunächst nicht ganz geheuer gewesen, ihre kleine Tochter bei dem alten Griesgram zu wissen, aber der Alte hatte einen Narren an Jolanda gefressen und ihnen ausdrücklich versichert, dass sie ihm jederzeit willkommen sei.

»Unser Garten grenzt an das Grundstück von Herrn Reifenrath«, sagte Frau Scheithauer. Jolanda kannte mehrere Lücken im maroden Zaun, durch die man problemlos auf das Nachbargrundstück gelangen konnte. Jolanda besuchte Opa Theo, wie sie den alten Nachbarn nennen durfte, regelmäßig, trank mit ihm selbst gemachte Limo, half bei der Gartenarbeit und spielte mit dem Hund.

»Herr Reifenrath war seit vielen Jahren verwitwet«, sagte Jolandas Mutter. »Er lebte allein mit dem Hund in dem Haus.«

»Das ist ja ein riesengroßer Kasten«, stellte Pia fest.

»Früher war es mal ein Nonnenkloster«, wusste Frau Scheithauer. »Nach dem Ersten Weltkrieg nahmen die Nonnen behinderte und geistig zurückgebliebene Kinder auf. Aber der Orden gab das Kloster Mitte der Dreißiger Jahre auf, nachdem die Nazis alle Kinder nach Hadamar deportiert hatten. Keine schöne Geschichte. Der Vater von Herrn Reifenrath konnte dem Orden das Gebäude abkaufen. Seiner Familie gehörten schon seit Generationen die Mineralquellen im benachbarten Kronthal.«

Jolanda trug es mit Fassung, als Pia und ihre Mutter ihr nun behutsam beibrachten, dass Opa Theo nicht mehr lebte.

»Wahrscheinlich freuen sich jetzt alle«, sagte sie traurig.

»Was meinst du?«, fragte Pia. »Wer freut sich?«

»Na ja, die ganzen Geier«, erwiderte Jolanda schulterzuckend. »Der Opa Theo hat immer gesagt: ›Wenn ich mal tot bin, freuen die sich alle, die Aasgeier.‹«

»Aha. Und wen kann er damit gemeint haben?«

»Ich weiß nicht genau. Vielleicht die Ivanka. Oder die Ramona, die aufdringliche Erbschleicherin. Den Doktor Raik und den

Jochen nicht, glaub ich. Aber vielleicht die Izzi, die tätowierte Dorfmatratze …«

»Jolanda!«, unterbrach Frau Scheithauer ihre Tochter scharf.

»So nennt der Opa Theo die aber immer!«, verteidigte sich das Mädchen. »Heißt die denn nicht so?«

Frau Scheithauer verzog das Gesicht, als hätte sie Zahnschmerzen.

»Sie meint die junge Dame, die hier in Mammolshain mobile Fußpflege anbietet.«

»Aha. Und wer ist die Ivanka?«, fragte Pia.

»Das ist dem Opa Theo seine Perle«, erwiderte Jolanda unbefangen.

»Ivanka ist eine Art Haushälterin«, übersetzte Frau Scheithauer. »Sie erledigt für Herrn Reifenrath die Einkäufe, macht seine Wäsche und kümmert sich um den Haushalt. Soweit ich weiß, kommt sie drei Mal pro Woche. Bei ›Doktor Raik‹ handelt es sich um Dr. Gehrmann, den Tierarzt.«

»Und Ramona, die aufdring…«, begann Jolanda.

»Die Vornamen reichen«, stoppte ihre Mutter sie.

»Na gut. Die Ramona und der Jochen sind welche von Opa Theos Kindern. Die sind aber keine Kinder wie ich, sondern schon ziemlich alt. Also älter als Mama und … na ja … auch älter als Sie. Ein bisschen auf jeden Fall.«

»Fällt dir sonst noch jemand ein, der Opa Theo regelmäßig besuchen kam?« Pia überging das zweifelhafte Kompliment.

»Der Mann von der Ramona.« Jolanda zog die Stirn in Falten. »Und manchmal noch so andere alte Opas. Der Opa Theo hatte nicht viel Besuch. Er hat immer gesagt, die Leute könnten ihn alle mal kreuzweise. Früher hat er den Leuten, die er blöd fand, die Hunde auf den Hals gehetzt, aber der Beck's, der ist dafür zu lieb. Der hat nur mal den Fritz in die Hand geknappt, als er dem Opa Theo dumm kommen wollte.«

»Aha.« Pia horchte auf. »Weißt du, wer der Fritz ist?«

»Nee, weiß ich nicht. Aber der Opa Theo ist ganz arg wütend auf den gewesen.« Jolanda warf ihrer Mutter einen kurzen Blick zu. »Ich hab zufällig mal gehört, wie er mit dem Fritz telefoniert hat, und da hat er ganz böse Sachen gesagt.«

»Was denn zum Beispiel?«, forschte Pia.

»Er bräuchte sich nicht mehr blicken lassen und er wäre die Enttäuschung seines Lebens und ein egomistischer Mistkerl.«

Pia verkniff sich ein Schmunzeln.

»Kannst du dich daran erinnern, wann du Opa Theo zuletzt gesehen hast?«

»Hm.« Jolanda dachte angestrengt nach. »Wir waren zehn Tage bei Opa und Oma am Tegernsee. Ich glaub, kurz davor habe ich ihn noch gesehen. Auf seinem Rasentraktor. Mit dem fährt er nämlich immer rum, auch wenn er gar nicht Rasen mäht. Wahrscheinlich, weil er nicht mehr so gut laufen kann.«

»Hat der Opa Theo auch ein Auto?«, fragte Pia.

»Ja. Einen Mercedes in Silber.« Jolanda wandte sich um und zeigte auf die Garagen und Anbauten, die sich auf der gegenüberliegenden Seite des Vorplatzes befanden. »Normalerweise steht der immer da vorne in der ersten Garage. Aber jetzt ist er weg.«

War das Auto gestohlen worden? Oder gab es eine harmlosere Erklärung dafür, dass es nicht mehr da war? Theodor Reifenrath konnte es schließlich auch verkauft, verliehen oder in die Werkstatt gebracht haben. Pia beschloss, dass das Auto erst mal keine Priorität hatte.

Ein schwarzer Volvo-SUV rauschte auf den Vorplatz und stoppte direkt neben dem Streifenwagen.

»Okay, dann erst mal vielen Dank«, sagte Pia zu Jolanda, die noch mehr erzählen wollte. »Wir können uns später sicherlich noch ein bisschen unterhalten.«

»Wo ist der Beck's eigentlich?«, fiel Jolanda wieder ein und ihre Augen weiteten sich vor Sorge. »Der ist doch nicht auch tot, oder?«

»Wir haben ihn bisher noch nicht gefunden«, gab Pia zu. »Aber meine Kollegen werden jetzt das ganze Grundstück und das Haus nach ihm absuchen.«

»Dann helfe ich dabei!«, rief Jolanda entschlossen. »Ich kenne mich hier gut aus!«

Frau Scheithauer hatte nichts dagegen einzuwenden und bot sogar an, selbst bei der Suche zu helfen. Die beiden verschwanden mit POK Cordt.

Henning war unterdessen aus seinem Auto ausgestiegen und sah sich um.

»Wo sind denn alle?«, fragte er.

»Wen meinst du?« Pia hatte ihren Ex-Mann eine Weile nicht gesehen und war wieder einmal erstaunt darüber, dass sein chaotisches Privatleben der vergangenen Jahre zumindest äußerlich vollkommen spurlos an ihm vorbeigegangen war. Sein Haar war zwar etwas grauer geworden, und in seinen akkurat ausrasierten Bart mischten sich ein paar silberne Haare, aber ansonsten sah er genauso aus wie vor zwölf Jahren, als sie ihn verlassen hatte.

»Spurensicherung, Bestatter, deine Kripo-Kollegen …«

»Bis jetzt habe ich nur dich angerufen«, erwiderte Pia. »Es hängt von deinem Urteil ab, wie wir hier weitermachen.«

»Alles klar.« Henning öffnete den Kofferraum und lud die beiden Alukoffer aus, in denen sich seine Ausrüstung befand.

»Habt ihr den Umzug hinter euch gebracht?«, erkundigte er sich, während er einen Overall und Latexhandschuhe überzog.

»Ja, alles ausgepackt und eingeräumt«, antwortete Pia. »Morgen Abend machen wir die Übergabe vom Hof an den neuen Besitzer.«

»Sei froh! Dann bist du das Ding endlich los.« Henning bückte sich und streifte blaue Plastiküberzieher über seine Schuhe. »Ich habe mich sowieso immer gefragt, wie man es in dieser Kaschemme direkt neben der Autobahn aushalten kann. Der dauernde Lärm hätte mich wahnsinnig gemacht.«

Pia sparte sich eine Antwort. Henning würde ohnehin niemals verstehen, was sie am Birkenhof geliebt hatte. Der Lärm der Autobahn war weiter hinten auf dem Grundstück kaum zu hören gewesen und das Manko seiner Lage hatte den Hof damals für sie überhaupt erst erschwinglich gemacht.

»Also, was haben wir hier?«, wollte Henning wissen, als er Pia durch die Halle und den Flur entlang zur Küche folgte.

»Die Zeitungsausträgerin hat die Leiche entdeckt«, antwortete Pia. »Ich gehe davon aus, dass es sich um den Eigentümer des Hauses handelt, einen über achtzigjährigen Mann, der hier alleine mit seinem Hund lebte.«

Henning stellte seine Koffer im Flur ab und öffnete sie, dann betrat er die Küche und blickte sich um.

»Willst du meine Todeszeitschätzung hören?«, erkundigte er sich.

»Sag bloß, das kannst du jetzt schon auf einen Blick sagen, ohne Untersuchung?«, fragte sie spöttisch.

»Das nicht. Aber die Zeitung hier ist vom 7. April.« Henning grinste und deutete auf die Ausgabe der *Taunuszeitung*, die aufgeschlagen auf dem Küchentisch lag. »Es gab Zeiten, da warst du schon mal scharfsinniger, meine Liebe.«

»Entschuldige bitte«, erwiderte Pia leicht verärgert. »Ich habe mich nur an deine Anweisung gehalten und mich bisher nicht so genau umgesehen!«

Henning begann damit, Raumtemperatur und Luftfeuchte an verschiedenen Stellen in der Küche zu messen, und pfiff dabei gut gelaunt vor sich hin. Pia sah ihm zu.

»Was bist du denn so guter Dinge?«, fragte sie schließlich.

»Ich habe in den letzten Monaten in jeder freien Minute an einem Buch geschrieben«, antwortete er. »Gestern Abend bin ich fertig geworden.«

»Na und? Du hast schon mehr als zwanzig Bücher geschrieben«, erinnerte Pia ihn. »Und außerdem ungefähr tausend für Laien vollkommen unverständliche Beiträge für irgendwelche forensischen Fachzeitschriften.«

»Du übertreibst schamlos.« Henning notierte Zahlen in Tabellen. »Im Übrigen handelt es sich diesmal nicht um ein Fachbuch, sondern um einen Roman. Einen Krimi.«

»Wie bitte?« Pia war verblüfft. »Ich wusste gar nicht, dass du so etwas kannst.«

»Ich ehrlich gesagt auch nicht«, antwortete Henning vergnügt. »Aber es sind vierhundert Seiten geworden, und meine Lektorin ist begeistert.«

»Lektorin? Dann hast du also auch schon einen Verlag?« Pia lehnte sich in den Türrahmen und sah zu, wie ihr Ex-Mann mit einer Pinzette eine Fliegenlarve von der Leiche pflückte. Es war ein bisschen so wie früher, als sie noch verheiratet gewesen waren und sich ihr Privatleben zum Großteil im Keller des

Rechtsmedizinischen Instituts an der Kennedy-Allee abgespielt hatte.

»Ja, stell dir vor: Es wird im Herbst pünktlich zur Frankfurter Buchmesse bei Winterscheidt erscheinen. Als Spitzentitel. Und das, obwohl Winterscheidt bisher ein literarischer Verlag war.«

»Das ist echt toll. Herzlichen Glückwunsch!«

»Weißt du, Pia«, sagte Henning plötzlich und hielt inne. Die Larve krümmte sich und wehrte sich gegen die Umklammerung der Pinzette. »Ich habe festgestellt, dass ich einfach nicht für Beziehungen geschaffen bin. Ich bin am glücklichsten, wenn ich ungestört das tun kann, was ich gerne tue. Ohne auf die Uhr sehen zu müssen, ohne Rücksicht auf irgendjemanden zu nehmen, ohne mich rechtfertigen zu müssen. Ich brauche keine Villa und keine Penthouse-Wohnung, ich brauche Freiheit, meine Bücher, meinen Laptop, meine Arbeit. Es war ein großer Fehler, Miriam zu heiraten. Fünf Jahre habe ich gebraucht, sie loszuwerden. Glücklicherweise hatten wir einen gescheiten Ehevertrag.«

Seine entwaffnende Offenheit war genauso untypisch für ihn wie seine gute Laune.

»Ja, sei froh. Miriam ist eine echte … na ja, egal.« Pia schnaubte. Selten hatte sie sich in einem Menschen so geirrt wie in Miriam Horowitz, ihrer alten Schulfreundin, die sie vor zehn Jahren zufällig bei der ersten Veranstaltung, zu der sie Christoph offiziell begleitet hatte, wiedergetroffen hatte. »Erzähl mir lieber, worum es in deinem Krimi geht.«

»Willst du das Manuskript lesen?« Henning steckte die Made in ein Gläschen. »Ich kann es dir als PDF schicken.«

»Ja, gerne!« Pia nickte erfreut. Wie viele Polizisten las sie für ihr Leben gern Krimis, auch wenn sie oft den Kopf darüber schüttelte, wie die fiktiven Kollegen ihre Fälle lösten und welche grotesken Zufälle ihnen dabei auf die Sprünge halfen.

»Die Hauptfiguren sind übrigens ein Rechtsmediziner und seine Ex-Frau, eine Kriminalpolizistin.« Henning zwinkerte ihr zu und verstaute das Döschen mit der Fliegenlarve in einem Plastikbehälter. »Und natürlich spielt es in Frankfurt.«

»Ähnlichkeiten mit lebenden oder verstorbenen Personen sind zufällig und nicht beabsichtigt, was?« Pia gluckste amüsiert.

»Lass dich überraschen.« Henning schmunzelte.

»Darf ich die Fenster aufmachen?«, fragte Pia.

»Ja. Ich habe die Raumtemperatur schon gemessen.« Henning hockte sich neben die Leiche und begann mit der äußerlichen Leichenschau. Pia öffnete die beiden Küchenfenster, sog tief die frische Frühlingsluft in ihre Lungen und beschloss, sich ein wenig im Haus umzusehen. Vielleicht war der Hund ja in irgendeinen der Räume eingesperrt worden.

»Starke Fäulnisveränderungen ... partielle Mumifizierung«, hörte sie Henning im Weggehen sagen. »Fassförmige Auftreibung der Bauchdecke und der Gliedmaßen, Austritt von Fäulnisflüssigkeit aus Mund und Nase ...«

***

Pia stieg die breite Freitreppe hoch in den ersten Stock und sah, dass ihre Schuhe Abdrücke im Staub hinterließen. Hier war schon längere Zeit niemand mehr hochgegangen. Mit jedem Schritt verstärkte sich das unbehagliche Gefühl, das sie schon beim Betreten des Hauses verspürt hatte. Sie blieb stehen. Es war nur eine Ahnung, vage und beunruhigend, die sie eigentlich nur dann befiel, wenn sie an den Schauplatz eines Verbrechens kam. Irgendein besonderer Sinn ließ es sie spüren, wenn etwas aus dem Gleichgewicht geraten war. Was war hier passiert? Hatte es mit der Vergangenheit des Hauses zu tun?

Links und rechts vom Treppenhaus zweigten breite Flure ab. Hier oben war es noch kälter als unten im Erdgeschoss. Fröstelnd betrat Pia den rechten Flur. Durch die fast blinden Scheiben der großen Sprossenfenster fiel milchiges Licht auf abgetretene Steinfußböden. Auf der Suche nach Beck's öffnete sie alle Türen und blickte in kleine Zimmer, die mit ihrer spartanischen Einrichtung an eine Kaserne oder ein strenges Internat erinnerten. Jeweils zwei schmale Holzbetten mit Nachttisch, zwei Kleiderschränke aus billigem Furnierholz, zwei Schreibtische mit Schreibtischlampen, die eindeutig aus den Siebzigerjahren stammten, an der Wand über der Tür ein Holzkreuz. Es roch muffig, als ob lange nicht mehr gelüftet worden wäre, und eine dicke Staubschicht bedeckte die Möbel und den Fußboden. Pia setzte sich an eines der Schreibpulte und hob die von Tintenklecksen und Kratzern übersäte Arbeitsplatte an. In die Unterseite der Schreibtischplatte waren Wörter und Sprüche, Herzen und Namen geritzt worden. Darunter befand sich ein Stauraum, in dem sie ein Holzlineal, ein zerbrochenes Geodreieck, Buntstifte, einen Flummi, ein in Klarsichtfolie eingeschlagenes Mathematikbuch und ein ramponiertes türkisblaues Matchbox-Auto entdeckte. Wem hatte das wohl einmal etwas bedeutet? Sie tastete weiter nach hinten, berührte Papier und zog eine Zeitschrift hervor, von deren Titelblatt sie ein vergilbter Pierre Brice als Winnetou anstarrte. Eine Ausgabe der *BRAVO* vom 18. Februar 1982! Pia musste schmunzeln. Ihre Freundinnen und sie hatten die Zeitschrift damals heiß geliebt, und irgendjemand aus ihrer Klasse hatte immer heimlich eine gekauft, die dann die Runde machte. Kichernd und mit hochroten Backen hatten sie die Jugendzeitschrift verschlungen, besonders die schlüpfrigen Lebenshilfetipps von Dr. Sommer und die Kontaktanzeigen.

Pia legte die Zeitschrift zurück und schlug das Mathematikbuch auf. *André Doll, Klasse R6b*, stand dort in ordentlicher Kinderschrift. Gerade als sie das Buch zurücklegen wollte, fiel ein vollgekritzeltes blaues Löschblatt heraus und schwebte zu Boden. Pia hob es auf und betrachtete es, dann faltete sie es zusammen und steckte es in ihre Jackentasche.

»André Doll«, murmelte Pia und stellte sich einen Jungen vor, der vor über dreißig Jahren hier gelebt, geschlafen und an diesem Schreibtisch Hausaufgaben gemacht hatte. Sie trat ans Fenster. Über einen weitläufigen parkähnlichen Garten blickte man hinüber zur Kronberger Burg, links zog sich ein dichter Wald den Hang hinauf bis nach Königstein. Nicht weit dahinter lag der Opel-Zoo. Pia wandte sich ab, warf noch einen Blick in den Schreibtisch auf der anderen Seite des Zimmers, aber der war leer und ließ keine Rückschlüsse auf seinen letzten Benutzer zu.

Der letzte Raum auf dem Flur war ein Waschraum. Die bis unter die hohe Decke weiß gefliesten Wände ließen den großen Raum steril und kalt wirken. Es gab mehrere Waschbecken, zwei Duschen und eine altmodische frei stehende Badewanne, bei deren Anblick sich Pias Unbehagen in Beklemmung verwandelte.

Eilig kehrte sie ins Treppenhaus zurück und stieg die knarrenden Holzstufen hoch ins Dachgeschoss. In der Mansarde gab es zwei nebeneinanderliegende Zimmer, die durch Gauben an Höhe gewonnen hatten. Hier herrschte erheblich mehr Individualität als in den kargen Räumen einen Stock tiefer: Jedes war möbliert mit Bett, Schreibtisch und Kleiderschrank, darüber hinaus gab es aber noch eine Couch, Bücherregale und jeweils einen Sessel. Decken und Wände waren mit Holz verkleidet und die Fußböden mit hellgrauem Teppichboden ausgelegt, der mittlerweile alt und fleckig war, früher aber schick gewesen sein musste. Auf der anderen Seite des Treppenaufgangs befand sich ein kirschrot gefliestes Badezimmer mit Dusche, Waschbecken und einer großen Badewanne direkt in der Gaube. Pia drehte einen Wasserhahn auf. Rostrotes Wasser tröpfelte aus der Leitung. Jolanda hatte erwähnt, dass Reifenrath mehrere Kinder hatte. Der Anzahl der Betten nach zu urteilen, mussten es sehr viele Kinder gewesen sein. Oder war das Haus, der Tradition der Nonnen folgend, ein Kinderheim gewesen und hier oben in der Mansarde hatten die Betreuer gewohnt?

Über eine steile Holztreppe gelangte Pia auf den Speicher. Unter den Dachsparren im Halbdunkel lagerten alte Möbel, eingerollte Teppiche und jede Menge Umzugskisten. Auch hier gab es keine Spur von dem Hund, womit Pia aber auch nicht gerechnet hatte. Sie kehrte zurück in die Eingangshalle. Neben dem gewaltigen Kachelofen bemerkte sie eine kleine Tür und stieß sie auf. Eine ausgetretene Steintreppe führte in einen weitverzweigten Keller. Modriger Geruch schlug ihr entgegen. In einem Holzverschlag schimmelten Kartoffeln vor sich hin. Pia rief nach dem Hund, schaute in jeden Raum und leuchtete mit der Taschenlampe ihres Smartphones in dunkle Ecken. Nichts. Sie kletterte die steile Treppe wieder hoch, und da Henning noch mit der Leichenschau beschäftigt war, betrat sie das Arbeitszimmer in der Hoffnung, Hinweise auf die Kinder des Verstorbenen oder andere Verwandte zu finden, die sie über das Dahinscheiden Theodor Reifenraths informieren konnte. Es war immer unangenehm, in die Privatsphäre eines Toten einzudringen, aber oft war es unabdingbar. Die Schreibtischplatte war leer bis auf eine Lampe, eine lederne

Schreibunterlage und ein Telefon mit Anrufbeantworter, dessen Lämpchen rot blinkte. Einen Computer hatte Theodor Reifenrath offenbar nicht besessen. Mit dem behandschuhten Zeigefinger drückte Pia auf die Wiedergabetaste des Anrufbeantworters.

»Sie haben vierzehn neue Nachrichten«, verkündete die Maschine. »Nachricht 1, empfangen am 9. April um 11:26 Uhr.«

»Hier spricht Doktor Katzenmeier aus der Kronthaler Straße«, ertönte eine kultivierte, aber unverkennbar erregte männliche Stimme. »Ihr Hund bellt jetzt seit 36 Stunden beinahe un-ab-lässig! Das ist nicht mehr zu to-le-rie-ren! Warum nehmen Sie das Tier nicht mit auf Ihre Landpartien? Ich muss annehmen, dass Sie das ab-sicht-lich tun! Das ist blanker Terror! Wenn das nicht bald aufhört, sehe ich mich gezwungen, die Polizei anzurufen! Auf Wiederhören!«

»Hättest du das mal gemacht, du Schlaumeier«, murmelte Pia.

»Frau Sander?«, rief jemand im Flur, und Pia stoppte das Band.

»Ja? Ich bin hier im Arbeitszimmer!«

Im Türrahmen erschien Polizeioberkommissar Cordt. Sein Gesicht war gerötet, er wirkte aufgeregt und bemühte sich so zu tun, als ob ihm der Leichengeruch nichts ausmachte.

»Wir haben den Hund gefunden«, sagte er. »Aber ich glaube, er ist tot.«

* * *

»Die Kleine hatte die Idee, dass der Hund dort sein könnte«, sagte Cordt zu Pia, als sie um das Haus herum zum rückwärtigen Teil des großen Grundstücks gingen. »Wir haben den Zwinger zuerst gar nicht gesehen, weil er völlig zugewachsen ist.«

Hinter dem Haus erstreckte sich eine Wiese hangaufwärts bis zum Waldrand. Ein von niedrigen Buchsbaumhecken gesäumter Kiesweg führte zu einem verwilderten Gemüsegarten mit einem Treibhaus, das einen traurigen Anblick bot: Die meisten Glasscheiben waren blind oder zerbrochen.

»Was ist das da drüben für eine Hütte?«, erkundigte Pia sich und wies auf ein Häuschen aus rotem Holz, das von den Ranken wilden Weins überwuchert war, den niemand zurückgeschnitten hatte.

»Da hinten gibt's ein leeres Schwimmbad voll mit altem Laub und Dreck«, erwiderte Cordt. »Das Häuschen scheint wohl mal eine Art Poolhaus gewesen zu sein.«

Der Hundezwinger befand sich hinter dichten Rhododendronbüschen. Die rostigen Gitter waren von Efeu und Brombeerranken überwuchert. An den eigentlichen Zwinger schloss sich ein leicht abschüssiger Auslauf an, der mit grünen Stahlgittermatten eingezäunt war. Auf der zerborstenen Betonplatte stand eine große Hundehütte aus Holz, die ähnlich marode aussah wie der ganze Zwinger.

»Wir haben ihn gefunden! Wir haben Beck's gefunden!« Jolanda stürzte auf Pia zu und zerrte aufgeregt an ihrem Ärmel. »Er liegt in der Hundehütte! Aber er bewegt sich gar nicht! Meinst du, er lebt noch?«

»Das werden wir gleich wissen.« Es gelang Pia nur mit Mühe, den rostigen Riegel der Gittertür aufzuschieben, ohne sich einen Fingernagel abzubrechen. Der Boden des Zwingers war übersät mit Hundehaufen und abgenagten Knochen, dazwischen lagen zwei zerbeulte Metallnäpfe. Der Hund rührte sich nicht, als Pia den Zwinger betrat. Er lag in der Hütte auf einer schmuddeligen Decke und bot ein Bild des Jammers. Das hellbraune Fell war struppig und stumpf und spannte sich über deutlich hervorstehende Rippen und Hüftknochen.

»Mausetot«, meinte Cordt von draußen.

»Nein, er lebt noch«, sagte Pia, die sah, dass sich der Brustkorb des Tieres kaum merklich hob und wieder senkte. »Jemand muss einen Tierarzt rufen. Und holen Sie irgendwo Wasser. Beeilen Sie sich!«

»Das mach ich!«, rief Jolanda und rannte davon, bevor ihre Mutter sie daran hindern konnte. Cordt griff zu seinem Handy, um nach einem Tierarzt zu googeln.

»Hatte Jolanda vorhin nicht einen Tierarzt erwähnt?«, erinnerte Pia sich.

»Doch. Dr. Raik Gehrmann«, antwortete Frau Scheithauer. »Er hat seine Praxis in Kronberg, aber er wohnt hier in Mammolshain.«

»Rufen Sie ihn bitte an. Er soll so schnell wie möglich herkommen.« Pia legte sanft ihre Hand auf die Schulter des Hundes und sprach leise mit ihm. Es tat ihr in der Seele weh, ein Tier in einem solchen Zustand zu sehen. Manchmal berührte sie das Leid eines Tieres mehr als der Anblick einer Leiche. Auf einmal öffnete der Hund ein Auge, ganz leicht bewegte sich die Schwanzspitze, als ob er wedeln wollte.

»Guter Junge, Beck's.« Sie kraulte behutsam das verfilzte Fell hinter den Ohren. »Halt durch! Alles wird wieder gut.«

Der Hund versuchte, den Kopf zu heben, aber er war zu schwach. Er stieß einen Seufzer aus und gab wieder auf. Seine Augen waren verkrustet, die Nase trocken und heiß. Die Pfoten waren mit getrocknetem Blut und Erde verklebt, ein paar Krallen fehlten. Offenbar hatte er verzweifelt versucht, aus dem Zwinger zu entkommen. Pia hörte, wie Cordt mit jemandem sprach. Jolanda betrat atemlos den Zwinger und reichte Pia eine grüne Plastikflasche mit stillem Wasser.

»Die hat mir dieser vermummte Mann mit dem schwarzen Auto gegeben«, keuchte sie. »Ist das okay?«

Sie kniete sich neben den Hund, der sie offensichtlich erkannte, denn er wedelte wieder ganz schwach mit der Schwanzspitze.

»Natürlich.« Pia schraubte die Flasche auf und träufelte dem Hund vorsichtig etwas von Hennings edlem Ballygowan-Wasser, das er direkt in Irland zu bestellen pflegte, auf die Lefzen. Beck's öffnete die Augen und begann, das Wasser zu schlecken, erst zögernd, dann immer gieriger. Mit jedem Schluck, den er zu sich nahm, wurde sein Blick ein wenig wacher. Keine Frage, er war kurz davor gewesen, zu verdursten.

»Auf dem Anrufbeantworter von Herrn Reifenrath war eine Nachricht von einem Herrn Dr. Katzenmeier, der sich über Hundegebell beschwert hat«, wandte Pia sich an Frau Scheithauer. »Kennen Sie den Mann?«

»Das ist unser Nachbar«, antwortete Jolanda anstelle ihrer Mutter und verdrehte die Augen. »Der meckert uns immer an, wenn wir im Garten spielen, und außerdem schreit er seine Frau an. Wahrscheinlich, weil er arbeitslos ist und sich langweilt.«

»Er ist nicht arbeitslos, sondern Rentner«, berichtigte Frau Scheithauer ihre Tochter. »Katzenmeiers waren in der Woche vor

Ostern verreist. Dann muss der arme Beck's ja schon seit einer ganzen Weile hier drin sein.«

»Schätzungsweise zehn Tage«, bestätigte Pia.

»Ich habe den Tierarzt erreicht«, sagte POK Cordt eifrig. »Er kommt sofort.«

»Danke.« Pia nickte ihm zu. Ihr Handy klingelte. Es war Henning, der mit der äußeren Leichenschau fertig war. Sie ließ den Hund in der Obhut von Jolanda und ihrer Mutter zurück und nahm die Abkürzung an der Küchentür vorbei zum Vorplatz. Henning war schon dabei, seine Ausrüstung in den Kofferraum seines Volvos zu laden.

»Und?«, fragte sie ihn.

»Ich habe in der Tat eine stumpfe Gewalteinwirkung gegen den Gesichtsschädel unterhalb der Stirnhaargrenze feststellen können.« Er richtete sich auf. »Blut- und Liquorausfluss aus beiden Gehörgängen weist auf einen Schädelbasisbruch hin. Das Nasenbein ist gebrochen, wahrscheinlich auch die Jochbeine. Ob das die Folgen eines Sturzes oder eines Schlages sind, kann ich aufgrund des fortgeschrittenen Verwesungszustands der Leiche zum jetzigen Zeitpunkt nicht verbindlich sagen. Es ist möglich, dass er sich den Kopf bei einem Sturz irgendwo angeschlagen hat, aber genauso gut kann ihm die Verletzung von jemandem zugefügt worden sein. Nach einer Sektion weiß ich mehr.«

Er reichte Pia den Totenschein, auf dem er »Todesursache unklar« angekreuzt hatte.

»Okay.« Pia nickte. »So, wie es aussieht, ist eingebrochen worden. Vielleicht hat er den Einbrecher überrascht und es kam zu einem Kampf.«

»Abwehrverletzungen habe ich nicht feststellen können.« Henning schlug die Heckklappe seines Autos zu.

»Ich werde den Staatsanwalt anrufen und die SpuSi anfordern«, sagte Pia. »Danke, dass du so schnell gekommen bist.«

»Keine Ursache.« Henning nickte. »Schönen Tag noch! Ich schicke dir heute Abend das Manuskript.«

»Ich freue mich drauf.« Pia hob den Daumen.

Der Rest des Tages würde wohl eher lang als schön werden, so viel stand fest. Eine unklare Todesursache bedeutete, die ganze

Maschinerie, die bei einem möglichen Gewaltverbrechen erforderlich war, in Gang zu setzen. Pia rief also den PvD an und bat ihn, sich mit dem Bereitschaftsstaatsanwalt in Verbindung zu setzen, damit dieser wiederum unverzüglich beim Bereitschaftsrichter einen Durchsuchungsbeschluss für das Haus beantragte.

»Machst du den ELO*?«, fragte der PvD. »Oder soll ich einen A12er schicken?«

»Nee, das mache ich schon«, erwiderte Pia. »Aber wir brauchen Verstärkung und Ersatz für die Kollegen, die gleich Schichtende haben.«

»Geht klar.«

»Was ist mit dem Bestatter? Die Leiche muss in die Rechtsmedizin gebracht werden.«

»Es kommt einer aus Frankfurt.«

Pia beendete das Gespräch, als Frau Scheithauer auf sie zukam. Die zierliche Frau, die bisher einen sehr beherrschten und vernünftigen Eindruck auf Pia gemacht hatte, wirkte beunruhigt.

»Entschuldigen Sie bitte, Frau Sander«, sagte sie. »Dürfte ich Sie noch einmal kurz stören?«

»Ja, natürlich. Was gibt es denn?«

»Ich habe mir gerade die Knochen angesehen, die in dem Hundezwinger herumliegen. Dabei ist mir etwas aufgefallen.«

»Aha. Was denn?«

»Ich glaube«, sagte Jolandas Mutter, »es handelt sich um menschliche Knochen.«

»*Menschliche* Knochen?« Pia ließ ihr Handy sinken und starrte die Frau ungläubig an. »Im Hundezwinger? Sind Sie da ganz sicher?«

»Ich bin Archäologin.« Frau Scheithauer nickte. »Ich kenne mich mit Knochen aus. Und ich bin ganz sicher. Ich habe ein Schulterblatt gesehen, einen Beckenknochen, Rippen mit Brustbein …«

* * *

---

* Einsatzleiter Ort (Polizeijargon)

Seine Schicht war um 14 Uhr zu Ende. Eigentlich hatte er vorgehabt, ein paar Tage mit der Observierung zu pausieren, aber es war wie mit dem Rauchen oder dem Trinken: In dem Moment, in dem man sich ganz bewusst vornahm, einen Tag lang keine Zigarette zu rauchen oder keinen Schluck zu trinken, wurde das Verlangen übermächtig, bis man ihm nicht mehr widerstehen konnte und der Sucht nachgab. So war es ihm ergangen. Zwölf Stunden lang hatte er an so gut wie nichts anderes gedacht als an sie. Glücklicherweise war sein Job dank der Schichtzulage gut bezahlt, aber ziemlich anspruchslos und erforderte so gut wie keine Kommunikation mit seinen Kollegen, von denen die meisten ohnehin kaum Deutsch sprachen.

Während er durch die Straßen des vor wenigen Jahren neu entstandenen Stadtteils im Westen der Frankfurter City fuhr, kicherte er in sich hinein, denn er musste an einen alten Film mit Uwe Ochsenknecht denken, in dem der gesagt hatte: »Ich kann allem widerstehen, nur nicht der Versuchung.« So ging es ihm auch. Scheiß drauf. Niemand wartete auf ihn. Und wo sich die andere hinterhältige Schlampe, mit der er zwanzig Jahre verheiratet gewesen war, verkrochen hatte, wusste er sowieso längst. Sogar ihre neue Handynummer kannte er. Die lief ihm nicht weg. Vorfreude war schließlich die schönste Freude.

Diese hier jedoch war für ihn eine echte Herausforderung. Zu erfahren, wo sie wohnte und arbeitete, war gar nicht so einfach gewesen, und es hatte ein paar Wochen gedauert, bis er endlich alle ihre Gewohnheiten studiert hatte. Es war aufregend und spannend, einen Menschen so genau kennenzulernen, ohne dass dieser etwas davon mitbekommen durfte. Sie rechnete nicht damit, beobachtet zu werden, sonst hätte sie sich möglicherweise anders verhalten. Es war ausgesprochen erregend, sich auszumalen, wo und wann er zuschlagen *könnte.* Sie wohnte in einem der neuen Wohnblöcke, im obersten Stock eines siebenstöckigen Hauses in der Montgolfierallee. Alle Straßen in dem neuen Stadtviertel zwischen der Kuhwaldsiedlung, dem Rebstockbad und dem Europaviertel waren nach irgendwelchen Flugpionieren benannt: Es gab eine Leonardo-da-Vinci-Allee, eine Gebrüder-Wright-Straße und eine Käthchen-Paulus-Straße. Er selbst hatte nichts für solche Retortenstädte übrig, aber angeblich waren fast alle der projektierten Wohnungen verkauft oder reserviert, das hatte er kürzlich im Radio gehört. Wohnraum war knapp in Frankfurt und tatsächlich hatte die Lage am Rebstock viele Vorteile: Es gab eine direkte Anbindung an die A648, man war in fünfzehn Minuten am Flughafen, in der Stadtmitte oder im Taunus, ohne sich durch die ganze Stadt quälen zu müssen. Der größte Vorteil aus seiner Sicht war die Tatsache, dass das ganze Gebiet noch eine Baustelle war. Hier gab es keine gewachsenen Strukturen und auch keine scharfäugigen Omas, die jeden Fremden im Viertel sofort bemerkten. Überall schwirrten Handwerker herum, standen Lieferwagen und Lkws. Er fiel hier nicht auf und deshalb hatte er sie in aller Ruhe beobachten können. Drei Mal pro Woche ging sie joggen, mit einer Apple-Watch am Handgelenk und weißen Kopfhörern in den Ohren. Sie hatte eine gute Kondition, lief meistens im Rebstockpark, aber manchmal auch bis ins Europaviertel. Er kannte die Läden, in denen sie einkaufte, den Friseur, bei dem sie sich die Haare blond färben ließ, ihren Zahnarzt, den Getränkehändler, von dem sie sich Mineralwasser, Coke Zero und Bionade liefern ließ. Hin und wieder brachte sie sich chinesisches Essen mit, aber er hatte sie auch schon in dem italienischen Restaurant gegenüber vom Skyline Plaza an der Europa-Allee Kalbskotelett und Fisch essen sehen. Dort kannte man sie und gab ihr immer denselben kleinen Tisch an einem Fenster, wo sie dann beim Essen in ihrem Smartphone las oder Nachrichten tippte. Er kannte ihr Auto, das sie meistens in der Tiefgarage ihres Hauses parkte, aber er hatte es auch schon in einer Parkbucht stehen sehen. In der ganzen Zeit, die er sie schon observierte, hatte er sie nur zwei Mal in Gesellschaft einer anderen Frau gesehen, die etwas älter war als sie, aber nicht alt genug, um ihre Mutter zu sein. Sie war so gut wie immer alleine unterwegs, was seinem Plan natürlich sehr entgegenkam.

Noch hatte er den Zeitpunkt nicht festgelegt, wann er sie sich greifen würde. Aber er wusste schon genau, was er mit ihr und später mit den anderen beiden Weibern machen würde. Sie würden nicht schnell sterben, oh nein! Er würde sie langsam zu Tode foltern, sie quälen und sich daran ergötzen, wie sie allmählich den Verstand verloren und ihn anbettelten, endlich sterben zu dürfen. Und dann würde er sie verrecken lassen und ihnen dabei zusehen. Davon träumte er seit drei Jahren.

***

»Vielen Dank, Frau Scheithauer«, sagte Pia. »Ich gehe davon aus, dass Sie nichts angefasst haben.«

»Nein, natürlich nicht.«

Ein kalter Wind war aufgekommen. Über den Taunusbergen hingen regenschwere anthrazitfarbene Wolken. Es würde nicht mehr lange dauern, bis es anfing zu regnen.

»Okay.« Pia wählte Hennings Nummer und glücklicherweise ging er sofort dran. »Sorry, ich bin's. Wo bist du gerade?«

»Eschborn-Süd. Kurz vor der Autobahn. Wieso?«

»Du musst leider noch mal zurückkommen. Im Hundezwinger liegen Knochen, die aussehen wie Menschenknochen.«

»Alles klar.« Henning stellte keine Fragen und murrte auch nicht. »Ich drehe um.«

Anschließend rief Pia Kriminalhauptkommissar Christian Kröger, den Chef des Erkennungsdienstes der RKI, an. Sie hatte im Dienstplan gelesen, dass er zwar noch Urlaub, aber auch Rufbereitschaft hatte. Er würde es ihr sehr übel nehmen, wenn sie ihn nicht anrief.

»Na endlich!«, flüsterte er ins Telefon. »Die ganzen Feiertage habe ich schon vergeblich darauf gewartet, dass mich jemand erlöst!«

»Äh, wie bitte?« Pia glaubte zuerst, Christian habe sie mit jemandem verwechselt, aber das war nicht der Fall.

»Brauchst du mich, Pia? Bitte sag, dass es so ist! Ich drehe hier durch! Schon vier Tage mit der buckligen Verwandtschaft! Meine Frau hat mir zwar mit Scheidung gedroht, wenn ich sie an Ostern im Stich lasse, aber Ostern ist ja rum, oder nicht?«

Pia musste grinsen. »Klar. Heute ist ein stinknormaler Arbeitstag, und du hast Bereitschaft.«

»Du sagst es!« Anders als die meisten Kollegen, die sich über einen Anruf an einem freien Tag wohl wenig gefreut hätten, war Christian Kröger geradezu glücklich. »Was hast du für uns?«

»Eine Wohnungsfaulleiche, menschliche Knochen in einem Hundezwinger, ein Haus mit schätzungsweise zwanzig Zimmern, und das alles auf einem Grundstück, das ein paar tausend Quadratmeter groß ist.«

»Also das ganze Ballett – wundervoll! Meine Gebete wurden erhört, auch wenn ein armer Teufel dafür sein Leben lassen musste.«

»So, wie er aussieht, hat er sein Leben schon vor einer ganzen Weile gelassen«, entgegnete Pia. »Die Adresse schick ich dir.«

»Ich trommele meine Jungs zusammen. Bin unterwegs.« Und schon hatte er aufgelegt. Pia schüttelte grinsend den Kopf. Kröger war genauso ein Besessener wie ihr Ex, und viele Kollegen hatten Probleme mit seiner Pingeligkeit und Launenhaftigkeit, aber Pia arbeitete gerne mit ihm zusammen. Nicht zuletzt dank seiner Akribie hatten sie in der Vergangenheit so manchen Fall lösen können.

Zwei Autos rollten auf den Hof. Dem picobello sauberen anthrazitfarbenen Van des Bestatters folgte ein dreckverspritzter silberner Kombi, aus dem sich wenig später ein Bär von einem Mann schälte. Dr. Raik Gehrmann, Mitte fünfzig, mit blondem, an den Schläfen bereits ergrauenden Haar und besorgtem Gesichtsausdruck, kam auf Pia zu.

»Kriminalhauptkommissarin Pia Sander vom K 11 in Hofheim«, stellte sie sich vor. »Danke, dass Sie so schnell gekommen sind.«

»Kein Problem. Ich wohne ja praktisch um die Ecke.« Er hatte eine angenehme Bassstimme und sein Händedruck war warm und fest. »Ein Leichenwagen … ist Herrn Reifenrath etwas zugestoßen?«

»Ja, leider. Es sieht so aus, als ob er schon vor ein paar Tagen verstorben ist«, antwortete Pia.

»Oh mein Gott! Das ist ja furchtbar!« Der Tierarzt wirkte ehrlich betroffen. »Wie konnte das denn passieren? Warum hat ihn niemand früher gefunden?«

»Wir wissen bis jetzt noch nichts über die Umstände seines Todes«, sagte Pia. »Aber schauen Sie doch bitte nach seinem Hund. Er liegt wohl seit einer Weile im Zwinger und ist in einem sehr schlechten Zustand.«

»Beck's ist im Zwinger?« Dr. Gehrmann war erstaunt. »Das

ist ja eigenartig. Eigentlich war er nie da drin. Er folgte Theo auf Schritt und Tritt und schlief neben seinem Bett.«

»Kann Herr Reifenrath den Hund nicht aus irgendwelchen Gründen dort eingesperrt haben?«, wollte Pia wissen.

»Das ist natürlich möglich«, erwiderte der Tierarzt. Er beugte sich in sein Auto und nahm eine Tasche vom Beifahrersitz. »Ausnahmen bestätigen schließlich die Regel, nicht wahr?«

»Wie gut kannten Sie Herrn Reifenrath?«, fragte Pia.

»Ich kenne ihn schon mein Leben lang. Mein Vater ist ein guter Freund von Theo. Sie waren früher beide passionierte Kleintierzüchter. Und seitdem ich vor 18 Jahren eine Tierarztpraxis in Kronberg übernommen habe, habe ich Theos Tiere behandelt. Er hat bis vor ein paar Jahren Stallhasen, Karnickel, Hühner und Pfaue gezüchtet, ist mit ihnen auf Ausstellungen gefahren. Und er hatte immer Hunde, manchmal zwei oder drei gleichzeitig. Ich kannte ihn ganz gut, würde aber nicht behaupten, ich wäre mit ihm befreundet gewesen. Das war wohl niemand.«

»Wieso?«

»Nun ja ...« Dr. Gehrmann zögerte. »Theo ist ... war ... ziemlich eigen. Er konnte sehr launisch sein. Manchmal beachtete er einen überhaupt nicht, marschierte mit grimmiger Miene an einem vorbei oder ließ sich überhaupt nicht blicken. An anderen Tagen war er redselig und freundlich. Man wusste nie, woran man bei ihm war.«

Sie gingen an der Küchentür vorbei. Den Leichengeruch ließ Dr. Gehrmann unkommentiert, als Tierarzt war er wahrscheinlich ohnehin nicht zimperlich.

Jolanda saß bei Beck's im Zwinger. Sie hatte seinen Kopf in ihren Schoß gebettet, streichelte ihn und sprach leise mit ihm. Der Hund machte einen etwas wacheren Eindruck als vorhin.

»Hallo, Dr. Raik«, begrüßte das Mädchen den Tierarzt. »Der Opa Theo ist tot! Und dem Beck's geht's ganz schlecht. Sie müssen ihn retten! Mama hat gesagt, dass er zu uns kommen kann, wenn ihn sonst keiner haben will.«

»Hallo, Jolanda«, erwiderte Dr. Gehrmann. Beim Klang seiner tiefen Stimme hob der Hund mühsam den Kopf und wedelte matt mit dem Schwanz.

»Er erkennt Sie«, stellte Pia fest.

»Wir sind ja auch alte Kumpels. Ich kenne ihn, seitdem er ein Welpe war. Einmal im Jahr komme ich her, um ihn zu impfen. Und hin und wieder zum Krallenschneiden, oder wenn sonst irgendetwas ist.« Dr. Gehrmann ging in die Hocke und strich dem Hund, der versuchte, ihm die Hand zu lecken, mit seiner Bärenpranke sachte über den Kopf. »Na, Beck's, mein Junge, lass mich mal gucken, was mit dir los ist.«

Jolanda assistierte ihm konzentriert und bekam deshalb nicht mit, wie ihre Mutter unauffällig auf die Knochen wies. Jetzt, wo sie genauer hinsah, stellte Pia fest, dass Frau Scheithauer recht hatte. Zwischen den Hundehaufen lagen menschliche Knochen. Wieso war ihr das bloß vorhin nicht selbst aufgefallen?

Sie ging ein Stück außen am Gitter des Auslaufs entlang. Der eigentliche Zwinger stand auf einer Betonplatte, die ungefähr sechs Meter lang und vier Meter breit war. Durch eine Tür mit einer Klappe konnte der Hund in den umzäunten Auslauf mit Naturboden gelangen. Die starken Regenfälle des Frühjahrs hatten eine Bodenerosion verursacht und der Hang war ein Stück abgerutscht. Beck's hatte nicht etwa versucht, unter dem Zaun hindurchzugelangen, sondern er hatte ein Loch unter die Betonplatte gegraben. Pia wurde flau im Magen. Hatte der Hund, kurz vor dem Verhungern, Fleisch unter dem Beton gewittert?

Sie reichte Jolandas Mutter ihre Visitenkarte und speicherte deren Telefonnummer in ihrem Handy.

»Ich denke, es ist besser, wenn Sie Jolanda nach Hause bringen, bevor meine Kollegen von der Spurensicherung eintreffen«, sagte Pia. »Und ich wäre Ihnen dankbar, wenn Sie das mit den Knochen diskret behandeln könnten.«

»Selbstverständlich.«

»Vielen Dank, dass Sie so aufmerksam waren. Ich hätte das glatt übersehen.«

»Sie waren abgelenkt.« Ein Lächeln zuckte um die Mundwinkel der Frau. »Als Archäologin braucht man halt einen Blick für die winzigsten Details. Sie haben ja meine Nummer, falls noch etwas sein sollte.«

»Ich werde mich sicherlich später oder morgen früh noch einmal bei Ihnen melden. Jolanda scheint ja ziemlich viel über Herrn Reifenrath und seine Gewohnheiten zu wissen. Und das könnte für uns unter Umständen noch wichtig werden.«

Bettina Scheithauer nickte nur, stellte aber keine Fragen, wie es wohl jeder andere aus Neugier getan hätte.

»Meinen Sie, er schafft es?«, wandte Pia sich nun an den Tierarzt.

»Ich denke schon.« Dr. Gehrmann wischte sich die Hände an seiner Jeans ab. »Er ist stark dehydriert und in einem schlechten Futterzustand. Die Verletzungen an seinen Pfoten machen mir ein wenig Sorgen, denn sie haben sich entzündet. Ich werde ihn am besten mitnehmen. Zu Hause kann ich ihn besser behandeln als hier.«

»Natürlich.« Pia nickte. »Brauchen Sie Hilfe?«

»Nein, das schaffe ich schon alleine.«

»Kann ich Sie später noch einmal anrufen?«

»Gerne.« Der Tierarzt kramte eine zerknickte Visitenkarte aus seiner Arzttasche und reichte sie Pia, nachdem er noch rasch seine Mobilnummer auf die Rückseite gekritzelt hatte. Dann hüllte er den Hund in die schmuddelige Decke, hob ihn mühelos auf und trug ihn durch den einsetzenden Regen davon, eskortiert von Jolanda und ihrer Mutter.

***

Henning traf ein und ließ sich von Pia den Hundezwinger zeigen. Die Bestatter verfrachteten die Leiche von Theo Reifenrath in einen schwarzen Leichensack, was bei seinem Zustand kein leichtes Unterfangen war. Doch die Männer waren Profis und beschwerten sich nicht. Fenster und Türen waren geöffnet, der Verwesungsgeruch nicht mehr so konzentriert. Da jedoch Leichenflüssigkeit in die Fugen der Bodenfliesen und bis in den Estrich gesickert war, würde er wohl nie mehr völlig verfliegen. Pia hatte die restlichen dreizehn Nachrichten auf dem Anrufbeantworter abgehört, sich Namen und Rufnummern notiert. Sechsmal war aufgelegt worden, dreimal hatte ein Mann namens Joachim angerufen. Am 12. April hatte er am späten Vormittag auf Band gesprochen, er habe einen Unfall gehabt, sei noch in St. Petersburg im Krankenhaus und werde aller Wahrscheinlichkeit erst an Ostern entlassen. Die beiden folgenden Male hatte er besorgt geklungen, weil Theo Reifenrath nicht ans Telefon ging. Die anderen Anrufe stammten von einer Frau, die ihren Namen nicht nannte und offenbar von Joachim darum gebeten worden war, bei Reifenrath nach dem Rechten zu sehen, aber sie war wohl selbst im Urlaub, denn ihre Telefonnummer hatte eine 0034-Ländervorwahl. Sie hoffe, ›die Ivanka‹ sei mittlerweile zurück, hatte sie gesagt. »Herrje! Geh doch bitte *endlich* mal ans Telefon! Du verdirbst uns mit deiner Sturheit den ganzen Urlaub! Wir machen uns nämlich *Sorgen*! Aber von hier aus kann ich mich jetzt nicht kümmern. Ich kriege auch keinen Flug über die Feiertage! Tut mir leid. Dienstag nach Ostern sind wir zurück.«

Pia zog die Schublade unter der Schreibtischplatte auf. Sie fand jede Menge sauber ausgeschnittener, zum Teil uralter Zeitungsartikel, in denen es um Aktivitäten des Kleintierzuchtvereins ging, das gerahmte Foto eines jungen Mädchens, das ernst in die Kamera blickte, und ein abgegriffenes Adressbüchlein. Bisher wusste sie so gut wie nichts über den Toten. Was, wenn er gar nicht der verschrobene, aber harmlose Einzelgänger gewesen war, als den Frau Scheithauer, ihre Tochter und auch der Tierarzt ihn charakterisiert hatten, sondern ein Mörder, der sein Opfer unter dem Hundezwinger vergraben hatte?

Gerade als sie das Adressbuch durchblättern wollte, fuhren draußen die beiden VW-Busse des Erkennungsdienstes vor. Pia erhob sich und ging durch die Küche nach draußen, um ihre Kollegen zu begrüßen und einzuweisen.

»Seit wann ist der Leichenschnippler schon da?«, erkundigte sich Christian Kröger und nickte hinüber zu Hennings schwarzem Volvo.

»Bereits seit Stunden, werter Herr Kröger«, ließ sich Henning hinter ihnen vernehmen. »Sieben zu drei für mich. Und wir haben erst April!«

»Sie haben ja wohl lange vor mir Bescheid bekommen!«, knurrte Kröger. »So etwas nennt man Wettbewerbsverzerrung.«

Henning zog eine Augenbraue hoch und öffnete schon den Mund zu einer Erwiderung.

»Was denkst du über die Knochen?«, fragte Pia rasch, bevor sich an ihrem kindischen Wettstreit, wer von beiden zuerst bei einer Leiche war, ihre Gemüter erhitzen konnten.

»Sie sind menschlich, keine Frage«, bestätigte Henning.

Während Krögers Leute im stärker werdenden Regen ihr Equipment aus den beiden VW-Bussen luden und sich ihre Schutzkleidung anzogen, rief Pia ihren Chef an, der jedoch nicht ans Telefon ging. Daraufhin tippte Pia unter Missachtung des morgendlichen Rundschreibens vom Polizeipräsidenten auf ihrem Smartphone auf die grüne App mit dem stilisierten Telefonhörer. Zwar konnte man auch auf den Dienst-BlackBerrys Kontaktgruppen erstellen, aber in der Praxis war es einfach zu umständlich, zwei Handys mit sich herumzutragen. Pia schickte also eine Nachricht an Bodenstein und eine zweite in die WhatsApp-Gruppe ihrer Abteilung, der ihr Kollege Tariq Omari mit seiner Vorliebe für amerikanische Krimiserien den ambitionierten Namen *Major Crimes Squad* verpasst hatte: *@Alle: Wir haben einen Fall. Wer im Lande ist, bitte kurze Rückmeldung. Urlaubstage können nachgeholt werden!* ☺

Sie schlug die Kapuze ihrer Daunenjacke hoch und schob das Smartphone in die Gesäßtasche ihrer Jeans.

»Wie wollt ihr vorgehen?«, fragte sie Christian und Henning.

Mittlerweile schüttete es in Strömen, und es sah nicht danach aus, als ob es in den nächsten Stunden aufhören würde zu regnen.

»Unter diesen Umständen machen wir mehr kaputt als gut«, sagte Kröger stirnrunzelnd. »Wir stellen jetzt über dem Zwinger und dem angrenzenden Teil des Auslaufs Zelte auf und fangen morgen früh an. Bis dahin ist der Boden vielleicht etwas abgetrocknet.«

»Das klingt vernünftig.« Henning teilte Krögers Ansicht, was selten genug der Fall war. »Ich muss die Erde durchsieben. Unmöglich bei diesem Lehmboden, wenn der auch noch nass ist.«

»Also, legt los, Jungs! Und beeilt euch«, forderte Kröger seine Mitarbeiter auf. »Wir fangen dann eben im Haus an.«

***

Sandra Reker kauerte auf dem Fußboden im Badezimmer, den Rücken an die Badewanne gepresst, die Arme um die Knie geschlungen. Sie zitterte am ganzen Körper, ihr war speiübel, und sie kämpfte gegen die Tränen. Wie ein stählerner Ring umklammerte die Angst ihren Brustkorb und verursachte diesen stechenden Schmerz im Zwerchfell, den sie früher beinahe täglich verspürt hatte. Nachdem sie vor ein paar Wochen von ihrer Anwältin darüber informiert worden war, dass sich ihr Ex-Mann wieder auf freiem Fuß befand, war es nur eine Frage der Zeit gewesen, bis er bei ihnen auftauchen würde – darauf hatte sie sich, ihre Töchter und ihre Eltern seelisch vorbereitet. Sie hatte in den letzten Jahren vor verschiedenen Therapeuten ihr Innerstes nach außen gekehrt und hart daran gearbeitet, die Verwüstungen, die diese destruktive Beziehung in ihrer Seele hinterlassen hatte, aufzuarbeiten. Zuerst war es um das nackte Überleben gegangen, später um Heilung und Neuanfang. Aber das war alles Theorie gewesen. Die Realität hatte sie eben, als sie von der kurzen Abendrunde mit dem kleinen weißen Malteserrüden ihrer Mutter aus dem Quellenpark gekommen war, mit voller Wucht eingeholt. Ganz plötzlich hatte er vor ihr gestanden. Er war hinter dem Holzpavillon, unter dem die Sodenia-Statue stand, hervorgetreten und hatte sie stumm angestarrt. Seit jenem schrecklichen Abend vor vier Jahren hatte sie ihn nicht mehr gesehen.

»Na, bist du wieder bei deinen Eltern untergekrochen?«, hatte er hämisch gefragt. »Mit dem Geld, das du mir geklaut hast, kannst du dir doch wohl was Besseres leisten.«

Sie hatte vor Angst keinen Ton herausgebracht, dabei hätte sie ihn am liebsten angeschrien. Nach zwanzig Jahren Ehe hatte sie mittellos dagestanden, denn ihr Haus war so hoch verschuldet gewesen, dass beim Verkauf kaum etwas übrig geblieben war. Hätte sie mit den Mädchen nicht zu ihren Eltern ziehen können, so hätten sie auf der Straße gestanden!

»Glaub bloß nicht, du wärst mich los«, hatte er gezischt. »Du hast mein Leben zerstört! Du wirst für alles, was du mir angetan hast, bezahlen, das schwöre ich dir! Du, diese Gutachter-Schlampe und die beschissene Richterin. Ihr werdet keine ruhige Sekunde mehr haben.«

Noch nie hatte Sandra in den Augen eines Menschen einen solchen Hass gesehen. Für einen Moment hatte sie wie gelähmt dagestanden, ihr Puls hatte so laut in ihren Ohren gehämmert, dass sie glaubte, ihr Kopf müsse platzen. Der kleine Hund hatte an der Leine gezerrt und gekläfft, weil er ihre Angst gespürt hatte.

»Ich rufe die Polizei!«, hatte sie gestammelt.

»Ja, mach das nur.« Er hatte die Schultern gezuckt und böse gelacht. »Die kommen sowieso erst, wenn es zu spät ist.«

Sandra konnte sich nicht daran erinnern, wie sie ins Haus gekommen war. Sie stand unter Schock. Sollte sie den Mädchen von ihrer Begegnung mit deren Vater erzählen? Wie würden sie das aufnehmen? Was auch immer er mit ihr gemacht hatte, seinen Töchtern war er ein guter Vater gewesen und sie liebten ihren Papa. Sie versuchte, ihre Anwältin zu erreichen, die jedoch nicht ans Telefon ging. Schließlich rief sie die Polizei an, aber dort sagte man ihr genau das, was er prophezeit hatte: Tut uns leid, solange nichts passiert ist, können wir nichts tun. Bleiben Sie in Ihrer Wohnung.

»Verdammt, verdammt«, flüsterte sie und presste die Handballen auf die Augen.

Jede Kontaktaufnahme ignorieren, das war das Credo ihrer Psychologin. Das hatte sie ihr in den vielen Sitzungen immer wieder eingebläut. Damals, nach ihrer Flucht, als er sie so brutal gestalkt hatte, hatte ihre Anwältin innerhalb von vierundzwanzig Stunden eine Gewaltschutzverfügung gegen ihn erwirkt. Fast vier Jahre waren vergangen, seitdem ihn die Richterin als »äußerst gefährlich« bezeichnet und in die geschlossene Psychiatrie statt ins Gefängnis geschickt hatte. Bis dahin hatte Sandra noch nie von § 63 StGB gehört, dem Paragrafen im Strafgesetzbuch, der dann greift, wenn ein Straftäter aufgrund einer psychischen Erkrankung zwar schuldunfähig ist, aber infolge seines Zustandes eine erhebliche Gefahr von ihm ausgeht.

»Seien Sie froh«, hatte ihre Anwältin damals zu ihr gesagt. »Ihr Mann wird sehr, sehr lange in der Psychiatrie sitzen. Vielleicht für den Rest seines Lebens.«

Tatsächlich war er hinter den Mauern der Klinik für forensische Psychiatrie in Eltville verschwunden. Sandra schauderte.

Ihr war immer völlig klar gewesen, dass er wieder aus der Klapsmühle rauskommen würde, egal, was sie alle gesagt hatten, die cleveren Anwälte und die erfahrenen Psychologen. Keiner von ihnen kannte Claas so gut wie sie. Sie alle hatten nicht die geringste Ahnung davon, wie gut ihr geschiedener Mann darin war, andere Menschen für sich einzunehmen und zu manipulieren. Claas war zu furchtbaren Dingen fähig und gleichgültig gegen alle Regeln des sozialen Miteinanders. Sandra grub die Zähne in ihren Handballen, um nicht zu weinen. Sie hätte dem Rat ihrer Therapeutin folgen und das Land, ja, am besten Europa, mit ihren Töchtern damals sofort verlassen sollen. Jetzt war es dafür zu spät. Aber sie musste weg von hier. Sie durfte ihre Eltern und die Mädchen nicht in Gefahr bringen.

Tag 2

Mittwoch, 19. April 2017

Pia und ihr Chef Oliver von Bodenstein verließen um kurz vor acht das Gebäude der Regionalen Kriminalinspektion. Die Teambesprechung hatte im kleinen Kreis stattgefunden, denn Tariq war noch immer in Sachen Messerstecherei unterwegs und Kathrin und Cem würden erst Ende der Woche aus dem Urlaub zurück sein. Kai war bereits damit beschäftigt, Informationen über Theodor Reifenrath zu sammeln, und Bodenstein musste um halb zehn bei Gericht erscheinen, um eine Aussage in einem Prozess zu machen, den die Presse als den »Pulloverfussel-Fall« bezeichnete. Pia hatte sich vom Leiter des Fuhrparks Schlüssel und Papiere eines Dienstwagens geben lassen, denn es wurde nicht gern gesehen, wenn man sein Privatauto für Dienstfahrten benutzte, außerdem hatte sie keine Lust, ein Fahrtenbuch zu führen, um die im Dienst gefahrenen Kilometer abzurechnen. Sie hatten gerade die Sicherheitsschleuse im Eingang passiert, als Pia bemerkte, dass sie ihr Handy im Büro vergessen hatte.

»Mist!« Sie blieb stehen. »Ich muss noch mal hoch.«

»Wir sehen uns später!« Bodenstein hob grüßend die Hand. »Sobald ich im Gericht fertig bin, komme ich nach Mammolshain!«

Als Pia ein paar Minuten später das Gebäude verließ, bog ein mintgrüner Fiat 500 von der Straße in den öffentlichen Parkplatz der RKI ein und fuhr in die erste Parkbucht neben dem geöffneten Hoftor. War das nicht Kims Auto? Tatsächlich! Die Fahrertür ging auf, und Pias Schwester stieg aus. Doch statt durch das Tor zum Gebäudeeingang zu gehen, marschierte Kim zielstrebig zu dem Teil des Parkplatzes, der den Mitarbeitern vorbehalten war. Es versetzte Pia einen leichten Stich, als sie begriff, dass

Kim nicht zu ihr wollte. Sie ging die Treppenstufen hinunter und wandte sich nach links in Richtung der Garagen, in denen die Dienstfahrzeuge untergestellt waren. Ihre letzte Begegnung mit Kim lag ziemlich genau vier Monate zurück. Es war an Weihnachten gewesen, als sie sich am ersten Feiertag bei ihren Eltern zum Mittagessen getroffen hatten. Danach hatte Kim auf keine Nachricht von Pia reagiert, nicht einmal auf ihre guten Wünsche zum neuen Jahr. Zwar hatte sich Kim nach ihrem heftigen Streit vor drei Jahren bei Pia entschuldigt, dennoch herrschte seitdem eine Distanz zwischen ihnen, die sich nicht mehr überbrücken ließ. Der Anlass für den Streit war die Kleiderfrage gewesen, mit der die Engel Pia immer wieder genervt hatte. Doch anstatt besänftigend auf Nicola Engel einzuwirken, wie Pia sich das von ihrer Schwester erhofft hatte, hatte Kim ihrer Lebenspartnerin recht gegeben und war Pia damit in den Rücken gefallen. Es war nicht einmal das gewesen, was Kim gesagt hatte – Pia wusste ja, dass es im Kern stimmte –, aber Kims überhebliche Art hatte sie tief gekränkt.

Seitdem blieben ihre Gespräche oberflächlich und unpersönlich, trotzdem wollte Pia nicht, dass ihr Kontakt völlig abriss, wie das schon einmal der Fall gewesen war. Mehr als zehn Jahre war Kim in der Versenkung verschwunden, bis sie vor fünf Jahren ganz überraschend bei Pia angerufen und ihr angekündigt hatte, Weihnachten mit ihr und ihren Eltern zu feiern. Sie hatte ihren Job und ihre Wohnung in Hamburg aufgegeben und wollte ins Rhein-Main-Gebiet zurückkehren; bis sie eine neue Bleibe gefunden hatte, war Kim auf dem Birkenhof bei Pia und Christoph eingezogen. In dieser Zeit war das Verhältnis der Schwestern zu Pias Freude enger als je zuvor gewesen. Doch als Kim ausgerechnet mit Dr. Nicola Engel, Pias Chefin, zusammengekommen war, hatte sie sich plötzlich nicht mehr gemeldet, Anrufe und Nachrichten nur mit Verzögerung oder gar nicht beantwortet und für jede Einladung, die Pia nach wie vor beharrlich aussprach, eine Entschuldigung gefunden. Die Kriminaldirektorin war seit gut fünf Jahren Kims Lebenspartnerin, aber selbst bei privaten Treffen wahrte sie Distanz, und als Christoph ihr einmal in seiner lockeren Art nach ein paar Gläsern Wein das

Du angeboten hatte, hatte sie rundheraus abgelehnt. Vielleicht irgendwann einmal, wenn sie nicht mehr Pias Chefin sei, aber nicht jetzt, hatte sie glatt gesagt. Pia argwöhnte, dass die Engel hinter Kims verändertem Verhalten steckte, doch Christoph, der Nicola Engel die Zurückweisung nicht nachtrug, war anderer Meinung.

Pia bog in den Wirtschaftshof ein und schaute auf den Anhänger des Autoschlüssels, auf dem das Kennzeichen des Dienstwagens stand, als sie die erregte Stimme ihrer Schwester hörte. Kim und Nicola Engel standen neben dem BMW von Pias Chefin und schienen zu streiten. Pia blieb hinter der mannshohen Eibenhecke stehen, die eine Seite des Wirtschaftshofs einfasste, und linste durch die Zweige. Kim regte sich über irgendetwas schrecklich auf, die Engel war kühl, wie immer. Auch wenn sie kein Wort von dem verstand, was geredet wurde, war es Pia unangenehm, Zeugin dieser Auseinandersetzung zu werden. Auf einmal ließ die Kriminaldirektorin Kim einfach stehen und kam direkt auf Pia zu. Die trat hinter der Hecke hervor, tat so, als habe sie nichts mitbekommen, und ging zu den Garagen hinüber.

»Guten Morgen«, grüßte sie ihre Chefin.

»Guten Morgen, Frau Sander«, erwiderte Frau Dr. Engel und ging an ihr vorbei. Sie wirkte so beherrscht wie immer, es war ihr nicht anzumerken, dass es Turbulenzen in ihrem Privatleben gab. Jemand hatte sie einmal als einen mit Teflon beschichteten Cyborg bezeichnet, und das traf wahrhaftig zu.

Pia schloss den Dienstwagen auf, setzte sich hinter das Steuer und fuhr los. Sie sah gerade noch, wie Kims Fiat auf die Straße in Richtung Autobahn abbog. Wie sollte sie sich verhalten? So tun, als wisse sie nichts? Kim anrufen und fragen, was vorgefallen war? Nein, auf keinen Fall, entschied Pia. Ihre Schwester empfand jede Frage nach ihrem Privatleben, auch wenn sie noch so harmlos und nett gemeint war, sofort als Einmischung. Pia setzte den rechten Blinker und stieß einen Seufzer aus. Sie war auch keine, die mit ihren Sorgen hausieren ging oder in den sozialen Netzwerken mit anderen darüber diskutierte, aber sie besprach Probleme mit ihrem Mann, ihren Kollegen oder auch ihrer Familie, was Kim noch nie gekonnt hatte. Ihre Schwester hatte schon immer perfekt sein wollen und in jeder Abweichung von den hohen Ansprüchen, die sie an sich selbst hatte, eine Niederlage gesehen.

Zürich, 19. März 2017

Fiona fühlte sich wie entwurzelt, als sie nach Hause fuhr. Später wurde ihr klar, dass sie unter Schock gestanden haben musste, denn sie konnte sich weder daran erinnern, sich von Ferdinand Fischer verabschiedet zu haben, noch, wie sie zur Tramhaltestelle gelangt war. Sie war so durcheinander, dass sie eine Haltestelle zu früh ausgestiegen war. Das, was ihr der Mann, dessen Name als der ihres Vaters in ihrer Geburtsurkunde stand, erzählt hatte, hatte ihr den Boden unter den Füßen weggezogen. Und es gab niemanden, mit dem sie darüber sprechen konnte. Ihre Freundinnen hatte sie so lange vernachlässigt, dass sie sich irgendwann nicht mehr gemeldet hatten. Und Silvan? Sie blieb stehen. Nein, ihn interessierte nicht mehr, was mit ihr war, das hatte er ihr unmissverständlich zu verstehen gegeben. *Deine Mutter oder ich*, hatte er irgendwann gesagt. Ausgerechnet zu einem Zeitpunkt, als Mama sie noch dringender gebraucht hatte als je zuvor. Es hatte Fiona tief getroffen, dass er ihre Beziehung zu Mama »ungesund« genannt hatte. »Deine Mutter und du, ihr lebt in einer Symbiose!«, hatte Silvan mehr als einmal gesagt, zuerst noch ein wenig belustigt und nachsichtig. Aber im Laufe der Zeit hatte er daran nichts mehr komisch gefunden.

»Du bist ihr einziger Lebensinhalt, sie isoliert dich und hindert dich daran, dein eigenes Leben zu führen!«, hatte er ihr vorgeworfen. »So etwas darf eine Mutter nicht tun, Fiona, das ist krank! Du bist 22 Jahre alt und kapierst einfach nicht, was sie mit dir macht!«

Sie hatte ja selbst gewusst, dass er recht hatte, aber ihre Loyalität zu Mama hatte es ihr nicht erlaubt, sich das einzugestehen.

Sein letztes Ultimatum vor drei Monaten hatte sie verstreichen lassen. Danach hatte er sie kommentarlos bei WhatsApp gesperrt und keine Mail mehr von ihr beantwortet. Deutlicher ging es nicht.

Verzweifelt versuchte Fiona, Klarheit in ihre wild kreisenden Gedanken zu bringen. Diese Geschichte klang so absurd und ungeheuerlich, dass sie sie kaum glauben mochte. Was musste die Frau – ihre wirkliche Mutter – für ein Mensch sein, dass sie ein Kind zur Welt brachte und es dann einfach einer Unbekannten überließ? Aber ganz abgesehen davon: Was bedeutete das für sie selbst? Sie fühlte sich ihrer Identität beraubt, betrogen und belogen. Ihre Kehle schmerzte von den Tränen, die sie mit aller Macht zurückhielt.

»Mami, oh Mami!«, flüsterte sie heiser. »Warum hast du mir nie etwas erzählt? Wie konntest du mir das bloß antun?«

Sie schluchzte auf, presste die Hand vor den Mund. Ja, Silvan hatte mit allem, was er gesagt hatte, recht gehabt, das wusste sie selbst! Es war von Mama nicht richtig gewesen, sie so sehr zu vereinnahmen. Oft genug hatte sie sich wie eine Gefangene gefühlt, zornig und hilflos. Ausgerechnet als sie endlich den Mut gefasst und beschlossen hatte, in Fribourg zu studieren, war Mamas Krankheit ein drittes Mal wiedergekommen, und diesmal hatte sich der Krebs im ganzen Körper ausgebreitet: Metastasen im Rückenmark, in den Knochen, im Gehirn, in der Lunge. Wie hätte sie ihre Mutter da im Stich lassen können? Seitdem Fiona denken konnte, hatte die grausame Krankheit, an der nacheinander ihre geliebte Näni, Mamas Schwester Heidi und schließlich Mama selbst qualvoll gestorben waren, wie ein Damoklesschwert über ihr gehangen. In ihrer Familie wurde seit Generationen eine mutierte Genvariante weitervererbt, die die Wahrscheinlichkeit erhöhte, an einer hochaggressiven Form von Brust- und Eierstockkrebs zu erkranken. Nach Großmutters Tod vor acht Jahren hatte die Hausärztin Fiona geraten, sich im Institut für Humangenetik der Uni Zürich testen zu lassen, aber sie hatte sich nicht getraut, aus Furcht vor dem Ergebnis. Die Angst hatte ihr ganzes Leben überschattet, schließlich hatte sie drei Mal hautnah miterlebt, wie grausam und tückisch diese Krankheit war. Mama hatte nur zu gut gewusst, wie sehr sie sich davor fürchtete! Fiona blieb abrupt stehen. Plötzlich wurde ihr bewusst, was diese irrsinnige Geschichte für sie bedeutete! Die Tränen, die sie so lange zurückgehalten hatte, strömten ihr über das Gesicht, und sie krümmte sich vor Schmerzen, so weh tat es, sich eingestehen zu müssen, dass sie von ihrer Mutter benutzt, ja, regelrecht missbraucht worden war. Mama hatte gewusst, dass sie diese genetische Disposition gar nicht von ihr geerbt haben konnte, aber sie hatte nichts getan, um ihr die schreckliche Angst zu nehmen!

»Warum, Mama, warum?«, schluchzte Fiona. »Wenn du mich geliebt hättest, wenn du mich wirklich geliebt hättest, dann hättest du mir die Wahrheit gesagt! Wie konntest du mir das nur antun?«

***

»Die Betonplatte muss komplett weg«, entschied Christian Kröger, nachdem er in den Auslauf gekrochen war und die Löcher, die der Hund gegraben hatte, näher in Augenschein genommen hatte. »Da sind noch mehr Knochen.«

»Ich hab's befürchtet.« Pia nickte. »Dann rufe ich Henning an und sage ihm, er kann sich Zeit lassen.«

Während der Fahrt von Hofheim nach Mammolshain hatte sie darüber nachgegrübelt, um was es wohl bei dem Streit zwischen Kim und Nicola Engel gegangen war. Jetzt war sie beinahe froh, dass sie ihr neuer Fall dazu zwang, an etwas anderes zu denken als an ihre Schwester. Das, was gestern zunächst wie ein trauriger, aber leider alltäglicher Wohnungsleichen-Routinefall ausgesehen hatte, entwickelte sich zu einer weitaus größeren Angelegenheit.

»Die Platte hatte kein richtiges Fundament.« Christians Stimme riss Pia aus ihren Gedanken. Das Zelt war wieder abgebaut und der Hundezwinger inzwischen gesäubert worden, sodass die Techniker sich darin bewegen konnten ohne Gefahr zu laufen, in Hundekot zu treten. Die Gitterelemente des Auslaufs waren abmontiert, die Hundehütte entfernt worden. Dank des Zeltes war der Boden nicht völlig vom Regen durchweicht worden, trotzdem war alles matschig.

»Irgendein Dilettant hat einfach Beton auf die Wiese gegossen!«, sagte Christian gerade. »Das dürfte auch erklären, warum die Platte so brüchig ist.«

»Na ja, vielleicht wollte der Alte nicht groß Geld investieren und hat es deshalb selbst gemacht«, überlegte Pia.

»Kann schon sein. Aber vielleicht wollte er auch vermeiden, dass jemand ein Fundament aushebt und dabei die Leiche entdeckt.« Christian wischte seine schlammverkrusteten Stiefel im Gras ab. »Wir brauchen einen Container für den Schutt und jemanden mit einem Presslufthammer. Vorher können wir hier nicht gescheit arbeiten.«

»Ich kümmere mich drum«, versprach Pia. »Ihr könnt ja so lange im Haus weitermachen.«

Bereits gestern hatten die Techniker vom Erkennungsdienst damit begonnen, das Innere des Hauses zu untersuchen und Spuren zu sichern. Solange nicht geklärt war, wie Theodor Reifenrath gestorben war, galt sein Tod als möglicher Mordfall, und das Haus war deshalb als Tatort zu behandeln.

Innerhalb einer Stunde hatte Pia einen Bauunternehmer organisiert, dessen Arbeiter unter Krögers Aufsicht die Betonplatte Stück für Stück entfernten und die Brocken mit Schubkarren abtransportierten, da man nicht mit einem Kleinlaster bis an den Hundezwinger heranfahren konnte.

Um sechzehn Uhr war die Bodenplatte des Hundezwingers komplett entfernt worden, und Henning traf mit zwei seiner Doktoranden ein, die ihm bei seiner Arbeit zur Hand gehen sollten.

Die Sonne hatte sich hinter dichte Wolken verzogen, deshalb hatte man zum Schutz vor Niederschlägen wieder das Zelt über der Ausgrabungsstelle errichtet, außerdem waren Scheinwerfer montiert worden, für den Fall, dass die Arbeiten bis in die Nacht dauern würden. Einer der Kriminaltechniker erweiterte vorsichtig mit einem Handspaten das Loch, das Beck's gebuddelt hatte. Henning, in matschverschmiertem Overall und Gummistiefeln, kniete neben ihm, sein Oberkörper war halb in dem Loch verschwunden. Zwei von Krögers Leuten arbeiteten sich ihnen entgegen, indem sie auf der anderen Seite der freigelegten Fläche mit

Fingerspitzengefühl und größter Sorgfalt eine Schicht Erde nach der anderen abtrugen. Jede einzelne Schaufel wurde gewissenhaft gesiebt, die Rückstände aus den Metallsieben zur späteren Überprüfung in Plastikbechern gesichert. Ein anderer Techniker fotografierte jedes Detail. Unter einem weiteren Zelt, das auf den Waschbetonplatten vor der geöffneten Küchentür aufgestellt worden war, wurden auf einem Tapeziertisch die Knochen gesammelt und sortiert.

Nachdem Henning festgestellt hatte, dass es sich bei den menschlichen Knochen keinesfalls um einen historischen Fund handeln konnte, hatte Pia den diensthabenden Staatsanwalt informieren lassen. Nun verfolgten Bodenstein, sie und Oberstaatsanwalt Rosenthal schweigend die Fortschritte der grausigen Ausgrabungsarbeiten. Es begann schon zu dämmern, als Henning aus dem Loch stieg, um eine kurze Pause einzulegen.

»Lukas, ich brauche dringend einen Kaffee«, sagte er zu einem seiner Doktoranden, der nickte und eilfertig davonspurtete. Henning zog die Handschuhe aus, setzte seine Brille ab und polierte die Gläser mit einem Brillenputztuch. »Da unten liegen mindestens zwei Leichen. Die eine ist vom Hund leider angefressen worden, aber die andere scheint noch recht gut erhalten zu sein.«

»*Zwei* Leichen?« Pia wechselte einen besorgten Blick mit ihrem Chef, der offenbar dasselbe dachte wie sie. Vor drei Jahren hatte die Tochter eines verstorbenen Mannes in Schwalbach eine grausige Entdeckung gemacht. Nach dem Tod des Vaters hatte sie gemeinsam mit ihrem Mann eine angemietete Garage ausgeräumt, dabei waren sie auf ein Fass voller Leichenteile gestoßen. Der Fall hatte bundesweit für Aufsehen gesorgt, denn der Mann, der über vierzig Jahre lang ein perfektes Doppelleben geführt hatte, stand für mindestens fünf brutale Morde als Täter fest; vier weitere ungeklärte Vermisstenfälle könnten auf sein Konto gehen, was aber bisher nicht zweifelsfrei nachgewiesen worden war.

»Hoffentlich entwickelt sich das hier nicht zu einem zweiten Hessen-Ripper-Fall«, sagte Bodenstein.

»Das hoffe ich allerdings auch nicht«, erwiderte Pia, aber natürlich hatte sie die Befürchtung, dass sie weder die Leichen identifizieren noch jemanden zur Rechenschaft ziehen konnten, weil der Täter verstorben war und seine Geheimnisse mit ins Grab genommen hatte. Der Albtraum eines jeden Ermittlers.

»Vielleicht war hier ja früher mal ein Familienfriedhof«, äußerte sie eine schwache Hoffnung. Gerade große Anwesen, die über Generationen hinweg im Besitz ein und derselben Familie waren, hatten häufiger solche privaten Friedhöfe, wenngleich sie nie so nahe beim Haus lagen. Aber stieß man nicht auch immer wieder bei Tiefbauarbeiten auf ehemalige Gräber, von deren Existenz niemand mehr gewusst hatte?

»Negativ.« Henning nickte dem jungen Mann, der ihm einen Becher mit dampfendem Kaffee reichte, zu. »Es sei denn, sie haben früher ihre Toten in Folie gewickelt, statt sie in Särgen zu bestatten.«

»Wieso in Folie gewickelt?«, fragte Oberstaatsanwalt Rosenthal verständnislos.

»Lukas!« Henning schnippte mit den Fingern. »Holen Sie mal ein Stück von dem Zeug!«

Der junge Mann kletterte gehorsam in das Loch hinunter und kehrte kurze Zeit später mit einem Fetzen dreckverschmierter Plastikfolie wieder, den er seinem Chef hinhielt. Kröger schnappte sie ihm aus der Hand und begutachtete sie.

»Dies ist eine spezielle Adhäsionsfolie, die ohne Klebstoff auf glatten Flächen oder auf sich selbst haftet«, dozierte Henning. »Die Haftkraft wird durch Beimischung von klebrigen Polymeren oder migrierendem, hochviskosen Polyisobutylen in die …«

»Machen Sie's doch nicht so spannend«, fiel Christian Kröger ihm unwirsch ins Wort. »Das ist ganz ordinäre Frischhaltefolie, wie es sie in jedem Supermarkt gibt.«

»Telefon!«, rief in diesem Moment jemand von der Küchentür aus. »Hier drin im Haus!«

»Ich gehe dran!« Pia drückte Bodenstein ihren Kaffeebecher in die Hand und lief los, gleichzeitig fiel ihr das Adressbuch wieder ein, das sie gestern im Schreibtisch gefunden hatte. Sie riss das Telefon aus der Ladestation und meldete sich atemlos mit einem »Hallo?«.

»Ivanka, sind Sie das?« Die herrische Männerstimme klang verärgert. »Was ist mit Theo los? Wieso geht seit Tagen niemand ans Telefon? Ich habe mindestens zehn Mal versucht, anzurufen!«

»Mein Name ist Sander, Kripo Hofheim«, erwiderte Pia. »Mit wem spreche ich?«

Für ein paar Sekunden herrschte Stille.

»Fridtjof Reifenrath«, sagte der Mann schließlich. »Was tun Sie im Haus meines Großvaters?«

»Das möchte ich ungern am Telefon besprechen. Ich weiß, es ist schon spät, aber es wäre gut, wenn Sie herkommen könnten.«

»Unmöglich. Ich bin im Augenblick in Los Angeles. Ist etwas mit meinem Großvater?«

»Es tut mir leid, Ihnen sagen zu müssen, dass wir gestern eine Leiche gefunden haben, bei der es sich um Herrn Theodor Reifenrath handeln könnte.«

»Gestern? Und wieso erfahre ich das erst jetzt? Wie sind Sie ins Haus gekommen? Und was soll das überhaupt heißen: Es *könnte* sich um meinen Großvater handeln? Was wollen Sie damit andeuten?«

Pia hatte schon öfter die traurige Pflicht gehabt, Familienmitgliedern die Nachricht vom Tod eines Angehörigen zu überbringen, und sie hatte die unterschiedlichsten Reaktionen erlebt, aber so unfreundlich und überheblich wie dieser Kerl war noch nie jemand gewesen. Sie beschloss, dass er keine Schonung verdient hatte.

»Es war uns bisher leider nicht möglich, Angehörige von Herrn Reifenrath ausfindig zu machen«, entgegnete sie kühl. »Der Rechtsmediziner schätzt, dass der Tod vor ungefähr zehn Tagen eingetreten ist. Die Leiche befand sich in einem Zustand fortgeschrittener Verwesung.«

»Wie kann denn so etwas passieren?«, fuhr Fridtjof Reifenrath auf. »Wozu bezahle ich eine Haushälterin, die sich um meinen Großvater kümmern soll?«

Erst jetzt ging Pia auf, dass es sich bei ihrem Gesprächspartner wahrscheinlich um »Fritz, den egoistischen Mistkerl« handelte, der sich bei Opa Theo nicht mehr blicken lassen sollte.

»Bei der Leichenschau wurde eine Kopfverletzung festgestellt«, fuhr sie fort. »Deshalb müssen wir die Möglichkeit in Betracht ziehen, dass Ihr Großvater einem Gewaltverbrechen zum Opfer gefallen ist.«

»Na großartig! So etwas hat mir gerade noch gefehlt!« Die Trauer um den verstorbenen Großvater hielt sich bei Fridtjof Reifenrath sehr in Grenzen. Vielmehr schien er sich über die Komplikationen zu ärgern. »Hören Sie, ich kann frühestens übermorgen nach Frankfurt kommen, ich habe noch ein paar wichtige Termine. Ich verständige jemanden, der sich mit Ihnen in Verbindung setzt.«

Pia diktierte ihm ihren Namen und ihre Telefonnummer, dann legte sie auf. Beim Hinausgehen nahm sie das Adressbuch mit und schlug es auf. Auf der ersten Seite waren Namen und Telefonnummern notiert, die der alte Mann wohl häufig gebraucht hatte. Einige von ihnen waren durchgestrichen.

Sevič, Ivanka
Doll, André
Fröhlich, Isabell (Izzi)
Dr. Gehrmann, Tierarzt
~~*Gehrmann, Willi*~~
Lindemann, Ramona (+ Sascha)
~~*Reker, Claas*~~
Reifenrath, Fridtjof – Nur im Notfall!!!!
Dr. Richter, Hausarzt
Vogt, Joachim

»Und? Wer war dran?«, erkundigte sich Bodenstein, als sie zum Hundezwinger zurückkehrte.

»Der Enkelsohn des Verstorbenen«, antwortete sie. »Ein unsympathischer Idiot namens Fridtjof, der leider nicht herkommen kann, weil er gerade in Los Angeles ist.« Der ungewöhnliche Name ließ eine Erinnerung in ihrem Hinterkopf aufflackern, aber sie vermochte sie nicht zu greifen.

»Fridtjof Reifenrath?«, fragte Bodenstein überrascht.

»Ja.« Pia blätterte in dem Adressbüchlein. »Der Name Fridtjof sagt mir irgendetwas.«

»Wenn es *der* Fridtjof Reifenrath ist, wovon ich jetzt beinahe ausgehe«, sagte Bodenstein stirnrunzelnd, »dann wäre das kein Wunder. Schließlich ist sein Name seit Wochen und Monaten in der Presse.«

»Wieso das?« Pia blickte verwundert auf.

»Er ist der CEO des DAX-Unternehmens Deutsche Effecten- und Handelsbank, der DEHAG«, klärte Bodenstein sie auf. »In den letzten Monaten betrieb er offensiv die Fusion mit einer großen britischen Investmentbank und wollte den Unternehmenssitz von Frankfurt nach London verlegen, aber der Deal scheiterte am Protest der Aktionäre und letztlich am Brexit.«

»Dadurch wurde bekannt, dass Reifenrath verbotene Insidergeschäfte getätigt hatte«, ergänzte Staatsanwalt Rosenthal. »Er steckt momentan ziemlich in der Bredouille. Wahrscheinlich war er die längste Zeit Vorstandsvorsitzender der DEHAG.«

»Davon hab ich noch nie gehört«, brummte Pia.

»Liest du keine Zeitung?«, fragte Bodenstein.

»Doch, schon. Jeden Morgen das Kreisblatt. Aber nur den Lokalteil, die Todesanzeigen und die letzte Seite.«

»Unwissend geht die Welt zugrunde.« Bodenstein schüttelte den Kopf.

»Komm schon! Du liest doch den Wirtschaftsteil auch erst, seitdem deine Schwiegermutter dich zu ihrem Nachlassverwalter gemacht hat!«

»Das stimmt nicht«, widersprach Bodenstein. »Allerdings, das gebe ich zu, nehme ich mir heute mehr Zeit zum Zeitunglesen als früher.«

»Na ja, wie auch immer.« Pia klappte das Adressbuch zu. »Ich kenne den Namen aus einem anderen Zusammenhang. Mir fällt bloß nicht ein, woher.«

Die Mitarbeiter des Bestattungsinstituts, die sich in ihrem Auto ein Nickerchen gegönnt hatten, wurden geholt, um auch die mittlerweile ebenfalls geborgene zweite Leiche abzutransportieren. Henning überwachte jeden Handgriff, den sie taten, mit Argusaugen.

»Was ist *das* denn?« Eine junge Streifenpolizistin, die vor einer Weile mit ihrem Kollegen zur Verstärkung gekommen war, schauderte beim Anblick der weiblichen Leiche, die einer stark verschmutzten Figur aus Madame Tussauds Wachsfigurenkabinett ähnelte. »Das sieht ja aus wie ein Zombie!«

»Man bezeichnet das als Fettwachsleiche«, korrigierte Henning sie.

»Oh mein Gott! Wie entsteht denn so was?« Sie betrachtete die Leiche mit einer Mischung aus Faszination und Ekel.

»Fettwachsleichen sind leider ein weitverbreitetes Phänomen auf deutschen Friedhöfen«, schaltete sich Bodenstein ein. »Wir bekommen es bei Exhumierungen immer häufiger damit zu tun. Zu feuchte und lehmige Böden sorgen dafür, dass Leichen nicht verwesen.«

»Diese Leichen wurden in Plastikfolie gewickelt, was die Verwesung zusätzlich hemmt oder sogar verhindert«, sagte Henning. »Im Übrigen ist es ohnehin ein Märchen, dass Tote unter der Erde von Insekten und Regenwürmern zersetzt werden. Sie verfaulen durch körpereigene Enzyme aus der Darmflora. Unter idealen Bedingungen entstehen im Leichnam Temperaturen bis zu dreißig Grad und nach spätestens fünf Jahren sind nur noch die Gebeine übrig. In nassen Lehmböden wie diesem hier wirkt die Feuchtigkeit allerdings wie ein Kühlmittel. Die Aktivität der Enzyme hört auf und die Fettmoleküle schwemmen aus. Unter der Haut des Toten verhärten sie sich zu dieser krümeligen weißen Masse, dem sogenannten Leichenwachs oder Adipocere, das die Leiche wie ein Panzer umgibt.« Um zu demonstrieren, wie hart dieser Panzer war, pochte er mit den Fingerknöcheln auf den Körper der Leiche. »Klingt hohl, hören Sie das?«

»Henning, das reicht!«, mahnte Pia.

Staatsanwalt Rosenthal, der Hennings schwarzen Humor teilte, schmunzelte verstohlen.

»Oh Gott, davon träume ich heute Nacht ganz sicher«, murmelte die Polizistin mit mühsamer Beherrschung. Sie war käseweiß geworden. »So will ich nicht enden!«

»Um sicherzugehen, gibt's nur ein einziges Mittel«, merkte einer der beiden Bestatter an und zog mit einem Ruck den Reißverschluss des schwarzen Leichenbergesacks zu. »Nämlich eine Feuerbestattung bei 1000 Grad Celsius.«

In diesem Moment brach unten in der Grube Aufregung aus. Alle hielten in ihrer Arbeit inne und blickten hinunter.

»Was gibt's?«, erkundigte Bodenstein sich.

»Sieht so aus, als läge da noch eine dritte Leiche!«, verkündete Christian. »Das scheint ja das reinste Massengrab zu sein!«

»Wer etwas so leichtfertig daherplappert, hat noch nie ein echtes Massengrab gesehen«, sagte Henning, der zuvor eine ganze Weile friedlich Seite an Seite mit Kröger gearbeitet hatte.

»Ich *plappere* nicht!«, blaffte Christian aufgebracht. »Und *leichtfertig* bin ich erst recht nicht.«

Seine Mitarbeiter verdrehten die Augen, hielten sich aber wohlweislich aus dem Wortgefecht heraus, um nicht zwischen die Fronten zu geraten.

»Als ich 1995 in Srebrenica und 1998 in ...«, begann Henning, aber Christian schnitt ihm das Wort ab.

»Sie wollen uns doch jetzt nicht ernsthaft schon wieder mit Ihren zwanzig Jahre alten Heldentaten langweilen! Ich habe es lediglich als *Metapher* verwendet, falls Sie wissen, was das ist! Aber typisch für Sie, jedes Wort auf die Goldwaage zu legen!«

»Hast du eine Vermutung, wie alt die zweite Leiche sein könnte?«, grätschte Pia eilig dazwischen, bevor die Situation eskalierte.

»Nein.« Henning streifte ein frisches Paar Latexhandschuhe über. »Es kann ein paar Monate bis Jahre dauern, bis die Umwandlung der ungesättigten in gesättigte Fettsäuren komplett abgeschlossen ist. Zwei bis drei Jahre wird sie dort mindestens gelegen haben, wenn nicht sogar erheblich länger.«

»Wer weiß, wie viele Leichen hier noch verscharrt sind.« Pia stieß einen Seufzer aus. »Das Grundstück ist riesig. Wir sollten es mit einem Georadar und Leichenspürhunden absuchen lassen.«

»Ja, das scheint mir auch das Beste.« Bodenstein nippte an seinem Kaffee und verzog das Gesicht, als er feststellte, dass er kalt geworden war.

»Was wissen wir bisher über den Eigentümer des Anwesens?«, erkundigte sich Staatsanwalt Rosenthal. »Handelt es sich bei dem Toten aus der Küche um ihn?«

Pias Handy summte. Christoph rief an! Er ließ es nur zwei Mal klingeln und legte wieder auf, weil er wusste, dass sie ihn zurückrufen würde, sobald sie Zeit hatte.

»Ich gehe davon aus«, antwortete sie. »Er hieß Theodor Reifenrath, war weit über achtzig und verwitwet. Seiner Familie gehörte früher mal die Taunus-Mineralquelle. Er lebte hier allein mit seinem Hund.«

Sie berichtete Rosenthal von dem Nachbarmädchen, das bei Opa Theo ein und aus gegangen war, um ihm im Garten zu helfen und mit seinem Hund zu spielen, und dabei wurde ihr klar, dass sie wohl niemals auf die Leichen gestoßen wären, wenn nicht irgendjemand den Hund in den Zwinger gesperrt hätte. Wahrscheinlich hätten sie den fortgeschrittenen Verwesungszustand Reifenraths einfach nur als einen weiteren Fall fehlender sozialer Kontrolle zu den Akten genommen und damit wäre die Sache ohne vorherige Obduktion erledigt gewesen.

»Sollte er wirklich umgebracht worden sein«, sagte Pia düster, »dann suchen wir wohl den Mörder eines Serienmörders.«

»Malen Sie nicht den Teufel an die Wand, Frau Sander!«, mahnte Staatsanwalt Rosenthal. »Aber ich beantrage natürlich alles Notwendige beim Gericht. Halten Sie mich bitte auf dem Laufenden.«

»Selbstverständlich.« Pia schüttelte Rosenthal zum Abschied die Hand und er verschwand in der Dunkelheit. Dann rief sie Christoph zurück. Die Übergabe des Hofes war reibungslos über die Bühne gegangen, die neuen Eigentümer waren zufrieden.

»Wollen wir irgendwo etwas essen gehen und einen Schampus auf unseren Birkenhof trinken, jetzt, wo wir zu Fuß gehen können?«, fragte er.

»Es sieht leider nicht so aus, als ob ich vor Mitternacht zurück bin«, entgegnete Pia bedauernd. »Das hier wird eine größere Sache.«

»Alles klar.« Christoph kannte die Unwägbarkeiten von Pias Job. »Dann hole ich uns Pizza. Die kannst du dir ja später noch in die Mikrowelle schieben.«

Die Männer in ihren weißen Overalls arbeiteten ungeachtet der Kälte und Nässe mit routinierter Konzentration, während die

Generatoren, die die Scheinwerfer mit Strom versorgten, ohrenbetäubend laut brummten.

»Wir hätten die Leichen nie gefunden, wenn nicht jemand den Hund in den Zwinger gesperrt hätte«, sagte Pia zu ihrem Chef. »Hoffentlich liegen da nicht noch mehr!«

»Ich fürchte, das ist nicht auszuschließen.« Bodenstein kippte den Rest seines Kaffees in ein Gebüsch und unterdrückte ein Gähnen. »Kai kümmert sich schon um das Georadar und den Leichenspürhund.«

Sie gingen ums Haus herum zum Vorplatz, weil Pia aus ihrem Auto die amtlichen Siegelmarken holen wollte, die sie benötigte, um die beiden Haustüren bis morgen früh zu versiegeln.

»Du kannst ruhig nach Hause fahren. Wir müssen uns ja nicht beide die halbe Nacht um die Ohren schlagen. Ich bleibe hier, bis die dritte Leiche geborgen ist.«

»Danke. Dann sehen wir uns morgen früh im Büro.« Bodenstein zückte seinen Autoschlüssel und öffnete den schwarzen Porsche, den er ein Stück abseits geparkt hatte, per Fernbedienung. »Gute Nacht!«

»Ja, dir auch eine gute Nacht.« Pia blieb stehen und sah zu, wie er seine 1,88 m geschickt in den flachen Sportwagen faltete. Blubbernd sprang der Motor an, und Bodenstein grinste, glücklich wie ein kleiner Junge. Vor anderen Leuten kaschierte er seine Begeisterung mit blasiert-gleichgültiger Miene, aber vor Pia verstellte er sich nicht, schließlich wusste sie gut genug, dass ein Auto wie dieses schon immer sein heimlicher Traum gewesen war, den er sich mit seiner Besoldung als Staatsbeamter nie hatte leisten können. Noch immer hielt sich in der Bevölkerung die hartnäckige Vorstellung, ein adeliger Name sei gleichbedeutend mit Wohlstand, doch das war in den meisten Fällen ein Trugschluss. Zwar hätte Cosima, Bodensteins Ex-Frau, ihm ein solches Auto mit Leichtigkeit finanzieren können, aber das hatte sein Stolz nicht zugelassen. Pia sah zu, wie er auf dem Hof wendete. Die breiten Reifen knirschten auf dem Kies, dann verschwand das Auto mit röhrendem Motor in der Dunkelheit.

»Männer und Sportwagen«, murmelte sie und schüttelte den Kopf. »Das werde ich wohl nie kapieren.«

Tag 3

Donnerstag, 20. April 2017

Es war weit nach Mitternacht, als Pia endlich die Haustür aufschloss, ihren Rucksack an die Garderobe hängte und die Schuhe von den Füßen streifte. Sie hatte höllische Rückenschmerzen und seit dem frühen Nachmittag nichts mehr gegessen, deshalb verschlang sie heißhungrig ein Stück kalte Thunfisch-Pizza, bevor sie sich zwei 400er Ibuprofen einwarf. Dann ging sie nach oben und stellte sich unter die Dusche, um den penetranten Leichengeruch loszuwerden, der sich in jeder Pore ihrer Haut und in den Haaren festgesetzt hatte. Ihre stinkenden Klamotten warf sie durch den Wäscheschacht. Christoph lag schlafend im Bett, selbst das Dröhnen des Föhns hatte ihn nicht geweckt. Pia musste bei seinem Anblick lächeln. Die Nachttischlampe brannte, er hatte noch die Lesebrille auf der Nase und ein aufgeschlagenes Buch lag auf seiner Brust. *Totenstille im Watt*, las Pia. Auch Christoph war unter die Krimileser gegangen! Morgen musste sie ihm gleich von Hennings Ambitionen erzählen.

»Ah, da bist du ja«, murmelte er schläfrig, als sie ihn von Brille und Buch befreite, seine Wange küsste und das Lämpchen auf dem Nachttisch löschte. »Wie spät ist es?«

»Zwanzig nach eins«, erwiderte Pia gähnend und kuschelte sich an ihn. »Es tut mir echt leid, dass ich dich mit dem Hof im Stich gelassen habe.«

»Hast du nicht. Alles okay«, erwiderte er mit geschlossenen Augen, stieß einen tiefen Seufzer aus und drehte sich auf die linke Seite. Pia konnte nicht sofort einschlafen, obwohl sie todmüde war. Sie lauschte Christophs gleichmäßigen Atemzügen und sann darüber nach, wie jemand über Jahrzehnte ein perfektes Doppelleben führen und unbemerkt Verbrechen begehen konnte. Zu glauben, die Welt würde durch Globalisierung und soziale Netzwerke kleiner und transparenter, war eine gefährliche Täuschung – das Gegenteil war der Fall. Die Anonymität des Internets förderte Perversionen und Gleichgültigkeit in einem Ausmaß, das es früher so nicht gegeben hatte. Aber mussten nicht wenigstens die nächsten Angehörigen und Freunde bemerken, wenn jemand zum Mörder wurde? Wie gut kannte man seinen Ehemann, seinen Lebensgefährten, Bruder oder Schwager wirklich? Und was bedeutete es für einen Mann in der Position eines Fridtjof Reifenrath, wenn bekannt wurde, dass sein Großvater auf seinem Grundstück in Plastikfolie gewickelte Frauenleichen verscharrt hatte?

Pia wälzte sich hin und her, bis sie eine Position fand, in der ihr nicht der Rücken wehtat.

Wer waren die drei Frauen, deren sterbliche Überreste sie heute gefunden hatten? Wo kamen sie her? Welche unheilvollen Fügungen hatten dazu geführt, dass sie sterben mussten und unter einem Hundezwinger auf einem Grundstück in Mammolshain vergraben worden waren? Und was für ein Mensch war Theodor Reifenrath, Opa Theo, der mit dem elfjährigen Nachbarmädchen Limo gebraut und im Garten gearbeitet hatte, wirklich gewesen? Zwar waren Serienmörder in Romanen, Filmen und amerikanischen CSI-Serien immer wieder beliebte Figuren, in der Realität gab es sie jedoch eher selten. Gerade der Fall aus Schwalbach hatte vor allen Dingen wieder gezeigt, dass ein Serienmörder nicht zwangsläufig dem Klischee des sozial unterprivilegierten, wenig intelligenten Außenseiters entsprach. Gegen zwei Uhr morgens fiel Pia in einen unruhigen Schlaf, aus dem sie bereits nach vier Stunden mit Herzrasen hochschreckte, weil sie geträumt hatte, bis zur Hüfte unter einer Betonplatte begraben zu sein, was daran liegen mochte, dass die Katze es sich auf ihren Beinen bequem gemacht hatte. Vor den Fenstern zwitscherten die ersten Vögel, und sie hörte das weit entfernte Heulen von Flugzeugtriebwerken im Landeanflug, ein im Rhein-Main-Gebiet alltägliches Geräusch.

Eine halbe Stunde später saßen Christoph und sie in der Küche, lasen die Tageszeitung, tranken Kaffee und sprachen dabei über die gestrigen Ereignisse.

»Ich frage mich, wie jemand drei Menschen umbringen und vor seiner Küchentür vergraben kann, ohne dass es jemandem auffällt«, sagte Pia und biss in ihr Nutella-Toastie.

»Aktives Ignorieren«, antwortete Christoph. »Auf dem Klo lag doch eine Weile dieses Buch von der Frau des Mehrfachmörders aus Baden-Württemberg herum, die aus allen Wolken fiel, als ihr Mann verhaftet wurde.«

»Ja, Wahnsinn, oder?« Pia erinnerte sich an das Buch, das Kai ihr geliehen hatte. »Aber wie geht das? Man kann ja eigentlich gar kein wirkliches Interesse an seinem Partner haben, wenn einem nicht auffällt, dass mit ihm irgendetwas nicht stimmt.«

»Das hat mit Selbstverleugnung und Angst vor der Wahrheit zu tun«, meinte Christoph. »Die Fassade muss unter allen Umständen gewahrt werden. Und natürlich kann man für alles Entschuldigungen und Erklärungen finden.«

»Also, ich bilde mir ein, ich würde merken, wenn du herumfahren und Leute ermorden würdest.«

»Wenn du dich da nur nicht täuschst!« Christoph bleckte die Zähne und grinste teuflisch. »Ich könnte dir erzählen, ich sei auf irgendeiner Tagung, und du würdest es mir glauben, weil du mir vertraust.« Dann wurde er ernst. »Ich würde allerdings niemals auf die Idee kommen, eine Leiche auf meinem eigenen Grundstück zu vergraben.«

»Es sei denn, dass genau *das* dir den Kick geben würde«, antwortete Pia nachdenklich. »Jemand, der drei Frauen umbringt und vergräbt, tickt nicht wie ein normaler Mensch.«

Ihr Blick fiel auf die Küchenuhr.

»Ich muss los.« Sie stand auf und stellte ihre Kaffeetasse und den Teller in die Spülmaschine. »Wir haben um halb acht die erste Teambesprechung.«

»Wahrscheinlich hatte der Kerl eine schwere Kindheit.« Christoph trank seinen Kaffee aus und erhob sich ebenfalls. »So heißt es doch immer, wenn irgendein kranker Gewaltverbrecher in der Klapsmühle landet und nicht im Knast.«

»Oft ist da was Wahres dran.« Pia schlüpfte in ihre Jacke. »Und die richtig kranken Seelen sind meiner Meinung nach in der Psychiatrie weitaus besser aufgehoben als im Strafvollzug, wo sie irgendwann ihre Strafe abgesessen haben und wieder auf freien Fuß kommen.«

Christoph zuckte nur die Schultern, aber sie konnte an seiner Miene ablesen, dass er ihre Meinung nicht teilte. Ihr einen schönen Tag zu wünschen, verbot sich angesichts der Aufgabe, die sie erwartete, deshalb nahm er sie nur in die Arme und gab ihr einen Kuss.

»Bis heute Abend, Süße«, sagte er. »Pass auf dich auf.«

»Und du auf dich.« Pia erwiderte seinen Kuss, schnappte sich Autoschlüssel und Tasche und verließ das Haus. Dabei fiel ihr ein, dass sie ganz vergessen hatte, Christoph von dem Streit zwischen Kim und Nicola Engel zu erzählen.

***

Die Runde, die sich pünktlich um halb acht im Besprechungsraum des K 11 im ersten Stock des Gebäudes der Regionalen Kriminalinspektion zusammengefunden hatte, war überschaubar. Pia war schon eine halbe Stunde früher im Büro gewesen, hatte Kai Ostermann das Adressbuch von Theodor Reifenrath gegeben und gemeinsam mit ihm alle bisher bekannten Fakten an die Whiteboards geschrieben. Kai saß hinter seinem aufgeklappten Laptop an der unteren Seite des U. Ohne dass Bodenstein ihn offiziell beauftragt hatte, hatte er die Aufgabe des Hauptsachbearbeiters übernommen, weil er genau wusste, dass ihm niemand diesen Job streitig machen würde. Abgesehen davon, dass er aufgrund seiner Behinderung ohnehin nur im Innendienst arbeitete, prädestinierten ihn seine langjährige Erfahrung, seine Sorgfalt und sein computerähnliches Gedächtnis für diesen verantwortungsvollen Job. Bei ihm würden alle Berichte und Protokolle eingehen und er war für die Führung und Überwachung der Haupt- und Spurenakten zuständig. Links von ihm saß Kriminaloberkommissar Tariq Omari, Christian Kröger setzte sich an den linken Schenkel des U, Bodenstein nahm ihm gegenüber Platz.

Gerade als Pia anfangen wollte, vernahm sie das Stakkato von Absätzen, das sich über den Flur näherte, und widerstand dem Reflex, ihrem Spiegelbild im Fenster einen prüfenden Blick zuzuwerfen. Da sie den restlichen Tag am Tatort verbringen würde, hatte sie am Morgen eine entsprechende Kleiderauswahl getroffen.

»Guten Morgen!«, grüßte Kriminaldirektorin Dr. Nicola Engel in die Runde und setzte sich auf den freien Stuhl neben Bodenstein.

Pia skizzierte in knappen Worten die Lage und wies darauf hin, dass sie aufgrund der Umstände den Tod von Theodor Reifenrath so lange als Gewalttat behandeln mussten, bis eine Obduktion das Gegenteil bewies.

»Wir haben gestern Nacht auf dem Grundstück des Verstorbenen die sterblichen Überreste von drei weiblichen Personen gefunden«, sagte sie in die Runde. »Momentan müssen wir davon ausgehen, dass Theodor Reifenrath, der Eigentümer des Grundstücks, in irgendeiner Beziehung zu den toten Frauen stand.«

»Die drei alten Leichen können Sie an die Kollegen von der AUA delegieren«, meldete sich Dr. Engel zu Wort, ohne von ihrem Smartphone aufzublicken.

»AUA?«, fragte Tariq ungewöhnlich begriffsstutzig. »Was bedeutet das denn jetzt schon wieder?«

»Abteilung für Ungeklärte Altfälle«, klärte Pia ihn auf. Kryptische Abkürzungen erfreuten sich bei der Polizei im Allgemeinen und ihrer Chefin im Besonderen einer ungemeinen Beliebtheit.

»Korrekt«, nickte die Kriminaldirektorin.

»Wir könnten zwar, aber werden das nicht tun«, erwiderte Pia. »Das ist unser Fall, und ich habe nicht vor, mir von den LKA-Leuten reinpfuschen zu lassen.«

»Was sagt Ihr Vorgesetzter dazu?«, fragte die Engel.

»Der ist derselben Meinung«, antwortete Bodenstein lakonisch.

Dr. Engel blickte von ihrem Smartphone auf und schenkte Pia einen ungehaltenen Blick, den diese kühl erwiderte. Die Kriminaldirektorin hasste es, wenn ihren als Ratschlägen getarnten Anweisungen nicht Folge geleistet wurde. Allerdings war sie in der Vergangenheit mehrfach damit gescheitert und beharrte deshalb nicht darauf, denn noch mehr als Pias Unnachgiebigkeit hasste sie Niederlagen vor Publikum.

»Wer ist der Tote?«, wollte sie stattdessen wissen.

»Theodor Ernst Reifenrath«, übernahm Kai Ostermann und räusperte sich. »Geboren am 12. Juli 1930 als Sohn von Mineralwasser-Fabrikant Konrad Reifenrath und seiner Frau Edith in Königstein. Verheiratet mit Rita Reifenrath, geborene Kreidler seit 1951 …«

»Er war verwitwet, sagte uns die Nachbarin«, wandte Pia ein.

»Wie man es nimmt«, entgegnete Kai und lehnte sich zurück. »In Anbetracht der drei toten Frauen unter dem Hundezwinger mag es durchaus interessant sein, dass Rita Reifenrath im Mai 1995 spurlos verschwand. Ihr Auto wurde damals auf einem Parkplatz in der Nähe des Rheinufers in Eltville gefunden. Man nahm an, dass sie Selbstmord begangen hatte, denn sie galt als depressiv. Es hatte eine groß angelegte Suche gegeben, Taucher im Rhein und so was, und natürlich gab es auch polizeiliche Ermittlungen, aber ergebnislos. Rita Reifenrath wurde nie offiziell für tot erklärt, sie gilt bis heute als vermisst.«

»Wie alt war sie, als sie verschwand?«, fragte Christian Kröger.

»Moment …« Kais Finger flogen über die Tastatur seines Laptops. »Sie war Jahrgang 1927, also 68.«

»Dann ist sie keine der drei Leichen. Die waren bei ihrem Tod bedeutend jünger.«

»Theodor Reifenrath und seine Frau Rita hatten ein großes Herz für Kinder«, fuhr Kai fort. »Innerhalb von zwanzig Jahren nahmen sie zahlreiche Pflegekinder auf, vorzugsweise aus Kinderheimen des Main-Taunus-Kreises oder Frankfurt.«

»Ihr Haus war schon in den Zwanziger- und Dreißigerjahren des letzten Jahrhunderts ein von Nonnen geführtes Kinderheim, bis es von den Nazis aufgelöst wurde«, ergänzte Pia. »Der Vater von Theodor Reifenrath konnte das Gebäude dem Orden abkaufen. Mit seinen Mineralquellen und den Abfüllanlagen verdiente er gut und war über Jahrzehnte einer der wichtigsten Arbeitgeber in Mammolshain und Umgebung.«

»Haben wir schon Informationen zu den Leichen?« Noch immer spielte die Kriminaldirektorin an ihrem Handy herum, die Stirn in Falten gelegt.

»Nein, wir wissen noch überhaupt nichts«, antwortete Pia. »Professor Kirchhoff wird so bald wie möglich die Obduktionen durchführen. Wir machen erst mal mit der kriminaltechnischen Untersuchung des Hauses weiter. Wir müssen herausfinden, warum Reifenrath zehn Tage lang nicht vermisst wurde, wer den Hund in den Zwinger gesperrt hat und …«

Das Mobiltelefon von Dr. Engel meldete sich mit einem Klopfen. Als habe die Kriminaldirektorin nur darauf gewartet, schob sie ihren Stuhl zurück und stand auf. Ob das wohl Kim war? Vielleicht hatten sie sich ja wieder vertragen!

»Danke, Frau Sander«, sagte sie. »Berichten Sie mir heute Abend von Ihren Fortschritten. Viel Erfolg.«

Obwohl eigentlich Bodenstein der Leiter des K 11 war, ignorierte Dr. Nicola Engel ihn phasenweise völlig, was ihm nicht unrecht war, wie Pia wusste.

Als ihre Chefin mit dem Telefon am Ohr den Besprechungsraum verlassen hatte, schilderte sie ihren Kollegen das Telefonat mit Fridtjof Reifenrath. Sie hatte absichtlich damit gewartet, bis Dr. Engel weg war, denn ein so prominenter Name hätte die Kriminaldirektorin sicherlich dazu veranlasst, sich einzumischen, was jede Ermittlung erfahrungsgemäß verkomplizierte.

»Die Leute mit dem Georadar kommen gegen zehn«, sagte Kai. »Und der Leichenspürhund auch um den Dreh herum.«

»Okay.« Pia nickte. »Christian, ihr macht bitte im Haus weiter. Der Chef und ich werden noch einmal mit Jolanda Scheithauer und anderen Nachbarn sprechen. Tariq, du kannst ein paar Befragungen in Mammolshain übernehmen.«

»Aber wer kümmert sich dann um die Leichensache in Eschborn?«, fragte Tariq.

»Ach stimmt, das haben wir ja auch noch.« Pia überlegte. Ein Eschborner Hotel hatte eine Tote gemeldet, eine »kalte Abreise«, wie man einen Suizid im Hotelzimmer beschönigend nannte. Gerade an Feiertagen wie Weihnachten oder Ostern, wenn Menschen ihre Einsamkeit unerträglich bewusst wurde, kam das häufiger vor. »Okay, dann fährst du nach Eschborn und kommst nach, sobald du kannst.«

»Was ist mit den leer stehenden Gebäuden auf dem Grundstück?«, erkundigte sich Kröger. »Sollen wir uns die auch vornehmen?«

»Priorität hat jetzt erst das Wohnhaus«, erwiderte Pia. »Wenn allerdings der Hundeführer mit dem Leichenspürhund da ist, soll der das ganze Gelände abgehen. Sonst noch Fragen?«

Sie blickte in die Runde, schaute in aufmerksame Gesichter.

»Gut, dann an die Arbeit«, sagte sie. »Heute Abend treffen wir uns wieder hier.«

Die meisten Gewaltverbrechen waren Beziehungstaten, bei denen sich Opfer und Täter kannten und die sich dementsprechend rasch aufklären ließen. Weil Pia wusste, welche Spuren eine Gewalttat im Leben des Opfers oder – wenn es um Mord, Totschlag oder einen Suizid ging – seiner Hinterbliebenen hinterließ, wurde ihre Arbeit nie zu bloßer Routine, aber manche Fälle forderten sie und ihr Team mehr heraus als andere. Dieser neue Fall schien sich zu einem solchen zu entwickeln.

***

Aschaffenburg, 7. Mai 1988

Es gibt kaum etwas Ekelhafteres als eine betrunkene Frau. Den ganzen Abend hat sie sich mit Bier und Tequila volllaufen lassen und sich ein paar Ami-Soldaten an den Hals geworfen, wie eine billige Nutte. Die Konkurrenz ist groß, denn es sind jede Menge deutsche Mädchen in dem Pub, die alle davon träumen, sich einen Ami zu angeln. Die meisten sind jünger und hübscher als sie. Sie kriegt keinen ab. Bald ist es nach Mitternacht. Die Amis brechen auf, bevor die Militärpolizei auftaucht und Ärger macht. Alles läuft perfekt für mich. Früher am Abend hat sich die dumme Gans mit ihrer Freundin gestritten, die irgendwann die Nase voll hatte und verschwunden ist. Ich gehe auch, als die meisten Amis aufbrechen, denn ich will nicht auffallen. Tatsächlich muss ich nur eine Viertelstunde warten, bis sie herausgetorkelt kommt, voll wie eine Strandhaubitze. Ich beobachte, wie sie versucht, sich eine Zigarette anzuzünden. Sie guckt nach links und nach rechts, aber die Straße ist menschenleer. Busse fahren um diese Uhrzeit nicht mehr. Für ein Taxi hat sie kein Geld. Sie setzt sich in Bewegung, schwankt den Bürgersteig entlang. Mein

Innerstes vibriert vor Aufregung, als ich den Motor anlasse. So lange habe ich an meinem Plan herumgetüftelt, habe alles so perfekt wie möglich vorbereitet und an alle Eventualitäten gedacht. Ich kann es kaum noch erwarten.

»Hi!« Ich kurbele das Beifahrerfenster herunter, fahre im Schritttempo neben ihr her. Sie bleibt stehen, lehnt sich an mein Auto. Mustert mich mit glasigem Blick. Ihr Make-up ist verwischt.

»Warssu nich auch im Pub?«

»Doch. Soll ich dich irgendwohin mitnehmen?«

»Ich muss nach Weiterstadt.«

»Ich fahre sowieso nach Darmstadt.«

Sie ist zu betrunken, um vorsichtig oder argwöhnisch zu sein.

»Na gut.« Sie reißt die Tür auf, sackt auf den Sitz. Der Gestank von Alkohol, Schweiß und Zigarettenrauch erfüllt das Auto. Ich schaue in den Rückspiegel. Niemand hat uns beobachtet. Ich fahre los.

»Du willst mich aber nich vergewaltigen, oder?« nuschelt sie, diese Schlampe. Mit jedem pickligen Ami-Soldaten hätte sie sich eingelassen, aber ich, ich bin ihr nicht gut genug! Der Hass auf sie explodiert in meinem Innern, doch ich bleibe ruhig. Eigentlich hasse ich dieses Mädchen gar nicht. Sie ist nur eine Hülle. Austauschbar. Sobald es getan ist, werde ich ihren Namen vergessen haben.

»Quatsch!« sage ich und lächele. Sie lächelt auch, ein verschwommenes Besoffenen-Lächeln. Ich interessiere sie nicht, denn ich bin kein Ami. Sie ahnt nicht, wer ich bin. Aber spätestens in ein paar Stunden wird sie mich kennenlernen.

***

In einem kleinen Örtchen wie Mammolshain machten Neuigkeiten schnell die Runde. Auf dem schmalen Asphaltweg, der zum Reifenrath'schen Anwesen führte, hatten sich bereits einige Schaulustige versammelt, als Bodenstein und Pia dort gegen halb neun eintrafen. Ein alter grüner Fendt-Traktor stand mit tuckerndem Motor mitten auf dem Weg; sein Fahrer, ein in blauen Drillich gekleideter Mann um die siebzig mit weißen Haaren und einem aggressiven Bulldoggengesicht, diskutierte lautstark und wild gestikulierend mit der Besatzung des Streifenwagens, die ihn an der Weiterfahrt hinderte. Ein paar Rentner hatten den Fußmarsch vom Dorf den Berg hinab auf sich genommen, mehrere Frauen mit Walkingstöcken und Hunden hatten sich zu ihnen gesellt und reckten die Hälse, wohl in der Hoffnung, den Grund der Polizeiabsperrung zu sehen. Die Presse schien allerdings noch keinen Wind von den Leichenfunden bekommen zu haben.

»Immer dasselbe«, brummte Bodenstein und bremste hinter dem Traktor. »Als ob so eine Absperrung die Leute magnetisch anziehen würde.«

»Warte kurz«, sagte Pia. »Ich kläre das.«

Sie stieg aus, zog den Reißverschluss ihrer Daunenjacke hoch und ging zu den Streifenbeamten hinüber. Der Bauer wollte unbedingt *jetzt* nach seinen Obstbäumen sehen, die irgendwo »do unne naus« lagen, die Frauen gingen angeblich jeden Morgen *genau hier* mit ihren Hunden spazieren und beharrten auch heute auf diesem Recht, schließlich sei dies ein öffentlicher Weg. Pia beneidete ihre Kollegen nicht um ihren Job.

»Lasst die Leute durch und stellt euch am besten direkt vor die Einfahrt«, riet sie der Besatzung des Streifenwagens. »Damit erspart ihr euch die ganzen unnötigen Diskussionen.«

So geschah es, und der Stau löste sich auf. Gerade als Pia wieder in den Dienstwagen steigen wollte, bog ein hagerer kleiner Mann in knallblauer Laufbekleidung aus einem Fußweg, der hinunter zum Quellenpark führte. Er verharrte einen Moment, bewegte den Kopf ruckartig von links nach rechts und steuerte dann wie ein Marschflugkörper mit vorgerecktem Kinn und federnden Schritten direkt auf Pia zu. Einen Meter vor ihr blieb er stehen. Er hatte eine Glatze und einen fusseligen weißen Vollbart, trug eine randlose runde Brille und war erheblich älter, als seine energische Art sich zu bewegen es vermuten ließ.

»Guten Mor-gen«, sagte er und Pia erkannte die übertrieben akzentuierte Sprechweise vom Anrufbeantworter sofort wieder.

»Guten Morgen, Herr Dr. Katzenmeier«, erwiderte sie zu seiner Verblüffung, die jedoch nur kurz anhielt.

»Ah, ich sehe, man kennt mich«, schnarrte er.

»Ich habe zumindest Ihre Stimme erkannt«, gab Pia zu. »Sie hatten Ihrem Nachbarn Herrn Reifenrath eine Nachricht auf Band gesprochen und sich wegen des Hundegebells beschwert.«

»Das ist korrekt.« Dr. Katzenmeier zog ein Taschentuch aus seiner Goretex-Jacke und tupfte sich den Schweiß von Stirn und Glatze. »Das Tier bellte stundenlang. Ich war beinahe versucht, die Polizei zu informieren. Habe es aber auf Bitten meiner Frau unterlassen.«

»Hätten Sie es besser mal getan«, sagte Pia und überlegte, ob der Mann wohl bei der Bundeswehr gewesen war. Gab es Offiziere mit Doktortitel?

»Da gebe ich Ihnen recht.« Dr. Katzenmeier akzeptierte den unausgesprochenen Vorwurf, ohne mit der Wimper zu zucken. Bodenstein stellte den Motor ab, stieg aus und kam neugierig näher.

»Das ist mein Chef, Kriminalhauptkommissar von Bodenstein von der Kripo Hofheim«, stellte Pia ihn vor.

»Doktor Karl-Heinz Katzenmeier. Chemiker, kein Arzt. Mir kam zu Ohren, dass mein Nachbar das Zeitliche gesegnet hat. Die Anwesenheit der Polizei – insbesondere der Kriminalpolizei – verleitet mich nun zu der Annahme, dass jemand der Natur ins Handwerk gepfuscht hat.«

»Wie Herr Reifenrath gestorben ist, wissen wir noch nicht. Wir haben gestern seine Leiche gefunden«, sagte Pia. »Besser gesagt, das, was von ihr übrig war.«

Der Doktor hob die Augenbrauen.

»Offenbar lag er mehrere Tage unentdeckt in der Küche seines Hauses. Und jetzt fragen wir uns, warum ihn niemand vermisst hat.«

»Das ist in der Tat seltsam.« Dr. Katzenmeier verschränkte die Arme vor der Brust, stützte den Ellbogen des rechten Arms auf den linken und legte den Zeigefinger unter sein Kinn, eine Pose, die Pia nur von Comicfiguren kannte. »Soweit ich weiß, hat mein Nachbar eine Arbeitskraft, eine Kroatin, die drei Mal pro Woche kommt. Und einige der früheren Pflegekinder lassen sich mehr oder weniger regelmäßig blicken, um nach dem Rechten zu sehen.«

»Ich habe gestern Abend mit einem Herrn Reifenrath telefoniert«, sagte Pia. »Fridtjof Reifenrath. Kennen Sie ihn zufällig?«

»Ja, natürlich!« Dr. Katzenmeier nickte. »Er ist der Enkelsohn vom alten Reifenrath. Was aus dessen Mutter, der einzigen Tochter, wurde, ist mir nicht bekannt.«

Der überkorrekte Nachbar Dr. Katzenmeier erwies sich als wertvolle Informationsquelle. 1976 hatte er Reifenrath ein Grundstück an der Kronthaler Straße abgekauft, ein Haus gebaut und wohnte seither dort mit seiner Frau.

»Wie war Ihr Verhältnis zu Theodor Reifenrath?«, erkundigte sich Bodenstein.

»Wir grüßten uns, mehr nicht. Obwohl ich jeden Tag meine Laufrunde drehe, habe ich ihn manchmal wochenlang nicht gesehen. Er war schon früher ein Eigenbrötler, aber nach dem Tod seiner Frau hat er sich völlig zurückgezogen. Man kann unser Verhältnis in den letzten Jahren wohl am besten als friedliche Koexistenz bezeichnen.«

»Hat er alleine gelebt?«

»Ja. Er war ein schwieriger Zeitgenosse. Schätzte die Gesellschaft seiner Tiere mehr als die von Menschen.«

»Was ist mit der Mineralwasserfabrik?«, wollte Pia wissen. »Seit wann ist sie geschlossen?«

»Schon viele Jahre. Irgendwann Anfang der Neunziger kam der Bankrott, der sich schon lange vorher abgezeichnet hatte. Reifenrath verpachtete einige der Hallen, unter anderem an zwei seiner Pflegesöhne als Autowerkstatt, bis es irgendwelche Probleme gab. Danach wurde alles verkauft. Der Abfüllbetrieb lief noch bis 2005, dann wurde er eingestellt.«

»Sie sagten, es gab Probleme.« Pias Neugier war geweckt. »Welcher Art?«

»Das entzieht sich meiner Kenntnis. Die Gerüchte besagten damals, es habe einen Disput wegen einer Frau gegeben.« Dr. Katzenmeier konsultierte den Fitness Tracker an seinem Handgelenk. »Ich muss weiter.« Er winkelte die Arme an und joggte auf der Stelle. »Sie sollten sich mit Martha Knickfuß unterhalten«, fiel ihm ein. »Im Ort nennt man sie bis heute ›die Braut‹. Sie war die Verlobte von Reifenraths älterem Bruder, der in den letzten

Kriegstagen gefallen ist, und hat ihr ganzes Leben lang in der Wasserfabrik gearbeitet.« Er kicherte. »Allerdings nicht als Chefin, wie sie sich das wohl ursprünglich vorgestellt hatte, sondern als Buchhalterin. Wenn einer die Familie Reifenrath kennt, dann sie.«

In seiner Stimme schwang ein Hauch von Sarkasmus.

»Danke für den Tipp.« Bodenstein nickte. »Wissen Sie, wo sie wohnt?«

»In einem gelben Fachwerkhäuschen in der Borngasse, oben im Ort.« Er hob grüßend die Hand und sprintete davon.

»Schräger Typ.« Pia blickte ihm kopfschüttelnd nach. »Ich wette, der kann ein richtiger Giftzwerg sein.«

»Das glaube ich allerdings auch«, erwiderte Bodenstein. »Aber so jemand wie der sieht und hört alles.«

»Ich hatte im Gymnasium mal eine schreckliche Mathelehrerin, die ›Katzenmeier‹ hieß«, erinnerte sich Pia, als sie zu ihrem Dienstwagen zurückgingen. »Die war für mich das pure Grauen! Würde mich nicht wundern, wenn die mit diesem Oberspießer verwandt wäre.«

Bodenstein öffnete ihr die Beifahrertür und sie ließ sich auf den Sitz fallen.

»Es ist erst kurz vor neun«, sagte Pia. »Die Georadar-Leute werden noch nicht da sein, und Christian ist froh, wenn wir ihm nicht im Weg herumlaufen. Lass uns doch gleich mal zu dieser Frau Knickfuß fahren. Alte Leutchen sind ja gerne früh auf den Beinen.«

***

Sie hatte ihn nur aus Zufall entdeckt, als sie vorhin aus dem Küchenfenster hinunter in den Quellenpark geschaut hatte, während sie Kaffeepulver in den Filter der Kaffeemaschine löffelte. Claas saß auf einer der Parkbänke und starrte zu ihrer Wohnung hoch. Vor Schreck war ihr beinahe die Kaffeedose aus der Hand gefallen und sie hatte einen raschen Schritt nach hinten gemacht. Sie schauderte bei der Erinnerung an den Hass in den Augen des Mannes, den sie einmal geliebt hatte. Ihre Anwältin hatte nicht zurückgerufen und auch ihre WhatsApp nicht gelesen. Die Polizei konnte sie vergessen. Was sollte sie denen auch sagen? Mein

Ex-Mann sitzt in einem öffentlichen Park und guckt zu meiner Wohnung hoch?

Als sie Claas getroffen hatte, war sie neunzehn gewesen und er achtunddreißig. Sie hatte ihn auf dem Weinfest im Alten Kurpark in Bad Soden kennengelernt und als sich ihre Blicke begegnet waren, hatte ihr Herz einen Salto geschlagen. Er sei Ingenieur, hatte er ihr erzählt, verantwortlich für den Bau des neuen Flughafenterminals. Dass er fast doppelt so alt war wie sie, hatte sie nicht gestört. Sie hatte ihn bewundert und sich Hals über Kopf in ihn verliebt. Die Warnungen seiner Ex-Frau hatte sie als Eifersucht und Missgunst abgetan. Keine acht Monate später hatten sie geheiratet. Claas hatte sie auf Händen getragen, ihr jeden Wunsch von den Augen abgelesen. Als das Terminal 2 fertiggestellt worden war, hatte er seinen Job gekündigt und sie davon überzeugt, ihr Studium aufzugeben und ihm stattdessen in der Autowerkstatt zu helfen, die er eröffnet hatte. Ihre Eltern, Schwestern und Freundinnen hatten sie davor gewarnt, sich so völlig in Claas' Abhängigkeit zu begeben, aber sie hatte sukzessive den Kontakt zu ihrer Familie und den alten Freundinnen einschlafen lassen. Claas hatte eine schwierige, lieblose Kindheit gehabt, war in Heimen und Pflegefamilien aufgewachsen, und sie hatte fest geglaubt, dass sie ihn ändern und glücklich machen konnte. Als sich das Verhältnis zwischen Claas und ihr verschlechterte, hatte sie sich das nicht eingestehen wollen und geglaubt, es würde sich wieder einrenken. Vielleicht würden ihn die Kinder wieder zu dem charmanten, großzügigen und liebevollen Mann machen, als den sie ihn kennengelernt hatte. Hatten ihre Eltern nicht immer gepredigt, man dürfe nicht bei der ersten Schwierigkeit die Flinte ins Korn werfen? Und deshalb hatte sie es ausgehalten, dass sie immer häufiger Ziel seiner unbeherrschten Wutanfälle geworden war. Sie hatte die Zähne zusammengebissen, als er sie belogen, gedemütigt, von ihrer Familie und Freunden abgeschottet und mit Missachtung gestraft hatte. Je schlechter er sie behandelt hatte, desto mehr hatte sie sich angestrengt. Ihre eigenen Bedürfnisse hatte sie hintangestellt, bis sie körperlich krank geworden war. Damals hatte sie mit Yoga begonnen. Zuerst hatte Claas drüber gespottet. Dann hatte er versucht, ihr den Sport madig zu machen, und als das alles nicht fruchtete, war seine Eifersucht erwacht, und er hatte sie zum ersten Mal geschlagen. Nur eine Ohrfeige zwar, aber damit hatte er eine Hemmschwelle überschritten. Sein Wahnsinn war immer schlimmer geworden. Dann war sie im Internet zufällig auf einen Artikel über Opfer narzisstischen Missbrauchs gestoßen und ihr war klar geworden, dass sie ihn verlassen musste, um ihr Leben zu retten. Plötzlich kamen ihr die Tränen. Würde sie für den Rest ihres Lebens auf der Flucht vor dem Mann sein, den sie einmal zu lieben geglaubt hatte, oder konnte sie eines Tages wieder ohne die Angst leben, die zu ihrem ständigen Begleiter geworden war?

***

Martha Knickfuß war nicht nur früh auf den Beinen, sondern bereits mit dem Bus nach Königstein gefahren, um im Supermarkt einzukaufen, denn in Mammolshain gab es keinen Laden, nicht mal eine Bäckerei oder einen Kiosk. Gerade als Bodenstein und Pia an der Tür des gelb gestrichenen Fachwerkhäuschens in der Bornstraße klingelten, bog sie um die Ecke, einen Einkaufstrolley hinter sich herziehend. Sie war eine gepflegte alte Dame mit dichtem schneeweißen Haar, das zu einem modischen Bob geschnitten war. Die Frisur ließ sie um Jahre jünger wirken, als sie sein musste, so wie auch ihre Kleidung: schwarze Jeans, Sneakers, eine schwarze Steppjacke.

»Wollen Sie zu mir?«, fragte sie neugierig. Ihre Stimme klang etwas zittrig, aber ihr Blick war scharf wie der eines Habichts. »Sie sind sicher von der Polizei, hm?«

»So ist es.« Bodenstein lächelte freundlich. »Mein Name ist Oliver von Bodenstein, das ist meine Kollegin Pia Sander. Wir sind von der Kriminalpolizei aus Hofheim.«

»Ah ja.« Martha Knickfuß beäugte erst ihn, dann Pia. »Als ich gehört habe, dass Theo tot ist, habe ich mir schon gedacht, dass früher oder später die Polizei bei mir auftaucht. Trotzdem würde ich gerne Ihre Ausweise sehen.«

Bodenstein und Pia zogen ihre Polizeiausweise hervor, und Martha Knickfuß verglich sorgfältig die Fotos mit den vor ihr stehenden Personen.

»Vielen Dank.« Sie nestelte einen Schlüsselbund aus ihrer Jackentasche und schloss die Haustür auf. »Man kann als alter Mensch ja heute nicht vorsichtig genug sein. Was die Leute sich alles einfallen lassen, um an das Geld von anderen zu kommen, ist unglaublich.«

»Sie haben völlig recht«, bestätigte Bodenstein. »Darf ich Ihnen die Einkäufe ins Haus bringen?«

»Gerne, junger Mann.« Die alte Dame lächelte. »In meinem Alter ist man für jede Hilfe dankbar.«

Bodenstein trug den Trolley die drei Treppenstufen hoch und auf Anweisung von Frau Knickfuß in die Küche. Er musste den Kopf einziehen, denn die Türrahmen stammten aus einer Zeit, in der die Menschen wohl nur selten über 1,80 m groß gewesen waren. Pia blickte sich um. Alles war aufgeräumt und sauber. Auf den Möbeln entdeckte sie kein Staubkörnchen und die Fenster waren blitzblank.

»Leben Sie ganz alleine hier?«, fragte sie.

»Allerdings. Seit meine Mutter 1969 gestorben ist.« Frau Knickfuß verstaute ihre Einkäufe im Kühlschrank. »Ich mache meinen ganzen Haushalt noch selbst, mit einundneunzig! Das hält mich fit. Wollen Sie einen Kaffee trinken? Für einen Sherry ist es noch etwas früh, schätze ich.«

Sie führte Bodenstein und Pia ins angrenzende Wohnzimmer, das mit zierlichen Biedermeier-Möbeln vollgestopft war. Zierdeckchen schützten die Sessellehnen, kleine Kissen waren kunstvoll drapiert und verliehen den antiken Möbeln etwas Spießiges. Auf dem Sims eines offenen Kamins drängte sich allerhand Nippes. Frau Knickfuß bot ihnen Platz auf dem Sofa an. Sie setzte sich in den Sessel gegenüber, in ihren Augen glitzerte unverhohlene Neugier.

»Sie wollen von mir doch sicherlich etwas über die Reifenraths wissen, nicht wahr?«

»Das stimmt.« Bodenstein nickte. »Man sagte uns, dass Sie die Familie sehr gut kennen.«

»Das will ich meinen! Beinahe wäre ich eine von ihnen geworden!« Martha Knickfuß lachte auf. »Das Schicksal wollte es anders, und so war ich dann vierzig Jahre lang die Buchhalterin bei Reifenrath & Cie. Glauben Sie mir, ich habe alles versucht, aber selbst ich konnte nicht verhindern, dass Theo die Firma in den Bankrott gewirtschaftet hat.«

Sie wandte sich um und deutete auf ein gerahmtes Schwarz-Weiß-Foto mit Trauerflor, das einen Ehrenplatz auf einer wuchtigen Anrichte aus schwarzem Mahagoni hatte. Ihr Lächeln wurde wehmütig.

»Das war mein Eduard.« Das Foto zeigte einen gut aussehenden jungen Mann in Wehrmachtsuniform, der seinen Arm um eine siebzig Jahre jüngere Martha gelegt hatte. Beide lächelten fröhlich in die Kamera.

»Die Russen haben ihn erschossen, zwei Tage vor Kriegsende.« Sie seufzte. Zweiundsiebzig Jahre hatten ihren Kummer nicht mildern können. »Und wissen Sie, worüber ich mich ärgere, seitdem ich die Nachricht von seinem Tod bekommen habe?«

»Nein«, sagte Pia höflich und nahm einen Schluck Kaffee.

»Dass ich so blöd war und nicht wenigstens ein Mal mit ihm geschlafen habe«, sagte die alte Dame trocken.

Pia verschluckte sich, musste husten und lief krebsrot an. Bodenstein schmunzelte.

»So bin ich mein Leben lang eine keusche Jungfrau geblieben, dabei hätte ich mit etwas Glück ein Kind von ihm haben können.« Martha Knickfuß betrachtete das Foto voller Zuneigung, und Bodenstein empfand Mitleid.

»Aber Sie sind eine schöne Frau«, sagte er. »Ich kann mir vorstellen, dass Ihnen die Männer zu Füßen lagen.«

»Der Herr Kommissar ist ja ein Charmeur!« Martha Knickfuß kicherte kokett und winkte ab. In ihren hellblauen Augen, die vom Alter wässrig geworden waren, blitzte der Schalk. »An meinen Eduard kam keiner heran! Ich war zu stolz, um mich mit der zweiten Wahl zufriedenzugeben, nur um versorgt zu sein und einen Mann zu haben. Und ehrlich gesagt hat es mich immer vor alten Männern gegraust. Die Vorstellung, eines Tages mit einem alten Opa, den ich eigentlich gar nicht haben wollte, herumzusitzen, war mir zuwider.« Sie lachte ohne Bitterkeit. »Aber Sie sind nicht hergekommen, um sich meine Lebensgeschichte anzuhören. Was wollen Sie wissen?«

»Wir möchten gerne mehr über Theodor Reifenrath erfahren. Was war er für ein Mensch?«

»Theo!« Sie lehnte sich zurück und schüttelte den Kopf. »Er war das absolute Gegenteil seines Bruders. Eduard war ein feiner Mensch mit Manieren und Anstand, Theo war ein Versager und primitiv obendrein.« Sie rümpfte die Nase. »Er hatte zwar eine gewisse Bauernschläue, war aber nicht sonderlich intelligent. Vielleicht umgab er sich deshalb am liebsten mit noch dümmeren Menschen. Er hatte kein Interesse daran, die Nachfolge seines Vaters anzutreten, stattdessen begann er eine Lehre als Kunstschmied, die er aber vorzeitig abbrach. Seine Mutter war sehr unglücklich seinetwegen, denn Theo war als junger Mann ein Raufbold, Trinker und Tunichtgut, wie er im Buche steht. Bedauerlicherweise suchte Edith eine ganz und gar unpassende Frau für ihn aus. Rita stammte aus dem Ruhrgebiet; im Krieg hatte es sie nach Frankfurt verschlagen, wo sie zunächst in einem Säuglingsheim arbeitete. Anfang der Fünfziger kam sie als Krankenschwester auf die Mammolshöhe, das war eine Klinik für lungenkranke Kinder. Sie machte dem faulen Theo Beine! Einmal versuchte er, sie zu verprügeln, so, wie er es immer mit seinen Liebschaften gehalten hatte, aber Rita schlug zurück, ha!« Martha Knickfuß gluckste amüsiert bei der Erinnerung daran. »Sie war groß und kräftig, ein richtiger Brummer, mit Händen wie Bratpfannen und hatte ein aufbrausendes Naturell! Sie prügelte ihn windelweich, Theo musste sogar ins Krankenhaus, denn fast hätte sie ihm den Schädel eingeschlagen. Offiziell hieß es, er hätte einen Unfall an der Abfüllanlage gehabt, aber natürlich machte die Geschichte im ganzen Ort die Runde. Danach rührte er sie nicht mehr an. Nur am Tresen in der Kneipe oder bei seinen Karnickelzüchterfreunden riss er noch das Maul auf. Zu Hause hatte er nichts zu melden.«

»Rita und er hatten eine Tochter, nicht wahr?«

»Ja, die Brunhilde. Was für ein schrecklicher Name für das arme Kind!« Martha Knickfuß schnaubte verächtlich. »Theo vergötterte die Kleine, die – erstaunlich bei solchen Eltern! – ein süßes kleines Ding war. Er nahm sie überallhin mit, zu seinem Viehzeug und auch in die Firma. Rita war krank vor Eifersucht.

Ich bin heute noch der Überzeugung, dass sie nur deshalb anfing Pflegekinder aufzunehmen, damit sie jemanden hatte, den sie nach Herzenslust schikanieren konnte. 1962 kam das erste bedauernswerte Würmchen, ein Bub, vielleicht sieben oder acht Jahre alt.«

»Was ist mit Brunhilde passiert?«, wollte Pia wissen.

»Sie war ein sensibles Mädchen, litt unter ihrer herrischen Mutter und schämte sich für ihren Vater«, erwiderte Martha Knickfuß. »Mit vierzehn riss sie zum ersten Mal von zu Hause aus, mit sechzehn dann wieder. Wir hörten einige Jahre lang nichts mehr von ihr, bis wir eines Tages erfuhren, dass sie ein Kind bekommen hatte, einen kleinen Jungen, den Rita und Theo zu sich holten, als er ungefähr zwei war.«

»Fridtjof«, sagte Bodenstein.

»Genau. Das Berliner Jugendamt hatte ihn in einer völlig vermüllten Wohnung gefunden und in ein Heim gebracht. Dann machten sie Theo und Rita ausfindig und die nahmen den Jungen zu sich. Heute ist er ein wichtiger Mann, ein *Wirtschaftsboss*, wie die Zeitungen schreiben. Kaum zu glauben, wenn man weiß, wo er herkommt.«

»Was wurde aus seiner Mutter?«

»Sie starb an einer Überdosis Heroin auf einer Bahnhofstoilette in Berlin. Für Fridtjof kann man fast sagen: Gott sei Dank, sonst wäre aus ihm sicherlich auch nichts geworden.«

»Was denken Sie, warum hat sich Rita Reifenrath das Leben genommen?«, fragte Pia.

Martha Knickfuß blickte sie an und legte den Kopf schräg.

»Ich habe nichts Nettes über Rita erzählt«, räumte sie ein. »Wir hatten nicht viel füreinander übrig. Vielleicht war ich auch ein bisschen eifersüchtig auf sie, weil sie das hatte, was ich haben wollte, und nichts daraus machte. Aber Rita hatte ein trauriges Schicksal, das muss man wohl zu ihrer Entschuldigung sagen. Sie hat ihre ganze Familie unter den Trümmern ihres Elternhauses sterben sehen. Ihr erster Verlobter fiel an der Ostfront, der zweite in Frankreich. Als sie Theo kennenlernte, war sie schon 26, ein spätes Mädchen für damalige Verhältnisse. Wahrscheinlich hätte sie aus purer Verzweiflung jeden geheiratet.« Sie stieß einen tiefen Seufzer aus. »Wissen Sie, manche Menschen sollten sich besser nie begegnen. Rita war viel intelligenter als Theo. Sie hat ihn verachtet und ließ ihn das in jeder Sekunde spüren. Er hat sie dafür gehasst, und er hat sie – nicht ganz zu Unrecht – immer dafür verantwortlich gemacht, dass Brunhilde von zu Hause weggelaufen ist. Ich glaube bis heute, dass Rita sich nicht das Leben genommen hat, sondern dass Theo sie umgebracht hat, weil er sie nicht mehr ertragen konnte.«

***

Familie Scheithauer wohnte in einem Haus, das wohl ursprünglich ein ähnlicher Bungalow gewesen war wie der ihres Nachbarn Katzenmeier, bevor es um ein Stockwerk erweitert worden war. Im Vorgarten hinter einer Natursteinmauer blühte eine Forsythie in leuchtendem Gelb. Die Blumentöpfe neben dem Weg zum Haus waren noch leer, aber mehrere Säcke Blumenerde stapelten sich bereits an der Hauswand. Neben der Haustür verriet ein Schild aus Salzteig, wer hier wohnte. Pia drückte auf die Klingel und Frau Scheithauer öffnete wenig später.

»Danke, dass wir so früh stören dürfen«, sagte Pia.

»Ich habe Jolanda schon angerufen«, sagte ihre Mutter, nachdem Pia ihr Bodenstein vorgestellt hatte. »Sie ist in aller Herrgottsfrühe zu Dr. Gehrmann gelaufen, weil sie unbedingt nach Beck's schauen wollte. Wollen Sie hereinkommen?«

Sie folgten Frau Scheithauer durch einen Windfang vorbei an einer übervollen Garderobe, unter der ein gutes Dutzend Schuhe, Gummistiefel und Crocs standen, in eine großzügige offene Wohnküche mit Blick in einen weitläufigen Garten. Auf dem Esstisch stapelten sich Bücher, Unterlagen und Notizen, ein aufgeklappter Laptop stand daneben.

»Bitte nehmen Sie Platz. Kann ich Ihnen einen Kaffee anbieten?«

»Für mich nicht, danke.« Pia lächelte. »Ich habe heute schon drei Tassen getrunken, jeder Schluck mehr wäre eine Überdosis.«

»Sehr gerne. Schwarz, am liebsten.« Bodenstein nahm das Angebot an und setzte sich an den Tisch.

»Schieben Sie die Bücher einfach zur Seite.« Bettina Scheithauer stellte den Kaffeeautomaten an und nahm eine Tasse aus einem der Hochschränke. Das Mahlwerk rasselte, der appetitliche Duft nach frischem Kaffee erfüllte die Luft.

»Werden Sie den Hund wirklich bei sich aufnehmen, wenn er sich wieder erholt?«, wollte Pia wissen.

»Wenn das möglich ist, warum nicht?« Frau Scheithauer wies in Richtung Garten. »Platz haben wir genug, und wenn mein Mann auf Reisen ist, würden die Mädchen und ich uns mit einem Hund bedeutend sicherer fühlen.«

»Wie lange wohnen Sie schon hier?«, erkundigte sich Bodenstein.

»Seit sechs Jahren«, antwortete die zierliche Frau.

»Wie gut kannten Sie Herrn Reifenrath?«

»Darüber habe ich gestern Abend noch lange nachgedacht.« Frau Scheithauer servierte Bodenstein den Kaffee. »Offenbar überhaupt nicht. Ich habe hin und wieder mit ihm telefoniert, ein paar Mal war ich bei ihm, um Jolanda abzuholen, wenn sie mal wieder die Zeit vergessen hatte. Aber wirklich gekannt habe ich ihn nicht.«

»Was ist mit den Leuten, die Jolanda gestern erwähnte?«, fragte Pia. »Fritz, Ramona, Jochen und Ivanka? Kennen Sie die?«

»Ivanka ist eine Art Haushälterin«, erwiderte Frau Scheithauer. »Soweit ich weiß, arbeitet sie schon seit zwanzig Jahren für Reifenrath und wohnt in Kronberg.« Sie legte die Stirn in Falten. »Ramona ist eine Tochter. Ich kenne sie nur von Jolandas Erzählungen, genau wie ihre Brüder. Genau genommen sind sie keine richtigen Geschwister, denn Herr Reifenrath und seine Frau haben früher Pflegekinder bei sich aufgenommen. Wenn man dem, was im Dorf so erzählt wird, Glauben schenken kann, dann waren es an die dreißig im Laufe der Jahre.«

»*Dreißig* Pflegekinder?« Bodenstein, der gerade einen Schluck Kaffee trinken wollte, ließ überrascht die Hand sinken.

»Natürlich nicht alle auf einmal.« Frau Scheithauer lächelte, wurde aber sofort wieder ernst. »Über einen Zeitraum von zwanzig Jahren oder mehr. In Mammolshain sprechen alle bis heute mit größter Hochachtung von der verstorbenen Frau Reifenrath, obwohl sie schon so lange tot ist. Erst kürzlich gab es die Überlegung, eine Straße nach ihr zu benennen.«

Pia und Bodenstein wechselten einen raschen Blick.

»Bis heute weiß man nicht, ob Rita Reifenrath wirklich tot ist«, sagte Pia. »Sie gilt seit 1995 als verschwunden.«

Bettina Scheithauer begriff sofort. Sie riss die Augen auf und wurde blass. »Die Knochen unter dem Zwinger! Das ist ja entsetzlich! Wenn ich mir vorstelle, wie oft Jolanda dort drüben zum Spielen war! Oh mein Gott!«

Es klingelte an der Haustür, Frau Scheithauer entschuldigte sich und ging zur Tür. Wenig später kehrte sie in Begleitung einer atemlosen Jolanda zurück. Beck's war dank Dauertropf und Aufbauspritzen wieder zu Kräften gekommen und Jolanda hatte mit ihm einen kurzen Spaziergang im Garten des Tierarztes machen dürfen. Sie hatte ein Video gedreht und wollte es am liebsten gleich Pia und ihrer Mutter zeigen.

Pia schaute es sich an und erkundigte sich beiläufig nach Ramona, Jochen, Ivanka und Fritz. Bereitwillig erzählte Jolanda, dass Opa Theo die Ramona und ihren Mann Sascha nicht gemocht hatte, weil sie immer versucht hätten, ihm Vorschriften zu machen. Fritz kam nur ganz selten mal zu Besuch, sie selbst hatte ihn nie gesehen. Meistens rief er nur an. Jochen hieß eigentlich Joachim, hatte eine Mischlingshündin aus Rumänien mit Namen Candy, die sich mit Beck's gut verstand, und erledigte für Opa Theo all die Dinge, die dem Alten unangenehm oder zu kompliziert waren.

»Einmal, als der Jochen da war, hat der Opa Theo zu mir gesagt: ›Den seh ich auch am liebsten von hinten, den Klugscheißer.‹ Ich hab aber nicht kapiert, warum. Weil, der sieht eigentlich auch von vorne ganz nett aus.«

Pia musste ein Lächeln unterdrücken. »So etwas sagt man, wenn man jemanden nicht besonders gut leiden kann«, erklärte sie. »Kannst du den Jochen denn leiden?«

»Na ja, es geht.« Jolanda zuckte die Schultern. »Ich muss immer nach Hause gehen, wenn der da ist, weil die ganz wichtige Sachen zu besprechen haben.«

Dem Mädchen fielen noch weitere Namen von ehemaligen

Pflegekindern ein, aber nicht, weil sie sie persönlich gekannt hatte, sondern weil auf dem Dachboden des großen Hauses Kisten lagerten, auf denen ihre Namen standen.

»Hatte Opa Theo eigentlich auch ein Handy?«, fragte Pia.

»Nein«, antwortete Jolanda. »Die Ramona wollte immer, dass er sich eins anschafft, aber das hat er nicht gemacht. Dann hat sie ihm eins gekauft, ein richtig cooles iPhone S6! Das hat der Opa Theo der Ivanka geschenkt und die Ramona hat sich geärgert. Ich hab gehört, wie sie zu dem Sascha gesagt hat: ›Jetzt hat die Jugo-Tante ein besseres Handy als ich. Eines Tages beerdigt die den Alten noch!‹«

»Sagte sie vielleicht ›beerbt‹?«, fragte Pia.

»Ja, kann sein.«

Bodenstein schmunzelte, aber Frau Scheithauer brachte kein Lächeln mehr zustande. Wahrscheinlich spielte ihre Fantasie die fürchterlichsten Horrorszenarien durch, und sie machte sich Vorwürfe, Jolanda, wenn auch unwissentlich, der Obhut eines Serienmörders überlassen zu haben.

Bodenstein stand auf, Frau Scheithauer begleitete sie zur Haustür. Gerade als sie sich verabschiedeten, kam Jolanda noch einmal angelaufen.

»Mir ist noch was eingefallen!«, rief sie aufgeregt. »Vor ein paar Wochen war mal so ein komischer Mann beim Opa Theo zu Besuch. Der wollte einfach bei Opa Theo ins Haus ziehen, aber der wollte das nicht. Zuerst haben sie zusammen Bier getrunken, aber dann haben sie sich ganz doll gestritten und sich angebrüllt.«

»Ach ja? Wann war das?«

»Ich weiß nicht genau. Auf jeden Fall lag noch Schnee draußen.«

»Wie sah der Mann aus?«, wollte Pia wissen. »Und kannst du dich an seinen Namen erinnern?«

»Er war auch schon alt. Mindestens so fünfzig. Oder noch älter«, erwiderte Jolanda. »Ich glaube, Opa Theo hat den Klaus genannt. Am Anfang hab ich gedacht, er wäre voll nett, aber dann war er total gemein!«

Die arme Frau Scheithauer verdrehte resigniert die Augen.

Nach allem, was sie seit gestern erfahren hatte, würde sie ihre Tochter in Zukunft sicherlich nicht mehr so bedenkenlos durch die Gegend streunen lassen, wie sie das bisher getan hatte.

»Was hat er denn gemacht?«, fragte Pia.

»Er hat den Opa Theo so doll geschubst, dass er auf den Boden gefallen ist, und dann hat er noch den Beck's getreten!«, erinnerte sich Jolanda voller Empörung.

»Weißt du, warum?«

»Ich glaub, wegen Geld«, antwortete das Mädchen. »Der Mann hat was aus dem Tresor rausgenommen und der Opa Theo wollte das nicht.«

»Wie hat der Mann denn den Tresor aufgekriegt?«, fragte Pia.

»An dem Griff natürlich.«

»Ja, klar, aber da muss man doch Zahlen eingeben, damit der überhaupt aufgeht, oder?«

»Nee. Der Opa Theo hat gesagt, da wäre sowieso nichts Wertvolles drin und bevor vielleicht ein Einbrecher den schönen Tresor kaputt macht, lässt er ihn lieber offen.« Jolanda grinste. »Die Tür klemmt ein bisschen. Man muss den Griff ganz nach links drehen und dran ruckeln. Dann geht sie auf.«

Zürich, 24. März 2017

Seitdem die Bestatter Mamas Sarg zur Haustür hinausgetragen hatten, hatte Fiona in einem Zustand zwischen Albtraum und Hölle gelebt, innerlich taub und erschöpft bis in die kleinste Zelle ihres Körpers. Aber nun war die Lethargie verschwunden, und sie nahm all die Dinge, die sie vor sich hergeschoben hatte, in Angriff. Sie hatte bereits die notwendigen Behördengänge erledigt, den Arbeitgeber ihrer Mutter benachrichtigt, ebenso die Krankenkasse. Der Versicherungsgesellschaft, bei der ihre Mutter eine Lebens- und eine Unfallversicherung abgeschlossen hatte, hatte sie per Einschreiben eine Kopie der Sterbeurkunde geschickt. Heute wollte sie noch die Hausrat- und die KFZ-Versicherung ummelden, doch das Wichtigste war die Bank, denn wenn sie nicht auf das Konto ihrer Mutter zugreifen konnte, war sie bald pleite. Im ganzen Haus hatte Fiona nach Beweisen für die Geschichte, die Ferdinand Fischer ihr erzählt hatte, gesucht und nichts gefunden. Nirgendwo war sie auf Abrechnungen der Krankenkasse aus den Jahren vor ihrer Geburt gestoßen, die belegen konnten, dass ihre Mutter tatsächlich mehrfach versucht hatte, auf künstlichem Wege schwanger zu werden. Es gab keine Korrespondenz mit dieser ominösen Ärztin, an deren Namen sich Ferdinand nicht erinnerte. Auch der Ehevertrag, in dem ihre Mutter und Ferdinand die Modalitäten ihrer Eheschließung vereinbart hatten, war nicht auffindbar. Was, wenn das alles gar nicht stimmte? Aber warum hätte sich der geschiedene Mann ihrer Mutter so etwas Verrücktes ausdenken sollen?

Sie hatte so konzentriert gearbeitet, dass sie gar nicht bemerkt hatte, wie die Zeit vergangen war. Vor den Fenstern herrschte bereits tiefste Dunkelheit, als Fiona aufstand und ihre verkrampften Muskeln streckte. Ihr Rücken schmerzte und ihre Augen brannten, und sie beschloss, für heute Schluss zu machen und ins Bett zu gehen. Vorher musste sie nur noch schnell die Waschmaschine anstellen.

Gähnend stolperte sie die steile Treppe hinab in den Keller. In der Waschküche türmte sich auf dem Boden die Schmutzwäsche. Die Leuchtstoffröhre an der Wand über der Mangel war schon lange kaputt und musste ausgetauscht werden. Die Glühbirne an der Decke spendete nur schummeriges Licht. Fiona sortierte Koch- und Buntwäsche auseinander und stopfte die Maschine voll, doch dann stellte sie fest, dass kein Waschpulver mehr da war. Leise fluchend öffnete sie die Hängeschränke in der Hoffnung, noch irgendwo eine Packung zu finden. Wäscheklammern, Weichspüler, Wäschestärke, Fleckenwasser, Dutzende Packungen Kernseife, stapelweise alte Handtücher und Lappen. Ganz hinten im Schrank entdeckte sie eine der eckigen Vorratsdosen aus Blech, in denen ihre Großmutter früher Weihnachtsplätzchen aufgehoben hatte. Was machte die denn wohl hier unten im Schrank? Fiona holte die Dose hervor. Sie war ziemlich schwer. Beim Versuch, den Deckel zu öffnen, brach sie sich fast einen Fingernagel ab. Endlich sprang der Deckel auf, und mit fliegenden Fingern zog sie ein flaches, in Leder gebundenes Buch hervor. *Stammbuch der Familie* war auf den Einband gedruckt. Sie hatte endlich gefunden, wonach sie gesucht hatte!

Fiona hastete, die schwere Dose in den Händen, die Treppe hoch, stürmte in die Küche und leerte den Inhalt auf den Küchentisch aus. Ihr Herz klopfte aufgeregt, als sie außer dem Stammbuch ein Tagebuch ihrer Mutter fand und eine Dokumentenmappe aus blauer Pappe, zusammengehalten von zwei porösen Gummibändern. In einem abgegriffenen Briefumschlag, auf dem ihr Name stand, befanden sich eine Haarlocke und einige Milchzähne von ihr in einem Zellophan-Beutel. Ein anderer Briefumschlag enthielt eine Bank- und eine Kreditkarte von der UBS auf den Namen ihrer Mutter, die bis 2021 gültig waren, dazu mehrere Schreiben der Bank mit den Zugangsdaten für das Online-Banking und PIN-Nummern, das älteste datierte vom Juni 2011. Wieso hatte ihre Mutter, die schon wie ihre Eltern treue Kundin der Züricher Kantonalbank war, nie auch nur mit einem Wort erwähnt, dass sie Konten bei der UBS hatte?

Sie streifte die Gummibänder von der Dokumentenmappe und schlug sie auf. Hier war alles, was sie gesucht hatte! Ihre Geburtsurkunde, der Mutterpass, das Scheidungsurteil von Mamas erster Ehe. Nur den Namen der Ärztin fand Fiona nirgends! Selbst die Unterschrift unter den Stempeln des Zürcher Universitätsspitals im gefälschten Mutterpass war unleserlich, ganz so, als hätte die Ärztin unter allen Umständen vermeiden wollen, eine Spur zu hinterlassen, weil sie wusste, dass ihr Verhalten sie ganz sicher die Approbation gekostet hätte, wäre es herausgekommen.

Warum hatte ihre Mutter das alles so sorgfältig versteckt? Hatte sie befürchtet, Fiona werde sich von ihr abwenden, wenn die Wahrheit ans Licht käme? Nicht einmal im Angesicht des Todes hatte ihre Mutter sich ihr offenbart und das kränkte Fiona am meisten. Sie fühlte sich so verraten.

***

Jemand hatte den Briefkasten am Tor geleert und Zeitungen und Post auf dem Tisch unter dem Zelt ausgebreitet. Pia sortierte die Werbesendungen aus, übrig blieben zwei Briefumschläge, die Kontoauszüge und Telefonrechnung enthielten. Theodor Reifenrath hatte wenig telefoniert und es würde sicherlich kein Problem sein, die Telefonnummern zuzuordnen. Erheblich interessanter als die Telefonrechnung waren jedoch die Kontoauszüge. Reifenrath hatte ein Festgeld- und ein Girokonto bei der Taunussparkasse besessen. Anfang April hatte das Guthaben auf dem Girokonto knapp fünfzigtausend Euro betragen, doch seit dem 10. April waren beinahe jeden Tag vierstellige Summen abgebucht worden, insgesamt über fünfundzwanzigtausend Euro.

»Jemand hat nach Reifenraths Tod die EC-Karte benutzt«, stellte Pia fest. »Dazu muss er auch die PIN kennen.«

»Die Abhebungen wurden jedes Mal an einem anderen Geldautomaten gemacht«, stellte Bodenstein fest. »Neuenhain, Oberursel, Wallau, Hattersheim, Steinbach, Eschborn, Frankfurt-Höchst. Mal achthundert, dann zweitausend, zweitausendfünfhundert, dreitausend. Kleinere Summen, die erst mal niemanden misstrauisch gemacht haben.«

Pia breitete die Kontoauszüge auf dem Tisch aus, fotografierte jeden einzelnen und schickte die Fotos an Kai mit der Bitte, sich mit den Geldinstituten in Verbindung zu setzen. Mit etwas Glück würden sie noch Bilder aus den Überwachungskameras bekommen und den Dieb identifizieren können.

Der süßliche Verwesungsgeruch hing noch immer in den Räumen des Erdgeschosses, als Pia und Bodenstein wenig später die Eingangshalle betraten, nachdem sie sich vor der Haustür Overalls und Überzieher angezogen hatten. Die Techniker der Spurensicherung waren im Erdgeschoss beschäftigt. Unter der Chaiselongue, auf der die sterblichen Überreste von Theo Reifenrath gelegen hatten, war der Fußboden bräunlich verfärbt.

»Die letzte Zeitung, die Reifenrath gelesen hat, war die vom 7. April, einem Freitag«, dachte Pia laut nach. »Am 10. April, also drei Tage später, begannen die Abbuchungen. Warum hat derjenige bis Montag gewartet? Geldautomaten kann man auch an den Wochenenden benutzen.«

»Du kennst doch den Spruch: Gelegenheit macht Diebe«, entgegnete Bodenstein. »Vielleicht kam jemand ins Haus, sah den Toten und ergriff die Chance. Um in Ruhe alles durchsuchen zu können, hat er den Hund in den Zwinger gesperrt und das Auto mitgenommen.«

»Du meinst, hier ist irgendjemand zufällig vorbeigekommen?« Pia sah ihren Chef zweifelnd an.

»Möglich wär's. Komm, wir schauen uns mal etwas um. Hier sind wir sowieso nur im Weg.«

»Halt! Wartet mal!«, rief Christian Kröger, der gerade die Treppe herunterkam. »Wir haben einen AFIS-Treffer! Und was für einen!« Er ging an ihnen vorbei in die Küche, zog seine Handschuhe aus und nahm sein Tablet vom Küchentisch. »Hier! Guckt euch das mal an!«

Pia und Bodenstein betrachteten die Fotos eines recht gut aussehenden dunkelblonden Mannes um die fünfzig.

»Wer ist das?«, fragte Pia.

»Der Mann heißt Claas Reker«, antwortete Kröger. »Ihm wurde 2014 wegen Freiheitsberaubung, Körperverletzung und Stalking seiner Ehefrau der Prozess gemacht. Das Gericht schickte ihn aber nicht etwa ins Gefängnis, sondern in den Maßregelvollzug.«

»Ich erinnere mich an die Sache.« Bodenstein nickte.

»Wie sollen denn seine Fingerabdrücke in dieses Haus gekommen sein, wenn der Mann in der Psychiatrie ist?«, zweifelte Pia. »Das kann doch gar nicht sein.«

»Er war hier!« Christian Kröger glaubte felsenfest an die Unfehlbarkeit der modernen Technik. »Der Scanner irrt sich nicht.«

»Wenn ihr mich mal ausreden lassen würdet, dann könnte ich euch sagen, dass Reker Anfang des Jahres ohne Auflagen aus der Psychiatrie entlassen wurde«, warf Bodenstein ein. »Seinem Anwalt ist es nämlich gelungen, ein Wiederaufnahmeverfahren anzustrengen, in dem er plausibel machen konnte, dass sein Mandant Opfer eines Justizirrtums war.«

»Ach, natürlich! Davon habe ich auch gehört!« Pia nickte. »Rekers Name steht übrigens in Reifenraths Adressbuch! Er war aber durchgestrichen.«

»Wir haben seine Fingerabdrücke überall gefunden«, sagte Kröger. »Im Schlafzimmer, im Arbeitszimmer auf fast jeder glatten Fläche, in der Küche. Und auch in den anderen Räumen im Erdgeschoss. Oben haben wir gerade erst angefangen. Bedauerlicherweise kann unsere Software noch nicht analysieren, wie alt die Spuren sind. Ich vermute aber, es muss vor Kurzem gewesen sein, denn die Abdrücke sind nicht verwischt.«

»Er war hier, als noch Schnee lag«, sinnierte Bodenstein.

»Wie kommst du denn darauf?« Pia sah ihn verwundert an.

»Jolanda hat es uns vorhin erzählt«, erwiderte Bodenstein. »Der Mann, der sich mit Theo Reifenrath gestritten hat und danach durchs ganze Haus gegangen ist. Das Mädchen meinte, er habe Klaus geheißen. Klaus – Claas, das klingt doch ziemlich ähnlich.«

»Du könntest recht haben!« Pia war beeindruckt von seinem Scharfsinn. »Das ist ja ein Ding: Ein Wirtschaftsboss und das Opfer eines Justizskandals – die Engel kriegt die Krise, wenn sie das erfährt!«

»Ach, was machen wir übrigens mit dem Tresor?«, fragte Kröger. »Das Ding kriegt man nicht so ohne Weiteres auf, aber ein Transport wird auch nicht einfach.«

»Der müsste offen sein«, sagte Pia. »Das Nachbarmädchen hat uns verraten, dass Reifenrath ihn wohl nie verschlossen hat.«

Sie gingen ins Arbeitszimmer hinüber.

»Angeblich klemmt die Tür nur ein bisschen«, ergänzte Bodenstein.

Christian Kröger packte den Griff und zog und zerrte mit aller Kraft, aber die dicke Betontür rührte sich um keinen Millimeter.

»Der ist so was von zu!«, stieß er hervor.

»Lass mich mal«, sagte Bodenstein.

»Wenn du meinst, dass du mehr Kraft hast als ich: Bitte sehr!« Kröger trat einen Schritt zurück und stemmte die Hände in die Seiten. Pia schmunzelte, als sie beobachtete, wie ihr Chef Jolanda Scheithauers Anweisungen folgte, den Griff bis zum Anschlag nach links drehte und ein wenig daran ruckte, woraufhin sich die Tür mit einem schabenden Geräusch öffnen ließ.

»Siehst du, wie das geht?«, sagte er zu Kröger und grinste. »So etwas macht man mit Gefühl, nicht mit Gewalt.«

Die beiden Männer begutachteten den Inhalt des Tresors. In dem Moment klingelte Pias Handy. Die Streifenbesatzung vom Tor meldete die Ankunft des Leichenspürhundes und der Spezialisten für Geophysikalische Dienstleistungen mit dem Bodenradar. Ein weiterer Anrufer klopfte an, sodass Pia den Kollegen nur abgehackt hörte.

»... ist das okay?«, verstand sie nur.

»Ja, natürlich. Lassen Sie sie durchfahren«, sagte sie, drückte das Gespräch weg und nahm das nächste an.

»Wieso dauert das so lange?«, meckerte Henning zur Begrüßung. »Glaubst du, ich habe sonst nichts zu tun, als am Telefon zu sitzen und mir diese alberne Melodie anzuhören, die man jedes Mal aufgezwungen kriegt, wenn man versucht, dich zu erreichen?«

»Auch guten Morgen!«, erwiderte Pia und ging hinaus in den Flur. »Was gibt's denn so Dringendes?«

»Eine Identität gibt es!« Henning klang aufgeregt. »Pia! Wir wissen, wer die eine der beiden Fettwachsleichen war!«

»Wie bitte?« Pia straffte die Schultern. »Du wolltest doch erst morgen obduzieren, weil du ...«

»Ja, ja, ja. Ich habe noch gar nichts gemacht«, unterbrach Henning sie ungeduldig. »Stell dir bitte vor, was eben passiert ist: Kollege Lemmer guckt sich die drei Leichen an und sagt zu mir: ›Das gibt's doch nicht! Wissen Sie, wer die Tote aus Nummer 12 ist?‹, und ich, natürlich etwas überrascht, sage: ›Nein, woher sollte ich das wissen‹, und da sagt er: ›Dieses Gesicht hat mich jahrelang von einem Plakat an der Bushaltestelle auf meinem Weg zur Uni angesehen‹, und da sage ich ...«

»Henning, bitte, mach es kurz!«, unterbrach Pia ihren Ex-Mann.

»Na gut. Die Frau hieß Annegret Münch. Sie war Stewardess, wohnte in Mörfelden-Walldorf und wird seit Mai 1993 vermisst.«

Für einen Augenblick verschlug es Pia die Sprache.

»Das ist jetzt nicht dein Ernst, oder?«, fragte sie entgeistert.

»Doch, doch! Ist das nicht ein Ding? Warte! Bleib dran!« Henning wandte sich vom Telefon ab und rief nach seinem Kollegen, der wenig später in der Leitung war. Dr. Frederick Lemmer war normalerweise durch nichts aus der Ruhe zu bringen, aber jetzt klang auch er aufgewühlt.

»Der Fall hat mich damals sehr berührt«, sagte er, nachdem er wiederholt hatte, was Henning gerade in Kurzfassung erzählt hatte. »Ich bin in Walldorf aufgewachsen und war mit ihren Kindern zusammen in der Schule! Meine Mutter war nicht direkt mit ihr befreundet, aber sie kannten sich, weil meine Schwester und ich im gleichen Alter waren wie ihre beiden Söhne. Natürlich war der ganze Ort außer sich, als sie verschwand. Um ihre Ehe war es wohl nicht zum Besten bestellt, es gab Gerüchte, sie sei mit einem anderen durchgebrannt. Dann geriet ihr Mann unter Mordverdacht. Er saß sogar in U-Haft, das war ganz bitter für ihre Familie. Irgendwann fand man dann aber ihr Auto, in dem ihre Tasche und ihr Handy lagen, und da war klar, dass ihr etwas zugestoßen sein musste. Es gab eine große Fahndungsaktion, ihr Fall war mehrfach bei ›Aktenzeichen XY‹, ohne jedes Ergebnis. Ich dachte eben, mich trifft der Schlag, als ich den Leichensack öffne und in ihr Gesicht gucke! In all meinen Jahren als Rechtsmediziner ist noch nie ein Bekannter auf meinem Tisch gelandet, und jetzt so was!«

»Das ist ja wirklich unglaublich.« Pia hatte den sonst eher wortkargen Dr. Lemmer noch nie so viel reden hören.

»Ich glaube, ihr Mann ist vor ein paar Jahren gestorben. Aber ihre Söhne sind in meinem Alter. Sie haben all die Jahre mit dieser Ungewissheit leben müssen!«

»Wie sicher sind Sie denn, dass es sich um die Frau handelt?«, fragte Pia, als er kurz Luft holen musste.

»Ganz sicher!«, erwiderte Dr. Lemmer im Brustton der Überzeugung. »Aber natürlich werden wir eine DNA-Analyse machen und die Fingerabdrücke checken, um sicherzugehen.«

»Gut. Vielen Dank!« Pia vibrierte innerlich vor Aufregung. Sie hatte es eilig, ihren Chef über die neueste Entwicklung zu informieren. Wenn Lemmer recht hatte und es sich bei der Fettwachsleiche um die lang vermisste Frau handelte, war das ein Riesenerfolg, denn bei jeder Todesermittlung mit einer zunächst unbekannten Leiche drohte die Gefahr, sie nicht identifizieren zu können. Ein erster Name innerhalb von achtundvierzig Stunden war eine äußerst erfreuliche Entwicklung. Vielleicht konnten sie den Fall doch schneller lösen, als Pia zunächst befürchtet hatte. Bevor sie es vergaß, rief sie Kai an und bat ihn, den Mercedes von Theo Reifenrath zur Fahndung auszuschreiben.

»Ach, ich habe übrigens die Haushälterin erreicht«, sagte er. »Ivanka Sevič. Sie weilt seit dem 4. April in Kroatien, wegen der Hochzeit ihrer Tochter.«

»Wie hat sie reagiert?«, wollte Pia wissen.

»Sie war schockiert und hat ein bisschen geschluchzt«, erwiderte Kai. »Reifenrath war noch ziemlich fit, deshalb war es nicht schlimm, wenn er mal ein paar Tage alleine war. Sie ging davon aus, dass einer der Söhne, ein … hm … Joachim Vogt am 7. April von seiner Geschäftsreise zurück sein und dann nach ihm schauen würde.«

»Okay.« Pia nickte, dann erzählte sie ihm von Dr. Lemmers Entdeckung.

»Annegret Münch«, wiederholte Kai und Pia hörte das Klappern seiner Finger auf der Tastatur. »Ich erinnere mich an den Fall. Das war irgendwann in den Neunzigern … ah, warte, da hab ich's schon! Sie war 32, Stewardess, kam morgens von einem Langstreckenflug aus Shanghai zurück und wollte abends mit Freundinnen etwas unternehmen, am vereinbarten Treffpunkt kam sie aber nicht an. Zuletzt wurde sie gegen 17:30 Uhr an einer Tankstelle in Walldorf gesehen, als sie ihr Auto volltankte. Das Auto, ein silberner Honda Civic mit dem Kennzeichen OF-AM 112, wurde vierzehn Tage später, am 23. Mai 1993, abgeschlossen in einem Waldstück in der Nähe von Kloster Eberbach im Rheingau gefunden. Im Kofferraum lag ihre Handtasche, im Portemonnaie waren alle Papiere und 380 D-Mark Bargeld.«

»Wurde das Auto von Rita Reifenrath nicht auch im Rheingau gefunden?«, erinnerte sich Pia.

»Ja, du hast recht. In Eltville.«

»Hm.«

»Ich schick dir alles, was ich hier gefunden habe, auf dein Handy«, sagte Kai.

Pia fand Bodenstein unter dem Zelt vor der Küchentür. Auf dem Tisch, auf dem Henning gestern die Knochen des Skeletts sortiert hatte, lagen nun verschiedene Gegenstände aus Reifenraths Haus, die Krögers Leute mit ins Labor nehmen würden.

Gerade als sie Bodenstein von Annegret Münch berichten wollte, stapfte eine pummelige Frau von etwa fünfzig Jahren um die Hausecke. Sie hielt kurz inne, dann drängte sie sich an zwei Technikern vorbei und stemmte die Hände in die Seiten.

»Wer ist Frau Sander?«, fragte sie im Tonfall eines Feldwebels.

Pia, Bodenstein und Kröger wandten sich um.

»Ich.« Pia ließ das Handy sinken. »Wer will das wissen?«

»Mein Name ist Ramona Lindemann. Darf ich erfahren, was hier los ist? Wo ist mein Vater?«

›Die aufdringliche Erbschleicherin‹, zuckte es Pia durch den Kopf. Offenbar hatte der Kollege am Tor sie durchgelassen. »Es tut mir leid, Ihnen das mitteilen zu müssen, aber Ihr Vater ist verstorben.«

»Ach! Und wieso haben Sie uns nicht darüber informiert?« Ihr rundes Gesicht mit den vollen Wangen und dem Ansatz eines Doppelkinns war stark geschminkt. Die kinnlange blondierte Ponyfrisur saß wie ein goldener Helm, für ihre Kleidung – eine unvorteilhaft enge jeansblaue Glitzerleggins, eine weiße Longbluse unter einem Mantel in Wildlederoptik und hellbraune Stiefeletten – war sie zwanzig Zentimeter zu klein. Sie sah aus wie eine der Jacob Sisters.

»Ich habe gestern mit dem Enkelsohn von Herrn Reifenrath gesprochen und er wollte die Information weitergeben.«

»Fridtjof! Na, mich hat er auf jeden Fall nicht angerufen! Ist ja wieder mal typisch!« Frau Lindemann schnaufte verärgert.

»Herr Reifenrath ist bereits vor ungefähr zehn Tagen verstorben. Seine Leiche wurde allerdings erst vorgestern entdeckt.«

»*Was?*«, fragte Ramona Lindemann ungläubig. »Das gibt's doch wohl nicht! Schätzchen? *Schätzchen!*«

Hinter ihr tauchte ein Mann auf. Das Schätzchen war ein wenig kleiner als Pia und hatte die schwammige Figur eines außer Form geratenen Ringers, dessen Muskeln sich in Fett verwandelt hatten. Trotz seiner grauen Haare schätzte Pia ihn auf höchstens Anfang bis Mitte vierzig. Mit seinen weichen Gesichtszügen und den langen, dichten Wimpern hätte er feminin gewirkt, wäre da nicht ein bläulicher Bartschatten auf seinen feisten Wangen gewesen.

»Wo bleibst du denn?«, fuhr die Erbschleicherin ihn ungehalten an. »Stell dir vor: Vater ist tot! Und die Polizistin behauptet, er wäre schon vor vierzehn Tagen gestorben! Wie kann denn wohl so etwas passieren? Ach ja, das ist übrigens mein Mann.«

»Lindemann. Hallo!« Der Mann hatte Mühe, Pia anzusehen. Linkisch hatte er die Hände in den Hosentaschen seiner Jeans vergraben, seine ganze Körperhaltung strahlte Unbehagen aus. Sein Blick glitt am Zelt vorbei Richtung Hundezwinger.

»Wir haben uns auch gefragt, weshalb niemand Herrn Reifenrath vermisst hat«, begann Pia, wurde aber von Ramona Lindemann abgewürgt.

»Wir waren eine Woche in Spanien. Ich habe mehrfach versucht, meinen Vater aus dem Urlaub anzurufen, aber er ging nicht ans Telefon, und Joachim, mein Bruder, auch nicht! Angeblich hatte er einen Unfall und war im Krankenhaus!« Sie war die Missbilligung in Person. Von Trauer oder Betroffenheit keine Spur. »Eigentlich bin ich davon ausgegangen, dass Ivanka da ist, aber nein, die muss ja unbedingt über Ostern in ihre Heimat fahren! Ich frage mich, wofür man eine Haushälterin bezahlt, wenn die ausgerechnet dann verreist, wenn sonst niemand da ist! Muss man wirklich *vier Wochen* weg sein, nur wegen einer Hochzeit? Da würden doch auch ein paar Tage ausreichen, oder nicht?«

Sie sah sich herausfordernd um, aber niemand pflichtete ihr bei, nicht einmal Schätzchen.

»Nach Auffassung des Rechtsmediziners ist Ihr Vater bereits am 7. April verstorben«, sagte Pia. Dass jemand in den letzten vierzehn Tagen von Theo Reifenraths Konto über fünfundzwanzigtausend Euro abgehoben hatte, behielt sie für sich. »Durch den fortgeschrittenen Verwesungszustand der Leiche kann man bisher nicht sagen, ob er eines natürlichen Todes gestorben ist oder durch Fremdeinwirkung. Wir warten deshalb das Ergebnis der Obduktion ab, die morgen stattfinden soll. Bis dahin behandeln wir das Haus als einen Tatort.«

»Fremdeinwirkung? Soll das heißen, er könnte *ermordet* worden sein?« Ramona Lindemann riss die Augen auf. »Wo ist überhaupt der Hund? Der ist nämlich ziemlich wertvoll! Ein reinrassiger Malinois von einem belgischen Spitzenzüchter! Mein Vater hat für das Tier fast dreitausend Euro bezahlt!«

»Der Hund ist bei Dr. Gehrmann, dem Tierarzt«, entgegnete Pia. »Wir haben ihn im Zwinger gefunden, obwohl man uns erzählt hat, dass Ihr Vater den Hund immer um sich hatte. Wer hätte Beck's dort einsperren können?«

»Mit einem Stück Fleischwurst schafft das jeder«, sagte Herr Lindemann. »Beck's sieht zwar bedrohlich aus, ist aber ein richtiger Schoßhund.«

»Den Hund mochte Vater auf jeden Fall lieber als jeden von uns!«, bemerkte Ramona Lindemann spitz.

»Entschuldigung.« Ein uniformierter Kollege erschien hinter dem Ehepaar Lindemann. »Die Jungs sind jetzt so weit und wollen wissen, wo sie mit dem Bodenradar loslegen sollen. Und der Hund ist auch einsatzbereit.«

»Sie sollen am Zwinger anfangen«, sagte Bodenstein. »Wir kommen gleich hin.«

»Bodenradar? Hund?« Ramona Lindemanns Augen verengten sich zu schmalen Schlitzen. »Was hat das denn zu bedeuten?«

»Wir haben gestern unter dem Hundezwinger eine unerfreuliche Entdeckung gemacht, die einige Fragen aufwirft«, erwiderte Pia. »Wenn Beck's nicht angefangen hätte, Löcher zu graben, dann hätten wir die Knochen wohl nicht entdeckt.«

Das Ehepaar Lindemann starrte Pia überrascht an.

»Knochen?« Herr Lindemann räusperte sich ein paar Mal, als traue er seiner Stimme nicht.

»Hier fliegen überall Knochen herum.« Seine Frau machte eine wegwerfende Handbewegung. »Vater hat seine toten Lieblinge auf dem ganzen Grundstück verscharrt.«

Pia konstatierte, dass dem Ehemann der Erbschleicherin bei diesen Worten alle Farbe aus dem Gesicht wich.

»Ich spreche nicht von Tieren, sondern von menschlichen Knochen«, sagte sie dann.

»Wie bitte?« Ramona Lindemann erstarrte.

»Wir haben die sterblichen Überreste von drei Menschen unter dem Hundezwinger gefunden. Im Augenblick gehen wir davon aus, dass Ihr Vater etwas damit zu tun haben könnte.«

»Das kann doch nicht sein!«

Ramona Lindemann wirkte zum ersten Mal schockiert.

»Die drei Leichen lagen unter dem Betonfundament«, fuhr Pia fort. »Für uns wäre interessant zu wissen, wann das Fundament gegossen wurde und wer diese Arbeit ausgeführt hat.«

Für ein paar Sekunden herrschte Schweigen. Die Tragweite von Pias Worten sickerte allmählich in das Bewusstsein des Pärchens.

»Ich glaube, Joachim«, sagte Herr Lindemann schließlich.

»Können Sie sich erinnern, wann das ungefähr war?«, fragte Bodenstein.

»Das ist schon länger her. Ich weiß es nicht genau.« Der Mann starrte Bodenstein aus seinen Rehaugen an wie ein Delinquent den Henker, was Pia eigenartig fand. Er wandte sich an seine Frau. »Ich meine, es war kurz bevor Theo die zwei Schäferhundewelpen gekriegt hat.«

»Ja, richtig. Miro und Johnny«, bestätigte Frau Lindemann. »Das ist mindestens zwanzig Jahre her, wenn nicht sogar noch länger. Beck's ist ja schon der zweite Hund nach den beiden!« Sie gluckste voller Genugtuung. »Joachim wird der Schlag treffen, wenn er das hört! Und Fridtjof erst, ha!«

»Bisher wissen wir nicht mit Bestimmtheit, ob Ihr Vater etwas mit den Leichen zu tun hatte«, dämpfte Bodenstein ihre Schadenfreude.

»Wie sollen denn sonst *drei Leichen* unter den Hundezwinger gekommen sein? Ich kann mir gut vorstellen, dass Theo so etwas getan hat! Früher hat er die kleinen Kätzchen ersäuft, obwohl wir ihn angebettelt haben, sie am Leben zu lassen!« Der gehässige Unterton offenbarte alte Wunden, die sie noch immer zu schmerzen schienen. »Jemand, der Hühnern und Hasen das Genick umdreht, ohne mit der Wimper zu zucken, der kann auch einen Menschen töten.«

Im Prinzip hatte sie damit nicht unrecht. In der Biografie vieler Serientäter fanden sich Auffälligkeiten wie Tierquälerei oder andere sadistische Züge zu Beginn ihrer kriminellen Karriere, aber

Pia vermutete, dass Theo Reifenrath seine Tiere nicht aus Spaß getötet hatte. Nicht jeder Metzger war automatisch ein potenzieller Serienkiller.

»Kennen Sie einen Mann namens Claas Reker?«, fragte Bodenstein das Ehepaar Lindemann.

»Ja, natürlich«, antwortete Ramona Lindemann, ihr Tonfall wurde sarkastisch, als sie weitersprach. »Claas war auch einer von uns Glückspilzen. Aus dem schrecklichen Kinderheim gerettet, wie wir alle. Wieso fragen Sie? Was ist mit ihm?«

Bodenstein blieb ihr die Antwort auf diese Frage schuldig.

»Wieso haben Sie sich eigentlich um Ihren Pflegevater gekümmert?«, fragte er stattdessen. »Wie mir scheint, hatten Sie kein besonders gutes Verhältnis zu ihm.«

»Wie kommen Sie denn darauf?«, entgegnete Ramona Lindemann pikiert. Sie fühlte sich erwischt.

»Sie sprechen nicht gerade freundlich über ihn«, sagte Pia. »Außerdem haben wir erfahren, dass er einen nicht besonders netten Spitznamen für Sie hatte. Er bezeichnete Sie vor anderen Leuten als aufdringliche Erbschleicherin.«

Die Provokation zeigte die gewünschte Wirkung. Ramona Lindemann lief rot an und presste die Lippen zusammen. Ihr Mann funkelte Pia verärgert an, aber als er seiner Frau tröstend den Arm um die Schulter legen wollte, wehrte diese ihn mit einer unwilligen Handbewegung ab. Augenscheinlich dämmerte ihr, dass sie den lebenslangen Kampf um Anerkennung mit Reifenraths Tod endgültig verloren und der Alte sie für ihre bedingungslose Loyalität nicht geschätzt, sondern verachtet hatte.

»Ich habe mich von dem alten Mistkerl nur benutzen lassen, ich Idiotin!« Sie lachte ohne Heiterkeit. »Zum Deppen habe ich mich gemacht! Aber ich dachte halt immer, wenn ich mich nur genug anstrenge, wenn ich all das mache, was die anderen nicht tun, dann mag er mich vielleicht irgendwann doch.«

In ihren Augen glänzten Tränen, die sie wegzuzwinkern versuchte. Pia tat ihr rüdes Verhalten leid, und sie wollte sich dafür entschuldigen, aber Ramona Lindemann winkte nur ab.

»Wie alt waren Sie, als Sie zu Reifenraths kamen?«, fragte Bodenstein.

»Ich war vier. Meine leiblichen Eltern waren drogensüchtige Teenager und niemand wollte mich adoptieren – bei einer solchen Herkunft!«, sagte sie voller Verbitterung. »Theo und Rita waren die einzigen Eltern, die ich jemals hatte. Und auch, wenn ich sie mit den anderen Kindern teilen musste, habe ich sie irgendwie geliebt. Ich habe um ihre Zuneigung und Anerkennung gebuhlt, seitdem ich denken kann. Obwohl ich gemerkt habe, dass sie mich lästig fanden, konnte ich nicht anders.«

»Wie viele Pflegekinder hatten Reifenraths und in welchem Zeitraum?«, wollte Bodenstein wissen.

»Von Anfang der Sechziger bis Ende der Achtziger. Es waren viele, die genaue Zahl weiß ich nicht«, erwiderte Ramona Lindemann. Sie hatte sich wieder einigermaßen gefasst. »Manche waren ja nur für ein paar Monate oder ein Jahr da, andere ihre ganze Kindheit und Jugend.«

»Und Claas Reker?«

»Claas war nicht so lange hier, vielleicht vier oder fünf Jahre. Er musste gehen, weil es einen Vorfall gegeben hatte. Rita hat ihn danach nicht mehr hier geduldet.«

»Was für ein Vorfall war das?«, fragte Pia.

»Im Sommer 1981 ertrank ein Mädchen aus dem Dorf im Froschpfuhl, einem kleinen See drüben im Wald«, erinnerte sich Ramona Lindemann. »Nora Bartels. Der Letzte, der mit ihr zusammen gesehen wurde, war Claas. Wir durften das Grundstück nicht verlassen, zumindest nicht alleine, und der Froschpfuhl war für uns Kinder völlig tabu. Niemand weiß, was passiert ist. Auf jeden Fall war Nora tot, ein gekenterter Kahn trieb auf dem See herum und Claas hatte seine nassen Klamotten unter seinem Bett versteckt. Man konnte ihm nichts nachweisen, deshalb passierte ihm nichts. Aber Rita war froh, endlich einen Grund zu haben, ihn loszuwerden.«

»Wie alt waren Sie damals?«, erkundigte sich Pia.

»Dreizehn.«

»Das heißt, Sie können sich gut daran erinnern?«

»Als wäre es gestern passiert.« Ramona Lindemann nickte. »Es war schrecklich. Wir kannten Nora gut. Sie war eine Klassenkameradin von uns, wohnte ganz in der Nähe und kam manchmal zum Spielen her. Danach war nichts mehr wie vorher. Rita hatte ohnehin ein strenges Regiment geführt, aber nach dieser Sache war es wie im Gefängnis. Wir waren damals zu zehnt, die Ältesten Claas und Britta waren fünfzehn, Timo war vierzehn, Jochen, Fridtjof und ich waren dreizehn, die anderen jünger. Die Polizisten sprachen mit jedem von uns. Noras Vater war bei der Polizei; seine Kollegen setzten uns ziemlich unter Druck.«

»Gab es noch einen anderen Verdächtigen?« Pia erinnerte sich an das Löschblatt, das sie in dem Mathebuch gefunden hatte. *André & Nora.*

»Nicht wirklich.« Ramona Lindemann schüttelte den Kopf. »Claas hat natürlich alles geleugnet und versucht, die Schuld auf jeden anderen zu schieben, sogar auf die kleineren Jungs, aber die Indizien waren eindeutig: seine nasse Kleidung, die Kratzer an seinen Armen und in seinem Gesicht, die von Noras Fingernägeln stammten.«

»Und was geschah dann?«

»Von heute auf morgen war er weg. Ich weiß nicht, wohin er kam, auf jeden Fall in keines der Heime, in denen er vorher gewesen war. Die hatten alle die Schnauze voll von ihm.«

»Weshalb?«

»Na ja, er galt als schwer erziehbar, weil er dauernd cholerische Anfälle bekam und gewalttätig wurde. Wir haben alle vor ihm gezittert. Man tat besser, was er wollte, sonst hatte es schlimme Konsequenzen.«

»Zum Beispiel?« Bodenstein musste unwillkürlich an Peter Lessing, seinen Freund aus Kindertagen denken, vor dem er als Junge auch Angst gehabt hatte. Er wusste nur zu gut, wie es sich anfühlte, nachts bange wach zu liegen und morgens mit Bauchschmerzen in die Schule zu gehen.

»Wir hatten als Kinder nur wenig, was uns selbst gehörte. Claas machte einem gerne genau das kaputt, woran man hing. Er klaute Sachen, jubelte sie anderen unter und genoss es, wenn die dann bestraft wurden. Besonders gerne kam er ins Bad und tauchte einen so lange in der Badewanne unter, bis man keine Luft mehr bekam. Nachts kam er in unsere Zimmer und zog einem eine Plastiktüte über den Kopf.« Sie schauderte bei der

Erinnerung. »Es machte ihm auch Spaß, die Jüngeren in die Tiefkühltruhe zu stecken. Einmal hat er jemanden drin vergessen, ich glaube, es war Jochen oder André. Die Einzige, vor der er Respekt hatte, war Rita. Sie machte nämlich dasselbe mit ihm, was er mit uns tat.«

»Wollen Sie damit sagen, Ihre Mutter hat Kinder in die *Tiefkühltruhe* gesperrt?«, fragte Pia ungläubig.

»Ja. Und zwar besonders gerne mit nassen Kleidern«, bestätigte Ramona Lindemann. »Wenn man etwas ausgefressen hatte, tauchte sie einen mit dem Kopf ins Badewasser, bis man glaubte, ertrinken zu müssen, und vor Angst in die Hose machte. Danach musste man das Bad putzen und die ganze Nacht mit nassem Schlafanzug im Flur stehen. Hin und wieder sperrte sie einen auch in ein finsteres Erdloch, nur mit einer Flasche Wasser. Das Schlimme war, dass man nie genau wusste, woran man bei ihr war. Sie konnte fröhlich und nachsichtig sein und in der nächsten Sekunde rastete sie ohne offensichtlichen Grund völlig aus. Wir Kinder waren ihr ausgeliefert. Und oft hatte ich den Eindruck, dass sie uns eigentlich hasste und ihre Macht über uns genoss.«

Pia und Bodenstein wechselten einen raschen Blick. Ob die Mammolshainer, die eine Straße nach Rita Reifenrath benennen wollten, darüber Bescheid wussten?

»Glauben Sie ja nicht, Rita wäre eine gütige, mütterliche Person gewesen und Theo ein idealistischer Hermann Gmeiner!«, sagte Ramona Lindemann und schnaubte. »Sie waren Egoisten, die sich nicht leiden konnten und sich gegenseitig das Leben zur Hölle machten. Uns Kinder nahmen sie nur auf, weil sie eine Menge Geld dafür vom Sozialamt bekamen. Sie interessierten sich für keinen von uns, nur für ihren eigenen Enkelsohn. Den haben sie hemmungslos verwöhnt!«

»Rita Reifenrath gilt bis heute als vermisst«, sagte Bodenstein. »Ihre Leiche wurde nie gefunden.«

»Ja, schlimme Sache.« Mit der Mitteilsamkeit von Frau Lindemann war es vorbei, sie wurde wortkarg. Ihr Mann, der sich bisher schweigend im Hintergrund gehalten hatte, schüttelte den Kopf.

»Mensch, Moni, erzähl der Polizei, was du damals gesehen hast!«, drängte er sie. »Theo ist tot. Jetzt ist es doch egal.«

Die Frau zögerte.

»Ich glaube«, sagte sie schließlich, »dass Theo Rita umgebracht hat. Und dass Claas ihm geholfen hat, ihre Leiche verschwinden zu lassen.«

***

»Was hältst du von dieser Geschichte?«, fragte Pia zweifelnd, nachdem das Ehepaar Lindemann wieder davongefahren war. Wo Claas Reker jetzt wohnte, wussten sie nicht. Sie hatten seit Jahren keinen Kontakt mehr zu ihm.

»Frau Knickfuß ist auch davon überzeugt, dass Rita Reifenrath keinen Selbstmord begangen hat«, erwiderte Bodenstein. »Und nach allem, was wir bisher über sie erfahren haben, scheint sie mir auch nicht unbedingt der Typ dazu gewesen zu sein.«

»Theo Reifenrath stand unter dem Pantoffel seiner dominanten Frau«, sagte Pia. »Und vorher im Schatten seines Bruders. Alleine die Formulierung, seine Mutter habe eine Frau für ihn ausgesucht, sagt doch schon eine Menge.«

Gerade bei Beziehungstaten spielte die wiederholte Verletzung des Selbstwertgefühls eine wichtige Rolle, wusste Pia. Nicht selten kam es in Beziehungen nach vielen Jahren zu einer Eruption von Gewalt, weil sich lang aufgestaute Aggressionen plötzlich entluden, und nicht selten war Alkohol dabei im Spiel. Ramona Lindemann hatte erzählt, dass am Muttertag im Mai 1995 einige der ehemaligen Pflegekinder mit ihren Familien zu Besuch gekommen waren, es hatte Kaffee und Kuchen gegeben, und die Stimmung war fröhlich gewesen, bis Theo, der eigentlich nur auf ein Stündchen zum Frühschoppen hatte gehen wollen, am späten Nachmittag aufgetaucht war – sturzbetrunken und mit Claas Reker im Schlepptau, der ihn nach Hause gefahren hatte. Es war zu einem heftigen Streit zwischen Theo und Rita Reifenrath gekommen, und Ramona Lindemann waren angeblich am nächsten Tag, als sie ihre zwei Kuchenplatten abholen wollte, Blutspritzer in der Küche aufgefallen. Hatte Theo Reifenrath, der von seiner Frau über Jahre hinweg gedemütigt worden war, die Nerven verloren und sie umgebracht, nachdem ihre Pflegekinder mit ihren Familien gegangen waren?

»Ach!« Pia blieb wie angewurzelt stehen, als ihr einfiel, was Kai ihr vorhin am Telefon über das Verschwinden von Annegret Münch erzählt hatte. »Beinahe hätte ich es vergessen! Wir haben die Identität einer der beiden Fettwachsleichen!«

Rasch erzählte sie von ihrem Gespräch mit Dr. Lemmer, auch Bodenstein war wie elektrisiert. Selbstverständlich kannte er den Fall Annegret Münch. Ihr spurloses Verschwinden vor mehr als zwanzig Jahren war einer jener rätselhaften Fälle, die für jeden damit befassten Polizisten zum Albtraum wurden, weil die Ermittlungen in einer Sackgasse endeten. Seitdem das Hofheimer K 11 die Verantwortung für unaufgeklärte Altfälle trug, hatte Bodenstein regelmäßig mit pensionierten Kollegen zu tun, die an Jahrestagen von Morden oder dem Verschwinden einer Person nachfragten, ob es neue Entwicklungen in den Fällen gab, die sie nicht hatten aufklären können. Das, was Bodenstein immer wieder antrieb und ihn die Konfrontation mit den schwärzesten Abgründen der Menschheit ertragen ließ, war der Wunsch nach Gerechtigkeit. Einem unbekannten Mordopfer seine Identität zurückzugeben, eine Gewalttat nach Jahrzehnten aufzuklären und den Hinterbliebenen so Gewissheit verschaffen zu können, daraus zog er die Befriedigung, die er in keinem anderen Job als dem des Ermittlers finden konnte. Als er während seines Sabbaticals über mögliche Alternativen zur Kriminalpolizei nachgedacht hatte, war ihm keine Tätigkeit eingefallen, die ihm auch nur annähernd so sinnvoll und wesentlich erschien wie die Aufklärung von Gewaltverbrechen. Alte, längst kalte Fälle, an denen sich andere bereits die Zähne ausgebissen hatten, waren die größte Herausforderung. Umso aufregender war es, dass nun in einen dieser Cold Cases Bewegung zu kommen schien.

»Wie sicher ist Lemmer sich?«, wollte er wissen.

»Hundertprozentig sicher«, antwortete Pia. »Kai hat in die Akte reingelesen und konnte sich daran erinnern. Annegret Münch ist übrigens auch am Muttertag verschwunden! Zwei Jahre vor Rita Reifenrath!«

»Das könnte ein Zufall sein«, sagte Bodenstein.

»Es könnte aber auch Reifenraths Motiv gewesen sein!«, widersprach Pia. »Wenn es stimmt, was Frau Lindemann erzählt hat, dann bedeutete der Muttertag für Rita Reifenrath mehr als Weihnachten oder Geburtstag, und ihr Mann hasste das. Noch Jahre später lud sie alle ihre Pflegekinder an diesem Tag ein. Wenn man bedenkt, wie sie die Kinder früher behandelt hat, wirkt das fast schon pathologisch.«

»Wenn das alles überhaupt stimmt. Bevor wir uns in Laien-Psychologie versuchen, sollten wir lieber einen Profi hinzuziehen«, sagte Bodenstein. »Was ist mit deiner Schwester? Kannst du sie nicht mal anrufen?«

Genau das wollte Pia eigentlich vermeiden, aber sie hätte Bodenstein einen Grund dafür nennen müssen, und das konnte sie nicht. Auch wenn sie sich mit ihrem Chef sehr gut verstand, so gab es doch Dinge, die sie nicht mit ihm erörterte, und dazu gehörte auch das zwiespältige Verhältnis zu ihrer Schwester.

Es war nicht verwunderlich, dass er zuerst an Kim dachte und nicht an die Kollegen der Abteilung Operative Fallanalyse beim LKA, mit denen sie keine guten Erfahrungen gemacht hatten, denn vor ein paar Jahren hatte sie ihnen in zwei Fällen als Beraterin zur Seite gestanden. Kim war nicht nur eine erfahrene forensische Psychiaterin, sondern sie hatte auch in den USA beim FBI wertvolle Erfahrungen auf dem Gebiet der Verhaltensanalyse sammeln können und galt als eine der erfahrensten Profilerinnen Deutschlands.

»Ich versuch's mal bei ihr«, versprach Pia ihm. »Aber wir sollten so schnell wie möglich mit all den Leuten sprechen, die auf Reifenraths Telefonliste stehen, bevor Ramona Lindemann das tut.«

»Unbedingt.« Bodenstein konsultierte seine Uhr. »Lass uns am besten mit diesem Jochen oder Joachim anfangen, der das Betonfundament für den Hundezwinger gegossen haben soll. Er scheint mir das engste Verhältnis zu Theo Reifenrath gehabt zu haben.«

***

Joachim Vogt wohnte in Wildsachsen, dem kleinsten der fünf Hofheimer Stadtteile, in einer Sackgasse direkt am Wald. Gerade als Bodenstein vor dem letzten Haus am Ende der steilen Straße anhielt, quälte sich ein hochgewachsener dunkelhaariger Mann mit unbeholfenen Bewegungen aus einem silbernen SUV. Er hob einen kleinen Rollkoffer aus dem Kofferraum, dann bemerkte er Bodenstein und Pia. Sein dunkles Haar, das an den Schläfen grau zu werden begann, war militärisch kurz geschnitten, die linke Gesichtshälfte entstellte von der Schläfe bis in die Mitte der Wange eine wulstige Narbe, die sich blutrot von seinem blassen Teint abhob und noch ziemlich frisch aussah.

»Wollten Sie zu mir?«, fragte er.

»Wenn Sie Joachim Vogt sind, ja.«

»Der bin ich.« Das klang misstrauisch. »Und wer sind Sie?«

»Kripo Hofheim.« Bodenstein zog seinen Ausweis aus der Tasche und hielt ihn dem Mann hin, der aber keinen Blick darauf warf. »Mein Name ist Bodenstein, das ist meine Kollegin Frau Sander.«

»Sie kommen wegen meines Pflegevaters, nicht wahr?« Das Misstrauen schwand aus Vogts Miene. »Mein Bruder hat mich gestern angerufen und mir gesagt, was passiert ist. Ich war in St. Petersburg.«

»Sie sehen nicht so aus, als ob Sie Urlaub gemacht hätten«, stellte Pia fest.

»Ich war geschäftlich dort.« Vogt stützte sich auf den Griff seines Koffers. »Am Tag meiner Ankunft hatte ich auf dem Weg zum Hotel einen Unfall. Ein Lkw hat das Taxi geschnitten, wir stürzten eine Böschung hinunter. Weil ich hinten saß und angeschnallt war, hatte ich Glück im Unglück und bin mit einer Gehirnerschütterung, ein paar Prellungen und Schnittverletzungen davongekommen.«

Obwohl es nicht sonderlich warm war, lag ein dünner Schweißfilm auf seiner Haut und seine Augen glänzten fiebrig. Es war offensichtlich, dass es ihm nicht gut ging.

»Sie haben von Ihrem Bruder vielleicht erfahren, dass die Leiche Ihres Vaters mindestens zehn Tage unentdeckt im Haus lag. Wir haben uns gefragt, weshalb ihn niemand vermisst hat.«

»Ich hatte eigentlich am Freitag vor Palmsonntag zurück sein wollen«, erwiderte Vogt. »Ivanka, die Haushälterin, ist nach

Kroatien gefahren. Durch den Unfall konnte ich nicht Bescheid geben.« Erst jetzt schien er sich auf seine Umgangsformen zu besinnen, oder aber er hatte die Frau bemerkt, die an der Garage des Nachbarhauses stand und neugierig herüberblickte. »Wir müssen nicht auf der Straße herumstehen. Lassen Sie uns ins Haus gehen.«

Er schloss das Tor auf. Pia und Bodenstein folgten ihm die Auffahrt aus moosbedeckten Waschbetonplatten entlang bis zum Haus, das versteckt zwischen hohen Fichten und Tannen lag. Neben der Garage war ein Pferdeanhänger abgestellt, der offenbar eine ganze Weile nicht mehr benutzt worden war, denn auf seiner Polyesterhaube hatte sich eine dicke Schicht Tannennadeln gebildet. Weiter unten im Garten erblickte Pia ein gläsernes Bauwerk, das entfernt an ein Treibhaus erinnerte.

»Was ist das?«, fragte sie.

»Der Koi-Teich«, erklärte Vogt. »Mit Solarheizung für den Winter.«

Er lächelte, aber die Narbe schien zu schmerzen, aus dem Lächeln wurde eine Grimasse. »Meine Frau und unsere Töchter haben im Laufe der Zeit eine ganze Menagerie angesammelt: vier Katzen, einen Papagei, die Kois, einen Hund und ein Pferd.«

Vogt schloss die Haustür auf.

»Was machen Sie beruflich?«, wollte Bodenstein wissen.

»Ich arbeite in der IT-Abteilung am Flughafen. Als Key Account für unsere Kooperationspartner bin ich viel unterwegs.« Vogt öffnete die Tür. Eine schwarze Katze kam ihm miauend entgegen, drehte sich aber um und sprang eilig auf einen der beiden Katzenbäume in der großen Diele, als sie sah, dass er nicht allein war. Er ließ den Rollkoffer stehen und betrat die Küche.

»Wo ist Ihr Hund, wenn Sie auf Reisen sind?«

»Unsere älteste Tochter hat ihn mitgenommen, als sie ausgezogen ist. Er fehlt uns zwar, aber für den Hund ist es das Beste. Möchten Sie etwas trinken?«

Bodenstein lehnte ab, aber Pia nickte.

»Ein Glas Wasser wäre nett.« Sie blickte sich neugierig um, während Vogt Gläser aus einem Oberschrank nahm und eine Flasche Wasser aus dem Kühlschrank. Vogts hatten offensichtlich eine Vorliebe für mediterranen Lebensstil: Terrakottafliesen auf dem Boden, Sichtbalkenwerk an der Decke. Eine Landhausküche aus Olivenholz. An den Wänden hingen neben einem Stillleben von Zitronen und Apfelsinen toskanische Landschaften, Lavendelfelder und auf Leinwand gezogene Fotos von einem prachtvollen Andalusier mit einer langen Mähne. Der Blickfang im Wohnzimmer war ein schwarzer Konzertflügel, auf dem sich gerahmte Fotografien drängten.

»Ich habe mir Sorgen gemacht, als ich Theo nicht erreichen konnte«, sagte Vogt, nachdem er sein Glas in wenigen durstigen Zügen geleert hatte. »Theo geht zwar gerne mal ein paar Tage nicht ans Telefon, aber es machte mich stutzig, dass er mich nicht einmal zurückgerufen hat. Ich habe ihm ein paar Mal auf den Anrufbeantworter gesprochen. Dann habe ich Ramona angerufen, aber die war auch verreist und André ebenfalls.«

»So, wie es aussieht, wurde bei Ihrem Vater eingebrochen«, sagte Pia. »Und von seinem Auto fehlt jede Spur.«

»Der Rechtsmediziner konnte aufgrund des Zustands der Leiche noch nicht viel sagen, aber es ist möglich, dass Ihr Vater durch Fremdeinwirkung starb«, ergänzte Bodenstein. »Irgendwie muss ja auch der Hund in den Zwinger gekommen sein.«

»Ach Gott, das ist ja alles furchtbar!« Vogt war sichtlich betroffen. »Wer hat Theo eigentlich gefunden?«

»Die Zeitungsausträgerin«, erwiderte Pia.

»Und wo ist Beck's jetzt? Lebt er noch?«

»Wir haben ihn halb verhungert im Hundezwinger gefunden«, antwortete Pia. »Dr. Gehrmann, der Tierarzt, päppelt ihn gerade wieder auf.«

»Wenigstens das.« Joachim Vogt stieß einen Seufzer aus und setzte sich an den Küchentisch. »Wo haben Sie meinen Vater gefunden?«

»Auf der Chaiselongue in der Küche«, antwortete Pia.

»Armer Theo. Hoffentlich ging es schnell. Er hatte keine Angst vor dem Tod, nur vor dem Sterben.« Tränen blinkten in seinen Augen, er wandte den Blick ab und bemühte sich, seine Fassung zurückzugewinnen. Der Tod seines Pflegevaters ging ihm nahe, im Gegensatz zu Ramona Lindemann oder Fridtjof Reifenrath.

»Wieso haben Sie sich um Theo Reifenrath gekümmert?«, fragte Bodenstein. »Sie waren nicht sein leiblicher Sohn, oder?«

»Nein. Reifenraths hatten nur eine Tochter, die ziemlich jung gestorben ist. Ich war früher beruflich viel unterwegs und hatte lange Jahre kaum Kontakt zu ihm. Ich habe ihn zum Geburtstag und zu Weihnachten angerufen. Theo hat es einem nicht gerade leicht gemacht. Er ist stur und vertraut eigentlich niemandem.«

»Ihnen aber schon, oder?«

»Erst in den letzten Jahren, gezwungenermaßen. Als er älter wurde, sah er ein, dass er hier und da Hilfe brauchte, zum Beispiel bei der Steuererklärung, bei Bankgeschäften und Behördensachen. So etwas hat er nur ungern gemacht.«

»Wie alt waren Sie, als Sie zu Reifenraths gekommen sind?«

»Ich war fünf«, erwiderte Vogt. »Wenn man nicht gleich als Säugling Adoptiveltern findet, dann wird die Chance mit jedem Jahr kleiner. Ich hätte wohl meine ganze Kindheit und Jugend in einem Heim verbringen müssen, hätten Reifenraths mich nicht bei sich aufgenommen. Mir ging es gut, besser als in einem Heim zumindest. Ich konnte auf ein Gymnasium gehen, Abitur machen und studieren, hatte so etwas wie eine Familie und Eltern. Dafür bin ich Theo und Rita rückblickend dankbar.«

»Haben Sie noch Kontakt zu Ihren Pflegegeschwistern?«

»Zu den meisten nicht. Eigentlich sind es nur Ramona, Sascha, André und ich, die nach Theo gucken.«

»Was ist mit Fridtjof Reifenrath?«

»Fridtjof übernimmt alle anfallenden Kosten«, erwiderte Vogt. »Er bezahlt auch Ivanka.«

»Verstehen Sie sich gut mit ihm?«

»Ja, durchaus. Er war früher mein bester Freund. Wir sind ja gleich alt und waren von der Grundschule an bis zum Abitur immer in derselben Klasse. Wir sind bis heute Freunde, aber natürlich sieht man sich nicht mehr so oft wie früher.«

»Kennen Sie die Kombination des Tresors?«

»Für den braucht man keine Kombination.« Ein kurzes Lächeln ließ Vogts Mundwinkel zucken. »Er steht immer offen, was mich etwas besorgt hat. Aber Theo meinte, es sei ohnehin nichts von Wert darin, außerdem würde der Hund Einbrecher verscheuchen.«

»Wo bewahrte Herr Reifenrath denn wertvolle Dinge auf?«

»Ich weiß gar nicht, ob er irgendetwas von materiellem Wert besitzt.« Vogt zuckte die Schultern. »Das Geld, das er für den Verkauf von Grundstücken bekommen hatte, liegt auf der Bank.«

»Davon dürfte nicht mehr viel übrig sein. Von dem Girokonto wurden in den letzten Tagen knapp 25 000 Euro abgehoben. Wer kannte denn die PIN für die EC-Karte?«

»Ivanka. Sie hat regelmäßig für Theo Geld geholt«, antwortete Vogt. »Allerdings hatte Theo einen Zettel mit der Nummer in seiner Brieftasche.«

So leichtsinnig waren leider viele Menschen. Pia hatte es schon erlebt, dass Leute die Geheimnummer mit Eddingstift auf der Karte selbst notierten.

»Der Hundezwinger hatte ein Betonfundament«, sagte Bodenstein nun. »Herr Lindemann hat behauptet, Sie hätten dieses Fundament gegossen.«

»Der Hundezwinger?« Vom abrupten Themenwechsel irritiert, blickte Vogt von Bodenstein zu Pia. »Ja, das stimmt. Aber das ist schon ewig her.«

»Wissen Sie noch, wann das war?«

»Es war in einem Sommer. Wir waren gerade aus dem Urlaub zurückgekommen. Die Kinder waren noch klein«, erinnerte sich Vogt. »Warum fragen Sie danach?«

»Wir haben unter dem Fundament die sterblichen Überreste von drei Menschen gefunden«, antwortete Bodenstein.

»Wie bitte?« Joachim Vogt starrte ihn fassungslos an. Für ein paar Sekunden herrschte Schweigen. Vogt legte eine Hand über den Mund. Seine Bestürzung verwandelte sich in Begreifen, dann in Entsetzen. »Und jetzt glauben Sie, *ich* hätte … oh mein Gott!«

»Wir glauben gar nichts. Im Augenblick müssen wir allerdings davon ausgehen, dass Ihr Vater etwas damit zu tun haben könnte.«

Vogt versuchte, seiner Erschütterung Herr zu werden.

»Wir waren zum ersten Mal in Italien gewesen, in der Toskana. Es muss 1998 gewesen sein. Oder 1997, da müsste ich meine Frau fragen. Wir hatten Theo Olivenöl und eine Kiste Rotwein mitgebracht, deshalb bin ich gleich zu ihm gefahren, nachdem wir das Auto ausgeladen hatten.« Vogt verstummte, dachte angestrengt nach. Im Rückblick gewann das harmlose Ereignis eine völlig neue Bedeutung. Als er weitersprach, klang seine Stimme brüchig. »Ich erinnere mich, dass er mich kaum beachtet hat und ich schon wieder fahren wollte. Da lenkte er ein. Er wollte die ganze Zeit schon einen neuen Hundezwinger bauen, mit einem großen Auslauf. Früher waren die Hunde immer unten auf dem Hof der Firma untergebracht gewesen, aber er wollte das Gelände verpachten und seine Hunde in der Nähe des Hauses haben. Ich schlug ihm vor, den Zwinger neben den Garagen zu bauen, da war alles betoniert und man hätte eigentlich nur noch die Gitter montieren müssen, aber er sagte, er wolle die Hunde von der Küche aus sehen. Sascha und André hätten schon angefangen, die Rhododendronbüsche umgesetzt und Löcher für das Fundament und die Gitter gegraben, doch dann seien sie nicht mehr aufgetaucht und er stünde jetzt da und müsse es alleine fertig machen. Er hatte Fertigbeton besorgt und Bretter für die Verschalung, sogar die Gitterelemente lagen schon da. Ich habe versucht ihm klarzumachen, dass er den Beton nicht einfach auf den Boden gießen kann. Wir haben uns fast gestritten, weil ich nicht verstanden habe, wieso er es so eilig hatte und nicht einfach eine Firma damit beauftragte. Aber wenn er sich etwas in den Kopf gesetzt hatte, dann konnte man ihn nicht bremsen.« Er brach ab und hob hilflos die Hände. Seine Augen wurden wieder feucht. »Ich kann das gar nicht glauben! Was muss in ihm vorgegangen sein, als er mir zugesehen hat, wie ich den Beton in die Grube gegossen habe?«

Nicht zum ersten Mal fragte Pia sich, wie bitter es für Angehörige von Mördern sein musste, wenn ihnen bewusst wurde, wozu ein Mensch, den man zu kennen geglaubt hatte, fähig gewesen war. Das Mitgefühl der Öffentlichkeit war den Hinterbliebenen der Opfer vorbehalten; für die Familie eines Mörders gab es kein Verständnis, sie blieb allein mit ihrer Ratlosigkeit und ihrer Scham.

»Bisher wissen wir noch nicht, ob Ihr Vater etwas mit den Leichen zu tun hatte«, warf Bodenstein ein.

»Aber … aber wer hätte sonst Zeit und Gelegenheit gehabt?« Vogts Hände zitterten.

»Herr Vogt, trinken Sie einen Schluck Wasser«, sagte sie deshalb. »Oder haben Sie etwas Stärkeres im Haus? Vielleicht würde Ihnen jetzt ein Cognac guttun.«

»Cognac?« Joachim Vogt starrte sie an, als ob er aus einer Betäubung erwachte. »Ach so, ja, im Wohnzimmer im Schrank neben dem Kratzbaum.«

Pia stand auf, ging hinüber ins Wohnzimmer und öffnete den Schrank. Die Auswahl an Alkoholika war groß, sie wählte einen französischen Cognac und kehrte in die Küche zurück.

»Ich habe keine Ahnung, wie lange man braucht, um … um eine Leiche zu vergraben, aber ich könnte mir vorstellen, dass es nicht allzu lange dauert«, sagte Vogt gerade. »Theo fuhr ja damals noch hin und wieder weg. Jemand könnte das doch in der Zeit getan haben, als er nicht da war.« Er sprach mehr zu sich selbst als zu Bodenstein und Pia, versuchte, eine Erklärung zu finden, die seinen Pflegevater entlastete. Eine typische Reaktion, wenn ein nahestehender Mensch unter einen schrecklichen Verdacht geriet. Pia nahm ein Glas aus dem Oberschrank, schenkte zwei Fingerbreit Cognac ein und stellte das Glas vor Joachim Vogt auf den Tisch.

»Trinken Sie«, sagte sie. »Das hilft.«

»Danke.« Vogt trank das Glas auf einen Zug leer und kniff die Augen zusammen. »Entschuldigen Sie bitte.«

»Schon okay«, versicherte Pia ihm und nahm wieder neben Bodenstein Platz. »Dürfen wir Ihnen noch ein paar Fragen stellen?«

»Ja, ja natürlich.« Der Cognac zeigte Wirkung. In Vogts Gesicht kehrte ein wenig Farbe zurück. »Weiß Fridtjof das schon?«

»Wir haben es ihm noch nicht gesagt. Er kommt erst morgen aus Los Angeles zurück, dann reden wir mit ihm.«

Sie ließen Vogt noch einen Moment Zeit, um sich zu fangen.

»Wer hatte Schlüssel und besuchte Herrn Reifenrath regelmäßig?«, wollte Pia wissen.

»Ich habe einen«, sagte Vogt. »Und Fridtjof. Ivanka natürlich auch. Und ich glaube, Willi Gehrmann ebenfalls.«

»Gehrmann? Wie der Tierarzt?«, fragte Pia.

»Ja. Willi ist Raiks Vater. Er ist Theos bester Kumpel.«

»Wer hatte Zugang zum Grundstück? Und damit meine ich nicht nur die momentane Situation, sondern die letzten fünfundzwanzig Jahre.«

»Fünfundzwanzig Jahre?« Auf Vogts Miene malte sich erneut Bestürzung, als er begriff, was das bedeutete. »Ich ... ich weiß nicht genau. Theos Freunde vom Kleintierzuchtverein gingen ein und aus. Dann waren ja auch die ehemaligen Abfüllhallen eine Weile vermietet.«

»Rita Reifenrath gilt bis heute als vermisst«, wandte Bodenstein ein. »Ihre Leiche wurde nie gefunden.«

»Sie meinen, es könnte sein, dass ... dass sie dort unter dem Zwinger ...?« Vogt sprach den Satz nicht zu Ende.

Es kam Pia immer unfair vor, einen Menschen, der sich in einer seelischen Ausnahmesituation befand, mit Fragen zu löchern. Andererseits erhielt man genau in solchen Momenten die authentischsten Informationen, bevor der Verstand sie filterte und rationalisierte.

»Erinnern Sie sich an den Tag ihres Verschwindens?«, fragte Pia, nachdem Vogt ein paar Namen aufgezählt hatte, von denen ihnen einige bereits bekannt waren.

»Nein, ich war an dem Tag nicht in Mammolshain«, erwiderte er. »Ich lebte damals in Stuttgart und hatte Rita angerufen, um ihr abzusagen. Sie war enttäuscht, ihr war es ja immer sehr wichtig, dass wir alle am Muttertag kamen. Im Laufe der Jahre hatte es sich eingebürgert, dass einige ihrer ehemaligen Pflegekinder mit ihren Familien am Muttertag zum Kaffeetrinken kamen. Fridtjof hatte mich gefragt, ob ich komme, aber ich hatte keine Lust, extra von Stuttgart in den Taunus zu fahren. Es muss zu einem heftigen Streit zwischen Theo und Rita gekommen sein, aber es krachte ja ständig zwischen ihnen. Theo hatte sich wohl in die Kneipe verdrückt und Rita war stinkwütend auf ihn. Als Fridtjof mich ein paar Tage später anrief, um mir zu erzählen, dass Rita sich an dem Abend das Leben genommen hatte, konnte ich es gar nicht glauben.«

»Offenbar glaubt das kaum jemand«, sagte Pia und nahm sich

vor, die Akte anzufordern und den Kollegen ausfindig zu machen, der damals die Ermittlungen geleitet hatte. »Frau Lindemann behauptet, sie habe am nächsten Tag Blutspritzer in der Küche gesehen.«

»Das hat sie uns allen erzählt.« Vogt winkte ab. »Aber das erklärt noch nicht, wie Ritas Auto an die Stelle gekommen ist, wo es gefunden wurde.«

»Vielleicht hatte Theo einen Helfer«, bemerkte Bodenstein. »Ihren Pflegebruder Claas Reker zum Beispiel.«

»Claas?« Vogt warf ihm einen überraschten Blick zu. »Stimmt, der war auch da. Obwohl er Hausverbot hatte.«

»Wegen der Sache mit dem ertrunkenen Mädchen?«

»Ich sehe, Sie sind schon gut informiert.« Vogt nickte. »Ja. Rita war fest davon überzeugt, dass er etwas mit dem Tod des Nachbarmädchens Jahre zuvor zu tun hatte.«

»Und Theo?«

»Keine Ahnung.« Vogt zuckte die Schultern. »Claas konnte ihn schon immer um den Finger wickeln. Er kann sehr charmant sein, wenn er will. Claas war lange Ingenieur am Flughafen, und das beeindruckte Theo sehr. Nach Ritas Selbstmord besuchte er Theo häufig. Später erfuhren wir, dass Claas sich all die Jahre regelmäßig mit Theo getroffen hatte.«

»Dabei war er ja gar nicht lange bei Reifenraths, oder?«

»Nur ein paar Jahre«, bestätigte Vogt. »Nicht so lange wie Ramona oder ich. Aber genau wie wir kannte auch Claas seine leiblichen Eltern nicht. Theo war unsere einzige Vaterfigur. Er mochte Claas. Deshalb vermietete er ihm und André später auch die alten Abfüllhallen, damit sie dort ihre Autowerkstatt betreiben konnten.«

»Ich denke, Reker war Ingenieur?«

»Als das Projekt, an dem er arbeitete, beendet war, kündigte er seinen Job. André und er haben schon immer gerne an alten Autos herumgeschraubt und das machten sie dann zu ihrem Broterwerb. Sie hatten sich auf Oldtimer spezialisiert. André betreibt die Werkstatt übrigens bis heute und ist damit ziemlich erfolgreich.«

Pias Handy vibrierte. Sie warf einen Blick aufs Display.

Die Suchmannschaft hat noch ein Skelett gefunden. Fahrt ihr hin?, hatte Kai geschrieben. Pia wurde innerlich kalt. Auf wie viele Leichen würden sie noch stoßen?

Ja, sind hier gleich fertig. Sie sollen mit der Bergung warten, bis wir da sind, schrieb sie zurück, dann schob sie Bodenstein ihr Smartphone hin. Er las Kais Nachricht, ohne eine Miene zu verziehen.

»Angeblich kam es zu Problemen zwischen den Kompagnons«, sagte er zu Vogt. »Wissen Sie etwas darüber?«

»Nein. Aber mit Claas gibt es immer irgendwann Probleme.«

»Inwiefern?«

»Er ist rücksichtslos und setzt sich über alle Regeln hinweg. Es geht ihm immer nur um sich selbst, alles andere spielt für ihn keine Rolle.«

»Wir haben gehört, dass er die anderen Pflegekinder damals gerne schikanierte«, sagte Pia. »Sie waren jünger als er. Waren Sie auch eines seiner Opfer?«

Joachim Vogt zögerte, dann zuckte er die Schultern.

»Er hat mich mal in eine Kühltruhe gesperrt«, gab er zu.

»Warum?«

»Das weiß ich nicht.« Er verzog das Gesicht. »Claas braucht nie einen Grund. Wenn ihm etwas in den Sinn kommt, dann tut er das, ohne an Konsequenzen zu denken. Er glaubt, er sei unantastbar und unfehlbar. Diese Einstellung hat ihn wohl auch in die Psychiatrie gebracht.«

»Wie ist Ihr Verhältnis heute?«

»Ich mag ihn nicht besonders und er mich auch nicht.« Vogt schürzte nachdenklich die Lippen. »Aber als er nach der Entlassung aus der Klinik nicht wusste, wohin und mich anrief, weil er eine Unterkunft suchte, haben wir ihn ein paar Tage bei uns wohnen lassen.«

»Und das, obwohl er Ihnen so übel mitgespielt hatte?« Pia war erstaunt.

»Das ist dreißig Jahre her.«

»Die Persönlichkeit eines Menschen ändert sich im Kern nicht«, sagte Bodenstein. »Im Laufe der Jahre verstärken sich negative Charaktereigenschaften sogar tendenziell stärker als positive.

Haben Sie Claas' Bitte um Hilfe vielleicht deshalb nicht ausgeschlagen, weil Sie sich insgeheim noch immer vor ihm fürchten?«

Pia erinnerte sich an den Fall vor drei Jahren in Ruppertshain, als Bodenstein mit seiner Vergangenheit konfrontiert worden war. Sie hatte ihm damals in Bezug auf seine frühere Kinderclique etwas ganz Ähnliches unterstellt. Gespannt wartete sie auf Vogts Reaktion, dessen dunkle Augen sich nachdenklich auf Bodensteins Gesicht hefteten.

»Fridtjof hat genau dasselbe zu mir gesagt«, sagte er schließlich. »Und möglicherweise haben Sie beide recht. Mit Menschen wie Claas will man nicht im Streit liegen. Ich weiß gut genug, wozu er fähig ist.«

* * *

Das Skelett kauerte in einem gemauerten Schacht unter der Wiese. Über dem Loch hatte ein Rankpavillon aus Schmiedeeisen gestanden, an dem Kletterrosen emporgewachsen waren. Die massive Stahlplatte über dem Schacht war mit einer zwanzig Zentimeter dicken Schicht aus Erde und Gras bedeckt gewesen, die Krögers Leute vorsichtig abgetragen hatten.

»Was ist das?«, erkundigte sich Bodenstein.

»Ein stillgelegter Brunnen.« Der Techniker der Georadar-Firma, ein bebrillter Endzwanziger mit wildem Vollbart, Pferdeschwanz, kariertem Flanellhemd und dicken Lederstiefeln kaute ungerührt Kaugummi. »So was finden wir oft.«

Das Skelett in dem Brunnenschacht ließ ihn kalt, genau wie seinen Kollegen, der Kriminaloberkommissar Tariq Omari etwas auf dem Monitor des GPR zeigte und die Funktionsweise des Geräts erklärte, mit dem sie Weltkriegsbomben, Wasserrohre, Erdleitungen, illegale Gräber und alle möglichen Bodenveränderungen bis in einer Tiefe von vierzig Metern aufspüren konnten. Ob es wohl irgendetwas gab, was diese jungen Menschen berührte? Pia war froh, dass keiner ihrer Kollegen so abgebrüht war wie diese beiden Bodenradar-Spezialisten. Mit dem Handy am Ohr wartete sie darauf, dass in der Rechtsmedizin jemand ans Telefon ging.

»Was vermuten Sie, wie lange ist der Brunnen schon stillgelegt?«, fragte Bodenstein.

»Keine Ahnung«, antwortete der Bebrillte. »Ziemlich lange, würde ich schätzen. Alles ganz trocken da unten.«

»Geht mal zur Seite und spielt woanders mit eurem Maschinchen weiter.« Kröger wedelte den Pseudo-Holzfäller weg. »Wir müssen ein Zelt über dem Schacht aufbauen, bevor es anfängt zu regnen.«

»Maschinchen! Das ist ein GPR TX …«, begann der Brillenbart sich zu echauffieren, verstummte aber, als Kröger ihn einfach stehen ließ. Pia hörte den Mann vor sich hin schimpfen und es erfüllte sie zu ihrer eigenen Überraschung mit Befriedigung, dass er in der Lage war, Emotionen zu zeigen, auch wenn es nur so etwas wie gekränkte Eitelkeit war, weil man ihm nicht den Respekt zollte, den er für sich beanspruchte. Sie hatte schon häufig festgestellt, dass junge Leute nichts mehr aushielten und schnell gekränkt waren. Auch der Brillenbart, der sich als tougher Mann verkleidete, war eine Mimose.

»Beeilt euch, Jungs!«, hörte Pia Kröger zu seinen Kollegen sagen. »Die erste Drohne ist schon im Anflug.«

»Drohne?« Pia ließ ihr Handy sinken und wählte Hennings Handynummer.

»Die Schaulustigen begnügen sich heutzutage nicht mehr mit ein paar Handyfotos aus der Ferne. Frag mal die Feuerwehrleute, was die bei Verkehrsunfällen und Hausbränden erleben!« Kröger schnaubte und wies nach oben. »Guck dir das an! Da ist das Ding schon!«

Tatsächlich surrte ein kleines Fluggerät über den Wipfeln der hohen Bäume.

»Tariq!« Pia wandte sich an ihren Kollegen. »Sorg bitte dafür, dass die Drohne hier verschwindet!«

Sie wartete, bis das Zelt aufgebaut war, dann schlüpfte sie in einen Overall und kletterte in den ehemaligen Brunnenschacht hinab. Zehn rostige Eisenstufen waren in die gemauerte Wand eingelassen, und Pia prüfte Stufe um Stufe vorsichtig auf ihre Trittfestigkeit, bevor sie sie mit ihrem Gewicht belastete. Die betonierte Bodenplatte maß ungefähr drei auf anderthalb Meter. Pia bückte sich und berührte den rauen Boden.

»Staubtrocken«, sagte sie zu Christian Kröger, der ihr gefolgt war und seine Taschenlampe zunächst auf Boden und Wände richtete.

Sie ging neben dem Skelett in die Hocke. »Leuchte mal bitte hierher!«

Neben den weißlichen Knochen lag eine verstaubte Glasflasche. Pia zog ein Paar Latexhandschuhe an, dann berührte sie vorsichtig die Flasche und drehte sie, bis sie das Etikett lesen konnte.

»Manchmal muss es eben Mumm sein«, bemerkte Kröger, aber Pia konnte nicht darüber lachen. Sie beugte sich noch tiefer über die bleichen Knochen, suchte mit den Augen zwischen den Fingergliedern, bis sie gefunden hatte, wonach sie gesucht hatte.

»Jemand hat ihr eine Flasche Sekt mit ins Grab gegeben.« Sie stand auf und klopfte sich den Staub von den Jeans. »Das ist wirklich der blanke Hohn!«

»Ihr?«, fragte Kröger.

»Ich vermute mal, wir haben Rita Reifenrath gefunden«, erwiderte Pia und hielt ihm den angelaufenen Goldring auf der Handfläche hin. »Hier ist ihr Ehering.«

Zürich, 6. April 2017

Obwohl sich alles in ihr dagegen gesträubt hatte, hatte Fiona doch das Tagebuch, das ihre Mutter ihr hinterlassen hatte, gelesen. Es war eine deprimierende Lektüre. Ihre Mutter war von dem Wunsch, ein Baby zu bekommen, geradezu besessen gewesen und hatte nichts unversucht gelassen, schwanger zu werden. Im Züricher Universitätsspital war sie dann der Ärztin begegnet, die ihr schließlich diesen Herzenswunsch erfüllt hatte, wenn auch auf eine sehr unkonventionelle Weise.

»Das darf ja wohl nicht wahr sein!« Fiona stieß einen enttäuschten Seufzer aus, als sie endlich in einer Tagebucheintragung vom 11. November 1994 auf den Namen der Gynäkologin stieß, die sie als neugeborenen Säugling an ihre Mutter vermittelt hatte. *Martina Schmidt*! Beliebiger ging es wohl kaum! Die Suchmaschine spuckte zu diesem Namen über vier Millionen Treffer aus! Auch als sie den Doktortitel vor den Namen setzte, waren es nur eine Million Treffer weniger. War das möglicherweise gar nicht der echte Name der Ärztin? Hatte es eine geheime Abmachung zwischen den Frauen gegeben, eine Tarnung der Gynäkologin, damit ihr illegales Tun nicht aufflog? Fiona starrte unschlüssig auf den Bildschirm, ihre Finger schwebten über der Tastatur. Sie überlegte einen Augenblick, dann fügte sie die Suchbegriffe »Universitätsspital Zürich« und »Gynäkologie« hinzu. Innerhalb von wenigen Sekunden reduzierten sich die Millionen Treffer auf nur noch knapp dreißigtausend, aber es gab keinen Match. Sie probierte es mit »Dr. Martina Schmidt«, »Frauenärztin«, »Reproduktionsmedizin« – nichts! Das Internet war ihr keine Hilfe, und sie war alles andere als eine Hackerin. Wahrscheinlich hatte es 1994 noch gar keine Webseiten gegeben, und solange sie nicht wusste, ob die Ärztin tatsächlich Martina Schmidt hieß, verschwendete sie ihre Zeit. Fiona blieb noch eine Weile am Küchentisch sitzen, dann beschloss sie, einfach im Universitätsspital nachzufragen. Mit etwas Glück fand sie jemanden, der auch schon vor dreiundzwanzig Jahren dort gearbeitet hatte. Und falls nicht, dann würde sie die Suche nach ihren leiblichen Eltern aufgeben und endlich damit anfangen, ihr Leben zu leben. Als Fiona Fischer aus Zürich-Fluntern.

Eine halbe Stunde später betrat sie das Foyer der Klinik für Gynäkologie, über der eines der wenigen Hochhäuser Zürichs aufragte, das wegen seiner Hanglage im Hochschulquartier zu den markantesten Gebäuden der Stadt gehörte. Während des kurzen Fußmarsches den Zürichberg hinab, war ihr eine Geschichte eingefallen, mit der sie unter Umständen eine Chance hatte, mehr über die ominöse Doktor Martina Schmidt herauszufinden. Die Rezeptionistin, eine mütterlich aussehende Frau um die sechzig, deren Namensschild sie als Corinna Mändli auswies, zeigte sich hilfsbereit, als Fiona ihr erzählte, ihre Mutter sei vor einigen Wochen gestorben und sie habe nun in ihrem Nachlass einen Brief an Frau Dr. Schmidt gefunden, den sie ihr gerne geben würde, denn die Ärztin habe im Leben ihrer Mutter eine wichtige Rolle gespielt.

»Meine Mutter war damals hier, weil sie kein Kind bekommen konnte«, erzählte Fiona. »Aber die Frau Dr. Schmidt hat ihr dann endlich helfen können. Ich bin das Ergebnis.« Sie lächelte traurig und seufzte. »Ich dachte, ich kann sie über das Internet finden, aber da hatte ich keine Chance.«

»Ja, der Name ist nicht gerade ungewöhnlich.« Die Rezeptionistin nickte. »Wann, sagen Sie, hat sie bei uns gearbeitet?«

»Ich bin 1995 geboren«, erwiderte Fiona. »Also auf jeden Fall 1994, vielleicht auch schon davor.«

»Dann müsste ich sie eigentlich gekannt haben. Ich habe im März 1993 hier angefangen. Aber der Name sagt mir jetzt leider auf Anhieb nichts.« Corinna Mändli überlegte einen Moment, dann konsultierte sie ihr Telefonverzeichnis, nahm den Telefonhörer ab und wählte eine kurze Nummer. Sie sprach mit jemandem, ungeachtet dessen, dass die anderen Telefone unablässig klingelten, wurde weiterverbunden, erzählte Fionas Fantasiegeschichte noch zwei weitere Male, bis sich plötzlich ihre Miene aufhellte und sie Fiona zuzwinkerte und den Daumen hob.

»Aha«, sagte sie zu ihrem Gesprächspartner. »Und da bist du dir sicher? Ja ... das kenne ich natürlich. Weißt du noch, wann das war? Aha ... okay. Merci vielmals.«

Das klang vielversprechend, und Fiona bezähmte mühsam ihre Ungeduld und zwang sich, ihr demütiges Lächeln beizubehalten, ohne dass es sich in eine Grimasse verwandelte.

»Also, ich denke, ich kann Ihnen ein wenig weiterhelfen«, sagte Corinna Mändli und lächelte zufrieden. »Die Frau Doktor Schmidt hat damals einen Teil ihrer Facharztausbildung bei uns gemacht. Im Sommer 1995 wechselte sie zu einer privaten Klinik für Reproduktionsmedizin und gynäkologische Endokrinologie im Baselland. Ob sie dort noch arbeitet, kann ich Ihnen leider nicht sagen.«

»Das finde ich heraus! Sie haben mir sehr geholfen«, versicherte Fiona. »Vielen, vielen Dank!«

»Das habe ich gerne gemacht. Und mein herzliches Beileid zum Tod Ihrer Mutter.«

Corinna Mändli suchte die Adresse der Klinik heraus und damit war Fiona einen großen Schritt weiter. Auf dem Nachhauseweg versuchte sie sich ihre Mutter vorzustellen. Ob sie ihr wohl ähnelte? Was mochte sie dazu veranlasst haben, ihr Kind einfach so wegzugeben, an eine völlig Fremde, die sie nie gesehen hatte? Konnte sie überhaupt in das Leben dieser Frau hineinplatzen? Was, wenn sie eine Familie hatte, die nichts von ihr wusste? Die Vorstellung, dass sie möglicherweise Geschwister hatte, ließ Fionas Herz klopfen. Ihr ganzes Leben lang hatte sie sich nach einer Schwester gesehnt, und vielleicht gab es sie ja wirklich!

***

»Ich hab hier leider gerade nur eine schlechte Verbindung«, meldete Kim sich, ohne ein »Hallo« oder »Wie geht's« vorauszuschicken. Immerhin bedeutete das, dass sie Pias Telefonnummer nicht gelöscht hatte. »Kann sein, dass ich in ein Funkloch komme.«

»Kein Problem.« Eigentlich hatte Pia nicht damit gerechnet, dass ihre Schwester ans Telefon gehen würde. »Wie geht's dir?«

»Gut«, antwortete Kim. »Was kann ich für dich tun?«

Ihr Tonfall war so unpersönlich wie der einer Callcenter-Mitarbeiterin. Da sie offenbar kein Interesse hatte, über ihr Befinden zu sprechen, kam Pia gleich zur Sache.

»Wir haben einen neuen Fall. Und den würde ich gerne mal mit dir besprechen.«

»Worum geht's?«

Pia hatte sich bis zu ihrem Disput gerne mit ihr über ihre Fälle ausgetauscht, gerade dann, wenn sie sich nicht ganz klar darüber war, wie sie an ein Problem herangehen sollte. Sie schätzte Kims professionelle Meinung, ihren nüchternen, analytischen Verstand und ihre Erfahrung auf dem Gebiet der Kriminalpsychologie. Mehrfach hatte sie einen entscheidenden Hinweis geben können, der die Ermittlungen in die richtige Richtung gelenkt hatte.

»Es sieht so aus, als ob wir es mit einem Serientäter zu tun hätten, der in den letzten fünfundzwanzig Jahren mindestens drei Frauen getötet hat.«

»Aha«, machte Kim nur.

»Am Dienstag haben wir einen alten Mann gefunden, der zwei

Wochen tot in seinem Haus lag«, fuhr Pia fort. »Auf seinem Grundstück haben wir drei Leichen gefunden, vergraben unter einem Hundezwinger. Zwei von ihnen sind zu Fettwachsleichen geworden, vielleicht auch deshalb, weil sie in Frischhaltefolie eingewickelt waren. Vorhin haben wir ein Skelett in einem ehemaligen Brunnenschacht gefunden.«

»Hm.«

Das klang nicht so, als ob Pia ihre Schwester zu einem Gespräch bewegen könnte. Aber vielleicht antwortete Kim auch nur deshalb so sparsam, weil sie gerade irgendwo saß, wo jemand mithören konnte.

»Hättest du heute oder morgen zufällig ein Stündchen Zeit?«, fragte Pia.

»Sieht schlecht aus, sorry«, antwortete Kim ohne Umschweife. »Ich habe den Schreibtisch voll mit Arbeit.«

Eine deutliche Absage, in die sich auch beim besten Willen nichts hineininterpretieren ließ. Und keine Silbe darüber, dass Kim gestern Morgen in Hofheim gewesen war.

»Alles klar, verstehe ich.« Pia versuchte sich ihre Enttäuschung nicht allzu sehr anmerken zu lassen, dabei hätte sie sich denken können, dass Kim, nach allem, was zwischen ihnen vorgefallen war, nicht alles stehen und liegen lassen würde. Gehofft hatte sie es trotzdem.

»Sorry, ich habe gerade etwas viel um die Ohren«, sagte Kim nun.

»Schon okay«, erwiderte Pia, die es schrecklich fand, wenn jemand permanent »sorry« sagte. »Es hätte ja sein können, dass du …«

»Ich kriege gerade einen Anruf, sorry. Muss Schluss machen«, würgte Kim sie ab. »Ich melde mich. Okay?«

»Klar, okay. Und wenn du mal Zeit hast, musst du Christoph und mich unbedingt in …« Pia verstummte, als sie merkte, dass sie mit niemandem mehr sprach. Kim hatte schon aufgelegt. Sie ärgerte sich, dass sie Bodensteins Vorschlag gefolgt war und von Kim nun so abgefertigt worden war. In den letzten Jahren war Kim ganz wild darauf gewesen, ihnen als Beraterin zur Seite zu stehen. Sie hatte sich damals in den spektakulären Taunus-Sniper-Fall regelrecht hineingedrängt und es genossen, den Fallanalytiker Andreas Neff vom LKA zu demütigen. Schon als Kind und Jugendliche hatte Kim gerne mit ihrem Wissen geglänzt, was ihr den Ruf eingebracht hatte, eine Besserwisserin zu sein. Nicht selten hatte Pia ihre kleine Schwester in der Schule und vor ihren Freundinnen in Schutz genommen, auch wenn ihr Kims Art selbst oft ziemlich auf die Nerven gegangen war. Pia, die zum Telefonieren nach draußen gegangen war, betrat das RKI-Gebäude durch die Hintertür und ging zum Treppenhaus. Ein paar Kollegen von der Schutzpolizei kamen in Zivilkleidung aus dem Keller, wo sich die Umkleideräume befanden. Sie nickte ihnen zu und ließ sie vorbei. Vielleicht hatte Kims schroffe Absage gar nichts mit ihr persönlich zu tun, sondern vielmehr mit Nicola Engel! Obwohl sie auch dann ein bisschen höflicher hätte sein können.

Pia betrat den Besprechungsraum.

»Und?« Bodenstein blickte von einer Akte auf, in der er gelesen hatte. »Hast du Kim erreicht?«

»Ja.« Pia zog ihre Jacke aus und hängte sie über eine Stuhllehne. »Aber sie hat keine Zeit. Ich konnte nicht lange mit ihr reden. Die Verbindung war schlecht.«

Sie tat so, als bemerke sie Bodensteins prüfenden Blick nicht. Garantiert ahnte er, dass sie ihm etwas verschwieg. Pia hatte mit niemandem außer Christoph über das Zerwürfnis zwischen Kim und ihr gesprochen, aber Bodenstein war ein aufmerksamer Beobachter. Einzig seine Höflichkeit hielt ihn davon ab, nachzuhaken.

»Ich bitte die Engel, sich mit den OFA-Leuten in Verbindung zu setzen.« Sie vermied es, ihn anzusehen. »Ihr war es sowieso nie recht, wenn Kim mit uns zusammengearbeitet hat.«

»Die Chefin ist nicht im Haus«, sagte Kai. »Aber ich kann mich darum kümmern.«

»Hast du das Adressbuch von Theo Reifenrath, Kai?«, fragte Pia.

»Ja. Es liegt da drüben auf dem Tisch«, erwiderte Kai.

Pia nahm das abgegriffene Büchlein an sich und schlug es auf. Seitdem Joachim Vogt vorhin den Namen Sascha erwähnt hatte,

hatte sie überlegt, wo sie ihn kürzlich gelesen hatte. »Ha! Der Mann von Ramona Lindemann heißt Sascha!«

»Und?«

»Joachim Vogt hat uns eben erzählt, dass ein André – ich nehme an, es handelt sich um André Doll – und ein Sascha beim Ausheben der Grube für das Fundament des Hundezwingers geholfen haben«, erklärte sie, zog ihr Handy heraus und tippte Vogts Nummer ein, die im Adressbuch stand. Er meldete sich nach mehrmaligem Klingeln und bestätigte, dass es sich bei dem von ihm erwähnten Sascha um Ramonas Ehemann handelte.

»Was hatte der damals schon mit Reifenrath zu tun?«, wollte Pia wissen.

»Er war auch ein Pflegekind und ist bei ihnen aufgewachsen«, antwortete Vogt. Pia bedankte sich für die Auskunft und beendete das Gespräch. Sie erinnerte sich daran, wie auffällig unauffällig Sascha Lindemann immer wieder in Richtung Hundezwinger geschaut hatte.

»Wir müssen noch mal mit Sascha Lindemann sprechen«, sagte sie zu Bodenstein und Kai. »Und mit André Doll. Sie waren beide Pflegesöhne und hatten Zugang zum Grundstück ohne aufzufallen.«

Christian Kröger und Tariq Omari kamen herein und nahmen Platz. Die Sparkassenfilialen hatten die Überwachungsvideos zur Verfügung gestellt. Bei demjenigen, der das Geld mit Theo Reifenraths EC-Karte abgehoben hatte, handelte es sich um einen Mann, aber leider war von seinem Gesicht nichts zu erkennen, denn er trug eine Basecap und eine Art Skimaske. Er war jeweils spätabends gekommen, wahrscheinlich um sicherzugehen, dass er allein am Geldautomaten sein würde, und er trug schwarze Kleidung und Schuhe ohne Label. Kai hatte die Videos gleich an die Spezialisten beim LKA weitergeleitet, damit sie mithilfe verschiedener Parameter eine Größenberechnung machen konnten.

»Außerdem habe ich mir die Akte Annegret Münch von der Staatsanwaltschaft und die Beweismittel aus der Asservatenkammer kommen lassen«, fuhr Kai fort. »Da der Fall nicht abgeschlossen war, sind die Sachen, die man damals für wichtig hielt, nicht an die Angehörigen herausgegeben worden. Es handelt sich nur um den Inhalt ihrer Handtasche: Schlüsselbund, ein Mitarbeiter-Ausweis der Lufthansa, Ausweise, Kfz-Schein für ihr Auto und lauter Krempel, den Frauen so mit sich herumschleppen. Allerdings, und das ist ungewöhnlich für die Zeit, hatte sie auch schon ein Handy. Ein Nokia, Modell 1011. Das war damals das allererste GSM-Handy.«

»GSM? Was bedeutet das?«, fragte Bodenstein, für den technische Begriffe böhmische Dörfer waren.

»Global System for Mobile Communication«, merkte Tariq an. »Das ist der Funkstandard für das Mobilfunknetz, auf dem alle heutigen Mobilfunkstandards wie UMTS, GPRS oder LTE aufbauen. Durch GSM wurden …«

»Vielen Dank, das reicht«, unterbrach Bodenstein die Ausführungen seines jungen Kollegen. »Ich wollte eigentlich nur wissen, ob es damals bereits die Möglichkeit gab, Verbindungsnachweise zu überprüfen.«

»Klar.« Tariq nickte. »Verkehrsdatenabfrage gab's früher auch. Prepaidkarten, die komplett anonym waren, kamen erst 1995 auf den Markt. Die erste war die sogenannte Siebels Guthabenkarte. Mannesmann Arcor – heute Vodafone – brachte dann ein Jahr später die CallYa-Karte raus.«

»Was du alles weißt.« Pia schüttelte den Kopf. »Du bist wirklich eine wandelnde Wissensdatenbank!«

Tariq zuckte nur cool die Schultern, aber das Lob schmeichelte ihm augenscheinlich.

»Die Familie hat Annegret Münch 2004 für tot erklären lassen«, sagte Kai. »Laut Verschollenheits-Gesetz ist das nach einer Frist von zehn Jahren nach dem Verschwinden eines Menschen möglich und für Angehörige erforderlich, um eine Lebensversicherung ausbezahlt zu bekommen. Das hat zu einer Wiederaufnahme der Ermittlungen geführt, denn Frau Münch hatte ein paar Monate vor ihrem Verschwinden eine Lebensversicherung über eine Million D-Mark zugunsten ihrer Söhne abgeschlossen. Der Versicherer hat selbst auch Nachforschungen angestellt, allerdings ergebnislos, und musste die Summe schließlich im Oktober 2005 auszahlen. Der Ehemann, Bernhard Münch, wurde 1993 festgenommen, saß sogar eine Weile in U-Haft. Die Ehe der beiden steckte in einer Krise, Frau Münch war ausgezogen und hatte eine eigene Wohnung in Langen. Sie hatte einen Freund, von dem der Ehemann nichts wusste. Außerdem war sie bei einem Anwalt und hatte die Scheidung eingereicht. Unsere Kollegen glaubten damals zuerst, dass ihr Ehemann sie umgebracht und ihre Leiche versteckt haben könnte, weil er fürchtete, er würde das Haus verlieren, das zur Hälfte auch ihr gehörte. Man konnte ihm dann nichts nachweisen, deshalb wurde nie Anklage gegen ihn erhoben, aber der Verdacht blieb an ihm hängen. Als die Mutter von Frau Münch elf Jahre nach dem Verschwinden ihrer Tochter den Antrag auf Todeserklärung stellte, hat er sich aufgehängt und einen Abschiedsbrief hinterlassen, in dem er schrieb, dass er weitere Verdächtigungen gegen seine Person nicht mehr ertragen könnte.«

»Wie alt waren die Kinder?«

»Moment ...« Kai blätterte in der Akte. »Elf und neun. Sie sollten beim Vater wohnen bleiben, aber weil der in U-Haft musste, landeten sie bei ihren Großeltern.«

»Eine Tragödie für alle Beteiligten«, sagte Bodenstein nicht ohne Mitgefühl. Es war immer furchtbar, wenn Unschuldige unter Mordverdacht gerieten; andererseits waren die meisten Tötungsdelikte eben Beziehungstaten und die Täter stammten oft aus dem familiären Umfeld des Opfers.

»Der Fall Münch wurde vier Mal überprüft«, sagte Kai. »Das letzte Mal im Jahr 2013.«

»Wie weit seid ihr im Haus?«, erkundigte Pia sich bei Kröger.

»Morgen sind noch der Speicher und der Keller dran«, erwiderte der Leiter des Erkennungsdienstes. »Die Georadarleute haben nichts mehr gefunden, aber der Hund kommt morgen noch mal, um die alten Fabrikgebäude abzusuchen. In einem der Schuppen sind wir übrigens auf einen Schlachtraum mit allem dazugehörigen Schlachtwerkzeug gestoßen. Neben drei Kühltruhen haben wir dort unter anderem sieben noch original verschweißte Packungen Sarogold-Frischhaltefolie, 30 × 300 Zentimeter gefunden.«

»Oh Gott«, murmelte Pia. Die Vorstellung, dass der Alte seine Opfer womöglich in Folie gewickelt hatte, bevor er sie ermordet hatte, löste in ihr ein Gefühl der Beklemmung aus. Manchmal dachte sie, sie hätte schon die schlimmsten Bösartigkeiten, zu denen Menschen fähig waren, gesehen, aber es gab immer noch eine Steigerung.

»Die Kühltruhen sind auf dem Weg ins Labor«, sagte Kröger. »Und wir haben noch eine sehr interessante Entdeckung gemacht. In einem Lendenwirbel des Skeletts aus dem Brunnenschacht steckte eine Patrone. Kaliber .22.«

»Das heißt, Rita Reifenrath wurde erschossen!«, rief Pia.

»Zumindest wurde auf sie geschossen«, erwiderte Kröger.

»Was war im Tresor?«, erkundigte sich Bodenstein.

»Ein Familienstammbuch, Versicherungspolicen, Urkunden, eine Schmuckschatulle, drei Armbanduhren, eine Taschenuhr, Grundbuchauszüge, Abstammungsurkunden von verschiedenen Tieren, eine Patientenverfügung und ein handschriftlich verfasstes Testament, datiert auf den 17. August 2016«, zählte Kröger aus dem Kopf auf.

»Hast du reingeschaut?«, fragte Kai Ostermann.

»Der Umschlag war offen«, erwiderte Kröger. »Patientenverfügung und Vorsorgevollmacht sind auf einen Raik Gehrmann ausgestellt. Und den hat Reifenrath auch zu seinem Alleinerben bestimmt. Fridtjof Reifenrath bekommt nur sein Pflichtteil.«

»Raik Gehrmann? Den Tierarzt?« Pia blickte verblüfft auf. »Warum denn das wohl?«

»Sein Vater war Theo Reifenraths bester Freund«, sagte Bodenstein. »Das hat uns Joachim Vogt vorhin erzählt. Vielleicht hat er ihm mehr vertraut als seinen Pflegesöhnen.«

»Es wäre interessant zu wissen, ob der sein Erbe antritt, wenn er erfährt, dass der Erblasser womöglich ein Serienmörder war«, bemerkte Tariq.

»Komisch! Als ich ihn gefragt habe, wie gut er Theo Reifenrath kannte, sagte er, er habe ihn zwar ganz gut gekannt, sei aber nicht mit ihm befreundet gewesen«, erinnerte sich Pia an ihr Gespräch mit dem Tierarzt. »Der Hund war halb tot, aber er freute sich, ihn zu sehen. Gehrmann behauptete, das sei kein Wunder, immerhin würde er ihn einmal im Jahr impfen oder die Krallen schneiden.«

»Ja – und?«, fragte Kai. »Was ist daran komisch?«

»Freut sich ein Hund so sehr über jemanden, den er nur ein oder zwei Mal im Jahr sieht?«, überlegte Pia laut und ihre Kollegen blickten sie abwartend an. »Theo Reifenrath hat drei Frauenleichen auf seinem Grundstück vergraben. Vielleicht wollte er, dass auch nach seinem Tod niemand zufällig darauf stößt und hat Haus und Hof deshalb jemandem vererbt, der dieses Geheimnis kannte.«

***

Mannheim, 12. Mai 1991

Es war so einfach, dass ich ganz schockiert bin. Kriegen junge Frauen heutzutage nicht mehr von ihren Eltern beigebracht, nicht zu fremden Männern ins Auto zu steigen? Ich muss mir ein Lächeln verkneifen. Seit Monaten habe ich alles perfekt geplant und nichts dem Zufall überlassen, trotzdem hatte ich etwas Sorge, dass sie es sich im letzten Moment anders überlegen könnte. Aber sie ist in mein Auto gestiegen, ohne auch nur zu zögern, obwohl sie mich nie zuvor gesehen hat. Diese Vertrauensseligkeit wird sie das Leben kosten, aber das weiß sie noch nicht. Sie plappert und lacht und erzählt irgendwelche uninteressanten Geschichten. Würde sie wohl auch so einen Müll daherreden, wenn sie wüsste, dass sie nur noch ein paar Stunden zu leben hat? Wahrscheinlich nicht. Eher würde sie anfangen zu kreischen und zu betteln oder sie würde es gar nicht glauben. Junge Menschen fühlen sich unsterblich. Ich höre ihr gar nicht zu, lasse sie einfach reden und gebe hin und wieder zustimmende Geräusche von mir, dabei überlege ich, wie schwer sie wohl ist und ob es mir gelingt, sie ungesehen in den Kofferraum meines Autos zu verfrachten. Ihr sächsischer Dialekt lässt mich schaudern. Nach ein paar Kilometern wünsche ich mir nichts mehr, als dass sie endlich ihr Maul hält! Glücklicherweise ist sie von ihrem Geplapper durstig geworden, und ich reiche ihr die Colaflasche.

»Goil, 'ne Gölo«, sagt sie, und ihre Augen leuchten.

Vor lauter Gier bemerkt sie gar nicht, dass der Deckel schon mal geöffnet war. Sie trinkt die Flasche fast zur Hälfte leer. So ein braves Mädchen! Meine Handflächen sind schweißnass vor Aufregung. Für die Erste habe ich die Tropfen damals nicht gebraucht, sie ist ja von selbst eingepennt und hat es mir sehr leichtgemacht. Fast schon zu leicht. Aber ihre Angst, als sie ausgenüchtert war und begriff, dass sie sterben würde, war großartig. Berauschend. Sie hat mich wirklich froh gemacht. Mandy aus der DDR wird also mein erster Menschenversuch sein. Bisher habe ich nur am Hund ausprobieren können, ob und wie schnell die Tropfen wirken. Kurz vor Bensheim hört sie auf zu schnattern. Ich werfe ihr einen Blick zu.

»Geht's dir nicht gut?« heuchele ich Sorge.

Sie murmelt Unverständliches. Ihr fallen die Augen zu, ihr Kopf kippt zur Seite. Vorsichtig nehme ich ihr die Colaflasche aus den Händen und fahre weiter. Jetzt steht mir der gefährlichste Teil bevor. Aber natürlich habe ich mir alle Parkplätze auf der Strecke angesehen und zwei gefunden, die für meine Bedürfnisse perfekt sind. Ich fahre bei Seeheim-Jugenheim von der Autobahn ab. Nach ein paar hundert Metern habe ich das Waldstück erreicht. Mein Herz klopft laut, so sehr freue ich mich. Wenn ich sie erst verpackt habe und sie im Kofferraum liegt, muss ich zurückfahren und ihr Auto präparieren. Der Rest wird dann ganz einfach sein.

Tag 4

Freitag, 21. April 2017

»Sag mal, hast du dir zufällig mal Sophias Status auf WhatsApp angesehen?«, erkundigte sich Karoline, als sie am Frühstückstisch saßen.

»Nein.« Bodenstein spießte ein Stück Omelett mit Bacon und Frühlingszwiebeln auf. Seitdem seine Frau auf die Idee verfallen war, sämtliche Getreideprodukte und zuckerhaltigen Nahrungsmittel aus ihrem Speiseplan zu verbannen und stattdessen nach dem Low-Carb-Prinzip zu essen, liebte er das Frühstück. Er war noch nie ein Fan von Müsli mit Obst oder Schwarzbrot mit Hüttenkäse gewesen und fand es herrlich, Parmesanrührei mit Rostbratwürstchen oder Avocados mit Bacon und Ei zum Frühstück zu essen. »Ich hatte in den letzten Tagen keine Zeit. Wieso?«

»Sie scheint sich bei Cosima furchtbar zu langweilen«, erwiderte Karoline. »Sie postet dauernd diese musical.ly-Videos und irgendwelche albernen Fragen.«

»Wahrscheinlich macht Cosima das, was sie schon immer gemacht hat«, vermutete Bodenstein. »Sie lädt sie in ihrem Büro ab und kümmert sich nicht weiter. Gott sei Dank geht Montag die Schule wieder los!«

Manchmal gingen ihnen die beiden Mädchen – das eine voll- und das andere vorpubertär – mächtig auf die Nerven, aber sobald sie ein paar Tage weg waren, fehlten sie.

Bodensteins Handy begann zu summen. Es war Kai Ostermann.

»Guten Morgen«, sagte Bodenstein kauend. »Was machst du denn schon um halb sieben im Büro?«

»Senile Bettflucht. Schlaf wird überbewertet«, entgegnete Kai.

»Chef, ich habe mal die Vermi/Utot-Datenbank* des BKA angezapft und ein paar Stichworte eingegeben. Stell dir vor, auf was ich gestoßen bin! Auf einen ungeklärten Mordfall aus dem Landkreis Bernkastel-Wittlich in Rheinland-Pfalz. Im Oktober 2014 wurde in einem Weinberg bei Bernkastel-Kues die Leiche der 23-jährigen Jana Becker aus Limburg gefunden.«

»Aha.«

»Jana Becker ist am 8. Mai 2014 verschwunden«, fuhr Kai fort. »Fast auf den Tag genau 22 Jahre nachdem Annegret Münch verschwand. Und jetzt halt dich fest: Die Leiche war von Kopf bis Fuß in Frischhaltefolie eingewickelt!«

Bodenstein verging der Appetit. Er legte die Gabel weg, stand auf und trat ans Fenster.

»Todesursache?«

»Es war für die Ermittler ein Rätsel, aber laut Obduktion ist sie ertrunken.«

* * *

Eine ungünstigere Uhrzeit als acht Uhr morgens gab es kaum, um in die Stadt zu fahren, aber die Obduktionen der drei Leichen sollten um Punkt neun beginnen. Auf der A 648 staute sich der Verkehr schon in der Höhe von Rödelheim.

»Am besten fahren Sie über die A 5, Chef, und dann in Niederrad runter«, schlug Tariq Omari vor. »Da stehen wir zwar auch im Stau, aber nicht so lange wie bis zur Mainzer Landstraße.«

»Sie haben recht.« Bodenstein setzte den Blinker und ordnete sich rechts ein.

Am Vorabend hatte er noch spät mit Nicola Engel telefoniert, um über die recht dürftigen Ermittlungsfortschritte zu berichten. Auf seine Bitte, einen Kollegen von der Operativen Fallanalyse beim LKA anzufordern, hatte sie ungehalten reagiert. Wozu man wohl einen Profiler bräuchte, wenn der Täter bereits feststehe und tot sei, hatte sie gefragt, ohne eine Antwort zu erwarten. Sie war so kurz angebunden und biestig gewesen wie seit Jahren nicht mehr. Bodenstein kannte sie lange genug und wusste, dass man nichts

* Datenbank des BKA »Vermisste/Unbekannte Tote«

bei ihr erreichte, wenn sie in dieser Stimmung war, deshalb hatte er ihr in allem recht gegeben und das Telefonat so rasch wie möglich beendet. Bis gestern war er selbst auch davon überzeugt gewesen, dass Theodor Reifenrath die drei Frauen ermordet und auf seinem Grundstück vergraben hatte. Die Tatsache, dass die Bodenplatte des Hundezwingers in den späten Neunzigern betoniert worden war, sprach dafür, dass die Leichen allesamt älter waren. Aber Pias Vermutung, Dr. Gehrmann könne unter Umständen ein Mitwisser, wenn nicht sogar Mittäter sein, hatte Zweifel in ihm geweckt. Auch Sascha Lindemann, André Doll und Joachim Vogt konnten etwas von den Leichen gewusst haben. Gerade zu Beginn einer Ermittlung musste man in alle Richtungen denken, und so gewagt war der Gedanke an einen weiteren Täter gar nicht, wenn man die Parallelen zwischen den Leichen auf Reifenraths Grundstück und der in Folie gewickelten Toten von 2014 bedachte. War es denkbar, dass es noch einen zweiten Mörder gab, der Gefallen daran fand, seine Opfer in Frischhaltefolie zu hüllen? Theodor Reifenrath war 2014 bereits ein sehr alter Mann gewesen und mit 80 Jahren körperlich kaum noch in der Lage, eine junge, sportliche Frau zu überwältigen. Was, wenn er einen Helfer gehabt hatte? Die Vorstellung, sie könnten es mit einer Mordserie zu tun haben, die noch nicht beendet war, war furchterregend. Spätestens jetzt brauchten sie dringend jemanden, der ihnen dabei half, ein Täterprofil zu erstellen. Wenn es nicht Kim Freitag sein konnte, dann mussten sie eben doch auf die LKA-Leute zurückgreifen.

Um fünf vor neun bog Bodenstein in die Paul-Ehrlich-Straße ein. Das Glück war ihnen hold, und er fand einen Parkplatz im Hof des Rechtsmedizinischen Instituts, das sich in einer Jugendstilvilla an der Kennedyallee befand. Henning Kirchhoffs Büro war das zweite auf der linken Seite des holzgetäfelten Flurs, direkt davor befand sich die Anmeldung. Bodenstein und Omari betraten das kleine Büro, in dem Regine Kinder, Hennings langjährige Sekretärin, die er von seinem Vorgänger Professor Kronlage übernommen hatte, regierte.

»Der Chef ist schon unten«, sagte Frau Kinder und lächelte. »Sie kennen sich hier ja aus.«

Im ersten der beiden Sektionsräume, die sich im Keller des

Instituts befanden, war Ronnie Böhme, der erfahrene Sektionsassistent, gerade damit beschäftigt, die Knochen aus dem Brunnenschacht anatomisch korrekt anzuordnen. Er blickte auf, als Bodenstein und Omari den Sektionsraum betraten, und hob grüßend die Rippe, die er gerade in der rechten Hand hielt.

»Moin, Moin, die Herren!«

»Hallo, Herr Böhme«, erwiderte Bodenstein. Sie tauschten ein paar Höflichkeitsfloskeln aus, dann erschien Dr. Lemmer in blauem Kittel mit Kopfhaube, der Mundschutz baumelte unter seinem Kinn. Mit seinem dicken Schnauzbart, der rasierten Glatze und seiner kräftigen Statur erinnerte er Bodenstein immer ein bisschen an ein Walross.

»Die Knochen sind die von Rita Reifenrath«, sagte er. »Wir haben von ihrem Zahnarzt Röntgenbilder bekommen, die exakt zu dem Zahnstatus des Skeletts passen. Einen DNA-Abgleich können wir uns sparen.«

»Sehr gut.« Bodenstein nickte.

Auf dem Nachbartisch lagen die Knochen der teilskelettierten und von Beck's angefressenen Leiche. Tariq Omari betrachtete sie interessiert.

»Wie kommt es, dass diese Leiche zum Teil skelettiert ist, die anderen aber nicht?«, wollte er wissen.

»Wahrscheinlich haben sich die Bodenverhältnisse verändert und an die Leiche kam Sauerstoff«, erwiderte Dr. Lemmer. »Das wäre auch eine Erklärung dafür, dass der Hund das verwesende Gewebe gewittert und danach gegraben hat.«

»Sie ist übrigens fast komplett«, merkte Ronnie Böhme an. »Nur ein paar von den kleinen Mittelhandknochen fehlen. Die hat vielleicht der Hund verschluckt. Oder der Chef hat sie versiebt.« Er kicherte über seinen eigenen Witz.

»Was ist das da am Oberarmknochen?«, erkundigte Tariq sich.

»Das ist eine gute Nachricht.« Dr. Lemmers Miene hellte sich auf. »Es handelt sich dabei um eine sogenannte winkelstabile Plattenosteosynthese. Die häufigste Indikation für eine operative Versorgung mit einer solchen Platte sind Knochenbrüche, an denen ein Gelenk beteiligt ist, oder eine offene Fraktur. In diesem Fall halte ich letzteres für möglich. Die Entfernung des eingesetzten metallischen Materials erfolgt frühestens zwölf Monate nach der OP, spätestens achtzehn Monate danach, sonst wachsen die Schrauben in den Knochen ein.«

»Das bedeutet, die Frau hat sich ungefähr ein Jahr vor ihrem Tod den rechten Oberarm gebrochen?«

»Korrekt.« Dr. Lemmer nahm vorsichtig den Oberarmknochen und hielt ihn Bodenstein und Omari hin. »Die zweite gute Nachricht ist, dass diese Implantate alle eine eingestanzte Seriennummer des Herstellers haben, die üblicherweise in einem OP-Bericht vermerkt wird. Sehen Sie das?«

»Fantastisch.« Tariq Omari zückte sein Smartphone. »Ich mache ein Foto und schicke es Kai. Was denken Sie, Chef? Mit etwas Glück gibt es in der Datenbank einen Treffer und wir kriegen auf diese Weise heraus, wer die Frau war.«

»Nur zu«, forderte Bodenstein ihn auf. »Wir müssen jede Möglichkeit nutzen.«

Aktuell hatte die Vermisstenstelle des Landeskriminalamts 97 Identitäten unbekannter Toten zu klären. Dabei handelte es sich nicht nur um Leichen, sondern auch um Teile menschlicher Überreste, wie Schädel, Knochen und abgetrennte Gliedmaßen, die irgendwo in Hessen aufgefunden worden waren. In mindestens 17 Fällen ging es um einen gewaltsamen Tod und immerhin 49 der 97 erfassten Toten konnten theoretisch über ihre DNA identifiziert werden, gäbe es eine Vergleichsmöglichkeit. Von 22 wiederum lag ein Zahnstatus vor, der aber auch nur dann hilfreich war, wenn eine Vermisstenanzeige diesen beinhaltete, was nicht immer der Fall war. 16 300 vermisste Personen wurden in der Datenbank Vermi/Utot des Bundeskriminalamtes geführt, dazu kamen noch etwa 2000 Deutsche, die im Ausland verschollen waren. Nur rund 3 Prozent aller als vermisst gemeldeten Personen blieben länger als ein Jahr verschwunden; ihre Namen wurden für dreißig Jahre in der seit 1992 bestehenden Datenbank geführt, bei Verdacht auf eine Gewalttat auch länger.

»Oliver! Schön, dich mal wieder zu sehen!« Professor Henning Kirchhoff betrat den Sektionsraum, gefolgt von zwei weiteren Rechtsmedizinern. Die Anwesenden wandten sich zu ihm um. »Hallo, Herr O'Malley«, fügte er hinzu.

»Omari«, verbesserte Tariq ihn geduldig.

»Ach ja, richtig. Der Inder.«

»Syrer. Wobei ich genau genommen Deutscher bin.«

»Syrer, Syrer. Das muss ich mir merken!« Henning rieb sich die Hände. Er war so aufgeräumt, wie es nur selten der Fall war. »Lasst uns gleich loslegen. Wir haben eine Menge Arbeit.«

»Also, *ich* werde heute Abend ausnahmsweise mal pünktlich Feierabend machen«, meldete sich Ronnie Böhme zu Wort. »Ich werde Fußball gucken, egal was hier heute noch ankommt, und wenn's ein toter Marsmensch mit drei Köpfen ist.«

»Oh ja, Köln gegen Hoffenheim«, sagte einer der Ärzte. »Ich wollte ja zuerst nicht, aber jetzt habe ich doch ein Eurosport-Abo für die Freitags- und Montagsspiele.«

»Und damit es heute Abend ein schöner Fußballabend für Sie wird, Herr Böhme, bitte ich jetzt um Konzentration und vollen Einsatz«, erstickte Henning die beginnende Diskussion um Punkte, Spieler und Tabellenplätze im Keim. »Ach, Oliver, bei der teilskelettierten Leiche war die Frischhaltefolie zerfetzt, wahrscheinlich vom Hund, aber die beiden anderen waren von Kopf bis Fuß quasi luftdicht verpackt.«

»Haben sie deshalb das Leichenwachs entwickelt?«, wollte Tariq wissen.

»Das spielte sicherlich auch eine Rolle.« Henning streifte sich Handschuhe über und band einen Mundschutz um.

»Vor einigen Jahren, ich glaube, es war 1994, wurde in der Schweiz eine Bahntrasse durch einen stillgelegten Friedhof gebaut. Dabei wurden über 250 Wachsleichen von Baggern aus dem Erdboden geschaufelt«, erzählte er im Plauderton und blickte die Anwesenden der Reihe nach an. »Die Angehörigen, die sich als Kinder unter Tränen von Omi und Opi am offenen Sarg verabschiedet hatten, waren schockiert, sie fünfzig Jahre später als unverweste Leichname wiederzusehen.«

»Niemand da, den Sie mit Ihren Gruselgeschichten schocken können, Chef.« Ronnie Böhme verdrehte die Augen. »Kann's jetzt allmählich losgehen?«

»Wir teilen uns auf und arbeiten parallel«, sagte Henning. »Böhme, die Faulleiche bleibt hier in der 1, wegen des Geruchs.«

»Brauchen Sie mir nicht zu sagen, Chef«, brummte der Sektionsassistent und ging zu den Kühlfächern hinüber. »Hab alle vier durchgeröntgt und CTs gemacht. Den Stinker hab ich noch hier drin. Die zwei gut erhaltenen Damen liegen drüben in der 2 auf den Tischen.«

»Gut mitgedacht, Böhme«, sagte Henning leutselig und erntete dafür einen verärgerten Blick. Er gab den beiden Rechtsmedizinern, die mit ihm gekommen waren, einen Wink. »Wir drei gehen rüber, Lemmer und Böhme übernehmen die Faulleiche und die Teilskelettierte.«

»War mir so was von klar«, murrte Ronnie Böhme vor sich hin. »Immer muss ich die Drecksarbeit machen. Jede Wasserleiche und jede Faulleiche krieg ich aufgebrummt, das ist echt ätzend.«

»Sobald ein toter Marsmensch mit drei Köpfen reinkommt, gehört der Ihnen«, entgegnete Henning und verschwand grinsend.

Mit einem Ruck öffnete Böhme eines der Kühlfächer und zog die Transportbahre heraus. Obwohl sich die sterblichen Überreste Theodor Reifenraths in einem Bodybag befanden, war der Verwesungsgeruch überwältigend. Bodenstein, der schon Zeuge zahlloser Obduktionen gewesen war, wappnete sich innerlich, dennoch musste er mit einem kurzen Anfall von Übelkeit kämpfen, den er nur dank seiner Routine schnell wieder in den Griff bekam.

Tariq war vom Anblick der Fettwachsleichen fasziniert.

»So, wie sie aussehen, müsste man doch noch feststellen können, wie sie umgebracht wurden!«, sagte er zu Dr. Lemmer.

»Nur, wenn es irgendwelche äußerlichen Spuren gibt«, antwortete Böhme anstelle des Arztes. »Innen drin sehen sie aus wie Hackbraten. Einzelne Organe kann man nicht mehr unterscheiden.«

»Damit hat Herr Böhme leider recht«, bestätigte Lemmer. »Aber vielleicht lassen sich aus Gewebeproben hilfreiche Schlüsse ziehen. Der gute äußerliche Zustand lässt auf jeden Fall die Hoffnung zu, dass wir auch die zweite Leiche schnell identifizieren können.«

***

An der Leiche von Theodor Reifenrath fanden sich Impressionsfrakturen der Jochbeine, des Nasenbeins sowie der Augenhöhlen, die entweder von einem heftigen Schlag ins Gesicht oder einem Sturz herrühren konnten.

»Durch die große Gewalteinwirkung sind nicht nur die Gesichtsknochen gebrochen, sondern auch die Schädelbasis«, erklärte Dr. Frederick Lemmer, als er die Sektion beendet hatte. »Die Ruptur der Hirnbasisarterien hat zu einer Einblutung in den liquorgefüllten Subarachnoidalraum und damit zum Anstieg des intrakraniellen Drucks geführt. Todesursächlich war letztlich ein Hirninfarkt. Ich vermute, er ist gestürzt – dazu würde auch die frische Fraktur des rechten Handgelenks passen – und hat sich dabei die Gesichtsverletzungen zugezogen. Die Blutung war massiv, er wird recht schnell das Bewusstsein verloren haben, dann trat der Hirntod ein, später multiples Organversagen und der Tod.«

Ronnie Böhme hatte die Leiche bereits wieder ins Kühlfach geschoben und war nun dabei, die Sektion der teilskelettierten Frauenleiche vorzubereiten.

»Kein Anhaltspunkt für Fremdeinwirkung?«, vergewisserte Bodenstein sich.

»Natürlich kann das auch durch einen kräftigen Schlag gegen das Gesicht passiert sein«, erwiderte Lemmer. »Aber dagegen spricht eine Fraktur des rechten Handgelenks, eine typische Verletzung, wenn man sich bei einem Sturz abfangen will. Außer der Platzwunde über der Augenbraue sind keine Hautläsionen festzustellen. Der Mann war fünfundachtzig Jahre alt, möglicherweise hat er einen Schwächeanfall erlitten oder kurz das Bewusstsein verloren und ist unglücklich gestürzt. Der Zustand seiner Organe zeigt, dass er nicht besonders gesund gelebt hat. Er hatte mehrere Herzinfarkte, dadurch verursacht eine starke Linksherzvergrößerung, eine Fettleber, eine Diverkulitis im Dickdarm und so weiter. Das wird alles im Obduktionsprotokoll stehen.«

Bodenstein bedankte sich und schickte Pia eine Nachricht. Lange hatte er sich gegen diese Art der Kommunikation gesträubt, bis er irgendwann gemerkt hatte, dass er nicht mehr mitbekam, was in seiner Familie vor sich ging. Angefangen von seiner fast neunzigjährigen Schwiegermutter über seine Frau, seine

Ex-Frau, seine erwachsenen Kinder, seine Geschwister, Nichten und Neffen bis hin zu seiner elfjährigen Tochter Sophia nutzten alle den kostenlosen Messenger-Dienst. Sie chatteten, schickten Fotos, Sprachnachrichten und Videos herum, statt miteinander zu telefonieren, und als Bodenstein sich endlich von Karoline zu WhatsApp hatte einladen lassen, hatte er bemerkt, dass beinahe jeder seiner Kontakte längst dabei war, sogar Leute, von denen er das nicht für möglich gehalten hatte. Gelegentlich wunderte er sich, zu welch unverzichtbarem Bestandteil seines Alltagslebens die App geworden war.

Alles klar. Dank Seriennummer vom Implantat haben wir übrigens die zweite Identität, schrieb Pia postwendend zurück. *Die teilskelettierte Leiche war Mandy Simon, 21, am 12. Mai 1991 in Mannheim verschwunden.*

Der Nachricht folgte das Foto einer jungen dunkelhaarigen Frau, die fröhlich in die Kamera lachte. Pias knappe Formulierung ließ Bodenstein schaudern. Er betrachtete das erstaunlich unversehrte Gesicht der Toten, verglich es mit dem Foto, das Pia geschickt hatte. Kein Zweifel, es handelte sich um Mandy Simon. Sogar der Leberfleck auf dem Wangenknochen war durch die Leichenwachsbildung konserviert worden.

»Sie muss echt hübsch gewesen sein«, sagte Ronnie Böhme versonnen. »Heute wäre sie Mitte vierzig.«

So bald wie möglich musste festgestellt werden, ob es nach 26 Jahren noch Hinterbliebene der jungen Frau gab, denen man die traurige Gewissheit mitteilen konnte. Diese Aufgabe wollte Bodenstein nicht einfach an die dortige Kripo delegieren, denn er wusste, wie sehr Angehörige von Vermissten die Ungewissheit quälte und wie existenziell wichtig es für sie war zu erfahren, warum ein geliebter Mensch sterben musste. Gerade Eltern hofften auch nach Jahrzehnten noch auf die Aufklärung eines Verbrechens, dem ihr Kind zum Opfer gefallen war, und manche hielt nur diese Hoffnung am Leben.

Bodenstein ging hinüber in den benachbarten Sektionsraum. Schon die äußere Leichenschau hatte ein paar wichtige und möglicherweise hilfreiche Informationen über die dritte, noch unbekannte weibliche Leiche geliefert, nämlich ein auffälliges Tattoo auf dem rechten Oberarm, das eine Schlange darstellte, die sich in den Schwanz biss. Tariq hatte sofort gewusst, dass es sich um ein sogenanntes Ouroborus-Symbol handelte, ein aufgrund seiner Geometrie und Ästhetik ziemlich beliebtes Motiv. Er hatte ein Foto gemacht und an Kai geschickt.

»Gute Nachrichten, Oliver!«, sagte Henning, der an einem Tisch saß und konzentriert in ein Mikroskop blickte. »Wir haben perfekte Fingerabdrücke abnehmen können! Und es sieht so aus, als ob wir ausreichendes und reines DNA-Material hätten.«

»Sehr gut.« Bodenstein nickte. Die Zeiten, in denen man tage- oder sogar wochenlang auf das Ergebnis einer DNA-Analyse warten musste, gehörten der Vergangenheit an. Mittlerweile konnten Spezialisten mit mobilen Analysegeräten manchmal innerhalb einer Stunde Ergebnisse liefern.

Eine Weile lauschten Bodenstein und Tariq schweigend den Fachausdrücken, mit denen die Rechtsmediziner um sich warfen, während sie die Leichen aus allen Blickwinkeln fotografierten, Gewicht, Größe und andere Körpermerkmale dokumentierten und Gewebeproben entnahmen, die Henning unter einem Mikroskop begutachtete.

»Unglaublich!«, rief er seinen Kollegen zu. »Bei dieser hier auch!«

»Dürfte ich wissen, um was es geht?«, brachte Bodenstein sich in Erinnerung.

»Wir sind auf ein Phänomen gestoßen!« Henning blickte auf, seine Augen leuchteten. »Diese beiden Leichen scheinen eingefroren gewesen zu sein, bevor sie bestattet wurden!«

»Wie kannst du das wissen?«

»Man erkennt es unter dem Mikroskop. Beim Einfrieren bilden sich in den Zellen Eiskristalle, die die Zellstruktur durchbohren. Das Gewebe zerplatzt – wie eine Flasche Mineralwasser, die im Eisfach vergessen wurde!«, erklärte Henning. »Das wirklich Erstaunliche ist der gute Zustand der Leichen, denn normalerweise begünstigt die Zerstörung der Zellen durch das Einfrieren einen rasanten Verfall des Körpers nach dem Auftauen, weil sich Fäulnisbakterien in den zerstörten Strukturen rascher ausbreiten können.«

»Vielleicht waren sie doch nicht so lange unter der Erde, wie du zuerst angenommen hast«, vermutete Bodenstein. »Oder die Frischhaltefolie hat eine schnelle Verwesung verhindert.«

»Bis sich das Leichenwachs so entwickelt hat, dauert es mehrere Jahre.« Henning legte nachdenklich die Stirn in Falten. »Eine Wachsleiche entsteht nur dann, wenn kein Sauerstoff zu ihr vordringt, wie bei nassen Lehmböden oder in wasserdichten Särgen. Bekleidung aus Kunstfaser kann auch zur Leichenwachsbildung beitragen.«

»Die Betonplatte wurde im Sommer 1997 oder 1998 gegossen.« Bodenstein sah auf seinem Handy nach, was Pia ihm geschrieben hatte. »Die junge Frau verschwand im Mai 1991. Wenn wir davon ausgehen, dass es sich bei der einen Leiche um Annegret Münch handelt, dann starb sie zwei Jahre später. Hat er eine nach der anderen vergraben und irgendwann beschlossen, das Grab durch eine Betonplatte zu verschließen?«

»Vielleicht hat er sie bis dahin woanders aufgehoben«, vermutete Tariq. »In einer Kühltruhe zum Beispiel.«

»Falls die Leiche aus Bernkastel-Kues auch zu den Opfern unseres Täters gehören sollte, so hat er seinen Modus Operandi geändert«, überlegte Bodenstein. »Aber warum?«

»Möglicherweise war es ihm zu gefährlich, sie mit nach Hause zu nehmen und dort zu vergraben«, erwiderte Tariq. »Oder es wurde ihm zu anstrengend. Sie irgendwo aus dem Auto zu werfen oder am Tatort liegen zu lassen ist einfacher.«

Bodensteins Blick fiel auf Stoffreste in Plastikbeuteln.

»Was ist das?«, fragte er.

»Die Kleider«, erwiderte Henning.

»Sie waren bekleidet?« Bodenstein war überrascht.

»Ja, komplett. Unterwäsche, T-Shirts, Kleid, Jeans, Socken … Dank der Frischhaltefolie ist alles erstaunlich gut erhalten.«

Bodenstein ergriff einen der Beutel und betrachtete ein helles Stück Stoff. Beim Anblick des rosafarbenen Baumwollslips überfiel ihn eine jähe Trauer. Am Morgen ihres Todes hatte ihre Trägerin den Slip aus dem Schrank genommen und angezogen, wie vielleicht schon unzählige Male zuvor, nicht ahnend, dass es das letzte Mal in ihrem Leben sein würde. Wie oft waren die Kleider wohl in die Waschmaschine gesteckt und gebügelt worden? Warum hatte sie ausgerechnet dieses Kleidungsstück gewählt? Was hatte sie dabei gedacht und empfunden? Es waren Geringfügigkeiten wie diese, die einen Fall für Bodenstein zu etwas Persönlichem machten und die Toten vor seinen Augen zu den Menschen werden ließen, die sie einmal gewesen waren, bevor jemand beschlossen hatte, ihnen das Leben zu nehmen.

»Konntet ihr etwas über die Todesursache herausfinden?« Seine Stimme klang belegt.

»Ja. Und da wird es ganz seltsam.« Henning erhob sich vom Hocker vor dem Mikroskop. »Bei diesen beiden Leichen haben wir weißliche Anhaftungen auf den Lippen gefunden. Alles, was ich jetzt sage, gehört ins Reich der Spekulation, denn es sind keine Organe mehr vorhanden, die wir untersuchen könnten, um meine Vermutung zu beweisen. Folgendes: Wenn ein Mensch unter Wasser gerät, hält er im Reflex zunächst die Luft an. Irgendwann kann man die Atmung durch den Atemreiz über das Atemzentrum infolge des angestiegenen CO_2 nicht mehr willkürlich unterdrücken. Es kommt zu Inspirationen, denen hustenartige Exspirationen folgen. Im Stadium drei kommt es zu tonisch-klonischen Krämpfen, in Stadium vier zunächst zu einer präterminalen Apnoe. Der Kreislauf ist während dieses letzten Ertrinkungsstadiums, das durch Herzstillstand beendet wird, noch erhalten. Nachdem der Leichnam aus dem Wasser geborgen wird, bildet sich aufgrund eintretender Verringerung des Lungenvolumens durch Vermischung von Luft, Wasser, Ödemflüssigkeit und Bronchialschleim ein Schaumpilz vor Mund und Nase. Dieser Schaum ist feinblasig, mit Rasierschaum zu vergleichen, und enthält nicht selten Blut.«

»Du meinst, sie sind ertrunken?«, vergewisserte sich Bodenstein.

»*Könnten*«, betonte Henning stirnrunzelnd. »Die Frauen könnten ertrunken sein, bevor sie eingefroren wurden. An ihren Körpern finden sich keine Zeichen äußerlicher Gewalteinwirkung, abgesehen von Fesselungsspuren an Handgelenken und Fußknöcheln. Es gibt auch keine Abwehrverletzungen, kein fremdes Gewebe unter den Fingernägeln, keine Hinweise auf Vergewaltigung, Folterung oder Misshandlung. Die Kleidung werden wir ins Labor schicken, um sie auf Fremd-DNA zu untersuchen. Lemmer! Wie sieht es drüben bei euch aus?«

Eine Minute später erschien Dr. Lemmer in der offenen Tür des Sektionsraumes.

»Sie hat dieselben Anhaftungen am Mund«, sagte er.

Ertrunken. Eingefroren. In Folie gewickelt.

Bodenstein erinnerte sich an das, was Ramona Lindemann erzählt hatte. Unter Wasser getaucht. In die Kühltruhe gesperrt. Er war zu lange Polizist, um an Zufälle zu glauben.

* * *

»Nein, tut mir leid. Herr Reifenrath muss sich hierher nach Hofheim bemühen«, beschied Pia die Bitte der Assistentin von Fridtjof Reifenrath abschlägig. Sie hatte Pia gebeten, ins Büro nach Frankfurt zu kommen, da ihr Chef mit einer Stunde Verspätung aus Los Angeles gelandet sei und bereits um 13 Uhr einen wichtigen Termin habe. »Richten Sie Ihrem Chef aus, dass der Termin bei uns auch sehr wichtig ist. Sollte er anderer Meinung sein, kann ich ihn auch gerne vorladen lassen.«

Sie beendete das Telefonat und schüttelte den Kopf. Jemand wie Fridtjof Reifenrath war garantiert HON-Circle-Member und flog in der First Class. Ganz sicher hatte er in den vergangenen Stunden weniger zu tun gehabt als sie. Pia warf einen Euro in den Getränkeautomaten, drückte auf das Symbol für Coke Zero und wartete, bis die Flasche in den Ausgabeschacht rumpelte. Dann ging sie die Treppe hoch ins Büro.

Kai blickte auf, als sie eintrat.

»Ich habe den Namen der dritten Leiche!«, verkündete er. »Das Ourobouros-Tattoo war der Schlüssel! Ich sage dir, die Zugriffsberechtigung auf die BKA-Datenbanken ist der absolute Hammer!«

Er grinste, euphorisiert vom unerwartet schnellen Ergebnis seiner Suche. Der Fall, so schien es, würde schnell aufgeklärt sein.

»Sie hieß Jutta Schmitz und war zum Zeitpunkt ihres Verschwindens 42 Jahre alt.« Kai schob Pia drei Computerausdrucke hin, stolz wie ein Kind, das seiner Mutter ein selbst gemaltes Bild schenkt. »Verschwunden am 11. Mai 1996 in Kaarst.«

Pia ging zu ihrem Schreibtisch, setzte ihre Lesebrille auf und überflog die drei Blätter.

»In Kaarst? Wo liegt das denn?« Der freudige Schreck über den raschen Erfolg verwandelte sich in ein flaues Gefühl, das sich verstärkte, als sie die Fotos sah, die der Vermisstenanzeige hinzugefügt worden waren. Eines zeigte Jutta Schmitz breit lächelnd auf einer chromblitzenden Harley-Davidson. Sie trug ein weißes, ärmelloses Top, die Tätowierung an ihrem rechten Oberarm war gut zu erkennen. Die Frau war sehr schlank und groß, ihr Haar raspelkurz und weißblond gebleicht. Auf den ersten und auch zweiten Blick konnte Pia keine Ähnlichkeit zwischen den drei Frauen feststellen: Jutta Schmitz war ein herber Typ mit kantigen, fast maskulinen Gesichtszügen. Annegret Münch war zwar auch blond, aber das völlige Gegenteil von Jutta Schmitz: eine klassische Schönheit mit vollen, geschwungenen Lippen, einer geraden Nase und einer perfekten Gesichtssymmetrie. Sie hatte jede Menge weibliche Ausstrahlung besessen und um ihr gutes Aussehen gewusst. Die Art und Weise, wie sie in die Kamera schaute, hatte etwas Flirtendes. Mandy Simon hingegen war dunkelhaarig, hübsch und proper, wie Pias Mutter diesen Typ Mädchen zu nennen pflegte: Stupsnase, Pfirsichhaut, ein fröhliches Grübchengesicht, eine sportliche Figur.

»In der Nähe von Düsseldorf«, erwiderte Kai auf Pias Frage. »Ihr Auto, ein Subaru Forester, wurde drei Tage nach ihrem Verschwinden auf dem Parkplatz von IKEA gefunden. Abgeschlossen. Ihr Rucksack lag im Kofferraum, mitsamt Handy, Portemonnaie und allen Papieren. Vom Autoschlüssel keine Spur.«

»Wie bei Annegret Münch und Rita Reifenrath.«

»Bei Mandy Simon war es genauso.« Kai nickte. »Sie fuhr einen alten Passat. Er wurde eine Woche nachdem sie von einer Freundin als vermisst gemeldet worden war, auf einem Parkplatz in der Nähe des S-Bahnhofs Mannheim-Neckarau gefunden. Im Kofferraum ihre Tasche mit Schlüsselbund und allen Ausweisen, aber der Autoschlüssel fehlte.«

Das unbehagliche Gefühl wurde stärker, je länger Pia die

Fotos der drei Frauen betrachtete. Eine Gänsehaut rieselte ihr über den Rücken. In allen Fällen war das Auto abgeschlossen aufgefunden worden. Jedes Mal hatte die Tasche des Opfers im Kofferraum gelegen. Das war kein Zufall, sondern ein Modus Operandi, die Handschrift des Täters! Es gab keinen Zweifel mehr: Sie hatten es mit einem Serienmörder zu tun, der völlig unbemerkt gemordet hatte. Er hatte seine Opfer nicht verstümmelt, das hatte ihr Bodenstein vorhin am Telefon gesagt. Das bedeutete, dass sie es aller Wahrscheinlichkeit nach nicht mit einem chaotischen Täter zu tun hatten, sondern mit einem, der seine Taten methodisch plante und sorgfältig darauf achtete, keine Spuren zu hinterlassen. Konnte das wirklich Theodor Reifenrath gewesen sein?

»Du guckst wie sieben Tage Regenwetter!«, sagte Kai und in seiner Stimme schwang die Andeutung eines Vorwurfs mit. »Wir haben alle drei Leichen identifiziert und kennen den Täter, und das nach nicht mal vier Tagen!«

Pia blickte auf. Das erwartungsvolle Lächeln auf Kais Gesicht war erloschen.

»Du weißt doch, dass mich simple Lösungen grundsätzlich argwöhnisch machen«, sagte sie. Auch sie hätte sich gewünscht, den Fall schnell zu klären, aber die Erfahrung hatte sie gelehrt, dass nur selten etwas so war, wie es auf den ersten Blick schien. »Trotzdem: Das war sehr gute Arbeit, Kai.«

»Aber?«

»Aber ich habe Zweifel, ob wir wirklich schon den Täter haben«, erwiderte Pia.

»Wieso?«

»Es gibt zu viele Ungereimtheiten.« Pia lehnte sich auf ihrem Stuhl zurück und verschränkte die Hände hinter dem Kopf. »Bei der Obduktion kam heraus, dass Jutta Schmitz, Mandy Simon und Annegret Münch möglicherweise ertrunken sind. Auf jeden Fall waren alle drei eingefroren, bevor sie beerdigt wurden.«

Es tat Pia in der Seele weh, zu sehen, wie sich die Euphorie in der Miene ihres Kollegen in Enttäuschung verwandelte.

»Eingefroren?«, wiederholte Kai überrascht.

»So sieht es zumindest aus«, bestätigte Pia. »Wir müssen …«

»Warte mal«, unterbrach Kai sie, beugte sich über seine Tastatur und rief die elektronische Fallakte von Jana Becker auf. Er suchte eine Weile, bis er den Obduktionsbericht gefunden hatte.

»Todesursache Ertrinken ... Folie ... Da ist es. Scheiße. Jana Beckers Leiche war auch eingefroren!«

»Hatte sie ein Auto?«, erkundigte Pia sich.

»Ja. Einen ziemlich neuen Kia Sportage.« Kai blickte auf. »Er stand auf einem Pendlerparkplatz in Bad Camberg an der A 3. Abgeschlossen.«

»Und im Kofferraum lag Jana Beckers Handtasche.«

»Genau.«

»Sie gehört dazu.« Aus einer Vermutung wurde eine Tatsache. »Opfer Nummer vier unseres Killers. Ich kann mir nicht vorstellen, dass ein 80-Jähriger so etwas fertigbringt.«

»Ganz ehrlich?« Kai seufzte. Seine Miene war düster. »Ich mir auch nicht.«

Zürich, 10. April 2017

Die Suche nach Dr. Martina Schmidt, die sich zunächst so verheißungsvoll angelassen hatte, war für eine Weile ins Stocken geraten. In der Kinderwunsch-Klinik im Baselland hatte Fiona einen ganzen Vormittag geduldig im Wartezimmer gesessen, bis sie endlich an der Reihe gewesen war und ihr Anliegen hatte vorbringen dürfen. Man war ihr erst reserviert begegnet, die Schweizer waren ja ein diskretes Völkchen und Ärzte per se verschwiegen, aber die rührselige Geschichte vom Brief der verstorbenen Mutter hatte sie schließlich erweicht und dazu gebracht, in den Unterlagen zu kramen. Persönlich gekannt hatte Martina Schmidt niemand vom jetzigen Personal. Die Frau Doktor schien es nie irgendwo lange ausgehalten zu haben, auch in der Privatklinik in Reinach hatte sie nur zwei Jahre gearbeitet. Im

Herbst 1999 war sie weitergezogen. Wohin genau, das konnten die netten Damen und Herren im Baselland nicht sagen. Es sei schon so lange her und seitdem habe die Belegschaft mehrmals komplett gewechselt. Fiona hatte sich bedankt und ihre E-Mail-Adresse hinterlassen, für alle Fälle. Einigermaßen enttäuscht war sie zurück nach Zürich gefahren, hatte sich dort in die Arbeit gestürzt. Die Behördengänge hatte sie alle erledigt, der Erbschein war da und sie konnte ganz offiziell das Erbe ihrer Mutter antreten. Christine Fischer hatte ihr eine erkleckliche Summe hinterlassen; nicht nur auf dem geheimen Konto bei der UBS, sondern auch auf einem Festgeldkonto bei der Zürcher Kantonalbank, dazu einen Haufen Goldmünzen und ein Aktienpaket, das sich erfreulich entwickelt hatte. Geldsorgen hatte Fiona also keine und deshalb hatte sie beschlossen, das Haus vorerst zu behalten. Eine Entrümpelungsfirma hatte das Haus vom Keller bis zum Speicher leer gemacht, bis auf ein paar Antiquitäten und Erinnerungsstücke, Waschmaschine, Wäschetrockner, die Einbauküche im Erdgeschoss und ihr eigenes Zimmer war alles in Containern gelandet und verschwunden. Fiona hatte noch nie in ihrem Leben irgendwelche Heimwerkerarbeiten gemacht, jetzt wagte sie es. Was konnte schon schiefgehen? Es war nun *ihr* Haus, wenn sie Fehler beging, musste sie niemandem dafür Rechenschaft ablegen. Auch wenn ihr abends jede Faser in ihrem Körper wehtat und sie Muskeln spürte, von deren Existenz sie nichts geahnt hatte, war sie doch glücklich beim Anblick ihres Tagewerks. Sie kratzte Tapeten von den Wänden, schlug Fliesen ab, schmirgelte die abgeplatzte Farbe von Fensterrahmen und lernte verputzen. Fiona war gerade dabei die Wände der Küche im Obergeschoss in einem zarten Roségrau zu streichen, als ihr Laptop auf dem neuen Küchentisch einen melodischen Dreiklang von sich gab. Weil es sich möglicherweise um das noch ausstehende Angebot einer Sanitärfirma handelte, unterbrach Fiona die Arbeit, wischte sich die von Farbklecksen übersäten Finger an einem Lappen ab und setzte sich an den Tisch. Die Mail stammte jedoch nicht von der Firma Sutterlüti, sondern von Professor Dr. Hanswerner Baumann, dem Chefarzt der Kinderwunsch-Klinik.

»*Sehr geehrte Frau Fischer*«, schrieb er. »*Meine Kollegen haben mir von Ihrem Besuch in unserer Klinik berichtet und mir den Grund Ihrer Suche nach einer früheren Mitarbeiterin dargelegt. Normalerweise würde ich keine Auskunft geben, da ich Sie persönlich nicht kenne, aber da es sich bei der Dame, die Sie suchen, um eine in unserer Branche bekannte Persönlichkeit handelt, mache ich sicherlich keinen Fehler, wenn ich Ihnen verrate, dass sie im Jahr 1999 nach Deutschland zurückgekehrt ist und geheiratet hat. Frau Prof. Dr. Martina Siebert ist eine Koryphäe auf dem Gebiet der IVF und hat zuletzt an der Universitätsklinik Frankfurt am Main einen Lehrstuhl inne …*«

»Ja!«, rief Fiona erleichtert und ballte die Faust. »Habe ich dich endlich gefunden, Frau Dr. Siebert! Jetzt werde ich dich besuchen und nicht eher verschwinden, bis du mir alles erzählt hast!«

***

Das Telefon auf ihrem Schreibtisch klingelte. Der PvD war dran. Fridtjof Reifenrath war eingetroffen und wartete unten in der Sicherheitsschleuse. Am liebsten hätte Pia bei diesem Gespräch Bodenstein dabeigehabt, aber der war noch nicht aus der Rechtsmedizin zurück, deshalb machte sie sich auf die Suche nach Cem.

»Pia, warte mal bitte!«, rief Kai aus seinem Büro und Pia blieb stehen. »Ich habe dir ein paar Informationen über Fridtjof Reifenrath zusammengestellt.« Er zog ein Blatt aus dem Drucker, stand auf und reichte es Pia. »Ich dachte, es könnte ganz hilfreich sein, wenn du dich jetzt mit ihm unterhältst.«

»Auf jeden Fall.« Pia lächelte. »Vielen Dank.«

»Keine Ursache.«

Auf dem Weg nach unten überflog Pia das Blatt. Wie auch immer es ihm gelungen sein mochte, Fridtjof Reifenrath hatte das Dorf im Taunus weit hinter sich gelassen: Studium der Betriebswirtschaft an der European Business School in Eltville, dann in den USA. Promotion. Vorstandsposten bei Banken, deren Namen sogar Pia etwas sagten, Gastprofessur an der London School of Economics und eine weitere an der Wharton University of Pennsylvania. Co Head, dann Chairman und CEO bei einer der größten Schweizer Banken und schließlich Vorstandsvorsitzender der DEHAG. Er saß auf einem der orangefarbenen Plastikstühle in der Sicherheitsschleuse neben einem ziemlich verwahrlost aussehenden jungen Mann in Handschellen und einem Vollzugsbeamten und blätterte in einem der Faltblätter zur Verbrechensprävention, die in Stapeln auf der Fensterbank lagen. Pia betätigte den Türsummer und die Panzerglastür sprang mit einem Klacken auf. Fritz, der egoistische Mistkerl, entpuppte sich als attraktiver Mann: knapp eins neunzig groß, schlank, mit einem markanten, sonnengebräunten Gesicht, das dichte Blondhaar durch einen perfekten Kurzhaarschnitt gezähmt. Sein dunkelgrauer Anzug war offensichtlich maßgeschneidert, er trug ein schneeweißes Hemd, Manschettenknöpfe und eine Krawatte im gleichen Blauton wie seine Augen, aus denen er Pia blitzschnell von Kopf bis Fuß abscannte. Seine Miene entspannte sich, was Pia auf das Ergebnis seiner Begutachtung zurückführte: eine nicht mehr junge Frau mit blondem Pferdeschwanz, in engen Stonewashed-Jeans, grauer Kapuzenjacke und abgelatschten Cowboystiefeln, in der er keine Gefahr erkannte.

»Hallo, Herr Dr. Reifenrath.« Pia hielt ihm lächelnd die Tür auf. »Danke, dass Sie es möglich machen konnten und hergekommen sind. Ich bin Kriminalhauptkommissarin Pia Sander. Wir haben am Mittwoch telefoniert.«

»Es tut mir leid, dass ich so kurz angebunden war«, entschuldigte er sich. Sein Händedruck war fest und trocken, der Blick direkt, und obwohl er momentan ziemlich in Schwierigkeiten steckte und ihm der Verlust von Job und gutem Ruf drohte, wirkte er weder beunruhigt noch fahrig. Auch von der Nervosität, wie sie beinahe jeden Menschen befällt, der nicht täglich Umgang mit der Kriminalpolizei hat, war ihm nichts anzumerken.

»Schon in Ordnung«, antwortete Pia. »Mein Beileid zum Tod Ihres Großvaters.«

»Danke!« Reifenrath nickte. »Ich mache mir Vorwürfe, dass sich zehn Tage lang niemand darum gekümmert hat, wie es ihm ging, auch ich nicht. Als ich noch in Königstein gewohnt habe, habe ich regelmäßig nach ihm geschaut, aber meine Familie ist vor anderthalb Jahren nach London umgezogen, und seitdem habe ich ihn nur noch selten besucht.«

Pia hatte sich eigentlich vorgenommen, ihn in den kleinsten und ungemütlichsten der vier Vernehmungsräume im Keller bringen und dort erst mal eine Weile schmoren zu lassen, wäre er so herrisch und arrogant wie vorgestern am Telefon aufgetreten, aber da das nicht der Fall war, disponierte sie um.

»Gehen wir in mein Büro«, sagte sie und ließ es wie einen Vorschlag klingen. »Möchten Sie einen Kaffee trinken? Oder etwas anderes?«

»Ein Kaffee wäre schön«, erwiderte er. »Am liebsten schwarz.«

Pia entschuldigte sich kurz, betrat die Wache und bat einen Kollegen, Cem anzurufen mit der Bitte, in fünf Minuten in ihr Büro zu kommen, statt hinunter in den Keller. Dann führte sie Reifenrath durch die langen Flure mit stumpfen Linoleumböden und abwaschbarer gelber Ölfarbe an den Wänden. Auf dem Weg ins obere Stockwerk erfuhr sie, dass Reifenrath noch keine Gelegenheit gehabt hatte, mit Joachim Vogt oder Ramona Lindemann zu sprechen, deshalb wusste er noch nichts von den Leichenfunden. Umso besser.

»Vorhin hat die Obduktion Ihres Großvaters stattgefunden«, sagte Pia. »Er ist eines natürlichen Todes gestorben.«

»Hatten Sie daran Zweifel?« Reifenrath sah sie überrascht an, und Pia erklärte ihm, warum sie zunächst auch einen Tod durch Gewalteinwirkung in Betracht gezogen hatten. In ihrem Büro verzichtete sie auf den psychologischen Vorteil, sich hinter ihrem Schreibtisch zu verschanzen, sondern nahm Reifenrath gegenüber am Besprechungstisch Platz. Sie schaltete das Aufnahmegerät auf dem Tisch ein, sprach Datum, Uhrzeit und das Aktenzeichen des Falls auf Band, dazu die Namen der Anwesenden.

»Das Auto Ihres Großvaters ist verschwunden und mit seiner EC-Karte wurden fünfundzwanzigtausend Euro an verschiedenen Geldautomaten abgehoben«, sagte sie dann. »Im Haus haben wir unter anderem Fingerabdrücke eines Mannes gefunden, den Sie kennen dürften. Er heißt Claas Reker.«

Bei Erwähnung des Namens schnellten Reifenraths Augenbrauen hoch.

»Natürlich kenne ich ihn«, antwortete er. »Claas ist ein ehemaliger Pflegesohn. Wenn jemand das Auto und Geld gestohlen hat, dann er.«

Er schüttelte verächtlich den Kopf und nippte an seinem Kaffee. Da klopfte es an der Tür. Cem Altunay betrat das Büro, und von einer Sekunde auf die andere ging eine Veränderung mit Reifenrath vor. Er registrierte Cems Filmschauspieler-Aussehen, den makellosen Anzug, die teure Seidenkrawatte und die auf Hochglanz polierten Schuhe und an die Stelle leutseliger Gelassenheit trat konzentrierte Wachsamkeit. Cem entsprach nicht dem landläufigen Bild des Polizisten, und das schien ihn zu beunruhigen.

»Irgendjemand hatte den Hund Ihres Großvaters in den Zwinger gesperrt.« Alles, was sie bisher gesagt hatte, war Vorgeplänkel gewesen, jetzt kam Pia ohne Umschweife zur Sache. »Als wir den Hund fanden, entdeckten wir im Zwinger Knochen und stellten fest, dass es sich dabei um menschliche Überreste handelte.«

Für den Bruchteil einer Sekunde versteinerte Reifenraths Gesicht, seine Hände umklammerten die Stuhllehnen so fest, dass seine Fingerknöchel weiß unter der gebräunten Haut hervortraten, und in seinen Augen blitzte etwas auf. Was war das? Angst?

»*Menschliche* Überreste?« Schockiert blickte er zwischen Pia und Cem hin und her. Wäre diese kurze, archaische Reaktion gerade eben nicht gewesen, so hätte seine Überraschung völlig natürlich gewirkt, aber Pia war klar, dass man nicht Vorstandsvorsitzender eines der wichtigsten börsennotierten Finanzunternehmen Deutschlands wurde, weil man ein netter Kerl war. Reifenrath war zweifellos ein geübter Taktierer und höchstwahrscheinlich auch ein routinierter Schauspieler.

»Unter der Betonplatte des Zwingers waren drei Frauenleichen vergraben. Wir gehen im Augenblick davon aus, dass Ihr Großvater ein Serienmörder gewesen sein könnte.« Pia wählte mit Absicht dieses Wort, statt einen Euphemismus zu verwenden.

»Ein *Serienmörder*? Mein Großvater?«, wiederholte Reifenrath ungläubig. »Das ist jetzt nicht Ihr Ernst, oder?«

»Doch, das ist es.«

Für einen Moment herrschte Stille. Durch die geschlossene Tür hörte man ein Telefon klingeln, Stimmen und Schritte auf dem Flur. Fridtjof Reifenrath saß da wie paralysiert, die Miene unergründlich. Was ging in ihm vor? Worüber dachte er nach? Überlegte er sich, welche Auswirkung diese Nachricht wohl auf sein öffentliches Ansehen haben könnte, oder steckte noch mehr dahinter, etwas, das er um keinen Preis offenbaren wollte?

Pia gab Cem ein Zeichen. Er sollte weitermachen.

»Herr Dr. Reifenrath, bitte erzählen Sie uns etwas über Ihre Familie und Ihren Großvater«, sagte Cem. »Es ist für uns wichtig, mehr über sie zu erfahren, damit wir diesen Fall hoffentlich schnell aufklären können.«

Reifenrath erwachte aus seiner Starre.

»Was wollen Sie wissen?«

»Sind Sie der einzige leibliche Nachkomme?«

»Soweit ich weiß, ja«, erwiderte Reifenrath. »Meine Mutter ist früh gestorben, deshalb bin ich bei meinen Großeltern aufgewachsen.«

»In Ihrer Vita kann man lesen, dass Sie in Berlin geboren sind.«

»Das stimmt. Meine Mutter ist mit sechzehn oder siebzehn von zu Hause ausgezogen. Über meinen Vater weiß ich nichts. Ich war zwei Jahre alt, als mich das Jugendamt in ein Kinderheim brachte und meine Großeltern als einzige lebende Verwandte ausfindig machte.«

Kein Wunder, dass ihm seine Vergangenheit und Herkunft unangenehm waren und er sich eine neue, elegantere Lebensgeschichte zugelegt hatte, die erst mit seinem Studium begann und seine Jugendzeit in Mammolshain komplett aussparte.

»Wie war Ihr Verhältnis zu Ihren Großeltern? Bezeichnen Sie sie so, oder sprechen Sie von ihnen als Ihren Eltern?«

»Sie waren meine Großeltern, auch wenn sie darauf bestanden, dass ich sie Papa und Mama nennen sollte«, antwortete Fridtjof Reifenrath. »Mein Verhältnis zu ihnen war gut. Sie wollten wohl an mir etwas gutmachen, was sie an ihrer Tochter versäumt hatten. Mir mangelte es an nichts, ich hatte viele Freiheiten.«

Damit bestätigte er, was Ramona Lindemann ihnen gestern erzählt hatte. Reifenraths hatten ihren Enkelsohn nicht nur besser behandelt als die Pflegekinder, sondern regelrecht verwöhnt.

»Mehr als Ihre Pflegegeschwister?«, fragte Pia nun.

»Ich hatte natürlich Privilegien. Ein eigenes Zimmer und ein eigenes Bad zum Beispiel.« Reifenrath hatte sein linkes Bein über sein rechtes Knie gelegt und wippte mit dem Fuß.

Pia musste an die Zimmer in der Mansarde des großen Hauses denken und an das kirschrote Badezimmer. In einem der beiden Zimmer hatte also Fridtjof gelebt. Wer hatte das zweite Zimmer bewohnt?

»Und die anderen Kinder störten Sie nicht?«, fragte Cem. »Immerhin mussten Sie Ihre Großeltern mit ihnen teilen.«

»Das hat mir nichts ausgemacht. Ich war es ja nicht anders gewohnt.«

»Wurden Sie von Ihrer Großmutter jemals in eine Kühltruhe gesperrt oder mit dem Kopf unter Wasser getaucht?«, fragte Pia.

»Was ist denn das für eine Frage?« Reifenrath stellte beide Füße nebeneinander auf den Boden und schnalzte ärgerlich mit der Zunge. »Das klingt ja so, als ob meine Großmutter so etwas dauernd getan hätte!«

»So wurde uns das auch berichtet«, erwiderte Pia. »Angeblich waren diese Strafen an der Tagesordnung.«

»Das ist kompletter Unsinn!«, widersprach Reifenrath. Er beugte sich ein wenig nach vorne. »Hören Sie, ich will die Erziehungsmaßnahmen meiner Großeltern nicht beschönigen. In dem ein oder anderen Fall gingen sie sicherlich zu weit, aber das hatte keine Methode. Sie dürfen nicht vergessen, welche Sorte Kinder meine Großeltern bei sich aufnahmen! Nicht eines von ihnen war unbelastet. Alle stammten aus schwierigsten sozialen Verhältnissen oder hatten ihr ganzes Leben bis dahin in Heimen verbracht. Sie alle waren auf die eine oder andere Weise gestört, zum Teil hochaggressiv, und gerade die Älteren respektieren nichts und niemanden. Im Grunde genommen hätten die meisten von ihnen in eine Erziehungsanstalt gehört, nicht zu Menschen, die zwar viel guten Willen, aber keine pädagogische oder psychologische Ausbildung hatten. Was auch immer meine Großeltern in ihrer Hilflosigkeit und aus Unkenntnis getan haben – aus fast allen ihrer Pflegekinder ist später etwas geworden.«

Fridtjof Reifenrath hatte nicht das geringste Anzeichen von Trauer um seinen verstorbenen Großvater gezeigt, zu dem er kein gutes Verhältnis gehabt hatte, wenn man Jolanda glauben konnte. Aber jetzt versuchte er, ihn und seine Großmutter in gutem Licht darzustellen und Entschuldigungen für sie zu finden. Warum? Und wie würde er wohl die Nachricht aufnehmen, dass nicht er, sondern Raik Gehrmann Alleinerbe sein würde?

»Kann es sein, dass Ihre Großeltern nur deshalb die schwierigen Fälle aus den Kinderheimen aufnahmen, weil die keine Lobby hatten und sich niemand für sie interessierte?«, fragte Pia.

»Natürlich taten sie das nicht aus reiner Herzensgüte, wie sie alle Leute gerne glauben machen wollten, sondern weil sie das Geld dringend brauchten. Die Firma, die mein Großvater von seinem Vater übernommen hatte, war bankrott. Das große Haus war früher schon mal ein Kinderheim gewesen, die Lösung für ihre finanziellen Probleme lag damit auf der Hand.«

»Was haben Sie dabei empfunden, wenn Ihren Geschwistern von Ihren Großeltern so mitgespielt wurde?«, wollte Cem wissen.

»Es waren nicht meine *Geschwister*«, berichtigte Reifenrath ihn. »Das waren Pflegekinder. Fremde, die eine Weile bei uns lebten. Da gab es deutliche Unterschiede. Und ihnen wurde nicht ›mitgespielt‹! Meine Großmutter war der autoritären Auffassung, Widerstand müsse mit Gewalt gebrochen werden. Ganz sicher ist sie hin und wieder über ihr Ziel hinausgeschossen, aber sie hat ihre Pflegekinder nicht systematisch misshandelt.«

»Haben Sie jemals mit Ihren Großeltern darüber gesprochen?«

Reifenrath zögerte beinahe unmerklich, bevor er weiterredete und seine Behauptung, die anderen Kinder hätten ihn nicht gestört, ad absurdum führte.

»Es mag überheblich klingen, aber ich fand es irgendwann unerträglich, dass sich im Haus meiner Großeltern permanent alles um diese asozialen Kinder drehte. Nie konnte ich Freunde mit nach Hause bringen, weil ich immer befürchten musste, irgendeins von denen würde genau in dem Augenblick austicken! Deshalb brach ich während meines Studiums den Kontakt zu meinen Großeltern ab. Ich hatte Stipendien, brauchte sie nicht. Aber als ich mein erstes Geld verdiente, begann ich, sie finanziell zu unterstützen, in der Hoffnung, sie würden aufhören, Kinder aus

Heimen zu holen. Und das taten sie dann auch. Ende der Achtzigerjahre war endlich Schluss damit.«

»Sie haben Ihren Großvater bis zuletzt unterstützt, indem Sie zum Beispiel die Haushälterin bezahlten. Warum?«

»Weil es das Einzige war, was ich tun konnte.« Reifenrath zuckte die Schultern. »Mein Großvater hätte es gern gesehen, wenn ich seine Firma übernommen hätte oder wenigstens in Mammolshain geblieben wäre. Aber das kam für mich nicht infrage. Nachdem meine Großmutter sich das Leben genommen hatte, veränderte er sich, und ich erkannte aus der Perspektive des Erwachsenen, was ich ihm letztlich zu verdanken hatte. Wer weiß, was aus mir geworden wäre, wenn er mich nicht aus dem Kinderheim in Berlin geholt hätte.«

Reifenrath ließ sich zu keiner negativen Bemerkung über seine Großeltern hinreißen, aber Pia nahm ihm das, was er da erzählte, nicht ab. Vor der Vernehmung hatte sie noch einmal mit Jolanda Scheithauer telefoniert. Das Mädchen hatte ihr den Wortlaut des Telefonats zwischen Theo Reifenrath und seinem Enkelsohn von vor einigen Wochen so genau wiedergegeben, dass sie es sich unmöglich ausgedacht haben konnte. Besonders verdächtig klang in Pias Ohren der Satz, Fridtjof lasse ihn, Theo, auf seinen Altlasten sitzen und setze sich ins Ausland ab, das sei anders besprochen gewesen. Das ließ angesichts dessen, was sie entdeckt hatten, kaum eine andere Interpretation zu als die, dass Fridtjof von den Toten wusste oder sogar etwas mit den Morden zu tun hatte. Seine Reaktion vorhin untermauerte zumindest diese Annahme. Auf jeden Fall war aus dem, was der Alte am Telefon gesagt hatte, deutlich geworden, dass er und sein Enkelsohn sich alles andere als freundlich gesinnt waren. Aber noch erschien es Pia besser, dieses Wissen für sich zu behalten.

»Wir haben die Leichen von Frauen gefunden, von denen mehrere seit über fünfundzwanzig Jahren als vermisst galten«, sagte sie stattdessen. »Wer, außer Ihrem Großvater, hatte Zugang zu dem Anwesen oder stand in engem Kontakt zu Ihrem Großvater?«

»Ich natürlich«, antwortete Reifenrath und erwiderte Pias Blick ohne mit der Wimper zu zucken. »Joachim. Ramona.

André Doll, ein anderer Pflegesohn, der sich um Theos Autos und Rasenmäher kümmerte.« Er überlegte kurz. »Ivanka, klar. Ein paar alte Freunde meines Großvaters vom Kleintierzuchtverein. Und Claas. Der hat ja für eine Weile zusammen mit André eine Reparaturwerkstatt für Oldtimer in der ehemaligen Fabrik betrieben.«

»Herr Vogt bezweifelt, dass sich Ihre Großmutter das Leben genommen hat«, sagte Pia. »Und nicht nur er.«

»Ich weiß.« Reifenrath nickte unwillig. »Aber das ist Unsinn. Meine Großmutter war manisch-depressiv. An dem Tag, an dem sie sich das Leben nahm, hatte sie einen heftigen Streit mit meinem Großvater, weil er Claas zu einer Feier mitgebracht hatte.«

»Zum Muttertag?«

»Richtig.« Reifenrath betrachtete Pia abschätzend und schien sich zu fragen, was sie wusste und was nicht. »Meine Großmutter hatte Claas verboten, ihr Grundstück zu betreten.«

»Wegen der Sache mit Nora Bartels.«

Wieder ein kurzer Moment des Zögerns.

»Unter anderem. Es gab aber noch mehr Gründe. Claas war ein rotes Tuch für sie und mein Großvater wusste das.«

»Wir sind heute zufällig auf einen alten Brunnenschacht gegenüber dem Haus gestoßen.« Pia lauerte auf eine Reaktion Reifenraths, aber es kam keine. Der Mann blieb äußerlich völlig ungerührt. »Kennen Sie den?«

»Selbstverständlich. Da war früher ein Brunnen, bevor das Haus ans öffentliche Wassernetz angeschlossen wurde.«

»Das ist schon lange her«, sagte Cem. »Über fünfzig Jahre, wie wir von der Stadt erfahren haben.«

»Ja, und?« Reifenrath schaute kurz auf seine Armbanduhr, dann blickte er wieder auf und sah sie an, mit genau der richtigen Mischung aus Irritation und Neugier. Sein Verhalten war vollkommen glaubwürdig, er hatte sich durch nichts erschüttern oder aus der Reserve locken lassen, bis auf seine Reaktion, als Pia die menschlichen Knochen erwähnt hatte, aber auch das war nichts, woraus man ihm einen Strick hätte drehen können. Sagte er tatsächlich die Wahrheit oder war er einfach nur ein Meister der Verstellung?

Pias Handy summte. Sie ergriff es und las Bodensteins Nachricht.

Henning hat das Skelett aus dem Brunnen untersucht und den Zahnstatus überprüft. Es handelt sich um Rita R. Außerdem wurden die Fingerabdrücke der Fettwachsleichen abgeglichen, alle Identitäten bestätigt.

Sie schob Cem ihr Handy hin, damit er auch lesen konnte, was Bodenstein ihr mitgeteilt hatte.

»Vielen Dank, dass Sie uns Ihre Zeit geschenkt haben, Herr Dr. Reifenrath. Das war's. Sie dürfen jetzt gehen. Mein Kollege begleitet Sie nach unten.« Pia lächelte und Reifenrath erwiderte ihr Lächeln mit einem Anflug von Erleichterung. Weder wollte er wissen, weshalb sie ihn nach dem Brunnenschacht gefragt hatten, noch schien es ihn zu interessieren, was mit der Leiche seines Großvaters geschehen oder wie die ganze Sache nun weitergehen würde.

»Ach, eins noch«, hielt Pia ihn zurück, als er schon in der Tür war. Ein Trick, den sie ihrer Chefin abgeguckt hatte. »Wir haben in dem alten Schacht ein Skelett gefunden.«

Das freundliche Abschiedslächeln erlosch. In Reifenraths Augen erschien ein Ausdruck, den Pia nicht recht deuten konnte.

»Überrascht es Sie, wenn ich Ihnen sage, dass es sich dabei um die sterblichen Überreste Ihrer Großmutter handelt?«

Schlagartig schoss das Blut in sein Gesicht und färbte es dunkelrot. Diese heftige Gemütsregung war für Pia der eindeutige Beweis, dass es etwas gab, was Fridtjof Reifenrath unter allen Umständen für sich behalten wollte. Erröten war genau wie Erbleichen eine körperliche Reaktion, die man nicht willentlich herbeiführen konnte. Mit eiserner Selbstbeherrschung bekam er sich wieder in den Griff, nur sein zuckender Adamsapfel verriet seinen inneren Aufruhr.

»Was wollen Sie jetzt von mir hören?« Das war genau der hochfahrende, unduldsame Tonfall, in dem er mit ihr am Telefon gesprochen hatte. Zweifellos sprach Reifenrath auf diese Weise mit Untergebenen, wenn ihm etwas nicht in den Kram passte. Er war es schon lange nicht mehr gewohnt, unangenehme Fragen beantworten zu müssen.

»Am liebsten die Wahrheit«, entgegnete sie liebenswürdig.

»Würden Sie mir vielleicht endlich mal sagen, was Sie eigentlich von mir wollen?« Reifenraths Stimme bekam einen aggressiven Unterton. »Ich habe vierzehn Stunden im Flugzeug gesessen und heute Abend noch einen äußerst wichtigen Termin! Wie lange wollen Sie mir noch mit Banalitäten meine Zeit stehlen?«

»Sind vier Leichen und der Tod Ihres Großvaters für Sie etwa eine *Banalität?*« Pia hob die Augenbrauen und blickte den Mann aus großen Augen an. »Oder *Peanuts*, wie man in Ihrer Branche sagt?«

»Natürlich nicht!« Reifenrath war deutlich anzusehen, wie sehr es ihm missfiel, nicht nur Pia, sondern die ganze Situation in seiner Überheblichkeit womöglich falsch eingeschätzt zu haben. »Ich weiß nur nicht, was ich Ihnen sonst sagen soll. Ja, es ist für mich eine Überraschung, dass meine Großmutter in dem alten Brunnenschacht gefunden wurde! Ich war der festen Überzeugung, dass sie sich umgebracht hat!«

Pia sah ihn prüfend an, ohne etwas zu sagen. Schweigen war eine der wirkungsvollsten Methoden, einen Menschen zu verunsichern. Irgendwann fing beinahe jeder an zu reden, weil er die Situation als unangenehm empfand. Fridtjof Reifenrath machte keine Ausnahme.

»Kann ich jetzt gehen?«, fragte er ungehalten.

»Selbstverständlich«, erwiderte Pia. »Allerdings werden wir Ihnen vorher noch die Fingerabdrücke abnehmen. Keine Sorge, das geht heutzutage ohne Tinte.«

»Wieso denn das?«, fuhr Reifenrath auf.

»Weil wir neben dem Skelett Ihrer Großmutter auf einer Sektflasche Fingerabdrücke gefunden haben, die wir bisher nicht zuordnen konnten. Wir wollen nur ausschließen, dass es sich um Ihre handelt.«

Frankfurt, 13. April 2017

»Siebzehn Euro achtzig«, verlangte der Taxifahrer.

In der Wechselstube am Hauptbahnhof hatte Fiona Franken in Euro gewechselt und sich dabei sehr weltmännisch gefühlt. Sie suchte einen 20-Euro-Schein heraus und reichte ihn dem Fahrer.

»Stimmt so«, sagte sie. Das Taxi hatte fast so viel gekostet wie die Busfahrt von Zürich nach Frankfurt. Trotzdem war sie froh, nicht mit dem Auto nach Deutschland gefahren zu sein. Schon die kurze Tour ins Baselland hatte ihr vor Augen geführt, welch schlechte Autofahrerin sie war, und sie kannte bisher nur Horrorgeschichten vom Verkehr auf deutschen Autobahnen, auf denen es kein Tempolimit gab. Deshalb hatte sie sich für knapp zwanzig Franken eine Karte für den Fernbus gekauft und war morgens um sieben Uhr in den froschgrünen Reisebus gestiegen. Jetzt war es kurz vor zwei. Sie würde also später noch genug Zeit haben, sich irgendwo in der Nähe des Bahnhofs ein Hotel zu suchen. Im schlimmsten Fall würde sie morgen mit dem Fernbus zurück nach Hause fahren, aber mit etwas Glück wusste sie schon bald mehr über ihre wahre Herkunft. Sie zweifelte nicht daran, dass die Ärztin ihr helfen würde.

Es dauerte eine Weile, bis sie sich auf dem weitläufigen Gelände der Uniklinik orientiert hatte und das Gebäude fand, in dem die Gynäkologie untergebracht war. Fiona hatte sich einen Termin geben lassen, als Privatzahlerin, sonst hätte sie ein paar Wochen warten müssen, dabei hatte sie ihr Alter verschwiegen, und deshalb schaute die Empfangssekretärin sie ein wenig verwundert an, denn wahrscheinlich kamen nur selten Frauen Anfang zwanzig zur Behandlung wegen eines unerfüllten Kinderwunsches. Nachdem sie das Anmeldeformular, einen Anamnesebogen und die Vereinbarung für die Abrechnung des Honorars ausgefüllt und unterschrieben hatte, saß sie im schmucklosen Wartebereich und blätterte nervös in den abgegriffenen Magazinen und Krankenhausbroschüren herum, die auf einem Tischchen auslagen.

Außer ihr wartete noch ein Pärchen, das die ganze Zeit Händchen hielt und miteinander flüsterte wie verliebte Teenager. Das erinnerte sie schmerzlich an Silvan, und wieder war sie versucht, ihm zu schreiben. Die Tür ging auf, eine zierliche Frau in einem weißen Kittel erschien im Türrahmen. Kurzes braunes Haar, in das sich silberne Fäden mischten. Kein Schmuck, keine Ringe an den Fingern, kein Nagellack. Das war sie! Sie sah genauso aus wie auf dem Foto auf der Internetseite der Uniklinik – vertrauenerweckend und sympathisch. Fionas Herz schlug einen Salto. Bis zuletzt hatte sie befürchtet, Frau Dr. Siebert sei vielleicht verhindert oder krank und sie hätte die ganze Reise umsonst gemacht.

»Frau Fischer?« Frau Professor Dr. Siebert lächelte freundlich, als Fiona nun aufsprang und fast über das Tischchen stolperte. »Bitte kommen Sie herein!«

Das Büro der Chefärztin war groß und hell. Hinter einem diskreten Paravent stand der gynäkologische Untersuchungsstuhl. Aus dem Fenster hatte man einen atemberaubenden Blick über den Main auf die Hochhäuser des Bankenviertels. An einer Wand hing eine Collage von Babyfotos. Auf dem Besprechungstisch türmten sich Geschenke, Wein- und Champagnerflaschen neben zwei prachtvollen Blumensträußen.

»Oh! Haben Sie heute Geburtstag?«, fragte Fiona.

»Nein, das sind Abschiedsgeschenke.« Die Ärztin lächelte. »Das ist meine letzte Woche hier an der Klinik. Ich verändere mich beruflich nach fünfzehn Jahren in Frankfurt.«

»Da habe ich ja Glück gehabt«, erwiderte Fiona.

»Ach, ich denke, bei meinem Nachfolger sind Sie auch sehr gut aufgehoben. Bitte, nehmen Sie Platz.«

»Das glaube ich nicht«, sagte Fiona.

Professor Dr. Siebert ließ sich hinter ihrem Schreibtisch nieder und Fiona setzte sich auf einen der zwei Besucherstühle.

»Warum das?« Die Ärztin blickte sie verwundert an.

»Weil …«, begann Fiona und schluckte nervös. Seit Tagen hatte sie geübt, was sie sagen würde, wenn sie der Ärztin gegenübersaß, aber jetzt erinnerte sie sich an kein Wort ihrer vorbereiteten Rede. »Weil ich … weil ich aus einem anderen Grund hier bin. Ich … Sie … ich bin die Tochter von Christine Fischer aus Zürich.«

»Aha.« Frau Dr. Siebert lächelte abwartend. Der Name ihrer Mutter schien keine Erinnerung in ihr zu wecken. Für einen Moment bekam Fiona Zweifel, ob sie überhaupt vor der richtigen Person saß. Vielleicht hatte sie ja etwas missverstanden?

»Äs ... äs isch scho lang sit här«, stammelte sie und spürte, wie ihr das Blut in die Wangen stieg. »Gnau gno scho drüezwänzg Jahr. Mini Mueter isch do bi Ine in Behandlig gsi, will sii kei Chind hät chöne übercho. Sii ... sii hät welle äs Chind adoptiere ... aber dänn händ Sii ihre än Vorschlag gmacht.«

Nichts in der Miene der Ärztin ließ darauf schließen, dass sie sich erinnerte. Ihr Lächeln blieb unverändert freundlich.

»Es wäre sehr nett, wenn Sie Hochdeutsch mit mir sprechen könnten«, sagte sie. »Ich bin des Schweizerdeutschen leider nicht mächtig.«

»Entschuldigen Sie bitte.« Fiona hatte gar nicht bemerkt, dass sie vor lauter Aufregung ins Schwyzerdütsch verfallen war. Sie biss sich auf die Lippen. »Meine Mutter ... sie ... wollte ein Kind adoptieren, als es nicht mit der künstlichen Befruchtung klappte. Aber dann haben Sie ihr einen Vorschlag gemacht. Eine Freundin von Ihnen war schwanger und wollte das Kind nicht, es war aber für eine Abtreibung zu spät. Sie vermittelten meiner Mutter das Kind, ohne Adoption, indem sie mit Ihrer Unterstützung eine Schwangerschaft vortäuschte. Meine Mutter stimmte zu. Am 4. Mai 1995 brachten Sie ihr nachts den neugeborenen Säugling – mich.«

Frau Professor Dr. Siebert hatte aufgehört zu lächeln.

»Wie kommen Sie dazu, mir so etwas zu unterstellen?«, sagte sie mit einer Stimme, aus der alle Herzlichkeit gewichen war. »Ich möchte Sie bitten, mein Büro zu verlassen. Sofort!«

»Ich will doch nur wissen, wer meine leiblichen Eltern sind!«, flehte Fiona verzweifelt. Sie war mit der Tür ins Haus gefallen, dabei hatte sie alles ganz anders anfangen wollen, verdammt! »Meine Mutter ist vor zwei Wochen an Krebs gestorben, und der Mann, den ich für meinen Vater gehalten habe, hat mir diese Geschichte erzählt!«

»Ich kann Ihnen nicht helfen.« Frau Dr. Siebert stand auf und wies mit der ausgestreckten Hand zur Tür. »Gehen Sie!«

Es war vorbei. Sie hatte die einzige Chance, die sie gehabt hatte, verspielt. Fast wäre Fiona in Tränen ausgebrochen. Sie schulterte ihre Tasche und ergriff ihren Koffer. Kurz vor der Tür wandte sie sich um. Es blieb ihr nichts anderes übrig: Sie musste alles auf eine Karte setzen und bluffen.

»Ich habe Beweise«, flüsterte sie, weil sie ihrer Stimme nicht traute. Sie zitterte am ganzen Körper. »Ich habe den Mutterpass meiner Mutter, und mein Vater wird eine eidesstattliche Erklärung abgeben, denn er war schließlich dabei, als Sie mit mir ankamen. Damit werde ich mich an die Ethikkommission der Ärztekammer wenden und die Geschichte außerdem in die sozialen Medien bringen. Vielleicht haben Sie so etwas ja öfter gemacht, sonst könnten Sie sich doch sicherlich an meinen Fall erinnern. Und ich glaube nicht, dass das Ihrem neuen Arbeitgeber gefällt!«

Fiona wunderte sich über sich selbst, dass sie den Mut hatte, so etwas zu sagen. Aber ihre Worte zeigten Wirkung, die Ärztin wurde blass.

»Kommen Sie zurück«, sagte sie frostig. »Setzen Sie sich wieder!«

* * *

Pia tippte gerade die letzten Zeilen ihres Berichts über das Gespräch mit Martha Knickfuß ins ComVor-System, als es an der Tür klopfte und Bodenstein das Büro betrat, das sie sich mit Kai teilte.

»Gut, dass du kommst.« Pia beendete den Bericht und speicherte ihn ab. »Was machen wir jetzt wegen des Profilers? Wir müssen wohl oder übel auf die OFA-Kollegen zurückgreifen.«

»Nicht unbedingt«, erwiderte Bodenstein. »Kai, erinnerst du dich an das Seminar zum Thema *Täterprofile und Fallanalyse*, an dem wir letztes Jahr teilgenommen haben?«

»Logo«, nickte Kai. »Das war eines der besten Seminare, die ich je mitgemacht habe.«

»Der Referent war der ehemalige Leiter der BAU* beim FBI, ein Dr. David Harding«, sagte Bodenstein zu Pia.

---

* Behavioral Analysis Unit (Verhaltensanalyseeinheit des FBI)

»Er war Kims Chef, als sie damals in den USA war!«, rief Pia. »Er ist beim FBI so etwas wie ihr Mentor gewesen.«

Sie erinnerte sich, dass Kim ihr vor einer Weile, als sie noch miteinander gesprochen hatten, von Dr. Hardings Angebot erzählt hatte, nach Washington zu kommen, um für sein privates Beratungsunternehmen zu arbeiten, das er nach seinem Ausscheiden beim FBI gegründet hatte. Sie hatte abgelehnt, weil sie zu diesem Zeitpunkt gerade die Professur in München übernommen hatte. Aber sie war ihm freundschaftlich verbunden und suchte gelegentlich seinen Rat.

»Dr. Harding ist momentan auf Vortragsreise in Europa«, sagte Bodenstein. »Kürzlich ist sein neuestes Buch über die von ihm entwickelten Profilingmethoden in Deutschland erschienen. Ich hatte noch seine Visitenkarte und habe ihn vorhin einfach mal angerufen. Er hat sich gut an mich erinnert, weil wir viele Gespräche geführt haben. Unser Fall interessiert ihn!«

»Das wäre ja ein Ding!« Kai grinste.

»Vergiss es«, entgegnete Pia. »Wenn der Typ so eine Koryphäe ist, dann verlangt er sicher ein horrendes Beraterhonorar. Die Engel ist auf dem Spartrip. Das genehmigt die nie und nimmer.«

»Noch dazu, weil sie glaubt, dass wir den Fall gelöst haben«, sagte Bodenstein. »Ich habe sie gerade im Flur getroffen.«

»Wie kommt sie denn auf so was? Sie kennt doch noch nicht mal alle Einzelheiten!«

»Vielleicht leidet sie mittlerweile am Nierhoff-Syndrom.« Bodenstein spielte auf Nicola Engels Vorgänger an, der den Ehrgeiz gehabt hatte, durch die schnelle Aufklärung von Fällen Punkte bei seinen Vorgesetzten zu sammeln. »Sie will uns beide in ihrem Büro sprechen. Ich versuche, sie davon zu überzeugen, dass wir Harding brauchen.«

»Da bin ich ja mal gespannt, wie du das anstellen willst.« Pia ergriff die Unterlagen, die sie für die Besprechung brauchte.

»Unsere Chance ist Fridtjof Reifenrath, du wirst sehen.« Bodenstein hielt ihr die Tür auf, und sie traten in den Flur. »Nicola will alles, nur nicht öffentlich scheitern. Und die Presse wird sich auf diesen Fall stürzen, erst recht, wenn durchsickert, dass der

Großvater eines prominenten Bankvorstands möglicherweise ein Serienkiller war.«

»Dein Wort in Gottes Ohr.«

Sie gingen den Flur entlang und betraten das Vorzimmer der Kriminaldirektorin. Ihre Assistentin war schon im Aufbruch begriffen und winkte sie durch. Nicola Engel stand hinter ihrem Schreibtisch, auf dem sich Akten in exakt rechtwinklig zueinander ausgerichteten Stapeln türmten, und kramte in ihrer Aktentasche. Bei ihrem Eintreten blickte sie kurz auf, konzentrierte sich jedoch gleich wieder auf ihre Unterlagen. Sie trug ein eisgraues Kostüm, ihr Make-up und ihre Frisur waren auch nach einem langen Arbeitstag noch immer makellos.

»Ah! Frau Sander, Herr Bodenstein! Wie ich höre, haben Sie den Fall so gut wie aufgeklärt. Setzen Sie mich bitte rasch ins Bild, ich habe in zehn Minuten ein wichtiges Telefonat.«

»Der Fall ist mitnichten aufgeklärt«, entgegnete Pia. »Das Einzige, was bereits klar ist, sind die Identitäten der Opfer. Aber genau daraus ergeben sich Ungereimtheiten, die uns an der Täterschaft von Theodor Reifenrath zweifeln lassen.«

»Wieso das?«

»Bei den sterblichen Überresten, die wir unter dem Hundezwinger und in einem alten Brunnenschacht gefunden haben, handelt es sich um vier Frauen: Annegret Münch, die seit Mai 1993 als vermisst galt. Rita Reifenrath, die Ehefrau des Verstorbenen Theodor Reifenrath, verschwand im Mai 1995, Jutta Schmitz im Mai 1996 und Mandy Simon 1991.« Pia hielt inne. Erst jetzt fiel ihr ein Fakt auf, dem sie bisher keine Beachtung geschenkt hatte: Alle Frauen waren im selben Monat, nämlich im Mai, verschwunden. »Aus den Vermisstenakten wissen wir, dass die Autos der Opfer jeweils wenige Tage nach deren Verschwinden unversehrt und verschlossen gefunden wurden, wobei sich im Kofferraum immer die Handtaschen samt Inhalt befanden.«

»Und was schließen Sie daraus?«, fragte Nicola Engel.

»Bislang noch gar nichts.« In letzter Zeit verging kaum ein Tag, an dem Pia sich nicht über ihre Chefin ärgerte. Je nach Laune und Tagesform mischte sie sich ungefragt in Kleinigkeiten ein und betrieb Mikromanagement, dann wiederum zeigte sie bei wirklich wichtigen Dingen kaum Interesse. »Um Rückschlüsse auf Täter und Tatablauf ziehen zu können, sind unsere Informationen noch zu spärlich.«

»Wir sind auf einen ungeklärten Mordfall aus dem Jahr 2014 gestoßen, der die Handschrift unseres Täters trägt«, ergänzte Bodenstein.

»Und wir halten es für nur schwer vorstellbar, dass ein Achtzigjähriger eine Dreiundzwanzigjährige überwältigt und durch die Gegend schleppt«, sagte Pia.

»Handschrift des Täters?« Frau Dr. Engel verzog den Mund. Ihr Smartphone gab einen Ton von sich, und prompt griff sie nach dem Gerät und begann eine Nachricht zu lesen.

Pia warf Bodenstein einen Blick zu.

»Wir denken, dass wir es mit einem psychopathischen Serienmörder zu tun haben.«

»Mit einem psychopathischen Serienmörder?«, wiederholte die Kriminaldirektorin spöttisch. »Geht es vielleicht noch etwas abwegiger, Frau Sander?«

»Was ist denn daran bitte schön abwegig?« Pia spürte, wie es in ihr zu brodeln begann. »Darf ich Sie daran erinnern, dass ich im Fall Seel aus Schwalbach damals auch recht behalten habe? Wir haben vier Leichen auf dem Grundstück von Theo Reifenrath gefunden! Drei wurden nach ihrem Tod eingefroren. Sie waren in Folie eingewickelt. Und so, wie es aussieht, sind alle drei ertrunken! Ostermann durchsucht die Datenbanken von BKA und ViCLAS* nach weiteren möglichen Opfern.«

Dr. Engel blickte sie an, ohne eine Miene zu verziehen.

»Weiter«, sagte sie nur.

»Normalerweise zerfällt einmal eingefrorenes und wieder aufgetautes Gewebe schneller, als es das ohnehin tun würde«, übernahm Bodenstein. »Professor Kirchhoff vermutet deshalb, dass der Täter die Leichen direkt von der Kühltruhe in ihre Gräber

---

* Violent Crime Linkage Analysis System (internationales Datenbanksystem, in dem Straftaten im Bereich der schweren sexuell assoziierten Gewaltkriminalität unter fallanalytischen Gesichtspunkten erfasst werden.)

gelegt hat. Durch die Folie und die Bodenbeschaffenheit sind sie nicht verwest, sondern wurden zu Fettwachsleichen. Auf Reifenraths Anwesen haben wir drei Kühltruhen gefunden, von denen zwei in einem Nebengebäude standen.«

»Beide werden gerade im Labor untersucht«, sagte Pia. »In einem Schuppen befindet sich ein Schlachtraum mit allem dazugehörigen Schlachtwerkzeug. Unter anderem hat Kröger dort sieben Packungen Frischhaltefolie gefunden.«

Endlich hatten sie die ungeteilte Aufmerksamkeit ihrer Chefin. Nicola Engel klappte ihre Aktentasche zu und setzte sich. Mit einer Handbewegung bedeutete sie Pia und Bodenstein, auf den Besucherstühlen vor ihrem Schreibtisch Platz zu nehmen.

»In einem Brunnenschacht sind wir auf die skelettierten Überreste von Rita Reifenrath gestoßen, die seit Mai 1995 als vermisst galt. Man vermutete einen Suizid.« Bodenstein war wieder an der Reihe. »Neben ihr lag eine Sektflasche. In ihrer Wirbelsäule steckte eine Patrone Kaliber .22. Eine alte Bekannte der Familie Reifenrath und zwei der ehemaligen Pflegekinder, mit denen wir bereits gesprochen haben, hatten schon immer Zweifel an der Selbstmordversion und vermuteten, Theo Reifenrath habe seine Ehefrau umgebracht, als sich die Gelegenheit dazu ergab.«

»Gibt es denn irgendwelche Hinweise darauf, dass Reifenrath nicht der alleinige Täter gewesen sein könnte?«, wollte die Kriminaldirektorin wissen.

»Nichts Zwingendes«, räumte Pia ein. »Es gibt einen früheren Pflegesohn, der mit der Ermordung eines 13-jährigen Mädchens in Verbindung gebracht wurde. Nora Bartels aus Mammolshain wurde im Sommer 1981 ertrunken in einem Teich in der Nähe von Reifenraths Haus aufgefunden, und der Verdacht fiel auf den damals 15-jährigen Claas Reker. Reker kam 2014 wegen Bedrohung, Körperverletzung und Freiheitsberaubung zuungunsten seiner Ehefrau vor Gericht. Er musste aber nicht ins Gefängnis, sondern in den Maßregelvollzug. Drei Jahre lang war er in verschiedenen psychiatrischen Krankenhäusern. Die Diagnose lautete: paranoide Psychose. Das Landgericht Frankfurt bezeichnete ihn in seinem Urteil damals als ›äußerst gefährlich‹. Im Februar gab es ein Wiederaufnahmeverfahren, in dessen Verlauf er freigesprochen und sofort aus der Psychiatrie entlassen wurde.«

»Der Fall ist mir bekannt«, sagte Frau Dr. Engel. »Wieso denken Sie, dass Reker etwas mit der Sache zu tun haben könnte?«

»Momentan denken wir in alle Richtungen.« Pia ließ sich nicht erschüttern. »Auf jeden Fall scheint er gewaltbereit zu sein.«

Sie berichtete, was sie von Ramona Lindemann über Claas Rekers Schikanen und Rita Reifenraths drakonische Strafen erfahren hatte. »Und falls es stimmt, dann hat er vor dreißig Jahren ein Mädchen ertränkt.«

»Ich verstehe.« Nicola Engel begriff sofort, auf was sie hinauswollte. Scharfsinn war eine der besseren Eigenschaften ihrer Chefin.

»Wir sind dabei, ihn und andere ehemalige Pflegekinder ausfindig zu machen«, fuhr Pia fort. »Reker musste bei der Entlassung aus der Psychiatrie einen festen Wohnsitz nachweisen. Er wohnte eine Weile bei einem Pflegebruder und ist offiziell bei seinem Pflegevater in Mammolshain gemeldet, wo er aber definitiv nicht wohnt. Sobald wir ihn gefunden haben, werden wir mit ihm reden.«

»Woher kamen eigentlich die Kinder, die bei Reifenraths lebten?«, erkundigte sich Dr. Engel.

»Aus Kinderheimen«, antwortete Bodenstein. »Reifenraths nahmen ausschließlich die schwierigsten Fälle auf, die nicht vermittelbar waren oder vorher schon von anderen Pflegeeltern zurückgegeben wurden. Es handelte sich um verhaltensauffällige Kinder und solche, die aus irgendwelchen Gründen nicht adoptiert worden waren und keine Angehörigen mehr hatten, bei denen sie hätten untergebracht werden können.«

»Die perfekten Opfer also.« Die Kriminaldirektorin nickte wieder.

»Allerdings hatten sie auch eine leibliche Tochter, die aber früh gestorben ist. Deren Sohn wuchs bei Reifenraths auf«, sagte Pia. »Mit ihm habe ich heute gesprochen. Und da wird es heikel, denn bei ihm handelt es sich um Dr. Fridtjof Reifenrath, den Vorstandsvorsitzenden der DEHAG.«

»Also daher sagte mir der Name Reifenrath etwas!« Die akkurat gezupften Augenbrauen der Kriminaldirektorin zuckten in die Höhe, in ihren Augen erschien ein alarmiertes Funkeln. Bodenstein hatte recht gehabt. Nicola Engel wusste, dass es sich bei Fridtjof Reifenrath um einen einflussreichen Topmanager mit allerbesten Beziehungen in die Politik handelte. »Wie wollen Sie weiter vorgehen?«

»Wir möchten so schnell wie möglich einen Profiler hinzuziehen, denn wir haben bisher nicht den geringsten Hinweis auf ein Motiv«, sagte Bodenstein. »Ich habe bei einem Seminar vergangenes Jahr Dr. David Harding, einen der renommiertesten Profiler aus den USA, kennengelernt. Er hält sich zurzeit in Europa auf und hat Interesse an dem Fall.«

»Dr. Harding war der Mentor meiner Schwester, als sie beim FBI war«, fügte Pia hinzu. Sie rechnete fest damit, dass die Engel Bodensteins Vorschlag sofort vom Tisch fegen und stattdessen mit der Abteilung Operative Fallanalyse des LKA kommen würde, doch zu ihrer Überraschung tat sie das nicht. Ihre Chefin lehnte sich in ihrem Stuhl zurück, stieß einen Seufzer aus und massierte nachdenklich ihren Nasenrücken mit Daumen und Zeigefinger.

»Wir wissen, unser Budget lässt externe Berater wie ihn nicht …«, begann Pia vorsichtig.

»Das Budget lassen Sie mal meine Sorge sein. Rufen Sie den Profiler an, Bodenstein«, unterbrach Nicola Engel sie. »Wir dürfen jetzt keine Fehler machen, sonst kommt das LKA mit seinen Spezialisten und das war's dann für uns. Damit das nicht passiert, brauchen wir eine perfekte Strategie. Ich kümmere mich darum. Vielleicht können wir Reifenraths Namen noch für eine Weile aus der Presse heraushalten.«

***

9. Mai 1993

Diese hier ist bis jetzt die Schönste. Sie hat ein ebenmäßiges Gesicht, einen wunderschönen Mund und sie ist eine echte Blondine, keine gefärbte. Ein bisschen ähnelt sie Grace Kelly. Ich würde sie gerne noch einmal lächeln sehen, aber dazu werde ich sie wohl kaum mehr bewegen können, wenn sie auf-

wacht und begreift, was los ist. Auf diesen Moment freue ich mich, seitdem ich sie zum ersten Mal gesehen habe. Dass es ein paar Wochen gedauert hat, bis ich sie an der Angel hatte, hat mich nicht gestört. Ich liebe die Vorfreude. Ich liebe es, beim Einschlafen daran zu denken, wie sie sich wohl anstellen wird, wenn es ans Sterben geht. Ich betrachte sie genau, bevor ich den nächsten Schritt angehe. Im Geiste hake ich die Liste ab. Es deprimiert mich ein wenig, weil es so simpel war, sie auf diesen Parkplatz zu locken. Sie machen es mir so einfach! Schon die ersten beiden waren keine Herausforderung, vielleicht wird diese noch zu einer. Ich habe beschlossen, sie erst wieder richtig zu sich kommen zu lassen, bevor ich sie zum Wasser bringe. Sie erleben den Moment nicht richtig, wenn sie noch halb betäubt sind. Das sind alles Erfahrungen, die ich sammeln musste. Jedes Mal wird es besser, ich nähere mich der Perfektion, dem ultimativen Glücksgefühl. Es erregt mich, daran zu denken, wie sie … Nein! Ich darf nicht wieder anfangen zu träumen. Es sind nur noch fünf Stunden bis Mitternacht. Ich habe den Hocker direkt über sie gestellt, damit ich ihr genau ins Gesicht schauen kann. Und ich beobachte, wie sie langsam zu sich kommt. Wie sie ihren Kopf und ihre Arme bewegen will und merkt, dass es nicht geht! Sie blinzelt benommen ins grelle Licht. Einfach wundervoll, wie ich ihre Gedanken lesen kann! Ihre aufsteigende Panik sehe! Schreien kann sie nicht. Bewegen kann sie sich auch nicht. Mein Blick fällt auf die Uhr über der Kühltruhe, in der Nummer zwei auf Gesellschaft wartet. Zwanzig nach acht. Draußen ist es noch zu hell. Ich kann frühestens um zehn mit ihr zum See rüberfahren. Sie wird erstaunlich schnell wach. Sie wimmert, reißt die schönen blauen Augen auf. Ich greife zu meiner Kamera und fotografiere diese Augen, achte darauf, dass das Licht optimal ist. Und irgendwie wundere ich mich, wie gleichgültig mir die Frau eigentlich ist. Ich habe ihren Namen schon fast wieder vergessen. Er spielt keine Rolle.

Tag 5

Samstag, 22. April 2017

»Guten Morgen!« Es war zehn nach sechs, als Pia das Büro betrat.

»Hi!« Kais Gesicht tauchte hinter dem mittleren seiner drei Computermonitore auf. »Was machst du denn schon hier?«

»Ich hatte ausgeschlafen. Und du? Bist du schon wieder oder noch immer hier?«

»Ich war zwischendurch mal kurz zu Hause. Willst du einen Kaffee? Es läuft gerade frischer durch. Und ich habe sogar eine gespülte Tasse.«

Pia warf einen raschen Blick auf die uralte Kaffeemaschine, die auf einem der halbhohen Aktenschränke thronte und vor sich hin gurgelte. Das zähflüssige Gebräu, das in die Glaskanne tropfte, war in der ganzen RKI berüchtigt. Tariq behauptete, eine Tasse von Kais Spezialmischung habe die gleiche Wirkung wie fünf Red Bull.

»Ich hole mir lieber draußen einen«, sagte Pia deshalb.

»Wie könnt ihr nur alle diese widerliche Automatenplörre saufen?«, brummte Kai und beugte sich wieder über die Tastaturen. Erst jetzt bemerkte Pia den Stuhl an einem der Tische; einer der Bildschirme war zur Seite gedreht.

»Ist Tariq auch schon da?«, erkundigte sie sich.

»Yes«, sagte Kai. »Er kopiert gerade die Akten aus Vermi/Utot.«

»Akt*en*?« Pia horchte auf. »Bedeutet das, dass die schlauen Datenbanken über Nacht etwas ausgespuckt haben?«

»Allerdings. Und zwar sehr viel mehr, als uns lieb ist«, erwiderte ihr Kollege. »Hol dir besser erst mal einen Kaffee.«

Pia ging hinüber in die kleine Kaffeeküche, holte sich ihren

Becher aus dem Schrank und stellte ihn unter den Auslass des Saeco PicoBaristo, den Kai nur verächtlich als »den Automaten« zu bezeichnen pflegte, dann drückte sie auf die Taste für Cappuccino. Als sie die drei Opfer unter dem Zwinger gefunden hatten, war ihr sofort klar gewesen, dass sich dieser Fall nicht im Handumdrehen lösen lassen würde, und seitdem war es, als ob etwas Bedrohliches auf sie zukäme, das sie fühlte wie Hunde ein heraufziehendes Gewitter oder ein nahendes Erdbeben. Beim Einschlafen hatte sie gestern darüber nachgedacht, warum es ihr nicht wie sonst auch gelang, ihre Emotionen zur Seite zu schieben, um sich auf Fakten und Zusammenhänge zu konzentrieren. Was hatte sie dermaßen alarmiert und etwas tief in ihr berührt? War es der erschreckende Anblick der äußerlich so perfekt erhaltenen Leichen gewesen? Das seltsame Gefühl, das sie im Waschraum im ersten Stock des Hauses von Theo Reifenrath ergriffen hatte? Und mit welcher Erinnerung, die sich ihr Gedächtnis partout nicht entlocken ließ, war der Name Fridtjof verknüpft?

Pia pustete in ihre Tasse und nahm einen winzigen Schluck, der sofort ihre Lebensgeister weckte. Nur sehr selten konnte sie sich morgens an ihre Träume erinnern, aber der Traum von letzter Nacht stand ihr so lebhaft vor Augen, als hätte sie das Geträumte tatsächlich erlebt. Ein kleiner Junge hatte schluchzend auf den Treppenstufen vor ihrer Haustür auf dem Birkenhof gesessen. Pia konnte ihn noch immer genau vor sich sehen: das verweinte Kindergesicht, das rote T-Shirt mit einem Snoopy, die blauen Shorts, rundliche Beine und Ärmchen und ein zerzauster blonder Haarschopf. Der Kleine, der nicht älter als fünf oder sechs Jahre alt war, hatte etwas in den Händchen gehalten, was sie zuerst nicht erkennen konnte. Beim Näherkommen hatte sie gesehen, dass es ein Blatt war, auf dem eine Zahl stand. Sie hatte sich vor ihn hingehockt und ihn gefragt, wo denn seine Eltern seien. Daraufhin hatte er den Kopf gehoben, sie angeschaut und gesagt: »Meine Mama ist umgebracht worden. Es gibt viel mehr Waisenkinder, als du glaubst.«

Dann hatte er mit dem Finger an ihr vorbeigezeigt. Pia hatte sich umgedreht und war erschrocken zusammengezuckt, denn der ganze Hof unter dem großen Walnussbaum war voller Kinder gewesen. Sie hatten alle nur dagestanden und sie stumm und vorwurfsvoll angestarrt. Jedes von ihnen hatte ein Blatt mit einer Zahl in Händen gehalten. Als sie sich wieder zu dem kleinen Jungen umgedreht hatte, hatte statt seiner ein Mann auf der Treppe gesessen, in der Hand hielt er ein Blatt mit der Zahl 42. Er hatte nicht ausgesehen wie Raik Gehrmann, dennoch hatte sie gewusst, dass er es war.

»Es gibt 42 Opfer?«, hatte Pia ihn ungläubig gefragt.

»Noch viel mehr«, hatte er erwidert und traurig genickt. »Ich habe sie alle einbetoniert. Ich musste es tun, weil die Kühltruhen voll waren. Sie wären doch sonst alle aufgetaut und verwest.«

»Hey, Pia«, sagte jemand hinter ihr.

»Guten Morgen, Tariq.« Sie wandte sich zu ihrem jungen Kollegen um. »Wie lange bist du schon hier?«

»Seit August 2014. Wieso? Hab ich was falsch gemacht?« Er sah sie irritiert an.

»Ich meine heute.« Pia musste grinsen. Tariq Omari war ein blitzgescheiter junger Mann und Kai am Computer beinahe ebenbürtig, aber er neigte dazu, Dinge wörtlich zu nehmen, was immer wieder zu Missverständnissen führte.

»Ach so«, antwortete er jetzt. »Seit vier, ungefähr.«

»Was sagt denn deine Frau dazu, wenn du mitten in der Nacht zur Arbeit fährst?« Pia nahm einen Schluck Kaffee. Letzten Sommer hatte Tariq Pauline Reichenbach geheiratet, die er bei den Ermittlungen in Ruppertshain vor drei Jahren kennengelernt hatte. In Kürze erwarteten die beiden ihr erstes Kind.

»Nix. Sie weiß ja, wie ich ticke.« Er lächelte. »Und so oft kommt es ja auch nicht vor.«

»Lass uns rüber zu Kai gehen«, sagte Pia. »Ich will hören, welche Neuigkeiten ihr habt.«

***

Je nachdem, aus welchem Blickwinkel man es betrachtete, waren die Ergebnisse, die Kai und Tariq den Datenbanken des BKA entlockt hatten, positiv und negativ zugleich. Positiv, weil sie damit jede Menge Informationen zur Hand hatten, mit denen der

Profiler arbeiten konnte. Negativ, weil der Fall eine Dimension anzunehmen drohte, die Pia große Sorgen machte.

»Eva Tamara Scholle«, sagte Kai. »24, lebte in Darmstadt-Weiterstadt bei ihren Eltern, die einen Friseurladen hatten. Wurde zuletzt am 12. Mai 1988 lebend gesehen. Ihre Leiche wurde im Oktober 1989 aus dem Altrhein bei Berghausen in der Nähe von Speyer geborgen. Sie hatte eine Ausbildung zur Friseurin gemacht und arbeitete im Laden ihrer Eltern. Abends ging sie gerne aus, am liebsten in Kneipen, in denen amerikanische Soldaten verkehrten, denn ihr Traum war es, einen Ami zu heiraten und in die USA auszuwandern. Zuletzt wurde sie in Aschaffenburg gesehen. Am Abend ihres Verschwindens war sie mit einer Freundin in einem Irish Pub gewesen, der in erster Linie von US-Soldaten frequentiert wurde. Es war zu einem Streit zwischen den beiden gekommen, und die Freundin, die das Auto hatte, fuhr irgendwann am Abend nach Hause. Eva Tamara Scholle verließ den Pub stark angetrunken kurz nach Mitternacht. An die Soldaten, mit denen Eva Tamara Scholle zuvor Kontakt oder sogar kurze Liebesbeziehungen gehabt hatte, kamen die Ermittler nicht heran, denn die amerikanischen Militärbehörden zeigten sich wenig kooperativ.«

Er reichte Pia einen Computerausdruck. Eine junge, dunkelhaarige Frau blickte sie an, die Lippen zu einem lasziven Schmollmund gespitzt, die großen Augen waren stark geschminkt. Sie trug das Haar zu einer Löwenmähne auftoupiert, die in den 80er-Jahren der letzte Schrei gewesen war, genauso wie ihr Jackett mit breiten Schulterpolstern und die neonfarbenen Creolen in beiden Ohrläppchen.

Pia legte das Foto zur Seite. Was hatte Theo Reifenrath nachts in Aschaffenburg zu tun gehabt? War er auf der Suche nach einem möglichen Opfer ziellos durch die Gegend gefahren? Wonach suchte er seine Opfer aus? Eva Tamara Scholle war wieder ein völlig anderer Frauentyp als Jutta Schmitz, Jana Becker oder Annegret Münch gewesen. Und warum hatte er ihre Leiche in den Altrhein geworfen? Hatte er erst später die Angewohnheit entwickelt, seine Opfer mitzunehmen und bei sich in der Nähe zu bestatten?

»Wen habt ihr noch gefunden?«, fragte Pia.

»Rianne van Vuuren, achtunddreißig, niederländische Staatsbürgerin«, antwortete Kai. »Sie wurde von ihrem Freund am 15. …«

»Mai?«, unterbrach Pia ihren Kollegen und betrachtete das Foto, das Kai ausgedruckt hatte. Rianne van Vuuren war blond, schlank und attraktiv. Selbstbewusst und ernst blickte sie in die Kamera, sie trug ein dunkles Kostüm und eine helle Bluse.

»Genau.« Kai schob mit dem Zeigefinger seine Brille den Nasenrücken hoch. »Am 15. Mai 2012 von ihrem Freund als vermisst gemeldet. Sie wohnte in Gravenbruch, ging am Wochenende gerne früh joggen. Ihre stark verweste Leiche, die Spuren von Tierfraß zeigte, wurde im Oktober 2012 in einem Waldstück bei Winterberg im Sauerland von Pilzsammlern gefunden.«

»Hatte sie ein Auto?«

»Nein.«

»Wieso hat die Datenbank sie dann als Treffer gewertet?«, wunderte sich Pia.

»Weil sie in Folie gewickelt war und durch Ertrinken starb«, entgegnete Kai. »Allerdings steht im Obduktionsbericht nichts davon, dass sie eingefroren war.«

»Rianne van Vuuren arbeitete bei einer Frankfurter Großbank in der IT-Abteilung. Ihr Ehemann und ihr achtjähriger Sohn lebten in Holland«, ergänzte Tariq. »Ach ja, Eva Tamara Scholle hatte auch einen Sohn. Er müsste heute Anfang dreißig sein.«

»Hatten die anderen Opfer auch Kinder?«, erkundigte Pia sich und legte das Foto von Rianne van Vuuren aus der Hand.

»Moment.« Kai wühlte in den Papieren auf seinem Schreibtisch. »Annegret Münch hatte zwei Söhne, Jutta Schmitz eine Tochter. Bei Mandy Simon finde ich auf die Schnelle keine Angabe dazu.«

»Bei welcher Bank hat Rianne van Vuuren gearbeitet?«, fragte Pia.

»ABN Amro.« Kai verzog das Gesicht. »Nicht die Bank, bei der Fridtjof Reifenrath war, falls du daran gedacht hast.«

»Habe ich tatsächlich. Aber vielleicht kannten sie sich.«
Pia trank ihren Kaffee aus.

»Es kann kein Zufall sein, dass alle Opfer im selben Monat verschwunden sind«, grübelte sie und starrte auf den Ausdruck, den Kai für den Profiler angefertigt hatte.

12. Mai 1988 – Eva Tamara Scholle, Weiterstadt (Speyer)
9. Mai 1993 – Annegret Münch, Walldorf (Mammolshain)
14. Mai 1995 – Rita Reifenrath, Mammolshain (ebda)
11. Mai 1996 – Jutta Schmitz, Kaarst (Mammolshain)
15. Mai 2012 – Rianne van Vuuren, Gravenbruch (Winterberg)
10. Mai 2014 – Jana Becker, Limburg (Bernkastel-Kues)

»Es ist kein Zufall. Ich habe die Daten gecheckt«, ließ Kai sich vernehmen. »Alle Frauen verschwanden einen Tag vor dem Muttertag, mit Ausnahme von Rianne van Vuuren. Die verschwand am Muttertag selbst.«

»Theo Reifenrath hasste den Muttertag«, sagte Pia nachdenklich. »Vielleicht deshalb, weil seine Frau diesen Tag zelebrierte, als wäre Weihnachten.«

»Ich kenne Leute, die Weihnachten hassen«, antwortete Kai. »Aber die bringen deshalb niemanden um. Höchstens sich selbst.«

»Leute, überlegt doch mal, was das hieße!«, rief Tariq aufgeregt. »Angenommen, Eva Tamara Scholle war 1988 sein erstes Opfer und Jana Becker 2014 sein letztes, und angenommen, er hat jedes Jahr am Muttertag eine Frau umgebracht, dann komme ich auf die Zahl 26!«

Prompt fiel Pia ihr Traum ein und das Schild mit der Zahl 42. Hatte das womöglich eine Bedeutung?

Unsinn. Das war nur ein Traum, schalt sie sich selbst. Sie besaß zwar eine gute Intuition, aber bisher hatte sie noch keine seherischen Fähigkeiten entwickelt, auch wenn sie sich das manchmal wünschte.

Frankfurt, 13. April 2017

Dreiundzwanzig Jahre lang hatte sich Martina Siebert vor diesem Augenblick gefürchtet. Im Laufe der Zeit hatte ihre Sorge nachgelassen und manchmal hatte sie überhaupt nicht mehr daran gedacht, aber durch ihre Arbeit wurde sie immer wieder mit der Verzweiflung von Frauen konfrontiert, für die der Wunsch nach einem Kind zum Lebensinhalt geworden war. Sehr vielen dieser Frauen hatte sie helfen können, aber manchen auch nicht. Irgendwann war der Zeitpunkt erreicht, an dem sie diesen unglücklichen Frauen und ihren Partnern behutsam beibringen musste, dass eine weitere In-vitro-Behandlung höchstwahrscheinlich auch nicht das gewünschte Ergebnis bringen würde. Manchmal sollte es eben nicht sein. Das war bitter, das wusste sie. Viele Frauen fühlten sich wertlos, wenn sie keine Kinder bekommen konnten. Beziehungen zerbrachen an ungewollter Kinderlosigkeit. Manche Frauen wurden depressiv. Gelegentlich hatte Martina die Möglichkeit einer Adoption ins Spiel gebracht und oft war man ihrem Rat gefolgt. Vielleicht erinnerte sie sich so gut an diese Frau in Zürich, weil sie der erste schwere Fall ihrer Laufbahn gewesen war. Man hatte der Frau wegen einer Erkrankung beide Eileiter entfernen müssen, als sie Mitte zwanzig gewesen war, später auch noch einen Eierstock. Der Wunsch nach einem Kind war bei ihr pathologisch geworden. Ihre Ehe war daran gescheitert. Ihr zweiter Mann schien mehr Verständnis für ihre Sehnsucht gehabt zu haben und auch ihr hatte die Frau sehr leidgetan. Leid genug, um etwas zu tun, was sie nicht hätte tun sollen. Martina Siebert hatte unendlich oft darüber nachgedacht, warum sie sich dazu hatte hinreißen lassen, das Baby ihrer besten Freundin entgegen aller Vorschriften und Gesetze unter der Hand an ein völlig fremdes Ehepaar zu vermitteln. Damals war sie sicher gewesen, etwas Gutes zu tun. Kata hätte es fertiggebracht und das Neugeborene irgendwo abgelegt. Martina hatte versucht herauszufinden, weshalb Kata das Kind in ihrem Bauch so sehr ablehnte, aber ihre

Freundin hatte geschwiegen. »Ich will es nicht, basta«, hatte sie erwidert, und Martina hatte es dabei bewenden lassen. Kata war zu ihr nach Zürich gekommen, bevor man ihr die Schwangerschaft ansehen konnte. Sie hatte die kleine Wohnung kaum verlassen und dann eines Nachts in Martinas Bett entbunden. Alles hatte reibungslos geklappt, die Schweizerin hatte ihre Rolle als Schwangere perfekt gespielt, und niemandem war ein Verdacht gekommen, nicht einmal der Mutter, die im selben Haus wohnte. Martina hatte sich mit dem Gedanken beruhigt, dass das kleine Mädchen in einer gut situierten und alteingesessenen Züricher Familie aufwachsen würde, in einer schönen alten Villa mit Blick auf den Zürichsee. Und sie war sich ganz sicher gewesen, dass die Eltern alles für ihr Baby tun würden. Kata war ihr dankbar gewesen. Zwei Tage nach der Entbindung war sie in den Zug gestiegen und zurück nach Deutschland gefahren. Sie hatte nie wieder nach ihrem Kind gefragt. An wen Martina in dieser ganzen Konstellation jedoch nie gedacht hatte, war das Kind selbst. Hin und wieder hatte sie zwar überlegt, wie alt das Mädchen jetzt wohl sein müsse, aber das war alles gewesen.

Und gestern hatte diese Geschichte sie wieder eingeholt, zu einem denkbar ungünstigen Zeitpunkt, nämlich kurz vor ihrem Wechsel als Chefärztin an die Clínica de fertilidad in Marbella, die sie schon seit Jahren umworben hatte. Die Mittel, die ihr in Spanien zur Verfügung stehen würden, waren schier unermesslich, denn die Klinik gehörte der Familie eines Scheichs, die Patientinnen kamen zum größten Teil aus den Emiraten und Russland. Geld spielte für ihren neuen Arbeitgeber keine Rolle. Dazu hatte man ihr eine fantastische Villa mit Meerblick zur Verfügung gestellt. Sie wäre dumm gewesen, hätte sie dieses Angebot ausgeschlagen. Außerdem hatten ihr Mann und sie ohnehin die Nase voll von den deutschen Wintern. Am 1. Mai war ihr erster Arbeitstag in Marbella, vorher musste sie den Umzug organisieren. Und jetzt das! Fiona Fischer! Großer Gott! Zuerst war sie stinkwütend auf die junge Frau gewesen. Was fiel ihr ein, ihr mit der Ethikkommission der Ärztekammer zu drohen? Zweifellos drohte ihr der Entzug der Approbation, wenn die junge Frau ihre Geschichte beweisen konnte. Und damit wäre Martinas Ruf auf immer beschädigt, ihre

Karriere beendet und der Traumjob in Marbella würde sich in Luft auflösen. Doch dann hatte sie nachgedacht und war zu dem Schluss gekommen, dass sie genauso gehandelt hätte. Fiona war Opfer zweier Egoistinnen geworden, die nur an sich und nicht an die Folgen ihres Tuns gedacht hatten. Sie hätte Katas Ansinnen damals strikt von sich weisen und darauf bestehen sollen, dass sie ihr Kind ganz offiziell zur Adoption freigab. Dann hätte das Mädchen später wenigstens die Möglichkeit gehabt, etwas über seine leibliche Mutter zu erfahren. Diese Chance hatten sie ihr genommen. Aber genau das war Katas Absicht gewesen. Damals hatte Martina noch romantische Vorstellungen von Freundschaft gehabt und geglaubt, dass beste Freundinnen einander halfen, wenn sie in Schwierigkeiten gerieten, notfalls auch mit unkonventionellen Mitteln. Erst im Nachhinein war ihr klar geworden, dass Kata sie nur benutzt hatte. Es hatte sie tief verletzt, wie abrupt ihre beste Freundin den Kontakt zu ihr abgebrochen hatte, ganz so, als gehörte sie zu einer unerfreulichen Vergangenheit, mit der sie abgeschlossen hatte. Es gab solche Menschen, die niemals zurückblickten und auf ihrem Weg ohne schlechtes Gewissen alle Schiffe hinter sich verbrannten.

Martina Siebert blickte nachdenklich aus dem Fenster ihres Büros auf die Wolkenkratzer auf der anderen Seite des Mains. Vor der Abschiedsfeier heute Nachmittag musste sie das Problem lösen. Fiona Fischer saß seit zwei Tagen in ihrem Hotel und wartete auf ihre Antwort. Martina hatte Katas Kontaktdaten längst über das Internet herausgefunden, aber sie wollte sie nicht einfach weiterleiten, obwohl Kata genau das verdient hätte. Allerdings hing sie in der ganzen Sache mit drin, und sie würde sich nicht von Fiona Fischer, dem einzigen echten Fehler, den sie als Ärztin je begangen hatte, die Zukunft verderben lassen. Mit einem Seufzer wandte Martina sich wieder ihrem Laptop zu und tippte Katas E-Mail-Adresse ein. Sie schrieb nur drei Sätze. Setzte ihrer ehemals besten Freundin eine Frist. Wenn diese verstrichen war, würde sie Fiona Fischer den Namen und die E-Mail-Adresse ihrer leiblichen Mutter geben. Dann war sie aus der Sache raus.

* * *

Bei der morgendlichen Besprechung war das K 11 komplett, auch Kathrin Fachinger war wieder da. Niemand dachte daran, sich zu beschweren, weil heute Samstag war. Bodenstein brachte das Team auf den aktuellen Stand der Dinge. Nach dem verschwundenen Mercedes von Theo Reifenrath wurde europaweit gefahndet. DNA-Analysen hatten die Identitäten von Mandy Simon, Jutta Schmitz und Annegret Münch bestätigt. Und Krögers Truppe hatte auf dem Dachboden des Hauses von Reifenrath jede Menge Unterlagen über die ehemaligen Pflegekinder gefunden.

»Wir müssen so bald wie möglich mit den Angehörigen der Opfer sprechen«, sagte Bodenstein. »Tariq, du kümmerst dich darum. Setz dich mit allen Kollegen in Verbindung, die für die betreffenden Fälle zuständig sind oder waren. Cem, Kathrin, Pia und ich werden uns heute in Mammolshain umhören. Samstags dürften viele Leute zu Hause sein. Wir müssen mehr über die Reifenraths herauskriegen. Fragt alle nach Nora Bartels. Und nach den ehemaligen Pflegekindern.«

Es gab kaum etwas Mühsameres als eine Nachbarschaftsbefragung, aber sie war unumgänglich. Die Menschen sahen viel und vergaßen genauso viel wieder. Manchmal gab es aber jemanden, der etwas beobachtet hatte und sich daran erinnerte, auch wenn es ihm unwichtig erschienen war. Bei einem Fall vor drei Jahren hatten sie mit einem Verhörspezialisten des LKA zusammengearbeitet, und Pia war von seiner Methode der kognitiven Befragung so beeindruckt gewesen, dass sie mehrere Lehrgänge absolviert hatte, um diese Technik zu erlernen. Anders als bei der üblichen Art der Vernehmung führte man einen Zeugen nicht wieder und wieder von Anfang bis Ende durch den Ablauf eines Ereignisses, sondern versuchte ihn dazu zu bringen, sich an Alltägliches zu erinnern, an das, was vor dem Unfall, der Körperverletzung oder einem anderen traumatischen Erlebnis passiert war. So wurde das Geschehen in den richtigen Kontext gesetzt, und die Ergebnisse, die Pia mit dieser Art der Befragung erzielte, waren erstaunlich. Die Leute förderten Details aus ihrem Gedächtnis zutage, an die sie selbst überhaupt nicht mehr gedacht hatten. Man konnte auch die Sequenz der Erinnerungen verändern, indem man nicht von vorne begann, sondern das Ereignis von hinten aufrollte. Die dritte Technik bei einer kognitiven Befragung bestand darin, die Perspektive zu verändern. Allerdings eignete sich diese Art des Interviews nur für aussagewillige Zeugen, weshalb es bei Vernehmungen von Verdächtigen nicht eingesetzt wurde, bei Befragungen von Nachbarn funktionierte es jedoch oft gut.

»Was ist mit dem Profiler?«, erkundigte sich Kai.

»Dr. David Harding wird uns unterstützen«, antwortete Bodenstein. »Ich habe gestern Abend noch ausführlich mit ihm telefoniert. Er ist im Augenblick noch in Stockholm, kommt aber so schnell wie möglich nach Frankfurt. Bis dahin brauchen wir mehr Informationen und deshalb werden wir eine SoKo einrichten. Frau Dr. Engel hat zugesagt, dass wir so viele Leute bekommen, wie wir brauchen. Sämtliche Unterlagen über die ehemaligen Pflegekinder, die wir bei Reifenrath sichergestellt haben, müssen analysiert werden. Dasselbe muss mit den Fallakten der Opfer passieren.«

»Ich kann mich darum kümmern«, bot Kai an. »Ich bin auch schon an Claas Reker dran und versuche herauszufinden, wo er wohnt und arbeitet.«

»Bitte überprüfe auch Sascha Lindemann, André Doll und Joachim Vogt. Und Raik Gehrmann, auch wenn der kein Pflegekind war«, bat Pia ihren Kollegen. »Wo sie wohnen, was sie arbeiten, ob sie verheiratet sind. Du weißt schon.«

Kai grinste ihr zu und hob den Daumen.

»Okay, das war's für den Moment.« Bodenstein nickte. »Hat jemand noch Fragen? Nicht? Dann an die Arbeit!«

***

»Ich glaub, ich spinne«, raunte Pia Bodenstein zu. »Die alte Schreckschraube lebt ja immer noch! Das muss ich unbedingt Kim erzählen!«

Es war tatsächlich ihre ehemalige Mathelehrerin, die ihnen die Tür öffnete, als Pia an der Gartenpforte des gepflegten Bungalows der Katzenmeiers klingelte. In den vergangenen dreißig Jahren hatte sie sich kaum verändert, nur ihr ehemals blondes Haar war jetzt schlohweiß.

»Sie wünschen bitte?« Uschi Katzenmeier, kadaverdürr und pferdegesichtig wie anno 1982, blickte argwöhnisch auf Pia und Bodenstein, die am Fuß der Treppe standen, herab.

»Guten Morgen, Frau Katzenmeier«, sagte Bodenstein höflich und hielt seinen Polizeiausweis hoch. »Ich bin Kriminalhauptkommissar Oliver von Bodenstein von der Kripo Hofheim, das ist meine Kollegin Pia Sander. Wir haben gestern schon mit Ihrem Mann gesprochen und hätten noch ein paar Fragen an ihn. Ist er zu Hause?«

»Nein, er ist auf seiner Joggingrunde.«

»Lass uns später wiederkommen, bitte«, flüsterte Pia, die sich unversehens wieder wie ein pickliger Teenager fühlte, Bodenstein zu. »Ich krieg Magenschmerzen, wenn ich die nur sehe!«

»Sei nicht albern«, erwiderte Bodenstein jedoch ungerührt, schenkte der alten Katzenmeier sein charmantestes Lächeln, das Pia spöttisch als den »Grafen-Blick« zu bezeichnen pflegte, und es erzielte prompt seine Wirkung. »Hätten Sie vielleicht Zeit, uns ein paar Fragen zu beantworten? Es dauert auch nicht lange.«

Seinem gewinnenden Lächeln konnte Pias ehemalige Mathelehrerin nicht widerstehen.

»Natürlich. Kommen Sie herein.«

Bodenstein drückte die Pforte auf. Pia folgte ihm, mit klopfendem Herzen und einem komischen Gefühl im Magen. Das war wirklich albern nach so vielen Jahren, aber die Niederlagen, die sie dieser Frau verdankte, hatten ihre gesamte Schulzeit überschattet und ihren Widerwillen gegen Zahlen und Formeln pathologisch werden lassen.

»Mein Mann hat mir erzählt, dass Herr Reifenrath gestorben ist«, sagte Uschi Katzenmeier. »Ich habe ein ganz schlechtes Gewissen, weil wir nicht nachgeschaut haben, warum der Hund den ganzen Tag lang gebellt hat.«

Aus der Nähe betrachtet, erkannte Pia die Spuren, die das Leben im Gesicht ihrer ehemaligen Lehrerin hinterlassen hatte. Ihre Haut war runzelig und dünn wie Pergamentpapier. Zu wenig Körperfett und zu viel Sonne rächten sich im Alter.

»Bitte, setzen Sie sich doch! Kann ich Ihnen etwas anbieten?« Uschi Katzenmeier führte sie in ein Arbeitszimmer, das von einer beeindruckenden Bücherwand, die an zwei Wänden des Raumes vom Fußboden bis unter die Decke reichte, dominiert wurde. Sie nahmen an einem runden Tisch Platz, und obwohl Pia die Vorstellung, sich von ihrer verhassten Mathelehrerin mit Kaffee, Tee und Gebäck bedienen zu lassen, äußerst reizvoll fand, lehnte sie höflich ab.

Während Bodenstein einer aufmerksam lauschenden Frau Katzenmeier den Grund ihres Besuches darlegte, betrachtete Pia neugierig das Bücherregal und bemerkte jede Menge Krimis und Unterhaltungsromane. Diese Art Lesestoff hätte sie weder dem Giftzwerg noch seiner spröden Frau zugetraut.

»Unsere Tochter war in der Grundschule mit Reifenrath-Kindern in einer Klasse«, sagte Uschi Katzenmeier. »Es war gar nicht zu vermeiden, so viele, wie es von ihnen gab.«

»Erinnern Sie sich an Namen?«

»An ein Mädchen namens Ramona erinnere ich mich. Und an eine Britta. Mit ihr war unsere Silke recht gut befreundet, bevor sie aufs Gymnasium ging. Es gibt sicherlich noch Klassenfotos. Ich kann gerne mal nach den alten Fotoalben schauen.«

»Das wäre ausgesprochen nett.«

Pia beobachtete fasziniert, welche Wirkung Bodenstein auf die alte Schachtel hatte. Er gehörte zu der Sorte Mann, dem das Altern guttat. Die silbernen Fäden in seinem dichten dunklen Haar und die Lachfältchen rings um seine braunen Hundewelpenaugen verliehen ihm gleichermaßen Attraktivität und Seriosität, dazu der adlige Name und perfekte Umgangsformen – eine reizvolle Mischung, die bei Frauen jeden Alters ankam. Auch Uschi Katzenmeier schmolz dahin. Immer wieder zupfte sie an ihrem Wollpullover oder strich sich die Haare glatt.

»Es ist noch nicht öffentlich bekannt«, sagte Bodenstein gerade, »und wir wollen es auch noch so lange wie möglich aus der Presse heraushalten, aber wir haben auf dem Grundstück von Reifenraths vier Leichen gefunden, unter anderem die sterblichen Überreste von Rita Reifenrath.«

»*Was?*« Uschi Katzenmeier schlug die Hand vor den Mund und riss schockiert die Augen auf. »Oh mein Gott! Das darf doch nicht wahr sein!«

Sie brauchte ein paar Minuten, um die schlimme Neuigkeit zu verarbeiten. Allerdings brachte der Schock sie zum Reden. Bodenstein musste kaum Fragen stellen, sondern nur ihren Redefluss in die richtigen Bahnen lenken. Uschi Katzenmeier hatte sich in den Achtzigerjahren in der Kirche und im Vorstand des örtlichen Sportvereins engagiert, mehrere Jahrgänge von Konfirmanden betreut und zahlreiche Veranstaltungen und Feste organisiert. Sie kannte die Reifenraths nicht nur als Nachbarn, sondern auch deshalb, weil sie eine der bekanntesten Familien des Ortes waren. Generationen von Mammolshainern hatten bis zum Niedergang der Wasserfabrik bei Reifenraths in Lohn und Brot gestanden. Mit Rita Reifenrath hatte sie oft und gut zusammengearbeitet.

»Unser Verhältnis war freundschaftlich«, erzählte Uschi Katzenmeier. »Rita war eine patente, großherzige Frau. Ich mochte sie. Ihr war keine Arbeit zu viel und auf sie war immer Verlass. Für ihre Pflegekinder hat sie ihre eigenen Bedürfnisse vollkommen zurückgestellt. Was sie für die Kinder getan hat, war unglaublich! Als sie das Bundesverdienstkreuz bekam, für das unsere Pfarrerin sie vorgeschlagen hatte, war der halbe Ort bei der Feierstunde in der Staatskanzlei in Wiesbaden dabei. Warten Sie, ich hole die Fotoalben.«

Sie erhob sich und verschwand.

»Patent! Großherzig!«, flüsterte Pia sarkastisch. »Ich bin gespannt, was sie zu Ritas Erziehungsmethoden sagt.«

»Mir scheint, nicht nur Theo hat vor den Augen des ganzen Ortes ein Doppelleben geführt«, erwiderte Bodenstein mit gesenkter Stimme. »Wenn es wirklich stimmt, dann ist das Bundesverdienstkreuz der blanke Hohn!«

Frau Katzenmeier kehrte mit vier Fotoalben in Händen zurück. Sie setzte eine Lesebrille auf und begann zu blättern.

»Hier ist ein Klassenfoto von Silkes Einschulung. Das war 1976«, sagte sie und schob das Album Bodenstein hin. Mit einem knochigen Zeigefinger wies sie auf die Gesichter der Kinder. »Das ist Silke. Das blonde Mädchen neben ihr war Britta. Und der zweite Junge von rechts in der ersten Reihe war auch ein Reifenrath-Kind.«

Pia rückte näher heran, damit sie die Fotos sehen konnte. Jemand hatte die Namen aller Kinder unter dem Foto vermerkt.

»Sascha«, stellte sie fest.

»Ja, richtig! So hieß er.« Frau Katzenmeier fand in einem anderen Album ein Foto, nach dem sie gesucht hatte. »Er war ein schwieriges Kind. Ich erinnere mich, dass die Eltern sich seinetwegen oft beschwert haben. Er störte den Unterricht, ging auf die anderen Kinder los. Aber Rita hat bei ihm ein Wunder bewirkt. Nach ein paar Wochen war er wie verwandelt, folgsam und brav.«

Pia mochte sich gar nicht vorstellen, auf welche Weise Rita Reifenrath diese Verwandlung bewerkstelligt hatte. Ganz sicher nicht mit Güte und Geduld. In Frau Katzenmeiers Fotoalben gab es auch Fotos, die Rita Reifenrath zeigten. Sie wirkte durchaus sympathisch, ihr rundes, rotwangiges Gesicht und das freundliche Lächeln brachte Pia nicht mit den Geschichten zusammen, die sie bereits über diese Frau gehört hatten.

»Hat Ritas Selbstmord Sie eigentlich überrascht?«, fragte Bodenstein, ohne von dem Album aufzublicken.

»Überrascht? Ich war vollkommen schockiert! Im Dorf kursierte das Gerücht, sie sei manisch-depressiv gewesen. Ich persönlich habe davon nie etwas bemerkt. Aber man kann den Menschen ja doch nur vor die Stirn gucken.«

»Haben Sie Ihre Zweifel jemandem gegenüber geäußert?«

»N…nein.«

Uschi Katzenmeier war offenbar keine Frau, die sich exponierte. Sie hatte ihren Mann davon abgehalten, die Polizei zu rufen, weil der Nachbarhund mehrere Tage und Nächte lang gebellt hatte. Und vor dreiundzwanzig Jahren hatte sie den mysteriösen Selbstmord einer guten Bekannten einfach stillschweigend akzeptiert, obwohl sie Zweifel daran gehabt haben musste. Die Wegseher waren manchmal nicht viel besser als die Täter selbst.

»Es gibt Hinweise darauf, dass Theo Reifenrath seine Frau umgebracht haben könnte«, sagte Bodenstein. »Haben Sie diese Möglichkeit nie in Betracht gezogen?«

Die Frage war Uschi Katzenmeier sichtlich unangenehm. An ihrem mageren Hals erschienen rote Flecken.

»Es wurde eine Menge geredet, damals«, räumte sie verlegen ein. »Es war kein Geheimnis, dass Theo und Rita keine sonderlich harmonische Ehe führten. Aber so etwas hätte niemand für möglich gehalten – ich auch nicht!«

Immer dasselbe Lied! Feigheit und Ignoranz des Umfelds waren der beste Schutz für einen Mörder. Pia nahm sich vor, die Akte über die Ermittlung im Fall Rita Reifenrath anzufordern.

»Was war denn Theo Reifenrath für ein Mensch?«, erkundigte sich Bodenstein. »Sie haben ihm seinerzeit dieses Baugrundstück abgekauft, nicht wahr?«

»Ja, das stimmt. Aber das wurde alles von Frau Knickfuß abgewickelt. Erst als wir hier wohnten, habe ich ihn zum ersten Mal überhaupt zu Gesicht bekommen, und das auch nur aus der Ferne, auf seinem Traktor oder in seinem klapprigen VW-Bus. In der Kirche habe ich ihn nie gesehen, und zu Feierlichkeiten kam er nur, um sich einen hinter die Binde zu gießen.« Sie hielt inne. »Man soll über Verstorbene nicht schlecht reden, aber Sie wollen ja wissen, was Theo für ein Mensch war. Deshalb will ich nichts beschönigen: Er war ein Faulpelz, der sein ganzes Leben lang keiner geregelten Tätigkeit nachgegangen ist. Nicht einmal ehrenamtlich hat er sich engagiert. Die Firma führte Frau Knickfuß, zu Hause sorgte Rita dafür, dass alles lief. Theo schlief bis in die Puppen, abends hockte er am liebsten im ›Goldenen Apfel‹ am Tresen und klopfte Sprüche. Einmal im Monat musste Frau Knickfuß kommen und seinen Deckel bezahlen!«

Uschi Katzenmeier verzog das Gesicht.

»War er denn öfter mal unterwegs?«, erkundigte Pia sich. »Verreiste er manchmal?«

»Nicht dass ich wüsste. Rita wäre gerne mal in die Berge gefahren oder ans Meer, aber dazu hatte er keine Lust. Es hieß, er hätte gar keinen Führerschein!«

»Aber er hatte doch ein Auto!«

»Um ein Auto zu kaufen, muss man ja keinen Führerschein vorweisen. Er war weder auf der Verleihung des Bundesverdienstkreuzes an seine Frau, noch kam er zum Gedenkgottesdienst, den die Pfarrerin für Rita veranstaltet hat. Mit Frauen hatte er sowieso Probleme. Ich glaube, er hat mir nie in die Augen geguckt. Meinem Mann hingegen hat er manchmal die Ohren vollgeschwätzt. Dann hat er ihn wieder mal ein paar Wochen nicht angeguckt. So war er zu jedem. Man fragte sich immer, ob man irgendetwas falsch gemacht hätte. Er war ein komischer Kerl. Sein Grundstück hielt er in Schuss und kümmerte sich um seine Tiere, aber alles andere interessierte ihn nicht.«

Pia blätterte ein Fotoalbum nach dem anderen durch. Die Frau Katzenmeier auf den Fotos war die, die sie damals gekannt hatte. Ein Drachen. Hatte sie sich so gut mit Rita Reifenrath verstanden, weil sie in ihr eine Schwester im Geiste gefunden hatte?

»Uns wurde berichtet, Rita Reifenrath hätte ziemlich rabiate Erziehungsmethoden praktiziert«, sagte Bodenstein und gab wieder, was Ramona Lindemann ihnen erzählt hatte.

»Nein, das kann nicht stimmen!«, hielt Uschi Katzenmeier überzeugt dagegen. »Ich habe wirklich oft mit den Reifenrath-Pflegekindern zu tun gehabt und habe niemals Spuren von Misshandlungen an einem der Kinder bemerkt! So etwas wäre mir doch aufgefallen! Rita hielt nichts von körperlichen Züchtigungen. Wir haben darüber öfter diskutiert, denn ihrem Mann rutschte hin und wieder die Hand aus, und sie befürchtete, dass man ihnen die Kinder wegnehmen könnte, wenn das Jugendamt davon erfahren sollte.«

»Untertauchen in Badewasser oder zehn Minuten in der Tiefkühltruhe hinterlässt keine sichtbaren Spuren«, mischte Pia sich ein, »dafür aber seelische.«

»Das glaube ich nicht.« Frau Katzenmeier schüttelte den Kopf. »Rita hat Kindern, die vom Schicksal benachteiligt waren, eine Chance gegeben. Und Sie können glauben, dass das kein Spaß gewesen ist! Manche der Kinder kamen in die erste Klasse und konnten kaum sprechen! Viele waren verhaltensgestört und in ihrer geistigen Entwicklung weit zurück. Aber sie schafften es alle, die Defizite in kürzester Zeit aufzuholen. Ich kannte ja die meisten von ihnen. Sie waren durch die Bank weg besser erzogen und machten viel weniger Probleme als manche Kinder aus normalen Familien!«

Kein Wunder, dachte Pia bei sich, sie mussten ja auch ständig damit rechnen, wieder ins Heim abgeschoben zu werden, wenn sie sich danebenbenahmen.

»Es gibt Hinweise darauf, dass wir nach jemandem suchen, der als Kind schwer traumatisiert wurde«, sagte sie.

»Sagten Sie nicht, Theo habe diese ... Menschen ... getötet?«

»Nein. Wir sagten lediglich, dass auf Reifenraths Grundstück vier Leichen gefunden wurden.«

Uschi Katzenmeier starrte sie an. Plötzlich blitzte Erkennen in ihren Augen auf.

»Sie waren doch mal meine Schülerin, oder nicht?«, fragte sie.

»Doch, das war ich.« Pia nickte gelassen. »Ich hieß Freitag und habe 1986 Abitur gemacht.«

»Pia Freitag!« Ein schwacher Abglanz des boshaften Lächelns, mit dem sie Pia früher ihre schlechten Noten mitgeteilt hatte, huschte über das Gesicht der ehemaligen Lehrerin. »Sie waren keine Leuchte in Mathematik.«

»Stimmt. Dafür bin ich heute eine Leuchte in Kriminalistik«, konterte Pia und spürte augenblicklich, wie befreiend die Konfrontation mit den Dämonen der Jugend sein konnte. »Erinnern Sie sich an den Tag, als Nora Bartels ertrank?«

»Natürlich! Bartels waren unsere Nachbarn. Ihnen gehörte das Haus, in dem heute Scheithauers wohnen. Das war eine schlimme Sache, damals.«

»Wissen Sie noch, was Sie an dem Tag gemacht haben?«

Uschi Katzenmeier dachte nach und schloss die Augen.

»Es war ein Sonntag im Mai«, sagte sie langsam. »Muttertag. Silke hatte mir von ihrem Taschengeld einen Strauß Blumen gekauft. Darauf war sie sehr stolz.« Frau Katzenmeier öffnete wieder die Augen. »Wir haben auf der Terrasse gefrühstückt und waren danach in der Kirche. Da habe ich Nora zum letzten Mal gesehen. Es war sehr warm, richtig hochsommerlich. Nora trug in der Kirche einen Minirock und ein ärmelloses Top, und ich erinnere mich noch, dass ich zu ihr gesagt habe, diese Kleidung sei für den Kirchgang wohl ein wenig zu freizügig. Nach dem Gottesdienst sind wir zu meiner Schwiegermutter nach Mainz gefahren. Als wir abends wiederkamen, hörten wir, was passiert war. Der ganze Ort war in Aufruhr. Überall war Polizei. Jeder wurde befragt. Und schon am Abend kursierte das Gerücht, eines der Reifenrath-Kinder hätte etwas mit Noras Tod zu tun.«

»Wissen Sie noch, wer Ihnen das erzählt hat?«, wollte Pia wissen.

»Ja!« Frau Katzenmeier wirkte fast ein wenig erstaunt, dass sie sich nach so langer Zeit daran erinnerte. »Frau Wegener rief mich an. Wir kannten uns aus der Kirche und ich war die Klassenlehrerin ihrer Tochter Anja. Ein paar Wochen später ereignete sich eine weitere Tragödie. Ein anderer Pflegesohn nahm sich das Leben. Danach ließ niemand mehr sein Kind zu Reifenraths zum Spielen gehen.«

***

»Mir war nicht bewusst, dass Nora Bartels am Muttertag gestorben ist«, sagte Bodenstein, als sie das Haus von Katzenmeiers verließen und ins Auto stiegen. »Ob das eine Bedeutung hat?«

»Keine Ahnung.« Pia gurtete sich an. »Wir werden wohl kaum noch jemanden finden, der sich daran erinnert, was Theo Reifenrath an den Tagen gemacht hat, als die Frauen verschwunden sind.«

Uschi Katzenmeier hatte sich nicht an den Namen des Jungen erinnert, der sich kurz nach Noras Tod das Leben genommen hatte. Was hatte sich damals in dem großen Haus abgespielt?

»Rita Reifenrath war in Sorge, dass ihr das Jugendamt die Kinder abnehmen würde«, dachte Pia laut. »Trotzdem hat sie sie schlecht behandelt. Warum?«

»Ich denke mal, die Zahlungen vom Sozialamt waren ihre Lebensgrundlage«, antwortete Bodenstein. »Sie hat die Kinder eingeschüchtert, damit die den Mund hielten. Offenbar hat das geklappt.«

»Eine Kindheit auf Zehenspitzen und in einem Zustand ständiger Angst«, sagte Pia. »Es gab keine Person, der sie vertrauen konnten. Wie kann die Psyche eines Kindes so etwas überhaupt unbeschadet überstehen? Ob man herausfinden kann, wer damals beim Jugendamt für diese Kinder zuständig war?«

»Vielleicht finden wir einen Hinweis in den Unterlagen der Pflegekinder.« Bodenstein bog in die Straße ein, in der Anja Manthey, geborene Wegener, wohnte. Während ihres Gesprächs mit Frau Katzenmeier hatte Dr. David Harding Bodenstein eine SMS geschrieben und ihm mitgeteilt, dass er bereits in Stockholm am Flughafen sei und um 15:45 Uhr in Frankfurt landen würde. Bis dahin war noch Zeit genug, um mit Frau Manthey zu sprechen.

Ihr Mann sei Anwalt, hatte Frau Katzenmeier verraten, kein Wald-und-Wiesen-Advokat, sondern Partner in einer amerikanischen Kanzlei für Wirtschaftsrecht. Er verdiene Geld wie Heu und sie lebten in einem Glaspalast in der besseren Wohngegend von Mammolshain, nämlich am Wacholderberg, der höchstgelegenen Straße des kleinen Ortes. Pias frühere Mathelehrerin hatte keine Hausnummer gewusst, aber ihre süffisante Beschreibung war so zutreffend, dass sie das Haus ohne Mühe fanden.

Als Pia auf die Klingel drückte, hob hinter der Tür wütendes Hundegebell an und Bodenstein machte unwillkürlich einen Schritt rückwärts. Die Haustür ging auf, und ein kleiner Jack Russel Terrier zwängte sich kläffend durch den Türspalt.

»Beanie! Aus! Komm her!«, befahl eine Frauenstimme, und tatsächlich verstummte der Hund, schlich aber knurrend und mit gesträubtem Fell um Pia und Bodenstein herum.

»Entschuldigen Sie bitte. Sie hat immer eine große Klappe, aber sie tut nichts. Einfach nicht beachten.« Die Frau war Mitte bis Ende vierzig. Sie trug eine grüne Bluse, eine Jeans und war barfuß. Das lockige aschblonde Haar hatte sie zu einem Pferdeschwanz gebunden, ihr rundes Gesicht war von Sommersprossen übersät. »Was kann ich für Sie tun?«

»Bei dem Gebell hätte ich mindestens einen Rottweiler erwartet«, sagte Pia trocken und hielt der Frau ihren Polizeiausweis hin. Obwohl die Familie erst gestern aus dem Osterurlaub auf den Malediven zurückgekehrt war, hatte Anja Manthey bereits von Theo Reifenraths Tod erfahren.

»Der Dorfklatsch erreicht einen dank WhatsApp auch im letzten Winkel der Welt«, sagte sie, und ihr freundliches Willkommenslächeln erlosch. »Einer unserer Söhne bekam die Nachricht von einem Freund geschickt, der bei der Feuerwehr ist. Aber wie kann ich Ihnen helfen? Ich habe das letzte Mal vor vielleicht zwanzig Jahren mit Theo gesprochen.«

»Wir haben gehört, dass Sie als Kind öfter bei Reifenraths waren«, erwiderte Bodenstein. »Wir möchten uns ein Bild von der Familie machen. Vielleicht können Sie uns etwas erzählen, was uns dabei hilft.«

Er erwähnte weder die Leichenfunde noch das Skelett aus dem Brunnenschacht, denn er befürchtete, dass Frau Manthey sonst nicht mehr unbefangen reden würde.

»Natürlich«, sagte sie. »Lassen Sie uns in den Wintergarten gehen. Bei drei neugierigen Teenagern im Haus haben die Wände Ohren.«

Bodenstein und Pia folgten ihr durch das lichtdurchflutete Haus. Durch die bodentiefen Fenster hatte man einen fantastischen Fernblick. Der Terrier grummelte noch immer vor sich hin, hielt aber Abstand. Der Wintergarten machte seinem Namen alle Ehre. Zwischen meterhohen Topfpalmen, Oleander und blühenden Orangen- und Zitronenbäumen standen gemütliche Loungemöbel, auf denen sie nun Platz nahmen.

»Stört es Sie, wenn ich rauche?«

»Nein.« Bodenstein lächelte, und Anja Manthey nahm ein Päckchen Zigaretten aus der Schublade einer Kommode, auf der sich Töpfe mit Setzlingen drängten. Sie zündete sich eine an und setzte sich im Schneidersitz auf einen der Sessel.

Sie konnte sich gut an die Kinder erinnern. In der Grundschule war sie mit Fridtjof Reifenrath, Joachim Vogt und Ramona Lindemann, die damals Koch geheißen hatte, in einer Klasse gewesen.

»Ich war nachmittags oft bei Reifenraths«, erzählte sie, und ein kurzes Lächeln flog über ihr Gesicht. »Meine Eltern sahen das nicht gerne, aber ich konnte mich oft wegschleichen. Mein Vater war Vorstandsvorsitzender der Hoechst AG, ich lebte als Einzelkind in einem goldenen Käfig. Ich habe mir immer Geschwister gewünscht. Es faszinierte mich, dass es dort so viele Kinder gab. Für mich war das eine Welt, wie ich sie aus meinen *Hanni und Nanni*-Büchern kannte.«

»Hatten Sie den Eindruck, dass die Kinder unglücklich waren? Oder anders als andere Kinder?«

»Damals fiel es mir nicht auf, aber rückblickend denke ich,

dass sie alle … hm … ihre Probleme hatten. Sie benahmen sich nicht wie Kinder, die sich geborgen fühlen. Nichts war für sie selbstverständlich. Wenn sie Frau Reifenrath ›Mutter‹ nannten, klang das irgendwie … nicht echt.«

»Können Sie sich an die Sache mit Nora Bartels erinnern?«, fragte Bodenstein.

»Oh ja! Es war schrecklich! Ich habe Nora gut gekannt. Sie war in der Grundschule in meiner Klasse. Später fuhren wir zusammen mit dem Bus nach Königstein, auch wenn wir in verschiedenen Schulen waren.« Sie nahm einen tiefen Zug von ihrer Zigarette und blickte einen Moment lang versonnen vor sich hin. »Alle Jungs waren verrückt nach Nora, obwohl sie ganz schön fies sein konnte. Auch zu mir, dabei war ich eine Zeit lang ihre beste Freundin. Sie wollte immer das haben, was andere hatten. Und sie konnte es nicht ertragen, wenn sie jemand nicht anbetete.«

Anja Manthey stieß einen tiefen Seufzer aus.

»Indirekt gebe ich mir bis heute die Schuld an ihrem Tod.«

»Wieso das?«

»Es gab einen Jungen, auch einen Pflegesohn von Reifenraths, der fand mich besser als Nora.«

»Claas Reker?«, fragte Pia.

»Ja, genau!« Anja Manthey nickte überrascht. »Dabei ging es Claas gar nicht um mich. Er hatte mitbekommen, wer mein Vater war. Einmal war er zu uns nach Hause gekommen, als meine Eltern nicht da waren. Er ließ sich von mir nicht wegschicken, versuchte mich zu küssen und ist einfach durchs ganze Haus gelaufen. Er hat sich sogar hinter den Schreibtisch meines Vaters gesetzt, was streng verboten war. Danach hat er zu mir gesagt: ›Wenn ich erwachsen bin, heirate ich dich, und dann gehört das hier alles mir.‹ Ich habe deswegen Albträume gehabt.«

»Nora erfuhr davon und wollte Ihnen Claas ausspannen?«

»Ja, so ungefähr. Außerdem wollte Claas mich eifersüchtig machen, was aber nicht klappte. Ich hatte Angst vor ihm. Aber das hatten alle. Er sah nett aus, aber er war … bösartig. Er liebte es, andere einzuschüchtern, zu quälen und zu manipulieren. So etwas wie Gewissensbisse kannte er nicht. Irgendwie passte er zu Nora. Die konnte auch so boshaft sein. Auf jeden Fall war ich nicht überrascht, als es hieß, er hätte Nora umgebracht. Wir waren alle froh, als er weg war.«

»Haben Sie Claas irgendwann wiedergesehen?«, fragte Bodenstein. »Er hat ja eine Weile in der alten Wasserfabrik eine Autowerkstatt betrieben, zusammen mit André Doll.«

»Ich hatte jedes Mal Angst, ihm zu begegnen, wenn ich meine Eltern besucht habe. Damals wohnte ich in Frankfurt.« Anja Manthey schnaubte verächtlich. »Ein paar Mal bin ich ihm über den Weg gelaufen. Und obwohl er frisch verheiratet war, hat er jedes Mal blöde Bemerkungen gemacht. Einmal sagte er, er habe nicht vergessen, dass er mich heiraten wollte. Da stand seine junge Frau neben ihm! Ich fand das einfach unmöglich und erinnerte ihn daran, dass er schon verheiratet sei, aber da winkte er nur ab und sagte: ›Für dich lasse ich mich auf der Stelle von der da scheiden.‹ Als ich mitbekommen habe, dass ihn das Gericht in die Psychiatrie geschickt hat, weil er seine Frau misshandelt hat, dachte ich noch, da hat ihn wohl endlich jemand durchschaut.«

»Was war mit Fridtjof Reifenrath?«, fragte Bodenstein. »Hatte er auch Angst vor Claas?«

»Nein.« Anja Manthey drückte die Zigarette in einem Aschenbecher aus Messing aus und klappte den Deckel zu. »Fridtjof hatte vor niemandem Angst. Im Gegensatz zu Claas hatte er es nicht nötig, irgendwen einzuschüchtern, es hatten sowieso alle Respekt vor ihm. Ein Wort von ihm zu seiner Großmutter und niemand bekam Nachtisch. Wenn er schwimmen wollte, durften nur diejenigen in den Pool, denen er es gestattete. Ärgerte er sich über jemanden, wurde derjenige bestraft. Aber er war konsequent und berechenbar. Mochte er jemanden, dann war das für immer.«

»Joachim Vogt, zum Beispiel?«

»Ja. Jochen war Fridtjofs bester Freund«, bestätigte Anja Manthey. »Fridtjof war früher ... nun ja ... ein fauler Sack.« Sie lachte auf. »Für die Schule machte er gar nichts. Aber er konnte jeden manipulieren, sogar die Lehrer. Er war ein hübscher Kerl und wusste das. Seine Methoden waren subtiler als die von Claas und viel wirkungsvoller. Fridtjof war schon damals der geborene Anführer: angstfrei, cool und irgendwie ... skrupellos. Er machte immer, was er wollte, und alle gehorchten ihm. Trotzdem glaube ich, dass aus ihm nichts geworden wäre, wenn er Jochen nicht gehabt hätte. Jochen war ehrgeizig und hatte kapiert, dass er gut in der Schule sein muss, um etwas zu erreichen. Er zog den faulen Fridtjof immer mit. Die beiden waren wie siamesische Zwillinge. Claas setzte einmal das Gerücht in die Welt, sie wären schwul, und Nora erzählte das überall herum. Wir waren damals dreizehn und wussten gar nicht genau, was das bedeutete. Aber Fridtjof bekam es raus und sagte es seiner Großmutter. Ich weiß nicht, was passiert ist, aber Claas hat nie wieder irgendetwas in dieser Richtung gesagt.«

»Wie ging Rita Reifenrath mit den Kindern um?«

»Sie war streng. Alle hatten großen Respekt vor ihr.« Anja Manthey runzelte die Stirn. »Wahrscheinlich musste sie das sein, sonst wäre das Chaos ausgebrochen. Zu mir war sie sehr nett, aber das lag vielleicht auch an der gesellschaftlichen Position meines Vaters. In meiner Erinnerung war es bei Reifenraths immer lustig. Wir haben Brennball gespielt und im Schwimmbad getobt, Äpfel gesammelt, durften im Gemüsegarten helfen, die Kaninchenställe sauber machen, im Hühnerstall die Eier einsammeln. Das fand ich toll! So etwas kannte ich überhaupt nicht. Einmal im Jahr, immer am Muttertag, gab es ein großes Fest. Das war viel schöner als die steifen und langweiligen Feste meiner Eltern.«

»Wie haben Sie sich mit Theo Reifenrath verstanden?«

»Der war immer brummig und gereizt«, sagte Anja Manthey. »Manchmal, wenn seine Frau nicht in der Nähe war, hat er wüst herumgebrüllt und Schimpfwörter benutzt, das fand ich auf eine aufregende Weise exotisch, denn bei uns zu Hause wurde nie gebrüllt oder geflucht. Einmal, da war ich ungefähr zehn oder elf, durfte ich zusammen mit Ramona, Fridtjof, Jochen und dem Sohn vom Bürgermeister mit Theo in seinem Bus irgendwohin fahren. Ich weiß nicht mehr genau, was das Ziel der Fahrt war. Weit weg war es nicht. Ich hatte noch nie so einen schönen Tag erlebt. Theo spendierte uns Cola und Eis und wir durften Chips essen. Er hat lustige Geschichten erzählt und war wie ausgewechselt. Auf einem Parkplatz durften die Jungs sogar mit dem VW-

Bus herumfahren! Irgendwie war Theo ein Kindskopf, der nie erwachsen geworden ist.«

»Gibt es irgendeine Erinnerung, die Ihnen im Nachhinein vielleicht seltsam erscheint?«, forschte Pia nach.

»Rückblickend war alles seltsam. Ich durfte nie zum Essen bleiben, dabei hätte ich mir das so sehr gewünscht. Jochen sagte mal zu mir, ich solle lieber froh darüber sein, denn es wäre schrecklich. Das habe ich nicht verstanden.«

»Sind Sie auch noch nach Noras Tod bei Reifenraths gewesen?«

»Nein.« Anja Manthey schüttelte den Kopf. »Meine Eltern haben es mir strikt verboten, und ich hielt mich daran, denn mir war plötzlich alles unheimlich. Vielleicht haben Sie schon davon gehört, dass sich Timo drei Wochen später aufgehängt hat? Timo war ein ganz armer Kerl. Das Jugendamt hatte ihn seinen Eltern weggenommen. Er hat immer gehofft, sie würden ihn eines Tages wieder zurückholen, wie es ja durchaus bei einigen Kindern der Fall war. Es wurde gemunkelt, er hätte Nora umgebracht und Angst davor gehabt, dass es rauskäme.«

»Was denken Sie?«

»Nora hatte Timo übel mitgespielt. Er war sehr sensibel und litt unter ihren Gemeinheiten. Aber ich kann mir nicht vorstellen, dass er ihr etwas angetan hat.« Sie zögerte. »Ich dachte damals, dass es André war. Er war ein bisschen jünger als ich, aber er war mir mindestens so unheimlich wie Claas.«

Die Frau verstummte, spitzte nachdenklich die Lippen. Bodenstein und Pia warteten geduldig darauf, dass sie weitersprach.

»Seitdem ich selbst Kinder habe, habe ich viel über die Reifenrath-Kinder, wie man sie hier im Ort nannte, nachgedacht«, fuhr sie nach einer kurzen Pause fort. »Wie es sich anfühlen muss, keine Eltern zu haben, die einen bedingungslos lieben. Was dieses Gefühl mit einem macht. Als Kind hatte ich das nicht begriffen, aber als mir bewusst wurde, warum sie alle bei Theo und Rita lebten, taten sie mir im Nachhinein schrecklich leid, und ich sah vieles plötzlich in einem anderen Licht. Sie waren anders als andere Kinder.« Anja Manthey suchte nach den passenden Worten. »Wie soll ich das beschreiben? Sie waren immer irgendwie … angespannt. Ständig auf der Hut. Sie kämpften um Anerkennung. Heute ist mir klar, dass sie Angst gehabt haben mussten, Fehler zu machen und verstoßen zu werden, wieder ins Heim zu müssen. Andererseits waren sie auch bei Reifenraths nicht glücklich. Timo sagte einmal im Schulbus zu mir, es sei dort wie im Gefängnis, einfach unerträglich.«

»Hat er das präzisiert?«

»Nein.«

»Hatten Sie mit irgendeinem der ehemaligen Pflegekinder später noch Kontakt?«

»Mein Vater hat Fridtjof und Jochen in den Schulferien Jobs bei Hoechst besorgt. Das muss ungefähr Mitte der Achtziger gewesen sein. Als ich sechzehn war, hatte ich einen schweren Unfall. Jochen hat mich besucht, später kamen sie beide in die Rehaklinik und heiterten mich auf. Jahre später hat Jochen mich sogar auf seine Hochzeit eingeladen.« Anja Manthey lächelte. »Er schickt mir übrigens noch immer zu Weihnachten eine Karte. Mein Mann hat ein Faible für Youngtimer. Er besitzt vier Autos, die er von André warten lässt. Und Ramona und Sascha haben wir vor ein paar Wochen zufällig mal in einem Restaurant im Rheingau getroffen. Von allen anderen habe ich nie mehr etwas gehört.«

»Im Rheingau?« Pia horchte auf. »Können Sie sich erinnern, wo genau das gewesen ist?«

»Ja, natürlich.« Anja Manthey nickte. »Im ›Kronenschlösschen‹ in Eltville.«

* * *

Kröger und sein Team hatten das große Haus vom Keller bis zum Dachboden durchsucht und nichts gefunden, was darauf hindeutete, dass Theo Reifenrath Erinnerungen an seine Opfer oder seine Taten irgendwo aufbewahrt hätte. Das Bild, das sich allmählich abzuzeichnen begann, war das eines Mannes, der in seinem Leben nicht viel zustande gebracht hatte und der, nachdem er seine verhasste Ehefrau losgeworden war, in seiner eigenen, kleinen Welt zufrieden gewesen war. Schwer vorstellbar, dass er sich Opfer in Mannheim und Düsseldorf gesucht haben sollte, um sie – tot oder lebendig – durch die Gegend zu transportieren.

»Und diese Sache mit der Folie stört mich«, sagte Pia. »So etwas passt nicht zu jemandem wie Reifenrath.«

»Warum nicht?«, widersprach Bodenstein. »Vielleicht war alles viel simpler, und wir interpretieren zu viel in die Begleitumstände der Taten hinein. Theo Reifenrath hat Karnickel, Hasen und Hühner geschlachtet, das Fleisch in Folie gepackt und eingefroren. Es ist praktisch. Deshalb hat er es mit seinen Opfern genauso gemacht.«

»Aber er hat die Tiere wohl kaum ertränkt«, antwortete Pia. »Und ich glaube, dass es dem Täter genau darum geht. Die Tötungsart ist der Schlüssel. Theo hat seine Frau vielleicht erschossen und vergraben, aber er hatte nichts mit den toten Frauen unter dem Hundezwinger zu tun.«

Sie standen auf einem Parkplatz gegenüber der Wohnsiedlung Mammolshöhe und besprachen ihre Erkenntnisse mit Cem und Kathrin, die mit einigen Anwohnern der Kronthaler Straße gesprochen hatten. Eine ältere Frau gab an, den silbernen Mercedes von Theo am Freitag vor vierzehn Tagen gesehen zu haben.

»Sie war sich ganz sicher«, sagte Kathrin. »Sie hat gerade im Vorgarten Tulpenzwiebeln gesetzt und ein kurzes Schwätzchen mit der Briefträgerin gehalten, die immer gegen elf Uhr vorbeikommt. Dabei will sie das Auto bemerkt haben. Sie hatte sich noch gewundert, weil nicht Ivanka am Steuer saß, die kennt sie nämlich recht gut.«

»Hat sie den Fahrer erkannt?«

»Nein. Aber es war ein Mann. Er ist nach links abgebogen, Richtung Kronberg, deshalb konnte sie nur die Beifahrerseite sehen.«

»Okay.« Pia machte sich eine Notiz.

Außerdem hatten Cem und Kathrin mit Elisabeth Beckmüller, der ehemaligen Direktorin der Grundschule, gesprochen.

»Sie war empört, als wir Andeutungen über die Misshandlungen gemacht haben«, berichtete Cem. »Um ein Haar hätte sie uns rausgeschmissen. Die gute Frau Beckmüller war es nämlich, die der Stadt Königstein vorgeschlagen hat, eine Straße nach Rita Reifenrath zu benennen.«

»Claas Reker kannte sie nicht als Schüler«, fuhr Kathrin Fachinger fort. »Der war schon zu alt für die Grundschule, als er zu Reifenraths kam. Aber fast alle anderen Pflegekinder hat sie unterrichtet und sie gegen die Vorurteile und den Argwohn der anderen Eltern verteidigt.«

»Fridtjof Reifenrath muss ein richtiger kleiner Pascha gewesen sein«, sagte Cem. »Er zettelte Streitigkeiten an, prügelte sich aber nie. Dafür hatte er seine Leute.«

»Joachim Vogt?«, vermutete Pia.

»Oh nein! Er hatte einen weiblichen Bodyguard namens Ramona. Sie muss ziemlich rabiat gewesen sein und prügelte sich mit jedem, der ein schlechtes Wort über ihren angebeteten Fridtjof sagte.«

Das konnte Pia sich gut vorstellen. Ramona Lindemann wirkte wie eine Frau, die sich durchsetzen konnte.

»Von Theo Reifenrath hat Frau Beckmüller nur mit Verachtung gesprochen«, sagte Cem. »Sie meinte, er sei ein Versager gewesen. Antriebslos, faul, dazu jähzornig und großmäulig. Allerdings hielt sie ihm zugute, dass er seine Tochter und später seinen Enkelsohn sehr geliebt hätte. Er und seine Frau hätten einfach nicht zusammengepasst.«

»Das passt ins Bild«, meinte Pia. »Jemandem wie ihm traue ich Affekthandlungen zu, aber keine akribisch geplanten Taten. Ich glaube viel eher, dass es einer von seinen Pflegesöhnen war.«

»Es gibt aber noch jemanden, mit dem wir uns mal unterhalten sollten«, entgegnete Cem. »Frau Beckmüller erzählte uns von einem Vorfall, der sich Ende der 70er- oder Anfang der 80er-Jahre abgespielt haben muss. Es war kurz vor den großen Ferien, sie saß in einer Notenkonferenz, als die Mutter eines Jungen aus der 4. Klasse auftauchte, weil ihr Sohn nach der Schule nicht nach Hause gekommen war. Man rief die Polizei, brach die Konferenz ab und suchte den ganzen Ort ab. Am Abend haben sie den Jungen in einem Bachlauf gefunden. Glücklicherweise war es heiß und der Bach führte kaum Wasser, sonst wäre er womöglich ertrunken.«

»Wieso hätte ertrinken können? War er bewusstlos?«, fragte Bodenstein.

»Das nicht. Aber er war von Kopf bis Fuß in Folie eingewickelt«, erwiderte Cem. »Man hatte nur für Mund und Nase ein Loch in die Folie geschnitten.«

»Das gibt's doch nicht!«, rief Pia. »Und wer hat ihm das angetan?«

»Das hat er wohl nie verraten.« Cem zuckte die Schultern. »Sie hat von der Sache nie mehr etwas gehört, weil der Junge nach den Sommerferien nach Königstein aufs Gymnasium ging.«

»Und wer war das?« Pia bebte innerlich vor Anspannung, wie ein Jagdhund, der die Spur seiner Beute in der Nase hat und nur noch auf das Signal zum Losrennen wartet.

»Der Sohn des damaligen Ortsbürgermeisters. Raik Gehrmann.«

***

Dr. Raik Gehrmann war auf dem Weg zu seinem Stammlokal in Kronberg, um dort zu Mittag zu essen, da er zurzeit Strohwitwer war und keine Lust hatte, selbst zu kochen. Eine Viertelstunde später betraten Pia und Bodenstein den holzgetäfelten Gastraum der Gaststätte, die neben dem Kino an der Einfahrt zur Kronberger Altstadt lag. Der hünenhafte Tierarzt war der einzige Gast. Sie nahmen ihm gegenüber Platz und folgten seinem Beispiel, indem sie beide das Tagesmenü – Tomatensuppe, Hähnchenbrust mit Risotto und Salat und ein Dessert – bestellten.

»Ist nichts Besonderes«, warnte Dr. Gehrmann sie. »Leider wechseln die Pächter seit ein paar Jahren dauernd und mit jedem Neuen wird die Qualität schlechter. Aber für siebzehn Euro kann man ja auch keine Haute Cuisine erwarten.«

Er lächelte freundlich, aber die Sympathie, die Pia bei ihrer ersten Begegnung für ihn empfunden hatte, hatte sich in Misstrauen verwandelt.

»Wie geht es Beck's?«, erkundigte sie sich.

»Der ist auf dem Weg der Besserung und zieht heute Abend zu Scheithauers«, antwortete der Tierarzt. Die junge Bedienung servierte die Tomatensuppe, ohne eine Miene zu verziehen, und nuschelte etwas, das sich mit viel Wohlwollen als »Guten Appetit« interpretieren ließ.

»Das ging ja fix.« Bodenstein faltete die Papierserviette auseinander.

»Wenn das Radio nicht läuft, hört man das Klingeln der Mikrowelle aus der Küche.« Dr. Gehrmann entkräftete die kleine Boshaftigkeit mit einem Augenzwinkern.

»Ramona Lindemann hat uns gleich auf die Nase gebunden, dass Beck's angeblich sehr wertvoll ist.« Pia aß einen Löffel Suppe, die nur lauwarm war und in der Tat wie aufgewärmte Dosensuppe schmeckte. »Ich habe gedacht, sie würde ihn haben wollen.«

»Bisher hat sich bei mir niemand nach ihm erkundigt«, sagte Dr. Gehrmann und bröckelte eine Scheibe Toast in seine Suppe. »Bei Jolanda und ihrer Familie ist er gut aufgehoben. Aber Sie sind doch sicher nicht wegen Beck's hier. Was kann ich für Sie tun?«

»Uns ist zu Ohren gekommen, dass Sie vor vielen Jahren Opfer eines Anschlags waren«, erwiderte Bodenstein und ließ es beiläufig klingen.

»Eines Anschlags?«, fragte Dr. Gehrmann verständnislos. »Nicht dass ich wüsste. Wer erzählt denn so etwas?«

»Es liegt schon ein paar Jahre zurück. Sie waren damals in der vierten Klasse. Jemand wickelte Sie in Folie ein und legte Sie im Bach ab.«

»Ach Gott, *die* Sache!« Der Tierarzt lachte und machte eine wegwerfende Handbewegung. »Das war doch nur ein Kinderstreich!«

»Es muss schrecklich gewesen sein!«, sagte Pia mitfühlend. »Haben Sie keine Panik gekriegt? Wie lange haben Sie da gelegen, ohne sich bewegen zu können?«

»Ich kann mich ehrlich gesagt kaum noch daran erinnern«, behauptete Gehrmann.

»Wirklich nicht?« Pia, die die Erfahrung gemacht hatte, dass Leute es ganz und gar nicht ehrlich meinten, wenn sie »ehrlich gesagt« sagten, legte den Kopf schräg. »Ich war neun, als mein Bruder und seine Freunde mich mal in einen Schlafsack gesteckt und den Reißverschluss zugezogen haben. Zuerst habe ich versucht, ruhig zu bleiben, aber dann habe ich Platzangst bekommen und mir vor Angst in die Hose gemacht. Ich war höchstens eine halbe Stunde da drin, aber seitdem kann ich es nicht einmal mehr ertragen, wenn mir nachts die Bettdecke über den Kopf rutscht!« Pia schauderte bei der Erinnerung. »In Folie gewickelt in einem *Bach* zu liegen und zu befürchten, ertrinken zu müssen, stelle ich mir entsetzlich vor!«

Raik Gehrmann hielt den Löffel eine Sekunde zu lange in der Luft, bevor er ihn sich in den Mund schob. Pia wusste, dass er log, als er weitersprach.

»Ich habe einfach nicht mehr drüber nachgedacht«, sagte er und aß weiter.

»Warum haben Sie damals nicht gesagt, wer Ihnen das angetan hat?«, wollte Pia wissen.

»Weil ich keine Petze sein wollte. Wir haben das unter uns geklärt und damit war es gut.«

»Würden Sie es uns denn heute verraten?«, fragte Pia.

»Wenn es für Sie wichtig ist, natürlich.« Dr. Gehrmann löffelte seinen Teller leer, wischte sich den Mund ab und lehnte sich zurück, wobei sein Bauch die Tischkante berührte. »Sie waren zu zweit, und ich hatte schon damit gerechnet, denn dieser Aktion ging ein Streit voraus, der seit Wochen geschwelt hatte. Sascha und André lauerten mir nach der Schule auf und fielen über mich her.«

»Sascha Lindemann und André Doll?«

»Genau.«

»Wo ist das passiert?«

»An einem Kleingartengrundstück, das meinem Opa gehörte.« Für jemanden, der sich ganz ehrlich gar nicht mehr an das Ereignis erinnern konnte, waren seine Erinnerungen erstaunlich präzise.

»Und worum ging es bei dem Streit?«

»Ich weiß es nicht mehr.«

»Vielleicht um Nora Bartels?«

»Möglich. Wir stritten uns ständig wegen irgendetwas, was Nora gesagt oder getan hatte.« Gehrmann wischte mit dem zweiten Toast den Teller aus. »Sie liebte nichts mehr, als Zwietracht zu säen.«

»Wer könnte sie umgebracht haben?«

Der Tierarzt setzte gerade zu einer Antwort an, als zu Bodensteins Verärgerung die miesepetrige Bedienung mit dem Hauptgericht erschien. Sie bemerkte, dass sie die Suppentassen noch nicht abgeräumt hatte, rollte genervt die Augen und stellte die Teller einfach auf dem Nachbartisch ab.

Die Hähnchenbrust war Convenience, das Risotto wässrig, die Soße schmeckte nach Geschmacksverstärker und Essig. Der Koch schien alles daranzusetzen, seine Gäste zu vergraulen. Nach zwei Bissen schob Pia den Teller zur Seite.

»Um auf Ihre Frage zurückzukommen«, sagte Dr. Gehrmann, den die bescheidene Qualität des Essens nicht zu stören schien, »ich habe keine Ahnung. Wahrscheinlich war es Claas Reker, auch wenn er es bestritten hat. Andererseits konnte Nora einen bis aufs Blut reizen. Es gab wohl keinen Jungen in Mammolshain, den sie nicht gedemütigt hatte. Im Prinzip kann es jeder gewesen sein.«

»Waren Sie häufig bei Reifenraths zu Hause?«

»Ja. Ich war mit Fridtjof und Joachim befreundet. Außerdem war mein Vater der beste Kumpel von Theo.«

Pia hielt es für besser, ihn nicht daran zu erinnern, was er ihr am Mittwoch erzählt hatte. Seine Aussage, er habe Theo kaum gekannt, war auf jeden Fall eine glatte Lüge gewesen.

»Wie haben Sie sich mit Rita verstanden?«

»Gut. Sie war immer nett zu mir.«

Das wiederum glaubte Pia. Raik Gehrmann war der Sohn des Ortsbürgermeisters gewesen, Anja Mantheys Vater ein hohes Tier bei der Hoechst AG. Es konnte Rita nur gefallen haben, dass ihr Enkelsohn mit den Kindern solcher Persönlichkeiten befreundet gewesen war.

»Wusste Theo, was Rita mit den Kindern gemacht hat?« Pia lauerte auf Gehrmanns Reaktion, die prompt erfolgte. In seinen Augen glomm plötzlich Unbehagen auf.

»Was meinen Sie?«, wich er aus.

»Zur Strafe im Badewasser untertauchen. In die Kühltruhe sperren. Eine Plastiktüte über den Kopf ziehen.«

»So etwas machte nicht Rita, sondern Claas!« Dr. Gehrmann

zog die Augenbrauen so stark zusammen, bis sie sich über seiner Nasenwurzel trafen.

»Weil er es von Rita gelernt hatte.«

»Unsinn!« Er schüttelte den Kopf. »Davon hätte man doch was mitkriegen müssen!«

»Sie glauben doch nicht, dass Kinder, die befürchten mussten, wieder im Heim zu landen, sich über irgendetwas beklagt hätten!«

Gehrmann antwortete nicht darauf, stattdessen schaufelte er sein Essen in Rekordzeit in sich hinein und futterte zusätzlich noch die vier Toastscheiben weg, die Bodenstein und Pia nicht gegessen hatten. Eine Minute lang sagte niemand etwas.

»Sascha hatte sich das mit der Folie ausgedacht.« Der Tierarzt rülpste hinter vorgehaltener Hand. »Es war eine Art Mutprobe. Wir wickelten uns öfter mal gegenseitig ein. Wer es am längsten aushielt, hatte gewonnen.«

Er gab der Bedienung, die hinter dem Tresen stand und auf ihrem Smartphone herumtippte, ein Zeichen.

»Das heißt, es ging gar nicht um Nora, als man Sie in den Bach legte?«, hakte Pia nach.

»Nein. Das hatte mit ihr nichts zu tun.« Auf einmal hatte er es eilig. Er wandte sich zum Tresen um. »Hallo! Die Rechnung, bitte!«

»Lebt Ihr Vater eigentlich noch?«, fragte Bodenstein.

»Ja.« Gehrmann unterdrückte einen weiteren Rülpser. »Aber falls Sie vorhaben sollten, mit ihm zu reden, dann haben Sie schlechte Karten. Er ist im Kursana in Königstein. Auf der Demenzstation.«

***

»Die Geschichte mit dem Schlafsack hast du mir noch nie erzählt«, sagte Bodenstein zu Pia, als sie wieder im Auto saßen.

»Das ist ja auch nie passiert«, erwiderte sie und checkte ihr Smartphone. Keine neuen Nachrichten.

»Was?« Bodenstein warf ihr einen irritierten Seitenblick zu.

»Das habe ich von Tariq gelernt.« Pia grinste. »Willst du etwas aus jemandem herauskitzeln, dann musst du einfach so tun, als hättest du etwas ganz Ähnliches erlebt. Damit suggerierst du Mitgefühl. Meistens funktioniert es.«

»Das ist ja raffiniert!« Bodenstein schüttelte den Kopf. »Ts, ts.«

»Gehrmann war irritiert und hat sich daraufhin in seinen Lügen verstrickt«, sagte Pia. »Von all dem, was er uns erzählt hat, glaube ich ihm nur, dass sein Vater dement ist. Wir sollten den Mann auf jeden Fall besuchen. Manchmal haben demente Menschen lichte Momente. Vielleicht kennt er den Grund, warum Theo Reifenrath seinen Sohn zum Alleinerben eingesetzt hat.«

»Du hast recht.« Bodenstein blickte auf die Uhr im Armaturenbrett. »Aber jetzt müssen wir zuerst zum Flughafen. Hardings Maschine landet in einer Dreiviertelstunde.«

Ein Anruf bei Frau Scheithauer genügte, und Pia wusste, dass Raik Gehrmanns Ehefrau Ärztin war. Sie hatten keine Kinder und wohnten in seinem Elternhaus in Mammolshain. Pia rief die Website des Tierarztes auf. Neben den üblichen Hinweisen zu Öffnungszeiten, angebotenen Leistungen, diversen Links und Fotos der Praxis stieß Pia auf eine Kurzvita des Arztes.

»Ach, was für ein Zufall!«, sagte sie, als sie die Limesspange Richtung Liederbach entlangfuhren. »Er hat von 1992 bis 1995 als Veterinär auf der Tierstation des Flughafens gearbeitet!«

»Wieso Zufall?«

»Annegret Münch war Stewardess!«, erinnerte Pia ihren Chef.

»Was geht dir durch den Kopf?«, fragte Bodenstein.

»Hältst du Theo Reifenrath noch für unseren Mörder?«, antwortete sie mit einer Gegenfrage.

»Im Moment gibt es kein Indiz, das dagegen spricht«, gab Bodenstein zu bedenken. »Alle unsere Zweifel sind bisher nur Spekulation.«

»Das stimmt. Aber wie soll der alte Mann eine junge Frau wie Jana Becker überwältigt, ertränkt und in Folie gewickelt in einen Weinberg geschleppt haben?«

»Wer weiß, ob er sie überhaupt überwältigen musste«, sagte Bodenstein, als sie an der Rhein-Main-Therme vorbeifuhren. »Vielleicht hat er sie ausgetrickst. Ein alter, gebrechlicher Mann wirkt auf junge Menschen harmlos. Ted Bundy täuschte Verletzungen vor, um sich seinen Opfern nähern zu können.«

»Tariq sagte heute Morgen, wenn unser Killer womöglich jedes Jahr am Muttertag einen Menschen getötet hat, dann könnten wir im schlimmsten Fall mit 26 Opfern rechnen.«

Serienmörder schienen ein Phänomen großer Flächenländer wie den USA, Russland oder Südamerika zu sein. Dennoch gab es auch hierzulande viele Todes- und Vermisstenfälle, die nie aufgeklärt wurden. Der Fall Seel aus Schwalbach hatte gezeigt, dass ein psychisch kranker Serientäter durchaus in der Lage sein konnte, sich in die Gesellschaft zu integrieren und ein unauffälliges Leben zu führen.

»Die Opfer von Manfred Seel gehörten alle einer Hochrisikogruppe an, an die vergleichsweise leicht heranzukommen ist«, sagte Bodenstein, als hätte er Pias Gedanken gelesen. »Sie waren Prostituierte oder Landstreicherinnen, die niemand so schnell vermisst hat.«

»Das ist hier anders. Aber nach welchen Gesichtspunkten sucht sich unser Täter seine Opfer aus?«, überlegte Pia. »Ich erkenne kein Beuteschema. Die Frauen sehen sich nicht ähnlich, sind unterschiedlich alt, kommen aus verschiedenen sozialen Schichten. Wo sind ihre Gemeinsamkeiten? Wir haben eine Stewardess, eine Verwaltungsangestellte, eine Bankerin, eine Studentin und eine Friseurin. Die einzigen Parallelen sind die abgestellten Autos, die fehlenden Autoschlüssel und die Tatsache, dass der Täter immer kurz vor oder am Muttertag zuschlägt.«

»Lass uns das gleich mit dem Profiler besprechen«, schlug Bodenstein vor. Pias Telefon summte. Es war Kai. Sie aktivierte ihr Bluetooth, und die Stimme ihres Kollegen drang aus dem Lautsprecher.

»Claas Reker arbeitet am Flughafen«, teilte Kai ihnen mit.

»Woher weißt du das?«, fragte Pia überrascht.

»Ich habe rausgefunden, wer bei dem Wiederaufnahmeverfahren sein Anwalt war. Den habe ich angerufen und ihm gesagt, wir müssten wegen einer Erbangelegenheit mit Reker sprechen. Daraufhin war er ausgesprochen auskunftswillig. Wahrscheinlich hofft er, dass sein früherer Mandant einen Batzen Geld erbt, denn Reker hat doch glatt vergessen, seine Rechnung von knapp 10 000 Euro zu bezahlen.«

»Interessant. Er braucht also Geld.« Pia dachte sofort an den EC-Karten-Räuber. »Alles klar, danke!«

»Moment, es kommt noch mehr«, sagte Kai. »Ich habe mal ein bisschen über Claas Reker recherchiert. Im Internet gibt es jede Menge Informationen, sogar Mitschriften der Prozesse. Sein Fall hat ja hohe Wellen geschlagen, ähnlich wie der von Gustl Mollath vor ein paar Jahren. Wusstest du, Pia, dass Kim damals die Gutachten verfasst hat, die ihn in die Psychiatrie gebracht haben?«

»Nein, das habe ich nicht gewusst.« Pia verspürte einen Stich der Besorgnis. Sie verdrängte gerne, dass ihre Schwester als ärztliche Direktorin einer forensisch-psychiatrischen Klinik viele Jahre mit kranken Schwerstverbrechern zu tun gehabt hatte.

»Ich fürchte, das Landgericht rückt die Gutachten über Reker nicht so einfach raus. Dazu brauchen wir wohl einen Beschluss. Soll ich den Staatsanwalt anrufen?«

»Nein, lass mal«, erwiderte Pia. »Ich versuche, über Kim an die Gutachten zu kommen.«

Pia schaltete das Bluetooth wieder aus, bevor sie Kims Nummer wählte, weil sie nicht wollte, dass Bodenstein mithörte, falls sie von Kim eine Abfuhr bekam.

Hier ist die Mailbox von Kim Freitag. Bitte hinterlassen Sie nach dem Ton eine Nachricht. Pia wartete den Piepton ab, dann bat sie ihre Schwester, sie so bald wie möglich zurückzurufen.

Vor ihnen tauchten die Gebäude des Flughafens auf. Bodenstein folgte den Schildern zum Terminal 1 und nahm die mittlere Spur Richtung Abflug. Dort bog er auf den Parkplatz Z ein, statt ins Parkhaus zu fahren. Er hatte seine Exfrau früher häufig zum Flughafen gefahren und kannte die kürzesten Wege zu den Gates. Der Flug aus Stockholm war bereits gelandet, als sie mit der Rolltreppe hinunter in die Ankunftshalle fuhren.

»Ich habe mir auf YouTube Videos von Dr. Harding angeschaut«, sagte Pia. »Ich hatte die Sorge, wir bräuchten einen Dolmetscher, aber er spricht beinahe akzentfrei Deutsch.«

Eine Flugzeugladung Passagiere strömte in die Ankunftshalle und die Menge der Abholer dezimierte sich schlagartig um drei Viertel. Nach ein paar Minuten kamen die ersten Passagiere des nächsten Fluges durch das Gate.

»Ich glaube, er ist in Deutschland aufgewachsen.« Bodenstein studierte die Preisliste der Tasty Donuts Coffee Bar. Er hatte sich der unverschämten Preise wegen noch nie am Flughafen etwas zu essen gekauft, aber seine Lust auf Süßes nach dem kaum genießbaren Mittagessen brachte seine Prinzipien ins Wanken. Gerade als er sich dazu entschlossen hatte, einen Donut mit Zimtfüllung und Zuckerglasur zu kaufen, rammte Pia ihm ihren Ellbogen in die Seite.

»Da ist er!« Sie hob die Hand, um einen Mann auf sich aufmerksam zu machen, der gerade aus dem Gate gekommen war und sich suchend umblickte. Dr. David Harding kam lächelnd auf sie zu, einen Rollkoffer hinter sich herziehend. Mit seiner spiegelnden Glatze, dem sandfarbenen Haarkranz und einem dicken Schnauzer sah er aus, als wäre er geradewegs der amerikanischen Uralt-Polizeiserie »Die Straßen von San Francisco« entsprungen. Er trug einen altmodisch geschnittenen Dreiteiler in Braun, dazu ein kanariengelbes Hemd und die hässlichste Krawatte, die Bodenstein je gesehen hatte.

»Guten Tag«, sagte er. »Vielen Dank, dass Sie mich abholen.«

»Wir haben zu danken, dass Sie so schnell herkommen konnten«, erwiderte Pia und schüttelte dem Profiler lächelnd die Hand. »Ich bin Pia Sander.«

»Kims große Schwester.« Harding musterte sie eingehend. »Die Ähnlichkeit ist unverkennbar. Schön, dass wir uns kennenlernen.«

»Der Anlass ist leider nicht erfreulich, aber ich freue mich, dass wir uns wiedersehen«, sagte Bodenstein. »Hatten Sie einen guten Flug?«

»Ja, danke. Im Flugzeug gab es allerdings nur einen Müsliriegel und bräunliches Wasser, von dem sie behauptet haben, es sei Kaffee«, entgegnete Harding. »Wollen wir ein Sandwich essen und einen richtigen Kaffee trinken, bevor wir loslegen?«

»Sehr gute Idee.« Bodenstein grinste. Den Beleg würde er später in die Spesenabrechnung stecken.

Ein paar Minuten später saßen sie in einer der Sitzecken der Coffee Bar und erfuhren, weshalb Harding so perfekt Deutsch sprach. Er war 1953 in Frankfurt geboren, weil sein Vater ein hohes Tier beim US-Geheimdienst in Europa gewesen war. Harding und sein jüngerer Bruder waren einige Jahre auf die Frankfurt American High School gegangen, hatten aber auch viele deutsche Freunde gehabt, bevor seine Familie durch Versetzung des Vaters nach Paris, London und schließlich zurück in die USA gezogen war. Er selbst war als Militärpolizist nach einem Einsatz in Vietnam Anfang der 70er-Jahre zurück nach Deutschland gekommen, wo er seine Frau, eine Deutsche, kennengelernt hatte. Sein Interesse an der Verhaltensanalyse war durch den bestialischen Mord an einer jungen amerikanischen Zivilistin in Frankfurt geweckt worden. Ihren Mörder, einen US-Soldaten, der später noch weitere Morde an Frauen gestand, hatte er in seiner Eigenschaft als Militärpolizist in die USA eskortieren müssen. Dabei hatte er die Gelegenheit gehabt, mit dem Mann zu sprechen. Wenig später hatte er die Army verlassen, um Psychologie und Kriminalistik zu studieren, danach war er zum FBI nach Quantico gegangen und dort zum Mitbegründer der Behavioral Analysis Unit geworden.

»Scott Andrews war der erste Serienkiller, mit dem ich gesprochen habe«, sagte Harding und tupfte sich mit einer Papierserviette den Mund ab. »Und durch diese Begegnung musste ich meine Meinung revidieren, dass Verbrecher am Aussehen zu erkennen seien. Andrews war auf den ersten Blick ein netter Kerl: gut aussehend, sportlich, liebenswürdig, höflich. Er hatte jede Menge Kumpel und war ein guter Soldat, der mit einem Haufen Auszeichnungen aus Vietnam zurückgekommen war. Man merkte ihm nicht sofort an, dass er ein Psychopath mit einer ausgeprägten narzisstischen Persönlichkeitsstörung war.«

»Wir haben Zweifel daran, dass Theodor Reifenrath die Morde begangen hat«, sagte Pia. »Denken Sie, dass er einen Helfer gehabt haben könnte?«

»Das ist durchaus möglich«, erwiderte Harding. »Ihnen ist doch sicher der Name Jack Unterweger ein Begriff, oder? Er war der Sohn eines US-Soldaten und einer Wiener Prostituierten, wuchs bei seinem Großvater auf, mit dem er gemeinsam Raubzüge unternahm.«

»Es gibt einen Pflegesohn, Claas Reker, der als Junge verdächtigt wurde, ein Nachbarmädchen ertränkt zu haben. Man konnte ihm nichts nachweisen. Später, als Erwachsener, wurde ihm eine paranoide Psychose und wahnhafte Eifersucht attestiert. Er hatte seine Ehefrau misshandelt und über Tage hinweg gefangen gehalten. Das Gericht schickte ihn jedoch nicht ins Gefängnis, sondern in den Maßregelvollzug, aus dem er im Februar nach einem Wiederaufnahmeverfahren wegen eines Verfahrensfehlers ohne Auflagen entlassen wurde.«

Harding runzelte die Stirn.

»Was genau versteht man eigentlich unter einer paranoiden Psychose?«, wollte Bodenstein wissen.

»Eine paranoide Psychose ist in erster Linie eine falsche Wahrnehmung der Realität«, antwortete Dr. Harding. »Häufig liegt bei einer solchen Erkrankung ein Persönlichkeitstyp vor, der von Misstrauen geprägt ist, Handlungen anderer Menschen immer auf sich selbst bezieht und schnell als feindlich oder abwertend interpretiert. Typisch für eine wahnhafte Störung sind Rechthaberei, ein überhöhtes Selbstwertgefühl und eine übertriebene Ich-Bezogenheit. Als Folge ihres Misstrauens sind sie häufig sozial isoliert.«

»Reker war früher Bauingenieur, dann war er Mitinhaber einer Autowerkstatt.«

»Nicht alle psychopathisch veranlagten Charaktere sind zwangsläufig Kriminelle, dazu bedarf es einer Co-Morbidität, wie zum Beispiel Sadismus«, sagte Harding. »Es gibt den sogenannten ›erfolgreichen Psychopathen‹, den man ziemlich häufig als Chirurg, Schauspieler, Pilot, Anwalt oder in Führungspositionen findet. Solche Menschen sind in Krisensituationen in der Lage, ruhig, fokussiert und handlungsfähig zu bleiben, wo andere kopflos werden und durchdrehen. Darüber hinaus erkennen Psychopathen sofort die Schwächen anderer und können präzise antizipieren, was von ihnen erwartet wird. In vielen Jobs ist genau diese Eigenschaft eine Voraussetzung für Erfolg. Der kanadische Kriminalpsychologe Robert Hare behauptet, dass Personalchefs gerne psychopathische Verhaltensweisen wie Dominanz und Manipulation als Führungsqualitäten missdeuten.«

»Claas Reker soll als Jugendlicher seine Pflegegeschwister gefoltert haben«, sagte Pia. »Er hat einen anderen Jungen in eine

Tiefkühltruhe gesperrt und die anderen Kinder terrorisiert, indem er sie in der Badewanne untergetaucht oder ihnen nachts, wenn sie schliefen, Plastiktüten über den Kopf gezogen hat. Das waren angeblich alles gebräuchliche Strafmaßnahmen seiner Pflegemutter, die er sich zu eigen gemacht hatte.«

»Er stammt aus schwierigen sozialen Verhältnissen, wie übrigens alle Pflegekinder, die von Reifenrath und seiner Frau aufgenommen wurden«, ergänzte Bodenstein. »Reker wuchs in Heimen und bei verschiedenen Pflegefamilien auf, wo er nie lange blieb, weil er wohl extrem aggressiv war. Seine Pflegegeschwister hatten Angst vor ihm.«

»Das klingt ganz nach dem klassischen Werdegang eines gefährlichen Psychopathen«, urteilte Dr. Harding. »Emotionale Vernachlässigung oder Misshandlung sind ungemein starke traumatische Erlebnisse, gerade wenn ein Kind sie vor seinem dritten Lebensjahr erlebt. Solche Erfahrungen können zu hirnmorphologischen Veränderungen führen, zum Beispiel im präfrontalen Cortex, dem Frontallappen der Großhirnrinde, der als Sitz der Persönlichkeit gilt und verantwortlich für die Steuerung von Emotionen ist.«

Sie hatten ihren Imbiss beendet und machten sich auf den Weg zum Auto.

Die Assistentin von Dr. Engel hatte im Dorint-Hotel am Main-Taunus-Zentrum ein Zimmer für Dr. Harding reserviert, aber der Profiler brannte darauf, mehr über die Opfer zu erfahren, deshalb fuhr Bodenstein die A66 weiter in Richtung Wiesbaden. Aus alter Gewohnheit wandte Pia, nachdem sie das Einkaufszentrum passiert hatten, den Kopf nach rechts und erhaschte einen Blick auf den Birkenhof, der noch genauso aussah wie immer. Beim Anblick des kleinen Reitplatzes und der leeren Koppeln mit den weißen Zäunen befiel sie eine jähe Wehmut.

»Eine 42-jährige Frau aus der Nähe von Düsseldorf, eine 21-jährige aus Mannheim, eine 32-jährige aus Walldorf«, zählte Bodenstein auf. »Wo sind die Gemeinsamkeiten? Sind das alles Zufallsopfer, über die er hergefallen ist, einfach, weil sie ihm einen Tag vor dem Muttertag über den Weg liefen?«

»Ich erkenne bisher auch noch nichts, was sie verbindet, mal abgesehen davon, dass es alles Frauen sind«, räumte Dr. Harding ein. »Aber es muss irgendein Muster geben. Ich glaube, er sucht sich seine Opfer gezielt aus. Eine Grundregel der Viktimologie besagt, dass sich Täter und Opfer meistens kennen, selbst wenn es nur kurz und oberflächlich ist. Haben Sie schon mit Angehörigen der Opfer gesprochen?«

»Bis jetzt noch nicht.« Pia verscheuchte energisch jeden Gedanken an den Birkenhof.

»Das muss so schnell wie möglich geschehen«, sagte Dr. Harding. »Wir brauchen so viele Informationen über die Opfer, wie wir bekommen können.«

»Die Fallakten der drei Opfer, die wir unter dem Hundezwinger gefunden haben, liegen uns schon vor.« Bodenstein setzte den Blinker und nahm die Ausfahrt Hofheim-Nord. »Bei den Fällen, auf die wir in der Datenbank für ungeklärte Morde gestoßen sind, brauchen wir Ihre Hilfe. Wir sind uns ziemlich sicher, dass sie dieselbe Täterhandschrift tragen, aber Ihr Urteil ist uns wichtig.«

Vor dem Tor der Kriminalinspektion standen Übertragungswagen von regionalen Fernseh- und Radiosendern. Einige Reporter, die Pia und Bodenstein von anderen Fällen und Pressekonferenzen kannten, hofften auf Neuigkeiten und den ein oder anderen O-Ton. Bodenstein ließ das Auto im Schritttempo auf sie zurollen, sie traten zur Seite und lamentierten enttäuscht, als er den Kopf schüttelte.

Es war zwanzig nach sechs, als sie das Gebäude betraten und die Sicherheitsschleuse passierten.

»Frau Dr. Engel möchte euch sprechen«, teilte ihnen der Kollege mit, der hinter der Panzerglasscheibe an der Pforte saß, und drückte auf den Türöffner.

»Alles klar, danke!« Pia nickte. Kim hatte ihre Nachricht noch nicht gelesen. Vielleicht wusste die Engel, wo sie war und weshalb sie nicht ans Telefon ging. Auf dem Weg in den ersten Stock bereitete Pia Dr. Harding auf ihre Chefin vor.

»Sie beurteilt jeden Menschen und jede Entscheidung ausschließlich nach strategischen Gesichtspunkten«, sagte sie und fragte sich gleichzeitig, ob er wohl wusste, dass Kim und Nicola Engel ein Paar waren. »Im Prinzip ist sie eher Politikerin als Polizistin. Sie wird freundlich sein, aber Druck ausüben.«

»Das klingt so, als wäre sie im Führungsstab des FBI«, antwortete Dr. Harding trocken. »Machen Sie sich deswegen keine Sorgen. Ich bin seit vierzig Jahren gewohnt, bei meiner Arbeit auf Misstrauen und Gegenwind zu stoßen.«

»Dann ist's ja gut.« Pia drückte mit der Schulter die Feuerschutztür zum Flur auf. »Man darf sich von ihr nur nicht einschüchtern lassen.«

* * *

Die Kriminaldirektorin erwartete sie bereits in der geöffneten Tür ihres Büros und begrüßte Dr. Harding mit einer aufgesetzten Freundlichkeit, die sofort Pias Misstrauen weckte.

»Vielen Dank, dass Sie so schnell hergekommen sind«, sagte sie, als sie die mit Leder gepolsterte Tür hinter ihnen geschlossen hatte. »Es ist uns eine große Ehre, mit Ihnen zusammenzuarbeiten. Im Innenministerium ist man allerdings skeptisch. Man sähe es verständlicherweise lieber, wenn wir auf die Kollegen der OFA vom LKA zurückgreifen würden. Aber ich habe mich durchgesetzt, allerdings – und das muss ich wohl nicht extra betonen – stehen wir unter verschärfter Beobachtung.«

»Und das bedeutet?«, fragte Pia, die mit genau so etwas gerechnet hatte.

»Dass wir schnelle Erfolge brauchen.«

»Deswegen ist Dr. Harding ja mit an Bord«, sagte Bodenstein.

»Genau das möchte ich lieber nicht nach draußen kommunizieren«, entgegnete die Kriminaldirektorin. Die oberflächliche Höflichkeit verschwand und machte professioneller Entschlossenheit Platz. »Bisher wissen nur eine Handvoll Leute im Innenministerium und der Polizeipräsident von Ihnen, Dr. Harding. Es könnte zu erheblichen Verstimmungen führen, wenn beim LKA bekannt wird, dass wir die Abteilung Operative Fallanalyse übergangen haben.«

»Das ist für mich kein Problem.« Dr. Harding lächelte verbindlich. »Ich bin, was das betrifft, völlig uneitel und habe überhaupt nichts dagegen, wenn Sie Ihre Fachleute hinzuziehen. Ich arbeite immer eng mit den örtlichen Polizeibehörden zusammen und betrachte eine solche Ermittlung nicht als Wettbewerb, sondern als die Arbeit eines Teams, in dem jeder seinen Platz kennt und maximalen Einsatz bringt.«

Nicola Engel musterte ihn abschätzend. Wahrscheinlich wägte sie ab, was seine Worte in Bezug auf die Forderungen des Innenministeriums bedeuteten und ob es Sinn machte, zusätzlich Fallanalytiker des Landeskriminalamts in Anspruch zu nehmen. Wie Pia sie kannte, würde sie das nur äußerst ungern tun, denn ihre Chefin verbuchte Erfolge gerne für sich. Längst hatte sie die Pressewirksamkeit des Falls erkannt, im positiven wie im negativen Sinne.

»Gut«, sagte sie. »Dann nochmals vielen Dank und viel Erfolg. Herr von Bodenstein und Frau Sander, ich möchte kurz mit Ihnen unter sechs Augen sprechen.«

Dr. Harding nickte und verließ das Büro.

»Was weiß er von den bisherigen Ermittlungen?«, fragte die Kriminaldirektorin, als sie unter sich waren.

»Alles, was auch wir wissen«, erwiderte Bodenstein. »Er hat eine unglaublich rasche Auffassungsgabe und ist …«

»Ja, ja, das glaube ich.« Nicola Engel brachte ihn mit einer herrischen Geste zum Schweigen. »Allerdings erscheint mir seine Anwesenheit überflüssig. Wie ich Ihnen schon gestern sagte, halte ich den Fall für so gut wie aufgeklärt.«

»Wie bitte?«, riefen Pia und Bodenstein wie aus einem Mund.

»Wir kennen den Täter und er ist tot. Damit hat er sich der Strafverfolgung erfolgreich entzogen«, sagte Dr. Engel. »Die Opfer sind identifiziert, die Hinterbliebenen können benachrichtigt werden.«

Pia traute ihren Ohren nicht.

»Wir haben Zweifel daran, dass Theodor Reifenrath tatsächlich der Täter gewesen ist«, widersprach Pia. »Das haben wir Ihnen gestern schon versucht zu erklären und …«

»Gibt es irgendwelche Indizien, die Ihre Zweifel begründen, außer der schwammigen Ausrede, er sei zu alt gewesen, um eine junge Frau zu überwältigen?« Dr. Nicola Engel sah Pia mit hochgezogenen Augenbrauen an. »Oder handelt es sich mal wieder um eines Ihrer berüchtigten ›Bauchgefühle‹?«

Der überhebliche Unterton brachte Pias Blut zum Kochen. Sie hatte eine ganze Weile wirklich gut und konstruktiv mit Nicola

Engel zusammengearbeitet, aber seit ein paar Wochen war diese unterschwellige Aggressivität aus früheren Zeiten wieder da, und Pia fragte sich nach dem Grund. Sie selbst war sich keiner Schuld bewusst.

»Seit heute Morgen wissen wir von zwei weiteren ungeklärten Morden aus den Jahren 1988 und 2012, die mit der Vorgehensweise unseres Täters übereinstimmen«, antwortete sie. »Wir halten es für möglich, dass Reifenrath, wenn er der Täter ist, seine Taten möglicherweise nicht alleine begangen hat und dass sein Helfer oder Mittäter noch immer auf der Suche nach neuen Opfern sein könnte. Diese Mordserie ist unter Umständen noch nicht beendet.«

»Können Sie mir bitte erklären, was Dr. Fridtjof Reifenrath mit der ganzen Sache zu tun hat?«, wollte die Kriminaldirektorin wissen und funkelte Pia verärgert an.

»Er ist der einzige Blutsverwandte des Toten«, entgegnete Bodenstein an Pias Stelle.

»Steht er unter Tatverdacht?«

»Nicht konkret.«

»Ich habe heute einen Anruf vom Innenminister persönlich bekommen«, ließ die Engel endlich die Katze aus dem Sack. »Herr Dr. Reifenrath hat sich bitter bei ihm beschwert, weil er von Ihnen wie ein Krimineller behandelt wurde, obwohl er freiwillig hierhergekommen ist und Ihnen vollumfänglich Rede und Antwort gestanden hat. Ich habe die Abschrift des Gesprächsprotokolls im ComVor gelesen und bin ganz seiner Meinung. Reifenrath war äußerst irritiert darüber, dass man ihm die Fingerabdrücke abgenommen hat. War das wirklich nötig, Frau Sander?«

»Aber natürlich war es das.« Pia hielt dem Röntgenblick ihrer Chefin, der sie früher verunsichert hatte, mittlerweile gelassen stand. »Reifenrath war nicht aufrichtig. Das, was er uns erzählt hat, widerspricht in vielen Punkten den Aussagen seiner Pflegegeschwister. Möglicherweise war er in den Mord an seiner Großmutter verwickelt, dafür gibt es zumindest einige Anhaltspunkte. Bei nächster Gelegenheit werden wir seinen Reisepass konfiszieren und ihm untersagen, das Land zu verlassen.«

»Sind Sie von allen guten Geistern verlassen?«, fuhr Frau Dr. Engel auf. »Der Mann hat allerbeste Beziehungen nach Wiesbaden und Berlin! Sollten Sie mit Ihrem Verdacht falschliegen, kostet das mich, als Ihre Vorgesetzte, unter Umständen den Kopf!«

»Und falls wir richtigliegen? Reifenrath hat einen Wohnsitz in Großbritannien. Dort lebt seine Familie. Es besteht erhebliche Flucht- und Verdunklungsgefahr.«

»Was sagen Sie dazu?« Die Kriminaldirektorin blickte Bodenstein beinahe hilfesuchend an.

»Ich sehe das genauso wie Frau Sander«, erwiderte der jedoch. »Wir sind Ermittler, keine Politiker. Solange wir nicht eindeutig beweisen können, dass Theodor Reifenrath für die Morde verantwortlich ist, werden wir weiter ermitteln.«

Frau Dr. Engel sah erst ihn, dann Pia an, stieß einen Seufzer aus und winkte ab.

»Sie haben weiß Gott so viel Feingefühl wie ein Elefant im Porzellanladen! Aber bitte – tun Sie, was Sie tun müssen. Gehen Sie wieder an Ihre Arbeit.«

»Könnte ich Sie noch mal kurz alleine sprechen?«, bat Pia, als Bodenstein zur Tür strebte.

»Wenn es sein muss.« Dr. Engel ging zu ihrem Schreibtisch. »Aber machen Sie's kurz. Ich muss noch ein Telefonat führen.«

Pia wartete, bis sie allein im Chefbüro waren.

»Mit dem Innenminister?«, fragte Pia.

»Ich wüsste nicht, was Sie das angeht«, erwiderte die Kriminaldirektorin kalt. »Also, was wollen Sie?«

»Ich versuche seit heute Nachmittag, Kim zu erreichen. Aber ihr Handy ist ausgeschaltet und sie liest auch meine Nachrichten nicht.«

»Aha.« Die Kriminaldirektorin begann in den Aktenbergen auf ihrem Schreibtisch zu kramen.

»Kim hat das psychiatrische Gutachten über Claas Reker verfasst, das das Gericht damals dazu veranlasst hatte, ihn in den Maßregelvollzug zu schicken. Für Dr. Harding wäre es interessant, dieses Gutachten zu lesen, aber das Landgericht rückt Prozessakten nicht ohne Beschluss heraus.«

»Und jetzt wollen Sie, dass ich mich darum kümmere?«

»Nein, nein. Das mache ich schon«, sagte sie. »Ich dachte nur, Sie wissen vielleicht, wo Kim gerade ist.«

Noch nie hatte Pia ihre Chefin so direkt auf ihre Beziehung zu ihrer Schwester und damit auf ihr Privatleben angesprochen.

Die Kriminaldirektorin starrte sie an. Ihr Blick war unergründlich. Als das Telefon auf ihrem Schreibtisch zu klingeln begann, nahm sie den Hörer ab und legte ihn gleich wieder auf.

»Ich weiß nicht, wo Ihre Schwester ist, tut mir leid«, sagte sie mit beherrschter Stimme. »Wir sind übereingekommen, dass wir in Zukunft getrennte Wege gehen.«

»Oh! Das ... äh ... das tut mir leid«, stotterte Pia verblüfft. »Davon wusste ich gar nichts.«

»Wenn Sie wollen, kümmere ich mich um einen Beschluss zur Akteneinsicht.« Die Kriminaldirektorin überging Pias Bemerkung. »Gibt es sonst noch etwas?«

»N... Nein. Danke.« Pia schüttelte den Kopf. »Das war alles.«

Sie verließ das Büro, ohne dass Nicola Engel sie noch einmal zurückgerufen hätte, wie das normalerweise ihre Art war. Die Verärgerung, die in ihr aufstieg, kam plötzlich und überraschte sie selbst in ihrer Heftigkeit. Was sollte diese alberne Geheimnistuerei? Trotz aller Differenzen war das Ende einer langjährigen Beziehung doch etwas, was man seiner Schwester gegenüber erwähnen konnte, zumal Nicola Engel Pias Chefin und es durch diese Konstellation immer wieder zu Spannungen gekommen war! Entweder betrachtete Kim dies als schmerzliche Niederlage und wollte deshalb nicht darüber sprechen, oder es war ihr völlig egal, ob Pia etwas wusste oder nicht. Da sie ihre Schwester ziemlich gut zu kennen glaubte, tendierte Pia zu letzterem. Aber letztlich ging es sie nichts an, was Kim tat.

15. April 2017

Es war halb neun abends, dreieinhalb Stunden vor Ablauf der Frist, die Martina Siebert ihrer ehemals besten Freundin gesetzt hatte, als ihr Handy klingelte. Anonym, stand auf dem Display. Der einzige Mensch, der sie mit unterdrückter Nummer anrief, war ihre Mutter von ihrem alten Festnetztelefon aus. Martina legte die Kleider, die sie gerade in den Koffer legen wollte, zurück aufs Bett und nahm den Anruf entgegen.

»Hallo, Mama!«, meldete sie sich.

»Ich bin's. Kata.«

Zwanzig Jahre waren vergangen, seitdem Martina das letzte Mal die Stimme ihrer Freundin gehört hatte. Sie war völlig unverändert. In einem ersten Reflex hätte sie beinahe freudig reagiert, doch dann fiel ihr ein, dass das nach ihrer E-Mail wohl etwas verfehlt gewesen wäre.

»Hi«, antwortete sie deshalb genauso unterkühlt. »Schön, dass du anrufst.«

»Ich kann nicht glauben, was du mir geschrieben hast«, sagte Kata.

»Was glaubst du, wie es mir ging, als sie vor mir stand.« Martina tat absichtlich so, als verstünde sie nicht, worauf Kata sich bezog.

»Ich meine die Tatsache, dass du mir ein Ultimatum gesetzt hast! Hatten wir nicht damals vereinbart, nie wieder ein Wort über diese Sache zu verlieren?«

Martina spürte, wie heißer Zorn in ihr hochbrodelte. Ihr gelang es nur mit Mühe, sich zu beherrschen. Sie wollte keinen Streit mit Kata provozieren, sondern das Problem lösen, bevor sie morgen nach Spanien flog.

»Daran habe ich mich auch gehalten«, sagte sie deshalb mit ruhiger Stimme. »Ich habe nicht damit gerechnet, dass sie eines Tages bei mir auftauchen würde. Und vielleicht hätte ich mir eine Ausrede einfallen lassen, wenn sie mir nicht ziemlich nachdrücklich gedroht hätte. Ich fange in einem Monat einen neuen Job an, und ich habe keine Lust, mir meine Karriere ruinieren zu lassen.«

»Darum geht es dir also – um dich!« Das klang bitter.

»Ja, stell dir vor, darum geht es mir! Auch ich habe mittlerweile gelernt, egoistisch zu sein! Sie will mich wegen unethischen Verhaltens bei der Ärztekammer anzeigen und die ganze Sache in die Presse bringen. Und ich glaube ihr aufs Wort. Sie ist dir ähnlicher, als ich anfänglich dachte.«

»Ich will sie nicht sehen.« Kata ging nicht auf den Seitenhieb ein.

»Warum denn nicht? Sie ist eine anständige junge Frau geworden, bildschön dazu! Die Frau, die sie für ihre Mutter gehalten hat, ist gestorben und erst da hat sie von der ganzen Geschichte erfahren! Fiona möchte nur wissen, wer ihre Eltern sind! Sie will nichts von dir, ihr geht es finanziell gut. Sie hat ein Haus in Zürich geerbt und wohl ausreichend Geld. Das Einzige, was sie möchte, ist dich kennenlernen.«

»Und wenn *ich* das nicht möchte?«

»Kata! Egal, was dazu geführt hat, dass du schwanger wurdest – das liegt vierundzwanzig Jahre zurück!«

»Was weißt du schon darüber!«

»Nichts! Du hast es ja nie für nötig gehalten, es mir zu erzählen!«

Kata antwortete nicht. Erst als Martina glaubte, sie habe aufgelegt, sprach sie weiter.

»Es war der schrecklichste Abend meines ganzen Lebens«, sagte sie leise. »Ich habe Jahre gebraucht, um darüber hinwegzukommen, Tina! Weißt du, wie schwer und schmerzhaft das war? Wenn ich jetzt dieses Mädchen sehe, dann ... dann reißt das die alten Wunden wieder auf.«

Früher hätte ihr Tonfall sofort Mitgefühl und Verständnis in Martina geweckt. Aber jetzt prallte Katas Selbstmitleid auf eine stählerne Wand in Martinas Seele. Auf die Wie-schütze-ich-mich-vor-Ausnutzern-Wand, die zu errichten unendlich viel Kraft und Disziplin gekostet hatte. In ihrem Leben hatte es eine ganze Reihe Katas gegeben, Frauen, die ihre Hilfsbereitschaft und ihr weiches Herz schamlos ausgenutzt hatten.

»Ich habe dir damals geholfen, als du in einer Notlage warst«, antwortete sie kühl. »Ich habe keine Fragen gestellt, weil du meine beste Freundin warst, und ich dachte, dass du mir eines Tages schon alles erklären würdest. Aber stattdessen hast du jeden Kontakt zu mir abgebrochen, als wäre ich schuld an der ganzen Sache.«

»Meine Therapeutin hat mir dazu geraten, Tina! Ich war *traumatisiert*! Ich musste irgendwie überleben und …«

»Vielleicht hättest du mir das in irgendeiner Weise kommunizieren sollen«, unterbrach Martina sie. »Dein Verhalten hat mich tief enttäuscht. Und deshalb ist es mir heute scheißegal, ob die Sache alte Wunden bei dir aufreißt oder nicht. Ich gebe Fiona deinen Namen und deine E-Mail-Adresse, das habe ich ihr versprochen. Das Mädchen kann schließlich nichts für die Umstände, unter denen es gezeugt wurde, genauso wenig wie ich! Es ist dein Problem und deine Verantwortung, Kata. Du solltest dich ihr stellen, anstatt immer nur wegzulaufen.«

»Weißt du was? Fahr doch zur Hölle!«, zischte Kata ihr ins Ohr.

Dann war die Leitung tot.

»Was für eine blöde Kuh!«, schrie Martina zornig. In einem ersten Impuls hätte sie beinahe ihr Smartphone gegen die Wand geschmettert, so wütend war sie auf Kata und auf sich selbst. Nur die Vernunft hielt sie davon ab, schließlich wollte sie morgen nach Spanien fliegen und hatte keine Zeit, sich ein neues Smartphone zu besorgen.

»Wer ist eine blöde Kuh?«, sagte jemand hinter ihr und sie fuhr herum.

»Ach, das ist eine uralte Geschichte, die mich nach Jahrzehnten wieder eingeholt hat. Erinnerst du dich an meine alte Freundin Kata?«

»Ja, natürlich. Was ist mit ihr?«

»Es ist echt unfassbar!« Martina hatte ihrem Mann nie von dieser Sache erzählt, denn es war passiert, bevor sie geheiratet hatten. Aber spätestens nach Katas Äußerungen gab es für sie keinen Grund mehr, Rücksicht auf sie zu nehmen. Höchste Zeit, sich alles von der Seele zu reden! Sie warf das Smartphone aufs Bett. »Wo fange ich an?«

»Pack doch am besten schnell den Koffer fertig«, sagte er. »Dann trinken wir ein Gläschen Wein und du erzählst mir alles, hm?«

»Das ist die beste Idee des Tages!« Martina lächelte. Sie wartete, bis er das Schlafzimmer verlassen hatte, bevor sie die Nachricht losschickte, auf die Fiona seit drei Tagen wartete.

***

Auf dem Nachhauseweg fiel Pia endlich ein, woher sie den Namen Fridtjof kannte: Kim hatte zum Ende ihrer Schulzeit und während der ersten Semester ihres Medizinstudiums in Frankfurt eine unglückliche On/Off-Beziehung mit einem Jungen dieses Namens gehabt, allerdings hatte sie ihn nie ihrer Familie vorgestellt. Konnte es sich bei diesem geheimnisvollen Freund um Fridtjof Reifenrath gehandelt haben? Pia versuchte, sich seinen Lebenslauf in Erinnerung zu rufen, und überlegte, wo Kim ihn kennengelernt haben könnte, dann fuhr sie an den rechten Straßenrand und zog ihr Smartphone hervor. Kim hatte sich nicht gemeldet. Sie tippte auf Wahlwiederholung, landete aber wieder nur bei Kims Mailbox und schrieb ihr stattdessen eine Nachricht.

Sie fädelte sich wieder in den Verkehr ein und rief über die Freisprechanlage ihre Mutter an. Das Gespräch begann wie üblich mit einem Vorwurf, was ein Grund dafür war, weshalb Pia so ungern mit ihrer Mutter telefonierte. Sie musste sich zusammenreißen, um nicht zu harsch zu reagieren.

»Ja, mich gibt's auch noch«, erwiderte sie also. »Geht's dir gut?«

»Na ja, soweit. Bis auf meinen Rücken ... Hast dich ja lange nicht mehr gemeldet.«

»Ich habe gerade viel zu tun, Mama. Wir sind doch letzte Woche umgezogen.«

»Ach ja, richtig, das hattest du ja gesagt. Ist ja eigentlich schade, dass du deinen schönen Hof verkauft hast. Das findet der Papa auch. Wir waren immer so gerne bei dir.«

Pia verdrehte die Augen. In den vergangenen zwölf Jahren hatten ihre Eltern sie ganze drei Mal auf dem Birkenhof besucht, obwohl sie nur fünfzehn Kilometer entfernt lebten.

»Alles ist irgendwann mal vorbei«, sagte sie. »Mama, ich habe eine Frage: Kannst du dich daran erinnern, ob Kim mal einen Freund namens Fritz oder Fridtjof hatte?«

»Wieso willst du das wissen? Warum fragst du sie nicht selbst?«

Pia hatte mit diesen Gegenfragen gerechnet. Ihre Mutter konnte nicht einfach eine Antwort geben, ohne vorher mindestens selbst zwei Fragen zu stellen.

»Ich kann sie gerade nicht erreichen. Es geht um einen Mann, dessen Vater gestorben ist. Und ich meine mich zu erinnern, dass Kim ihn von früher kennt.«

»Also, ich wüsste nicht, dass Kim uns jemals einen Freund vorgestellt hätte«, erwiderte Pias Mutter spitz.

»Und weißt du noch, wie ihre alten Freundinnen aus der Schule hießen?«

»Wieso fragst du mich solche Sachen? Ist irgendetwas passiert?«

»Nein, Mama!«

»Nun ja ... Viele Freundinnen hatte deine Schwester ja nie. Da war sie ganz anders als du«, sagte Pias Mutter. »Ganz früher gab es die Sabine, diese kleine Rothaarige. Mit der war Kim die ganze Grundschulzeit über befreundet. Und später war da eine Daniela, mit der hat sie Handball gespielt. Hm. Ich weiß noch, dass Kim nie Kindergeburtstag feiern wollte, weil sie niemanden hatte, den sie einladen konnte – im Gegensatz zu Lars und dir. Ach, warte mal, wie hieß denn das Mädchen aus Fischbach, mit dem sie nach der Schule zusammen in eine Wohnung in Frankfurt gezogen ist? Erinnerst du dich an sie? So eine zierliche hübsche Brünette.«

»Ehrlich gesagt, nein.« Noch bevor Kim Abitur gemacht hatte, war Pia zu Hause ausgezogen, weil ihre Eltern 1987 von Bad Soden nach Wiesbaden-Igstadt umgezogen waren und sie keine Lust gehabt hatte, von dort aus jeden Tag an die Uni nach Frankfurt zu fahren. Sie hatte mehrere Jobs gehabt, durch die sie sich eine kleine Wohnung hatte leisten können. Und dann hatte sie ja auch ziemlich bald Henning kennengelernt. »War sie auch auf unserer Schule?«

»Nein. Kim hat doch in Kelkheim Abitur gemacht«, erwiderte

ihre Mutter, und da fiel Pia wieder ein, dass ihre Schwester in der elften Klasse auf eine weniger anspruchsvolle Schule gewechselt war, in der Hoffnung, einen besseren Numerus clausus zu schaffen, was ihr auch gelungen war. Mit 1,0 hatte Kim damals problemlos einen Studienplatz für Medizin bekommen.

»Ach ja, richtig.«

»Warte mal, der Name liegt mir auf der Zunge … Hm … Ihren Eltern gehörte ein Möbelgeschäft in Kelkheim … Es war etwas Kurzes, das weiß ich noch. Mit ihr ist Kim nach dem Abitur für ein halbes Jahr nach Asien gefahren! Es tut mir leid, der Name fällt mir nicht ein.«

Pia erinnerte sich vage an die Aufregung, für die Kims Südostasien-Rucksack-Reise damals gesorgt hatte, aber nicht an die Freundin, mit der ihre Schwester die Reise unternommen hatte. Sie hatte zu jener Zeit die wohl schlimmsten Monate ihres Lebens durchlitten, als sie von einem aufdringlichen Stalker, den sie bei einem Urlaub in Frankreich kennengelernt hatte, in ihrer Wohnung vergewaltigt worden war. Ihre Eltern hatten dieses Ereignis aus Scham oder Mangel aus Empathie totgeschwiegen und Pia damit das Gefühl gegeben, sie sei selbst schuld daran gewesen. Sie hatten weder ihre Entscheidung, das Jurastudium aufzugeben und stattdessen zur Polizei zu gehen, gebilligt, noch hatte jemand aus ihrer Familie Interesse an Henning Kirchhoff gezeigt, deshalb hatte Pia den Kontakt zu ihrer Familie für eine ganze Weile völlig abgebrochen. Mittlerweile waren Pias Eltern alte Leute, und die Zeit hatte die Wunden verheilen lassen, sodass eine gelegentliche oberflächliche Unterhaltung wieder möglich war. Pia bedankte sich bei ihrer Mutter für die Auskunft und beendete das Gespräch mit einem Gruß an ihren Vater.

11. Mai 1996

Fast ein ganzes Jahr habe ich für meine Planungen gebraucht, und jetzt ist es so weit! Es ist ein gutes, ein befriedigendes Gefühl, wenn alles ganz genau so klappt, wie man es sich vorher überlegt hat. Meine Nummer vier ist bisher die Älteste. Sie war ziemlich misstrauisch und nicht so leicht zu überzeugen wie die drei anderen. Dafür bin ich ihr dankbar. Es war ein spannendes Spiel. Ich musste mir allerhand Schlichen ausdenken, eventuell auftretende Probleme einkalkulieren und berücksichtigen, dass sie eine hässliche Frau ist, nicht daran gewöhnt, dass man ihr schmeichelt oder sie gar bewundert. Aber ich bin clever. Sehr clever sogar. Ich bin richtig stolz auf mich, wie ich das alles hinbekommen habe! Jetzt liegt sie zu meinen Füßen im Gras, und ich glaube, sie hat begriffen, dass sie nicht mehr viel Zeit hat, um ihre Sünden zu bereuen. Wenn mein Zeitfenster nicht so eng wäre, dann wäre ich noch eine Weile mit ihr herumgefahren, denn es gibt kaum einen größeren Nervenkitzel als eine solche Fahrt. Ich habe festgestellt, dass es etwas völlig anderes ist, als wenn sie tot sind. Ich kann ihre Angst spüren. Sie durchdringt das ganze Auto, klebt auf meiner Haut, in meinem Haar. Ich kann sie riechen und schmecken und das berauscht mich regelrecht. Drei Stunden habe ich für die Fahrt gebraucht und jede Minute genossen. Einen ganzen Tag hatte ich Zeit für sie. Ich habe jeden Schritt exakt so durchgeführt, wie es sein muss. Deshalb bin ich jetzt ganz ruhig und entspannt. Draußen bricht die Dämmerung herein. Es muss noch hell genug sein, damit ich ihre Augen sehe. Ich ziehe meine Schuhe und meine Hose aus, das Hemd und das Unterhemd. Dann beuge ich mich über sie. Sie wimmert, sie schreit dumpf gegen ihren Knebel an. Sie versucht sich zu winden und zu drehen, aber das gelingt ihr natürlich nicht. Diese neue Folie hält. Sie klebt sehr viel besser als die, die ich früher benutzt habe. Wenn sie erst im Wasser ist, wird es leichter, durch den Auftrieb. Ich muss höllisch aufpassen, damit die scharfen Schilfhalme die Folie nicht beschädigen. Mein Herz klopft. Ich schwitze. Meine Muskeln zittern von der Anstrengung. Auch das muss so sein. Ich spüre den weichen Schlamm unter meinen Füßen, das Wasser ist genau wie damals kälter als erwartet. Ich bin voller Vorfreude. Gleich ist es so weit. Nur noch wenige Minuten, dann habe ich den Plan erfüllt. Ich freue mich so sehr auf das Gefühl der Erleichterung und Befreiung, dass ich fast weinen muss. Es ist immer wieder eine Erfüllung, sie sterben zu sehen.

Tag 6

Sonntag, 23. April 2017

Der normalerweise kaum genutzte Aufenthaltsraum hinter der Wache im Erdgeschoss hatte sich innerhalb eines Tages in eine voll ausgestattete SoKo-Zentrale mit Schreibtischen, Telefonen, PCs, Druckern und Faxgeräten verwandelt. An den Wänden hingen Whiteboards, dazwischen der große Bildschirm des modernen Videomatrix-Systems, Bestandteil des Technikpakets, welches Kai auf geheimnisvolle und nie hinterfragte Weise bewilligt worden war. Als Pia um halb neun eintraf, herrschte bereits reges Treiben. Die Kollegen und Kolleginnen aus anderen Abteilungen, die sich freiwillig für die SoKo, der Kai aus naheliegenden Gründen den Namen »Muttertag« gegeben hatte, gemeldet hatten, durchsuchten seit gestern sämtliche Aktenordner und Kartons aus Reifenraths Haus nach Hinweisen. Auf diese Weise waren bereits einige Puzzleteile zusammengekommen, und irgendwo versteckt zwischen all diesen Informationen wartete hoffentlich die eine, die sie auf die richtige Spur führen würde. Ungeachtet dessen, dass heute Sonntag war, setzten sie ihre Arbeit fort.

Dr. Harding stand mit einem Becher Kaffee in der Hand vor einem der Whiteboards und betrachtete ein unscharfes Bild von Theo Reifenrath, das Tariq in der Vereinschronik auf der Website des Kleintierzuchtvereins Mammolshain e. V. gefunden und an ein Whiteboard geklebt hatte. Daneben hingen Fotos der Opfer, der Leichenfundorte und der Leichen.

»Er sieht überhaupt nicht aus wie das Monster, das er vielleicht war.« Pia trat neben den Psychologen.

»Das tun sie oft nicht.« Harding wandte sich ihr zu. »Das Böse kommt meistens völlig unspektakulär daher.«

Kai betrat den Raum, gefolgt von Tariq. Er setzte sich an seinen Computer. An seiner Miene konnte Pia erkennen, dass er schlechte Nachrichten hatte.

»ViCLAS hat noch einen Namen ausgespuckt«, sagte er statt einer Begrüßung. »Nina Mastalerz, 23, polnische Staatsbürgerin, lebte in Bamberg. Wurde am 10. Mai 2013 zuletzt von ihrer Mitbewohnerin gesehen, die sie ein paar Tage später als vermisst meldete.«

»Warte kurz!« Pia sah Bodenstein und Cem Altunay hereinkommen und winkte ihnen. Tariq Omari gesellte sich zu ihnen, und Kai sprach weiter.

»Der Obduktionsbericht ist zwar auf Französisch abgefasst, aber ich habe trotzdem verstanden, dass die Leiche sogar noch in gefrorenem Zustand war, als sie im Dezember 2013 in einem Waldstück kurz hinter der französischen Grenze bei St. Avold aufgefunden wurde.«

»Das heißt, sie muss nicht allzu lange vor dem Auffinden dort abgelegt worden sein«, sagte Cem.

»War sie in Folie eingewickelt?«, wollte Bodenstein wissen.

»Ja.« Kai nickte. »Sie war vollständig bekleidet, keine Anzeichen von Missbrauch oder Folter, genau wie die anderen. Wer errät die Todesursache?«

»Ertrinken.«

»Korrekt. Ihr Auto, ein Škoda, war bereits am 21. Mai in einem Gewerbegebiet in Bamberg aufgefunden worden. Abgeschlossen. Tasche im Kofferraum. Autoschlüssel fehlt.«

»Was denken Sie, Dr. Harding?«, fragte Bodenstein den Profiler.

»Ich habe keine Zweifel daran, dass sie auch ein Opfer unseres Killers ist«, erwiderte er. »Seine Handschrift ist sehr spezifisch. Genau wie bei den anderen Fällen, die ich mir in der letzten Nacht angesehen habe.«

Pia bemerkte den skeptischen Blick, mit dem Cem den Profiler bedachte.

»Damit haben wir bis jetzt sieben Opfer«, stellte Pia fest. »Zwischen 1988 und 2014 liegen 26 Jahre! Ich mag mir gar nicht vorstellen, was da noch kommen könnte.«

»Guten Morgen!« Dr. Nicola Engel betrat um Punkt neun Uhr

den Raum. Sie war in Begleitung des Polizeipräsidenten und des Leiters der Schutzpolizei der RKI. »Können wir anfangen?«

Alle suchten sich einen Platz, es war so voll, dass einige stehen mussten oder sich auf Tische setzten.

»Zu den Einzelheiten des aktuellen Falls werden Ihnen Herr von Bodenstein und Frau Sander gleich mehr sagen«, legte die Kriminaldirektorin sofort los. »Ich möchte Ihnen vorher den Forensischen Psychiater, Kriminalpsychologen und Profiler Dr. David Harding vorstellen, der uns beratend zur Seite stehen wird. Er war viele Jahre lang beim FBI und hat dort die Abteilung für Verhaltensanalyse mit aufgebaut.«

Die meisten hatten Dr. Harding gestern bereits kennengelernt, trotzdem wurde getuschelt, und manche der Kollegen warfen dem Profiler teils neugierige, teils kritische Blicke zu.

»Frau Sander, Herr von Bodenstein, bitte!« Frau Dr. Engel winkte ihnen mit einer herrischen Geste und sie gingen nach vorne.

»Wozu brauchen wir einen Profiler, wenn der Täter schon tot ist?«, erkundigte sich Kriminalhauptkommissar Thorsten Nickel vom K 23.

»Weil wir daran zweifeln, dass Theodor Reifenrath tatsächlich der Serienmörder war, den wir suchen«, entgegnete Pia.

»Warum? Die Leichen lagen auf seinem Grundstück.«

Pia schilderte in knappen Worten, warum die Täterschaft von Theodor Reifenrath fraglich erschien und gab ein kurzes Resümee der bisherigen Erkenntnisse. »Wir haben in einem Zeitraum von 1988 bis 2014 bisher sieben Opfer identifiziert, was allerdings nicht bedeutet, dass es alle sind. Und wenn wir davon ausgehen, dass Theodor Reifenrath nicht unser Täter ist, dann ist es denkbar, dass es weitere Morde geben wird.«

»Reifenrath und seine Frau haben über zwanzig Jahre hinweg Pflegekinder bei sich aufgenommen«, meldete sich nun Bodenstein zu Wort. »Durch die Bank schwierige und traumatisierte Kinder, denen sonst eine Jugend im Heim gedroht hätte. Laut Aussage einer ehemaligen Pflegetochter hat Rita Reifenrath, die Ehefrau von Theodor, die Kinder willkürlich und drakonisch bestraft. Sie tauchte sie in der Badewanne unter Wasser, bis sie keine

Luft mehr bekamen, sperrte sie in eine Tiefkühltruhe oder in den Brunnenschacht, in dem wir ihr Skelett gefunden haben.«

Unruhe und Gemurmel machte sich breit.

»Wir gehen momentan davon aus, dass es sich beim Täter um eines dieser ehemaligen Pflegekinder handeln könnte oder dass er aus dem direkten Umfeld stammt«, sagte Pia. »Die Vorgehensweise des Täters lässt die Vermutung zu, dass er unter den Strafen von Rita gelitten hat.«

»Außerdem ist das Datum des Verschwindens der Opfer ein wichtiger Hinweis«, ergänzte Bodenstein. »Alle Frauen verschwanden am Muttertag selbst oder einen Tag davor. Bis zum nächsten Muttertag sind es nur noch knapp vier Wochen. Wir halten es für möglich, dass er schon ein nächstes Opfer im Visier hat.«

Erst in diesem Moment wurde den meisten der Anwesenden klar, was das zu bedeuten hatte. Anders als im Fall Seel vor drei Jahren ging es nicht etwa nur um die Aufklärung alter Morde, sondern um eine Mordserie, die vor dreißig Jahren begonnen hatte und noch nicht zu Ende war.

»Was werden Sie als Nächstes tun?«, erkundigte sich der Polizeipräsident.

»Das kann Ihnen Dr. Harding besser erklären als ich«, sagte Pia und nickte dem Profiler zu, der sich erhob und nach vorne ging.

»Kurz zu meiner Person: Mein Name ist David Harding«, begann er. »Ich war Militärpolizist, bevor ich Psychologie studiert habe und zum FBI ging. Meine Kollegen und ich haben im Verlauf von fünfundzwanzig Jahren über hundert inhaftierte Serienkiller interviewt. Unsere Erkenntnisse aus diesen Gesprächen sind zu einer wichtigen Grundlage der verhaltensorientierten Verbrecherfahndung geworden. Als Fallanalytiker suchen wir in erster Linie nicht den Täter selbst – das ist Sache der Polizei –, sondern wir suchen nach Täter*verhalten.* Gerade bei Mehrfachmorden führen uns erkennbare Analogien häufig auf die Spur des Täters.«

»Was meinen Sie damit?«, wollte KHK Nickel wissen.

»Entsprechungen. Parallelen«, erwiderte Dr. Harding. »Wie

zum Beispiel der Muttertag. Oder die Tatsache, dass der Täter seine Opfer in Frischhaltefolie wickelt, einfriert und deren Autos abgeschlossen zurücklässt. Ich halte es für möglich, dass er die Autoschlüssel als Trophäen behält.«

»Okay. Danke.«

»Wir versuchen zuerst, aus dem Tatverhalten des Mörders seine unterschwellige Botschaft herauszulesen. Welche besonderen Bedürfnisse befriedigt er mit seiner Vorgehensweise? Welche Rituale hat er? Aus welchen Motiven handelt er? Dazu müssen wir uns vor allen Dingen seinen Opfern widmen. Anhand dieser Punkte kann man erkennen, ob man es mit einem planvoll oder planlos handelnden Täter zu tun hat. Wie ein Verbrecher bei seiner Tat vorgeht, spiegelt wider, wie er sein Leben sonst führt, deshalb halten wir nach Verhaltensmustern Ausschau, die uns Hinweise auf sein alltägliches Leben geben.«

Es herrschte Totenstille in dem großen Raum. Fasziniert verfolgten die Männer und Frauen Dr. Hardings Vortrag. Einige von ihnen hatten schon mit Fallanalytikern zusammengearbeitet, aber noch nie hatte ihnen jemand die Arbeitsweise eines Profilers so detailliert veranschaulicht. Mochte Harding in seinem altmodischen Dreiteiler, mit dem Schnauzbart und der Stirnglatze zwischen der hypermodernen Computertechnik auch wie ein Anachronismus wirken, so hatten seine Erläuterungen eine enorme Wirkung auf seine Zuhörer. Selbst der Polizeipräsident, der zuvor alle paar Minuten auf seine Armbanduhr geschaut hatte, lauschte ihm nun aufmerksam, genauso wie Dr. Engel und Cem, der Skeptiker.

»Wir suchen nach bestimmten Verhaltensweisen oder Symptomen aus der Vergangenheit des Täters, die zu seiner Lebensweise in der Gegenwart geführt haben. Dabei darf man aber nicht vergessen, dass viele Leute ähnliche Kindheitserlebnisse haben und trotzdem nicht zu Serienmördern werden«, fuhr Harding fort. »Die meisten von uns können mit seelischen Verletzungen ganz gut zurechtkommen. Der Mensch, den wir suchen, ist aber ein hochgradig gefährlicher Psychopath, wir bezeichnen diesen Typ Mensch auch als ›Raubtier‹. Raubtiere besitzen eine dissoziale Persönlichkeit. Sie sind nur mit sich selbst beschäftigt, sie verfolgen ein Ziel und tun dafür alles. Ob sie dabei jemandem Schaden zufügen, ist ihnen egal. Sie sind gewissenlos, grausam und mitleidslos.«

Pia fiel ein, wie Anja Manthey gestern Fridtjof Reifenrath charakterisiert hatte. Angstfrei, cool und irgendwie skrupellos. Er manipulierte jeden. Tat immer nur das, was er wollte.

Harding begann hin und her zu gehen, wie ein Lehrer vor einer Schulklasse. Seine sonore Stimme erfüllte den Raum, in dem es noch immer mucksmäuschenstill war.

»Sie alle wissen, dass die üblichen Polizeimethoden nicht viel nützen, wenn zwischen dem Mörder und seinem Opfer keine Beziehung besteht, wonach es in diesem Fall auf den ersten Blick aussieht. Ich bin jedoch davon überzeugt, dass sich Täter und Opfer gekannt haben. Vielleicht nicht besonders lange und intensiv, aber es muss irgendeine Art der Kontaktaufnahme gegeben haben. Im Gegensatz zum Massenmörder, dem die Identität seines Opfers gleichgültig ist und der jeden umbringt, der ihm über den Weg läuft, wählt der Serienmörder seine Opfer gezielt aus. Die Viktimologie, also die Beziehung zwischen Täter und Opfer, ist ein äußerst wichtiger Bestandteil der Fallanalyse. Sie sollten sich deshalb fragen: Was hat das Opfer beschäftigt? Was war ihm wichtig? Wie kann daraus eine Beziehung zum Täter entstanden sein? Was hat das Opfer für den Täter interessant gemacht?«

Dr. Harding legte eine kurze Pause ein, um seine Worte wirken zu lassen, bevor er weitersprach.

»In diesem Fall lässt sich zwar rein äußerlich kein Beuteschema erkennen. Alle Opfer sind weiblich, ansonsten unterscheiden sie sich in Bezug auf Alter, Aussehen, Herkunft und Beruf, aber es muss *irgendetwas* geben, was sie verbindet. Etwas, was das Interesse des Täters geweckt hat.«

Harding blieb stehen und musterte sein Publikum, die Hände hinter dem Rücken verschränkt.

»Hat jemand eine Frage?«

»Weshalb gehen Sie davon aus, dass sich Täter und Opfer gekannt haben?«, fragte Kriminaloberkommissarin Donjana Jensen vom K 21. »Sind nicht die meisten Serienmorde sexuell motiviert? Da ist es doch denkbar, dass er sich seine Opfer willkürlich ausgesucht hat, oder nicht?«

»Sie haben recht, was die Motivation der meisten Serientaten betrifft. Aber unser Täter ist kein Sexualverbrecher«, erwiderte Dr. Harding. »Bei einem sexuell motivierten Mord geht es um perverse Lustbefriedigung. Und mit dem nächsten Mord bis zu einem bestimmten Datum zu warten passt nicht in das Muster eines sexuell motivierten Mörders. Der Mann, den wir suchen, ist jemand, der systematisch vorgeht. Er ist kein durchgedrehter Verrückter. Er plant seine Taten methodisch und achtet darauf, keine Spuren zu hinterlassen. Seine Opfer bringt er an einen zuvor ausgewählten Ort, wo er sie tötet, aber nicht verstümmelt oder sexuell missbraucht. Er ist extrem diszipliniert, ein hochintelligenter Perfektionist. Wesentliche Elemente seiner Taten sind Machtausübung und die absolute und sadistische Kontrolle über seine Opfer. Das zeigt sich zum Beispiel im Gebrauch der Folie, in die er sie einwickelt, um sie wehrlos zu machen.«

Harding hielt einen Moment inne.

»Meiner Meinung nach haben wir es hier mit dem wohl gefährlichsten Typ Serienkiller zu tun, den wir kennen. Nämlich mit einem Mann, der eine Mission verfolgt. Er hat es auf eine ganz bestimmte Gruppe Menschen abgesehen, die aus seiner Sicht bestraft und vernichtet werden muss. Der einzige Schlüssel, den wir haben, um ihn zu finden, sind seine Opfer. Fangen wir mit ihnen an!«

Frankfurt, 16. April 2017 (Ostersonntag)

Eine Touristenbroschüre von der Hotelrezeption hatte Fiona daran erinnert, dass Ostern bevorstand. Das *Große Frankfurter Stadtgeläut* am Karsamstag hatte sie leider verpasst, aber wenn sie noch länger in Frankfurt festsaß und womöglich deshalb das Sechseläuten in Zürich am nächsten Wochenende verpasste, dann wollte sie wenigstens die Ostermesse im Dom besuchen. Sie war viel zu lange nicht mehr in der Kirche gewesen und verspürte das Bedürfnis, mit dem lieben Gott Zwiesprache zu halten.

Fiona machte sich nach dem Frühstück zu Fuß auf den Weg. Nach drei Tagen in dieser Stadt konnte sie sich allmählich in Frankfurt orientieren. Vor dem Bankenviertel hielt sie sich rechts und spazierte am Mainufer entlang bis zum Eisernen Steg.

Der Himmel war bedeckt, aber es war mild und viele Leute hatten dieselbe Idee gehabt wie sie. Ihr wurde erst in diesem Moment bewusst, dass Frankfurt die Stadt Goethes war, und sie versuchte, sich an ein Gedicht zu erinnern, das sie einmal für die Schule auswendig lernen musste.

»Vom Eise befreit sind Strom und Bäche durch des Frühlings holden, belebenden Blick«, murmelte sie, und ihr gefiel die Vorstellung, dass sie auf denselben Fluss blickte wie einst Johann Wolfgang von Goethe, als er seinen *Faust* geschrieben hatte. »Im Tale grünet Hoffnungsglück. Der alte Winter in seiner Schwäche zog sich in raue Berge zurück.«

Die Glocken des Doms begannen zu läuten. Fiona beschleunigte ihre Schritte. Fremde Menschen lächelten ihr zu und sie lächelte zurück. Der Druck und die Angst in ihrem Innern lösten sich, und als sie die schmale Gasse entlangging, die zum Dom führte, spürte sie, dass sie mit ihrer Vergangenheit Frieden schließen und nach vorne schauen musste.

»Ich verspreche dir, lieber Gott, dass ich nach Hause fahre, wenn ich bis morgen früh nichts von Frau Dr. Siebert gehört habe«, flüsterte sie.

Als das Hochamt vorbei war, schlenderte Fiona zurück zum Hotel. Die Stadt, so kam es ihr vor, hatte sie in die Arme genommen und fühlte sich nicht länger feindselig und fremd an.

Der Mensch wuchs an den Herausforderungen, denen er sich stellte. Ihr ganzes Leben lang hatte sie sich vor allem Unbekannten gefürchtet und sich nichts zugetraut. Mutterseelenallein in einer fremden Stadt und einem fremden Land zu sein wäre für sie früher undenkbar gewesen. Wie ein ängstliches Häschen hatte sie in ihrem Hotelzimmer gekauert und das Hotel nur verlassen, um sich in einem kleinen City-Supermarkt nebenan rasch ein paar

Lebensmittel, Bücher, Zigaretten und etwas zu trinken zu kaufen. Alle paar Minuten hatte sie ihr E-Mail-Postfach überprüft, immer in der Hoffnung, eine Nachricht von Frau Dr. Siebert zu finden. Sie hatte keinen Plan B, wenn sich die Ärztin nicht meldete. Vielleicht hatte sie ja begriffen, dass Fiona nur geblufft hatte. Oder aber es interessierte sie nicht, und sie war tatsächlich so kaltschnäuzig, wie man eben sein musste, wenn man Neugeborene nachts zu irgendwelchen Fremden brachte.

Als sie die Tür ihres Hotelzimmers hinter sich abschloss, streifte sie die Stiefel von den Füßen, hängte ihre Jacke an die Garderobe, warf sich aufs Bett und wählte sich mit dem Smartphone in das Hotel-WLAN ein. Sie checkte Ihre Mails, dann öffnete sie den Spam-Ordner. Dort stieß sie auf die Nachricht, auf die sie so verzweifelt gewartet hatte. Im Betreff stand nur ein einziges Wort: *Kontaktdaten*! Ihre Finger zitterten und ihre Kehle war plötzlich ganz trocken, als sie die Mail öffnete und die wenigen Sätze überflog. Tränen schossen ihr in die Augen vor Freude und Erleichterung.

»Danke, lieber Gott! Danke!« Sie ließ sich auf den Rücken fallen und stieß einen tiefen Seufzer aus. Die Ungewissheit, die sie seit dem Gespräch mit Ferdinand Fischer gequält hatte, würde bald vorbei sein.

***

Die SoKo teilte sich auf: Eine Hälfte beschäftigte sich mit den Opfern, die andere Hälfte mit den ehemaligen Pflegekindern der Reifenraths, die aus den Unterlagen ersichtlich waren. Tariq und Kai ließen alle Namen durch POLAS laufen und fanden dabei heraus, dass außer Claas Reker auch André Doll vorbestraft war.

»Fahrlässige Tötung nach § 222 StGB«, las Tariq vom Bildschirm ab. »Das war 2012. Überholen im Überholverbot. Er musste für ein Jahr den Lappen abgeben, bekam zwei Jahre auf Bewährung plus Geldstrafe.« Er rief die Fallansicht auf und pfiff durch die Zähne. »Hey, Leute, das ist interessant! Der Unfall ereignete sich am 21. Mai 2012 um 22:47 Uhr auf der B 480 in der Nähe von Bad Berleburg.«

Pia war dabei, Joachim Vogt zu googeln und bekam ein paar Hundert Treffer, als sie seinen Namen in Verbindung mit »Fraport« eingab, von denen letztlich nur ein paar wenige wirklich relevant waren. Er hatte ein Profil bei LinkedIn, das sie nicht vollständig einsehen konnte, aber die Kurz-Vita war öffentlich sichtbar. Studium der Wirtschaftsinformatik und Elektrotechnik in Frankfurt und Stuttgart, sein beruflicher Werdegang hatte ihn von Siemens über Daimler-Benz zu Fraport geführt, wo er seit 1997 tätig war, aktuell als Leiter IT-Infrastruktur. Verheiratet, zwei Kinder. Das war's.

»Was ist daran interessant?«, fragte Cem verwundert.

»Rianne van Vuuren wurde am 15. Mai 2012 als vermisst gemeldet, ihre Leiche wurde im Oktober desselben Jahres in der Nähe von Winterberg gefunden«, erinnerte Tariq ihn. »Bad Berleburg ist keine 25 Kilometer von Winterberg entfernt.«

Das war in der Tat interessant. Tariq brauchte nur Minuten, um herauszufinden, dass sich der Unfall in Fahrtrichtung Siegen zugetragen hatte.

»Danach fragen wir ihn morgen«, sagte Bodenstein.

»Britta Ogartschnik, geborene Weiß, Jahrgang 1972, haben wir auch im System«, meldete sich Kai. »Drei Vorstrafen wegen gewerbsmäßiger Steuerhehlerei. Sie hat im großen Stil Zigaretten geschmuggelt, 2015 musste sie deswegen für acht Monate in den Bau.«

Pia gab den Namen »Sascha Lindemann« bei Google ein und dachte gleichzeitig an das blonde Mädchen auf dem Foto im Fotoalbum von Frau Katzenmeier, das mit deren Tochter Silke befreundet gewesen war. »Wo wohnt sie?«

»Moment … In Hattersheim.«

Auch Sascha Lindemann war bei LinkedIn, sein Profil gab ähnlich wenig her wie das von Joachim Vogt. Allerdings war sein Lebenslauf schillernder. Lindemann war bereits Immobilienmakler, Autoverkäufer, Personalberater und Firmenvertreter gewesen. Aktuell bezeichnete er sich als Sales Manager B2C bei der Haggersmann Futtermittel GmbH mit Sitz in Versmold.

»Was heißt denn B2C?«, fragte Pia in die Runde.

»Das ist die Abkürzung für Business to Consumer«, klärte

Tariq sie auf. »Eine Vertriebsart. Es gibt zum Beispiel auch B2B oder …«

»Danke, danke«, sagte Pia rasch, dann rief sie Maps auf und gab den Ortsnamen ein. Versmold lag zwischen Münster, Bielefeld und Osnabrück, weitab von all den Orten, an denen die Opfer gefunden wurden.

»Jeder Ortsname, auf den wir stoßen, ist wichtig für die Erstellung eines geografischen Profils«, sagte Dr. Harding, als Pia ihm das mitteilte. »Die meisten Täter wählen Orte unbewusst aus, weil sie irgendwann in ihrem Leben eine Bedeutung gehabt haben. Dabei muss es nicht unbedingt genau diese Stelle gewesen sein, aber häufig befindet sie sich dort, wo der Täter sich auskennt.«

»Das Auto von Rita Reifenrath wurde in der Nähe von Eltville im Rheingau gefunden. Und das von Annegret Münch nur ein paar Kilometer entfernt bei Kloster Eberbach«, sagte Bodenstein.

»Fridtjof Reifenrath hat in Oestrich-Winkel studiert«, merkte Kai an. »Das ist der Nachbarort von Eltville.«

»Anja Manthey hat Ramona und Sascha Lindemann in einem Restaurant in Eltville gesehen«, fügte Pia hinzu. »Aber das kann ein Zufall sein. Viele Leute fahren in den Rheingau, um dort schön essen zu gehen.«

»Haben Sie irgendwo eine Deutschlandkarte?«, fragte Dr. Harding.

»Ich kann eine Karte mit allen relevanten Daten erstellen«, bot Tariq an.

»Nein, ich hätte lieber eine physische Karte«, entgegnete der Profiler. »Ganz altmodisch, mit Stecknadeln für Leichenfundorte und die Stellen, an denen die Opfer zuletzt gesehen wurden und wo ihre Autos aufgefunden wurden.«

»Das erledige ich«, versprach Tariq. »Bis morgen ist die Karte fertig.«

»Ich habe mich mit allen kriminalaktenführenden Dienststellen in Verbindung gesetzt, die für die Fälle zuständig sind«, warf Kai ein. »Morgen kriegen wir sämtliche Unterlagen per Kurier. Und ich stehe auch im Kontakt mit den Kollegen, die die Ermittlungen geleitet haben.«

Bodenstein nickte. Allmählich bekamen sie greifbare Ergebnisse, mit denen sie arbeiten konnten. Morgen würden Cem, Kathrin, Tariq und Merle Grumbach, die Opferschutzbeauftragte der RKI Hofheim, anfangen, mit den Angehörigen der Opfer zu sprechen, während er zusammen mit Pia und Dr. Harding Claas Reker und André Doll Besuche abstatten würde.

Tag 7

Montag, 24. April 2017

Pia hatte mehrfach versucht, Claas Reker zu erreichen, aber entweder stimmte die Nummer, die in Reifenraths Adressbuch stand, nicht mehr, oder er ging einfach nicht an sein Handy. Vielleicht war das sogar besser, denn so hatten sie den Überraschungseffekt auf ihrer Seite.

Bodenstein fuhr auf der B 43 an Kelsterbach vorbei über die Brücke, die die A 3 überspannte, und bog am Lufthansa Aviation Center links in den Airportring ein. Sie passierten den an ein gestrandetes Kreuzfahrtschiff erinnernden Bürokomplex The Squaire, der zwischen der Autobahn und der parallel verlaufenden B 43 lag. Wenig später hatten sie die Firmenzentrale des Flughafenbetreibers erreicht. Bodenstein parkte den Dienstwagen direkt vor dem Eingang und sie betraten das Gebäude.

»Sehr eindrucksvoll«, bemerkte Dr. Harding.

»Mein lieber Mann!«, staunte auch Pia und legte den Kopf in den Nacken. »Das ist ja der Wahnsinn!«

»Kleiner Unterschied zu der Kaschemme, in der wir untergebracht sind, oder?« Bodenstein war nicht weniger beeindruckt. Das Gebäude bestand aus zwei parallel verlaufenden Riegeln, über die sich ein Glasdach spannte. Jedes der acht Geschosse war durch verglaste Stege miteinander verbunden. Gläserne Aufzüge sausten lautlos auf und ab.

»Allerdings.«

Sie durchquerten das lichtdurchflutete Atrium und gingen auf den Empfangstresen zu, der sich, obwohl mehrere Meter lang, in der riesigen Halle winzig ausnahm. An der Wand hinter dem Tresen befanden sich Bildschirme, auf denen die von Fraport betriebenen Flughäfen gezeigt wurden. Der junge Rezeptionist reagierte höflich, aber nicht sonderlich beeindruckt auf Bodensteins Kripoausweis und griff zum Telefonhörer, um seinen Vorgesetzten zu informieren. Der wiederum setzte sich mit der Personalabteilung in Verbindung, von dort aus wurde der Leiter des Infrastrukturmanagements informiert. Es dauerte eine Dreiviertelstunde, bis Bodensteins Bitte nach einem Gespräch mit Claas Reker alle Instanzen durchlaufen hatte. Um Viertel nach neun erschien endlich der direkte Vorgesetzte von Reker. Jens Hasselbach, einem kleinen, drahtigen Mann, gefiel das Auftauchen der Kriminalpolizei nicht, daraus machte er keinen Hehl.

»Er hat nichts ausgefressen«, beruhigte Bodenstein den Mann. »Wir wollen ihn nur im Zusammenhang mit dem Tod seines Vaters sprechen. Leider konnten wir seine Wohnadresse nicht ausfindig machen.«

»Hallo, Jens«, sagte Pia. »Lange nicht mehr gesehen.«

»Pia!« Ein erstauntes Lächeln wischte die Verärgerung aus Hasselbachs Gesicht. »Das ist ja eine Überraschung! Wie geht's dir?«

»Gut. Mal abgesehen von der Arbeit.« Sie grinste.

»Ich hab gehört, ihr habt den Birkenhof verkauft? Was hast du mit den Pferden gemacht?«

Aus dem Gespräch der beiden schloss Bodenstein, dass der Objektbereichsleiter im Privatleben Pferdefreund und Reiter sein musste, auf jeden Fall standen er und Pia auf vertrautem Fuß. Die Dame von der Personalabteilung diskutierte noch mit dem Leiter des Infrastrukturmanagements, ob es besser sei, Reker aus den unterirdischen Katakomben in die Firmenzentrale zu holen oder die Kripo zu ihm zu bringen, schließlich entschied man sich für Letzteres. Bodenstein, Harding und Pia bekamen Besucherausweise, gelbe Warnwesten und weiße Helme und kletterten in den VW-Bus, mit dem Jens Hasselbach gekommen war. Er chauffierte sie durch Tor 11a zur Kellerfahrstraße unter Terminal 1. Auf der kurzen Fahrt erfuhren sie, dass Reker im Bereich Klimatechnik arbeitete und noch in der Probezeit war. Hasselbach gab während der zehnminütigen Fahrt eine unglaubliche Menge an Informationen von sich, unter anderem, dass die technische Instandhaltung des Flughafens von rund 1200 Mitarbeitern bewerkstelligt wurde.

»Der ganze Flughafen ist komplett unterkellert.« Man merkte Hasselbach an, wie stolz es ihn machte, am Flughafen zu arbeiten. »Neue Mitarbeiter lassen wir frühestens nach einem Jahr alleine nach unten, denn man verläuft sich schnell. Es gibt über sechzig Kilometer Gänge und Schächte auf drei Ebenen, 70 000 m^2 Technikanlagen, Hunderte Kilometer Leitungen und Rohre. Handys funktionieren da unten nicht, und wenn einer verloren geht, dann gute Nacht, Marie! Ich arbeite seit dreißig Jahren hier und selbst ich kenne nicht jede Ecke und jeden Gang. Wir wissen zum Beispiel, dass es irgendwo da unten eine geheime Bar gibt, wo sich Kollegen treffen, aber wo die genau ist, das behalten die schön für sich.« Er lachte. »Allein aufgrund der Größe und der vielen unterschiedlichen Fachgebiete gibt es verschiedene Zuständigkeitsbereiche, und in jedem Bereich sind Spezialisten für die Kernaufgaben tätig.«

»Und was für eine Art Spezialist ist Herr Reker?«, erkundigte sich Bodenstein vom Rücksitz des VW-Busses aus.

»Na ja, hier bei uns eigentlich gar keiner«, erwiderte Hasselbach achselzuckend. »Im Moment zumindest nicht. Aber es kann ja nicht nur Häuptlinge geben.«

»Und was tut er hier dann genau?«

»Na ja, arbeiten halt.«

»Woraus besteht seine Arbeit?«

»Heute ist er einem Team zugeordnet, das die Brandschutzklappen wartet. Erst im Rohrschachtkeller, und wenn sie dort fertig sind, geht's mit den vermieteten Flächen weiter. Neulich musste er im Bereich Hallen A/B/C einspringen, weil wir dort eine Störung in mehreren Beleuchtungszonen hatten.«

»Dann ist er genau genommen ein Hilfsarbeiter?«

»So kann man es nennen, ja.«

Sie mussten an einer zweiten Sicherheitsschleuse hinter einem Lkw anhalten.

»Nur, damit Sie es nicht falsch verstehen.« Hasselbach drehte sich zu Bodenstein und Harding um. »Reker ist total überqualifiziert für den Job. Er ist ja eigentlich Maschinenbauingenieur. Seitdem er hier arbeitet, hat er nicht einen Tag gefehlt, ist immer pünktlich und macht seine Arbeit zu unserer vollsten Zufriedenheit. Ich bin sicher, dass es nicht lange dauert, bis er mehr Verantwortung bekommt. Es sei denn …« Der Fahrer hinter ihnen hupte und Hasselbach fuhr ein Stück weiter. »Es sei denn, er kriegt Probleme, weil ihr heute hier seid. Die Personalabteilung sieht es sicher nicht gerne, wenn die Kripo während der Arbeitszeit mit Mitarbeitern sprechen will. Vor allen Dingen, wenn sie eine Vorgeschichte haben wie Reker.«

»Vorgeschichte?« Bodenstein stellte sich ahnungslos.

»Na ja, er war eine Weile in einer Art Klinik.« Hasselbach ließ das Auto wieder ein Stück weiterrollen. »Es ist zwar ungerecht, aber wahrscheinlich wird er deswegen wohl nie die Chance kriegen, einen Vorfeldführerschein zu machen, oder eine Zugangsberechtigung für Sicherheitsbereiche bekommen, was seine Aufstiegsmöglichkeiten erheblich einschränkt.«

Hasselbach war ein Chef, der sich vor seine Untergebenen stellte, was im Prinzip eine gute Sache war. Kannte er wohl den wahren Grund für Rekers Aufenthalt in der Psychiatrie?

Sie passierten die Kontrolle und fuhren in eine Art Tiefgarage.

»Das ist die Kellerfahrstraße«, erklärte Hasselbach. »Hier unten sind die Technikzentrale und unser Werkstattbereich. Von hier aus gelangt man in den Rohrschachtkeller, der unter dem ganzen Flughafengelände durchführt. Übrigens erfolgt über die Kellerfahrstraße auch die komplette Beschickung der Geschäfte und Restaurants im Terminal 1 sowie die gesamte Müllentsorgung.«

»Wo führt diese Straße hin?«, fragte Pia.

»Nirgendwohin. Seit Erweiterung des Terminals ist das eine Sackgasse.«

Er fuhr in einen Seitengang, stellte das Auto ab und sie stiegen aus. Bodenstein, Harding und Pia streiften die signalgelben Westen über und klemmten sich die Schutzhelme unter den Arm.

Hasselbach bekam einen Anruf.

»Ich werde wohl nie mehr durchs Terminal 1 gehen, ohne daran zu denken, dass es dort 40 000 Lampen gibt«, schmunzelte Bodenstein.

»Mich haben die sechzig Kilometer Tunnel beeindruckt«, erwiderte Pia. »Das ist ungefähr so weit wie von hier bis nach Gießen.«

»Seit wann kennst du den Mann?«, wollte Bodenstein wissen.

»Schon Ewigkeiten. Wir haben uns als Jugendliche im Reitstall kennengelernt. Er ist in seiner Freizeit Springreiter und Parcoursbauer.«

Hasselbach hatte sein Telefonat beendet und verkündete, Reker warte im Aufenthaltsraum auf sie. Er ging voran, aber Harding hielt Pia und Bodenstein kurz zurück.

»Sagen Sie Reker nicht, dass ich Psychologe bin«, sagte er mit gesenkter Stimme. »Ich glaube, es ist besser, wenn er mich für einen Polizisten hält. Und seien Sie auf der Hut! Wenn er der Psychopath ist, für den ich ihn nach Ihren Schilderungen halte, dann ist er wahrscheinlich ausgesprochen charmant, aber hochgradig manipulativ.«

***

Polizist zu sein veränderte einen im Laufe der Zeit. Auch wenn man versuchte, Menschen vorbehaltlos zu begegnen, suchte man in ihnen unweigerlich nur noch nach dem Schlechten statt nach dem Guten. Nach Hardings Warnungen und all dem, was Pia von Ramona Lindemann und Joachim Vogt über Claas Reker gehört hatte, fiel es ihr schwer, dem Mann objektiv gegenüberzutreten.

›Ein Sadist‹, ging es ihr durch den Kopf, als Reker sie ernst, aber höflich mit Handschlag begrüßte. ›Einer, der womöglich mit fünfzehn Jahren das Nachbarmädchen ertränkt, seine Pflegegeschwister gefoltert und seine Ehefrau geschlagen hat.‹

Nichts davon hätte sie Claas Reker auf den ersten Blick zugetraut, das musste sie sich eingestehen. Er sah im landläufigen Sinn nicht unbedingt gut aus – seine Nase ähnelte einer Kartoffel und sein Mund war schmallippig, dazu war er nicht sehr groß, höchstens 1,75 m, und der blaue Overall ließ ihn korpulenter erscheinen, als er in Wirklichkeit sein mochte. Vielleicht lag es aber auch daran, dass seine Beine im Verhältnis zu kurz für den kräftigen Rumpf waren. Bemerkenswert waren jedoch seine Augen. Sie waren von einem ungewöhnlichen warmen Goldbraun, eingebettet in Lachfältchen und umkränzt von dichten Wimpern. In solche Augen konnten sich Frauen verlieben, selbst wenn der Rest der Person nichts Besonderes war.

»Es tut uns leid, wenn Sie wegen uns Probleme bekommen«, sagte Bodenstein zu Reker, als Jens Hasselbach das fensterlose Büro, das er ihnen zur Verfügung gestellt hatte, verlassen hatte und sie an dem kleinen Besprechungstisch Platz genommen hatten. »Wir hätten Sie lieber woanders getroffen, aber es war nicht möglich, Ihre Wohnadresse herauszufinden.«

»Das ist wohl meine Schuld.« Reker zuckte die Schultern. »Ich hätte mich ummelden müssen, als ich umgezogen bin. Nach drei Jahren völliger Entmündigung fallen mir manche Alltagsdinge zugegebenermaßen schwer.«

Er hatte eingewilligt, dass das Gespräch aufgenommen wurde, und bereitwillig alle Angaben zu seiner Person gemacht.

»Wo wohnen Sie denn jetzt?«

»In Kelsterbach, bei einem Kollegen. Aber nur vorübergehend, bis ich etwas Eigenes gefunden habe. Leider ist das nicht so leicht, bei meiner Vorgeschichte.« Er sagte das ganz offen, wirkte weder eingeschüchtert noch übertrieben devot. Allerdings war sein Blick wachsam.

»Ihr Chef hält große Stücke auf Sie«, sagte Pia.

»Das freut mich zu hören. Ich komme gut klar mit ihm und meinen Kollegen.« Rekers Lächeln veränderte sein Gesicht auf unglaubliche Weise, machte es sympathisch und anziehend. »Die Arbeit ist okay.«

»Obwohl Sie überqualifiziert sind für das, was Sie hier tun?«, fragte Bodenstein.

»Hat Hasselbach das gesagt? Nett von ihm.«

»Wie sind Sie an den Job gekommen?«

»Ich habe ja früher schon am Flughafen gearbeitet und hatte noch Beziehungen.« Reker ließ sich nicht anmerken, ob ihm Bodensteins Frage etwas ausmachte. »Zwar war es nicht ganz einfach, nach allem, was geschehen ist, aber man hat mir eine Chance gegeben. Sie sind aber doch sicherlich nicht zu dritt hierhergekommen, um mit mir über meinen Job zu plaudern, oder?«

»Nein, das sind wir nicht. Entschuldigen Sie.« Bodenstein lächelte. »Es geht um Theodor Reifenrath. Wann waren Sie das letzte Mal bei ihm?«

»Bei Theo? Wieso fragen Sie das?« Plötzlich wirkte Reker alarmiert. »Ist etwas mit ihm?«

»Wir haben am Dienstag seine Leiche gefunden«, sagte Pia.

War das Erleichterung, was kurz in Rekers Augen aufflackerte?

»Theo ist tot? Das wusste ich ja gar nicht! Ach, das tut mir leid.« Reker wurde ernst. »Jetzt habe ich ein richtig schlechtes Gewissen, weil ich an Ostern nicht mehr bei ihm war, obwohl ich es ihm versprochen hatte. Ich habe freiwillig eine Doppelschicht übernommen, weil ich ja keine Familie habe, auf die ich Rücksicht nehmen müsste. Wie ist er gestorben?«

»Wahrscheinlich an einer Gehirnblutung.« Pia ergriff einen der Kugelschreiber, die in einem Glas auf dem Besprechungstisch standen.

»Das … das tut mir wirklich leid.« Reker verzog das Gesicht, und seine Augen röteten sich, als ob er in Tränen ausbrechen würde, er hatte sich aber rasch wieder unter Kontrolle. Seine Stimme schwankte, er fuhr sich mit der Hand über die Augen. »Entschuldigen Sie bitte. Ich … ich habe den alten Sturkopf wirklich gerngehabt.«

Seine Reaktion schien angemessen, aber vielleicht hatte er sich auch nur gut auf diesen Augenblick vorbereitet.

»Wann haben Sie das letzte Mal mit ihm gesprochen?«

»Ungefähr vor drei Wochen«, antwortete Reker nach kurzem Nachdenken. Er räusperte sich ein paar Mal. »Nach meiner Entlassung bin ich für ein paar Tage bei ihm untergekommen, weil ich nicht wusste, wo ich schlafen sollte.«

»Bevor oder nachdem Sie bei Joachim Vogt gewohnt haben?« Pia ließ die Mine des Kugelschreibers ein paar Mal hinein und hinaus schnellen, ohne den Blick von Rekers Gesicht zu wenden.

»Danach.«

»Warum sind Sie nicht in Mammolshain wohnen geblieben? Platz genug ist ja in dem Haus.«

»Der Weg zur Arbeit war mir auf Dauer zu umständlich. Ich war auf öffentliche Verkehrsmittel angewiesen.«

»Haben Sie noch einen Haustürschlüssel?«

»Nein. Ich hatte auch nie einen.« Er blickte auf den Kugelschreiber. Irritierte ihn das Geräusch, so, wie Pia es beabsichtigte? »Warum wollen Sie das wissen?«

»Reifenraths Hund wurde in den Zwinger gesperrt. Sein Auto ist spurlos verschwunden. Von seinem Konto wurden nach seinem Tod 25 000 Euro abgehoben.« Pia hielt kurz inne. »Außerdem haben wir überall im Haus Ihre Fingerabdrücke gefunden.«

Reker konzentrierte sich ganz auf sie. Sie konnte die Rädchen in seinem Kopf förmlich rattern hören. Bodenstein und Harding schien er ausgeblendet zu haben.

»Den Mercedes habe ich«, sagte er. »Theo hat ihn mir geliehen. Er benutzte das Auto nicht mehr, seitdem er um Weihnachten herum einen leichten Schlaganfall gehabt hatte. Seine Haushälterin fährt für ihn einkaufen und holt ihm Geld bei der Bank, wenn er welches braucht. Und dass Sie meine Fingerabdrücke im Haus gefunden haben, ist klar. Ich habe dort schließlich eine Weile gewohnt.«

Das kam alles ohne Zögern und klang schlüssig. Pia fiel ein, was die Nachbarin aus Mammolshain Cem und Kathrin erzählt hatte. Freitag vor vierzehn Tagen war der 7. April gewesen. Der Tag, an dem Theo Reifenrath zum letzten Mal Zeitung gelesen hatte. Der Tag, an dem er wahrscheinlich gestorben war. Sie überlegte, ob sie Reker darauf ansprechen sollte, entschied sich jedoch dagegen. Zuerst wollte sie noch ein paar Dinge von ihm erfahren, die er ihnen womöglich nicht mehr erzählen würde, wenn er sich in die Enge getrieben fühlte.

»Wo steht das Auto?«

»Im Personalparkhaus P8. Wieso?«

»Wir müssen es kriminaltechnisch untersuchen lassen.« Wieder klickte Pia mit dem Kugelschreiber und erhöhte die Frequenz, aber Reker ließ sich nicht verunsichern, im Gegenteil.

»Mache ich Sie nervös? Das tut mir leid.« Er klang besorgt und Pia fühlte sich prompt ertappt. »Sie haben schlimme Dinge über mich gehört, nicht wahr?«

Er wartete auf eine Reaktion von Pia, auf Zustimmung oder Verneinung, aber sie wartete darauf, dass er weitersprach, ohne eine Miene zu verziehen.

»Nun ja, das meiste ist Quatsch«, sagte er schließlich. »Ich habe Fehler gemacht, klar, aber glauben Sie mir, man hätte das Urteil gegen mich nicht aufgehoben, wenn ich nicht unschuldig gewesen wäre! Trotzdem war die Zeit in der Psychiatrie nicht verschwendet, denn sie hat mir die Augen geöffnet, und ich habe begriffen, dass man es sich zu leicht macht, wenn man eine verkorkste Kindheit als einzige Entschuldigung für alle Fehler vorschiebt.«

Er seufzte und schüttelte leicht den Kopf. Der Blick aus seinen goldbraunen Augen und seine sonore Stimme schlugen Pia in Bann, und sie bemerkte mit Schrecken, dass es ihrem Gegenüber gelungen war, sie zu manipulieren, genau wie Dr. Harding es prophezeit hatte. Die Kontrolle über das Gespräch drohte ihr zu entgleiten. Durch ihre vorgefasste Meinung hatte sie Reker falsch eingeschätzt, ihn für einen primitiven Rohling gehalten, den sie mit ein paar psychologischen Tricks in die Enge treiben konnte. Irgendwie musste sie gegensteuern, bevor Bodenstein eingriff und sie damit bloßstellte. Sie legte den Kugelschreiber zur Seite.

»Wir haben unter der Bodenplatte des Hundezwingers die sterblichen Überreste von drei Menschen gefunden«, sagte sie ohne auf das, was Reker gesagt hatte, einzugehen.

Claas Rekers Reaktion ähnelte der von Joachim Vogt und Fridtjof Reifenrath. Auf Unglaube folgte der Schock des Begreifens, dann Abwehr. Wie Vogt versuchte auch Reker, seinen Pflegevater zu verteidigen. Allerdings auf andere Weise als sein Pflegebruder.

»Über diesem Haus liegt ein Fluch«, sagte er mit gesenkter Stimme. Pia wurde unbehaglich zumute. Ihr ganzer Körper begann zu prickeln, als sie sich an das seltsame Gefühl erinnerte, das sie im Waschraum im ersten Stock des Hauses beschlichen hatte. »Ich glaube, die Nonnen haben ihn ausgesprochen, als die Nazis die behinderten Kinder abholten, um sie zu ermorden. Im Sommer 1981 ertrank ein Nachbarmädchen im Teich oberhalb des Hauses. Der Verdacht fiel damals auf mich, weil ich angeblich als Letzter mit ihr zusammen gewesen war.«

»Die Indizien waren erdrückend«, warf Pia ein.

»Ja, das stimmt«, bestätigte Reker. »Meine nassen Klamotten, der Streit, den ich nicht verschwiegen hatte. Wieso hätte ich das auch tun sollen? Als ich Nora das letzte Mal sah, lebte sie noch. Für die Polizisten passte aber alles perfekt, auch für Theos Frau, die mich sowieso nicht leiden konnte, war ich ein Mörder. In Wahrheit war es jemand anderes.«

»Und wer?«

»Keine Ahnung. Ich war es auf jeden Fall nicht.«

Frankfurt, 16. April 2017

Wie schreibt man an eine Mutter, die man nie gesehen hat?

›Hallo Mama‹? Nein. Das klang viel zu persönlich und irgendwie anbiedernd, wenn man bedachte, was sie getan hatte.

›Sehr geehrte Frau Dr. Freitag‹? Zu formell.

›Hallo Katharina‹?

Bedurfte es überhaupt einer Anrede oder konnte sie sich diese Höflichkeitsfloskel sparen? Und sollte sie die fremde Frau duzen oder doch lieber siezen?

Seitdem Fiona die Nachricht von Frau Dr. Siebert erhalten hatte, zerbrach sie sich den Kopf, um die richtigen Worte für eine Mail an ihre leibliche Mutter zu finden.

Dr. Katharina Freitag hieß die Frau, die sie am 4. Mai 1995 in der Wohnung von Dr. Siebert geboren hatte. Es war nicht schwierig gewesen, sie im Internet zu finden. Sie war Forensische Psychiaterin und offensichtlich sehr erfolgreich in ihrem Job als Gutachterin für Gerichte, außerdem war sie Professorin an der Universität in München gewesen und jetzt Ärztliche Direktorin der Dr.-Assmann-Klinik für Psychiatrie in Bad Homburg. Eine intelligente Frau also.

Stundenlang hatte sich Fiona die Fotos im Internet angesehen und fand, dass sie ihr ziemlich ähnlich sah: die gleiche hohe Stirn, die gleichen Wangenknochen, der gleiche Mund. Sie hatte einige Fachbücher und viele kluge Artikel über ihr Fachgebiet verfasst und sogar ein paar Jahre in den USA für das FBI gearbeitet, von

1995 bis 1999. Hatte sie sich wohl deshalb dazu entschlossen, ihr Baby herzugeben? War ihr die Karriere wichtiger gewesen als ein Kind?

Fiona klickte sich erneut durch die Bildergalerie der Suchmaschine. Auf den Fotos sah Katharina Freitag zielstrebig, kühl und ein bisschen arrogant aus, fand Fiona. Sie lachte oder lächelte auf keinem Bild. Wirklich hübsch war sie nicht, dazu waren ihre Gesichtszüge ein wenig zu hart. Eine Weile verlor sich Fiona in der Vorstellung, wie ihr Leben wohl verlaufen wäre, wenn diese Frau sie nicht weggegeben hätte. Sie verspürte keinen Groll, aber auch keine Freude, jetzt, wo sie wusste, wer ihre Mutter war. War es vielleicht sogar das Beste, es einfach bei diesem Wissen zu belassen und nach Hause zu fahren? Gestern Nacht hatte sie endlich an Silvan geschrieben. Es hatte ihr gutgetan, sich alles von der Seele zu schreiben, und seitdem fühlte sie sich irgendwie ... erleichtert. Ob er ihr nun zurückschrieb oder nicht, spielte eigentlich keine Rolle mehr.

Allerdings wusste sie genau, was er ihr jetzt raten würde: Triff dich mit ihr! Danach kannst du immer noch entscheiden, ob du in Kontakt bleiben willst. Silvan war der Vernünftige, der einen Weg, den er einmal eingeschlagen hatte, bis zum Ende ging. Er würde kein Verständnis für sie haben, wenn sie jetzt, nachdem sie so viel Energie und Aufwand in die Suche nach ihrer Mutter gesteckt hatte, einen Rückzieher machte.

»Was soll schon passieren?«, sagte sie zu sich selbst, wechselte wieder in ihr Mailprogramm und las, das Kinn in die Handflächen gestützt, den Text, den sie Katharina Freitag schicken wollte.

Hallo, mein Name ist Fiona Fischer. Ich bin am 4. Mai 1995 in Zürich geboren. Bis vor sechs Wochen glaubte ich noch, die Tochter von Christine und Ferdinand Fischer zu sein, aber dann erfuhr ich, dass das nicht der Fall ist. Es hat mich einige Zeit und Mühe gekostet, um herauszufinden, wer die Frau ist, die mich direkt nach meiner Geburt in die Hände von Fremden gegeben hat. Mir ging es immer sehr gut bei meiner Mutter. Ich hatte eine schöne Kindheit. Trotzdem bin ich neugierig und würde Sie/Dich gerne kennenlernen. Ich bin momentan in Frankfurt und würde mich freuen, von Ihnen/Dir zu hören oder zu lesen. Darunter tippte Fiona ihre Natel-Nummer und ihre E-Mail-Adresse. Ein paar Sekunden schwebte ihr Zeigefinger über dem Touchpad ihres Notebooks, dann holte sie tief Luft und klickte auf »Senden«, bevor sie es sich anders überlegen konnte.

***

»Haben Sie sich nie darüber Gedanken gemacht, wer Nora Bartels umgebracht haben könnte?«, wollte Pia wissen.

»Natürlich«, erwiderte Claas Reker. »Es kann im Prinzip jeder gewesen sein. Jeder, dem sie mal das Herz gebrochen hatte! Nora war so eine Art Dorfschönheit, die den Jungs gerne den Kopf verdreht hat, um sich dann über sie lustig zu machen. Das hat sie mit mir auch versucht, aber da ist sie an den Falschen geraten.« Er bemerkte, dass seine Formulierung unglücklich gewählt war und sprach deshalb schnell weiter. »Nora und ich sind verbotenerweise auf dem Froschpfuhl gerudert. Sie sagte ein paar gemeine Sachen zu mir. Es kam zu einem Streit und ich brachte das Boot zum Kentern. Ich dachte, sie würde die paar Meter zum Ufer schwimmen, und lief nach Hause. Am Abend tauchte die Polizei auf, und ich kapierte, dass man mir die Schuld an ihrem Tod geben wollte.«

»Denken Sie, dass Ihnen jemand die Tat in die Schuhe geschoben hat?«

»Ja, klar! Ich war natürlich der perfekte Verdächtige! Ein elternloses Heimkind!« Reker schnaubte. »Dabei waren alle Jungs aus dem Dorf hinter Nora her. Und meine *Geschwister* haben mich sowieso gehasst, allen voran Fridtjof, weil er neidisch war auf mein gutes Verhältnis zu seinem Großvater. Vielleicht hat er seinen treuen Vasallen Joachim dazu angestiftet. Oder Ramona. Die wäre für ein Lächeln von ihm barfuß bis zum Nordpol gelaufen! Ich hätte es sogar Rita zugetraut, nur, um mich loszuwerden! Zwar hätte sie so etwas niemals selbst getan, aber sie hatte ihren Spitzel. Der hat sich übrigens drei Wochen später im Bad am Duschvorhang aufgehängt.«

»Wie hieß der Junge?«

»Timo. An seinen Nachnamen kann ich mich nicht erinnern.

Später habe ich von Theo erfahren, dass er einen Abschiedsbrief geschrieben und auf den Fußboden im Bad gelegt hatte, bevor er sich erhängte. Rita verbrannte den Brief im Ofen, weil sie nicht wollte, dass er der Polizei in die Finger fiel. Das ist für mich Beweis genug, dass sie Dreck am Stecken hatte.« Er beugte sich so weit vor, dass Pia sein Rasierwasser riechen konnte. »Rita Reifenrath war eine Frau, die in anderen Menschen nur das Schlechteste hervorrief. Sie sah freundlich und harmlos aus, mit ihren roten Apfelbäckchen und dem Dutt, aber sie war von Grund auf schlecht und hat Theo das Leben zur Hölle gemacht. Rita ließ ihn immer spüren, wie sehr sie ihn verachtete. Vor anderen Leuten sagte sie kein schlechtes Wort über ihn, aber zu Hause nahm sie kein Blatt vor den Mund und putzte ihn auch vor uns Kindern bei jeder Gelegenheit runter. Er hat sie gehasst.«

»So sehr, dass er in der Lage gewesen wäre, sie umzubringen?«, fragte Pia.

»Ja. Ich bin mir hundertprozentig sicher, dass er sie umgebracht und irgendwo vergraben hat, die alte Hexe.« In Rekers Augen flackerte ein alter Groll auf. Er befeuchtete seine Lippen mit der Zunge und senkte seine Stimme zu einem eindringlichen Flüstern. »Ich bin sein unehelicher Sohn, und das war der wahre Grund dafür, weshalb Rita mich so sehr verabscheut hat.«

»Wissen Sie das mit Sicherheit?« Pia war verblüfft.

»Nein, das nicht«, räumte Reker ein. »Aber Theo hat immer Andeutungen gemacht. Ich habe verstanden, dass er das vor Rita geheim halten musste. Als ich nach der Sache mit Nora von ihnen wegmusste, hat er den Kontakt zu mir weiter aufrechterhalten. Er hat mich gemocht. Mehr als die anderen.« Reker zuckte scheinbar gelassen die Schultern, aber seine Stimme verriet seine Anspannung. »Später, nachdem Rita weg war, war ich oft bei ihm. Er hat mir das Gelände und die Hallen der ehemaligen Abfüllanlage vermietet, damit ich dort meine Werkstatt betreiben konnte. Theo war stolz auf mich! Fridtjof war für ihn dagegen eine einzige Enttäuschung. Er hielt sich schon als Kind für etwas Besseres und behandelte Theo später genauso herablassend, wie es Rita getan hatte.«

»De facto war er ja auch etwas Besseres«, entgegnete Pia. »Er war der einzige Enkelsohn von Theo und Rita und hatte dadurch Privilegien: ein eigenes Zimmer und ein Bad für sich alleine. Waren Sie neidisch? Haben Sie deshalb seinen besten Freund Joachim in eine Kühltruhe gesperrt?«

Rekers Lächeln verrutschte.

»Ich bin nicht stolz auf das, was ich früher getan habe«, erwiderte er. »Ich weiß nicht, ob Sie sich vorstellen können, wie es ist, ohne liebevolle Eltern aufzuwachsen und der Willkür von Heimleitern, Jugendamtsmitarbeitern und Pflegeeltern ausgeliefert zu sein. Ich habe früh begriffen, dass ich auf mich alleine gestellt war und kämpfen musste. Und das habe ich getan, mit allen Mitteln. Rita hat mir vorgemacht, wie man sich Respekt verschafft.«

»Sie haben meine Frage nicht beantwortet«, erinnerte Pia ihn. »Warum haben Sie Joachim Vogt in die Kühltruhe gesperrt?«

Claas Reker antwortete nicht sofort. Für einen winzigen Moment blitzte in seinen Augen ein schwarzer Abgrund der Grausamkeit und des Hasses auf, der die Fassade des Geläuterten zu Makulatur werden ließ. Sein Unterkiefer verkrampfte sich.

»Joachim war ein Schleimer. Und Streber«, platzte es aus ihm heraus. »Ja, ich war neidisch. Ja, ich wäre gerne an Joachims Stelle Fridtjofs ›Adlatus‹ gewesen! So nannte Fridtjof ihn nämlich immer: *Mein Adlatus*! Pah! Joachim hat das Zimmer im obersten Stock neben dem von Fridtjof gekriegt. Sogar einen Computer hatte er, einen Commodore Amiga, das werde ich nie vergessen. Er durfte sein Zimmer abschließen und hatte zusammen mit Fridtjof ein Bad für sich alleine! Rita wollte unbedingt, dass ihr *Fritzchen* aufs Privatgymnasium nach Königstein geht, nicht auf die Gesamtschule, wie alle anderen, aber Fridtjof machte zur Bedingung, dass Joachim mit ihm gehen sollte. Klar, ohne ihn wäre er geliefert gewesen! Dadurch hatten sie auf einmal andere Freunde als wir. Sie wurden in die großen Villen eingeladen, in denen diese reichen Freunde wohnten! Sie durften mit ihnen im Winter zum Skilaufen nach Davos und St. Moritz fahren und im Sommer nach Sylt und Marbella, während wir im Garten schuften und im Kirchenchor singen mussten!«

Mit minutiösem Erinnerungsvermögen schilderte Reker die

Kränkungen, Zurückweisungen und Niederlagen. Er hatte Theo, die einzige Figur väterlichen Wohlwollens in seinem Leben, verehrt und immer gehofft, eines Tages auch offiziell als leiblicher Sohn anerkannt zu werden. Theo Reifenrath, selbst ein gedemütigter, schwacher Mensch, hatte auf diese Weise Macht über Reker gehabt. Ähnlich wie Ramona Lindemann war Claas Reker jedoch bitter enttäuscht worden.

»Halten Sie es für möglich, dass Ihr Pflegevater Menschen getötet und auf seinem Grundstück vergraben hat?«, wollte Pia wissen.

Reker ließ sich Zeit mit einer Antwort.

»Ich halte es auf jeden Fall für möglich, dass er Rita umgebracht hat«, erwiderte er zögernd. »Er sprach immer sehr abfällig über Frauen. Er hatte einen regelrechten Hass auf sie entwickelt. Zuerst stand er unter dem Pantoffel seiner Mutter, die für ihn nichts übrighatte und bis zu ihrem Tod um ihren älteren Sohn getrauert hat, der im Krieg gefallen war. Dann war da noch die Verlobte von Theos Bruder, Martha, die quasi die Firma geleitet hat. Er hat ihr den Spitznamen ›die schwarze Mamba‹ gegeben, weil sie giftig und hinterhältig war und immer in Trauerklamotten herumgelaufen ist. Theo hatte nie etwas mit der Firma am Hut gehabt, aber seine Mutter hat ihn moralisch unter Druck gesetzt und gezwungen, die Leitung zu übernehmen. Und dann gab es natürlich Rita. Theo nannte die drei ›das Trio infernale‹. Wann immer sich ihm die Gelegenheit bot, flüchtete er und fuhr mit seinem VW-Bus und seinen Tieren auf irgendwelche Ausstellungen in ganz Deutschland. Später sogar bis nach Polen, Tschechien, Österreich und Frankreich.«

»Was war das für ein Bus?« Pia wurde hellhörig. »Und wann fuhr er ihn?«

»Ein T2 Kastenwagen in Hellgrau. Er fuhr ihn auf jeden Fall in den 70er- und 80er-Jahren. Niemand von uns durfte das Auto auch nur berühren – es war sein Heiligtum. Später rostete er ein paar Jahre ohne TÜV vor sich hin. André war ganz scharf auf die alte Kiste, irgendwann hat er sie Theo abgeschwatzt, wieder in Schuss gebracht und angemeldet. Ich glaube, er fährt sie heute noch hin und wieder.«

»Es ist zwar schon lange her, aber erinnern Sie sich an den Tag, an dem Rita sich das Leben genommen haben soll?«

»Ja, das tue ich.«

»Was ist an dem Tag vorgefallen?«

»Es war Muttertag. Rita wollte sich wieder mal feiern lassen«, erwiderte Reker. »Theo kotzte das an. Er rief mich an und wir trafen uns zum Frühschoppen im ›Goldenen Apfel‹. Da haben wir ein paar Stunden gesoffen.« Reker grinste bei der Erinnerung. »Gegen vier hat uns der Wirt vor die Tür gesetzt, deshalb sind wir dann noch mit zum Willi, einem Kumpel von Theo, und haben da noch zwei Stunden weitergepichelt. Später habe ich Theo nach Hause gefahren. Er dachte, es wären schon alle weg, aber nein. Es herrschte eine Riesenaufregung, weil irgendein Kind beim Versteckspielen in den alten Brunnenschacht gefallen war. Alle standen um das Loch herum, die Erwachsenen schrien durcheinander, die Kinder heulten. Es war zum Schießen!«

»Wer war denn alles da?«

»Phhh, da muss ich mal nachdenken.« Reker legte die Stirn in Falten und schob die Unterlippe vor. »Die meisten waren wohl schon weg, aber Fridtjof war auf jeden Fall da. Der hat versucht, Rita davon abzuhalten, Theo mit einer Flasche den Schädel einzuschlagen. Ramona natürlich, die hat ja jede Gelegenheit genutzt, um sich einzuschleimen. André war da. Sascha auch, meine ich. Es gab ein richtiges Handgemenge. Ich hab mich in mein Auto gesetzt und zugesehen, dass ich Land gewinne, bevor ich der Rita den Hals umdrehe. Immerhin hatte ich ja auch schon einen im Tee, und die Alte habe ich echt gehasst, für all das, was sie mir angetan hat! Ein paar Tage später rief Theo an und sagte mir, Rita sei verschwunden. Ihr Auto hätte irgendwo auf einem Parkplatz gestanden und die Polizei würde von Selbstmord ausgehen. Ich habe ihn noch gefragt, ob er sie endlich abgemurkst hätte, aber das fand er nicht lustig.«

Pia glaubte ihm die Geschichte. Allerdings stellte sich die Frage, warum Fridtjof Reifenrath ihnen nichts von den Ereignissen am 12. Mai 1995 erzählt hatte. Machte ihn das verdächtig? Man konnte innerhalb von 22 Jahren vieles verdrängen, aber nicht einen solchen Vorfall. Vielleicht hatte er genau gewusst, was passiert war. Aber wen hätte er schützen wollen? Niemand von denen, die Claas Reker eben aufgezählt hatte, schien Fridtjof so viel zu bedeuten, dass er für ihn lügen würde.

Du lässt mich auf deinen Altlasten sitzen und setzt dich einfach ins Ausland ab, hatte Theo wenige Wochen vor seinem Tod am Telefon zu seinem Enkelsohn gesagt. Hatte sich das auf Rita Reifenrath bezogen oder war damit etwas ganz anderes gemeint gewesen? Vielleicht war Fridtjof aber auch unschuldig und seine ehemaligen Pflegegeschwister hatten Rita in das Loch geschleift. Sie alle hatten unter ihr zu leiden gehabt, und Gruppendruck in Verbindung mit Alkohol führte nicht selten zu schrecklichen Taten, zu denen ein Einzelner nicht fähig wäre. *Hin und wieder sperrte sie einen auch in ein finsteres Erdloch, nur mit einer Flasche Wasser.* Das hatte Ramona Lindemann gesagt. Hatte sie sich an ihrer verhassten Pflegemutter gerächt, als sich ihr die Gelegenheit geboten hatte, und danach das Gerücht in die Welt gesetzt, sie habe ihren Pflegevater dabei beobachtet, wie er in der Küche Blut aufgewischt hatte? Aber wie war das Auto von Rita Reifenrath nach Eltville gekommen? Vielleicht hatten Ramona und ihr jetziger Mann gemeinsame Sache gemacht! Kaum etwas schmiedete so sehr zusammen wie ein solches Geheimnis, zumindest so lange, wie es nicht zum Streit kam.

Pia kam der Fall des »Horrorhauses von Höxter« in den Sinn, der im Jahr zuvor groß durch die Presse gegangen war. Ein Mann und seine Ex-Frau hatten dort mehrere Frauen durch Kontaktanzeigen angelockt, um sie dann gefangen zu halten und zu foltern. Zwei der Frauen waren an den Misshandlungen gestorben, eine von ihnen wurde von dem mörderischen Paar eingefroren, dann zerlegt und im Kamin verbrannt. Die Asche ihres Opfers hatten die beiden anschließend im Ort verstreut. Pia fiel wieder ein, wie seltsam sich Sascha Lindemann am Mittwoch benommen hatte.

»Wie lange sind Ramona und Sascha Lindemann verheiratet?«, fragte sie.

»Keine Ahnung. Schon eine ganze Weile«, erwiderte Reker. »Mindestens mal fünfzehn Jahre, wenn nicht noch länger.«

Pia hatte es plötzlich eilig. Sie musste Bodenstein und Dr. Harding von ihrem Verdacht erzählen. Wenn ein Mensch einmal die

Hemmschwelle überwunden und getötet hatte, ohne erwischt worden zu sein, dann war er auch fähig, erneut zu morden.

»Wir haben übrigens die sterblichen Überreste von Rita Reifenrath gefunden«, sagte sie. »In dem alten Brunnenschacht.«

»Das ist jetzt nicht wahr, oder?« Verblüffung malte sich auf Rekers Gesicht.

»Doch.«

»Da hat der Alte sie also doch um die Ecke gebracht!« Reker schüttelte fassungslos den Kopf, dann fing er an zu lachen. Er lachte, bis ihm die Tränen kamen, und schlug sich auf die Schenkel.

»Was ist daran so komisch?«, wollte Pia wissen.

»Dass Theo so ein Schauspieler war!« Reker japste und kriegte sich nur mit Mühe wieder ein. »Er hatte schon in der Nacht Erde über den Schacht geschaufelt und einen Tag später Rollrasen drübergelegt, einen Pavillon draufgestellt und Rosen angepflanzt. Angeblich, damit niemand mehr aus Versehen in das Loch fallen kann! Die Bull… äh … die Polizei hat nicht mal nach dem Brunnenschacht gefragt und offensichtlich hat ihnen niemand etwas von dem Streit erzählt. Theo und ich haben oft in dem Pavillon gesessen und Bier getrunken! Er hat immer ›Prost, Rita, schön, dass du nicht mehr da bist!‹ als Trinkspruch gesagt. Aber ich wäre im Leben nicht draufgekommen, dass sie die ganze Zeit unter uns gelegen hat!«

Rekers Blick wanderte zu der Uhr, die über der Tür des Büros hing. »Ich muss allmählich zurück an die Arbeit.«

»Oh ja, natürlich.« Pia nickte. »Dann lassen Sie uns doch noch schnell das Auto holen.«

»Ach ja, das Auto.« Reker zögerte. »Kann ich es nicht einfach später bei Ihnen vorbeibringen? Direkt nach Feierabend?«

»Ich weiß nicht.« Pia tat so, als läge es nicht in ihrer Macht, diese Entscheidung zu treffen. Sie warf Bodenstein einen gespielt hilfesuchenden Blick zu.

»Nein, das geht leider nicht«, entgegnete Bodenstein bestimmt, woraufhin Reker ihn mit einem unfreundlichen Blick bedachte. Es passte ihm ganz und gar nicht, dass Bodenstein darauf bestand, ihn zu seinem Spind zu begleiten, um den Autoschlüssel zu holen.

Jens Hasselbach fuhr sie zum Personalparkhaus, das sich jenseits von Tor 3 befand.

»Soll ich auf dich warten?«, fragte er Claas.

»Nein, nein. Weiß ja nicht, wie lange der Zirkus hier noch dauert«, knurrte Reker verärgert.

Bodenstein, Dr. Harding und Pia folgten ihm ins Parkhaus und zum Aufzug.

»Was haben Sie eigentlich am 7. April in Mammolshain gemacht?«, fragte Pia, als sich die Aufzugtüren geschlossen hatten. »Jemand hat gesehen, wie Sie in dem Mercedes auf die Hauptstraße eingebogen sind.«

Es war ein Schuss ins Blaue, schließlich hatte die Nachbarin den Fahrer des Mercedes nicht erkannt.

»Am 7. April?« Reker zuckte die Schultern und tat lässig, aber die Art, wie er ihrem Blick auswich, zeigte Pia, dass sie richtiggelegen hatte. »Keine Ahnung. Was war das denn für ein Tag?«

»Der Freitag vor vierzehn Tagen«, half Pia ihm auf die Sprünge. »An dem Tag ist Theo Reifenrath laut Rechtsmediziner gestorben. Übrigens ist die Hirnblutung höchstwahrscheinlich durch die Gesichtsverletzungen entstanden, die er davongetragen hatte. Ob er aufs Gesicht gefallen ist oder mit einem stumpfen Gegenstand geschlagen wurde, müssen wir noch herausfinden.« Pia griff an ihm vorbei und betätigte die Not-Halt-Taste, woraufhin der Aufzug stehen blieb.

»Wollen Sie mir etwa unterstellen, ich hätte ihm etwas getan?« Reker riss die Augen auf. Die Ungläubigkeit war schlecht gespielt.

»Sie haben Schulden«, fuhr Pia fort, ohne auf seinen Einwand einzugehen. »Theo Reifenraths Brieftasche ist weg. Jemand hat mit seiner EC-Karte an verschiedenen Geldautomaten insgesamt 25 000 Euro abgehoben.«

Claas Reker fuhr sich mit der Hand durchs Haar, dann huschte ein zerknirschtes Grinsen über sein Gesicht.

»Bekenne mich schuldig«, gab er zu. »Ich habe das Geld abgehoben. Es war eine Art Darlehen von Theo. Er hat mir selbst seine Karte gegeben. Als ich weggefahren bin, war Theo noch quicklebendig.«

»So wie Nora Bartels?«, bemerkte Bodenstein.

Claas Reker wurde blass. Er begann zu schwitzen.

»Wo war der Hund an dem Freitag?«, fragte Bodenstein.

»Ich kriege Platzangst«, behauptete Reker. »Ich muss hier raus, sofort!«

Pia wechselte einen Blick mit ihrem Chef und setzte den Aufzug wieder in Gang. Alles, was Reker jetzt sagen würde, wäre ohnehin nicht verwertbar, deshalb war es klüger, ihn über seine Rechte zu belehren, festzunehmen und später in Ruhe zu befragen.

* * *

Claas Reker hatte sich gegen seine Festnahme heftig zur Wehr gesetzt, als Bodenstein eine Handschelle um sein Handgelenk hatte schnappen lassen. Wahrscheinlich wäre es ihm gelungen, sich durch Flucht zu entziehen, wenn Bodenstein nicht die Geistesgegenwart besessen hätte, die andere Handschelle an das Geländer neben dem Fahrstuhlschacht zu ketten. Reker hatte wie ein Rasender getobt und gebrüllt, Speichel war von seinen Lippen gesprüht. Er hatte an der Handschelle gezerrt, bis seine Hand ganz blau angelaufen war, nach den uniformierten Kollegen getreten und sein unbeherrschtes, wahnsinniges Wesen offenbart, das sich unter einer dünnen Schicht zivilisierten Benehmens verborgen hatte. Pia hatte Jens Hasselbach angerufen und ihm mitgeteilt, dass er in den nächsten Tagen nicht mehr mit Reker rechnen konnte, dann hatten sie gewartet, bis der Abschleppwagen den silbernen Mercedes abtransportiert hatte und der Streifenwagen mit dem noch immer tobenden Claas Reker verschwunden war.

»Er hat den Alten umgebracht, ob aus Versehen oder mit Vorsatz«, sagte Pia auf dem Weg zum Auto. »Dass er nicht davor zurückscheut, den alten Mann zu schlagen, hat uns ja schon das Nachbarmädchen erzählt.«

»Reker brauchte Geld, eine Unterkunft und einen fahrbaren Untersatz.« Bodenstein nickte. »Reifenrath wollte nichts rausrücken, es kam zum Streit. Falls er es war, der den Hund in den Zwinger gesperrt hat, dann hat er uns damit einen Gefallen getan, denn sonst wären wir wohl nie auf die Leichen gestoßen.«

»Sie haben das sehr gut gemacht, Pia!«, sagte Dr. Harding. »Er glaubte, Sie stünden auf seiner Seite und würden ihn bewundern, deshalb war er so offen. Menschen wie er halten sich für etwas Besseres und unterschätzen andere prinzipiell.«

»Ich hätte mich beinahe von ihm einwickeln lassen«, gab Pia zu.

»Sie wären nicht die Erste, der das passiert«, erwiderte Harding.

»Denken Sie, er hat uns die Wahrheit gesagt?«, wollte Bodenstein wissen.

»Was die Geschichte mit Rita betrifft, ja«, erwiderte Harding. »Nicht einmal den geschmacklosen Witz, ein Beweis für seinen eklatanten Empathiemangel, hat er verschwiegen. Ansonsten hat er exakt die Darstellung von sich präsentiert, wie er gerne von uns gesehen werden möchte. Besonders wichtig war es ihm, uns mitzuteilen, dass er seine Fehler eingesehen und sich gebessert hat. Ganz sicher hielt er das für einen sehr cleveren Schachzug. Allerdings hat er auch viel offenbart. Seine Entwicklung zum Psychopathen ist geradezu klassisch: Bevor er zum Täter wurde, war er selbst Opfer und empfand das Ausgeliefertsein als unerträglich. Er erfuhr keine Wertschätzung und bedingungslose Elternliebe, die für die Entwicklung einer stabilen Persönlichkeit unabdingbar ist. Dennoch halte ich ihn nicht für den Mann, den wir suchen. Reker ist viel zu impulsiv und unbeherrscht.«

Sie hatten das Auto erreicht und stiegen ein.

»Wo ist eigentlich der Unterschied zwischen Psychopathen und Narzissten?«, fragte Bodenstein.

»Dem Narzissten geht es in erster Linie um Bewunderung. Er möchte gut dastehen. In seinem Innern ist er unsicher, deshalb braucht er ständig Bestätigung von außen. Für einen Narzissten ist es ganz typisch, über sich zu sprechen, am liebsten vor einem aufmerksamen Publikum, wie es Reker vorhin ausführlich getan hat. Narzissten können wunderbar reden, aber nicht zuhören. Ihnen fehlt die Fähigkeit, die Perspektive eines anderen einzunehmen. Sie sind sehr empfindlich, was sie selbst angeht, und sehen sich schnell als Opfer«, erklärte Harding. »Einem Psychopathen hingegen fehlt die Kontrolle durch das, was man landläufig als ›Gewissen‹ bezeichnet. Er kann sich von seinem Tun emotional entkoppeln und fühlt nicht, was er anderen antut. Psychopathen sind zum Beispiel deshalb oft hervorragende Chirurgen, weil sie sich ganz auf ihre Arbeit konzentrieren können, ohne auch nur einen Gedanken an die Schicksale ihrer Patienten zu verschwenden.«

»Nach dieser Definition halte ich Reker aber nicht ausschließlich für einen Narzissten.« Pia dachte daran, dass Claas Reker schon als Jugendlicher einen anderen Jungen in eine Kühltruhe gesperrt hatte und weggegangen war, ohne sich weiter darum zu kümmern.

»Da haben Sie recht. Multiple Persönlichkeitsstörungen sind leider auch eher die Regel als die Ausnahme«, antwortete der Psychologe. »Deshalb wäre es sehr aufschlussreich, Kims Gutachten über ihn zu lesen. Es interessiert mich, weshalb sie Reker für so gefährlich gehalten hat, dass sie der Meinung war, er müsse weggesperrt werden.«

»Das wüsste ich auch gerne«, pflichtete Pia ihm bei. »Leider ruft sie mich nicht zurück. Vielleicht können Sie es ja mal bei ihr versuchen.«

»Das kann ich machen.« Dr. Harding nickte. »Rekers Hauptantriebskraft scheint Neid zu sein, hervorgerufen durch das Gefühl, ungerecht behandelt und nicht wertgeschätzt zu werden. Theo hatte Claas in der Hand, indem er vorgab, er sei womöglich sein leiblicher Vater. Es würde mich nicht wundern, wenn er etwas Ähnliches auch zu anderen Pflegesöhnen gesagt hat, um sie auf seine Seite zu ziehen. So hatte er eine Privatarmee, die er gegen seine ungeliebte Ehefrau positionieren konnte.«

»Und die ihm bei deren Beseitigung half«, ergänzte Pia. »Ich habe vorhin schon daran gedacht, dass sie alle zusammen Rita umgebracht haben könnten.«

»Gemeinschaftlich begangener Mord?«, überlegte Bodenstein. »Warum nicht? Sie haben alle unter Rita gelitten.«

»Falls es stimmt, was Reker uns erzählt hat, dann wusste Theo, dass seine Frau in dem Brunnenschacht lag«, sagte Pia. »Wie konnte er das aushalten?«

»Sie hat ihn vierzig Jahre lang erniedrigt«, erwiderte Bodenstein. »Das war sein Triumph über sie. Seine Rache.«

»Das spräche allerdings gegen die Theorie eines gemeinschaftlich begangenen Mordes«, meinte Dr. Harding. »Hätte Theo

Mittäter gehabt, so hätte er ständig befürchten müssen, jemand könne die Nerven verlieren und ihn verraten. Auf jeden Fall war es eine völlig andere Sache als die Morde an den Frauen.«

»Sie meinen, er könnte nur seine Ehefrau umgebracht haben, aber nicht die anderen Frauen?«

»Genau. Vorausgesetzt, es stimmt, was Reker uns erzählt hat, dann könnte es sich um eine Affekttat unter erheblichem Alkoholeinfluss gehandelt haben«, antwortete Harding. »Das war etwas Persönliches. Eine typische Beziehungstat. Die Morde an den Frauen sind dagegen bis ins Detail geplant und kaltblütig durchgeführt worden. Theo scheint zu schwach gewesen zu sein, sich gegen die dominanten Frauen in seinem Umfeld durchzusetzen. Ein schwacher oder abwesender Vater, der die Kinder alleinlässt und nicht vor der alles beherrschenden Mutter schützt, findet sich in ausnahmslos jeder Biografie von psychopathischen Serientätern. Deshalb wäre es wenig verwunderlich, wenn einige von Reifenraths Pflegesöhnen, die ohnehin schon traumatisiert waren, psychopathische Wesenszüge entwickelt haben. Wir müssen denjenigen finden, der denselben oder einen noch stärkeren Hass auf Frauen entwickelt hat wie Theo.«

»Was ist mit den Pflege*töchtern*? Könnten die nicht auch psychischen Schaden davongetragen haben?«

»Das haben sie mit Sicherheit«, bestätigte Harding. »Aber nach allem, was ich bisher weiß, suchen wir nach einem männlichen Täter. Bei Frauen äußert sich Psychopathie anders als bei Männern. Sie sind meistens rationaler als männliche Psychopathen und werden eher verbal als körperlich aggressiv. Es gibt zwar auch gewalttätige Psychopathinnen – denken Sie nur an Stephen Kings Annie Wilkes in *Misery* –, aber viel häufiger dokumentiert sich die Psychopathie von Frauen in einem destruktiven und manipulativen Verhalten.«

Bodenstein ließ den Motor an.

»Wo wir gerade hier am Flughafen sind«, sagte Pia, »lass uns doch kurz mal bei Joachim Vogt vorbeischauen. Ich rufe ihn an und frage ihn, ob er im Büro ist.«

***

Joachim Vogt war in seinem Büro und nahm sich die Zeit, sie zu treffen. Er erwartete sie in der Lobby des Gebäudes am Terminal 1 und führte sie in einen kleinen Besprechungsraum im Erdgeschoss. In der Mitte des ovalen Tischs stand ein Tablett mit Gläsern und Getränken.

»Darf ich mir etwas zu trinken nehmen?«, bat Pia.

»Aber bitte, bedienen Sie sich.« Vogt sah bedeutend besser aus als noch vor drei Tagen. Die Narbe auf seiner Wange heilte gut, die Fäden waren entfernt worden, und er schien auch den Schock über die Leichenfunde auf dem Grundstück seines Pflegevaters überwunden zu haben.

Pia nahm sich eine Cola Zero, öffnete sie und trank direkt aus der Flasche. Die Cola war lauwarm und schmeckte alt, aber sie löschte ihren Durst. Sollte sie Vogt nach Kim fragen? Wenn Fridtjof Reifenrath der besagte Fridtjof war, dann kannte Vogt ihre Schwester sicherlich auch. Sie zögerte. Nein, nicht jetzt.

Vogt erkundigte sich danach, wann die sterblichen Überreste seiner Pflegeeltern freigegeben würden, denn Fridtjof habe ihn darum gebeten, sich um Trauerfeier und Beisetzung zu kümmern.

»Von unserer Seite aus steht dem nichts mehr im Wege«, sagte Bodenstein. »Die Obduktion hat stattgefunden, die Todesursache wurde ermittelt. Ihr Pflegevater starb an einer Hirnblutung, die wohl eine Folge von einem Sturz oder einem Schlag ins Gesicht war. Im Zusammenhang damit haben wir übrigens Ihren Pflegebruder Claas Reker festgenommen. Wussten Sie, dass er auch am Flughafen arbeitet?«

»Nein, das wusste ich nicht.« Vogt war überrascht. »Aber ich habe auch nicht mehr mit ihm gesprochen, seitdem er bei uns gewohnt hat.«

»Herr Reker fuhr den Mercedes Ihres Pflegevaters und hatte von dessen Konto mehrfach Geld abgehoben, angeblich mit seiner Zustimmung. Insgesamt 25 000 Euro.«

»Das hat ihm Theo niemals gestattet! Er war geizig und hatte immer Angst, ihm würde das Geld nicht reichen!« Vogts Miene wurde düster. »Es würde mich nicht wundern, wenn Claas ihn umgebracht hätte. Er war schon immer ein Choleriker. Wenn etwas nicht so läuft, wie er das will, dann flippt er aus, ohne an die Konsequenzen zu denken.«

»Wie damals bei Nora Bartels?«, fragte Pia.

»Es weiß ja niemand, was da wirklich passiert ist«, entgegnete Vogt. »Aber mit seiner Frau ist er so umgesprungen. Claas bringt über jeden Menschen, der mit ihm zu tun hat, Unheil.«

»Er mochte Sie nicht, hat er uns erzählt«, sagte Bodenstein. »Er war neidisch auf Sie, weil Sie Fridtjofs bester Freund waren, einen Computer hatten und aufs Gymnasium gehen durften.«

»Wie kann ihn das noch immer beschäftigen? Das liegt doch alles schon fast dreißig Jahre zurück!« Joachim Vogt schüttelte ungläubig den Kopf. »Ja, es stimmt, ich hatte ein paar Vorteile durch meine Freundschaft mit Fridtjof, zum Beispiel diesen Commodore Amiga, den eigentlich er geschenkt bekommen hatte. Er hatte nur kein Interesse daran, deshalb gab er ihn mir.« Ein Lächeln glitt über sein Gesicht. »Ich war ehrgeizig und habe viel für die Schule getan, weil ich kapiert hatte, dass es meine einzige Chance war, etwas aus meinem Leben zu machen.«

»Waren Ihre anderen Geschwister auch so neidisch wie Claas Reker?«, wollte Bodenstein wissen.

»Sie waren alle dauernd wegen irgendetwas neidisch, vor allem Ramona und André«, antwortete Joachim Vogt. »André hasste mich sowieso, und ich hatte Angst vor ihm, obwohl er ein Jahr jünger war als ich. Übrigens war nicht die Schule selbst das Problem, sondern dass Fridtjof und ich auf einmal andere Freunde hatten. *Normale* Leute aus *normalen* Familien. Für mich war es eine völlig neue Erfahrung, um meiner selbst willen akzeptiert zu werden. Der Vater einer guten Freundin war Vorstand eines Weltkonzerns. Wir gingen ganz selbstverständlich bei ihr ein und aus, das machte Claas rasend.«

»Anja Manthey?«

»Richtig.« Vogt lächelte. »Es war für mich eine Befreiung, meine *Geschwister* …« – er zeichnete mit den Fingern Gänsefüßchen in die Luft – »… wenigstens für ein paar Stunden los zu sein. Mich wie ein normaler Mensch fühlen zu können.«

»Sie haben einmal zu Anja Manthey gesagt, es sei besser, dass sie nicht bei Reifenraths zum Mittagessen bleiben durfte. Was haben Sie damit gemeint?«

»Ich habe mich geschämt.« Es schien Vogt nicht weiter zu beunruhigen, dass die Kripo mit einer alten Jugendfreundin über ihn gesprochen hatte. »Die Zustände waren oft grenzwertig. Das war auch ein Grund, warum ich mir Geschichten über meine Eltern ausgedacht hatte, zum Beispiel, dass sie bei einem Flugzeugabsturz ums Leben gekommen waren, oder bei einer Expedition in den Dschungel von Tigern gefressen wurden.«

Er lächelte dünn, wurde aber gleich wieder ernst.

»Hat Theo Ihnen eigentlich auch erzählt, er sei Ihr leiblicher Vater?«, fragte Pia.

»Nein.« Das klang aufrichtig verwundert.

»Claas Reker hat er das erzählt. Er durfte aber nicht darüber sprechen, damit seine Frau nichts davon erfuhr.«

»Aber warum sollte er denn so etwas getan haben?«, fragte Vogt irritiert. »Das ergibt doch gar keinen Sinn!«

»Ein elternloses Kind, das sich nichts sehnlicher als Eltern wünscht, hatte damit auf einmal wenigstens einen Vater, selbst wenn er sich nicht zu ihm bekannte.«

»Vielleicht dachte Claas deshalb immer, er sei etwas Besonderes.« Vogt schnaubte. »Wahrscheinlich hat er es wirklich geglaubt.«

»Haben Sie Ihren Vater gekannt?«

»Nein. Und das war vielleicht auch besser so. Dann hofft man nicht dauernd«, erwiderte Vogt. »Die Kinder, die ihre Eltern kannten, warteten insgeheim immer darauf, eines Tages abgeholt zu werden, was nur in den seltensten Fällen geschah. Ich behaupte, sie waren viel schlimmer dran als die, die diese Hoffnung nicht hatten, denn sie wurden wieder und wieder enttäuscht.«

»Wer war das zum Beispiel?«, fragte Bodenstein.

»Hm.« Vogts Gedanken schweiften in die Vergangenheit. »Ramona kannte ihre Eltern. Sie waren Teenager, die von ihren Eltern dazu gezwungen wurden, das Kind zur Adoption freizugeben. Ein paar andere, die nur relativ kurz da waren, waren ihr Vorbild. Timo kannte seine Eltern auch.«

»Timo? War das nicht der Junge, der sich das Leben genommen hat?«, fragte Pia.

»Ja, genau.« Vogt nickte. »Er hat sich in der Dusche aufgehängt.«

Prompt kam Pia das mulmige Gefühl in den Sinn, das sie beim Betreten des Waschraums verspürt hatte.

»Ein paar Jahre vorher hatte sich ein Mädchen in der Badewanne die Pulsadern aufgeschnitten«, sagte Joachim Vogt. »Barbara hieß sie, den Nachnamen weiß ich nicht mehr. Sie hatte auch immer gehofft, ihre Eltern würden sie wieder zu sich nehmen.«

»Was war mit André Doll?«

»Seine Mutter war mit einer Zigarette im Mund eingeschlafen. André war ein Säugling und trug schwere Verbrennungen davon. Dann starb noch seine Oma und so landete er irgendwann bei Reifenraths«, erzählte Joachim Vogt. »Würde mich nicht überraschen, wenn Theo ihm auch weisgemacht hätte, er sei sein Vater.«

Pia dachte an die Geschichte, die Raik Gehrmann erzählt hatte, und fragte Vogt danach.

»Natürlich erinnere ich mich daran«, sagte er. »Es sind viel schlimmere Dinge passiert. Das war ja noch vergleichsweise harmlos und mit Raik traf es nicht unbedingt den Falschen.«

»Wie meinen Sie das?«

»Ach, das ist alles so lang her.« Vogt winkte ab. »Ich habe vieles längst verdrängt. Raik ist der Sohn von Theos bestem Freund, das nutzte er aus, um sich aufzuspielen. Eine Weile ging er mit Nora, das war noch zu Grundschulzeiten und ganz harmlos, aber er bildete sich viel darauf ein. Als sie ihn abservierte und alle über ihn lachten, war er fuchsteufelswild. Ich denke, diese Aktion mit der Folie war eine Retourkutsche für etwas, was er vorher mit ihnen gemacht hatte.«

Er verstummte und starrte vor sich hin. Für eine Weile sagte niemand etwas.

»Sie können es sich nicht vorstellen, wie schrecklich es ist, niemandem vertrauen zu können«, fuhr er dann mit veränderter Stimme fort. »André und Claas, sie waren so hart und kalt. Was sie mit uns anderen gemacht haben, war blanker Terror. Ich war ihr bevorzugtes Opfer, weil sie neidisch auf mich waren, dabei erging es mir ja kaum besser als ihnen. Ich lebte ständig in Angst vor irgendwelchen Attacken oder Verleumdungen.«

»Wieso haben Sie das nicht Ihrem Freund Fridtjof erzählt?«

»Weil ich nicht als Versager dastehen wollte.« Vogt seufzte. »André war Claas hörig. Er war wie ein Soldat, befolgte jeden Befehl, egal wie verrückt oder grausam der war. Als Claas weg war, wurde es etwas besser, aber André ließ mich erst in Ruhe, nachdem Fridtjof etwas mitbekommen hatte.«

Er räusperte sich, setzte sich aufrecht hin und fuhr sich mit der Hand über das Kinn.

»Es fällt mir noch immer schwer, Theo mit diesen schrecklichen ... Geschichten in Verbindung zu bringen«, sagte er. »Aber es gibt da etwas, über das ich nicht groß nachgedacht habe, was mir aber jetzt in einem anderen Licht erscheint.«

»Was meinen Sie?«

»Unter dem alten Poolhaus gibt es eine Art Maschinenraum, in dem die Schwimmbadtechnik untergebracht ist.« Vogt zögerte einen Moment. »Es ist noch nicht sehr lange her, vielleicht ein halbes Jahr, da waren wir verabredet, weil ich ihn zum Notar fahren sollte. Ich konnte ihn nirgendwo finden und habe das ganze Haus und den Keller abgesucht, dann habe ich Beck's vor dem Poolhaus liegen sehen. Die Tür war von innen verriegelt. Ich dachte, Theo wäre etwas zugestoßen und habe an die Tür geklopft. Es hat ein paar Minuten gedauert, bis er auftauchte. Er war ziemlich verschwitzt und atemlos und warf mir vor, ich würde ihm nachspionieren. Den Notartermin hatte er völlig vergessen. Auf meine Frage, was er in dem Häuschen getan hätte, hat er mir keine Antwort gegeben.«

»Haben Sie sich das Poolhaus später mal angesehen?« Pia hatte die bisherigen Berichte der Spurensicherung nur überflogen und erinnerte sich nicht daran, ob Krögers Leute das Gebäude unter die Lupe genommen hatten.

»Hm. Ja. Ich war neugierig«, gab Vogt zu. »Auf den ersten Blick war nichts zu sehen. Nur alte Gartenmöbel. Dann ist mir der Maschinenraum wieder eingefallen. Über der Falltür stand eine Truhe, in der die Auflagen der Gartenmöbel aufbewahrt werden. Ich bin hinuntergeklettert, aber da war nichts außer den Geräten der Schwimmbadtechnik.«

***

»Es macht mich grundsätzlich misstrauisch, wenn wir einen solchen Hinweis bekommen«, sagte Bodenstein auf dem Weg nach Frankfurt. »Wie ein Feuerwehrmann, der Brände legt und dann als Erster vor Ort ist, um sich beim Löschen hervorzutun.«

»Das ging mir auch durch den Kopf«, pflichtete Dr. Harding ihm bei. »Nicht selten kehren Täter an den Ort des Verbrechens zurück, geben der Polizei Hinweise oder mischen sich unter die Schaulustigen.«

»Was halten Sie von Vogt?«, wandte Bodenstein sich an den Profiler.

»Er machte auf mich einen reflektierten und besonnenen Eindruck«, erwiderte Dr. Harding.

»Aber er gehört zum Kreis der Verdächtigen«, sagte Pia. »Er ist bei Theo Reifenrath über Jahre hinweg regelmäßig ein und aus gegangen und war ein Pflegesohn, genau wie Claas Reker, André Doll und Sascha Lindemann.«

»Sollte sich unter dem Poolhaus etwas finden, eine weitere Leiche vielleicht oder ein anderer Hinweis auf die Taten«, entgegnete Dr. Harding, »dann ist Vogt unser Mann.«

Der Verkehr auf der A 5 lief flüssig, während sich auf der Gegenseite ein Stau vor einer Baustelle gebildet hatte. Auf der rechten Seite tauchte die Frankfurter Skyline auf. Am Westkreuz bog Bodenstein in Richtung City ab. Im Schritttempo quälten sie sich an der Messe vorbei, von einer roten Ampel zur nächsten. Pias Handy begann zu klingeln. Sie schaltete ihr Bluetooth ein und nahm das Gespräch an.

»Ich habe eben einen Anruf aus Hamburg gekriegt«, tönte Kai Ostermanns Stimme aus dem Lautsprecher. »Der Kollege hat mich auf einen ungeklärten Todesfall aus dem Jahr 1997 aufmerksam gemacht, und ich wurde stutzig, als ich gehört habe, an welchem Tag die Frau verschwunden ist.«

Pia spürte, wie sich ihre Nackenhaare aufstellten. Noch ein Opfer!

»Am Muttertag?«, mutmaßte sie.

»Exakt. Elke von Donnersberg, 48, verschwand am Sonntag, den 11. Mai 1997 in Hamburg. Sie ging wie jeden Morgen im Jenischpark joggen und kehrte nicht mehr zurück. Ihre Leiche wurde zwei Monate später in Höhe der Schiffsbegrüßungsanlage am Hanskalbsand, einer Insel in der Elbe, gefunden.«

Pia wechselte einen Blick mit Bodenstein.

»War sie mit dem Auto unterwegs?«

»Nein. Sie wohnte an der Elbchaussee in Othmarschen und joggte jeden Morgen dieselbe Strecke von zu Hause aus.«

»Hatte sie Kinder?«, wollte Dr. Harding wissen.

»Ja. Zwei Söhne. Damals neun und elf Jahre alt.« Kai räusperte sich. »Aber jetzt kommt's: Der Torso der Leiche war in Plastikfolie eingewickelt. Die Kollegen nahmen damals an, dass sie sich in Folie verheddert haben könnte. In der Elbe schwimmt immer eine Menge Dreck rum, deshalb haben sie dieser Sache keine größere Bedeutung beigemessen. Für mich ist es aber eine mögliche Parallele zu unseren anderen Fällen.«

»Das könnte durchaus sein«, bestätigte Harding. »Der Tag des Verschwindens und die Folie sind die Handschrift unseres Täters.«

»An der Leiche fehlte ein Ring mit einem Aquamarin«, fuhr Kai fort. »Dass er im Wasser abgefallen ist, ist unwahrscheinlich, denn sie hatte noch ihren Ehering am Finger, und den Aquamarin-Ring trug sie immer unter dem Ehering.«

»Worauf willst du hinaus?«, fragte Bodenstein.

»Dr. Harding hat erwähnt, dass der Täter vielleicht die Autoschlüssel als Trophäen behält«, sagte Kai. »Ich habe mir mal die Falldaten bei POLAS etwas genauer angesehen und festgestellt, dass es zwischen Eva Tamara Scholle, Rianne van Vuuren, Nina Mastalerz und Jana Becker eine Gemeinsamkeit gibt, die uns bisher noch nicht aufgefallen ist: Allen vier Frauen wurde am Hinterkopf eine Haarsträhne abgeschnitten, das ist auf den Fotos deutlich zu erkennen. Und jeder fehlte etwas: Bei Eva Tamara Scholle war es ein perlenbestickter Gürtel, den sie am Tag ihres Verschwindens trug. Bei Rianne van Vuuren war es ein Halskettchen mit einem Kreuz. Bei Nina Mastalerz waren es die Ohrstecker und bei Jana Becker auch eine Halskette.«

»Wurden der Frau aus Hamburg auch Haare abgeschnitten?«

»Aufgrund des schlechten Zustands der Leiche nach zwei Monaten im Wasser konnte man das nur noch schlecht feststellen. Die Kollegen schicken mir die Fallakten und vorab Bilder, die ich an Professor Kirchhoff weiterleiten werde, damit der sie sich genauer anschaut.«

»Sehr gut, Kai«, lobte Bodenstein seinen Hauptsachbearbeiter. »Ist Claas Reker bei euch eingetroffen?«

»Sitzt unten in einer Zelle. Was soll mit ihm passieren?«

»Erst mal nichts. Kannst du dich um einen Haftbefehl kümmern? Verdacht auf Mord an Theodor Reifenrath.«

»Ja, klar, mache ich.« Kai stellte wie üblich keine überflüssigen Fragen.

»Wir fahren jetzt zu Fridtjof Reifenrath und dann zu André Doll. Hast du was von Cem und Tariq gehört?«

»Cem und Merle waren bei der Mutter von Nina Mastalerz und sprechen jetzt noch mit einer Freundin«, sagte Kai. »Tariq und Kathrin haben mit den Söhnen von Annegret Münch gesprochen und mit dem Mann, mit dem sie ein Verhältnis hatte. Er war Pilot. Die Kollegen hatten ihn damals auch schon ziemlich in die Mangel genommen, aber er hatte ein Alibi, denn er war, als die Frau verschwand, gar nicht im Lande. Tariq trifft sich jetzt noch mit der besten Freundin von Annegret Münch.«

»Acht Opfer«, sagte Pia düster, als Kai aufgelegt hatte. »Wer weiß, was da noch alles herauskommt. Ich frage mich nur, warum nicht viel eher bemerkt wurde, dass es sich um eine Mordserie handelt! Wozu gibt es überhaupt Datenbanken wie ViCLAS, wenn solche Parallelen wie das Einwickeln in Folie oder die abgeschlossenen Autos nicht auffallen?«

»Eine Datenbank ist immer nur so gut wie diejenigen, die sie analysieren«, bemerkte Dr. Harding. »Dieser Fall könnte dazu beitragen, dass man die Algorithmen der Programme überarbeitet. Aber erzählen Sie mir doch bitte etwas über den Mann, den wir jetzt aufsuchen.«

In ein paar Sätzen klärte Pia den Profiler über Dr. Fridtjof Reifenrath auf. Sie schilderte ihm, wie er Cem Altunay und ihr gegenüber aufgetreten war und dass sie seine Beteiligung am Mord an seiner Großmutter für denkbar hielt.

»Warum hätte er seine Großmutter umbringen sollen?«, fragte Bodenstein. »Ihm ging es gut. Sie verwöhnte ihn nach Strich und Faden. Und er war von ihren drakonischen Strafen nie betroffen.«

»Das hat nichts zu sagen«, meinte Dr. Harding. »Menschen mit einer dissozialen Persönlichkeitsstörung – ich habe sie in meinem Vortrag als Raubtiere bezeichnet – denken nicht wie wir, sondern nur an sich selbst. Sie lassen sich nicht von Gewissen, Moral oder Gesetz bremsen. Übrigens muss nicht immer Misshandlung der Grund für die Entwicklung einer dissozialen Persönlichkeitsstörung sein. Das geschieht mitunter auch dadurch, dass ein Kind seine Bedürfnisse völlig ungehemmt ausleben kann, weil es keine Begrenzung erfährt. Ein Beispiel dafür sind die Brüder Erik und Lyle Menendez, die ihre Eltern erschossen, als diese arglos vor dem Fernseher saßen. Danach zogen sie los, feierten ausgiebig und gingen shoppen, bis sie verhaftet wurden. Sie hatten von allem nur immer das Beste bekommen – die teuersten Schulen, Klamotten, Geld, Autos, Tennisstunden. Aber für einen Psychopathen ist das Beste eben nie genug.«

»Eine Art Wohlstandsverwahrlosung also.«

»Richtig.«

»Trotzdem: Aus welchem Grund hätte Fridtjof Reifenrath seine Großmutter töten sollen?«

»Wenn er tatsächlich eine dissoziale Persönlichkeit hat, dann brauchte er keinen Grund«, erwiderte Harding. »Vielleicht ging sie ihm in dem Moment auf die Nerven. Oder sie stand seinen Absichten im Weg. Wer weiß schon, was in einem solchen Menschen vorgeht?«

Bodenstein fuhr, um die Mainzer Landstraße zu vermeiden, durchs Westend und bog aus der Feuerbachstraße in die Bockenheimer Landstraße ein. Stadteinwärts lief der Verkehr ziemlich flüssig. Das DEHAG-Hochhaus stand, nur durch den Rothschild-Park getrennt, wie ein kleiner Bruder im Schatten des 170 Meter hohen Opernturms. Sie stellten das Auto auf dem gepflasterten Zugang zum Gebäude ab und betraten durch den Haupteingang das verglaste Foyer.

Der Pförtner an der Rezeption, ein Mann in den frühen Sechzigern, der laut des Namensschilds auf dem Empfangstresen auf den klangvollen Namen Cristiano Ribeira da Silva hörte, wirkte erheblich distinguierter als die jungen Banker, die rauchend vor dem Eingang standen oder auf dem Weg in die Mittagspause waren. Der Mann mit den melancholischen dunklen Augen und dem Silberhaar, dessen Miene angesichts der Polizeiausweise völlig unbewegt blieb, tätigte ohne zu zögern einen Anruf, nachdem Bodenstein den Wunsch geäußert hatte, mit Dr. Fridtjof Reifenrath zu sprechen.

»Wenn Sie bitte einen Moment Geduld haben«, sagte er würdevoll und wies mit einer Geste auf eine Sitzecke weiter vorne im Foyer. »Es wird sofort jemand kommen.«

»Vielen Dank.« Bodenstein nickte und wollte sich schon abwenden, da trat Dr. Harding neben ihn und sprach Ribeiro da Silva in fließendem Portugiesisch an. Ein erfreutes Strahlen flog über das Gesicht des Mannes, dem kaum jemand Beachtung schenkte, und im Nu waren die beiden in eine angeregte Unterhaltung vertieft, von der Bodenstein und Pia kein Wort verstanden, außer *bom dia* und *obrigado*. Dr. Harding sprach ein paar Minuten mit dem Portugiesen, dann bedankte er sich höflich und folgte Bodenstein und Pia zu der Sitzecke.

»Der Charakter eines Menschen erschließt sich mir immer am besten durch Kleinigkeiten«, erläuterte er. »Da Silva hat mir erzählt, dass Reifenrath ihn nie grüßt, außer, er hat Besuch. Dann tut er freundlich, fast sogar vertraulich. Er hat sich dem Pförtner, der seit zweiunddreißig Jahren bei dieser Bank arbeitet, nicht einmal vorgestellt, als er hier angefangen hat. Ein für Raubtiere ganz typisches Verhalten. Menschen, die in der Hierarchie unter ihnen stehen, sind Luft, es sei denn, sie brauchen Verbündete.«

Einer der beiden Aufzüge hielt mit einem diskreten Läuten, die Türen öffneten sich und Pia wappnete sich schon für eine neuerliche Begegnung mit Fridtjof Reifenrath. Doch an seiner Stelle entstieg eine gertenschlanke schwarzhaarige Frau in einem grauen Businesskostüm dem Aufzug und steuerte auf sie zu. Sie blieb einen Meter vor ihnen stehen, stellte sich als Özgur Şenoğlu, die persönliche Assistentin von Fridtjof Reifenrath vor. Kein Lächeln, kein Händedruck. Ihr Chef sei bedauerlicherweise heute nicht im Hause, sagte sie, ob sie ihnen irgendwie weiterhelfen könne?

»Wo können wir Herrn Dr. Reifenrath finden?«, wollte Bodenstein wissen.

»Er ist außer Haus«, wiederholte die Assistentin.

»Irgendwo wird er ja wohl sein, wenn er nicht hier ist«, mischte Pia sich ungeduldig ein. Ihr Chef war wieder mal viel zu freundlich. »Sie kennen doch sicher seinen Terminkalender, oder etwa nicht?«

Keine Antwort, dafür ein kalter Blick, der Pia in Harnisch brachte.

»Wir sind keine Vertreter, die Sie einfach so abfertigen können«, sagte sie. »Wir sind von der Kriminalpolizei und ermitteln in einer Mordsache. Wenn Sie uns keine Auskunft geben können, wollen oder dürfen, dann lassen wir Herrn Dr. Reifenrath eben vorladen. Wir können sogar nach ihm fahnden lassen. Suchmeldungen über Radio, Internet und Fernsehen sind außerordentlich effektiv.«

Özgur Şenoğlu starrte sie mit ausdrucksloser Miene an. Pia erwiderte ihren Blick genauso ausdruckslos, zückte ihr Handy und wählte Kais Nummer.

»Wir müssen eine Fahndung rausgeben«, sagte sie, als Kai sich meldete. »Höchste Dringlichkeitsstufe, deutschlandweit. Nein, halt, europaweit. Und zwar nach …«

»Warten Sie!« Die Assistentin knickte angesichts von Pias Entschlossenheit ein.

»Moment«, sagte Pia zu Kai.

»Herr Dr. Reifenrath ist heute in London«, sagte Özgur Şenoğlu widerstrebend. »Übermorgen findet hier in Frankfurt eine außerordentliche Hauptversammlung statt, die vorbereitet werden muss. Er möchte nicht gestört werden.«

»Wann kommt er zurück?«

»Entweder heute Abend mit der letzten Maschine oder morgen früh.«

»Kai? Hat sich erledigt. Danke.« Pia beendete das Gespräch. »Wo wohnt Ihr Chef, wenn er in Frankfurt ist?«

»Im Hotel ›Kempinski‹ in Falkenstein.«

»Vielen Dank für die Information.« Pia ließ die Frau einfach stehen. Sie verließen das Foyer der Bank. Bodenstein grinste vor sich hin.

»Sehen Sie«, sagte er schmunzelnd zu Dr. Harding, »das ist Arbeitsteilung. Immer, wenn ich zu höflich bin, schaltet Pia in den Rottweiler-Modus, und schon öffnen sich alle Türen.«

***

Ein Anruf von Christian Kröger bewog Bodenstein zu einer Planänderung. Nach dem Hinweis von Joachim Vogt war Kröger nach Mammolshain gefahren und hatte das Poolhaus noch einmal gründlich unter die Lupe genommen. In dem unterirdischen Raum, in dem sich die Schwimmbadtechnik befand, war er tatsächlich auf etwas gestoßen, was seine Techniker übersehen hatten. Bodenstein hielt neben dem blauen VW-Bus der Spurensicherung. Sie stiegen aus und gingen um das Haus herum. Kröger erwartete sie vor dem Backsteinhäuschen.

»Sag bitte nicht, dass ihr irgendwelche Leichenteile da unten gefunden habt!«, sagte Pia.

»Nein, das nicht. Schaut es euch selbst an.«

Dr. Harding bevorzugte es, an der frischen Luft zu bleiben, deshalb folgte Pia ihrem Chef allein in die Hütte, zwängte sich an alten Gartenmöbeln, verblichenen Sonnenschirmen und Plastiktruhen vorbei und holte tief Luft, bevor sie durch eine quadratische Öffnung ein paar Eisenstufen hinunterkletterte. Sie spürte, wie ihre Knie weich wurden und ihr Herz heftig pochte. Der schmale Raum, in dem Bodenstein mit seinem Gardemaß nur gebückt stehen konnte, war von zwei Strahlern hell erleuchtet.

»Was ist das da?« Pia deutete auf einen von einer dicken Staubschicht bedeckten blauen Gegenstand, der sie fatal an die Fässer in der Garage in Schwalbach erinnerte.

»Keine Sorge«, sagte Christian neben ihr. »Das ist nur der Filterkessel für das Schwimmbecken. Aber guckt mal hier!«

Er wies auf mehrere verstaubte Kartons, die sich an der Wand entlang stapelten.

»Ist das Munition?«, fragte Pia erstaunt.

»Yep!« Christian nickte. »Meine Jungs haben das Versteck

übersehen, aber es war auch wirklich gut getarnt. Die Mauersteine saßen lose übereinander.«

Er zeigte auf ein ungefähr 60 mal 40 Zentimeter großes Loch in der Wand am hinteren Ende des Raumes.

»Da drin waren die Munitionskisten und drei Kisten mit jeder Menge Waffen.«

Waffen! Vor Erleichterung wurde Pia ganz flau im Magen. Sie ging vor den drei staubigen Metallkisten, die an der Wand unter einem Stromaggregat standen, in die Hocke. Jede einzelne Waffe war in mehrere Lagen Noppenfolie eingewickelt. Nachdem sie Handschuhe übergezogen hatte, griff sie nach einem silbernen Trommelrevolver mit Griffschalen aus Elfenbein.

»Was ist denn das hier?«

»Ein Colt, Kaliber .45«, erklärte einer der SpuSi-Leute. »Sieht mir aus wie eine Nachbildung. Wir haben nur mal kurz drübergeschaut, aber da drin sind auch Pumpguns, moderne und historische Pistolen und Revolver, Jagdflinten, Kalaschnikows, Uzis, eine Panzerfaust und mindestens zehn Handgranaten.«

»Funktionsfähig?«

»Wenn ich die Menge an Munition sehe, dann vermute ich mal schon. Aber das muss natürlich überprüft werden.«

Pia wandte sich zu Bodenstein um.

»Ich wette, hier finden wir die Waffe, mit der Rita Reifenrath getötet wurde«, sagte sie. »Und vielleicht sind das ja Fridtjofs Altlasten, die Theo ihm gegenüber am Telefon erwähnt hatte. Was meinst du?«

»Danach fragen wir ihn morgen«, erwiderte Bodenstein. »Allein der Besitz von Handgranaten, Maschinenpistolen und Panzerfäusten ist ein Verstoß gegen das Kriegswaffenkontrollgesetz.«

Pia überließ ihrem Chef die Begutachtung der Waffen und schickte sich an, die Leiter hochzuklettern. Die Waffenexperten vom Landeskriminalamt waren informiert und auf dem Weg hierher. Noch heute sollte jede Waffe vom Kaliber .22 ballistisch überprüft werden, damit sie so schnell wie möglich erfuhren, ob die Waffe, mit der auf Rita Reifenrath geschossen worden war, dabei war.

Dr. Harding stand vor dem Loch an der Stelle, wo sich vorher der Hundezwinger befunden hatte, die Hände hinter dem Rücken verschränkt.

»Ich würde mir gerne das Haus und die Nebengebäude ansehen«, sagte er, als Pia neben ihn trat. »Ist das möglich?«

»Natürlich. Kollege Kröger hat den Hausschlüssel. Soll ich Sie begleiten?«

»Wenn es Ihnen nichts ausmacht, würde ich das gerne alleine machen.« Dr. Harding lächelte entschuldigend. »Nichts gegen Sie, aber ich bin gerne ohne Ablenkung.«

»Oh, das verstehe ich vollkommen.« Pia lächelte zurück. »Haben Sie Kim eigentlich erreicht?«

»Nein, leider nicht.« Der Profiler schüttelte den Kopf. »Ich habe ihr eine E-Mail geschrieben und auf die Mailbox gesprochen, aber sie hat mich bisher nicht zurückgerufen. Dabei ist das gar nicht ihre Art. Normalerweise meldet sie sich innerhalb eines Tages.«

Pia überlegte, ob sie ihm von den privaten Problemen ihrer Schwester erzählen sollte, aber sie konnte nicht beurteilen, wie eng das Verhältnis von Dr. Harding und Kim war, deshalb unterließ sie es.

»Mich ruft sie manchmal tagelang nicht zurück«, sagte sie stattdessen leichthin. »Unsere Chefin wird das mit den Gutachten schon hinkriegen.«

»Daran zweifle ich nicht.«

»Ich hole Ihnen schnell den Schlüssel.«

»Keine Eile. Ich schaue mich hier überall mal ein wenig um.«

Auf dem Weg zum Poolhaus blieb Pia am Rand des Schwimmbeckens stehen. Jetzt war es nur noch ein schmutziges rechteckiges Loch voller Laub und Dreck, aber es musste einmal sauber und einladend ausgesehen haben, mit hellblauen Fliesen und klarem Wasser, in dem sich der Himmel spiegelte.

Rein äußerlich waren bei Reifenraths alle Voraussetzungen für eine wunderbare und sorglose Kindheit vorhanden gewesen: weitläufige Rasenflächen, ein Bach, viele Bäume, ein Tennisplatz, ein Schwimmbad, ein großer Gemüsegarten und dazu alle möglichen Tiere. Es gab viel Platz zum Spielen, Ruhe und frische Luft.

Kein Wunder, dass die Verantwortlichen beim Jugendamt froh über jedes Kind gewesen waren, das sie aus einem Kinderheim in diese scheinbare Idylle schicken durften. Hatte wirklich niemand geahnt, was sich hier tatsächlich abgespielt hatte?

Ihre eigene Kindheit war nicht unglücklich, aber auch nicht unbedingt von Herzlichkeit und überschwänglicher Liebe geprägt gewesen. Als Teenager hatte sie gegen die Schule rebelliert und ihre Eltern als intolerant und spießig empfunden. Lars und Kim hatten sich ohne große Konflikte durch Schule und Jugend geschlängelt, aber Pia war alles andere als glücklich gewesen, hatte sich in ihrem ungelenken Körper und ihrer langweiligen Durchschnittsfamilie schrecklich unwohl gefühlt. Abgesehen von ein paar Ohrfeigen war sie nie geschlagen oder gar misshandelt worden, aber sie hatte auch nie Wertschätzung erfahren, im Gegenteil: Ihre Eltern hatten nur an ihr herumkritisiert und sie darauf getrimmt, ihre Bedürfnisse hintanzustellen. In nichts hatte sie es ihnen recht machen können, weder Frisur noch Kleidung hatten je Gnade vor den Augen ihrer Mutter gefunden, erst recht nicht ihre Schulnoten oder ihre Freunde. In ihrer Kindheit waren Pia und Kim unzertrennlich gewesen, aber während der Pubertät hatte sich das geändert. Kim war zu einer grazilen, elfengleichen Schönheit herangewachsen, von der ganzen Verwandtschaft geliebt und bewundert, während Pia mit Pickeln, Babyspeck und ihrem Temperament zu kämpfen hatte.

Kim war immer von einem Schwarm Verehrer umgeben gewesen. Pia hingegen hatte nie einen Liebesbrief von einem Jungen bekommen, nie einen festen Freund gehabt, worunter sie furchtbar gelitten hatte. Ihr kaum vorhandenes Selbstwertgefühl hatte sie verhängnisvolle Fehlentscheidungen in puncto Männer treffen lassen und letztlich dazu geführt, dass sie gestalkt und vergewaltigt worden und später Henning Kirchhoff, einem ausgemachten Egoisten, in die Hände gefallen war. Aber dennoch hatte sie es irgendwie geschafft, sich von ihrer Vergangenheit zu befreien, statt an ihr zu zerbrechen. Sie hatte ihren Platz im Leben gefunden, hatte mit dem Birkenhof ihren Traum gelebt und aus freien Stücken beendet, bevor er zum Albtraum werden konnte. Sie hatte einen Job, der sie forderte und befriedigte, und das große Glück, mit 39 Jahren einem Mann wie Christoph begegnet zu sein, der sie bedingungslos liebte.

Lars hatte sich zu einem bornierten, nachtragenden Spießer entwickelt, der jedem misstraute und überall Verschwörungen gegen sich witterte. Seine Paranoia hatte dazu geführt, dass er nie Karriere gemacht hatte und noch mit Mitte fünfzig Kundenberater bei der örtlichen Sparkasse war. Und mit Kim stimmte auch irgendetwas nicht. Sie war einerseits eloquent, scharfsinnig und charmant, auf der anderen Seite herablassend und verletzend. Was ihr Privatleben und ihre Gefühle betraf, war sie verschlossen wie eine Auster.

Aber warum war Kim so geworden? Sie war genauso aufgewachsen wie Pia. Hatte es ein Ereignis gegeben, das zu dieser gravierenden Veränderung geführt hatte, oder war es einfach Kims wahres Wesen, das sich irgendwann gezeigt hatte? Waren überhaupt zwangsläufig irgendwelche Kindheitserfahrungen dafür verantwortlich, wenn jemand eine psychopathische Persönlichkeit entwickelte? Wie groß war die Rolle einer genetischen Disposition? Und empfand nicht jeder Mensch eine Situation anders, eben weil er ein anderes seelisches Setup hatte als seine Mitmenschen?

»Pia?«

Jemand berührte sie an der Schulter und sie fuhr erschrocken hoch. Bodenstein stand neben ihr.

»Warum stehst du hier und guckst in das Becken?«, wollte er wissen.

»Ich habe nur über etwas nachgedacht«, sagte sie. »Was, wenn Menschen einfach böse sind und das gar nichts mit ihrer Kindheit zu tun hat?«

»Darüber solltest du wohl besser mit Dr. Harding sprechen als mit mir«, erwiderte Bodenstein. »Können wir losfahren?«

»Ja, klar. Ich muss nur schnell den Schlüssel fürs Haus holen. Harding will sich da drin noch mal umschauen.«

* * *

Claas Reker war kooperativ und räumte ein, dass er am Vormittag gelogen hatte. Theo Reifenrath war schon tot gewesen, als er am späten Vormittag des 7. April in sein Haus gekommen war. Die ganze Geschichte klang abenteuerlich, aber durchaus schlüssig: Reker war an dem Freitag nach Mammolshain gefahren, weil Theo nicht ans Telefon gegangen war. Am Vortag hatte er seinen Pflegevater telefonisch um ein Darlehen gebeten, denn sein Anwalt hatte damit gedroht, das ausstehende Honorar einzuklagen, sollte er nicht binnen 48 Stunden die rund 11 000 Euro bezahlen. Theo hatte ihm das Geld zugesagt, allerdings hatte er diesen Betrag nicht im Haus und wollte ihm deshalb seine EC-Karte geben. Bei seinem Eintreffen war die Haustür nicht verschlossen gewesen und der alte Mann hatte tot auf der Chaiselongue in der Küche gelegen. Sein Körper war noch warm gewesen, auch die Leichenstarre hatte noch nicht eingesetzt, aber er hatte nicht mehr geatmet und keinen Puls gehabt. Da Reker wusste, dass sein Pflegebruder Joachim Vogt am nächsten Tag von seiner Geschäftsreise zurückkommen wollte, hatte er eine zwar moralisch verwerfliche, aber nicht unbedingt kriminelle Entscheidung getroffen. Er hatte die Räume nach Bargeld durchsucht und auch in den Tresor geschaut. Seine Ausbeute war mager gewesen: Knapp 500 Euro hatte er im Tresor gefunden. Damit der Hund nicht die Leiche seines Herrchens anfressen konnte, hatte er das Tier in den Zwinger gesperrt und mit Futter und Wasser versorgt, dann hatte er alle Heizungen abgedreht, die Brieftasche seines Pflegevaters an sich genommen und das Haus verlassen.

»Warum haben Sie nicht wenigstens anonym die Polizei verständigt?«, wollte Pia wissen.

»Ich dachte ja, dass Joachim am nächsten Tag kommen und ihn finden würde«, erwiderte Reker. Er merkte, dass Pia und Bodenstein seine Geschichte glaubten und wurde wieder selbstsicherer. »Ob Theo jetzt einen oder zwei Tage da liegt, spielte irgendwie auch keine Rolle, oder?«

Pia seufzte. Der Mann hatte das Geld so dringend gebraucht, dass ihm alles andere egal gewesen war. Letztlich konnten sie ihm sogar dankbar sein, weil er den Hund in den Zwinger gesperrt hatte. Laut Obduktionsprotokoll war es wahrscheinlich, dass Reifenrath unglücklich gestürzt war und sich dabei die schweren

Gesichtsverletzungen zugezogen hatte, die zu seinem Tod geführt hatten.

»Ihr könnt mich nicht länger als 24 Stunden festhalten«, sagte Reker und grinste. »Glauben Sie mir, ich kenne meine Rechte. Wenn Sie keinen richterlichen Beschluss kriegen, müssen Sie mich spätestens morgen früh wieder gehen lassen, sonst werde ich Sie wegen Nötigung und Freiheitsberaubung anzeigen.«

»Sie haben keinen festen Wohnsitz.«

»Natürlich. Ich ziehe in Theos Haus. Dort bin ich ja schließlich auch gemeldet. Bis dahin wohne ich bei meinem Arbeitskollegen. Die Adresse haben Sie ja. Und Sie wissen auch, wo ich arbeite.«

Pia warf ihrem Chef einen Blick zu.

»Sie können gehen, Herr Reker«, sagte Bodenstein, schob seine Unterlagen zusammen und stand auf. »Danke für Ihre Kooperation. Entschuldigen Sie bitte die Unannehmlichkeiten.«

»Was ist mit meinem Auto?«

»Der Mercedes von Herrn Reifenrath wird gerade kriminaltechnisch untersucht. Wenn diese Untersuchung ergebnislos verläuft, werden wir das Auto dem Erbberechtigten oder dem Nachlassverwalter übergeben.«

Grußlos verließ Bodenstein den Vernehmungsraum und Pia folgte ihm.

Im Besprechungsraum warteten bereits Tariq, Cem und Merle Grumbach. Dr. Harding war aus Mammolshain zurück, nur Kathrin war schon nach Hause gefahren, weil sie niemanden für ihre kleine Tochter hatte. Bodenstein und Pia berichteten, mit wem sie heute gesprochen, welche Erkenntnisse sie daraus gewonnen und warum sie Claas Reker wieder auf freien Fuß gesetzt hatten. Danach war Tariq an der Reihe. Kathrin und er waren zusammen mit dem Kollegen aus Dietzenbach, der den Fall mit der Pensionierung des damaligen Ermittlers übernommen hatte, bei einem der mittlerweile erwachsenen Söhne von Annegret Münch gewesen. Das Verschwinden ihrer Mutter hatte das Leben der Kinder vollkommen auf den Kopf gestellt, denn sie hatten nicht nur ihre Mutter, sondern auch ihren Vater verloren, den die Polizei des Mordes an seiner Frau verdächtigt hatte. Keiner der Söhne hatte Interesse daran, Näheres über die Umstände des Todes ihrer Mutter zu erfahren. Sie konnten ihr bis heute nicht vergeben. Annegret Münchs Mutter hingegen hatte auf die Nachricht, dass man ihre Tochter gefunden habe, gefasst reagiert und jede Einzelheit wissen wollen. Sie hatte erzählt, dass ihre Tochter schon lange in ihrer Ehe unglücklich gewesen sei. Sie hatte die Söhne bei ihrem Mann zurückgelassen und sich im Nachbarort eine Wohnung genommen, um ihnen nahe sein zu können. Als sie in eine Talkshow mit diesem Thema eingeladen worden war, hatte Bernhard Münch rotgesehen und ihr vor Zeugen gedroht, er werde sie umbringen. Dann hatte sie eine Affäre mit einem Kollegen angefangen.

»Ihr Freund, der Ex-Pilot, war alles andere als begeistert, als wir bei ihm im Büro auftauchten«, berichtete Tariq. »Er ist mittlerweile ein ziemlich hohes Tier bei der Lufthansa, seit 20 Jahren verheiratet und hat drei Kinder.«

»War es ihm damals mit Annegret Münch ernst?«, fragte Pia.

»Er wollte mit ihr zusammenziehen«, erwiderte Tariq. »Und er war es auch, der sie als vermisst gemeldet hatte. Dann geriet er kurz in den Fokus einer Mordermittlung, wurde von ihrem wütenden Ehemann verfolgt und musste überdies erfahren, dass sie außer ihm wohl noch ein anderes Eisen im Feuer gehabt hatte.«

»Also gab es wirklich den großen Unbekannten?«

»Ja, den gab es.« Tariq nickte. »Von ihrer besten Freundin Julia König weiß ich, dass Annegret total verknallt war. Sie hatte erst kurz vor ihrem Verschwinden jemanden kennengelernt und sehr geheimnisvoll getan. Nach ihrer Rückkehr aus Shanghai wollte sie Julia und einer anderen Freundin Details erzählen, aber dazu kam es ja nicht mehr.«

»Und sie hatte wirklich niemandem von ihm erzählt?«, fragte Dr. Harding. »Das ist sehr untypisch für eine Frau.«

»Immerhin zwei Dinge hatte sie ihrer Freundin verraten«, sagte Tariq. »Nämlich, dass sie den Mann im Schulungszentrum der Lufthansa kennengelernt hatte. Und sie hat gesagt, er sei das genaue Gegenteil von ihrem Noch-Ehemann. Bernhard Münch war untersetzt und hatte schon fast eine Glatze, deshalb wurde nach einem schlanken Dunkelhaarigen gesucht. Allerdings hatte die Lufthansa 1993 über 40 000 Mitarbeiter. Die Suche verlief auf jeden Fall ergebnislos. Auch die Auswertung der Einzelverbindungsnachweise von Annegret Münchs Handy war unergiebig. Die meisten Anrufe waren nicht zurückverfolgbar.«

Cem und Merle konnten mit vielversprechenderen Neuigkeiten aufwarten. Nina Mastalerz war 2011 aus Polen nach Deutschland gekommen, um sich hier eine neue Existenz aufzubauen. Sie hatte in Bamberg ein paar Putzstellen angenommen und Englisch- und Deutschkurse an der Volkshochschule besucht, abends arbeitete sie in einer Table-Dance-Bar. Ihre kleine Tochter, ein uneheliches Kind, hatte sie in Polen bei ihren Großeltern zurückgelassen.

»Nina war sehr ehrgeizig«, berichtete Cem. »Sie wollte unbedingt erfolgreich sein. Diesem Ziel ordnete sie alles unter. Die französischen Kollegen haben damals um Amtshilfe gebeten, und die Jungs aus Bamberg haben vermutet, dass sie ihren Mörder in dieser Bar getroffen hat, in der sie arbeitete. Sie haben ihr ganzes Umfeld auf den Kopf gestellt, allerdings haben sie nicht mit Ninas Mitbewohnerin gesprochen, die damals illegal in Deutschland war und abgetaucht war, um nicht abgeschoben zu werden. Mittlerweile hat sie einen Deutschen geheiratet und war bereit, mit uns zu reden.«

»Diese ehemalige Mitbewohnerin, eine Ukrainerin, hat uns Ninas Laptop gegeben, den sie aufbewahrt hatte«, übernahm Merle.

»Den nehme ich mir vor«, sagte Kai. »Vielleicht kann ich ihm ein paar Geheimnisse entlocken.«

»Das ist doch wenigstens etwas. Schaffst du das bis morgen?«, fragte Bodenstein, der keine Ahnung hatte, was Kai mit dem Laptop zu tun gedachte.

»Also echt, Chef, willst du mich unter Druck setzen? Wir sind hier nicht im Fernsehen«, beschwerte Kai sich. »Dazu brauche ich schon ein bisschen Zeit.«

»Du kriegst das schon hin.« Bodensteins Vertrauen in Kai Ostermanns Fähigkeiten war unbegrenzt. »Vielleicht gelingt es uns, mehr herauszufinden als unsere Kollegen. Es ist gleich halb sieben. Wir hatten alle einen langen Tag. Macht Schluss für heute und geht nach Hause. Morgen nehmen wir uns André Doll und Britta Ogartschnik vor.«

13. Mai 2012

Ich hasse es, zu improvisieren, aber mir bleibt nichts anderes übrig. Sie ist auf keines meiner Angebote eingegangen, hat mich einfach ignoriert. Das passt zu ihr. Arrogant ist sie. Eiskalt. Vielleicht hätte ich gar nicht mehr damit angefangen, wenn diese egoistische, rücksichtslose Schlampe mir nicht zufällig über den Weg gelaufen wäre. Sie hat es einfach verdient. Ich stelle mein Auto ab und verstecke mich hinter einem Baum. Vor zwanzig Minuten ist sie vorbeigelaufen, ich muss also nur noch ein paar Minuten warten. Sie läuft jeden Sonntagmorgen dieselbe Runde, von Buchschlag aus, wo sie wohnt, durch den Wald bis zum Langener Waldsee. Den umrundet sie einmal, um dann eine andere Strecke zurückzulaufen. Ich habe zu einem Trick gegriffen und bin gespannt, ob er funktioniert. Da kommt sie schon! Sie läuft schnell und gleichmäßig, es strengt sie kaum an. Ich weiß, dass sie für den New York Marathon im Herbst trainiert. Wenn alles klappt, wird sie nicht mehr nach New York fliegen. Ich trete aus dem Gebüsch, die Hundeleine in der Hand und winke ihr. Wenn sie jetzt vorbeiläuft, was ich ihr durchaus zutrauen würde, habe ich Pech gehabt. Aber nein, sie verlangsamt ihr Tempo, fällt in Schritt und zieht sich den Ohrstecker aus einem Ohr.

»Guten Morgen!« Ich keuche etwas. »Haben Sie zufällig einen kleinen weißen Hund gesehen?«

»Nein, tut mir leid.« Sie mustert mich. Ich weiß, dass ich harmlos wirke, fast hilflos. Ein dicker alter Mann mit weißem Bart, weißen Haaren und einer Brille auf der Nase.

»Der Hund gehört meiner kleinen Enkeltochter«, sage ich. »Ich habe ihn nur ganz kurz von der Leine gelassen und – zack – weg war er! Was soll ich bloß machen? Er kennt sich hier gar nicht aus, und überall ringsum sind Straßen!« Ich breite verzweifelt die Arme aus. »Meine Tochter und mein Schwiegersohn sind zum Muttertag zu Besuch gekommen, und ich habe versprochen, heute früh mit Milou spazieren zu gehen. Ach Gott! Das ist eine Katastrophe, wenn dem Hund etwas passiert! Er ist das Ein und Alles meiner Enkeltochter.«

Sie ist noch skeptisch. Hat keine Lust, einem alten Kerl zu helfen, einen Hund zu suchen. Ich muss noch ein Register mehr ziehen.

»Emma sitzt im Rollstuhl, wissen Sie. Sie ist querschnittsgelähmt. Der Hund ist so wichtig für sie!«

»Vielleicht ist er den Weg zurückgelaufen, den Sie gekommen sind«, schlägt sie nun vor.

»Das hatte ich auch gehofft.« Ich schüttle niedergeschlagen den Kopf und hoffe, dass es schnell geht. Nicht dass noch irgendjemand auftaucht und alles kaputt macht. Ich zeige auf den schwarzen SUV, der neben meinem Lieferwagen parkt. »Das ist mein Auto. Aber hier ist er nirgendwo. Entschuldigen Sie bitte, aber ich muss erst mal wieder zu Atem kommen.«

Ich lehne mich an den SUV, presse die Hand auf meine Brust.

Sie zögert. Dann zuckt sie die Schultern.

»Ich kann Ihnen kurz suchen helfen«, sagt sie mit ihrem holländischen Akzent, der mich an Rudi Carrell erinnert. »Wenn Sie wollen, laufe ich noch mal um den See herum.«

»Ach, das wäre wirklich nett von Ihnen.« Ich lächele matt. »Warten Sie, ich gebe Ihnen ein paar Leckerlis mit. Milou ist wahnsinnig verfressen.«

Ich tue so, als ob ich den Kofferraum des SUV öffnen würde. Sie hat ihr Smartphone hervorgezogen und guckt drauf. Wunderbar! Sie ist abgelenkt, deshalb bemerkt sie den Elektroschocker nicht. Ich mache einen Schritt auf sie zu und presse die Kontakte auf ihren schweißfeuchten Oberarm. Sie öffnet den Mund, in ihren Augen blitzt Überraschung auf, dann werden ihre Muskeln schlaff, und sie sackt zusammen. Sofort reiße ich die hintere Tür des Lieferwagens auf. Jetzt muss es schnell gehen. Sie ist nicht sehr schwer, aber trotzdem ist es nicht so einfach, wie es immer in Filmen aussieht, eine bewusstlose Person hochzuheben. Unsanft schiebe ich ihren schlaffen Körper auf die Ladefläche und knalle die Türen zu. Geschafft! Ich beglückwünsche mich zu meiner Idee, die so simpel war und so effektiv. Jetzt habe ich genau zwölf Stun-

den Zeit, bevor es dunkel wird. Und in diesen zwölf Stunden habe ich eine Menge zu tun.

Tag 8

Dienstag, 25. April 2017

»Da drüben ist es!« Pia wies auf ein Schild an der Toreinfahrt zu dem großen, von einem schwarzen Stahlmattenzaun umgebenen Grundstück im Industriegebiet zwischen Eschborn und Rödelheim, auf dem *Classic Car Dreams Frankfurt – Welcome petrolheads & Car enthusiasts* stand. Kein noch so winziges Unkraut war auf dem großen Parkplatz zu entdecken, auf dem Autos standen, die Bodensteins Herz höherschlagen ließen: Bentleys, Aston Martins, Maseratis, Rolls Royce, Ferraris. Er parkte den silbernen Dienstwagen verschämt hinter einem Dodge Ramcharger, Baujahr 1974 mit einer zweifarbigen Lackierung, einem US-Import, wie er an den Heckleuchten sofort erkannte.

Sie schlenderten über den Parkplatz, und Bodenstein nahm sich vor, eines Tages noch einmal in Ruhe hierherzukommen.

»Wenn Sie jetzt mit dem Mann sprechen, sollten Sie ihm Fragen über ihn selbst und seine Herkunfts- und Pflegefamilie stellen«, briefte Harding sie auf dem Weg zum Eingang. »Versuchen Sie, seine Bewegungen und seine Körpersprache zu spiegeln. Ich sehe, Sie sind ein Autonarr, da finden Sie sicherlich schnell einen Zugang zu Doll.«

»Wie kommen Sie darauf, dass ich ein Autonarr bin?«, fragte Bodenstein irritiert.

»Es ist mein Job, Menschen zu beobachten. Sie haben eben Ihren unauffälligen Dienstwagen hinter dem größten der Autos auf dem Parkplatz versteckt. Und es ist offensichtlich, mit welcher Begeisterung Sie die schönen alten Autos betrachten.«

»Das heißt, ich bin leicht zu durchschauen?«

»Für mich ja. Aber Sie haben sich auch keine Mühe gegeben, sich zu verstellen.« Harding lächelte, wurde jedoch sofort wieder ernst. »Versuchen Sie herauszufinden, wie Dolls Verhältnis zu seinem Pflegevater war, als er noch ein Kind war. Hat er ihn bewundert oder verachtet, sehnte er sich nach seiner Anerkennung, war er ein Anführer, ein Mitläufer oder ein Versager? Bringen Sie ihn zum Reden.«

»Okay.« Bodenstein nickte und folgte Pia durch eine Glastür in das Gebäude. Vom Empfangsbereich konnte man direkt in die Werkstatt blicken. Bodenstein hatte mit einer Art Hinterhof-Schrauberwerkstatt gerechnet, wie man sie von autoverrückten Hobbybastlern kannte, vollgestopft, schmutzig und chaotisch, aber ganz bestimmt nicht mit diesen großen, blitzsauberen Hallen im sogenannten Industrial Design, die mit den roten Backsteinwänden, Sichtbetonböden, Rohren an den Decken und bodentiefen Sprossenfenstern an Lofts erinnerten, in denen an atemberaubend schönen Autos gearbeitet wurde. Auf einer Hebebühne stand eine sandfarbene Pagode, wie der Mercedes 280 SL auch genannt wurde. Nur ein paar Meter weiter arbeiteten zwei Männer an einem Maserati Sebring II aus den 60er-Jahren. Hinter dem Empfangstresen stand eine junge Frau und lächelte sie mit schneeweißen Zähnen freundlich an. Auf einem mattsilbernen Schildchen, das sie an ihre pinkfarbene Bluse geheftet hatte, stand ihr Name – *Emily Dobbers, Empfang.*

»Guten Morgen!«, zwitscherte sie. »Was kann ich für Sie tun?«

»Guten Morgen, Frau Dobbers. Wir würden gerne mit Herrn Doll sprechen«, sagte Bodenstein und legte seinen Kripo-Ausweis auf den Tresen.

»Kriminalpolizei?« Das für die Kundschaft reservierte Strahlen erlosch, aber Emily Dobbers lächelte noch immer, wenn auch etwas unsicher. Ihr Blick flog von Pia über Harding zu Bodenstein und zurück zu Pia, sie zupfte an ihrem langen glatten Haar. Bodenstein hatte sich schon oft gefragt, weshalb die meisten Leute nervös wurden, wenn die Polizei auftauchte. Lag es an den vielen Krimis im Fernsehen, oder war es tief in den menschlichen Genen verwurzelt, so etwas wie ein angeborenes schlechtes Gewissen?

»Kriminalhauptkommissar Oliver von Bodenstein, Kripo Hofheim.« Er schenkte Emily Dobbers seinen »Grafen-Blick«. Mit Erfolg.

»Oh! Etwa wie Gut Bodenstein in Kelkheim?«

»Genau. Dort bin ich aufgewachsen.«

»Wahnsinn! Ich reite da, schon seit ich acht bin!« Emily Dobbers bekam große Augen, ihr hübsches Gesicht begann zu leuchten und sie rang vor Begeisterung die Hände. »Dann ist Quentin Ihr ... äh ... Neffe?«

Bodenstein sah aus dem Augenwinkel, wie Pia feixte.

»Mein jüngerer Bruder«, sagte er würdevoll.

»Ich sage dem Chef sofort Bescheid!« Die junge Frau wandte sich um und eilte auf hohen Absätzen zu den zwei gläsernen Büros im hinteren Bereich des Empfangsraumes, klopfte an der linken Tür und verschwand hinter den heruntergelassenen Jalousien.

Bodenstein trat neben Pia und Harding an die Glasscheibe.

»Sieht so aus, als wäre André Doll recht erfolgreich mit seiner ›Werkstatt‹«, sagte Pia. »Ist es nicht erstaunlich, dass es viele der Pflegekinder der Reifenraths doch ziemlich weit gebracht haben im Leben?«

»Das finde ich überhaupt nicht erstaunlich«, bemerkte Harding. »Gerade schwierige Kinder besitzen oft ein großes Potenzial, wenn es in die richtigen Bahnen gelenkt wird.«

»Und so viele sind es ja gar nicht«, relativierte Bodenstein. »Bisher wissen wir nur von Fridtjof Reifenrath, dass er zumindest in beruflicher Hinsicht Erfolg hat.«

»Joachim Vogt macht mir auch nicht unbedingt den Eindruck einer gescheiterten Existenz«, sagte Pia. »Ebenso wenig Ramona und Sascha Lindemann.«

»Vier von dreißig.« Bodenstein wandte sich vom Anblick der Autos ab. »Zwei andere Kinder nahmen sich das Leben. Viele werden Durchschnitt geblieben sein, ähnlich wie in einer Schulklasse.«

Die junge Frau winkte ihnen und sie gingen am Empfangstresen vorbei zu den Büros.

»Hier sind die Herren von der Kriminalpolizei!«, verkündete Emily Dobbers ihrem Chef. »Äh, und die Dame auch, natürlich. Kann ich noch etwas für Sie tun? Einen Kaffee, vielleicht?«

»Nein, vielen Dank«, sagte Bodenstein.

»Sagen Sie einfach Bescheid, wenn Sie etwas haben möchten.«

Die junge Frau bedachte ihn mit einem freundschaftlichen Lächeln und schloss behutsam die Glastür hinter ihnen.

An den Wänden des Chefbüros hingen neben einer amerikanischen Flagge dicht an dicht gerahmte Bilder von exotischen und edlen Fahrzeugen: von einer Harley-Davidson über Hot Rods bis hin zu Lamborghinis und Porsche Speedster. Der Mann hinter dem völlig überladenen Schreibtisch entsprach überhaupt nicht dem, was Bodenstein in diesen noblen Räumlichkeiten erwartet hatte. André Doll war Ende vierzig, braun gebrannt, der bullige Körper von zahllosen Stunden im Fitnessstudio gestählt; zu ausgeblichenen Jeans trug er grobe Arbeitsschuhe und ein schwarzes T-Shirt mit dem Aufdruck *Gas Monkey Garage, Dallas, Texas.* Seine muskulösen Unterarme waren über und über tätowiert, an jedem seiner Finger steckte ein Ring, in seinem rechten Ohr gleich mehrere Piercings. Das dichte graue Haar war kurz geschnitten, ein gepflegter Oberlippen- und Kinnbart vervollständigten das Bild des Edel-Rockers, der nach Feierabend in die Kutte seines Motorradclubs schlüpfte und durch die Gegend cruiste. Er begrüßte sie höflich, aber reserviert. Erst als Bodenstein ihn auf ein Bild, das Doll und ein paar andere Männer verschwitzt und grinsend neben einem maisgelben Deuce Coupé, dem amerikanischen Hod-Rod-Klassiker schlechthin, ansprach, verschwand der Argwohn aus seinem Blick. Nach ein paar Minuten der Fachsimpelei und Bodensteins offensichtlicher Begeisterung für Dolls Metier leitete er zum Grund ihres Besuches über. Während Pia bei Claas Reker das Gespräch geführt hatte, überließ sie ihm diesmal die Befragung. Zwischen ihnen gab es keine Eitelkeiten und keinen Wettbewerb, denn sie hatten schon vor längerer Zeit gemerkt, dass die Chemie bei einer Vernehmung stimmen musste, um die besten Ergebnisse zu erzielen.

Doll steckte sich ein Kaugummi in den Mund und führte sie zu einer Sitzecke, wo sie sich auf gemütlichen Antikledersofas um einen niedrigen Tisch niederließen. Er hatte nichts dagegen einzuwenden, dass das Gespräch aufgezeichnet wurde, deshalb legte Pia ihr Smartphone auf den Tisch und aktivierte die Diktierfunktion.

»Ich weiß, was passiert ist. Hab mich schon gefragt, wann ihr wohl bei mir auftaucht«, sagte André Doll, als Bodenstein ihn auf Theo Reifenrath ansprach. »Ramona hat mir alles brühwarm erzählt. Tut mir leid um den Alten. Und das mit den Leichen unter dem Hundezwinger ist natürlich ein Ding!«

»Eine schlimme Sache«, bestätigte Bodenstein. »Es sieht so aus, als ob Ihr verstorbener Pflegevater diese Menschen getötet und auf seinem Grundstück vergraben hat.«

»Würde mich nicht wundern.« André Doll wirkte nicht besonders erschüttert. »Der Alte war ein Psycho, genauso wie seine Frau.«

»Wir fragen uns jetzt natürlich, wie er das bewerkstelligen konnte«, sagte Bodenstein. »Irgendwie muss er seine Opfer ja transportiert haben.«

Doll kaute auf seinem Kaugummi und blickte ihn abwartend an.

»Jemand hat uns erzählt, dass Theo einen VW-Bulli umgebaut hatte, um mit seinen Tieren auf Ausstellungen zu fahren.«

»Ja. Und?«

»Sie haben das Auto wieder instand gesetzt.«

»Stimmt. Ein T2 von 1970, original bis zur letzten Muffe. So was ist bei Sammlern sehr begehrt. Das ist mein Job: alte Autos finden und aufarbeiten, um sie mit Gewinn weiterzuverkaufen. Dafür habe ich ein Händchen.« Doll sprach betont lässig, aber er war wachsam.

»Ach, Sie haben den Bulli verkauft?«

»Ja, letztes Jahr. Ging an einen Sammler nach Japan.«

»Sie haben die Instandsetzung doch sicherlich mit Fotos dokumentiert, oder?« Bodenstein hatte nicht wirklich damit gerechnet, das Auto zu sehen. »Bei einem so seltenen Auto.«

»Ich glaube nicht. So was machen wir eigentlich nur bei Kundenautos«, behauptete Doll. »Und der Bulli war ja zuerst gar nicht für den Verkauf bestimmt.«

Das hielt Bodenstein für eine Lüge. Der alte Bulli hatte eine ganz besondere Bedeutung für den Mann gehabt. Das Auto war ein Herzensprojekt gewesen. Warum legte er einen solchen Widerstand an den Tag? Sein Blick begegnete Pias. Sie signalisierte ihm, dass sie eine Frage stellen wollte, und er nickte leicht.

»Sie sagten eben, Ihre Pflegeeltern seien Psychos gewesen«, wandte sie sich an Doll. »Wie haben Sie das gemeint?«

»Wie würden Sie das nennen, wenn zwei Leute Kinder aus Kinderheimen zusammensammeln, um ihren Frust an denen auslassen zu können?«, erwiderte Doll. »Die Rita kam mir immer vor wie Frau Mahlzahn aus *Jim Knopf*.«

Er lachte, aber ohne Belustigung.

»Sind Sie auch von Rita Reifenrath misshandelt worden?«, fragte Bodenstein ohne Umschweife.

»Misshandelt worden?«, wiederholte Doll und tat überrascht. »Wie kommen Sie denn auf so was?«

»Andere ehemalige Pflegekinder haben uns erzählt, was Frau Reifenrath mit ihnen gemacht hat, wenn sie nicht gehorchten.«

»Nee, also davon weiß ich nichts. Okay, sie hat damit gedroht, dass man wieder ins Heim käme, wenn man sich nicht benimmt, aber sonst ... nee ... wirklich nicht.«

Bodenstein ließ Dolls Behauptung so stehen, ohne sie zu hinterfragen. Einem Mann wie André Doll, dem Statussymbole und ein perfektes Bild von sich selbst alles bedeuteten, war jegliches Eingeständnis von Schwäche völlig unmöglich.

»Das heißt, Sie hatten ein gutes Verhältnis zu Ihren Pflegeeltern?«

»Ja. Schon.« Der Mann zuckte die Schultern. Er kaute heftig auf seinem Kaugummi, sein unsteter Blick glitt immer wieder von Bodensteins Gesicht weg.

»Sie haben auf dem ehemaligen Fabrikgelände von Reifenrath eine Autowerkstatt betrieben, zusammen mit Claas Reker.«

»Claas!«, knurrte Doll, und seine Miene wurde finster. »Dieser Mistkerl! Erinnern Sie mich bloß nicht an den!«

»Haben Sie noch Kontakt zu ihm?«

»Nein! Seit Jahren nicht mehr.«

»Wir würden trotzdem gerne etwas mehr über ihn erfahren.«

»Wenn's Ihnen hilft.« Doll fuhr sich mit der Hand über seinen Bart, was ein schabendes Geräusch verursachte. »Als ich klein war, war Claas ein Held für mich, ich bin ihm nach wie ein Schatten. Ich hab damals nicht kapiert, dass er genauso irre ist wie die beiden Alten. Ihm ging's bloß um seinen eigenen Vorteil. Er hat gerne den dicken Max gemacht, aber nie die Arbeit. Eine Weile lief es gut mit der Firma, aber plötzlich wurde er immer bekloppter. Er hat die Sandra, seine Frau, gezwungen, das Büro zu machen, obwohl sie's schrecklich fand. War ihm scheißegal. Er wollt' sie unter Kontrolle haben, jede Sekunde. Hin und wieder hat die Sandra sich bei mir ausgeheult, und daraufhin hat der mir gleich unterstellt, ich hätt' was mit seiner Frau!« Offenkundig hatte sein Groll nichts an Heftigkeit eingebüßt, obwohl die Ereignisse schon Jahre zurücklagen. »Der Alte hat mir fristlos den Pachtvertrag für die Werkstatt gekündigt, als Claas in die Klapse musste. Als ob ich dran schuld gewesen wär, dass der Claas seine Alte gedachtelt hat! Also wirklich!«

Doll war nur wortkarg, wenn es um ihn selbst ging. Drehte sich das Gespräch um andere, wurde er ausgesprochen mitteilsam.

»Weshalb haben Sie sich um das Auto und den Rasentraktor Ihres Pflegevaters gekümmert, wenn Sie sich so über ihn geärgert haben?«

»Ach, irgendwie hat er mir leidgetan. War 'ne arme Sau. Hat sich sein Leben lang von seiner Frau, seiner Mutter und der Verlobten seines toten Bruders rumkommandieren lassen. Der Theo, der hatte in seiner Familie nie die Hosen an. Er war ein Würstchen. Und zum Schluss nur noch ein zahnloser Tiger.«

»Zum Schluss?«, hakte Bodenstein nach. »War er denn früher mal ein Tiger?«

David Harding folgte dem Gespräch scheinbar ohne großes Interesse, Pia blätterte in einem großformatigen Prospekt der *Classic Car Dreams.*

»Vielleicht eher 'ne Handgranate, die jederzeit explodieren kann. Ich sehe ihn noch vor mir, mit vorgeschobenem Unterkiefer, brodelnd vor Wut, bis er urplötzlich wegen irgendwas ausgeflippt ist.« Doll lachte und ahmte seinen Pflegevater pantomimisch nach. »Ein paar Mal hab ich was abgekriegt, dann hab ich kapiert, wann man sich am besten vom Acker macht.«

»Mochten Sie ihn trotzdem?«

»Ach Gott, das ist so lange her!« André Doll tat so, als habe er die Zeit in Mammolshain weit hinter sich gelassen. »Ja, klar, irgendwie hab ich ihn schon gemocht. Theo war jetzt nicht der

Papa, der einem abends Geschichten vorgelesen und mit uns Mensch-ärgere-dich-nicht gespielt hätte, aber wir durften im Traktor mitfahren oder bei seinem Viehzeug helfen. Als wir älter waren, hat er uns selbst Auto oder Traktor fahren lassen, heimlich mit uns Bier getrunken und nichts gesagt, wenn wir geraucht haben. Kam einem immer so vor, als ob's ihm Spaß machen würde, Ritas Regeln zu sabotieren.«

»Kannten Sie eigentlich Ihren leiblichen Vater?«, fragte Pia.

»Nein. Wieso?« Eine Ader an Dolls rechter Schläfe begann zu pochen.

»Könnte es sein«, bohrte Pia beharrlich weiter, »dass Theo Ihnen auch erzählt hat, Sie seien sein unehelicher Sohn?«

»Was heißt ›auch‹?« Dolls unsteter Blick verharrte einen Moment auf Pia.

»Herr Reker glaubt, er sei Theo Reifenraths Sohn, denn er hat immer wieder so etwas angedeutet, es aber nie bestätigt. Angeblich, weil er es vor Rita geheim halten musste«, antwortete Pia.

»Wir halten es für möglich, dass das eine Masche von ihm war«, fügte Bodenstein hinzu, als er sah, wie André Doll mit sich kämpfte und schließlich kapitulierte.

»Ich hab's echt geglaubt, bis ich meine Jugendamtsakte einsehen durfte!«, platzte es aus ihm heraus. Seine Stimme war heiser und er ballte seine Hände in hilflosem Zorn. »All die Jahre dachte ich, Theo würde mich eines Tages als seinen Sohn anerkennen! Ich hab nicht gewusst, dass er das auch zu anderen gesagt hat! Ich musste ihm versprechen, niemals mit jemandem darüber zu sprechen, weil die anderen sonst eifersüchtig werden könnten.«

Er blickte auf und Bodenstein erkannte, wie gekränkt er war. Dr. Harding hatte mit seiner Vermutung recht gehabt. Zielsicher hatte Theo Reifenrath den verletzlichsten Punkt in den Seelen seiner vaterlosen Pflegekinder ausgemacht und hatte sie mit dieser Lügengeschichte brutal manipuliert.

»Wenn der Alte nicht schon verreckt wäre, würde ich ihn jetzt umbringen«, knirschte Doll.

»Erinnern Sie sich an die Sache mit Nora Bartels?«, fragte Bodenstein. Doll war so aufgewühlt, dass er möglicherweise mehr verriet als mit kühlem Kopf.

»Natürlich. War 'ne Riesenaufregung. Die Polizei verhörte jeden von uns, sogar die Kleinsten.«

»Sie mochten Nora, nicht wahr?«, schaltete sich Pia ein.

»Kann sein. Weiß ich nicht mehr.«

»Sie war ein sehr hübsches Mädchen, hat man uns erzählt.«

»Möglich. Ich hatte mit Mädels damals noch nicht viel am Hut.«

»Hat es Sie gekränkt, dass Claas Sie nicht mitgenommen hatte, als er mit ihr rudern ging?«

»Nein! Wieso sollte es?« Doll blickte zwischen Bodenstein und Pia hin und her. Dr. Harding betrachtete ihn nun aufmerksam, und Doll merkte, dass seine Reaktion bedeutsam war.

»Es hätte ja sein können«, übernahm Pia. »Sie haben Nora gerngehabt. Sehr gern sogar, wenn man das hier sieht …«

Sie zog eine Kopie des Löschblatts aus der Jackentasche, faltete es auseinander und hielt es ihm hin. Doll warf einen Blick darauf.

»Was soll'n das sein?«

»Ein Löschblatt, das wir zufällig in Ihrem alten Mathebuch gefunden haben«, erwiderte Pia.

»In meinem alten *Mathebuch*? Wo ham Sie'n das ausgegraben?«

»N & A, Nora & André«, las Pia von dem Blatt ab. »I love Nora. Nora, Nora, Nora. Herzchen, Herzchen, Herzchen. Ganz ehrlich, das sieht für mich so aus, ob Sie bis über beide Ohren in die hübsche Nora verliebt gewesen wären. Wo waren Sie, als Claas mit Nora rudern ging?«

»Keine Ahnung, wo ich da gerade gewesen bin.« Doll verschränkte die Arme und presste das Kinn auf die Brust. »Wahrscheinlich im Gemüsegarten schuften oder das Schwimmbecken schrubben, so was mussten ja immer wir Kinder machen.«

»Aber Sie sagten doch eben selbst, dass Sie Claas wie ein Schatten folgten. Außerdem passierte das mit Nora an einem Sonntag, nämlich am Muttertag. Da mussten Sie doch sicherlich nicht den Pool schrubben, oder? Zumal Rita ja diesen Tag immer groß feierte.«

Doll rutschte auf seinem Stuhl hin und her. Das Gespräch, das so harmlos begonnen hatte, ging in eine Richtung, die ihm nicht behagte.

»Versuchen Sie, sich an den Tag zu erinnern«, forderte Pia ihn auf.

»Kann ich nicht«, behauptete er. Sein Kehlkopf zuckte auf und ab, sein Blick irrte zur Seite. Ein klares Indiz dafür, dass er irgendetwas zu verbergen hatte.

Bodenstein beschloss, einen Schuss ins Blaue zu wagen.

»Fridtjof hatte seinen besten Kumpel Joachim, seinen ›Adlatus‹, mit dem er zusammen aufs Gymnasium ging. Waren Sie so etwas wie der ›Adlatus‹ von Claas Reker? Hat er Sie vor Rita und den anderen Kindern beschützt und im Gegenzug von Ihnen den ein oder anderen Gefallen eingefordert?«

»Gefallen?« Doll beugte sich nach vorne und stützte die Ellbogen auf die Oberschenkel. Sein Blick bekam etwas Lauerndes. »Was meinen Sie damit?«

»Zum Beispiel, den Mund zu halten, wenn er jemanden in die Kühltruhe gesperrt hat.« Bodenstein ließ seine Antwort wie eine Frage klingen. André Doll schien abzuwägen, was er darauf erwidern sollte. Seine Miene war steinern, nur seine Kiefermuskulatur arbeitete. Es waren seine Hände, die seine Nervosität verrieten. Mit dem Daumennagel seiner linken Hand malträtierte er die Nagelhaut des Mittelfingers. Sekunden verstrichen.

»Oder haben Sie ihm sogar dabei geholfen?«

Schweigen.

»So, wie Sie Sascha geholfen haben, Raik Gehrmann in Folie zu wickeln und in einen Bach zu legen?«

»Warum haben Sie das eigentlich gemacht?«, wollte Pia wissen, als Doll nichts sagte. »Warum die Folie? Weshalb haben Sie ihn nicht einfach verprügelt? Der Junge hätte aber doch im Bach ertrinken können! War Ihnen das nicht bewusst?«

»In dem Moment … haben wir wahrscheinlich nicht darüber nachgedacht.«

»Wer hatte eigentlich die Idee mit der Folie?«

»Weiß ich nicht mehr.«

»Herr Doll.« Pia beugte sich vor und ließ ihre Stimme mitfühlend klingen. »Wir wissen, was Rita Reifenrath den Kindern damals angetan hat. Wahrscheinlich können wir uns auch nicht annähernd vorstellen, wie furchtbar das gewesen sein muss und welche Spuren das in einer Kinderseele hinterlassen hat. Aber Sie müssen sich dessen nicht schämen. Sie waren ein Opfer und völlig ohne Schuld.«

Ein Ausdruck des Erschreckens huschte über sein Gesicht. Sein Mund zuckte. Männer wie er konnten nur schwer mit Mitgefühl umgehen. Er sprang von seinem Sessel auf, rieb sich mit einer Hand den Nacken.

»Sie reden ja daher wie 'ne Seelenklempnerin!« Doll lachte gekünstelt. »Soll ich mich hier auf die Couch legen und Ihnen was vorheulen?«

»Wir würden nur noch gerne die Dokumentation vom Umbau des VW-Bullis sehen«, sagte Bodenstein. »Dann sind Sie uns los.«

»Ich guck mal im Computer, ob ich was finde.« Die Erleichterung in Dolls Augen war unübersehbar und sagte mehr als tausend Worte. Er setzte sich hinter seinen Schreibtisch an seinen Laptop. »Ah ja, ich hab's.« In seinem Bemühen, sie so schnell wie möglich loszuwerden, dachte er nicht mehr daran, dass er vorhin noch behauptet hatte, es gebe keine Dokumentation der Restaurierung. Er ging zu einem Regal, zog einen Aktenordner hervor und warf ihn auf den Loungetisch. »Da ist alles drin. Wiedersehen macht Freude.«

»Vielen Dank!« Bodenstein ergriff den Ordner. Sie standen auf und gingen zur Tür. »Ach, im Sommer 1997 oder 1998 haben Sascha Lindemann und Sie in der Nähe von Theos Haus Rhododendronbüsche umgesetzt und Löcher gegraben. Wozu?«

»Wo soll ich was gemacht haben?« Doll zog fragend die Stirn in Falten. Bodenstein wiederholte seine Frage.

»Ach so, stimmt. Theo hat uns drum gebeten, ihm zu helfen. Er wollte einen neuen … Hundezwinger bauen.« Er stockte kurz, als ihm klar wurde, was die Frage implizierte.

»Danke.« Bodenstein lächelte. Schon den Türgriff in der Hand, stellte er eine letzte Frage. »Was haben Sie eigentlich im Sauerland zu tun gehabt, als Sie diesen schweren Unfall hatten?«

Für den Bruchteil einer Sekunde erstarrte der bullige Mann und vergaß sogar das Kaugummikauen.

»Im Sauerland?« Doll versuchte Zeit zu gewinnen. Seine Stimme klang heiser. »Ich ... ich habe mir Autos angeguckt.«

»Wissen Sie noch welche? Und wo das genau war?«

»Was soll das?«, begehrte der Mann auf. »Was sind denn das für Fragen?«

»Wissen Sie es noch?«, beharrte Bodenstein.

»Nein, ich weiß es nicht mehr!« Doll funkelte ihn an. Er richtete sich auf und wirkte plötzlich bedrohlich. »Ich hab überhaupt keine Erinnerung mehr an den Tag. Ich hab zwei Monate im Krankenhaus gelegen. Okay?«

»Natürlich. Vielen Dank für Ihre Zeit, Herr Doll!«

»Den Ordner will ich wiederhaben.«

»Selbstverständlich bekommen Sie den zurück. Wir geben Ihrer Empfangsdame eine Quittung für den Erhalt.«

Bad Homburg, 21. April 2017

Die Privatklinik Dr. Assmann befand sich ein Stück außerhalb des Bad Homburger Stadtteils Dornholzhausen. Fiona hatte schon geglaubt, sie sei zu weit gefahren, aber das Navigationssystem ihres Leihwagens leitete sie durch ein Waldstück, bevor es ihr verkündete, dass sie das Ziel erreicht hatte. Katharina Freitag hatte weder auf ihre E-Mail noch auf ihre Anrufe und ihre SMS geantwortet. Ihre stumme Botschaft war eindeutig: Sie wollte nichts mit Fiona zu tun haben und hatte kein Interesse, sie kennenzulernen. Früher hätte Fiona verzagt, aber seit diesem Moment am Ostersonntag vor dem Frankfurter Dom war eine Veränderung mit ihr vorgegangen. So kurz vor ihrem Ziel würde sie nicht aufgeben. Ihr reichte es schon, dieser Frau – ihrer Mutter – einmal von Angesicht zu Angesicht gegenüberzustehen. Herauszufinden, wo Katharina Freitag arbeitete, war dank des Internets überhaupt kein Problem gewesen, und Bad Homburg war nur 25 Kilometer von Frankfurt entfernt. Am Vormittag hatte Fiona sich am Hauptbahnhof ein Auto gemietet, einen kleinen schwarzen Audi mit Automatikgetriebe und Navigationssystem, und hatte die Orte besucht, die laut Katharina Freitags Vita für sie einmal wichtig gewesen waren. In einer kleinen Stadt namens Bad Soden war sie geboren und aufgewachsen, im Nachbarort Königstein zur Schule gegangen. In Königstein hatte Fiona sogar die ehemalige Schule ihrer Mutter ausfindig gemacht, die wegen der Osterferien zwar geschlossen war, aber sie war anschließend durch die schmalen Gassen der Altstadt bis hinauf zur malerischen Burgruine gelaufen, die das Städtchen überragte. Mit eigenen Augen zu sehen, wo ihre Mutter als Kind und Jugendliche entlanggegangen war, hatte Fiona tief berührt. Später hatte sie in einer Pizzeria einen Salat gegessen und überlegt, ob ihre Großeltern wohl noch hier in der Gegend lebten. War sie vielleicht hier, in diesem Ort, vor vierundzwanzig Jahren gezeugt worden? Hatte Katharina Freitag Geschwister? Die Vorstellung, womöglich Tanten oder Onkel, Nichten und Neffen zu haben, hatte in Fiona eine schmerzliche Sehnsucht geweckt. Nein, es würde ihr doch nicht reichen, diese Frau nur zu sehen. Sie wollte von ihr Antworten auf all ihre Fragen haben.

Es war kurz nach drei, als sie den kleinen Audi auf dem Besucherparkplatz außerhalb des Geländes der Privatklinik Dr. Assmann parkte. Wahrscheinlich war gerade keine Besuchszeit, denn auf dem Parkplatz, der von einer hohen Eibenhecke umgeben war, stand außer einem weißen Lieferwagen und einem dunklen SUV kein anderes Auto. Sie stieg aus, zog den Reißverschluss ihrer Daunenjacke hoch und zündete sich eine Zigarette an. Der Wind war empfindlich kalt und jagte schwere Wolken über den grauen Himmel. Wie sollte sie Kontakt zu Frau Dr. Freitag aufnehmen? Durch ihre Mail und die SMS war sie vorgewarnt, deshalb würde der Trick, den sie im Universitätsspital in Zürich oder in der Kinderwunschklinik in Baselland angewendet hatte, diesmal wohl kaum klappen. Die ursprüngliche Idee, ihr aufzulauern und sie anzusprechen, hatte sie verworfen. Sie konnte nicht ein paar Stunden lang vor dem Klinikgebäude herumlungern. Außerdem wusste sie gar nicht, ob es nicht noch irgendwelche Nebenausgänge gab. Aber was, wenn Katharina Freitag heute überhaupt nicht arbeitete? Vielleicht stand sie hier völlig umsonst herum! Es waren Osterferien, sie konnte verreist sein. Verdammt, daran hatte sie überhaupt nicht gedacht! Fiona blickte zu dem prachtvollen Jugendstilgebäude hinüber, zog ein letztes Mal an ihrer Zigarette und ließ die Kippe auf den Boden fallen. Es blieb ihr kein anderer Weg als der direkte. Sie atmete tief durch, verschloss das Auto und machte sich auf den Weg zur Klinik.

* * *

»Ich verstehe nicht, warum Reker und Doll diese Geschichte vom unehelichen Sohn so lange geglaubt haben«, sagte Pia kopfschüttelnd.

»Ich schon«, erwiderte Dr. Harding. »Versetzen Sie sich in die Lage der Kinder! Die Jungen kamen aus Heimen oder kaputten Familien. Theo war ihre einzige Vaterfigur. Sie vertrauten ihm.«

Sie standen an einer Imbissbude neben dem TOOM-Markt in Rödelheim und gönnten sich einen Kaffee.

Bodenstein blätterte die Fotos durch, die Doll ihnen überlassen hatte. »Meine Ex-Frau hat vor vielen Jahren mal eine Dokumentation über die Zustände in Kinderheimen in den 60er- und 70er-Jahren gedreht«, sagte er. »Bis in die späten Siebziger hinein wurde ein System der Gewalt praktiziert, in dem es um Degradierung und Demütigung ging. Die meisten Kinderheime sind von kirchlichen Institutionen geleitet worden und es gab so gut wie keine Kontrolle durch die Jugendämter. Mittlerweile gilt als erwiesen, dass die Heimerziehung nicht nur seelische, sondern auch körperliche Schäden bei ehemaligen Heimkindern hinterlassen hat. Die Kirchen spielten das Problem lange Zeit herunter und behaupteten, bei Berichten Betroffener handle es sich um bedauerliche Einzelfälle, aber nach der Ausstrahlung von Cosimas Film hat das Diakonische Werk die ehemaligen Heimkinder öffentlich um Vergebung gebeten.«

Er wischte ein paar Krümel zur Seite, bevor er die Fotos auf die Platte des Stehtischs legte.

»Schon bei sehr kleinen Kindern, die eine Weile in solchen Zuständen leben müssen, gehen Selbstwertgefühl und Urvertrauen unrettbar verloren«, bestätigte Dr. Harding. »Derart seelisch beschädigt kamen die Kinder zu Reifenraths, wo sie ein Klima von Willkür und Angst erleben mussten. Das hat Theo, der selbst unter seiner Machtlosigkeit litt, ausgenutzt. Um sein Bedürfnis nach Autorität und Dominanz zu befriedigen, hat er sich eine perfide Strategie ersonnen. Indem er den Kindern vorgaukelte, ihr Vater zu sein, und sie gleichzeitig zu absoluter Geheimhaltung verpflichtete, knüpfte er ein sehr starkes emotionales Band. Dabei war er clever genug, sie in einem Zustand ständiger Unsicherheit zu halten, was diesen Effekt noch verstärkte.«

»Aber wieso haben sie ihm nicht später, als sie erwachsen waren, das Messer auf die Brust gesetzt?«, wollte Pia wissen.

»Weil die Wahrheit womöglich eine Hoffnung zerstört hätte, die für sie zum zentralen Aspekt ihrer Ich-Identität geworden ist«, erwiderte Harding. »Wir Menschen möchten nicht ohne Wurzeln leben, lieber akzeptieren wir eine Lüge, die wir nicht mehr hinterfragen. Als Doll eben erfuhr, dass Theo auch Claas Reker erzählt hatte, er sei ein unehelicher Sohn, war das ein Schock für ihn. Tatsächlich haben die Kinder – auch als Erwachsene – nie darüber gesprochen, und das zeigt, wie unglaublich stark die Konditionierung durch Theo war. Dadurch erklärt sich auch, weshalb sie alle den Kontakt zu ihm hielten, egal was passiert ist.«

»Eine Art Stockholm-Syndrom?«, vermutete Pia.

»So etwas in der Art.« Harding nickte. »Wir haben die tief in seiner Seele verankerte Loyalität zu Theo erschüttert. Vielleicht veranlasst ihn das noch, uns beim nächsten Gespräch mehr zu erzählen.«

»Es sei denn, er ist unser Täter.« Pia zog eines der Fotos zu sich heran und betrachtete die sargähnliche, mit Styropor ausgekleidete Holzkiste, die sich in dem alten VW-Bus unter einer Wand mit Tierkäfigen befunden hatte. Bedauerlicherweise hatte Doll bei der Restaurierung des grauen Bulli vor fünf Jahren sämtliche Einbauten entsorgt. »Vielleicht hat er deshalb den alten Bus so gründlich entkernt und bis nach Japan verkauft. Wenn das überhaupt stimmt.«

»Kann man herausfinden, wann das Fahrzeug abgemeldet wurde?«

»Ich denke schon.«

Sie hatten ihren Kaffee ausgetrunken, warfen die Becher in den Mülleimer und gingen zurück zu ihrem Auto.

»Warum hat er uns nicht gesagt, wo er im Sauerland war?« Pia hatte Dolls Weigerung, ihnen eine simple Antwort auf eine einfache Frage zu geben, höchst misstrauisch gemacht. »Es ist doch wirklich ein riesiger Zufall, dass er genau dort in der Gegend war, wo eine der Leichen gefunden wurde! Ich glaube ihm nicht, dass er sich wegen des Unfalls nicht mehr an den Grund seiner Fahrt erinnern kann.«

»Der Unfall war ein traumatisches Erlebnis«, entgegnete Dr. Harding. »Ein Mensch ist dabei ums Leben gekommen.«

»Deshalb sollte er sich umso besser daran erinnern, was vorher war«, fand Pia. »Vielleicht ist er mit der Leiche im Kofferraum ins Sauerland gefahren, hat sie in den Wald geworfen, hat das Auto verkauft und ist mit einem anderen Auto zurückgefahren. Für mich sieht es so aus, als ob er es extrem eilig hatte, von der Stelle, an der er die Leiche abgelegt hat, wegzukommen.«

»Du hast recht«, pflichtete Bodenstein ihr bei. »Sicher wurde in dem Strafprozess erwähnt, wo er vorher war. Wir werden Einsicht in die Prozessakten beantragen.«

* * *

Die Frau, die die zerkratzte Wohnungstür im siebten Stock eines Hochhauses öffnete, war unglaublich dick. Sie trug nur ein Top und eine Dreiviertelhose, aus der die Waden hervorquollen. Strähnig hing ihr rotgefärbtes Haar auf die fleischigen Schultern, das Gesicht war grotesk aufgeschwemmt. Keine Spur mehr von dem lächelnden blonden Mädchen auf dem Klassenfoto, das Frau Katzenmeier ihnen gezeigt hatte. Der monströse Körper, Ergebnis von vierzig Jahren schlechter Ernährung, Alkohol und mangelnder Bewegung, versperrte die Tür in ihrer ganzen Breite.

»Britta Ogartschnik?«, fragte Bodenstein freundlich und hielt ihr seinen Ausweis vor die Nase. »Sie hatten mit meinem Kollegen Ostermann telefoniert. Mein Name ist Bodenstein, wir kommen von der Kripo aus Hofheim.«

Die Frau musterte erst ihn, dann Pia und schließlich Dr. Harding.

»Kommen Sie rein«, sagte sie. Es gab einen kurzen Stau, als Dr. Harding die Wohnung betreten wollte. »An mir passen Sie nich vorbei. Dafür isses hier zu eng.« Ihr heiseres Lachen ging in Husten über.

Sie watschelte vor ihnen den schmalen Flur entlang, und Pia erwartete schon, in eine Räuberhöhle geführt zu werden, doch zu ihrer Überraschung war die karg möblierte Wohnung aufgeräumt und sauber. Auf dem Couchtisch stand ein Frühlingsblumenstrauß, an den Wänden hingen Bilder, wie man sie in Baumärkten für ein paar Euro kaufen konnte, und aus dem Wohnzimmerfenster hatte man einen schönen Blick Richtung Taunus. Pia erinnerte sich, dass Christian Kröger und sie in einem dieser Wohnblöcke vor ein paar Jahren ihrem ehemaligen Kollegen Frank Behnke einen Besuch abgestattet hatten. Britta Ogartschnik hatte in ihrem Leben nicht viel Glück gehabt. Als Kleinkind war sie ihrer Mutter, die vier Kinder von drei Männern hatte, abgenommen worden, weil sie verwahrlost und halb verhungert gewesen war. Von einem Kinderheim war sie ins nächste gekommen, bis sie schließlich mit sechs Jahren bei Rita Reifenrath im vermeintlichen Paradies gelandet war. Die Lehre als Konditorin hatte sie mit siebzehn abbrechen müssen, weil sie schwanger geworden war. Zwei Ehemänner und sechs Kinder später hatte sie kein Geld, keinen Job und keinen Mann mehr gehabt und angefangen, Zigaretten aus Osteuropa zu schmuggeln. Auch hier war ihr das Glück nicht hold gewesen, sie war bei ihrer illegalen Tätigkeit gleich drei Mal erwischt worden. Jetzt lebte sie von Hartz IV.

»Ich muss mich hinsetzen. Ich hab Arthrose in den Knien.« Frau Ogartschnik ließ sich mit einem Schnaufen in einen Sessel fallen. »Also, was wollen Sie von mir? Sie müssen da nicht rumstehen. Setzen Sie sich ruhig.«

Bodenstein und Dr. Harding nahmen auf der Couch Platz, Pia in dem zweiten Sessel. Durch die offene Balkontür wirbelte kühle Luft herein und Pia fröstelte.

»Ihr ehemaliger Pflegevater Theodor Reifenrath ist gestorben«, sagte Bodenstein.

»Ach je!« Die Nachricht bekümmerte Britta Ogartschnik nicht sonderlich. »Ich wusste gar nicht, dass der noch gelebt hat.«

»Auf dem Grundstück in Mammolshain haben wir auch die sterblichen Überreste von Rita Reifenrath gefunden.«

»Na, so was! Hat sie sich also doch nicht umgebracht, die alte Hexe! Wer hat ihr den Krotzen umgedreht? Hat sich der feige Theo etwa endlich getraut?« Die Vorstellung schien sie zu amüsieren. »Oder war es ihr Goldbub, der schöne Fridtjof? Oder – na, wie hieß er noch, dieser kleine Widerling mit den Brandnarben?« Die Frau wedelte mit der Hand. »Alex! Nein, so hieß er nicht … Hm. André! Genau. Ja, der ist doch fast in seiner Babywiege verbrutzelt, weil seine besoffene Mutter mit 'ner Kippe im Schnabel eingeschlafen ist. War der's?«

»Wir wissen es nicht. Vielleicht können Sie uns erzählen, was an dem Tag passiert ist? Wie wir gehört haben, ist Ihre Tochter in ein Loch gefallen und deshalb gab es Aufregung.«

»Das kann man wohl sagen!« Britta Ogartschnik rutschte auf dem Sessel, der unter ihrem Gewicht ächzte, hin und her. »Zuerst war es ganz friedlich. Wir sind ja jedes Jahr von Rita am Muttertag zum Kaffeetrinken beordert worden. Sie tat immer zuckersüß und als ob wir ihre lieben Kinderchen wären. Wir haben das Theater alle brav mitgespielt, die meisten zumindest. Manche kamen nicht mehr, die hatten die Schnauze voll. Na ja, wir haben also draußen auf der Wiese hinter dem Haus Kaffee getrunken und Kuchen gegessen, die Kinder tobten rum. Es war sogar warm genug, dass sie in den Pool springen konnten. Als wir aufbrechen wollten, fehlte die Elodie. Wir haben überall gesucht wie die Verrückten. Mein Mann – den gab's damals noch – hat sie dann gefunden, in einem alten Brunnenschacht. Wie ich den gesehen hab, sind bei mir die Sicherungen durchgebrannt.«

»Wieso?«, fragte Pia und erntete dafür einen scharfen Blick.

»Weil die Rita, die Super-Pädagogin, uns früher als Kinder immer in das Loch gesperrt hat, wenn sie meinte, dass wir was ausgefressen hätten.« Britta Ogartschnik lachte grimmig. »Eine Flasche Wasser hat sie uns noch nachgeworfen und dann die Klappe zugeschmissen, dass es geknallt hat. Sie hat noch ganz andere Sachen mit uns gemacht, wenn sie wütend war, da war der Brunnen noch harmlos, aber als ich mein Kind da unten hab sitzen sehen, kam in mir alles wieder hoch. Das war wie so ein Weschadü.«

»Ein – was?«, fragte Dr. Harding höflich nach.

»'ne Erinnerung halt, total lebendig!«

»Ein Déjà-vu?«, schlug Pia vor.

»Ja, genau. Hab ich doch gesagt. Also, ich hab herumgeschrien wie eine Verrückte. Ich habe Rita angebrüllt, wieso dieses Scheiß-Loch offen ist und dann ging es ans Eingemachte. Ramona hat auch plötzlich rumgebrüllt und André auch. Die Rita hat zurückgebrüllt, das konnte sie ja gut. Aber wir haben uns nicht mehr einschüchtern lassen von ihr und sind alle auf sie losgegangen. Der Fridtjof und mein Mann haben die Elodie aus dem Brunnen rausgeholt. In dem Moment kam Theo aus der Kneipe zurück, sternhagelvoll! Er konnte sich kaum auf den Füßen halten. Die Rita hat ihn gesehen und vor allen Dingen den Claas, der war am Auto geblieben. Der wusste schon, warum!« Sie musste kurz Luft holen, bevor sie weitersprach. Ihre Augen glitzerten. »Ha! Da war was los, ich sag's Ihnen! Ich hab der Rita alles gesagt, was ich ihr schon immer sagen wollte, was sie für ein Mistvieh ist und dass sie eines Tages hoffentlich in der Hölle schmort und dass wir nie mehr herkommen. Dann sind wir zum Auto und nichts wie weg!«

»Wer war noch da, als Sie weggefahren sind?«

Britta Ogartschnik kniff die Augen zusammen und dachte nach. »Der Fridtjof. Der André. Die Ramona und der Sascha.«

»Und Claas Reker?«

»Der war schon vor uns weg. Ein paar Tage später hat mich die Ramona angerufen und erzählt, die Rita hätt' sich umgebracht. Hach, da wurd mir doch ganz warm ums Herz! Ich konnt's mir zwar nicht so recht vorstellen, weil die Rita keine war, die sich umbringt, aber es war wohl so. Sie war weg und die haben irgendwo am Fluss ihr Auto gefunden.«

»Waren Sie danach noch einmal in Mammolshain?«

»Nie mehr.« Britta Ogartschnik schüttelte den Kopf. »Da werde ich auch nie mehr einen Fuß hinsetzen und ich will auch von keinem von denen mehr was hören oder sehen. Ich hab heute noch Albträume und manchmal denk ich mir, hätten sie mich doch bloß besser im Heim gelassen. Da ist man mal verprügelt worden oder es gab kein Essen, aber ich hab von keinem ehemaligen Heimkind solche Sachen gehört wie die, die ich erlebt hab!«

»Was denn zum Beispiel?«, fragte Bodenstein.

Die dicke Frau starrte ihn an.

»Das glaubt mir eh keiner«, sagte sie dann.

»Wir glauben es Ihnen«, versicherte Bodenstein ihr. »Wir haben schon einiges gehört. In der Badewanne untertauchen. In die Kühltruhe stecken …«

Plötzlich kämpfte Britta Ogartschnik mit den Tränen.

»Ich hab mal versucht, das meiner Klassenlehrerin in der Realschule zu erzählen. Aber die hat mich nur angeguckt, als wäre ich 'ne Spinnerin. Und dann hab ich es der Jugendamtstussi gesagt. Ich meine, ich war da schon etwas älter und konnte nicht mit ansehen, wie sie das mit den Kleinen gemacht hat. Die blöde Schnecke hat es gleich der Rita gepetzt und da war die Wurst warm!« Sie drehte sich zur Seite und präsentierte eine wulstige Narbe an ihrem Unterarm. »Die Rita hat mich mit den Füßen in das Brunnenloch getreten. Ich hatte einen offenen Bruch von Elle und Speiche und hab ein paar Tage da unten dringehockt, bis sich der ganze Scheiß entzündet hatte. Fast hätten sie mir den Arm abnehmen müssen. Im Krankenhaus wollten sie wissen, wie das passiert ist, und da hab ich gesagt, ich wäre …« Sie brach ab, rang um Fassung.

»… die Treppe runtergefallen?«, sagte Pia mitfühlend.

»Genau.« Die Frau lachte freudlos und massierte mit der rechten Hand die Narbe. »Ich frag mich noch heute, warum da keiner mal hellhörig geworden ist. Dauernd ist irgendwer von uns angeblich die Treppe runter- oder vom Baum gefallen. Die wollten das alle nicht sehen. Wir waren ja nur asoziale Waisenkinder, die keiner haben wollte. Für uns hat sich kein Schwein interessiert. Konnte ja gar nicht sein, dass bei den großherzigen Reifenraths, die sich für Gesocks wie uns aufgeopfert haben, solche Sachen passieren!«

»Ist es mal vorgekommen, dass Rita eins der Kinder in Frischhaltefolie gewickelt hat?«, erkundigte sich Bodenstein.

»Einmal? Dauernd!« Britta Ogartschnik stieß ein Geräusch aus, das wie eine Mischung aus Lachen und Schluchzen klang. »Sie hatte Kartons voll mit diesen Rollen in ihrem Arbeitszimmer im Schrank. Da war ein Junge, der Sascha, der war höchstens fünf, als er zu uns gekommen ist. Ein ganz süßer Kerl, aber total durch den Wind. Hat immer Schreikrämpfe gekriegt und um sich geschlagen. Die Rita hat ihn von Kopf bis Fuß in Folie eingewickelt, wenn der seine Tobsuchtsanfälle hatte. Der musste am Tisch sitzen wie eine Mumie und das Essen vom Teller lecken. Wenn er nicht aufgehört hat zu schreien, hat sie kaltes Wasser in die Badewanne gelassen und ihn reingeworfen, bis er ruhig war. Manchmal musste er nachts sogar so schlafen, und wenn er sich vollgemacht hat, ging's grad ab unter die kalte Dusche.«

Erschüttert lauschten Pia, Bodenstein und Dr. Harding den Schilderungen von grausamen Quälereien und perfidem Psychoterror, denen die Kinder wehrlos ausgeliefert gewesen waren. Rita Reifenrath hatte vor niemandem halt gemacht. Da sie körperlich stark gewesen war, hatte sie auch nicht gezögert, die größeren Kinder zu tyrannisieren.

»Nur ihren Goldjungen Fridtjof hat sie natürlich verschont«, sagte Britta Ogartschnik verächtlich. »Manchmal hat sie den sogar gefragt, was sie mit einem machen soll. Dieser kleine Mistkerl – ich seh ihn heute noch vor mir – hat sich dann eine Strafe ausgedacht und grinsend danebengesessen. Das war so … demütigend!«

»Aber wieso sind Sie dann später, als Erwachsene, überhaupt noch hingefahren?«, wollte Pia wissen.

»Keine Ahnung.« Britta Ogartschnik hob die Hände in einer Geste der Ratlosigkeit und ließ sie wieder auf ihre Oberschenkel sinken. »Darüber hab ich auch oft nachgedacht. Egal was passiert ist, sie waren die einzigen Eltern, die ich hatte. Und irgendwie hab ich immer das Gefühl gehabt, ich wäre ihnen was schuldig.«

***

In ihre Wohnung zu gelangen war erstaunlich einfach gewesen. Er hatte einfach irgendwo geklingelt, dem Mann eine rührselige

Geschichte erzählt, und schon hatte er ihm die Haustür geöffnet. Wie viele Leute, die in einem Mietshaus lebten, war auch sie so leichtsinnig, ihre Wohnungstür nur einmal abzuschließen. Und wie so häufig hatte die Bauträgergesellschaft, die Wohnblöcke wie diesen in Rekordzeit hochzogen, hauptsächlich in die Optik investiert, aber an Sicherheitsvorkehrungen gespart: protziger Marmor im Treppenhaus, aber billige Wohnungstüren der Widerstandsklasse 2. Mit Spanner und Halbdiamant hatte er die Tür innerhalb von zwei Minuten geöffnet, ohne dass das Schloss dabei beschädigt worden war. Im Hausflur hatte er sich schon die schwarze Balaclava, die sogar Augen und Mund bedeckte, über den Kopf gezogen, nur für den Fall, dass sie Überwachungskameras oder eine Alexa in ihrer Wohnung hatte, aber das war nicht der Fall. Es würde noch eine Weile dauern, bis sie nach Hause kam. Beim Durchstreifen der hellen Penthousewohnung regte sich in seinem Innern der Neid. Sie musste gut verdienen mit ihren Gutachten, die Schlampe, um sich eine solche Wohnung leisten zu können: ein eigener Aufzug von der Tiefgarage bis direkt in die Wohnung. Ein umlaufender Balkon mit fantastischem Ausblick auf den Taunus. Parkettfußboden, zwei Bäder, vier Zimmer. Für seinen Geschmack war die Einrichtung zu minimalistisch und zu asiatisch. Dachte sie wohl über das Leid nach, das sie anderen Menschen zufügte, wenn sie auf ihrer Dachterrasse Weißwein schlürfte oder in ihrer luxuriösen Whirlpool-Badewanne lag? Hatte sie jemals einen Gedanken daran verschwendet, wie es ihm in der Psychiatrie ergangen war, während sie an ihrem Schreibtisch mit Blick auf die Taunusberge saß und verhängnisvolle Lügen in ihren Computer tippte? Er hatte früher auch so gewohnt, aber das war alles vorbei. Mit wachsendem Groll zog er im Schlafzimmer alle Schubladen der Kommode auf, schnupperte an ihrer Wäsche und betrachtete ihre Kleidung im Schrank. In einem kleinen Zimmer, in dem nur ein Bügelbrett stand, stapelten sich volle Umzugskartons. Nirgendwo gab es einen Hinweis auf einen Lebenspartner, Familie oder Verwandte. Sie schien ein einsames Leben zu führen. Bei den Büchern in dem vollgestopften Bücherregal im Arbeitszimmer handelte es sich hauptsächlich um Fachliteratur, außerdem gab es jede Menge englische Krimis und

Romane. Ein Festnetztelefon hatte sie nicht. Die zum Wohnzimmer offene Küche war ordentlich aufgeräumt. Um den Inhalt des Kühlschranks war es traurig bestellt: ein paar fettarme Joghurts, Mineralwasser, eine angebrochene Flasche Pinot Grigio und ein Liter Sojamilch. Die Spülmaschine war ebenso leer wie der Mülleimer, in dem ein frischer Müllbeutel hing. Er setzte sich in der Küche auf einen Stuhl, von dem aus er die Straße gut im Blick hatte. Seine Hände schwitzten in den Latexhandschuhen. Sie war ein Mensch mit festen Gewohnheiten. Er rechnete damit, dass sie gegen halb sechs nach Hause kommen würde. Nur noch knapp drei Stunden und sie war in seiner Gewalt. Und dann würde sie den Unsinn, den sie über ihn verzapft hatte, bitter bereuen.

* * *

»Wie schrecklich!« Pia war noch immer außer sich, als sie das Hochhaus verlassen hatten und den Parkplatz überquerten. »Mit den Füßen ein Kind in einen Brunnenschacht zu treten! Wie lange muss sie da dringelegen haben, bis sich die Wunde entzündet hat? Was muss man für ein Mensch sein, um hilflosen Kindern so etwas anzutun?«

»Das Jugendamt hat völlig versagt.« Auch Bodenstein war tief erschüttert vom Ausmaß der körperlichen und seelischen Misshandlungen, dem die Kinder schutzlos ausgeliefert waren. Er erinnerte sich an den Fall des toten Mädchens aus dem Main vor einigen Jahren, der sie auf die Spur eines internationalen Kinderschänderrings geführt hatte. Die Parallelen zwischen diesen Verbrechen und dem, was Rita Reifenrath getan hatte, waren erschreckend. Hier wie dort hatten die Leute weggesehen, aus Bequemlichkeit, aus Angst, als Denunziant zu gelten oder einfach deshalb, weil sie nicht für möglich hielten, dass so etwas direkt vor ihrer eigenen Haustür geschehen konnte. Aber hatte er das Recht, den Stab über die Menschen zu brechen, die sich davor fürchteten, eine Frau anzuschwärzen, die für ihr soziales Engagement sogar mit dem Bundesverdienstkreuz ausgezeichnet worden war? Was hätte er selbst getan? Es war leicht, das Verhalten von Menschen im Nachhinein oder aus sicherer Distanz zu verurteilen.

»Ich denke, Rita Reifenrath war selbst krank«, sagte Dr. Harding. »Sie war Opfer, bevor sie Täterin wurde.«

»Kannst du dich noch daran erinnern, was du damals zu Peter Lessing gesagt hast?«, wandte Bodenstein sich an Pia. »Du hattest einen Schweizer Psychiater zitiert.«

»C. G. Jung.« Pia nickte. »Er sagte: *Für gewöhnlich sind es die Gequälten, die wieder andere quälen.* Aber trotzdem ist eine fürchterliche Kindheit keine Entschuldigung dafür, Kinder zu quälen oder Menschen umzubringen!«

»Keine Entschuldigung.« Der Profiler blieb neben dem Auto stehen und wartete, dass Bodenstein die Zentralverriegelung öffnete. »Aber eine Erklärung.«

* * *

Dr. Nicola Engel hatte für 16 Uhr eine Besprechung der SoKo angesetzt. Bodenstein, Dr. Harding und Pia trafen um Viertel nach drei in der RKI ein. Pressesprecher Smykalla hatte ein paar Zeitungen auf einem der Schreibtische neben seinem aufgeklappten Laptop ausgebreitet und überflog eine nach der anderen mit sorgenvoller Miene. Neben ihm lag sein Handy, das unablässig brummte.

»Die Sache mit den Leichenfunden ist durchgesickert«, sagte er. »Guckt euch mal die Schlagzeilen im Internet an!«

»War ja nur eine Frage der Zeit«, erwiderte Pia achselzuckend und hängte ihre Schultertasche über eine Stuhllehne. »Wir haben eine Menge Leute befragt, und die werden es mehr oder weniger alle herumgetratscht haben.«

»Mein Telefon läuft heiß.« Smykalla wies auf das Gerät. »Was soll ich den Journalisten sagen?«

»Dass es heute Abend eine Presseerklärung geben wird«, sagte Bodenstein.

An einer Wand hing eine Deutschlandkarte, gespickt mit bunten Stecknadeln, außerdem hatte Kai alle bisherigen Erkenntnisse und Informationen über die Opfer des Taunusrippers, wie die Presse den Täter mittlerweile getauft hatte, auf Whiteboards notiert.

»Hier sind die Laborberichte.« Kai Ostermann winkte mit mehreren dünnen Schnellheftern. »Im Mercedes von Reifenrath haben sie im Labor nichts gefunden außer Hundehaaren und Fingerabdrücken von Theo und Reker. In der Kühltruhe aus dem Haus waren nur Lebensmittel, in der aus dem Schlachtraum wurden Blutspuren festgestellt, die allerdings tierischen Ursprungs sind. Aber in der dritten Kühltruhe, die in der Garage unter einem Stapel Kartons stand, haben sie tatsächlich menschliche DNA gefunden. Nina Mastalerz und Jana Becker haben mit an Sicherheit grenzender Wahrscheinlichkeit in dieser Truhe gelegen.«

»Wie bitte?« Pia griff nach der dünnen Akte. »Aber Jana Beckers Leiche ist doch auf einem Parkplatz in Rheinland-Pfalz gefunden worden und die von Nina Mastalerz sogar in Frankreich!«

»Es sieht so aus, als ob unser Täter seine Opfer erst mal mitgenommen hat, bevor er sie entsorgt hat«, sagte Kai. »Wie eine Katze, die mit ihrer Beute spielt.«

»Wo stand die Kühltruhe?«

»In dem Anbau neben der Garage, in der der Schlachtraum ist.«

»Wenn es nicht doch Theo war, wieso geht der Täter ein solches Risiko ein?«, wunderte Pia sich.

»Das fragen wir am besten Dr. Harding«, antwortete Bodenstein.

Nach und nach trudelten die Kollegen ein. Cem Altunay und Kathrin Fachinger kamen mit Kaffeebechern in den Händen herein, Dr. Harding kehrte von der Toilette zurück. Sie setzten sich, auch Tariq und Merle Grumbach kamen dazu. Das K 11 war komplett.

Cem, Kathrin, Tariq und Merle waren mit enttäuschend wenigen Informationen zurückgekehrt. Weder der Sohn von Eva Tamara Scholle noch die Arbeitskollegin von Rianne van Vuuren hatten irgendetwas Neues zu erzählen gehabt.

Cem hob eine Hand, wie in der Schule.

»Ich glaube, der Alte hat über all das Bescheid gewusst«, sagte er. »Sein Hass auf Frauen, speziell auf seine eigene mit ihrer Muttertags-Manie, war pathologisch. Er hat sich einen Nachfolger herangezogen, der weitergemacht hat, als er selbst zu alt wurde.

Kai hat alle Datenbanken durchforstet und ist auf keinen weiteren ungeklärten Todesfall gestoßen, der Ähnlichkeit mit den Tatmustern des Muttertags-Mörders hat. Wir haben fünf Morde von 1988 bis 1997 und ab 2012 drei weitere Morde dieser Art. Es kann natürlich sein, dass wir doch noch auf weitere Opfer stoßen, was natürlich niemand von uns hofft, aber im Moment sieht es so aus, als ob er fünfzehn Jahre pausiert hätte. Spricht das nicht wirklich für zwei verschiedene Täter? Theo Reifenrath als Täter und einer seiner Pflegesöhne oder sein Enkelsohn als Nachfolger oder Nachahmer?«

Gerade zu Beginn einer Ermittlung – und sie hatten tatsächlich noch immer keine großen Fortschritte gemacht, wie Pia sich eingestehen musste – waren selbst gewagte Theorien erlaubt. Cem war ein Querdenker und hatte in der Vergangenheit ein paar Mal die zündende Idee gehabt, die sie auf den richtigen Weg geführt hatte.

»Ja, das ist eine Möglichkeit, an der ich jedoch meine Zweifel habe. Ich gehe von einem einzigen Täter aus«, erwiderte Dr. Harding. »Es ist nicht ungewöhnlich, dass ein Serientäter eine Pause einlegt. Eine Veränderung der Lebensumstände, die die auslösenden Faktoren für eine Weile dämpft oder unterdrückt, kann ein Grund dafür sein. Eine Gefängnisstrafe. Eine Krankheit. Ein Umzug. Allerdings gibt es auch ein Phänomen, das wir als ›selbstinszenierte Jagdtriebunterbrechung‹ bezeichnen. Der Täter hört aus freien Stücken auf zu morden. Dafür gibt es unterschiedliche Gründe. Manche Täter leiden unter ihren Zwängen und können ihren Trieb nicht mehr ertragen. Oft stellen sie sich dann der Polizei oder legen es darauf an, gefasst du werden. Bei anderen ist es so, wie wenn man mit dem Rauchen oder Trinken aufhört.«

»Warum bezweifeln Sie, dass es zwei Täter sein könnten?« Cem blieb hartnäckig.

»Die Handschrift eines Täters, der sogenannte Modus Operandi, ist so individuell wie ein Fingerabdruck«, entgegnete Dr. Harding. »Wenn zwei Menschen das Gleiche machen, ist es trotzdem nicht dasselbe. Es gibt immer kleine Unterschiede. Gestern Nacht habe ich mir die Fotos und Obduktionsberichte aller Opfer angesehen, und dabei ist mir aufgefallen, dass er eine besondere Einwickeltechnik hatte. Er hat die Folie nicht einfach irgendwie um seine Opfer gewickelt, sondern er hat an den Füßen angefangen und dann bis zum Kopf hoch gewickelt, was ungewöhnlich ist, wenn man bedenkt, dass dieses Einwickeln dazu diente, das Opfer wehrlos zu machen. Einfacher wäre es gewesen, wenn er in der Körpermitte angefangen hätte. Ein zweiter Punkt, der mir auffiel, war, dass er die Folie nie abgerissen oder abgeschnitten hat, sondern für jedes seiner Opfer zwei komplette Zehn-Meter-Rollen verbraucht hat. Und drittens habe ich festgestellt, dass er bei allen Opfern die Arme vor dem Oberkörper fixiert hat, sodass die Handflächen auf dem Unterleib lagen.«

»Aber das alles kann jemand nachmachen«, widersprach Cem.

»Machen Sie einen Versuch«, riet Dr. Harding ihm. »Wickeln Sie ewas in Folie ein, und bitten Sie Ihre Kollegen, es genau so zu machen, wie Sie es gemacht haben. Sie werden feststellen, dass keiner exakt so wickelt wie Sie.«

Cem schüttelte den Kopf. Er war nicht überzeugt.

»Das Einwickeln seines Opfers ist Bestandteil seines Rituals«, fuhr Dr. Harding fort. »Ich nehme an, dass das Opfer zu diesem Zeitpunkt nicht bei Bewusstsein ist. Er lässt sich Zeit, kostet den Moment aus, in dem er einen Menschen vollkommen in seine Gewalt bringt. Trotzdem ist es keine persönliche Sache.«

»Also, ich würde es sehr persönlich nehmen, wenn mich jemand in Folie wickeln und umbringen würde«, bemerkte Kathrin.

»Alle Opfer waren vollständig bekleidet. In keinem Fall wurden Spuren körperlichen Missbrauchs festgestellt«, erwiderte der Profiler. »Und das sagt mir, dass ihm die Person als solche nicht wichtig war. Seine Opfer sind Stellvertreter. Deshalb spielen für ihn auch Äußerlichkeiten wie Alter, Aussehen oder Haarfarbe keine Rolle.«

»Stellvertreter für wen?«, fragte Tariq.

»Das ist die Frage.« Dr. Harding presste nachdenklich die Lippen zusammen.

Einen Moment lang sagte niemand etwas.

»Kai, bist du mittlerweile auf die Namen der Jugendamtssachbearbeiter gestoßen, die für die Reifenrath-Pflegekinder zuständig waren?«, fragte Bodenstein.

»Ach ja, das bin ich.« Kai blätterte in seinen Notizen. »Es war ein und dieselbe Person, für sämtliche Pflegekinder zwischen 1962 und 1981. Die Dame heißt Elfriede Schröder.«

»Finde doch bitte heraus, ob sie noch lebt«, wies Bodenstein Kai an. »Und wenn ja, wo sie wohnt.«

»Chef, wie lange kennst du mich?« Kai schnalzte mit der Zunge und schüttelte nachsichtig den Kopf. »Elfriede Schröder erfreut sich bester Gesundheit. Sie ist 84 Jahre alt und lebt in einer Anlage für betreutes Wohnen in Bad Nauheim.«

»Du bist doch der Beste.« Bodenstein grinste. »Mit ihr müssen wir dringend sprechen. Wir werden heute …«

Er verstummte, denn Frau Dr. Engel betrat den Raum, gefolgt von Christian Kröger. Sie steuerte direkt auf Bodenstein zu.

»Was ist das für eine Geschichte mit den Waffen?«, wollte sie wissen und schob rasch noch ein »Guten Tag!« nach. Bodenstein klärte sie über den Fund unter dem Poolhaus auf, den sie aufgrund eines Hinweises von Joachim Vogt gemacht hatten.

»Vom Zierrevolver über Kalaschnikows und Handgranaten bis zur Panzerfaust war alles dabei.«

»Wir vermuten, dass sie Fridtjof Reifenrath gehören«, fügte Pia hinzu. »Aber das werden wir ihn morgen fragen. In der Jahrhunderthalle findet eine außerordentliche Hauptversammlung statt, zu der er ganz sicher erscheinen wird.«

»Und was haben Sie vor?«, fragte Frau Dr. Engel argwöhnisch.

»Eigentlich haben wir vor, ihn festzunehmen«, erwiderte Pia. »Die Existenz der Waffen reicht dafür aus. Verstoß gegen das Kriegswaffenkontrollgesetz. Reifenrath hat nicht einmal einen Waffenschein oder eine Waffenbesitzkarte.«

»Haben Sie einen Beweis dafür, dass die Waffen ihm gehören?«

»Noch nicht. Aber wir sind uns ziemlich sicher.«

»Bis Sie nicht hundertprozentig sicher sind, werden Sie ihn nicht festnehmen«, entschied Frau Dr. Engel kategorisch.

Pia hatte nicht vor, sich von ihr vorschreiben zu lassen, was sie tun sollte und was nicht, erst recht nicht aus Rücksichtnahme auf das Netzwerk der Kriminaldirektorin. Sie stand auf und stemmte die Hände in die Seiten.

»Er hat uns wichtige Dinge verschwiegen und nach wie vor besteht Flucht- und Verdunklungsgefahr.«

Die Kriminaldirektorin blähte die Nasenflügel und hob angriffslustig das Kinn. Bodenstein stand ebenfalls auf und stellte sich demonstrativ neben Pia.

»Sie werden den Mann unter keinen Umständen vor der versammelten Presse und in aller Öffentlichkeit festnehmen, Frau Sander«, sagte sie mit gefährlich leiser Stimme. »Habe ich mich deutlich genug ausgedrückt?«

Ringsum wurde es totenstill. Hier war eine Machtprobe im Gange, deren Ausgang gewiss schien. Noch nie, seitdem sie die RKI Hofheim leitete, hatte die Kriminaldirektorin *coram publico* eingelenkt.

»Wenn es sein muss, werden wir tun, was wir für richtig halten.« Pia hielt dem granitharten Blick ihrer Chefin ungerührt stand. Sie wusste, dass sie es gerade auf die Spitze trieb und damit eine Suspendierung, wenn nicht sogar ein Disziplinarverfahren riskierte. »Das ist *unser* Fall. Den lassen wir uns nicht durch irgendwelche politischen Bedenken kaputt machen.«

Nicola Engel blickte sie an, ihr unergründlicher Gesichtsausdruck verwandelte sich für eine Zehntelsekunde in etwas, was man mit viel gutem Willen als Respekt interpretieren konnte. Verschob sich das Kräftemessen etwa gerade unerwartet zu Pias Gunsten? Aber sie hatte sich getäuscht.

»Eine solche Insubordination lasse ich mir normalerweise von niemandem gefallen.« Die Kriminaldirektorin lächelte, allerdings war es kein freundliches, zustimmendes Lächeln, sondern eher das Zähnefletschen eines Hais, der Blut gewittert hatte. »Vielleicht ist das die einfachste Möglichkeit, Sie loszuwerden. Ich habe nämlich Ihre Sturheit satt. Seien Sie froh, dass der Polizeipräsident noch – ich betone *noch* – so große Stücke auf Sie hält, denn von mir bekommen Sie keine Rückendeckung, wenn Ihr Hasardspiel schiefgeht.«

Sie starrten sich an, und Pia war kurz versucht, sie zu fragen, ob sie sich denn wohl die Lorbeeren anstecken würde, falls sie richtiglag, aber sie wollte ihre Chefin nicht noch weiter provozieren.

»Okay, dann wäre das also geklärt«, sagte sie stattdessen. »Es gibt aber noch eine Sache, die wir mit Ihnen besprechen müssen.«

»Ich höre.« Frau Dr. Engels Miene war wieder vollkommen beherrscht.

»Wir müssen so bald wie möglich mit den restlichen Angehörigen der Opfer sprechen«, sagte Bodenstein. »Frau Sander und ich möchten, dass Herr Omari und Frau Grumbach morgen die Hinterbliebenen von Jutta Schmitz und Mandy Simon besuchen.«

»Erfurt und Neuss. Das können wir unmöglich an einem Tag schaffen«, gab Merle zu bedenken. »Ich habe eben mal die Daten in den Routenplaner eingegeben. Mit dem Auto brauchen wir für die Strecke …«

»Können Sie die beiden hier überhaupt entbehren?«, wandte Dr. Engel sich an Bodenstein, ohne Merle aussprechen zu lassen. »Warum überlassen Sie das nicht Kollegen vor Ort?«

»Weil Dr. Harding gerne Details aus der Vergangenheit der Opfer erfahren möchte, die wichtig sein können. Dazu hat er extra einen Fragenkatalog zusammengestellt.«

»Okay.« Die Kriminaldirektorin kam wie üblich blitzschnell zu einer Entscheidung. »Ich kümmere mich darum, dass Sie mit dem Hubschrauber fliegen können.« Dann musterte sie Pia. »Ich weiß, Sie werden jetzt sofort mutmaßen, ich wolle Sie um das Vergnügen bringen, Fridtjof Reifenrath die Handschellen anzulegen, aber ich bin dafür, dass Sie zusammen mit Herrn Omari die Befragung der Angehörigen übernehmen.«

»Und warum nicht ich?«, wollte Merle wissen.

»Ich habe den Bericht von Ihrem gestrigen Besuch bei der Familie von Frau Münch gelesen«, erwiderte die Kriminaldirektorin. »Darin stand eine Menge überflüssiger emotionaler Schmus. Das mag ja ganz nett für die Leute sein, aber es ist in meinen Augen wenig zielführend.«

Merle Grumbach war indigniert.

»Das, was Sie so abwertend als ›emotionalen Schmus‹ bezeichnen, ist ein eminent wichtiger Bestandteil der psychologischen Opferbetreuung, wie wir das in Kriseninterventionsschulungen lernen«, entgegnete sie spitz.

»In akuten Krisenfällen halte ich das auch für absolut in Ordnung. Befragung von Hinterbliebenen in Mordfällen ist aber in erster Linie polizeiliche Ermittlungsarbeit und auf diesem Gebiet ist Frau Sander erheblich erfahrener als Sie.« Dr. Engel warf Pia einen nur schwer zu deutenden Blick zu. »Die Entscheidung liegt natürlich bei Ihnen und Herrn von Bodenstein. Ich kläre das mit der Flugbereitschaft, und dann lassen Sie uns bitte anfangen.«

Sie wandte sich ab, zog ihr Smartphone hervor und zwängte sich durch die Tische und Stühle nach vorne.

»Manchmal könnte ich ihr echt den Hals umdrehen«, sagte Pia, als sie außer Hörweite war. »Und dann kommt wieder so etwas! Soll noch einer diese Frau verstehen!«

»Damit habe ich vor langer Zeit aufgehört«, erwiderte Bodenstein trocken. »Aber wo sie recht hat, hat sie recht. Wie sieht's aus? Fliegst du mit Tariq?«

Pia kaute nachdenklich auf ihrer Unterlippe und überdachte rasch das Für und Wider dieser Lösung.

»Das heißt, Cem und du, ihr übernehmt Reifenrath?«

»Ja. Und du kannst sicher sein, dass ich über eine Festnahme ganz genauso denke wie du«, erwiderte Bodenstein.

»Ich kann mich um die Organisation eures Trips kümmern«, ließ sich Kai Ostermann vernehmen. »Ich habe sowieso alle Kontaktdaten der Kollegen, die für die Fälle zuständig sind oder waren, griffbereit.«

»Okay«, stimmte Pia zu. »Dann machen wir es so. Wir fliegen morgen zuerst nach Neuss und von dort aus nach Erfurt.«

»Wie geil ist das denn?« Tariq grinste erfreut. »Ich bin noch nie mit 'nem Heli geflogen!«

* * *

»Wir haben die Leichen der vier Frauen, die auf dem Grundstück gefunden wurden, und dazu vier weitere weibliche Opfer, die wir aufgrund der Umstände unserem Täter zuordnen«, sagte Kai Ostermann. »Rita Reifenrath gehört nicht in die Reihe, aber dazu später mehr. Die acht Frauen im Alter von 21 bis 48 stammen aus dem gesamten Bundesgebiet. Alle acht sind nachweislich oder mutmaßlich ertrunken, sechs von ihnen waren nach ihrem Tod eingefroren und alle waren in Frischhaltefolie eingewickelt.«

»Was für ein Dreckschwein!«, murmelte jemand.

»Keines der Opfer wies Abwehrverletzungen auf, es gibt keine Hinweise auf Vergewaltigung oder Folter.« Kai gab etwas in seinen Laptop ein und auf dem großen Bildschirm erschien eine Grafik mit Fotos der Opfer. »Hier und auf den Whiteboards seht ihr den aktuellen Ermittlungsstand.«

Alle wandten ihre Köpfe und lasen die grausigen Details.

Name / Details	**Ermittlungsstand**	**Fundort / Umstände**
Eva Tamara Scholle * 1966 (24) Weiterstadt ledig Friseurin 1 Tochter vermisst seit 12.5.1988	zuletzt gesehen von Mitarbeitern Irish Pub, Würzburger Straße in Aschaffenburg am 12.5.1988 00:30 Uhr	Aufgefunden im Okt. 1988 im Altrhein bei Berghausen / Speyer Leiche war bekleidet Oberkörper in Folie gewickelt, keine Missbrauchsspuren, keine Abwehrverletzungen TU: Ertrinken
Mandy Simon * 1971 (21) Mannheim geb. in Erfurt ledig Disponentin, 1 Sohn vermisst seit 12. Mai 1991	zuletzt gesehen am 11.5.1991 um 18:15 von Arbeitskolleginnen beim Verlassen Firmengelände Möbelspedition Kullmann, Mannheim-Neckarau	Aufgefunden am 18.4.2017 in Mammolshain. Leiche war bekleidet Körper in Folie gewickelt, war eingefroren teilw. skelettiert, Tierfraßspuren, keine Missbrauchsspuren, keine Abwehrverletzungen mögl. TU: Ertrinken

Name / Details	Ermittlungsstand	Fundort / Umstände
Annegret Münch * 1961 (32) Walldorf Stewardess getrennt lebend Ehemann Bernhard Münch (2001 Suizid), 2 Söhne vermisst seit 9. Mai 1993	Zuletzt gesehen von Nachbarin an Tankstelle in Walldorf am 13.5.1993 gegen 17:30. Wohnung in Langen, Beziehung zu Marco Friese (38), Pilot. Auto Honda Civic (OF-AM 112) am 23.5.1993 in einem Waldstück bei Kloster-Eberbach (Rheingau) Autoschlüssel fehlen	Aufgefunden am 18.4.2017 in Mammolshain Leiche war bekleidet Körper in Folie gewickelt war eingefroren keine Missbrauchsspuren, keine Abwehrverletzungen mögl. TU: Ertrinken
Jutta Schmitz * 1954 (42) Kaarst Controllerin ledig, 1 Tochter vermisst seit 11. Mai 1996	Zuletzt gesehen von Susanne Kohl, Nachbarin, am 10.5.96 um 16:30 am S-Bahnhof Büttgen im Gespräch mit einem Mann (weißer Vollbart, Brille, ca. 60 Jahre) Subaru Forester (NE-XX 801) auf IKEA-Parkplatz Autoschlüssel fehlen	Aufgefunden am 18.4.2017 in Mammolshain Leiche war bekleidet Körper in Folie gewickelt war eingefroren keine Missbrauchsspuren, keine Abwehrverletzungen mögl. TU: Ertrinken
Elke von Donnersberg * 1949 (48) Hamburg verheiratet nicht berufstätig 2 Söhne vermisst seit 11. Mai 1997 Ring mit Aquamarin fehlt	Zuletzt gesehen von Hilko Wrede Eingang Jenischpark, Ecke Elbchaussee/Holztwiete in Begleitung eines Mannes mit Basecap u. Sonnenbrille (ca. 25–35) am 11.5.97 gegen 6:45 Uhr	Aufgefunden am 24.7.1997 in der Elbe Höhe Hanskalbsand Leiche war bekleidet Oberkörper in Folie gewickelt, keine Missbrauchsspuren, keine Abwehrverletzungen TU: Ertrinken

Name/Details	Ermittlungsstand	Fundort/Umstände
Rianne van Vuuren * 1974 (38) Gravenbruch getrennt lebend Bankerin 1 Sohn vermisst seit 15.5.2012	Zuletzt gesehen von Thomas Jansen (Partner) am 15.5.2012 um 6:45	Aufgefunden im Okt. 2012 in der Nähe von Winterberg/Sauerland Leiche war bekleidet Leiche war in Folie gewickelt war eingefroren, keine Missbrauchsspuren, keine Abwehrverletzungen TU: Ertrinken
Nina Mastalerz * 1990 (23) Bamberg stammt aus Polen ledig 1 Tochter vermisst seit 12.5.2013	Zuletzt gesehen von Mitarbeiterin Drive In Burger King, Bamberg am 12.5.2013 um 16:15 in Begleitung einer Frau mit Basecap, Sonnenbrille und einem blonden Pferdeschwanz (ca. 40 Jahre alt) Škoda (BA-NM 331) auf PP Gewerbegebiet Autoschlüssel fehlt	Aufgefunden im Dez. 2013 in der Nähe von St. Avold, Frankreich. Leiche teilw. in Folie, war eingefroren, fortgeschr. Verwesung Reste von Kleidung war eingefroren TU: Ertrinken
Jana Becker * 1993 (23) Limburg ledig kein Beruf 1 Tochter vermisst seit 8.5.2014	Zuletzt gesehen von ihrer Mutter am 10.5.2014 um 11:00 zu Hause KIA Sportage (LM-JB 234) auf PP an BAB 3 Nähe Raststätte Bad Camberg am 14.5.14 Autoschlüssel fehlt	Aufgefunden am 4.10.2014 Weinberg Bernkastel-Kues Leiche war bekleidet und in gutem Zustand war eingefroren, in Folie eingewickelt, keine Missbrauchsspuren TU: Ertrinken

»Wie ihr seht, haben wir schon ziemlich viele Informationen zusammentragen können«, erklärte Kai. »Dabei sind uns Parallelen aufgefallen. Alle Frauen verschwanden kurz vor oder am Muttertag selbst. Vier Opfer hatten ein Auto, das jeweils verschlossen aufgefunden wurde, im Kofferraum befanden sich die Handtaschen mitsamt Portemonnaie, Schlüsselbund, Ausweisen, Kreditkarten und Handys. Die Autoschlüssel wurden nie gefunden.«

In den Mienen ihrer Kollegen las Pia das, was sie selbst empfand: Abscheu und Fassungslosigkeit. Es war eines, sachlich über die Fakten zu sprechen, wenn man sich jedoch bewusst machte, was diese Frauen vor ihrem grausamen Tod durchlitten hatten, dann bröckelte die innere Distanz.

»Warum glaubt ihr, dass Rita Reifenrath nicht zu den anderen Opfern passt?«, fragte Donjana Jensen. »Sie ist doch auch am Muttertag gestorben. Und ihr Auto stand abgeschlossen auf einem Parkplatz.«

»Stimmt.« Pia nickte. »Diese Einzelheiten würden passen. Aber der Tathergang war ein völlig anderer. Wir vermuten, dass Rita Reifenrath Opfer einer Affekthandlung wurde. In ihrer Wirbelsäule steckte das Projektil einer .22er.«

»Darf ich etwas dazu sagen?«, meldete sich Christian Kröger.

»Bitte.« Pia nickte.

»Neben dem Skelett lag in dem Schacht eine Sektflasche«, sagte der Leiter der Spurensicherung. »Glas ist, wie wir alle wissen, ein hervorragender Spurenträger, und es ist dem Labor nach der langen Zeit tatsächlich gelungen, vier unterschiedliche Fingerabdrücke am Flaschenhals und an der Flasche selbst zu sichern. Drei davon konnten wir zweifelsfrei Fridtjof Reifenrath zuordnen – Zeigefinger, Mittelfinger und Daumen der rechten Hand.«

›Tschakka!‹, dachte Pia und widerstand der Versuchung, Frau Dr. Engel einen triumphierenden Blick zuzuwerfen.

»Wir haben ein umfangreiches Waffenarsenal auf Reifenraths Grundstück sicherstellen können«, fuhr Kröger fort. »Alle Schusswaffen wurden ballistisch untersucht, und wir haben die Waffe gefunden, mit der auf Rita Reifenrath geschossen wurde. Eine Walther TPH. Auf dem Griff und dem Lauf wurden ebenfalls die Fingerabdrücke von Fridtjof Reifenrath festgestellt.«

»Das bedeutet nicht zwangsläufig, dass er etwas mit der Ermordung seiner Großmutter zu tun gehabt haben muss«, wandte Bodenstein ein. »Allerdings werden wir Reifenrath explizit danach fragen, denn in einer ersten Befragung hat er so getan, als ob er an einen Selbstmord seiner Großmutter glaubte.«

»Vielleicht können wir ihm doch ein wenig mehr nachweisen.« Kröger räusperte sich. »Alle Fingerabdrücke auf der Flasche deuten darauf hin, dass die Spurengeber sie so gehalten haben, wie man eine Flasche beim Einschenken hält – nämlich am Bauch der Flasche. Die Abdrücke von Reifenrath jedoch befanden sich am Flaschenhals, und das auch noch verkehrt herum, so, als ob er die Flasche wie eine Waffe gehalten hätte.«

Pia begegnete dem ausdruckslosen Blick von Dr. Engel und verkniff sich ein Lächeln. Fingerabdrücke waren unwiderlegbare Beweise. Reifenrath würde größte Schwierigkeiten haben, sich aus dieser Sache herauszureden. Seine Fingerabdrücke an der Walther TPH konnte er damit erklären, dass er die Waffe später benutzt hatte, aber die Flasche hatte seit 1995 im Brunnenschacht unberührt neben der Leiche seiner Großmutter gelegen.

***

»Was liest du da?«, erkundigte sich Christoph neugierig, als er mit einer Flasche Vinho Verde und zwei Weingläsern in den Händen die Treppenstufen zum Wintergarten herunterkam.

»Informationen über einen Verdächtigen.« Pia klappte den Ordner, der aus dem Arbeitszimmer von Theo Reifenrath stammte, zu und legte ihn neben sich auf den Fußboden. »Wir haben bis jetzt acht Opfer ausfindig gemacht. Und der, den wir ursprünglich für den Täter hielten, scheint es nun doch nicht gewesen zu sein.«

»Da solltest du dich mal mit Ann Kathrin Klaasen von der Kripo Aurich in Verbindung setzen«, sagte Christoph und schenkte ihr ein Glas Wein ein. »Die ist Spezialistin für Serienkiller.«

»Mit wem, bitte?«, fragte Pia.

»War nur ein Scherz!« Christoph schmunzelte und ließ sich neben ihr auf der Couch nieder. »Das ist die Kommissarin aus dem Krimi, den ich gerade lese.«

»Apropos.« Pia nahm einen Schluck des herrlich leichten Weins, den Christoph und sie auf einer Reise nach Portugal kennen- und schätzen gelernt hatten. »Stell dir vor, Henning hat auch einen Krimi geschrieben!«

»Hat wohl nicht mehr genug Leichen aufzuschneiden, wenn er für so etwas Zeit hat«, brummte Christoph.

»Na ja, wir haben ihm gerade vier geliefert.« Pia lehnte sich an seine Schulter. »Und Stoff genug hat er ja sowieso. Er könnte eine ganze Krimireihe aus all dem machen, was er schon erlebt hat.«

Sie starrte Christophs und ihr Spiegelbild in der Glasscheibe an. War Fridtjof Reifenrath derselbe Fridtjof, in den Kim so unglücklich verliebt gewesen war? Und wenn ja, hatte sie womöglich über ihn Claas Reker gekannt? Nein. Kim war in ihrer Arbeit sehr korrekt. In dem Fall hätte sie es aus Gründen der Befangenheit abgelehnt, ihn zu begutachten.

Christoph legte seine Hand in ihren Nacken.

»Du bist ganz verspannt«, stellte er fest und begann, sie zu massieren.

»Kein Wunder«, erwiderte Pia mit geschlossenen Augen. »Würde ich einen Krimi über unseren aktuellen Fall schreiben, müsste ich wohl mindestens vier Opfer und drei Tatverdächtige rausstreichen, damit die Leser nicht den Überblick verlieren.«

»Du unterschätzt die Krimileser«, widersprach Christoph. »Es gibt nichts Langweiligeres als zu wenige Figuren in einem Krimi.«

»Kennst du zufällig Fridtjof Reifenrath?«, fragte Pia und schlug die Augen wieder auf. Als Direktor des Opel-Zoos, der sich ausschließlich über die Eintrittsgelder und Spenden finanzierte, kannte Christoph sehr viele Leute, nicht nur im Vordertaunus. Tatsächlich nickte er.

»Seine Bank hat damals für den Bau des Elefantenhauses einen schönen Betrag gespendet. Er hat mir erzählt, er habe ganz in der Nähe des Zoos gewohnt und sei oft da gewesen. Wie kommst du jetzt auf den?«

»Sein Großvater ist der mit den Leichen unter dem Hundezwinger.«

»Nein!« Christoph riss die Augen auf. »Und weil ihr den nicht mehr für den Täter haltet, habt ihr jetzt Fridtjof Reifenrath im Visier?«

»Er ist zumindest ein aalglatter Psychopath«, antwortete Pia.

»Davon gibt's hier in der Gegend sicher einige«, sagte Christoph mit spöttischem Unterton. Pia zog ihre Beine unter sich und wandte sich ihrem Mann zu.

»Ich sage dir jetzt ein paar Namen. Wenn du einen davon kennst, nickst du einfach, okay?«

»Okay.«

Pia zählte die Namen all der Leute auf, von denen sie in den letzten drei Tagen gehört oder die sie kennengelernt hatte. Jetzt war es Christoph, der die Augen geschlossen hatte und konzentriert lauschte.

»Gehrmann kenne ich«, sagte er. »Den konsultieren wir gelegentlich, weil seine Praxis nicht weit weg und er auf Exoten spezialisiert ist.«

»Was hältst du von ihm?«

»Netter Kerl.« Christoph öffnete ein Auge, dann das zweite. »Kommt immer sofort. Hat ein gutes Händchen für Tiere. Außerdem hat er seit Jahren eine Patenschaft für eine Skorpionskrustenechse und ein Warzenschwein übernommen. Ist er etwa ein Killer?«

»Die Skorpionskrustenechse könnte ein wertvoller Hinweis sein«, grinste Pia, wurde aber gleich wieder ernst. »Was weißt du über ihn?«

»Nicht besonders viel. Seine Frau ist Ärztin, sie wohnen in Mammolshain, wo sein Vater jahrzehntelang Ortsbürgermeister war. Gehrmann senior ist mittlerweile völlig dement und lebt im Kursana, in Königstein am Kreisel.«

Das war wirklich nicht viel. Pia setzte die Fragerunde fort.

»Anja Manthey kenne ich auch«, sagte Christoph. »Sie und ihr Mann sind im Förderverein.«

»Haben Sie auch eine Tierpatenschaft?«

»Ja. Ein Dromedar.«

»Unverdächtig. Weiter.«

Ivanka Sevič, Claas Reker, Joachim Vogt, André Doll und Ramona Lindemann entlockten Christoph keine Reaktion.

»Sascha Lindemann?«

»Ja, den kenne ich«, sagte Christoph zu Pias Überraschung.

»So ein Kleiner mit grauen Haaren? Sieht ein bisschen so aus wie eine dicke Frau, die sich als Mann verkleidet hat?«

»Wie eine dicke Frau, die sich als Mann verkleidet hat! Hoffentlich formulierst du nicht die Personenbeschreibungen, wenn ihr nach jemandem fahndet!« Christoph lachte belustigt, aber dann besann er sich. »Obwohl, eigentlich ist das ziemlich treffend beschrieben. Er hat tatsächlich etwas Feminines.«

»Woher kennst du ihn?«

»Er vertritt verschiedene Futtermittelfirmen«, erwiderte Christoph.

»Kommt er regelmäßig zu euch?«

»Zwei- oder dreimal pro Jahr.«

»Weißt du zufällig, in welcher Gegend er üblicherweise unterwegs ist? Vertreter haben doch meistens ihre Gebiete.«

»Nein, tut mir leid. Das weiß ich nicht«, sagte Christoph bedauernd. »Aber ich kann morgen im Büro mal nachschauen, für welche Firmen er unterwegs ist. Die haben uns alle mit Spenden fürs Elefantenhaus unterstützt.«

»Das wäre super.« Pia trank ihr Glas aus und gähnte. Sascha Lindemann hatte zusammen mit André Doll das Loch für das Fundament des Hundezwingers gegraben. Er hatte mitgeholfen, Raik Gehrmann in eine Folie zu wickeln und in einen Bach zu legen. Vertreter fuhren Dienstwagen, meistens Kombis, die sie häufig wechselten. Warum hatte er bei ihrer Begegnung am Mittwoch nicht erzählt, dass auch er ein Pflegekind der Reifenraths gewesen war? Wieso hatte er immer so komisch zum Hundezwinger hinübergeschaut? Fragen über Fragen, auf die sie Antworten finden musste. Es war frustrierend! Der Killer musste aus dem direkten Umfeld von Reifenrath kommen, deshalb war der Kreis der Verdächtigen eigentlich überschaubar. Sie hatten bereits einen Berg an Informationen, aber noch immer griff nichts logisch ineinander. Sie wussten nicht, wann und wo die Opfer verschwunden waren, und konnten deswegen niemanden nach Alibis fragen. Bis jetzt kannten sie nicht mal das Motiv, das den Killer antrieb.

»Krieg ich noch einen Schluck?« Pia hielt Christoph ihr leeres Glas hin und er schenkte ihr nach. Sie verdrängte die Gedanken an den Fall. Morgen war auch noch ein Tag.

***

Kurz nach elf und sie war noch immer nicht nach Hause gekommen! Geschlagene acht Stunden wartete er jetzt schon und sein Zorn auf sie wuchs von Minute zu Minute, denn er hasste nichts mehr, als zu warten. Früher hätte ihm die Geduld dazu gefehlt, aber wenn er in den psychiatrischen Kliniken etwas gelernt hatte, dann war es das Warten.

Er hatte ihr innerlich ein Ultimatum nach dem anderen gesetzt, sie aber alle verstreichen lassen. Noch eine halbe Stunde, dann gehe ich. Noch ein Viertelstündchen. Vielleicht hat sie noch eine Besprechung gehabt oder es gab Probleme mit einem Patienten. Zehn Minuten. Nicht länger. Wahrscheinlich war sie essen gegangen. Oder sie hatte doch einen Kerl und war mit zu ihm gegangen und ließ sich ficken, während er hier saß und wartete. Unter der Balaclava und mit den Latexhandschuhen an den Händen schwitzte er wie ein Schwein und ihm platzte fast die Blase. Bisher hatte er nicht die Toilette benutzen wollen, aus Sorge, sie könnte genau in diesem Augenblick auftauchen. Außerdem durfte er keine noch so winzige Spur hinterlassen. Wenn sie erst in seiner Gewalt war und man sie vermisste, würden die Bullen hier über kurz oder lang alles unter die Lupe nehmen, jedes Hautschüppchen aufsammeln und analysieren. Er warf noch einen Blick aus dem Fenster. Die Straße war leer. Nur die Straßenlaternen malten orangefarbene Kreise auf den feuchten Asphalt. In den Häusern ringsum brannten die Lichter. Fernseher liefen. Die Menschen aßen zu Abend oder saßen vor der Glotze. Stumm vor sich hin fluchend, ging er in die Gästetoilette und dachte erst in letzter Sekunde daran, nicht auf den Lichtschalter zu drücken. Im Stockdunkeln tastete er nach der Toilette, klappte den Deckel hoch, zog die Hose herunter und setzte sich auf die Klobrille. Normalerweise pinkelte er im Stehen, aber das Risiko, dass ein Tropfen danebenging, war zu hoch. In der ungewohnten Stellung fiel es ihm schwer, seine Blase zu entleeren. Als hätte er es geahnt, hörte er just in diesem Augenblick den Aufzug nach oben kommen. Hastig stand er auf, zog seine Hose hoch und schloss den Hosenschlitz, was mit Handschuhen gar nicht so einfach war. Dann nestelte er den Draht aus seiner Jackentasche, ergriff die Holzstückchen an den beiden Enden und zog ihn probeweise straff. Da die Gästetoilette direkt neben dem Aufzugschacht lag, blieb er stehen, wo er war. Hier konnte er sie am besten überwältigen, wenn sie nichtsahnend aus der Aufzugskabine trat, womöglich noch mit einer Tasche in der Hand. So lange hatte er das, was jetzt geschehen würde, geplant. Der Zorn war verschwunden, er war ganz ruhig, kontrollierte seine Atmung und konzentrierte sich auf die vor ihm liegende Aufgabe. Der Aufzug hielt an. Die Tür öffnete sich. Rasch hob er den Draht. Das Licht ging an, er hörte Schritte und machte sich bereit. Als sie an der Tür der Gästetoilette vorbeiging, war er mit einem Schritt hinter ihr. Aber … das war sie nicht! Er zögerte für den Bruchteil einer Sekunde, und das war sein Fehler. Der Mann drehte sich blitzartig um und starrte ihn an.

»Was …?«, rief Claas Reker entgeistert. In der nächsten Sekunde verspürte er einen brennenden Schmerz an seinem Hals. Seine Muskeln wurden schlaff, die Beine gaben unter ihm nach. Er sackte in sich zusammen und dann wurde um ihn herum alles schwarz.

***

12. Mai 2013

Früher war es so viel schwieriger, sie zu finden, als heute! Im Internet neigen die Leute zu viel mehr Offenheit, weil sie glauben, unter sich zu sein, in ihren Foren und in den sozialen Medien. Der Drang zur Selbstdarstellung treibt sie dazu, Dinge preiszugeben, die sie unter normalen Umständen niemandem verraten würden. Ein idealer Ort für mich, sie ausfindig zu machen, diese Egoistinnen, die nur an sich denken. Es überrascht mich immer wieder, wie vertrauensselig sie sind und wie schnell sie ihre Geheimnisse offenbaren, wenn man nur den richtigen Tonfall trifft.

Ich stehe mit vielen von ihnen in Kontakt, und mittlerweile habe ich den Dreh raus, wie ich sie dazu bringe, mir ihr Herz auszuschütten. Man könnte ihnen zugutehalten, dass sie ein schlechtes Gewissen haben, wenn sie ihr Kind zurücklassen, andererseits finde ich, das sind die Schlimmsten, denn sie sind sich bewusst, dass sie etwas Falsches tun. Früher wurden Frauen von ihren Familien dazu gezwungen, ihre unehelichen Kinder heimlich zu gebären und wegzugeben, aber sozialer Druck liegt heute nur noch in den seltensten Fällen vor. Die meisten von ihnen waren einfach zu blöd, um zu verhüten, und wollen mit den Konsequenzen ihrer Fahrlässigkeit nicht leben. Auf meine Frage, warum sie nicht abgetrieben haben, bekomme ich in neunzig Prozent der Fälle die erschütternde Antwort, dass sie angeblich nicht bemerkt haben, schwanger zu sein, bis es zu spät war! Unter ihrer Dummheit müssen ihre Kinder leiden. So wie ich leiden musste. Der Gedanke daran ist für mich unerträglich.

Diese hier gehört zur schlimmsten Sorte. Sie hat ein Kind bekommen, weil sie glaubte, der Vater des Kindes würde sie heiraten. Als er das Weite gesucht hat und sie kapierte, dass sie als alleinerziehende Mutter keine Chance hatte, noch einen Versorger zu finden, hat sie ihr Kind weggegeben wie ein Möbelstück, für das sie keinen Platz hat.

Vielleicht habe ich mich deshalb so ausgiebig mit ihr beschäftigt. Sie hat gekämpft, ja, sie wollte doch tatsächlich mit mir verhandeln, das kaltblütige Weib! Aber man verhandelt nicht mit dem Tod. Jetzt liegt sie in der Kühltruhe und ihr Körper wird allmählich kalt und steif. Sie sieht Nora von allen am ähnlichsten, was Zufall ist. Ihr Aussehen spielt für mich nie eine Rolle. Nur ihre Taten. Diese hier hat ihrem Kind immer wieder versprochen, es zu sich zu holen, und hat es nie getan. Genau, wie meine Mutter es mit mir gemacht hat. Ich betrachte sie ein paar Minuten und empfinde eine tiefe Befriedigung, weil alles so perfekt geklappt hat. Ein Jahr lang habe ich nun Zeit, die Nächste zu finden. Ich schließe den Deckel der Truhe. Jetzt brauche ich erst mal eine heiße Dusche. Im See war es ziemlich kalt.

Tag 9

Mittwoch, 26. April 2017

Anna Friedek ging jeden Tag dieselbe Runde mit ihrem Hund. Von Oberhain aus durch den Wald bis zum Herzbergturm, weiter über den Waldparkplatz Silberküppel zum Römerkastell Saalburg und von dort aus zurück nach Hause. Das war ein schöner Fußmarsch und morgens traf sie höchstens mal einen Jogger oder einen anderen Hundespaziergänger. Als sie den Parkplatz überquerte, fiel ihr Blick auf das kleine grüne Auto mit dem Frankfurter Kennzeichen, das sie vor vier oder fünf Tagen zum ersten Mal bemerkt hatte. Es stand unverändert auf demselben Fleck, mutterseelenallein auf dem sonst leeren Schotterparkplatz. Zuerst hatte sie geglaubt, das Auto gehöre einem Spaziergänger oder Jogger, der von hier aus losgelaufen war. Die Leute hatten feste Gewohnheiten, genau wie sie selbst, und deshalb hatte sie sich auch am nächsten Tag nicht gewundert, als das Auto wieder dort stand. Aber nun kam ihr das doch ein wenig seltsam vor. Sie rief ihren Hund zu sich und näherte sich dem kleinen Fiat, blickte durch die Fensterscheiben ins Innere des Wagens. Nichts Auffälliges war zu sehen. Das Auto war sehr aufgeräumt, nicht einmal eine Packung Kaugummi oder Taschentücher lagen herum. Vorsichtig berührte sie den Türgriff. Das Auto war abgeschlossen.

»Was, wenn dem irgendetwas passiert ist?«, fragte Anna Friedek ihren Hund, der sich hingesetzt hatte und aufmerksam jede Bewegung seines Frauchens verfolgte. Ein Unfall war im Wald schnell passiert. Ein Herzinfarkt beim Joggen vielleicht … Sie schauderte bei der Vorstellung, dass sie möglicherweise an einer Leiche vorbeigelaufen war, die irgendwo im Unterholz lag. Obwohl, nein, das hätte ihre Molly doch sicherlich gewittert! Oder nicht?

»Wann haben wir das Auto hier zum ersten Mal gesehen, hm?« Sie dachte nach. Es hatte an dem Tag geregnet, das wusste sie noch, denn sie war auf ihrer ganzen Runde keinem Menschen begegnet.

Anna Friedek zog ihr Handy hervor und fotografierte das Auto. Wen rief man in einem solchen Fall an? Den Notruf? Eher nicht. Aber sie musste sowieso später nach Bad Homburg zum Arzt. Auf dem Weg konnte sie kurz auf der Polizeiwache in der Saalburgstraße in Kirdorf vorbeischauen. Sie blickte sich noch einmal um, dann ging sie weiter. Der Gedanke, dem Fahrer des Autos könnte irgendetwas Schlimmes zugestoßen sein, ließ sie nicht mehr los, und als sie auf der Höhe des Römerkastells wieder Netz hatte, googelte sie die Telefonnummer der Polizeidienststelle und rief an.

***

Der blau-weiße Eurocopter 145 der Polizeifliegerstaffel landete um kurz vor acht auf dem Helikopterlandeplatz, der sich auf dem Dach der RKI befand, und wartete mit laufenden Rotoren auf Pia und Tariq. Der Co-Pilot hielt ihnen die Seitentür auf, damit sie einsteigen konnten. Der Passagierbereich war erstaunlich groß und hätte neun Personen Platz geboten, aber es waren nur vier Sitze montiert. Nachdem sie sich angeschnallt hatten, erhob sich der Hubschrauber in die Luft und flog mit erstaunlicher Geschwindigkeit Richtung Nordwesten. Pia blickte aus dem Fenster und sah unter sich die vertrauten Straßen und Ortschaften kleiner werden. Nach ein paar Minuten hatten sie bereits den Feldberg hinter sich gelassen und überflogen den Taunus. Die Flugzeit nach Neuss betrage eine knappe Stunde, teilte ihnen der Pilot mit. Der Hubschrauber durchschnitt die Luft wie ein Pfeil, Turbulenzen waren so gut wie nicht zu spüren, deshalb setzte Pia ihre Lesebrille auf und vertiefte sich in die Fallakte. Kai hatte ihre Reise organisiert und alle Termine koordiniert. In Neuss würden sie neben dem jetzigen Leiter des K 11, KHK Jörg Hommers, auch seinen Vorgänger, Kriminalhauptkommissar a.D. Ulrich Westerhoff, treffen, dem der Fall Jutta Schmitz bis zu seiner Pensionierung vor sieben Jahren keine Ruhe gelassen hatte. Gemeinsam würden sie die mittlerweile 85-jährige Mutter von Jutta Schmitz besuchen, um deren Ungewissheit über den Verbleib ihrer Tochter ein Ende zu bereiten. Die Fallakte war so dick wie ein Roman. Pia arbeitete sich durch Dutzende von Vernehmungsprotokollen, Gesprächsnotizen, Berichten und Laborbefunden. Westerhoff und seine Mitarbeiter waren gründlich gewesen und hatten mit Freunden, Vereinskollegen, Nachbarn, Bekannten und Arbeitskollegen der verschwundenen Frau gesprochen.

Die Zweiundvierzigjährige, in Kaarst geboren und aufgewachsen, hatte ein unstetes Leben geführt. Sie hatte ein paar Jahre in Südostasien, Neuseeland und Australien verbracht, war aber 1994 in ihre Heimatstadt zurückgekehrt und hatte angefangen, bei einer Firma für Motorradbekleidung als Controllerin zu arbeiten. Ihr Ein und Alles war ihre Harley gewesen, viele Freunde hatte sie nicht gehabt und auch keinen Mann. Ihre Tochter, die sie mit achtzehn Jahren zur Welt gebracht hatte, hatte sie bei deren Vater zurückgelassen. Sechs Wochen vor ihrem Verschwinden hatte Jutta Schmitz für alle überraschend ihre Wohnung gekündigt und ihr Motorrad verkauft. Ihrer Mutter hatte sie von einem Mann namens Peter erzählt, den sie im Sommer 1995 beim Schützenfest in Grevenbroich kennengelernt und der sie auf die Idee gebracht hatte, mit ihm nach Neuseeland zu gehen. Der Polizei war es schnell gelungen, den geheimnisvollen Peter trotz äußerst knapper Informationen ausfindig zu machen. Peter Schlömer, zwölf Jahre jünger als Jutta, hatte in Grevenbroich eine Werkstatt für Autos und Motorräder betrieben, die er im März 1996 an seinen Kompagnon verkauft hatte, weil er auswandern wollte. Jutta hatte sich auch schon um eine Arbeitserlaubnis und einen Job in Neuseeland bemüht. Bei einer Hausdurchsuchung war in Schlömers Wohnung ein Umschlag mit dem Geld aus dem Verkauf des Motorrads von Jutta Schmitz gefunden worden, was den Mann zum Hauptverdächtigen gemacht hatte. Die Polizei hatte erhebliche Anstrengungen unternommen, um die Leiche von Jutta Schmitz zu finden. Hundertschaften hatten wochenlang die Gegend durchkämmt, Taucher hatten den Kaarster See abgesucht, Hundestaffeln waren zum Einsatz gekommen. In einem reinen Indizienprozess war Schlömer, der stets bestritten hatte,

Jutta Schmitz getötet zu haben, aus Mangel an Beweisen freigesprochen worden. Sein Traum vom Auswandern war geplatzt, sein Erspartes hatte er für seine Anwälte verbraucht. Vor zwei Jahren war er bei einem Motorradunfall ums Leben gekommen. Andere Verdächtige hatte es nicht gegeben. Heute war klar, dass wohl niemand aus dem privaten und beruflichen Umfeld von Jutta Schmitz für deren Verschwinden verantwortlich gewesen war. Doch wo war die Frau ihrem Mörder begegnet und was hatte sie für ihn interessant gemacht? Pia machte sich eine Notiz, herauszufinden, ob André Doll Mitte bis Ende der 90er-Jahre in der Düsseldorfer Gegend zu tun gehabt hatte. Die Autowerkstatt von Juttas Freund konnte möglicherweise eine Verbindung sein. Die letzten 48 Stunden im Leben von Jutta Schmitz waren von Westerhoff und seinen Kollegen in einer mühevollen Plackerei des Befragens und Nachprüfens rekonstruiert worden, doch leider gab es Lücken von mehreren Stunden, in denen nicht nachvollziehbar war, was sie in dieser Zeit gemacht hatte.

Es war kurz vor elf, als der Helikopter auf einer Rasenfläche neben dem Gebäude der Kreispolizeibehörde Neuss aufsetzte.

»Der Fall Jutta Schmitz ist der einzige in meiner Laufbahn als Polizist, den ich nicht aufklären konnte«, sagte Ulrich Westerhoff, ein dünner, weißhaariger Mann mit klugen Augen und der gelblichen Gesichtsfarbe eines Leberkranken. »Ihre Mutter ruft mich jedes Jahr am Tag des Verschwindens ihrer Tochter an, um zu erfahren, ob es Neuigkeiten gibt.«

Die Fotos von der Leiche, die Pia ihnen zeigte, erschütterten den pensionierten Kommissar und seinen Nachfolger.

»Also hat Schlömer damals die Wahrheit gesagt.« Westerhoff gab Pia die Fotos zurück. »Ich bin froh, dass ihn das Gericht freigesprochen hat. Auch, wenn es nur ein Freispruch zweiter Klasse war.«

Sie stiegen in einen Dienstwagen. Hommers übernahm das Steuer, Westerhoff nahm auf dem Beifahrersitz Platz und Pia und Tariq teilten sich die Rückbank. Auf der kurzen Fahrt zu Luise Schmitz in den zehn Kilometer entfernten Kaarster Stadtteil Vorst klärte Pia ihre Neusser Kollegen über ihre Erkenntnisse auf.

»Wir haben es zweifellos mit einem Serienmörder zu tun«,

schloss sie. »Sein Motiv ist uns bisher ein Rätsel. Seine Opfer scheinen auf den ersten Blick zufällig ausgewählt. Die einzigen Gemeinsamkeiten sind ihr Geschlecht und die Tatsache, dass er sie jeweils einen Tag vor oder direkt am Muttertag entführt hat.«

»Was hoffen Sie, von Luise Schmitz zu erfahren?«, fragte Westerhoff. Er wirkte ein wenig gekränkt, so, als ob Pias und Tariqs Anwesenheit ein unausgesprochener Vorwurf wäre.

»Sie haben nach einem Mörder gesucht, der hier aus der Gegend kommt«, erwiderte Pia. »Wir wissen mittlerweile, dass der Mann, der Jutta Schmitz getötet und ihre Leiche vergraben hat, aus dem Taunus kommen muss. Uns geht es darum, zu erfahren, wo er sie kennengelernt haben könnte. Deshalb hätten wir auch gerne mit Jutta Schmitz' Tochter gesprochen.«

»Ob die Tochter die richtige Ansprechpartnerin wäre, wage ich zu bezweifeln«, brummte der pensionierte Kommissar.

»Wieso?«

»Beim Verschwinden ihrer Mutter war sie in einem Heim in Dortmund«, erklärte Hommers. »Außerdem war das Verhältnis zwischen Mutter und Tochter immer angespannt. Jutta Schmitz hatte sie als Baby zurückgelassen, um nach Thailand gehen zu können. Der Vater war überfordert, das Mädchen wurde zwischen den Großeltern hin- und hergereicht und landete schließlich in einem Heim für schwererziehbare Jugendliche.«

»Wissen Sie denn, wo sie wohnt?«, fragte Pia.

»Nein. Sie ist schon vor Jahren weggezogen und hat auch zu ihrer Großmutter nur sporadisch Kontakt«, erwiderte Hommers. »Sie lebt jetzt wohl in Berlin. Eigentlich ruft sie die alte Frau nur an, wenn sie mal wieder Geld braucht.«

***

Die außerordentliche Hauptversammlung der DEHAG hatte pünktlich um elf Uhr in der Jahrhunderthalle vor ungefähr 700 anwesenden Aktionären begonnen, und Dr. Fridtjof Reifenrath saß neben seinen Vorstandskollegen auf der Bühne, das hatte Cem gerade berichtet. Bodenstein hatte beschlossen, mit Dr. Harding nach Bad Nauheim zu fahren, um mit der ehemaligen Jugendamtsmitarbeiterin Elfriede Schröder zu sprechen. Bis die

Aktionäre der DEHAG in der Pause ihr Mittagessen bekamen, würde er sicherlich fertig sein und nach Höchst kommen. So lange sollte Cem Fridtjof im Auge und Bodenstein über die Ereignisse auf dem Laufenden halten.

Elfriede Schröder saß auf dem Balkon ihrer Wohnung und genoss die wärmenden Strahlen der Frühlingssonne, die unvermutet durch die dicke Wolkenschicht gebrochen war. Sie war eine zarte alte Dame mit schneeweißem Haar, einem blassen Teint und großen braunen Augen.

»Sie erlauben, dass ich sitzen bleibe«, sagte sie und klopfte mit einer Hand auf das Rad ihres Rollstuhls. »Ein paar Meter kann ich zwar noch laufen, aber jeder Schritt erschöpft mich. Bitte, setzen Sie sich!«

Sie nahm die Brille ab und legte das Buch, in dem sie gelesen hatte, in ihren Schoß. Bodenstein und Harding, die von einer jungen Frau in Empfang genommen und in den dritten Stock begleitet worden waren, nahmen auf zwei bequemen Rattansesseln Platz. Das Haus, in dem die ehemalige Mitarbeiterin des Jugendamtes lebte, war kein Seniorenheim im herkömmlichen Sinn, sondern eine Anlage für betreutes Wohnen, und bestand aus mehreren nebeneinander liegenden Gebäuden mit jeweils sechs Wohnungen. Vom Balkon ging der Blick in einen gepflegten Park, in dem ein Trupp Gärtner damit beschäftigt war, Büsche und Bäume zu schneiden. Von einem nahen Spielplatz drangen helle Kinderstimmen zu ihnen herüber. Die Sonne verschwand wieder hinter den Wolken, und Elfriede Schröder zog den Reißverschluss ihrer türkisfarbenen Fleecejacke bis zum Kinn.

»Nach Ihrem Anruf habe ich ein bisschen in meinem Gedächtnis gekramt.« Sie glättete mit beiden Händen die Wolldecke, die sie sich über ihre Beine gelegt hatte. »Bitte verstehen Sie alles, was ich Ihnen jetzt erzähle, vor dem Hintergrund der Zeit, über die wir reden. In den 50er- und 60er-Jahren lebten in Deutschland rund 700 000 Kinder in Kinderheimen. Gut drei Viertel dieser Heime wurden von kirchlichen Wohlfahrtsverbänden und Ordensgemeinschaften geführt, so war das auch in meinem Verantwortungsbereich. Seit den 20er-Jahren gab es Säuglingsheime, die ursprünglich für Kriegswaisen gedacht waren. Aber seit ungefähr

1950 waren in diesen Säuglingsheimen kaum noch echte Waisen, sondern in erster Linie sogenannte ›Sozialwaisen‹, was bedeutete, dass sie ungewollt und in der Regel unehelich geboren worden waren. Der größte Teil dieser Kinder konnte zur Adoption vermittelt werden, die übrigens nach der Rechtslage vor 1977 ohne die Kontrolle des Jugendamtes vollzogen werden konnte. Wurde ein Kind nicht innerhalb der ersten zwölf Lebensmonate adoptiert, war das fast zwangsläufig der Beginn einer Heimkarriere. Die Lebensbedingungen der Kleinkinder in den Säuglingsheimen waren katastrophal. Die Kinder wurden zwar versorgt, aber niemand beschäftigte sich mit ihnen, was in vielen Fällen zu einem Deprivationssyndrom und damit zum Hospitalismus führte. Wir versuchten daher, möglichst junge Kleinkinder zur Adoption zu vermitteln, bevor diese hospitalisiert wurden und dann aufgrund ihrer Verhaltensauffälligkeiten und Entwicklungsrückstände für eine Adoption nicht mehr infrage kamen.«

Elfriede Schröder seufzte.

»Rita Reifenrath war für uns damals ein Segen! Ihr Haus bot alle Möglichkeiten, und meine Kollegen und ich hatten den Eindruck, dass sich die Kinder dort wohlfühlten. Bei meinen Besuchen, die ich nicht immer ankündigte, waren die Kinder in einem guten Zustand, trugen ordentliche Kleidung und waren gut genährt. Die Zimmer waren sauber, die Betten gemacht, die sanitären Anlagen weit moderner als in den Kinderheimen, die ich zu betreuen hatte. Auch die schulischen Leistungen ließen nur selten zu wünschen übrig. Wir hatten ein gutes Gefühl bei Reifenraths. Eine Pflegefamilie war für uns grundsätzlich dem Heim vorzuziehen, gerade bei schwer vermittelbaren Kindern, die sonst keine Alternative hatten.«

»Aber war es nicht ungewöhnlich, dass Reifenraths so viele Kinder und Jugendliche parallel beherbergten?«, wollte Bodenstein wissen. »Manchmal waren es ja zehn Kinder auf einmal!«

»Das ist richtig«, bestätigte Elfriede Schröder. »Aber das hatte natürlich auch seine Vorteile, denn dadurch entwickelte sich eine sehr familiäre Atmosphäre. Ältere Geschwister halfen den jüngeren, die Kinder lernten Sozialverhalten, Respekt und Rücksichtnahme. Im Laufe der Jahre hat sich zwischen Rita Reifenrath und mir ein freundschaftliches Verhältnis entwickelt und ich wurde häufig eingeladen. Einmal im Jahr gab es ein großes Fest, zu dem auch die schon erwachsenen Pflegekinder kamen.«

»Das Muttertagsfest«, warf Bodenstein ein.

»Genau.« Die alte Dame nickte lächelnd. »Ich durfte erleben, wie aus autistisch anmutenden, verschlossenen und in ihrer Entwicklung verzögerten kleinen Wesen fröhliche und gesunde Kinder wurden, die auf dem paradiesischen Grundstück in großer Freiheit umhertollten.« Sie griff nach ihrer Teetasse und nahm einen Schluck. »Wir waren heilfroh, jemanden wie Rita Reifenrath zu haben, die uns die schwierigsten Fälle abnahm, ohne sich jemals zu beklagen. Die Kinderheime quollen über, adoptionswillige Elternpaare konnten frei wählen, und Kinder über zwei Jahre hatten reell betrachtet keine Chance mehr, adoptiert zu werden. Wir hatten ja nicht nur Säuglinge zu vermitteln, sondern auch Kinder, deren Herkunftsfamilie mit der Erziehung überfordert oder die aus welchen Gründen auch immer nicht mehr in der Lage waren, für das Kind zu sorgen. Viele Kinder haben Gewalt und Vernachlässigung erfahren und wurden deshalb aus ihren Familien genommen. Die Unterbringung in einer Pflegefamilie war manchmal nur eine zeitlich befristete Erziehungshilfe, aber in Härtefällen eben auch eine auf Dauer angelegte Lebensform. Wie auch immer – die Kinder, die zu Reifenraths kamen, hatten das große Los gezogen, darin waren wir uns alle einig.«

Bodenstein bezweifelte, dass dies der Wahrheit entsprach. Hatte die Freundschaft mit Rita Reifenrath die Objektivität von Elfriede Schröder getrübt? Andererseits hatte auch Anja Manthey erzählt, ihr habe es bei Reifenraths immer gut gefallen.

»Wir haben gehört, dass Rita Reifenrath ziemlich harte Erziehungsmethoden gehabt haben soll«, sagte Bodenstein. »Drakonische Strafen wie das Untertauchen im Badewasser oder Einsperren in Tiefkühltruhen, Erdlöchern oder dunklen Kellerräumen sollen an der Tagesordnung gewesen sein.«

»Niemals!« Die ehemalige Jugendamtsmitarbeiterin wies diese Behauptung mit einem empörten Kopfschütteln zurück. »Wie gesagt, wir haben die Kinder ja nicht sich selbst überlassen, sondern ziemlich engmaschig überprüft, wie sie sich entwickelten.

Gelegentlich gelang es uns, Kinder auch später zur Adoption zu vermitteln oder in ihre Herkunftsfamilien zurückzugeben. Außerdem gab es junge Frauen, die für ihre Ausbildung als Hauswirtschafterin oder Erzieherin bei Reifenraths ihr praktisches Jahr machten. Glauben Sie mir, von solchen Methoden hätten wir erfahren!«

»Denken Sie wirklich, die Kinder hätten Ihnen davon erzählt, wenn sie mit solchen Strafen rechnen mussten?«, fragte Bodenstein. »Jemand deutete sogar an, Rita Reifenrath habe womöglich deshalb im großen Stil Kinder bei sich aufgenommen, um sie ›nach Herzenslust schikanieren‹ zu können.«

Die alte Dame zögerte. Ihr Lächeln war verschwunden, genauso wie ihre Selbstgerechtigkeit.

»Vielleicht«, fuhr Bodenstein fort, »waren die Mitarbeiter des Jugendamts so froh darüber, die schwierigen Kinder untergebracht zu haben, dass sie über Missstände hinweggesehen haben.«

»Das ist ein schlimmer Vorwurf!«, erwiderte Elfriede Schröder pikiert. Das Gespräch nahm eine Wendung, mit der sie nicht gerechnet hatte.

»Dazu bekamen Reifenraths eine Menge Geld für so viele Kinder.«

»Natürlich bekamen sie Geld dafür, aber das Geld kann nicht den Ausschlag gegeben haben«, widersprach Elfriede Schröder. »Um über zwanzig Jahre hinweg verhaltensgestörte, traumatisierte und teilweise hochaggressive Kinder bei sich aufzunehmen, muss man eine gewisse Opferbereitschaft und jede Menge Idealismus mitbringen. Reifenraths nahmen die wirklich dramatischen Fälle auf. Kinder, deren Motorik mit fünf Jahren völlig unterentwickelt war und die nicht sprechen konnten, weil sie von den überforderten Nonnen in ihren Bettchen angebunden worden waren!«

»Kann es nicht sein, dass Reifenraths nur deshalb genau diese Kinder aufnahmen, weil niemand so genau hinschaute? Es gab keine Verwandten, die sich kümmerten«, mutmaßte Bodenstein, baute der in ihrer Ehre gekränkten Frau aber eine Brücke, um sie nicht gänzlich gegen sich aufzubringen. »Das Jugendamt konnte ja beim besten Willen nicht dauernd kontrollieren und musste sich auf das, was bei Besuchen zu sehen war, verlassen.«

»Ich habe Ritas Beweggründe nie hinterfragt«, erwiderte die Frau. »Ohne sie hätten die meisten dieser Kinder keine Chance im Leben gehabt.«

»Und doch, so vermuten wir, ist eines dieser Pflegekinder womöglich zum Serienmörder geworden«, wandte Bodenstein ein.

»Zum – *was*?« Elfriede Schröder ließ vor Schreck beinahe die Teetasse fallen.

»Wir haben drei Leichen auf dem Grundstück der Reifenraths gefunden«, sagte Bodenstein. »Und dazu die sterblichen Überreste von Rita Reifenrath.«

»Rita? Aber … aber ich dachte … es hieß doch, sie habe sich das Leben genommen!«, stammelte Frau Schröder fassungslos. Ihre Hände zitterten so sehr, dass die Porzellantasse auf der Untertasse klapperte.

»Waren Sie 1995 zur Muttertagsfeier eingeladen?«

»Nein.« Ihr Blick irrte hin und her. »Zu dem Zeitpunkt war unser Kontakt … nicht mehr so eng. Ich … ich … war ein paar Jahre vorher auf eigenen Wunsch nach Limburg versetzt worden, weil, äh, mein verstorbener Mann dort beruflich tätig war.«

Bodenstein hatte das kurze Stocken bemerkt. In seinem Leben als Polizist war er so oft angelogen worden, dass er einen sechsten Sinn dafür entwickelt hatte, wenn jemand log. Bisher hatte Elfriede Schröder die Wahrheit gesagt, aber ihr letzter Satz hatte nicht sehr glaubwürdig geklungen. Hatte sie etwas zu verbergen? Wusste sie mehr, als sie zugeben wollte? Gab es eine alte Schuld?

»Sie kannten Rita Reifenrath viel besser als die meisten anderen Leute. Haben Sie es wirklich für möglich gehalten, dass sie sich umgebracht hat?«

Die alte Dame presste die Lippen zusammen und senkte den Kopf.

»Nein«, gab sie schließlich zu. »Rita war nicht der Typ, der sich umbringt. Mein erster Gedanke war, dass … dass ihr Mann ihr etwas angetan haben könnte.«

»Warum haben Sie diesen Verdacht nie der Polizei gegenüber geäußert?«, mischte sich Dr. Harding zum ersten Mal in das

Gespräch ein. Elfriede Schröder wand sich innerlich. Das Unbehagen war ihr deutlich anzusehen. Ihre Finger spielten nervös mit der Tasse.

»Ich … ich hatte eine Bekannte aus Mammolshain angerufen, kurz nachdem ich von Ritas Verschwinden in der Zeitung gelesen hatte«, sagte sie mit gesenktem Blick. »Mit ihr habe ich über meinen Verdacht gesprochen. Zwei Tage später … morgens … lag unsere Katze tot auf der Hausmatte vor unserer Tür. Jemand hatte ihr die Kehle durchgeschnitten.« Ihre Stimme zitterte, sie kämpfte mit den Tränen. »Und gerade als ich sie aufheben und ins Haus tragen wollte, stand er vor mir und grinste mich an. Kalt und gemein. ›Wenn du weiter so einen Scheiß redest‹, sagte er, ›dann geht's dir und deinem Alten genauso wie deiner Miezekatze. Also überleg dir gut, was du herumquatschst.‹ Ich war vor Schreck wie gelähmt. Ich habe Flocki im Wald beerdigt und so getan, als wäre er weggelaufen. Mein Mann glaubte, ich sei wegen der Katze so traurig, dass ich nicht länger in Hofheim wohnen wollte. Er ist gestorben, ohne dass ich ihm jemals die Wahrheit gesagt hätte.« Sie holte schluchzend Luft. »Ich habe mich krankgemeldet und nie mehr beim Jugendamt gearbeitet. All diese Kinder … ich wollte wirklich immer nur das Beste für sie, vielleicht, weil ich selbst keine bekommen konnte. Ich war Idealistin, ich litt, wenn ich besonders schlimme Fälle erlebte. Meine Kollegen haben sich deshalb immer über mich lustig gemacht und mir geraten, mir ein dickeres Fell zuzulegen, aber das konnte ich nicht. Lange habe ich mich gegen die Vorstellung gewehrt, dass es tatsächlich Menschen gibt, die böse auf die Welt kommen.«

»Wer war der Mann, der Sie bedroht hat? Theodor Reifenrath?«, fragte Bodenstein mit sanfter Stimme, obwohl er ahnte, dass der es nicht gewesen war.

»Nein, nicht Theo.« Sie schüttelte den Kopf, ihre Unterlippe zitterte. Die Erinnerung an den Terror hatte ihr Leben überschattet und sie nie mehr losgelassen. »Es war der Junge, für den ich mich so viel mehr eingesetzt hatte als für jedes andere Kind. Ich hatte ihn sogar adoptieren wollen, weil ich dachte, ich hätte Zugang zu ihm. Vielleicht hat es mich deshalb so tief getroffen. Rita hatte recht behalten, als sie sagte, er sei von Grund auf böse und gefährlich.« Sie stieß einen tiefen Seufzer aus und schloss die Augen. »Es war Claas. Claas Reker.«

***

Am Niederrhein war es ein paar Grad wärmer als im Taunus und die Natur war schon viel weiter. Der Garten des Backsteinhäuschens von Luise Schmitz am Ende eines Wendehammers im Kaarster Stadtteil Vorst war bereits jetzt, im Frühling, ein kleines Paradies. Überall blühten Forsythien und Narzissen, und die Apfel- und Kirschbäume begannen zu knospen, aber Pia hatte keinen Blick für das Idyll. Die herzzerreißenden Tränen der alten Frau mit den abgearbeiteten Händen und dem von Kummer zerfurchten Gesicht, die ihr gegenüber am Esszimmertisch saß, gingen ihr an die Nieren. Bisher war es Pia gelungen, eisern Distanz zu wahren, aber als sie nun erfuhr, welchen Schmerz die Tat des Mörders über die Familie seines Opfers gebracht hatte, erwachte ein ganz und gar unprofessioneller Zorn in ihr. Luise Schmitz' Mann war vor zehn Jahren an gebrochenem Herzen gestorben. Die bösartigen Spekulationen um das Verschwinden seiner einzigen Tochter hatten ihn in tiefe Depressionen gestürzt. Ohne jede Schuld waren er und seine Frau in der Nachbarschaft zu Parias geworden, gequält von Ungewissheit und immer wieder enttäuschter Hoffnung, dazu waren sie von ihrer Enkeltochter mit Vorwürfen und Beleidigungen überhäuft worden.

Jetzt zu erfahren, was mit Jutta geschehen war, war für ihre Mutter eine ungeheure Erleichterung. Sie würde sie endlich beerdigen und nach all den Jahren ihre Ruhe finden können.

»Wo genau haben Sie meine Jutta gefunden?«, wollte sie wissen.

»In einem kleinen Ort namens Mammolshain«, erwiderte Pia, die ihr alle grausigen Details erspart hatte. »Das liegt in der Nähe von Frankfurt am Main.«

»In der Nähe von Frankfurt?« Die alte Frau seufzte. »Was hat sie denn da wohl gewollt?«

»Sie muss nicht unbedingt in Frankfurt gewesen sein«, erwiderte Pia. »Wir vermuten, dass sie ihren Mörder hier in der Gegend getroffen hat.«

»Hier? Dann kann es sein, dass ich diesen Kerl vielleicht sogar kenne?« Luise Schmitz schluchzte auf, und Tariq reichte ihr fürsorglich ein Papiertaschentuch, das sie dankbar annahm, um sich die Nase zu putzen.

»Frau Schmitz, Ihre Tochter wurde wahrscheinlich das Opfer eines Serienmörders«, sagte Tariq sanft. »Dort, wo wir Jutta gefunden haben, waren noch zwei andere Frauen begraben. Wir müssen herausfinden, wie und wo er Ihre Tochter kennengelernt hat. Können Sie uns vielleicht etwas über die Zeit, bevor Jutta verschwand, erzählen?«

»Was wollen Sie denn wissen?« Die alte Frau blickte Tariq an.

»Alles, woran Sie sich erinnern. Wo hat sie gewohnt, als sie aus Thailand zurückkam? Wo hat sie gearbeitet? Mit welchen Leuten hat sie sich getroffen? Und wie war ihr Verhältnis zu Nicole?«

»Unsere Jutta wollte immer die weite Welt sehen«, begann Luise Schmitz zu erzählen. »Wenn andere Mädchen Liebesromane gelesen haben, dann hat sie im Weltatlas geblättert. Sie war so glücklich, als sie eine Anstellung in einem Hotel in Thailand in Aussicht hatte! Aber dann wurde sie schwanger …«

Sie verstummte. Ihre Gedanken wanderten vierzig Jahre in die Vergangenheit.

»Nicole war vom ersten Tag an ein schwieriges Kind«, erzählte sie. »Jutta und Bernd waren mit ihr überfordert. Und mit sich selbst auch. Sie waren noch viel zu jung, gerade mal achtzehn Jahre alt. Mein Mann und ich haben gesehen, wie unsere Jutta von Tag zu Tag unglücklicher wurde, und wir waren es, die ihr den Vorschlag gemacht haben, Nicole bei uns zu lassen und nach Thailand zu gehen. Vielleicht war das ein Fehler … Nicole hat es ihrer Mutter immer vorgeworfen, obwohl es ihr bei uns und bei Bernds Eltern an nichts fehlte – im Gegenteil! Wir haben sie sehr verwöhnt, wahrscheinlich, weil wir etwas gutmachen wollten, und waren nachgiebig, wo wir hätten streng sein müssen. Es sind viele, viele böse Worte gefallen, und Jutta hatte immer ein schlechtes Gewissen. Wegen Nicole ist sie dann später hiergeblieben, aber sie hat es ihr nicht gedankt. Sie ist mit Nicole von einem Therapeuten zum nächsten gegangen. Und irgendwann sogar in so eine Fernsehsendung. Das war schrecklich! Mein Mann ist wochenlang nicht mehr aus dem Haus gegangen, weil er sich so sehr geschämt hat.«

»Was für eine Fernsehsendung war das?«, erkundigte sich Tariq.

»Ach, ich weiß nicht mehr, wie das hieß.« Luise Schmitz tupfte sich mit dem Taschentuch über die Augen. »Nicole und Jutta haben sich nur angeschrien und die Leute haben ... gelacht ... Jeder hat über uns gelacht ... es war so schrecklich.« Ihre Stimme versagte, ein neuerlicher Weinkrampf schüttelte die alte Frau. Pia konnte sich gut an die unsäglichen Reality-Talkshows auf RTL oder Pro7 erinnern, bei denen sich persönliche Dramen vor Millionen von Fernsehzuschauern abgespielt hatten. Die Moderatoren hatten ihre Gäste befeuert, ihr Innerstes nach außen zu kehren und sich gegenseitig bloßzustellen. Wie furchtbar musste es für eine einfache, rechtschaffene Frau wie Luise Schmitz gewesen sein, zuzusehen, wie sich Tochter und Enkeltochter vor laufender Kamera gegenseitig zerfleischten und dafür auch noch ausgelacht wurden.

»Erinnern Sie sich daran, wie die Sendung hieß?«, fragte Pia.

Hatte der Killer Jutta Schmitz im Fernsehen gesehen und war so auf sie aufmerksam geworden? Sie musste unbedingt herausfinden, um was es gegangen war!

»Nein.« Luise Schmitz schüttelte zu ihrer Enttäuschung den Kopf. »Aber ich weiß noch, dass der Mann, der diese Sendung gemacht hat, später vor Gericht stand, und da dachte ich, dass es auf dieser Welt doch noch ausgleichende Gerechtigkeit gibt.« Sie seufzte. »Jutta hat nach diesem Fernsehauftritt zu mir gesagt: ›Mama, das war mein größter Fehler. Nicole ist für mich gestorben!‹, und ich musste ihr recht geben. Danach hat sie alles drangesetzt, wieder ins Ausland zu gehen. Unser Leben hier war ein einziger Spießrutenlauf.«

»Davon haben Sie mir nie erzählt«, sagte Ulrich Westerhoff überrascht.

»Natürlich haben wir das«, widersprach die Frau mit altersbrüchiger Stimme. »Aber das hat Sie doch gar nicht interessiert! Für Sie und Ihre Kollegen stand von Anfang an fest, dass dieser junge Mann Jutta ermordet hat.«

»Nun ja, das stimmt wohl.« Der pensionierte Kommissar akzeptierte die Zurechtweisung. »Die Beweise gegen ihn schienen erdrückend.«

»Hat Jutta nach dieser Fernsehsendung irgendwelche Leute kennengelernt?«, wollte Pia wissen.

»Sie hat haufenweise Post gekriegt«, bestätigte Luise Schmitz, und Pia wechselte einen Blick mit Tariq. »Die meisten Briefe hat sie gar nicht aufgemacht.«

»Haben Sie diese Briefe noch?« Pia musste sich bemühen, ruhig zu bleiben.

»Bestimmt. Ich habe nichts von ihren Sachen weggeworfen«, antwortete Luise Schmitz. »Sie hat ja hier bei uns gewohnt, in Nicoles Kinderzimmer, das vorher ihres gewesen war.«

Ein Blick auf Westerhoffs betroffene Miene genügte Pia, um zu wissen, dass er die Briefe nie gesehen hatte. Eine zu frühe Fokussierung auf einen Tatverdächtigen führte nicht selten zu gravierenden Ermittlungspannen. Andererseits hatte Peter Schlömer einen vorzüglichen Verdächtigen abgegeben – Motiv, Mittel und Gelegenheit waren vorhanden gewesen.

»Ich habe alles so gelassen, wie es war«, sagte Luise Schmitz traurig. »Mein Mann und ich haben es einfach nicht übers Herz gebracht, etwas wegzuwerfen. Es hätte ja sein können, dass Jutta einfach nur irgendwohin gefahren war und eines Tages wieder vor der Tür stehen würde.«

***

Nachdem Elfriede Schröder ihr schlimmstes Geheimnis offenbart hatte, war der Kokon des Selbstbetrugs, mit dem sie sich all die Jahre geschützt hatte, zerbrochen. Für einen kurzen Moment war Bodenstein versucht gewesen, ihr zu glauben. Von Schuldgefühlen überwältigt, hatte die alte Dame ausgepackt und erzählt, wie sie sich als unerfahrene Beamtin von der machtbesessenen Narzisstin hatte manipulieren lassen. Unter Tränen gestand Elfriede Schröder, dass sie Rita Reifenrath geholfen hatte, die Gründe für die Selbstmorde von zwei Jugendlichen, für die sie verantwortlich gewesen war, zu vertuschen. 1977 hatte sich die fünfzehnjährige Barbara Schneider in der Badewanne die Pulsadern aufgeschnitten und vier Jahre später hatte sich der vierzehnjährige Timo Bunte an der Stange des Duschvorhangs erhängt. Beide hatten Abschiedsbriefe hinterlassen, in denen sie geschrieben hatten, dass sie die Erniedrigungen und körperlichen Züchtigungen nicht länger ertrugen. Rita hatte Elfriede Schröder die Briefe gezeigt und daraufhin war sie auf die Idee gekommen, Abschiedsbriefe zu fälschen, damit kein schlechtes Licht auf Rita Reifenrath fiel und sie weiterhin jedes problematische Kind an sie vermitteln konnte. Damit hatte Rita sie in der Hand gehabt. Doch dann hatten sie beide ihren Meister in einem Fünfzehnjährigen gefunden. Claas Reker hatte irgendwie das Tagebuch von Barbara Schneider in die Finger bekommen und die Frauen nach dem Tod von Nora Bartels eiskalt damit erpresst, denn das verzweifelte Mädchen hatte äußerst belastende Dinge über Rita Reifenrath und Elfriede Schröder, von der sie sich im Stich gelassen gefühlt hatte, aufgeschrieben. Claas Reker hatte damit gedroht, das Tagebuch der Polizei auszuhändigen, wenn er zurück ins Heim müsste. Elfriede Schröder, die mit einer Suspendierung oder gar einer Dienstaufsichtsbeschwerde und dem Verlust ihres Beamtenstatus hatte rechnen müssen, hatte sich auf die Erpressung des Jungen eingelassen und ihn bei sich aufgenommen.

»Dieser Junge war von Grund auf böse«, schloss Elfriede Schröder mit zitternder Stimme. »Die drei Jahre, in denen er bei uns war, waren die schlimmsten meines Lebens! Ich bin krank geworden und habe psychologische Hilfe gebraucht.«

Ihr Selbstmitleid war widerwärtig.

»Warum haben Sie das alles getan?«, fragte Dr. Harding entsetzt. »Sie wussten doch, was bei Reifenraths mit den Kindern geschah! Wieso haben Sie es so weit kommen lassen?«

»Ich ... ich weiß es nicht mehr.« Elfriede Schröder wischte sich mit dem Handrücken Tränen aus dem Augenwinkel. »Rita hat mich ...«

»Jetzt sagen Sie bloß nicht, Sie seien dazu gezwungen worden!« Bodenstein war erschüttert von so viel unverblümter Ich-Bezogenheit. Es stieß ihn ab, wie diese Frau sich zum Opfer stilisierte und alle Schuld von sich weisen wollte. »Ich glaube viel eher, Ihnen ging es um Ihr Ansehen! Wahrscheinlich waren Sie in

Ihrer Abteilung die große Heldin, weil Sie für jedes Problemkind schnell eine Lösung gefunden haben.«

Der peinlich berührte Blick der alten Frau war ihm Antwort genug.

»Nur um Ihres Ansehens willen haben Sie hilflose Waisenkinder wissentlich in die Hölle geschickt. Haben Sie jemals darüber nachgedacht?«

Elfriede Schröder ignorierte seine Frage. Die Lügen, mit denen sie seit vierzig Jahren ihr Gewissen beruhigte, waren in ihrem Kopf längst zu Wahrheiten geworden.

»Es war aber doch so paradiesisch bei Reifenraths! Der große Park, ein Schwimmbad, gesundes Essen, frische Luft! Sogar einen Streichelzoo gab es!« Ihr Blick heischte um Verständnis und Absolution. »Ich dachte mir, ein bisschen Strenge schadet Kindern ja nicht. Ich hatte auch strenge Eltern und aus mir ist etwas geworden.«

»Ein bisschen Strenge?« Bodenstein musste sich beherrschen, um nicht von seinem Stuhl aufzuspringen und die Alte an den Schultern zu packen und zu schütteln. »Sie haben doch genau gewusst, was den Kindern blühte! Heute bezeichnet man diese Methode als Waterboarding! Wie konnten Sie mit diesem Wissen nachts ruhig schlafen?«

»Ich bin kein schlechter Mensch!«, begehrte die alte Dame in ihrem Rollstuhl trotzig auf. »Ich habe vielleicht Fehler gemacht, aber wer macht die nicht? Wollen Sie mich deshalb verurteilen?«

»Nein, das steht mir nicht zu. Für so etwas gibt es in unserem Land Gerichte.« Bodensteins Zorn fiel in sich zusammen. Übrig blieb das schale Gefühl der Resignation. Mitläufer, die die Augen vor der Realität verschlossen und nicht bereit waren, Verantwortung für ihr Tun zu übernehmen, würde es immer geben. »Wir sind hier, weil wir einen Serienmörder suchen, der mindestens acht Frauen umgebracht hat. Er hat sie ertränkt, in Frischhaltefolie gewickelt und tiefgefroren, bevor er sie unter dem Hundezwinger auf dem Grundstück von Reifenraths vergraben oder einfach weggeworfen hat.«

»Wieso erzählen Sie mir so etwas Grauenhaftes?« Elfriede Schröder erbleichte.

»Weil wir glauben, dass einer der Pflegesöhne von Rita Reifenrath der Täter ist. Eines der Kinder, die Sie damals vermittelt haben.« Bodenstein beugte sich vor, bis sich sein Gesicht dicht vor dem der alten Dame befand. »Ein Kind, das wegen einer Belanglosigkeit zur Strafe in eine Tiefkühltruhe gesperrt wurde! Von Kopf bis Fuß in Folie eingewickelt sein Mittagessen vom Teller lecken musste! Oder in der Badewanne untergetaucht wurde, bis es in Todesangst glaubte, ertrinken zu müssen, und das jetzt dasselbe mit …«

»Hören Sie auf!«, unterbrach Elfriede Schröder ihn mit schriller Stimme und hob abwehrend die Hände. Tränen rannen über ihre faltigen Wangen. »Lassen Sie mich damit in Ruhe! Ich konnte nichts dafür!«

»Sie hätten es aber verhindern können.« Bodenstein richtete sich auf. »Sie waren die Einzige, die die Macht gehabt hätte, Rita Reifenrath Einhalt zu gebieten! Wenn Sie damals schon nichts getan haben, dann helfen Sie uns wenigstens jetzt dabei, dem Täter das Handwerk zu legen, bevor noch weitere unschuldige Frauen sterben müssen!«

»Der Arzt sagt, ich darf mich nicht aufregen.« Elfriede Schröder starrte ihn verängstigt an und presste die Hände auf ihre Brust. Ihr Atem ging schnell und keuchend. »Ich habe ein schwaches Herz!«

Bodenstein merkte, dass er den Bogen überspannt hatte. Er stand auf und überließ es Dr. Harding, doch noch etwas Hilfreiches aus der Frau herauszukriegen. Der Profiler schenkte ihr Tee aus der Thermoskanne ein und hörte sich geduldig ihre selbstmitleidigen Tiraden an. Und tatsächlich trug seine Feinfühligkeit Früchte, wo Bodensteins rüde Taktik versagt hatte.

***

Mandy Simon hatte vom Westen geträumt, seitdem ihr Lieblingsonkel fünf Jahre vor der Wende und zum Leidwesen seiner linientreuen Familie mittels eines selbst gebauten Heißluftballons Republikflucht begangen hatte. Nicht einmal ihren Eltern hatte sie von ihren Plänen erzählt, sondern war im Juli 1989 von einem Besuch bei einer Tante in Zwickau nicht mehr zurückgekehrt.

Nachts hatte sie zu Fuß die grüne Grenze zur Tschechoslowakei überquert und war auf diesem Weg in die Bundesrepublik gelangt.

Die Ungewissheit über das Schicksal ihrer Tochter – wie Jutta Schmitz war auch Mandy ein Einzelkind gewesen – hatte im Gesicht von Hertha Simon tiefe Spuren hinterlassen. Sie war Mitte siebzig, hatte dunkle Ringe unter den stumpfen Augen und strähnige graue Haare. Ihr Atem roch nach Zigarettenrauch, Pfefferminze und, obwohl es erst früher Nachmittag war, nach Alkohol. Die Wohnung im neunten Stock eines Plattenbaus im Erfurter Stadtteil Roter Berg war verwahrlost: In dem schmalen Flur stapelten sich Müllsäcke voll leerer Plastik- und Bierflaschen neben Bergen von Altpapier, vornehmlich Verpackungen von Tiefkühlpizza. Im Wohnzimmer stand ein Katzenkletterbaum aus hellblauem Plüsch zwischen Möbeln, die aussahen, als stammten sie vom Sperrmüll. Es stank nach Katzenurin, Schimmel und altem Schweiß. Hertha Simon führte Pia, Tariq und Kriminalhauptkommissarin Lea Brüggemeier von der Kripo Erfurt in die Küche, setzte sich auf einen Stuhl und zündete sich eine Zigarette an. Beim Anblick des fettstarrenden Herds, auf dem Töpfe und Pfannen mit Essensresten standen, war Pia froh, dass Frau Simon sie nicht in die Verlegenheit brachte, einen Kaffee oder ein anderes Getränk ablehnen zu müssen.

Die Nachricht, dass die Leiche ihrer Tochter gefunden worden war, drang kaum zu der Frau durch.

»Seit siebenundzwanzig Jahren denke ich Tag und Nacht darüber nach, was meiner Mandy wohl zugestoßen ist«, sagte sie mit monotoner Stimme und ließ den Qualm durch die Nasenlöcher ausströmen. Zeige- und Ringfinger ihrer rechten Hand waren quittengelb von Tausenden gerauchten Zigaretten. »Zuerst haben wir zusammen drüber nachgedacht, der Mandy ihr Vater und ich. Aber der hat's irgendwann nicht mehr ausgehalten. Wollte nicht immer wieder über die Mandy reden. Die ist tot, hat er gesagt, versteh's doch endlich! Hat sie einfach abgehakt, meine Kleine.« Eine Träne rollte über ihre Wange und tropfte auf die Tischdecke. Dabei verzog sie keine Miene. »Ich konnte das nicht. Hab sie doch in meinem Bauch gehabt, neun Monate! Dann hat er sich ’ne Jüngere gesucht. Kam eines Abends von der Arbeit und sagte, er hat ’ne andere und würde ausziehen. Nach Dortmund. Zack. Das war’s.«

Auf der klebrigen Plastiktischdecke lagen ein paar Fotos, zerknickt und abgegriffen.

»Dabei waren wir mal eine glückliche Familie.« Hertha Simon schob Pia, die auf der Eckbank schräg gegenüber Platz genommen hatte, den Stapel Fotos hin. Ihre Augen schwammen bei der Erinnerung in Tränen. »Vor der Wende war alles in Ordnung. Bevor die Mandy die dumme Idee hatte, in den Westen zu gehen. Uns ging’s so gut! Aber der Mandy, der war das hier alles zu eng und zu spießig. Wir hatten ein Häuschen mit Garten in Waltersleben, bei den Schwiegereltern. Aber da musste ich weg, als der Otto seine Neue geheiratet hat. Ist auch besser so. Die ganzen anderen Mädchen zu sehen, die Freundinnen von meiner Mandy, wie alt sie jetzt sind und was sie so machen, das kann ich nicht ertragen. Die Mandy, die wäre bald 48! So alt wie ich war, als sie hier weg ist.« Sie verstummte, schnippte die aufgerauchte Zigarette in einen chromsilbernen Drehaschenbecher, drückte auf den Knopf und die Kippe verschwand unter der kreiselnden Metallscheibe. Pia betrachtete die Fotos. Mandy war eine hübsche junge Frau mit braunen Wuschellocken gewesen, in ihren Augen meinte man die Vorfreude auf ihr neues Leben im Westen aufblitzen zu sehen. Auch die jüngere Hertha Simon war auf manchen Bildern zu sehen. Die beiden sahen auf einigen Fotos aus wie Schwestern. Zu sehen, was der Mord an ihrer Tochter aus der Frau gemacht hatte, deprimierte Pia zutiefst, und sie schwor sich, dass Mandys Tod nicht ungesühnt bleiben würde.

Auf ihrer Flucht in den Westen hatte Mandy einen jungen Mann kennengelernt und sich in ihn verliebt. Gemeinsam waren sie nach Mannheim gezogen, aber dann war ihre junge Liebe am Alltag zerbrochen und sie war allein in ihrer Einzimmerwohnung in Neckarau geblieben.

»Gab es danach noch einen anderen Mann in Mandys Leben?«, hakte Pia nach.

»Nichts Festes.« Hertha Simon starrte versonnen auf eines der Fotos, klopfte die nächste Zigarette aus dem Päckchen und zündete sie sich an. »Sie hat mir erzählt, dass sie einen netten Mann kennengelernt hat. Die Polizei hat mich damals auch gefragt, wie er geheißen hat, aber ich hab's nie gewusst. Ich hab mich gefragt, ob der Mann wohl verheiratet gewesen ist, weil sie so ein Geheimnis draus gemacht hat. Das Einzige, was die Mandy mir von ihm erzählt hat, war, dass er so schöne Augen hat. ›Wie Bambi, Mama, zum Auffressen süß!‹, hat sie ein paar Mal gesagt.«

»Wann haben Sie Ihre Tochter zum letzten Mal gesehen?«, wollte Tariq wissen.

»Am 8. Mai 1991. Das war Mandys 21. Geburtstag.« Ein trauriges Lächeln zuckte um ihre Mundwinkel und ihre Stimme klang wehmütig. »Wir haben groß gefeiert. Im Garten draußen. Am nächsten Tag ist sie mit dem Zug zurück in den Westen. Sie hatte eine gute Arbeit. Und eine schöne Wohnung. Ach, meine Mandy war so ein mutiges Mädchen! Die hatte vor nichts Angst.«

»Mandy hat doch einen Sohn, oder?«, fragte Tariq.

»Ja. Den Rico. Den hat sie bei uns gelassen«, erwiderte Hertha Simon. »Der war gerade mal zwei Jahre alt, als sie weg ist. Sie wollte ihn eigentlich nachholen. Aber dazu isses nicht mehr gekommen.«

»Was war mit Ricos Vater?«

»Ach, der Enrico!« Frau Simon verzog geringschätzig das Gesicht. »Der war gleich weg, als die Mandy ihm gesagt hat, dass sie schwanger ist. Ist rübergemacht, über Ungarn, schon 1986. Von dem hat sie nie mehr was gehört.«

Nach einer Stunde verabschiedeten sie sich, und Lea Brüggemeier versprach Frau Simon, sich um die Überführung von Mandys Leiche und die Beisetzung zu kümmern. Pias Blick fiel noch einmal in das Wohnzimmer und sie sah ein weiteres Dutzend gerahmter Fotografien in einem Regal zwischen lauter Nippes.

»Sind das Fotos von Mandy?«, erkundigte sie sich. »Darf ich sie mir mal anschauen?«

»Bitte.«

Zwischen Möbeln, Kisten und Stapeln von alten Zeitungen führte eine Schneise zur Couch und eine Abzweigung zum Regal. Pia und Tariq betrachteten die Fotos, die Mandy Simon in allen Phasen ihres viel zu kurzen Lebens zeigten. Plötzlich machte Pias

Herz einen Satz. Sie griff nach einem der Bilder, auf dem Mandy auf einer Couch neben einem schnauzbärtigen Mann saß. Im Hintergrund leuchtete der Schriftzug *Nachtcafé*.

»Frau Simon?«, wandte sie sich an Mandys Mutter. »Wo ist denn dieses Foto hier entstanden?«

»Das! Da war die Mandy im Fernsehen!« Hertha Simon gelang so etwas wie ein Lächeln. Sie lebte für einen Moment auf, nahm Pia das Bild aus der Hand und streichelte über das Glas. »Die haben meine Mandy eingeladen! Ins Fernsehen! Sie war doch in der Botschaft in Prag damals und hat da alles organisiert. Und als der Genscher da war und sie alle ausreisen durften, da ist meine Mandy interviewt worden! Hier, hier schauen Sie mal!«

Sie zog einen anderen Bilderrahmen hervor, der eine glückstrahlende Mandy Simon zusammen mit dem früheren Außenminister zeigte. Tariq fotografierte die beiden Bilder mit seinem Handy ab, dann verabschiedeten sie sich und verließen die deprimierende Wohnung.

Auf dem Weg zum Auto tippte Pia aufgeregt Bodensteins Nummer in ihr Handy. Mandy Simon war in einer Talkshow zu Gast gewesen, genauso wie Jutta Schmitz! Das konnte kein Zufall sein!

Ihr Chef ging nicht dran.

»Ach Pia«, sagte Tariq. »Weißt du, wer auch in einer Talkshow war? Annegret Münch! Ihre Freundin hat mir das erzählt.«

»Stimmt!« Pia erinnerte sich, dass Tariq das erwähnt hatte. »Kann es sein, dass unser Täter seine Opfer in Talkshows gefunden hat?«

»Wir müssten rausfinden, was das für Sendungen gewesen sind«, erwiderte Tariq.

Pia wählte bereits die Nummer von Kai Ostermann und der ging direkt dran.

»Welcher Talkshowmoderator aus einer dieser 90er-Jahre-Trash-Talkshows kam vor Gericht?«

»Andreas Türck«, antwortete ihr Kollege, ohne zu zögern. »Wieso?«

Sie erklärte ihm rasch die Zusammenhänge, gleichzeitig schickte Tariq ihm das Foto von Mandy Simon.

»Warte, ah ja, da ist das Foto schon«, sagte Kai am anderen Ende der Leitung. »Das ist Wieland Backes neben ihr. Er war ewig lange Moderator vom ›Nachtcafé‹ beim SWR.«

»Kannst du rausfinden, wann Mandy Simon dort zu Gast gewesen ist?« Pias Herz schlug schneller. Hier war sie, die Spur, nach der sie bisher vergeblich gesucht hatten! Ein Anrufer klopfte an. Bodenstein rief zurück!

»Ich tu mein Bestes«, antwortete Kai. »Übrigens ist es mir gelungen, den Laptop von Nina Mastalerz zu knacken. Bis ihr zurück seid, weiß ich da vielleicht auch schon mehr.«

***

»Mandy Simon wollte in den Westen, Jutta Schmitz träumte vom Auswandern nach Neuseeland«, rekapitulierte Bodenstein, was Pia ihm gerade am Telefon gesagt hatte, als er bei Obermörlen auf die A5 Richtung Frankfurt fuhr. Ein Meer aus roten Rücklichtern auf vier Fahrspuren und die Stauwarnung der digitalen Verkehrszeichenanlage machte Bodensteins Hoffnung auf eine schnelle Fahrt nach Höchst zunichte. »Beide hatten kleine Kinder, die sie zurückließen, um sich ihren Lebenstraum erfüllen zu können. Eva Tamara Scholle wollte sich einen GI angeln und mit ihm nach Amerika gehen. Ob sie ihren kleinen Sohn mitnehmen wollte, wissen wir nicht. Wahrscheinlich eher nicht. Annegret Münch wollte auch ein neues Leben beginnen und ihre Söhne bei ihrem Mann lassen. Rianne van Vuuren war ihre Karriere wichtiger als ihr achtjähriger Sohn. Das sind Parallelen, die nicht von der Hand zu weisen sind.«

»Allerdings.« Harding nickte und strich gedankenverloren über seinen Schnauzbart.

»Nina Mastalerz hatte einen Sohn, den sie gleich nach der Geburt in Polen zur Adoption freigegeben hatte«, fuhr Bodenstein fort. »Der Sohn von Jana Becker landete auch im Heim, ihre Eltern wollten ihn nicht, weil er ein Mischling war. Jana wollte ihren neuen Freund heiraten und mit ihm nach Südafrika ziehen.«

Kurz vor der Ausfahrt Friedberg kam der Verkehr beinahe völlig zum Erliegen. Ein Unfall auf der linken Fahrspur stellte sich als Grund für den Stau heraus. Bodenstein sah im Rückspiegel

Blaulicht und lenkte das Auto so weit wie möglich nach rechts, um eine Gasse für die Rettungsfahrzeuge frei zu machen. Kopfschüttelnd beobachtete er, wie einige rücksichtslose Zeitgenossen dies zum Überholen nutzten.

»Wissen Sie was, Oliver: Genau das ist es!«, sagte Dr. Harding plötzlich. Der sonst so besonnene Profiler klang aufgeregt, seine Augen leuchteten. »Frauen, die ihre Kinder zurückließen, weil sie ihren Zukunftsplänen im Weg standen! Das ist die Gemeinsamkeit, nach der wir gesucht haben! Der Täter tötet in seinen Opfern immer wieder seine eigene Mutter, die ihn verlassen hat, als er ein kleines Kind war. Er übt sozusagen stellvertretend Rache!«

Bei diesen Worten rann Bodenstein eine Gänsehaut über den Rücken. Dies war der magische Moment, in dem auf einmal alles, was man zuvor in mühevoller Kleinarbeit zusammengetragen hatte, zusammenpasste und einen Sinn ergab!

»Damit hätten wir zwar das Motiv des Täters, sind ihm aber nicht wirklich näher gekommen«, dämpfte Dr. Harding Bodensteins Hochgefühl. »Wenn ich das richtig sehe, dann wurde jeder Einzelne aus dem Kreis unserer Verdächtigen von seiner Mutter verlassen.«

»Dann müssen wir uns die Unterlagen des Jugendamts noch einmal genauer anschauen«, entgegnete Bodenstein. »Wir müssen die Beweggründe der Mütter herausfinden. Denn die Opfer haben alle mehr oder weniger aus Egoismus gehandelt, nicht aus einer zwingenden sozialen Notwendigkeit heraus. Das heißt, der Täter will sich nicht nur an seiner Mutter rächen, sondern die Frauen bestrafen, die sich seiner Meinung nach genauso verhalten haben.«

»Sie haben recht!« Dr. Harding nickte anerkennend. »Das ist ein sehr wichtiger Gesichtspunkt! Und es wäre auch eine Erklärung dafür, dass sich seine Opfer äußerlich nicht ähneln. Auf das Äußere kommt es ihm nämlich im Gegensatz zu den meisten Serienkillern gar nicht an!«

»Außerdem muss es einen Grund geben, warum der Täter immer am Muttertag mordet. Dieser Tag muss eine besondere Bedeutung für ihn haben, und ich glaube nicht, dass es nur mit der

Besessenheit von Rita Reifenrath zu tun hat. Irgendetwas muss in seiner Kindheit am Muttertag passiert sein, einmal oder öfter.«

»Der Muttertag als Stressor? Ja, warum eigentlich nicht?«, überlegte der Profiler laut. »Gewaltfantasien werden meistens schon in der Pubertät ausgebildet und jahrelang verstärkt. Vor dem ersten Mord hat sich die Tat im Kopf des Täters schon Hunderte Male abgespielt, sodass er quasi nur noch die Theorie in die Praxis umsetzt.«

Sie hatten die Stelle erreicht, an der sich der Unfall ereignet hatte. Mehrere Autos waren ineinander gekracht, aber offenbar hatte es keinen Personenschaden gegeben. Die Fahrer standen in Warnwesten hinter der Mittelleitplanke und warteten auf den Abschleppdienst.

»Möglicherweise fiel das ursprüngliche Ereignis, das seine Mordfantasien ausgelöst hat, zufällig auf diesen Tag, und er machte diesen deshalb zum Bestandteil seines Rituals.« Der Stau löste sich auf und Bodenstein trat aufs Gaspedal. »Ich denke an Nora Bartels. Sie starb am Muttertag.«

»Wobei wir wieder bei Claas Reker wären«, sagte Dr. Harding.

»Nein, nicht unbedingt, selbst wenn er sie umgebracht hat, was er ja nach wie vor bestreitet«, antwortete Bodenstein. »Ihr Tod und die anschließenden Befragungen durch die Polizei waren für alle Kinder ein traumatisches Erlebnis. Ein Mädchen, das sie alle gut gekannt hatten, wurde am helllichten Tag und in nächster Nähe ermordet! Dazu wurde der Täter nie gefasst. So etwas hinterlässt tiefe Spuren in einer Kinderseele. Ich spreche da aus eigener Erfahrung. Als ich elf Jahre alt war, verschwand mein bester Freund spurlos, und ich glaubte, schuld daran zu sein. Die Umstände seines Todes wurden erst vierzig Jahre später aufgeklärt, und ich habe da erst gemerkt, wie sehr mich diese Sache traumatisiert hatte.«

»Hm. Möglicherweise sollten wir uns nicht nur auf die ehemaligen Pflegekinder konzentrieren«, räumte Dr. Harding ein.

»Zumindest sollten wir Raik Gehrmann, den Tierarzt, nicht ganz aus den Augen verlieren.« Bodenstein erinnerte sich an die Anekdote, die Anja Manthey erzählt hatte. Als Mädchen hatte sie einen Ausflug mit Theo und einigen seiner Pflegekinder unternommen. Sie hatte erwähnt, dass außer ihr noch der Sohn des Bürgermeisters mit von der Partie gewesen war. »Gehrmann ging bei Reifenrath ein und aus, über viele Jahre hinweg.«

»Wir müssen unseren Blickwinkel vergrößern«, pflichtete ihm der Profiler bei. »Ich halte es für möglich, dass unser Täter einen Helfer hat. Oder dass wir es sogar mit zwei Tätern zu tun haben.«

»Aber Sie sagten doch selbst, dass Sie nicht an einen Nachahmer glauben!«

»Nein, das tue ich auch nicht. Dafür ist die Handschrift des Täters zu spezifisch. Wenn, dann handelt es sich eher um ein Täterduo.«

Bodenstein war nicht wirklich davon überzeugt. Er hielt es für unwahrscheinlich, dass zwei Menschen über fünfundzwanzig Jahre lang gemeinsam Gräueltaten begingen. Es sei denn, sie waren verheiratet.

»Ich frage mich, wie Elke von Donnersberg in die Reihe der Opfer passt«, wechselte er das Thema. »Sie war die Frau eines wohlhabenden Hamburger Geschäftsmannes. Die Ehe war glücklich, sie war ihren Söhnen eine liebevolle Mutter und schmiedete, soweit wir wissen, keine Pläne, ihre Familie zu verlassen.«

»Es besteht die Möglichkeit, dass sie gar nicht dazugehört«, erwiderte Harding. »Umso interessanter ist die Neuigkeit, dass drei der älteren Opfer in Talkshows aufgetreten sind. So könnte er tatsächlich auf sie aufmerksam geworden sein.«

»Aber sie haben sich ja wohl nicht ins Fernsehen gesetzt und erzählt, dass sie ihre Kinder im Stich gelassen haben!«, zweifelte Bodenstein.

»Vielleicht doch«, sagte Dr. Harding. »Das müssen wir herausfinden. Psychopathen beurteilen jeden Menschen rein nach seiner Nützlichkeit. Unser Täter muss nicht unbedingt aktiv auf der Suche sein, aber wenn er zufällig auf eine Frau trifft, die in sein Muster passt, dann zaudert er nicht. Er schlägt nicht sofort zu, wie es ein unorganisierter Täter mit sexuellen Absichten tun würde, sondern beginnt, seinen Plan zu schmieden, um ihn dann, in diesem Fall am Muttertag, in die Tat umzusetzen.«

Harding sprach im Präsens, und Bodenstein wurde dadurch bewusst, dass die Zeit drängte. Wenn der Täter – was zu befürchten war – sein nächstes Opfer bereits ins Visier genommen hatte, dann blieben ihnen nur noch etwas weniger als drei Wochen, um ihm das Handwerk zu legen. Am 14. Mai war wieder Muttertag.

***

»Stell dir vor, was dieser Kerl im Jahr verdient!« Cem, der im Foyer der Jahrhunderthalle auf Bodenstein und Dr. Harding gewartet hatte, war noch immer beeindruckt. »*Sieben Millionen Euro*, plus Bonus! Das musst du dir mal auf der Zunge zergehen lassen! Er hat seiner Bank mit seinen Fusionsplänen schlappe 70 Millionen Euro an Beraterkosten eingebrockt! Da drin ging's eben schon hoch her! Die Leute wollten wissen, was es mit den Ermittlungen der Staatsanwaltschaft auf sich hat, aber darauf hat Reifenrath keine Antwort gegeben.«

Zwar hatte man Cem trotz seines Polizeiausweises keinen Zutritt zur Versammlung gestattet, aber die gesamte Veranstaltung wurde auf die Bildschirme übertragen, die im Vorraum hingen, und so hatte er nicht nur die Rede von Reifenrath mitverfolgen können, sondern auch die Berichte der anderen Vorstände, während er sich schamlos am Buffet für die Aktionäre bedient und gleich vier Paar Frankfurter Würstchen gefuttert hatte. Trotz Rekordjahr und höherer Dividenden hatte die DEHAG ihren Aktionären in diesem Jahr kein RMV-Ticket spendiert, auch das hatte für Unmut gesorgt.

Um Viertel nach zwölf tröpfelten die ersten hungrigen Zuhörer die Treppen hinab. Bevor der Rest der Aktionäre wie ein Tsunami das Foyer flutete, führte Cem seinen Chef und den Profiler durch die mit hellgrauem Teppichboden ausgelegte Galerie zu den Künstlergarderoben, denn er hatte herausgefunden, dass der Vorstand der DEHAG diese Räumlichkeiten für die Mittagspause angemietet hatte.

»Damit sie bloß nicht das gemeine Volk treffen müssen«, sagte Cem zynisch. »Dem Herrn Dr. Reifenrath werden wir jetzt mal schön den Appetit verderben.«

»Du klingst ein bisschen neidisch«, stellte Bodenstein fest.

»Neid ist das falsche Wort«, erwiderte Cem. »Hast du *Animal Farm* von George Orwell gelesen?«

»Vor vierzig Jahren in der Schule.«

»Da gibt es diese Stelle, wo die Tiere durch die Fenster ins Bauernhaus gucken und sehen, wie ihre Anführer in der guten Stube sitzen und es sich gut gehen lassen, so wie früher die Bauersleute.« Cem war vor der Tür des Garderobenflurs stehen geblieben. »Mich ärgern weniger die sieben Millionen als die Tatsache, dass Leute wie Reifenrath glauben, sie seien etwas Besseres. So was macht mich einfach wütend.«

Dr. Harding schmunzelte und Bodenstein sagte nichts dazu. Im Gegensatz zu seinem Kollegen hatte er durchaus Verständnis dafür, dass sich der angeschlagene Vorstand nicht siebenhundert aufgebrachten Aktionären stellte. Cem klopfte an die Tür, die sofort von einem schwarz gekleideten Security-Mann geöffnet wurde. Die Polizeiausweise beeindruckten ihn nicht. Mit unbewegter Miene sprach er etwas in das Mikrofon seines Headsets, woraufhin wenige Sekunden später sein Vorgesetzter mit einem noch recht jungen Anzugtypen mit gegeltem Haar und arroganter Miene im Kielwasser erschien. Bodenstein wiederholte sein Anliegen.

»Herr Dr. Reifenrath ist im Moment nicht zu sprechen. Warten Sie bitte bis nach der Veranstaltung.«

»Nein, das werden wir nicht.« Bodenstein blieb unnachgiebig. »Wir können auch in einer halben Stunde mit einem Haftbefehl wiederkommen. Aber möglicherweise ist es Ihrem Chef lieber, nicht vor den Augen seiner Aktionäre von der Polizei von der Bühne geholt zu werden.«

Der Gegelte überlegte kurz und kam zu dem Entschluss, dass eine Störung des Mittagessens dem von Bodenstein angedrohten Szenario vorzuziehen sei. Mit einer ruckartigen Kopfbewegung bedeutete er Bodenstein, Harding und Cem, ihm zu folgen.

Schon im Vorraum hörten sie eine erregte Männerstimme, als die Tür aufging.

»... ihr seid alle Idioten! Komplette Versager!«, brüllte jemand. »Keiner von euch hat auch nur für zehn Cent Verstand in seinem Hohlkopf! Und mit solchen Dilettanten muss ich mich hier ...«

Die Tür ging zu. Es dauerte ein paar Minuten, bis der Gegelte wieder erschien und sie hereinbat.

Der Vorstand, bis auf eine Quotenfrau rein männlich, hatte es sich in einem der größeren Garderobenräume bequem gemacht. Man trank gekühlten Weißwein und irisches Mineralwasser, statt Würstchen auf Papptellern gab es Kalbsfilet und auf der Haut gegrillte Dorade, serviert auf Porzellantellern. Allerdings schienen sie das Essen nach der Wutrede ihres Chefs nicht sonderlich zu genießen. Fridtjof Reifenrath hatte sich wieder gefangen und gab sich vor seinen Vorstandskollegen und Mitarbeitern, den Sicherheitsleuten und dem umherschwirrenden Servicepersonal keine Blöße. Er knöpfte sein Sakko zu und geleitete Bodenstein, Dr. Harding und Cem Altunay mit einem höflichen Lächeln in einen Nebenraum. Aus der Nähe erkannte Bodenstein, dass Reifenraths Sonnenbräune nur zum Teil echt war. Man hatte den Vorstandsvorsitzenden der DEHAG kamerawirksam geschminkt und gepudert.

»Was immer Sie von mir wollen, fassen Sie sich bitte kurz«, sagte Reifenrath, dessen Lächeln mit dem Schließen der Tür erloschen war, ungehalten. »In einer Dreiviertelstunde geht es weiter, und diese Versammlung ist eklatant wichtig für meine Zukunft und die des ganzen Unternehmens!«

»Gut.« Bodenstein nickte. »Bei der Durchsuchung des Anwesens Ihres Großvaters sind wir auf ein Waffenlager gestoßen. Es ist den Spezialisten des Bundeskriminalamts bereits gelungen, die Herkunft mehrerer Waffen zu klären.«

Reifenrath zuckte zusammen. Zufrieden konstatierte Bodenstein ein erschrockenes Aufflackern in seinen Augen, das sich aber sogleich in Erleichterung verwandelte, als ob er mit etwas anderem, weitaus Schlimmerem gerechnet hätte.

»Der Besitz von Handgranaten und Panzerfäusten fällt unter das Kriegswaffenkontrollgesetz«, fuhr Bodenstein fort. »Und der Besitz aller anderen Waffen ist ebenfalls strafbar, wenn man keinen Waffenschein oder eine Waffenbesitzkarte hat.«

»Ich weiß nichts von Waffen«, antwortete Reifenrath kühl und selbstsicher. »Mein Großvater sammelte sein Leben lang Militaria, vom Stahlhelm bis hin zur Kalaschnikow.«

»Diese Behauptung bietet sich natürlich an, zumal sich Ihr Großvater nicht mehr erklären kann«, sagte Bodenstein mit liebenswürdigem Lächeln. »Allerdings haben wir Ihre Fingerabdrücke auf vielen Waffen und den dazugehörigen Kisten gefunden.«

»Sagen Sie bloß, Sie sind deswegen hier?« Reifenrath legte die Hand auf die Türklinke, er lächelte herablassend. »Lassen Sie sich von meiner Assistenz einen Termin geben. Dann können wir darüber sprechen. Jetzt habe ich keine Zeit für so etwas.«

Bodenstein störte sich an Reifenraths Überheblichkeit nicht so sehr wie Cem, der neben ihm allmählich zu kochen begann.

»Ihre Fingerabdrücke sind auf der Pistole, mit der Ihre Großmutter erschossen wurde«, sagte er rasch, um einem Temperamentsausbruch seines Kollegen vorzugreifen. »Und ebenfalls auf dem Hals einer Sektflasche, die zweiundzwanzig Jahre lang in einem ehemaligen Brunnen neben der Leiche Ihrer Großmutter lag.«

»Was soll das?« Fridtjof Reifenrath war unter seiner Schminke aschfahl geworden. Er nahm die Hand von der Türklinke, ballte sie zu einer Faust und öffnete sie gleich wieder, als ob ihm bewusst geworden wäre, wie verräterisch diese Geste wirken konnte. »Was wollen Sie mir da anhängen?«

»Gar nichts. Wir wollen nur wissen, was sich am 14. Mai 1995 wirklich abgespielt hat«, erwiderte Bodenstein. »Bei Ihrem Gespräch mit meinen Kollegen waren Sie angeblich fest davon überzeugt, dass Ihre Großmutter Selbstmord begangen hat.«

»Das war ich auch! Bis ich davon erfahren habe, dass man ihre Leiche in dem alten Brunnen gefunden hat! Falls Sie mir hier irgendetwas in die Schuhe schieben wollen, dann wird das nicht klappen! Ich habe mit dem Tod meiner Großmutter nichts zu tun!«

»Wer denn dann?«

»Was weiß ich! Keine Ahnung!« Reifenrath begann zu schwitzen. Er konnte nicht abschätzen, worauf dieses Gespräch hinauslief, und so etwas verunsicherte einen Mann wie ihn über alle Maßen.

»Wie kamen Ihre Fingerabdrücke an den Hals der Sektflasche?«

»Woher soll ich das denn wissen? Das alles liegt eine Ewigkeit zurück! Wahrscheinlich habe ich Sekt ausgeschenkt oder die Flasche geöffnet!«

»Haben Sie die Flasche dazu am Hals angefasst?«

»Möglich! Mein Gott!« Reifenrath suchte sein Heil in der Offensive. Er hob die Arme und lachte gekünstelt. »Wissen Sie etwa noch, wie Sie vor über zwanzig Jahren eine *Sektflasche* angefasst haben?«

»Wenn ich damit meine Großmutter erschlagen hätte, ganz sicher«, erwiderte Bodenstein trocken. »Für uns stellt sich die Situation so dar, dass Rita Reifenrath ein Schlag mit der Flasche gegen den Kopf versetzt wurde. Und am Flaschenhals waren keine anderen Fingerabdrücke außer Ihren.«

Fridtjof Reifenrath erstarrte. Eine Ader an seiner Schläfe pochte. Für eine Millisekunde glomm in seinen Augen Angst auf. Das genügte Bodenstein als Bestätigung dafür, dass er ins Schwarze getroffen und Pia mit ihrer Intuition wieder einmal richtiggelegen hatte.

»Das ist jetzt hoffentlich ein Scherz.« Reifenrath musterte Bodenstein mit erhobenen Brauen, vorgeschobenem Kinn und jenem durchdringenden Blick, der Untergebene einschüchterte. Bodenstein war jedoch niemand, der sich von einer solchen Drohgebärde beeindrucken ließ.

»Nur ganz selten war mir weniger nach Scherzen zumute«, entgegnete er ruhig.

Es klopfte an der dünnen Pressspantür. Die schwarzhaarige Assistentin, die sie neulich abgewimmelt hatte, steckte den Kopf herein. Hinter ihr waren Stimmengewirr und das Klirren von Besteck auf Geschirr zu hören.

»Sie wollten an das Briefing erinnert werden, Herr Dr. Reifenrath«, sagte sie in devotem Tonfall. »Außerdem werden Sie noch mal in der Maske erwartet.«

»Ja, danke. Ich brauche noch fünf Minuten«, erwiderte ihr Chef, ohne sich zu ihr umzudrehen und sie schloss wieder die Tür. Die beiden waren ein eingespieltes Team und »das Briefing« sicherlich nur ein Vorwand, um den Chef nach spätestens fünfzehn Minuten von lästigen Gästen zu befreien. Dummerweise hatte er diesmal Besuch, der sich nicht so einfach abschütteln ließ.

»Sie wissen schon, dass Sie heute nicht mehr auf die Bühne gehen werden, oder?«, merkte Cem an.

»Und wieso nicht?« Reifenrath war so sehr daran gewöhnt, dass die Menschen um ihn herum nach seiner Pfeife tanzten, dass es ihm gar nicht in den Sinn kam, er könnte ernsthaft in der Klemme stecken. Die Schrecksekunde war vorüber, er hatte schon wieder Oberwasser. Bodenstein war für einen Augenblick verblüfft über so viel Chuzpe. »Können Sie sich vorstellen, welche Wirkung das in der Öffentlichkeit hat, wenn ich nicht erscheine? Gegen 17 Uhr ist der ganze Zirkus ja zu Ende, dann komme ich von mir aus zu Ihnen nach Hofheim und wir klären das alles.«

»Ich fürchte, Ihnen ist der Ernst Ihrer Lage nicht ganz bewusst«, entgegnete Bodenstein. »Sie stehen unter dem Verdacht, Ihre Großmutter getötet oder mindestens ihren Tod billigend in Kauf genommen zu haben. In Deutschland verjährt Mord nicht.«

»Und was haben Sie jetzt vor? Sie wollen mich ja wohl nicht verhaften!« Reifenrath lachte etwas zu laut.

»Der korrekte Begriff lautet ›vorläufige Festnahme‹«, erwiderte Cem. »Und genau das haben wir vor. Da akute Fluchtgefahr besteht – Ihr Lebensmittelpunkt befindet sich im Ausland, und Sie besitzen die Mittel und Möglichkeit, sich dorthin abzusetzen –, nehmen wir Sie wegen des Verdachts, am 14. Mai 1995 Rita Reifenrath eine womöglich tödliche Verletzung mittels einer Waffe zugefügt zu haben, vorläufig fest.«

Jetzt endlich dämmerte Reifenrath, dass er nicht länger Herr der Lage war. Er zwinkerte nervös mit den Augen, fuhr sich mit der Hand über sein glatt rasiertes Kinn.

»Aber das ist unmöglich!« Entrüstet schüttelte er den Kopf. »Wissen Sie nicht, wer ich bin? Der Justizminister in Berlin ist ein Duzfreund von mir!«

»Er wird sich in Windeseile von Ihnen distanzieren, wenn Sie wegen Mordes angeklagt werden, verlassen Sie sich drauf«, entgegnete Cem trocken. »Wollen Sie uns jetzt unauffällig durch die Hintertür begleiten oder ist Ihnen der große Auftritt lieber: in Handschellen durchs Foyer zum Streifenwagen vor dem Haupteingang?«

***

Fiona fuhr an der Messe vorbei auf die Autobahn in Richtung Wiesbaden. Um 14:40 Uhr ging der ICE nach Zürich, sie hatte knapp sechs Stunden Zeit, um noch einmal mit Frau Professor Dr. Siebert zu sprechen. Ihre früheren Mitarbeiter in der Uniklinik hatten ihr natürlich nicht verraten, wo sie demnächst arbeiten würde, aber an der Mail, die sie Fiona geschrieben hatte, hatte ganz unten die Visitenkarte mit ihrer Privatadresse gehangen. Fiona hatte festgestellt, dass sie für die Fahrstrecke ungefähr eine halbe Stunde brauchte, deshalb hatte sie sich nach dem Auschecken aus dem Hotel wieder ein Auto gemietet.

Nach vierzehn Tagen in Frankfurt freute sie sich auf zu Hause. Letzten Endes waren ihre Bemühungen zwar vergeblich gewesen, denn die Frau, die ihre Mutter war, schien kein Interesse daran zu haben, sie kennenzulernen. Das musste sie wohl oder übel akzeptieren. Aber wenigstens kannte sie jetzt ihren Namen und konnte irgendwann einen neuen Versuch starten.

Das Navigationssystem führte sie sicher zu der Adresse, die sie eingegeben hatte. Fiona parkte den kleinen Renault ein Stück vom Haus der Ärztin entfernt, dann nahm sie allen Mut zusammen und klingelte mit aufgeregt pochendem Herzen. Es dauerte eine Weile, bis endlich die Tür aufging. Vor ihr stand jedoch nicht Frau Dr. Siebert, sondern ein Mann. Seine Augen weiteten sich und für einen Moment wirkte er beinahe erschrocken.

»Hallo«, sagte sie und lächelte nervös. »Bitte entschuldigen Sie, dass ich einfach so klingle. Mein Name ist Fiona Fischer. Ich wollte eigentlich zu Frau Professor Siebert.«

»Hallo!« Der Mann lächelte nun auch. Er hatte freundliche Augen und eine sympathische Stimme. »Meine Frau ist noch unterwegs, aber sie sollte jeden Moment zurück sein. Wollen Sie hereinkommen?«

»Ich … ich will nicht stören. Ich kann auch draußen im Auto warten.«

»Sie stören nicht«, versicherte er ihr. »Aber wie Sie möchten …«

Fiona zögerte. Wie würde die Ärztin reagieren, wenn sie nach Hause kam und sie in ihrem Haus antraf? Ihre Begegnung neulich war ja nicht gerade herzlich verlaufen, immerhin hatte Fiona sie ziemlich massiv unter Druck gesetzt.

»Ich habe mir gerade einen Tee gemacht«, sagte der Mann und machte eine einladende Geste. »Eine Tasse wäre noch da.«

Die Aussicht auf einen heißen Tee war verlockend. Und was konnte schon passieren? Mehr als einen Rauswurf hatte sie schließlich nicht zu erwarten. Wenigstens konnte Fiona sich dann sagen, dass sie wirklich alles versucht hatte, um mehr über ihre Mutter herauszufinden.

»Vielen Dank, das ist sehr freundlich«, sagte sie also und betrat das Haus.

* * *

Gleich nachdem der Helikopter auf dem Dach der RKI gelandet war, eilten Pia und Tariq in den Besprechungsraum, wo sich das komplette K 11 für die abendliche Teambesprechung versammelt hatte. Auf dem Rückflug hatten sie die Erinnerungskiste, die Luise Schmitz ihnen anvertraut hatte, nach Hinweisen durchforstet und waren auf die Briefe gestoßen, die Jutta Schmitz nach ihrem Auftritt in der Talkshow von Andreas Türck erhalten hatte. Sie waren von der Produktionsfirma weitergeleitet worden und stammten zu Pias Enttäuschung ausschließlich von Frauen, die Jutta Schmitz als Rabenmutter und Egoistin beschimpft hatten. Nur drei Frauen hatten Verständnis gezeigt und das Verhalten von Juttas Tochter scharf kritisiert.

»Wir dachten, er hat vielleicht nach der Talkshow mit Jutta Schmitz Kontakt aufgenommen«, sagte Pia leicht deprimiert. »Aber wir haben nichts gefunden, was darauf hindeutet. Eine Frau als Täterin können wir ja wohl ausschließen.«

»Da bin ich mir nicht so sicher«, meldete sich Kai zu Wort. »Ich habe den Laptop von Nina Mastalerz knacken können. Sie war im Internet in einem Forum aktiv, in dem sich Frauen über allen möglichen Kram austauschen. Karriere, Krankheiten, Urlaubsziele, Kindererziehung. In einem Chat hat Nina geschrieben, dass sie ihr Kind in Polen zurückgelassen hat, und das Thema wurde lang und breit ausgewalzt. Sie wurde dafür ziemlich scharf angegriffen, aber sie hat sich zur Wehr gesetzt. Aus ihrem E-Mail-Verlauf weiß ich, dass sie sich mit einer der Teilnehmerinnen auch abseits des Forums geschrieben hat. Dieser Frau ist es wohl so ähnlich wie ihr gegangen – ungewollt schwanger geworden, Kerl weg, Kind ins Heim.«

»Hast du einen Namen herausfinden können?«, erkundigte sich Cem.

»Die Frau heißt Selina Lange und kommt aus Wermelskirchen«, antwortete Kai. »Nina und sie haben sich wochenlang geschrieben.«

»Wermelskirchen?«, unterbrach Bodenstein sie. »Wo ist das denn?«

»Im Bergischen Land. In der Nähe von Remscheid«, wusste Tariq. »Direkt an der A 1.«

»Wie auch immer ... irgendwann wollten sich die beiden treffen«, fuhr Kai fort. »Selina Lange wollte Nina in Bamberg besuchen, und zwar am 10. Mai, einen Tag vor dem Muttertag!«

»Und? Hast du diese Selina Lange überprüft?«, fragte Kathrin.

»Es gibt sie nicht.« Kai schüttelte den Kopf. »Weder in Wermelskirchen noch in der Umgebung. Alles fake! Ich habe versucht herauszufinden, von woher die Mails kamen, aber die Suche endete beim GMail-Server.«

»Also eine Sackgasse«, stellte Pia fest.

»Joachim Vogt ist IT-Spezialist«, merkte Bodenstein an. »Für ihn dürfte so was ein Kinderspiel sein.«

»Um sich unter einem falschen Namen in einem Forum anzumelden, muss man kein Profi sein«, sagte Tariq. »Entweder hat der- oder diejenige einfach eine bestehende E-Mail-Adresse gekapert oder sich mit einer falschen Identität einen Webmail-Account angelegt. Das kann heutzutage jeder Trottel.«

»Dann bin ich wohl ein Trottel. Ich könnte das nämlich nicht«, bekannte Bodenstein und erntete dafür einen entschuldigenden Blick von Tariq und einen spöttischen von Kai.

»Wir sollten uns den angeblichen Wohnort genauer ansehen«, meldete sich Dr. Harding zu Wort. »Natürlich kann die Ortswahl willkürlich erfolgt sein, aber vielleicht gibt es doch irgendeine Verbindung dorthin. Und der Name kann auch eine Bedeutung haben.«

»Selina Lange ist ein absolut durchschnittlicher Name«, meinte Cem. »Was soll das bringen?«

»Es ist nur eine Theorie, aber wenn Menschen Pseudonyme benutzen, zum Beispiel, wenn jemand ins Zeugenschutzprogramm aufgenommen wird, dann behalten sie gerne die Anfangsbuchstaben ihres eigentlichen Namens bei«, erklärte der Profiler. »Das macht es für sie einfacher, sich an die neue Identität zu gewöhnen.«

»S. L.!« Pia bekam eine Gänsehaut, als sie begriff, was das bedeuten konnte. Sie hörte auf, Kreise und Vierecke auf ihren Schreibblock zu kritzeln, und blickte hoch. »Sascha Lindemann! Der Ehemann von Ramona! Ich finde, er sieht aus wie eine dicke Frau, die sich als Mann verkleidet hat!«

Für einen Moment sagte niemand etwas.

»Unser Täter hat sich als Frau ausgegeben und das Vertrauen seiner Opfer erschlichen, indem er Verständnis geheuchelt hat«, sagte Dr. Harding. »Dann hat er sich mit ihnen getroffen. Sie waren arglos, erwarteten jemanden, den sie zu kennen glaubten. So etwas bezeichnet man als *Con Approach* oder auch als ›betrügerischen Überfall‹.«

»Aber spätestens, wenn er vor ihnen steht, merken sie doch, dass sie belogen wurden«, wandte Cem ein.

»Er wird sich mit ihnen an einem Ort verabreden, wo er sie problemlos überwältigen kann«, erwiderte Dr. Harding. »Und dazu wird er einen Ort wählen, den er entweder gut kennt oder vorher ausgekundschaftet hat. Wir müssen überprüfen, wo die Autos der Opfer gefunden wurden. Das werden diese Orte sein, denn er wird kaum in der Lage sein, ein Auto irgendwohin zu fahren.«

»Das Auto von Mandy Simon stand auf dem Parkplatz am S-Bahnhof Mannheim-Neckarau«, wusste Tariq aus dem Gedächtnis. »Annegret Münchs Auto wurde auf dem Parkplatz von Kloster Eberbach gefunden, das Auto von Jutta Schmitz auf dem IKEA-Parkplatz in Kaarst, der Golf von Nina Mastalerz auf dem Parkplatz eines Ausflugslokals bei Bamberg, und Jana Beckers Auto stand auf einem Pendlerparkplatz in der Nähe der Raststätte Bad Camberg an der A3.«

»Sascha Lindemann ist Vertreter für Futtermittel«, sagte Pia, die am Vormittag von Christoph nähere Informationen zu den Futtermittellieferanten des Zoos bekommen hatte. »Er arbeitet nicht nur für diese Firma in Versmold, sondern ist freiberuflich für mehrere Firmen unterwegs. Eine von ihnen hat ihren Sitz in Luxemburg, nicht weit hinter der deutsch-luxemburgischen Grenze. Auf dem Weg von Frankfurt kommt man an Bernkastel-Kues vorbei, wo Jana Beckers Leiche lag. Und keine 80 Kilometer weiter südlich befindet sich das Waldstück, in dem die Leiche von Nina Mastalerz gelegen hat! Ist das bloß ein Zufall?«

Wer kam auf die Idee, mit einer Leiche im Kofferraum über eine Landesgrenze zu fahren, selbst wenn diese im Rahmen des Schengen-Abkommens so gut wie gar nicht mehr kontrolliert wurde? Pia gab sich die Antwort selbst: eigentlich nur jemand, für den es eine Selbstverständlichkeit war und der wusste, wo ganz sicher nie eine Grenzkontrolle stattfand.

»Ich habe mir gestern Abend unter anderem die Unterlagen von Sascha Lindemann genau angesehen und die Jugendamtsberichte gelesen«, fuhr sie fort. »Er war vier Jahre alt, als er aus dem Kinderheim zu Reifenraths kam. Vorher war er in drei Pflegefamilien, die ihn alle wieder abgegeben haben, weil er schon als Kleinkind extrem aggressiv war. In den Berichten steht, dass er die anderen Kinder in den Familien und auch seine Pflegeeltern gebissen, geschlagen und getreten hat.«

»Weiß man etwas über seine leiblichen Eltern?«, erkundigte sich Dr. Harding.

»Die Mutter war erst siebzehn. Sie kam hochschwanger in das Säuglingsheim in Hofheim, bekam das Kind und verschwand einen Tag später wieder.«

»Mal eine dumme Frage«, meldete sich Kathrin zu Wort. »Was passiert eigentlich in so einem Fall?«

»Das Kind bleibt in staatlicher Obhut«, erwiderte Bodenstein. »Entweder werden solche Kinder bei Pflegefamilien, in betreuten Wohngruppen oder Kinderheimen untergebracht.«

»Und wer bezahlt das alles?«

»Vater Staat.«

»Das heißt, eine Frau kriegt ein Kind, das sie nicht wollte, und verschwindet einfach?«

»Seit 2014 ist eine vertrauliche Geburt, bei der die Mutter nur gegenüber einer an die Schweigepflicht gebundenen Beraterin ihre Identität preisgeben muss, legal«, wusste Tariq. »In der Geburtsurkunde erscheint ihr Name nicht, aber das Kind hat später die Möglichkeit, ihn zu erfahren. Ich habe das mal recherchiert. Zwischen 2000 und 2012 sind in Deutschland 652 Kinder anonym zur Welt gekommen, 278 wurden in eine Babyklappe gelegt und 43 wurden anonym übergeben. Im Endeffekt blieb nur bei 314 Kindern die Herkunft dauerhaft anonym. Viele Mütter haben später ihre Identität preisgegeben oder sich sogar doch noch für ihr Kind entschieden.«

»Aber warum tun Frauen so was?« Kathrin schüttelte den Kopf.

»Es gibt unterschiedliche Gründe«, schaltete sich nun Dr. Harding in das Gespräch ein. »Beziehungsprobleme, soziale Notsituationen und mentale Überforderung zum Beispiel. Oft werden die Frauen vom Vater des Kindes im Stich gelassen. Früher spielte der Druck aus der Herkunftsfamilie die größte Rolle. Ledige schwangere Frauen wurden oft von ihren Eltern genötigt, das Kind in einem Säuglingsheim zur Welt zu bringen und zur Adoption freizugeben.«

»Genau so war es wohl auch bei Sascha Lindemann«, fand Pia zurück zu dem Punkt, um den es ihr eigentlich ging. »Die Mutter hatte zwar einen Namen angegeben – Alexandra Lindemann –, aber später kam raus, dass es nicht ihr richtiger Name war.«

»Auch vor vierzig Jahren gab es für Pflegefamilien Geld vom Sozialamt, wenn sie ein Kind aufnahmen«, sagte Bodenstein. »Nicht so viel, dass man davon hätte reich werden können, aber Reifenraths hatten ein Geschäftsmodell daraus gemacht. Heute schauen die Jugendämter genauer hin, früher waren sie einfach froh, wenn problematische Kinder irgendwo untergebracht waren. Elfriede Schröder hat bewusst weggesehen und sogar geholfen, Missstände und zwei Selbstmorde zu vertuschen, nur um vor ihren Kollegen beim Jugendamt gut dazustehen.«

»Ist ja unglaublich!«, rief Kathrin.

»Wir wissen von Britta Ogartschnik, wie Sascha Lindemann von Rita Reifenrath ›erzogen‹ worden ist«, sagte Pia. »Deshalb ist es nicht verwunderlich, dass sich die Berichte, die sie jeden Monat über die ihr anvertrauten Kinder schreiben musste, im

Fall Sascha Lindemann so eklatant von den Berichten früherer Pflegefamilien unterschieden. Er hat alles erlebt, was wir bei den Opfern sehen: Er wurde in Folie gewickelt, in der Badewanne untergetaucht, in die Kühltruhe gesperrt. In seinem Job als Vertreter fährt er Firmenwagen, und zwar Kombis, die alle zwei Jahre ausgetauscht werden. André Doll und er haben Ende der 90er-Jahre das Loch für das Fundament des Hundezwingers gegraben. Er und Doll haben Raik Gehrmann als Kinder in Folie gewickelt und in einen Bach gelegt. Ganz ehrlich, Leute, der Typ ist so was von verdächtig!«

»Du hast recht.« Bodenstein nickte und warf einen Blick auf die Uhr. »Wir fahren jetzt gleich zu ihm. Ich bin gespannt, was er uns zu erzählen hat.«

***

Es war sehr angenehm, mit Herrn Siebert über Zürich zu plaudern. Natürlich hatte er an ihrem Akzent sofort gemerkt, dass sie Schweizerin war, und er kannte sich wirklich erstaunlich gut in ihrer Heimatstadt aus. Der Tee wärmte und beruhigte Fiona ein wenig, das Sofa war sehr bequem, und ihre Anspannung ließ nach. Plötzlich hörte sie ein Geräusch, das wie ein dumpfer Schlag klang. Dann noch eines. Herr Siebert brach mitten im Satz ab und stand auf.

»Entschuldigen Sie mich bitte für einen Moment?«

»Natürlich.«

Als er das Wohnzimmer verlassen hatte, warf Fiona einen Blick auf ihr Handy. Schon kurz vor zwölf! Lange konnte sie nicht mehr bleiben, sonst würde sie den Zug verpassen!

Das Telefon begann zu klingeln. Nach dem dritten Läuten sprang der Anrufbeantworter an. Auf einmal ertönte die Stimme von Frau Dr. Siebert. *»Ich bin's, hallo! Ich kann dich leider weder im Büro noch auf dem Handy erreichen. Hier läuft alles prima, meine neuen Kollegen sind supernett und das Haus ist echt ein Träumchen! Stell dir vor, ich sitze hier mit einem Glas Tinto und schaue aufs Mittelmeer bei … Moment … 26 Grad! Ich wette, bei dir ist es jetzt nicht so schön warm wie in Marbella. Na ja, ruf mich an, wenn du Zeit hast. Ich bin jetzt zu Hause.«*

Fiona brauchte ein paar Sekunden, um zu begreifen, dass Frau Dr. Siebert nicht nach Hause kommen würde. Warum hatte ihr Mann sie angelogen? Fiona stellte die Teetasse ab und bemerkte, dass ihre Hand zitterte. Die Angst legte sich schwer auf ihre Brust. Hier stimmte etwas nicht. Eilig stopfte sie ihr Handy in ihre Tasche, schnappte sich ihre Jacke und lief los. Ihre Bestürzung verwandelte sich in Panik, als sie nicht sofort den Weg zur Haustür fand. Sie übersah eine Stufe, stolperte und fiel unsanft auf beide Knie.

»Fiona?«

Sie sah die Spitzen seiner Schuhe, den Saum der Jeans.

»Ich ... ich wo ... wollte ... nur kurz auf die Toilette«, stammelte sie und kam wieder auf die Beine.

»Mit Jacke und Tasche?« Er klang anders als vorhin. In seinem Gesicht war nichts Freundliches mehr. Und die Art, wie er vor ihr stand, hatte etwas Bedrohliches.

»Ihre Frau kommt gar nicht«, flüsterte sie. Ihr brach der kalte Angstschweiß aus. »Sie hat gerade auf den Anrufbeantworter gesprochen. Sie ist in ... Marbella.«

»Ach, stimmt ja«, erwiderte er. Seine Miene war undurchdringlich. »Wie konnte ich das nur vergessen?«

In Fiona explodierte die Panik. Raus hier, nur raus! Sie stürzte mit wilder Entschlossenheit nach vorne, prallte gegen ihn, aber er wehrte sie mühelos ab und stieß sie brutal gegen das Treppengeländer. Zitternd wich sie vor ihm zurück, tiefer in den Flur hinein, weg von der Haustür. ›Wäre ich doch nur nicht ins Haus gegangen!‹, schoss es ihr durch den Kopf. ›Hätte ich doch damals in der Schule den Selbstverteidigungskurs gemacht! Wäre ich doch bloß nicht nach Frankfurt gefahren!‹

Der Mann trieb sie gemächlich vor sich her und lächelte dabei mild, fast so, als ob ihm ihre Angst Spaß machen würde. Sie drehte sich um und rannte los, riss die nächstbeste Tür auf. Eine Garage! Das war gut! Verdammt, in der Tür steckte kein Schlüssel! Fiona blickte sich wild um. Da war der Schalter, um das Tor zu öffnen. Sie hatte ihn fast erreicht, als ihr Verfolger in der Tür erschien.

»Finger weg«, sagte er ruhig, beinahe freundlich.

»Lassen Sie mich gehen, bitte!«, flehte sie verzweifelt. Tränen schossen ihr in die Augen. »Ich werde auch niemandem sagen, dass ich hier war, das schwöre ich!«

Sie zuckte erschrocken zusammen, als es direkt neben ihr dumpf polterte. Das Geräusch kam aus der Tiefkühltruhe, die in einer Ecke stand. Es polterte wieder. Sie hörte erstickte Schreie. Da berührte etwas ihren Arm und ein glühender Schmerz zuckte durch ihren ganzen Körper. Fiona sackte in die Knie und kippte auf die Seite, unfähig, sich zu bewegen. Speichel tropfte aus ihrem Mund. Er würde sie töten. Oder vergewaltigen. Niemand wusste, wo sie war. Der Schmerz kehrte zurück, ließ ihre Gliedmaßen zucken. Und dann war alles schwarz.

***

Es dämmerte schon, als Bodenstein eine halbe Stunde später an der Haustür der Doppelhaushälfte in Niederhöchstadt klingelte. Im Haus brannte Licht, in der Auffahrt parkte ein weißer SUV, in der Doppelgarage, deren Tor offen stand, ein Škoda Kombi. Offensichtlich war jemand zu Hause, öffnete aber nicht.

»Vielleicht sitzt er im Keller und spielt mit den Trophäen.« Pia ging ein paar Schritte nach rechts und warf einen Blick in die Garage. Sie traute ihren Augen nicht. Ihr Puls schnellte in die Höhe.

»Du hast eine Fantasie!«, entgegnete Bodenstein und klingelte ein zweites Mal.

»Guck dir mal an, was hier steht!«, zischte Pia. »Das ist keine Fantasie!«

Neben dem Škoda standen vier Kühltruhen! Pia zog ihr Smartphone heraus, aktivierte die Kamera und schoss ein paar Fotos. Außerdem fotografierte sie die Kennzeichen der beiden Autos. Sie war gerade fertig, als die Tür geöffnet wurde. Ramona Lindemann sah sie argwöhnisch an, dann begriff sie, wer vor ihr stand.

»Entschuldigen Sie, dass es etwas gedauert hat.« Sie trug einen grauen Kapuzenpullover und eine Jogginghose und war ungeschminkt, was sie ein paar Jahre jünger wirken ließ. »Ich habe auf der Terrasse gesessen.«

»Ziemlich kühl, um draußen zu sitzen«, fand Bodenstein.

»Äh ja … hm … wir rauchen nicht drinnen im Haus.« Sie lachte und zupfte nervös an ihren Haaren. »Was führt Sie hierher?«

Während Bodenstein erfuhr, dass Sascha Lindemann nicht zu Hause war, machte Pia über ihr Handy Halterabfragen der beiden Fahrzeuge.

»Mein Mann ist unter der Woche immer unterwegs«, erklärte Ramona Lindemann. »Was wollen Sie denn von ihm?«

»Wir haben ein paar Fragen und waren gerade in der Nähe.« Bodenstein hatte nicht vor, ihr seinen Verdacht auf die Nase zu binden. Nach wie vor gab es die Theorie, dass der Täter einen Helfer gehabt haben könnte oder die Gräueltaten gar von einem Paar begangen worden waren. »Wann erwarten Sie ihn zurück?«

»Morgen gegen Mittag. Kann ich ihm etwas ausrichten?«

»Nein, nein. Wir kommen noch mal vorbei. Ist nicht dringend.« Bodenstein lächelte freundlich. »Sagen Sie, warum haben Sie so viele Kühltruhen in der Garage stehen?«

»Kühltruhen? Ach so, ja, natürlich. Mein Mann ist Vertreter für Tiernahrung und Frischprodukte aus Irland. Die müssen gekühlt gelagert werden. Ochsenfleisch. Lammfleisch. Lachs aus Galway.« Ramona Lindemann lachte wieder. »Sie können reingucken, wenn Sie wollen.«

»Gerne.«

Pia bemerkte, wie sie einen Blick über die Schulter ins Hausinnere warf, bevor sie die Haustür hinter sich ein Stück zuzog und an Bodenstein vorbei in die Garage ging.

MTK-SR 443, Fahrzeughalter. Sandra Reker. Finkenweg 52, 61479 Glashütten, meldete POLAS auf Pias Handy.

Sandra Reker! Hieß nicht so die Ex-Frau von Claas Reker? Pia erinnerte sich, dass André Doll ihren Namen erwähnt hatte.

Ramona Lindemann öffnete ohne zu zögern eine Kühltruhe nach der anderen. Verpacktes Fleisch. Ganze Seiten Räucherlachs. Abgepacktes Hundefutter.

»Haben Sie gerade Besuch von Frau Reker?«, fragte Pia, und die Frau fuhr erschrocken herum. Auch Bodenstein war überrascht.

»Äh, wie kommen Sie denn darauf?«

»Ihr Auto steht in Ihrer Auffahrt.«

»Ja. Sie ist hier.« Ramona Lindemann merkte, dass Lügen nutzlos war und zuckte die Schultern. »Wir gewähren ihr sozusagen Asyl.«

»Wegen Claas?«

»Genau. Dieses Dreckschwein hat sie bedroht!«

»Können wir kurz mit ihr reden?«, fragte Pia.

»Ich frage sie.« Ramona Lindemann löschte das Licht in der Garage und ließ das Sektionstor herunter. »Warten Sie kurz.«

Wenig später bat sie Pia und Bodenstein ins Haus und führte sie durchs Wohnzimmer hinaus auf die Terrasse. Unter einem Partyzelt stand eine Biertischgarnitur. Auf dem Tisch blakte ein Windlicht. Die Frau, die dort saß und sich nun zu ihnen umwandte, trug eine dicke Daunenjacke und rauchte. Sandra Reker war höchstens Mitte dreißig, sah aber aus wie Ende vierzig. Ihr ebenmäßiges Gesicht hätte schön sein können, wären da nicht die violetten Schatten unter ihren Augen und die eingefallenen Wangen gewesen, die sie krank wirken ließen. Sie kauerte wie ein Häufchen Elend auf der Bank. Die Hand, mit der sie die Zigarette hielt, zitterte.

»Frau Lindemann hat uns gesagt, Sie seien hier, weil Ihr Ex-Mann Sie bedroht hat«, sagte Pia, nachdem sie sich und ihren Chef vorgestellt hatte. »Stimmt das?«.

»Ja.« Sandra Reker nickte. Sie presste die Lippen zusammen und bemühte sich, die Tränen zurückzuhalten. »Ich wohne mit unseren Töchtern wieder bei meinen Eltern in Bad Soden. Nach der Scheidung wusste ich nicht, wohin. Vor ein paar Tagen hat mir mein Ex-Mann aufgelauert.« Ihre Stimme bebte. »Er sitzt stundenlang auf einer Bank und starrt zu meiner Wohnung hoch. Die Polizei sagt, dass sie nichts machen kann, solange nichts passiert ist. Ich hätte von hier wegziehen sollen. Aber das wollte ich nicht. Hier ist meine Heimat. Meine Familie lebt in der Gegend. Die Mädchen gehen hier zur Schule. Und Claas würde mich sowieso überall finden.«

»Sie könnten eine Gewaltschutzverfügung gegen Ihren Ex-Mann erwirken«, sagte Bodenstein einfühlsam.

»Das habe ich damals ja gemacht, aber so etwas interessiert

ihn nicht.« Sandra Reker winkte ab. »Claas hat sich noch nie an irgendwelche Regeln und Gesetze gehalten. In seinen Augen bin ich sein Besitz. Dass ich mich von ihm habe scheiden lassen, ist für ihn unerträglich. Er ist der Meinung, ich hätte sein Leben ruiniert und wäre daran schuld, dass er das Haus verloren hat. Dabei stimmt das gar nicht. Ich habe bei der Scheidung nichts verlangt. Ich wollte nur von ihm weg. Das Haus war ohnehin nur gemietet, und das Geld, das er mal hatte, ist für seine Anwälte draufgegangen.«

»Wieso hat er jetzt nur einen Hilfsarbeiterjob?«, wollte Pia wissen. »Mit seiner Qualifikation könnte er doch sicher eine bessere Arbeit bekommen.«

»Welche Qualifikation?« Sie lachte auf, aber es war kein frohes Lachen. »Er hat nie im Leben etwas bis zum Ende durchgezogen, aber das wusste ich am Anfang auch nicht. Mir hatte er erzählt, er sei der verantwortliche Ingenieur beim Bau des neuen Flughafenterminals. Als herauskam, dass er nur ein paar Semester Maschinenbau studiert hat und seine Diplome und Zeugnisse gefälscht waren, wurde er entlassen; er hatte noch Glück, dass sie ihn nicht wegen Betrugs angezeigt haben.«

Sie drückte ihre Zigarette in einem überquellenden Aschenbecher aus. Ihren Töchtern würde ihr Ex-Mann nichts tun, da war sie sicher. Er hatte es auf sie abgesehen.

Zuerst sprach sie zögernd, dann immer flüssiger über die Todesangst, die sie hatte. Darüber, dass sie nicht mehr arbeiten gehen könne und die Frage, warum man ihren kranken Ex-Mann überhaupt aus der Klinik entlassen habe.

Pia warf Bodenstein einen raschen Seitenblick zu. Er hatte seine Hände gefaltet und hörte einfach zu. Seine Fähigkeit, Gesprächspartnern das Gefühl zu geben, sie wären für ihn in dieser Sekunde die wichtigsten Menschen der Welt, hatte schon häufig zu guten Ergebnissen und unerwarteten Geständnissen geführt, aber dieses Gespräch führte in die falsche Richtung. Pia wartete, bis Sandra Reker Luft holen musste.

»Das ist sicherlich alles schrecklich für Sie«, sagte sie. »Aber wir sind hier, weil wir in einer Mordserie ermitteln. Acht Frauen wurden in den vergangenen fünfundzwanzig Jahren auf sehr ähnliche Weise getötet. Drei von ihnen haben wir unter dem Hundezwinger neben dem Haus von Theo Reifenrath gefunden. Glauben Sie, dass Ihr Ex-Mann dazu in der Lage ist, einen Mord zu planen und zu begehen?«

Sandra Reker starrte Pia aus weit aufgerissenen Augen an.

»Ich traue ihm alles zu«, erwiderte sie. »Er ist so voller *Hass*, das können Sie sich nicht vorstellen! Wie er da vor mir stand, so ...«

»Für diese Art von Mord muss man kaltblütig sein«, unterbrach Pia sie. »Einen Menschen zu entführen und zu töten, in Folie einzuwickeln und die Leiche einzufrieren, dazu gehört weitaus mehr als nur Hass.«

»Oh mein Gott!« Sandra Reker wurde noch eine Spur blasser. Sie schluckte krampfhaft. »Glauben Sie etwa, dass Claas so etwas getan hat?«

»Das wollen wir von Ihnen wissen«, sagte Bodenstein ruhig. »Sie kennen ihn erheblich besser als jeder andere.«

»Er wurde verdächtigt, ein dreizehnjähriges Nachbarmädchen ertränkt zu haben«, legte Pia nach. »Er hat seine Pflegegeschwister drangsaliert. Er hat Sie gefangen gehalten, geschlagen und mit einer Waffe bedroht. Das Gericht hielt ihn für so gefährlich, dass er in die geschlossene Psychiatrie musste und er ...«

»Nein, nein, nein!«, schrie Sandra Reker plötzlich und presste die Hände auf die Ohren wie ein kleines Kind. »Ich will das alles nicht hören!«

»Warum nicht?«, fragte Pia kühl. »Er ist Ihr Ex-Mann, der Sie bedroht hat. Vor dem Sie sich hier verstecken. Sie selbst haben ihn mit Ihrer Aussage in den Maßregelvollzug gebracht.«

»Weil sie mich alle dazu gedrängt haben!« Sandra Reker schlug mit den Fäusten auf den Tisch, sodass der Aschenbecher einen Satz machte und die Kippen herausflogen. »Ich wollte das nicht tun! Ich hätte gar nicht gegen ihn ausgesagt, wenn mich diese verfluchte Anwältin, meine Familie und meine tollen Freundinnen nicht dazu überredet hätten!« Ihre Stimme wurde schrill, Tränen liefen über ihre Wangen. »Sie haben recht! Ich kenne ihn viel besser als jeder andere, und ich wusste, er würde mir niemals etwas tun, weil er mich geliebt hat, auf seine Art! Aber jetzt *hasst* er mich, weil er glaubt, ich hätte ihn verraten! Und von denen, die so unbedingt wollten, dass ich ihn anzeige, kümmert sich keiner mehr um mich, jetzt, wo er wieder draußen ist! Für sie alle ist die Geschichte kalter Kaffee, aber *ich* muss Tag und Nacht in Angst leben! Und die Polizei tut auch nichts, bis er mich umgebracht hat!«

Pia und Bodenstein ließen sie reden, ohne ihren Monolog zu unterbrechen. Ramona Lindemann stand in der Tür, tat aber nichts, um ihrer Freundin beizustehen.

»Ja, Claas hatte mich im Haus eingeschlossen und er hatte eine Waffe in der Hand, aber die funktionierte gar nicht! Er war in einer emotionalen Ausnahmesituation, verstehen Sie? Er hätte mir trotzdem nichts angetan! Er hätte sich wieder beruhigt, und dann wäre es mir sicher gelungen, mich von ihm in Freundschaft und Frieden zu trennen! Die hatten doch alle keine Ahnung! Meine supertollen Freundinnen waren nur neidisch auf mich! Und diese beknackte Therapeutin hat mich einer Gehirnwäsche unterzogen, so, wie sie mich gegen Claas aufgehetzt hat! Ich durfte seine Briefe nicht lesen, sollte eine Blitzscheidung beantragen, meinen Mädchennamen wieder annehmen! Damit hätte ich anders geheißen als meine Töchter! Ich war so durcheinander, ich konnte nicht mehr klar denken, und das haben sie einfach ausgenutzt!« Sie schluchzte hysterisch auf.

Sandra Reker verteidigte ihren Ex-Mann, der sie gedemütigt hatte und sie bedrohte. Pia hatte sich früher oft gewundert, weshalb Frauen, die in ihrer Beziehung permanent seelischer oder körperlicher Gewalt ausgesetzt waren, jahrelang bei ihrem Peiniger ausharrten oder nach einer Trennung sogar zu ihm zurückkehrten. Mittlerweile wusste sie genug über das Phänomen der Co-Abhängigkeit: Menschen, die in eine Beziehung zu einem psychisch kranken Partner verstrickt waren, vertuschten diese Krankheit vor dem Umfeld und verschärften sie damit auf verhängnisvolle Weise sogar noch. Gerade Partnern von Narzissten, wie Claas Reker einer war, gelang es oft nicht, eine destruktive Beziehung zu beenden, weil sie fest davon überzeugt waren, alleine nicht überleben zu können. Sandra Reker war es in drei Jahren nicht gelungen, Distanz zu ihrem Ex-Mann zu gewinnen, im Gegenteil, sie idealisierte ihn sogar.

»Ich glaube nicht, dass Claas jemanden umgebracht hat! So etwas traue ich viel eher Fridtjof zu oder André! Die sind beide eiskalt und denken nur an sich!« Sie zog die Nase hoch und fuhr sich mit dem Ärmel über die Augen. Ihr Furor war erloschen, sie sackte wieder kraftlos in sich zusammen. »Es wird ein Unglück passieren, das weiß ich«, orakelte sie düster. »Ich habe ihn so weit getrieben, obwohl ich das nicht wollte. Deshalb sind eigentlich die anderen daran schuld, wenn er tut, was er vorhat.«

»Und was genau ist das?«, wollte Pia wissen.

Sandra Reker hob den Kopf und sah sie aus geröteten Augen an.

»Er hat gesagt, er wird alle umbringen, die sein Leben zerstört haben«, flüsterte sie. »Mich, die Richterin und diese Gutachterin, die dafür gesorgt hat, dass er in die Irrenanstalt musste.«

Pia brauchte ein paar Sekunden, um zu begreifen, was Sandra Reker gerade gesagt hatte, aber dann war es, als flösse Eiswasser durch ihre Adern. Bei der Gutachterin, deren Beurteilung damals dazu geführt hatte, dass Claas Reker in den Maßregelvollzug geschickt worden war, handelte es sich um ihre Schwester, um Kim!

»Wieso sagen Sie uns das erst jetzt?«, fuhr sie die Frau aufgebracht an und sprang auf. »Können Sie eigentlich auch an irgendjemand anderen denken als nur an sich?«

»Ich dachte, ich …«, begann Sandra Reker verunsichert.

»Sie dachten offenbar gar nichts!«, fiel Pia ihr grob ins Wort. »Sie haben die Drohung Ihres Ex-Mannes selbst so ernst genommen, dass Sie bei der Polizei angerufen und sich hier verkrochen haben, aber an die beiden anderen haben Sie keinen einzigen Gedanken verschwendet! Ich sage Ihnen: Wenn Ihr Ex-Mann jemandem etwas antut, dann sind Sie mit dafür verantwortlich!«

»Die Polizei wollte doch nichts tun!«, entgegnete Sandra Reker und verschränkte die Arme wie ein trotziges Kind. »Die haben mir gar nicht richtig zugehört.«

»Sie hätten vielleicht erwähnen sollen, dass Ihr Ex-Mann konkrete Drohungen gegen Dritte ausgesprochen hat, anstatt nur über Ihre eigene Misere zu jammern!« Pia hielt den Anblick der Frau keine Sekunde länger aus. »Entschuldigen Sie mich!«

Sie stürmte an einer verdatterten Ramona Lindemann vorbei nach draußen. Mittlerweile war es kurz nach neun und stockdunkel. Es hatte angefangen zu regnen. Mit bebenden Fingern zog Pia ihr Telefon aus der Tasche und wählte Kims Nummer. Sie musste ihre Schwester erreichen, sie warnen und sich vergewissern, dass es ihr gut ging! Ein Freizeichen ertönte. Wenigstens war Kims Handy eingeschaltet!

»Geh dran!«, flüsterte sie beschwörend. »Los, geh schon dran, Kimmi!«

Sie ließ es durchklingeln, dann beendete sie den Anruf und schrieb eine WhatsApp, danach noch eine SMS.

Hinter ihr tauchte ihr Chef auf.

»Und? Hast du sie erreicht?«, fragte er.

»Nein! Sie geht nicht dran!« Pia blickte verzweifelt auf. »Ich könnte dieser blöden Kuh den Hals umdrehen! Wieso hat sie das alles nicht gleich erzählt?«

Fast eine halbe Stunde lang hatten sie mit Sandra Reker gesprochen, vergeudete Zeit, in der ein rachsüchtiger Psychopath womöglich ihrer kleinen Schwester etwas angetan hatte! Ihre Gedanken überschlugen sich. Erst letzte Weihnachten hatte ihr älterer Bruder Kim und sie gefragt, ob sie nicht Angst vor all den Irren und Mördern hätten, mit denen sie sich jeden Tag beschäftigten. Er selbst könnte unter einem solchen Damoklesschwert nicht ruhig schlafen. Kim hatte Lars' Bedenken mit einem Achselzucken abgetan, und auch Pia hatte sich nicht vorstellen können, dass irgendjemand, den sie einer Tat überführt hatte, nach Verbüßung seiner Haftstrafe Rache an ihr nehmen könnte. Nur in Filmen oder Büchern gerieten Ermittler in Gefahr, in der Realität geschah das so gut wie nie. Doch dann fiel ihr ein, dass sie selbst vor Jahren einmal entführt und gefangen gehalten worden war. Diese schlimmen Stunden hatte sie erfolgreich verdrängt.

»Ich schicke eine Streife nach Kelsterbach zu dem Arbeitskollegen von Reker, bei dem er wohnt. Und dann fahren wir zu Kims Wohnung.« Bodenstein setzte sich ins Auto und begann zu telefonieren, während Pia weiterhin versuchte, Kim zu erreichen. Es hätte sie beruhigt, wenn Bodenstein versucht hätte, sie zu beschwichtigen, aber das tat er nicht. Sie hatte ihn selten so besorgt erlebt, und das jagte ihr am meisten Angst ein.

***

Ich habe einen Fehler gemacht. Einen fatalen Fehler. Wie konnte ich mich nur dazu hinreißen lassen, dieses Mädchen ins Haus zu lassen? Sie hat gemerkt, wie schockiert ich bei ihrem Anblick war, aber dann hatte ich mich ja sofort wieder im Griff. Ich hätte sie wegschicken sollen. Wieso habe ich das nicht getan? Nur weil sie genauso aussieht wie SIE damals, als wir noch jung waren und ich die Hoffnung hatte, dass sie mich eines Tages so lieben würde, wie ich sie geliebt habe? Meine Hände zittern, als ich mir ein Glas Wasser einschenke. Ich bin erschrocken über mich selbst. In all den Jahren habe ich nie, nie, nie impulsiv gehandelt, sondern bin immer strikt meinem Plan gefolgt. Ich habe sie alle nach strengen Gesichtspunkten ausgesucht. Es fühlte sich jedes Mal richtig an. Diesmal nicht. Als sie da eben vor mir lag und ihr Körper unter den Stromstößen zuckte, da habe ich etwas gespürt, was ich nicht spüren darf und nicht will: Erregung. Das darf nicht sein. Aber was tue ich jetzt? Was mache ich mit ihr? Weiß jemand, dass sie hierherfahren wollte? Das Einfachste wäre, ihr eine ordentliche Dosis Tropfen zu verpassen, damit sie einen Filmriss hat, und sie irgendwo abzulegen, wo man sie findet. Nein, nein, nein, ich kann nicht riskieren, dass es irgendeine Spur zu mir gibt! Mir bleibt gar nichts anderes übrig, als sie zu töten. Natürlich nicht so wie die anderen, das geht nicht. Schließlich ist sie unschuldig und hat niemandem etwas getan. Ich atme tief ein und aus. Trinke noch ein Glas Wasser. Ja, ich habe einen Fehler gemacht. Einen Fehler, den ich ausbügeln werde. Das Mädchen ist ein Kollateralschaden. So etwas kommt vor, wenn man eine Mission zu erfüllen hat. Ich kann es nicht mehr ändern, und ich darf nicht meine Zeit verschwenden, indem ich darüber nachdenke. Ich habe jetzt wichtigere Dinge zu erledigen.

***

Um 21:24 Uhr, sie waren schon auf der A 66 in Richtung Frankfurt, bekam Pia eine SMS, mit der sie nicht mehr gerechnet hatte.

Hi konnte nicht ans Telefon gehen, hatte Kim geschrieben. *Bin unterwegs hab nicht immer netz und kein WLAN. Melde mich!* Statt eines Grußes hatte sie das Emoji der französischen Landesflagge und einen Smiley angehängt.

»Das ist von Kim«, stieß sie hervor. »Oh mein Gott, ihr geht's gut! Wenn ich ihre Nachricht richtig deute, ist sie gerade in Frankreich!«

Vor Erleichterung wurde ihr ganz flau. In der vergangenen halben Stunde hatte sie sich die schrecklichsten Dinge ausgemalt und bereits überlegt, wie sie wohl ihren Eltern beibringen würde, dass ihrer kleinen Schwester etwas zugestoßen war.

»Dann müssen wir nicht mehr zu ihrer Wohnung fahren, oder?«, fragte Bodenstein, der am Steuer saß.

»Nein. Ist wohl nicht mehr nötig.« Pia schrieb Kim zurück, Claas Reker habe geäußert, er wolle sich an ihr rächen, und sie solle bitte auf sich aufpassen und sich melden, sobald sie zurück sei. Innerhalb von einer Minute sendete Kim ein Daumen-hoch-Emoji zurück.

»Puh! Jetzt aber nichts wie nach Hause. Das war ein langer Tag.« Pia lehnte den Kopf an die Kopfstütze.

Sie las die Nachrichten, die Kai über den K 11-Gruppenchat geschickt hatte, und informierte Bodenstein. »Reker ist nicht bei seinem Kumpel, Kai hat eine Fahndung nach ihm rausgegeben.«

»Mehr können wir jetzt nicht tun.« Bodenstein gähnte und gab Gas. »Schreib ihm, er soll Feierabend machen.«

Tag 10

Donnerstag, 27. April 2017

In der Nacht hatte Pia keine Erholung gefunden. Jede Stunde war sie aufgewacht. Wirre Albträume, in denen sie ständig auf der Flucht vor irgendeinem Unheil gewesen war, hatten sie gequält, dazu kamen die Schmerzen in ihrer Lendenwirbelsäule, die mittlerweile in beide Beine ausstrahlten und es ihr kaum möglich machten, eine einigermaßen erträgliche Liegeposition zu finden. Um kurz vor sechs war sie schließlich aufgestanden, hatte sich vorsichtig, um Christoph nicht zu wecken, ins Bad geschlichen und angezogen. Sie hatte sich auf den Rand der Badewanne setzen müssen, um überhaupt ihre Jeans anziehen zu können. In der Küche kontrollierte sie ihr Handy. Keine weitere Nachricht von Kim. Sie machte sich einen Kaffee, schluckte zwei Ibuprofen und hinterließ Christoph einen Gruß an der Tafel neben dem Kühlschrank. Sobald der Fall geklärt war, das hatte sie sich in der Nacht fest vorgenommen, würde sie zum Arzt gehen.

Während sie durch Bad Soden fuhr, rief sie Jens Hasselbach an. Sie hoffte, dass Claas Rekers Drohung, Kim etwas anzutun, nur Säbelgerassel war, aber leider hatte ihr alter Bekannter keine guten Nachrichten für sie: Reker war seit Dienstag nicht mehr zur Arbeit erschienen, und sein Arbeitskollege, bei dem er gewohnt hatte, wusste auch nicht, wo er war. Pia beendete das Gespräch, stieß einen Fluch aus und versuchte Kim zu erreichen, aber das Handy ihrer Schwester war wieder ausgeschaltet. Auf der Limesspange in Höhe der Heidesiedlung erinnerte sie sich im letzten Moment an den fest installierten Blitzer und trat auf die Bremse, um nicht schon wieder ein Erinnerungsfoto von der Stadt Liederbach zu bekommen. Claas Reker war wie vom Erdboden verschluckt. Dasselbe galt für Kim, und diese Koinzidenz erfüllte

Pia mit Sorge. Sie konnte Rekers Drohung nicht auf die leichte Schulter nehmen. Der Mann war gefährlich! Dr. Harding hatte die Gutachten gelesen, die das Landgericht auf Intervention von Dr. Engel herausgerückt hatte, und deren Inhalt trug nicht gerade zu ihrer Beruhigung bei. Sie klammerte sich an die Hoffnung, dass Kim in Frankreich in Sicherheit war und es ihnen gelingen würde, Claas Reker zu finden, bevor sie zurückkehrte. Zumindest war sie jetzt gewarnt.

Die Ampel an der Auffahrt zur B 519 war rot, und sie nutzte die Gelegenheit, Kims Kontaktdaten aufzurufen. Dabei stellte sie fest, dass sie keine Telefonnummer von ihrer neuen Arbeitsstelle in Bad Homburg hatte. Verflixt! Wieso konnte Kim nicht wenigstens mal kurz zurückrufen? Die Ampel sprang auf Grün. Auf der Fahrt nach Hofheim überlegte Pia, ob sie ihrer Schwester eine Mail schreiben sollte. Doch Kim konnte ziemlich empfindlich sein und Pias Besorgnis womöglich als Bevormundung oder Kontrolle empfinden.

Zehn Minuten später parkte Pia ihren Mini neben dem Auto ihrer Chefin. Auf dem öffentlichen Parkplatz vor dem Tor der RKI warteten trotz der frühen Uhrzeit schon einige Pressevertreter. Sogar Ü-Wagen von Fernseh- und Radiosendern waren dabei, und Pia fiel ein, dass es ihnen wohl weniger um den Taunusripper ging als um Fridtjof Reifenrath. Sie nahm einen kurzen Umweg durch die Seitenpforte, betrat das Gebäude und wollte nach rechts abbiegen, überlegte es sich im letzten Moment jedoch anders, ging die Treppe hoch und klopfte an die Tür des Vorzimmers der Kriminaldirektorin. Keine Reaktion. Die Tür war verschlossen. Dr. Engels Assistentin arbeitete Teilzeit und kam donnerstags erst um zehn, also ging sie eine Tür weiter und klopfte an die Tür des Büros.

»Herein!«

Sie betrat den Raum, und bevor sie ein »Guten Morgen!« äußern konnte, sagte Nicola Engel: »Ich hoffe, Ihr Ausflug mit dem Helikopter war erfolgreich und die exorbitanten Kosten wert.«

»Das wird sich zeigen.« Auch Pia sparte sich das Minimum an Höflichkeit, das sie auf der Zunge gehabt hatte. »Wir haben gestern von Claas Rekers Ex-Frau erfahren, dass er nicht nur sie, sondern auch die Richterin, die ihn damals verurteilt hat, und Kim bedroht hat.«

»Inwiefern bedroht?« Die Kriminaldirektorin ließ sich nicht anmerken, ob sie diese Nachricht berührte oder nicht. Nur in ihren Augen blitzte kurz Besorgnis auf.

»Er sagte, er wolle alle drei Frauen umbringen, weil er meint, sie hätten ihm sein Leben verdorben«, sagte Pia. »Wir nehmen diese Drohung sehr ernst. Reker ist untergetaucht, seitdem wir ihn am Montagabend auf freien Fuß gesetzt haben. Die Fahndung nach ihm läuft. Ich habe Kim gestern Abend gleich eine SMS geschickt, aber darauf hat sie nur geschrieben, sie sei unterwegs und habe schlechten Empfang. Weil sie ein Emoji von einer französischen Flagge mitgeschickt hat, vermute ich, dass sie in Frankreich ist, aber ich bin mir nicht sicher.«

»Dann haben Sie ja alles Notwendige in die Wege geleitet«, erwiderte die Kriminaldirektorin. »War es das?«

»Könnten Sie Kim nicht bitte mal anrufen?« Pia bezähmte ihren aufwallenden Zorn. Wie konnte die Engel so unbeteiligt tun, als handelte es sich bei Kim um eine x-beliebige Fremde und nicht um die Frau, mit der sie fünf Jahre lang in einer Beziehung gelebt hatte? »Vielleicht geht Sie ja bei Ihnen ans Telefon.«

»Wenn es Sie beruhigt, werde ich das später tun. Was gibt es noch?«

»Könnten Sie es nicht jetzt gleich mal versuchen? Bitte ...«

»Vorher lassen Sie mir ja wohl keine Ruhe.« Dr. Engel griff mit einem Seufzer nach ihrem Smartphone, tippte etwas hinein und nahm es ans Ohr. »Ihr Handy ist ausgeschaltet.« Sie legte das Telefon wieder weg. »Sind Sie jetzt zufrieden?«

Pia schluckte eine scharfe Entgegnung herunter und zählte stumm bis drei, bevor sie antwortete. Wenn sie sich ernsthaft mit ihrer Chefin anlegte, würde sie den Kürzeren ziehen, egal, ob der Polizeipräsident sie schätzte oder nicht.

»Ja«, sagte sie deshalb beherrscht. »Danke.«

»Geben Sie mir bitte Bescheid, wenn Sie mit Herrn Dr. Reifenrath sprechen.« Dr. Engel setzte ihre Brille wieder auf. »Ich will dabei sein. Da draußen versammelt sich schon die Presse.«

»Ich hab's gesehen.« Pia trat den Rückzug an, innerlich kochend vor Zorn über die Gleichgültigkeit ihrer Chefin. Diese Frau hatte wirklich null Empathie! Nach allem, was Pia in den letzten Tagen von Dr. Harding gelernt hatte, war Dr. Nicola Engel das, was der Profiler als einen »erfolgreichen Psychopathen« bezeichnete! Schon den Türgriff in der Hand, besann Pia sich und drehte sich um. »Ist es Ihnen eigentlich völlig egal, was mit Kim ist?«, fragte sie. »Ich meine, es geht mich nichts an, aber immerhin waren Sie fast fünf Jahre mit ihr zusammen.«

»Sie haben es selbst gesagt«, erwiderte die Kriminaldirektorin kalt. »Es geht Sie absolut nichts an.«

»Haben Sie zufällig einen Schlüssel für Kims Wohnung?«

»Wieso?«

»Weil ich hinfahren möchte, um nachzusehen, ob alles in Ordnung ist, sobald ich hier für heute fertig bin.«

»Ich habe keinen Schlüssel.« Frau Dr. Engel beugte sich über das Schriftstück, in dem sie gelesen hatte. Für einen winzigen Moment glaubte Pia schon, ihre Chefin zeige so etwas wie Menschlichkeit und Sorge um die Frau, die ihr eine ganze Weile nahegestanden hatte, aber ihre nächsten Worte belehrten sie eines Besseren. »Sie können offenbar an nichts anderes mehr denken als an Ihre Schwester. Bevor Sie sich bei der Vernehmung von Dr. Reifenrath aus Unkonzentriertheit einen Fauxpas erlauben, ist es besser, wenn Bodenstein und Altunay das übernehmen.«

Pias Handy klingelte, aber sie drückte das Gespräch weg und ging stattdessen zum Schreibtisch ihrer Chefin hinüber. Wieso hatte sie das nicht sofort kapiert? Nicola Engels Reaktion auf jede Erwähnung von Kims Namen entsprang nicht etwa ihrer Gleichgültigkeit, sondern war die Folge einer tiefen Kränkung. Sie musste ihre Strategie ändern.

»Sie dürfen gehen, Frau Sander«, sagte die Engel ohne aufzublicken, aber Pia rührte sich nicht von der Stelle, bis ihre Chefin endlich den Kopf hob.

»Entschuldigen Sie bitte, dass ich so unsensibel war.« Pia schlug einen mitfühlenden Ton an. »Kim muss Sie ganz schön verletzt haben. Ich weiß, wie das ist. Das konnte sie schon immer gut. Es tut mir wirklich leid.«

Mit einem Anflug von Erleichterung erkannte sie, dass sie

einen Wirkungstreffer erzielt hatte. Die beherrschte Fassade ihrer Chefin bekam Risse. Ihre Hand umklammerte den Füllfederhalter so fest, dass ihre Fingerknöchel weiß hervortraten. Sie schluckte und versuchte krampfhaft, Haltung zu bewahren. Das erbarmungslose Halogenlicht des Deckenstrahlers entblößte Krähenfüße und Falten an ihrem Hals, die Pia zuvor nie aufgefallen waren. Vor ihr saß eine alternde Frau, die von ihrer jüngeren Geliebten verlassen worden war. Vielleicht für eine jüngere Frau? Oder gar einen Mann? Bevor die Engel sich gefasst hatte, war Pia schon auf dem Weg nach draußen und nahm ihr Handy ans Ohr, damit ihre Chefin nicht auf die Idee kam, sie noch einmal zurückzuzitieren.

***

Offenbar hatten Dr. Harding, Kai und Tariq eine Nachtschicht eingelegt. Auch Bodenstein war schon da. Er saß mit gefurchter Stirn an einem der drei Tische, die Kai Ostermann mit Beschlag belegt hatte, und studierte einen Zeitungsartikel.

»Guten Morgen!«, grüßte Pia und ließ ihre Schultertasche auf den leeren Stuhl neben Kais Platz gleiten.

»Guten Morgen.« Bodenstein blickte auf und faltete die Zeitung zusammen. »Willst du die neuesten Spekulationen über den Taunusripper lesen?«

»Lieber nicht.« Pias Blick fiel auf Dr. Harding, der auf einem Stuhl saß und die eng beschriebenen Whiteboards anstarrte.

»So sitzt er schon seit zwei Stunden da«, sagte Kai mit gesenkter Stimme. »Er kann kaum geschlafen haben, wenn überhaupt. Als ich gestern Abend um halb elf weg bin, war er noch da. Und heute Morgen kam er um fünf mit dem Taxi an, beladen mit einem Haufen Akten.«

»Auf jeden Fall hat er sich umgezogen«, stellte Pia fest, dann musterte sie ihren Kollegen. »Du auch, wie ich sehe. Wahrscheinlich hast du nicht viel mehr Schlaf bekommen als er.«

»Du weißt doch, dass ich maximal vier Stunden brauche.« Kai grinste. »Und zwischendurch zwei, drei Kaffee, einen Energydrink und einen Powernap.«

»Ist die Richterin informiert worden?«

»Gleich noch gestern Abend. Sie hat sich Urlaub genommen und ist zu Verwandten in Bayern gefahren.«

»Hätte ich an ihrer Stelle auch gemacht.« Pia nickte. »Die Engel will dabei sein, wenn wir mit Fridtjof Reifenrath sprechen. Wann machen wir das?«

»Gleich nach der Teambesprechung.«

Immer mehr Kollegen strömten herein. Der Leiter der Schutzpolizei erschien zusammen mit Pressesprecher Smykalla, wenig später tauchte Dr. Nicola Engel auf. Bodenstein bedankte sich bei allen Mitgliedern der SoKo Muttertag für ihre gute Arbeit und dafür, dass sie alle ohne zu murren Überstunden geschoben hatten, dann übergab er an Dr. Harding.

Der Profiler trug denselben braunen Dreiteiler wie an den Tagen zuvor, dazu aber ein frisches Hemd in Orange und eine grauenhaft hässliche Krawatte mit braunen und orangefarbenen Streifen. Man sah ihm nicht an, dass er fast die ganze Nacht durchgearbeitet hatte. Er wirkte hellwach und hochkonzentriert.

»Eine Fallanalyse fußt auf drei Säulen«, begann er. »Diese sind erstens: die Spuren am Tatort, die uns leider nicht zur Verfügung stehen, da die Fundorte der Leichen nicht die Tatorte sind. Zweitens: die Spuren an der Leiche, die wir in einigen, aber nicht in allen Fällen vorliegen haben, sowie drittens: die Persönlichkeit der Opfer. Mittlerweile haben wir genug Informationen, um ein Täterprofil zu erstellen. Wir wissen, dass die Opfer gezielt ausgesucht wurden. Alle Frauen hatten Kinder, die sie verlassen haben. Und zwar nicht aus einer sozialen Notwendigkeit heraus, sondern weil sie ein neues Leben anfangen wollten. Ich gehe davon aus, dass der Killer selbst als Kind von seiner Mutter verlassen wurde. Seine Opfer sind Stellvertreter. Indem er sie tötet, tötet er immer wieder seine Mutter. Gleichzeitig hat er eine Mission: Er will die Welt von Frauen befreien, die ihre Kinder aus egoistischen Gründen in Kinderheime stecken, wie es ihm selbst widerfahren ist.«

Dr. Harding räusperte sich und wies auf eines der Whiteboards, auf dem er verschiedene Stichpunkte notiert hatte, die er einen nach dem anderen durchging.

»Eine weitere wichtige Voraussetzung für das Täterprofil ist die sogenannte Tathergangsanalyse. Was wissen wir bisher? Der Täter hat seine Opfer in seine Gewalt gebracht und dabei ein zielgerichtetes und gut geplantes Verhalten an den Tag gelegt, was darauf schließen lässt, dass er sich seinen Opfern nicht blitzartig angenähert hat, sondern vermutlich unter einem Vorwand. Dies wiederum weist auf großes Selbstvertrauen und ein gepflegtes Äußeres hin, möglicherweise hat er sogar eine Verkleidung benutzt. Die Opfer waren nicht argwöhnisch und haben ihn so nahe an sich herangelassen, dass er sie überwältigen konnte. Psychopathen können äußerst charmant sein und verfügen oberflächlich betrachtet über eine große soziale Kompetenz. Unser Täter ist kein unheimliches Monster. Wahrscheinlich sieht er völlig durchschnittlich aus.«

Bodenstein ging im Geiste die ehemaligen Pflegesöhne der Reifenraths durch. Keiner von ihnen war besonders hässlich oder beeindruckend gut aussehend. Auch André Doll, mit seinem akkuraten Kurzhaarschnitt und dem ausrasierten Bart, hatte ein gepflegtes Äußeres, wenn man von seinen Tätowierungen einmal absah, aber die konnte er problemlos unter langen Ärmeln verstecken.

»Unser Täter ist intelligent, nicht gesellschaftlich unterprivilegiert, kein sogenannter Minderleister. Höchstwahrscheinlich hat er Familie. In der Regel haben solche Täter keine einschlägigen Vorstrafen, bis sie überführt werden.«

»Woher wissen Sie das alles?«, fragte jemand skeptisch. »Sind das Fakten oder Vermutungen?«

»In gewisser Weise sind es natürlich Vermutungen«, räumte Dr. Harding ein. »Aber sie basieren auf Erfahrungswerten aus unzähligen Ermittlungsergebnissen der letzten fünfzig Jahre.«

»Wie definieren Sie den Begriff ›Minderleister‹?«, wollte Bodenstein wissen.

»Wir bezeichnen erwachsene Arbeitnehmer dann als Minderleister, wenn sie ihre persönliche Leistungsfähigkeit nicht voll ausschöpfen«, führte der Profiler aus. »Ein Arbeitnehmer muss seine Arbeit unter Einsatz der ihm möglichen Fähigkeiten ordentlich, konzentriert und sorgfältig verrichten. Dabei kommt es nicht unbedingt darauf an, ob er Handwerker oder Direktor eines Unternehmens ist. Typisch für Minderleister ist, dass sie keine Tätigkeit lange durchhalten, oft den Arbeitsplatz wechseln und kein Problem damit haben, für längere Zeit arbeitslos zu sein.«

Diese Charakterisierung entsprach keinem der Pflegesöhne, höchstens Claas Reker. Über die anderen noch lebenden ehemaligen Pflegesöhne hatten sie nur wenige Informationen, aber sie kamen ohnehin nicht infrage, denn von ihnen erfüllte keiner die wohl wichtigste Voraussetzung für eine Täterschaft, nämlich Zugang zum Grundstück von Reifenrath zu haben, ohne aufzufallen. Dies traf nur auf André Doll, Sascha Lindemann, Fridtjof Reifenrath, Joachim Vogt und Claas Reker zu, außerdem auf den Tierarzt Dr. Gehrmann, Reifenraths Hausarzt und einige alte Vereinskameraden, die Harding aber ebenso wie Theo Reifenrath selbst von seinen Überlegungen ausgeschlossen hatte.

»Stichwort: Tathergang«, fuhr der Profiler fort. »Die Art und Weise der Tatdurchführung genau zu analysieren ist deshalb so wichtig, weil sie uns sehr viel über die praktischen Fähigkeiten des Täters verrät. Fakt ist, dass einige der Opfer über vergleichsweise weite Strecken transportiert wurden. Gleichgültig, ob sie dabei bereits tot waren oder nur bewusstlos oder bewegungsunfähig gewesen sind, bedarf es dazu einiger Körperkraft. Fünf Opfer wurden an öffentlichen Orten abgelegt, das ist auch nicht so einfach, wie es sich anhören mag.«

Dr. Harding hielt inne, trank einen Schluck Wasser.

»Alle Opfer wurden in Frischhaltefolie eingewickelt, ob vor oder nach ihrem Tod spielt keine Rolle, denn beides ist mit erheblicher Anstrengung verbunden. Es gibt Hinweise darauf, dass unser Täter seine Opfer ertränkt hat. Um eine erwachsene Person in Todesangst, ob gefesselt oder nicht, unter Wasser zu tauchen und dort zu halten, bis der Tod eingetreten ist, bedarf es wiederum großer Kraft. Für mich steht also fest, dass der Täter männlich ist, zwischen dreißig und fünfzig Jahre alt und körperlich fit.«

Er wies auf ein zweites Whiteboard.

»Für mich ist das Motiv des Täters nur zweitrangig. Ich halte Ausschau nach Verhaltensmustern, die mir Rückschlüsse auf sein Leben, sein Verhalten im Alltag geben. Ihm sind Rituale wichtig, das lässt seine Handschrift erkennen. Er hat spezielle Fantasien und Bedürfnisse, die nur durch einen bestimmten ritualisierten Ablauf befriedigt werden können. Dazu gehört unter Umständen auch die Mitnahme und Aufbewahrung von Souvenirs, durch die er seine Taten immer wieder aufs Neue durchleben kann. Der Kreis der Verdächtigen ist ziemlich klein. Der Täter muss aus dem direkten Umfeld von Theo kommen.« Er deutete auf die Whiteboards, auf denen die Namen der ehemaligen Pflegekinder und von Raik Gehrmann standen. »Ich bin mir sicher, dass es einer von ihnen ist.«

Harding glättete mit dem Zeigefinger und dem Daumen seinen Schnauzbart, dann faltete er wieder die Hände auf dem Rücken. »Psychopathen sind äußerst berechenbar, wenn man ihre Vorgehensweise einmal verstanden hat. Sie folgen immer dem gleichen Muster. Wie ich schon sagte, ist das Verhalten des Täters Ausdruck seiner Bedürfnisse. Kennt man die, weiß man schon eine Menge über ihn.«

»Ich kann mir nichts unter diesen ›Bedürfnissen‹ vorstellen«, meldete sich ein Kollege zu Wort. »Was genau meinen Sie damit?«

»Nein, nein, das ist eine gute und wichtige Frage«, antwortete Dr. Harding, als sich Gemurmel über die vermeintlich triviale Nachfrage breitmachte. »In der Psychologie definieren wir den Begriff ›Bedürfnis‹ als den Wunsch oder das Verlangen, einem empfundenen oder tatsächlichen Mangel abzuhelfen. Wir betrachten ein Bedürfnis als die Vorstufe des Verlangens und das Verlangen wiederum als einen Zustand, der die menschliche Psyche auf ein bestimmtes Ziel richtet. Ein wichtiges Bedürfnis unseres Täters ist die maximale, sadistische Kontrolle über einen anderen Menschen. Den auslösenden Faktor, der ihn aktiv werden lässt, kennen wir noch nicht, aber wir wissen, dass es ihm ein Bedürfnis ist, zu sehen und zu spüren, wie das Leben den Körper verlässt. Wir können davon ausgehen, dass die Opfer einen langsamen und qualvollen Tod erleiden mussten. Der Täter will ausgiebig genießen, was er unter Inkaufnahme großer Risiken und Befolgung seines Planes erreicht hat. Aber ihm reicht es nicht, seine Opfer sterben zu sehen. Er empfindet Freude am Leid und an der Todesangst seiner Opfer und will dieses Glücksgefühl konservieren, nur deshalb friert er sie nach ihrem Tod ein und behält sie für eine Weile bei sich. Das zeigt seine obsessive Sehnsucht nach Macht und Kontrolle über den Tod hinaus.«

»Es tut mir leid, aber ich halte das nicht mehr aus!«, ertönte plötzlich eine schrille Stimme. Ein Stuhl krachte zu Boden, und alle wandten sich um. Eine junge Kollegin, die im Einbruchsdezernat arbeitete und sich freiwillig zur Mitarbeit in der SoKo gemeldet hatte, war aufgesprungen. Sie war käseweiß. »Wie können Sie bloß so ungerührt über solche Widerwärtigkeiten sprechen? Diese Frauen haben Entsetzliches durchmachen müssen, und Sie bezeichnen sie nur als *Opfer*, als hätten sie keine Identität! Jede von ihnen hatte eine Familie, Kinder, wurde geliebt und vermisst, und Sie tun so, als würde das alles gar keine Rolle spielen! Sind Sie so abgebrüht, dass Sie das Schicksal dieser Frauen wirklich völlig kaltlässt?«

»Aber im Gegenteil!«, erwiderte Dr. Harding sanft. »Alles, was ich tue, tue ich für die Opfer dieser kranken Mörder! Ich habe mir geschworen, so vielen von ihnen wie möglich das Handwerk zu legen, um den Opfern und ihren Angehörigen wenigstens Gerechtigkeit widerfahren zu lassen. Fragen Sie Ihre Kollegen von der Mordkommission: Die Entpersonalisierung der Opfer von Gewalttaten geschieht keineswegs aus Respektlosigkeit oder Gleichgültigkeit, sondern aus Selbstschutz, damit man als Ermittler objektiv bleiben kann und nicht zu sehr persönlich betroffen ist. Es ist die einzige Art, wie wir, die wir uns mit dem Bösen auf dieser Welt beschäftigen, solche Dinge überhaupt aushalten können.«

»Aber warum müssen wir das alles überhaupt so genau wissen?« Die junge Kriminalkommissarin schluckte und verschränkte die Arme vor der Brust. »Sie sagten ja selbst vorhin, dass der Kreis der Verdächtigen relativ klein ist. Warum nehmen wir nicht einfach alle fest und verhören sie?«

»Reden Sie doch nicht so ein unreflektiertes Zeug daher!«, rügte die Kriminaldirektorin die junge Frau scharf. »Man könnte ja meinen, Sie hätten in Ihrem Studium nicht zugehört, als es um Ermittlungsarbeit ging.«

Derart gemaßregelt, lief die Beamtin rot an. Einige ihrer Kollegen grinsten verstohlen. Noch immer waren manche Polizisten der Meinung, dass Frauen viel zu emotional waren und deshalb bis auf sehr wenige Ausnahmen in diesem Beruf nichts verloren hatten.

»Sie sollten das alles so genau wissen, damit Sie Psychopathen in Ihrer Umgebung erkennen.« Harding ging über Nicola Engels Bemerkung hinweg. »Höchstwahrscheinlich ist unser Täter bereits längst auf der Suche nach einem neuen Opfer. Vielleicht hat er es sogar schon gefunden. Wenn wir ihn jetzt unbedacht in die Enge treiben, könnte es passieren, dass er von seinem üblichen Prozedere abweicht und sofort zuschlägt, anstatt wie bei seinen vorhergehenden Taten bis zum Muttertag, der sein Trigger zu sein scheint, abzuwarten.«

»Ich kann das trotzdem nicht aushalten«, sagte die junge Frau leise und vermied es, Bodenstein oder Pia anzusehen. »Tut mir leid, wenn ich euch im Stich lasse.«

Sie eilte hinaus, ohne ihren Stuhl aufzuheben oder sich noch einmal umzusehen. Die Tür fiel mit einem lauten Knall hinter ihr ins Schloss. Niemand kommentierte ihren Abgang oder machte eine spöttische Bemerkung. Das, was der Profiler ihnen erzählte, war etwas, womit die meisten von ihnen nie zuvor zu tun gehabt hatten, und eine solche Schockreaktion war nur normal. Gerade die jungen Kollegen mussten erst lernen, wie man heilsame Distanz zu den Grausamkeiten, zu denen Menschen fähig waren, hielt. Manchen gelang das nie, andere kamen besser damit zurecht. Sich selbst hatte Bodenstein nach dreißig Dienstjahren auch für ziemlich hartgesotten gehalten, bis ihm sein letzter Fall vor dem Sabbatical seine persönlichen Grenzen aufgezeigt hatte.

Er stand auf, blickte in die Gesichter seiner Kollegen und sah Anspannung und Zweifel, aber auch Entschlossenheit und Neugier.

»Was ihr hier zu hören kriegt, ist nur schwer zu ertragen, das weiß ich«, sagte er. »Ihr seid freiwillig dabei, und das wissen wir zu schätzen. Aber wir haben vollstes Verständnis dafür, wenn es für jemanden zu viel ist. Niemand muss sich schämen, wenn er lieber aussteigen will.«

Keiner der Anwesenden rührte sich.

»Okay. Danke.« Bodenstein nickte, dann wandte er sich an Harding. »Bitte, Dr. Harding, fahren Sie fort!«

Der Profiler sammelte sich einen Augenblick.

»Ich komme auf die Bedürfnisse unseres Täters zurück«, sagte er und begann an den Fingern abzuzählen. »Wir wissen, dass er ausgesprochen diszipliniert vorgeht. Er hinterlässt keine Spuren, sichert sich ab, überlässt nichts dem Zufall. Auf diese Weise ist er seit mindestens 1988 erfolgreich. Extrem disziplinierte Menschen sind in ihrem Privatleben jedoch fast immer unflexibel. Sie arbeiten über einen langen Zeitraum in dem gleichen Job, ziehen nur ungern um, haben oft lange Beziehungen. Zweitens wissen wir, dass Machtausübung ein wesentliches Element seiner Taten ist. Das zeigt sich im Gebrauch von Utensilien wie beispielsweise der Frischhaltefolie. Drittens«, Harding hob den dritten Finger, »Rituale spielen eine wichtige Rolle für ihn, sie sind Bestandteil seiner Motivation. Bei manchen Tätern gehört bereits die Planung zum Ritual, nicht nur die eigentliche Tat und sein Nachtatverhalten.«

Der Profiler ließ die Hände sinken.

»Der Mann, den wir suchen, ist ein gefährlicher sadistischer Psychopath, mitleidslos, angstfrei, ohne Gewissen. Möglicherweise hat er ein vorpubertäres Trauma erlitten. Sadistische Psychopathen haben in ihrer Kindheit häufig emotionale Vernachlässigung und Gewalt erlebt, wurden misshandelt. Auch sexuelle Übergriffe zwischen Jugendlichen und Kindern können ein solches Trauma auslösen. Merken Sie sich zum Schluss bitte noch eins: Serienkiller sind kranke Menschen, die auf keine Art und Weise geheilt werden können, weder durch Psychiater noch sonst irgendwie. Das Einzige, was einen Psychopathen aufhalten kann, ist ein noch größerer Psychopath.«

***

Fridtjof Reifenrath hatte gestern nach seiner Festnahme erstaunlicherweise kaum protestiert, als er, nachdem Cem ihn über seine Rechte belehrt hatte, ohne Gürtel, Schnürsenkel und Smartphone in eine der nur selten benutzten Zellen im Untergeschoss gebracht worden war. Der Anruf, den er hatte tätigen dürfen, hatte weder seiner Ehefrau noch einem Anwalt gegolten, sondern einem Vorstandskollegen der DEHAG. Der wachhabende Beamte hatte berichtet, Reifenrath habe in der Nacht tief und fest geschlafen. Was auch immer er erfahren hatte, es hatte ihn nicht erschüttert.

»Das ist doch eigentlich ein Zeichen dafür, dass er kein schlechtes Gewissen hat«, fand Pia. Sie hatte es ihrer Chefin überlassen, gemeinsam mit Bodenstein die Vernehmung zu führen, und saß mit Dr. Harding im Nebenzimmer des Vernehmungsraumes hinter dem venezianischen Spiegel

»Der Mann ist ein Psychopath«, erwiderte der Profiler. »Er weiß gar nicht, was ein Gewissen ist. Deshalb ist er auch so gelassen. Wahrscheinlich ist ihm klar, dass er seinen Job los ist. Menschen wie er können Dinge, die verloren sind, einfach abhaken. Er weiß, dass er einen goldenen Handschlag kriegen und mit ein paar Millionen auf dem Konto ohne großen Gesichtsverlust woanders weitermachen kann. Ganz sicher hat er schon einen Plan.«

Fridtjof Reifenrath war unrasiert, sein weißes Hemd war zerknittert und stand am Kragen offen. Seine Hose musste er mit einer Hand festhalten, damit sie ihm ohne Gürtel nicht herunterrutschte. Er lehnte sich auf seinem Stuhl zurück, schlug die Beine übereinander und nippte an dem Pappbecher mit Kaffee, den jemand ihm besorgt hatte.

»Herr Dr. Reifenrath«, sagte Bodenstein, nachdem er die notwendigen Informationen über Datum, Uhrzeit, Fallnummer und Anwesende auf Band gesprochen hatte. »Sie werden heute als Beschuldigter vernommen. Ihnen wird zur Last gelegt, am 14. Mai 1995 Ihre Großmutter, Frau Rita Reifenrath, mittels einer Waffe oder eines gefährlichen Werkzeugs getötet zu haben. Nach § 136 StPO steht es Ihnen frei, sich zu diesem Straftatvorwurf zu äußern. Sie haben das Recht zu schweigen, um sich nicht selbst zu belasten. Außerdem dürfen Sie einen Verteidiger hinzuziehen.«

»Ich weiß«, erwiderte Fridtjof Reifenrath und nippte an seinem Kaffee. »Das hat mir Ihr Kollege gestern auch schon alles gesagt. Ich brauche keinen Anwalt.«

»Gut.« Bodenstein nickte. »Wir haben unter dem Poolhaus auf dem Anwesen Ihres Großvaters Waffen gefunden. Der Besitz von einigen dieser Waffen fällt unter das Kriegswaffenkontrollgesetz und ist strafbar. Aus einer Pistole der Marke Walther TPH Kaliber .22 wurde, das hat die ballistische Untersuchung zweifelsfrei ergeben, der Schuss auf Ihre Großmutter abgegeben. Außerdem haben wir am Hals der Sektflasche, die neben dem Skelett von Rita Reifenrath in einem Brunnenschacht lag, Ihre Fingerabdrücke festgestellt.«

Dr. Harding saß vorgebeugt da, die Ellbogen auf den Knien, und verfolgte das Gespräch so aufmerksam wie andere ein spannendes Fußballspiel. Reifenrath nickte zu Bodensteins Worten. Seine Miene war ausdruckslos, beinahe gelangweilt.

»Die Waffen gehören mir«, gab er unumwunden zu. »Ich war schon als kleiner Junge ein Waffennarr. Als meine Kinder auf die Welt kamen, habe ich das ganze Arsenal zu meinem Großvater gebracht und ihn darum gebeten, sie irgendwo sicher zu lagern.«

»Er war darüber nicht besonders glücklich, oder?«, warf Bodenstein ein.

»Nein, das war er nicht«, bestätigte Fridtjof Reifenrath. »Er bedrängte mich ständig, das Zeug bei ihm abzuholen.«

»War es das, was er in dem Telefonat vor ein paar Monaten mit ›Altlasten‹ gemeint hat?«

»Genau.« Reifenrath schien nicht überrascht zu sein, woher die Polizei den Inhalt eines Telefonats mit seinem Großvater kannte, oder es war ihm einfach egal. »Wir hatten kein gutes Verhältnis. Seine Lieblingsdrohung mir gegenüber war immer die, dass er mich enterben würde. Es fuchste ihn, wenn ich ihm sagte, ich wäre sowieso nicht scharf darauf, etwas von ihm zu erben, erst recht nicht die alte Bude oder das heruntergekommene Firmengelände. Es erbitterte ihn, nichts in der Hand zu haben, womit er mich erpressen konnte. Im Gegenteil. Er war in meiner Schuld, denn ich bin der Einzige, der weiß, was sich am 14. Mai 1995 abgespielt hat.«

»Und was genau war das?«

»Theo hat Rita vor meinen Augen erschossen«, antwortete Reifenrath, als ob er über so etwas Lapidares wie das Wetter spräche. »Er hasste sie und sie verachtete ihn. Ein Wunder eigentlich, dass es nicht viel eher zwischen ihnen eskalierte. An dem

Tag war sie auf hundertachtzig. Sie beleidigte und beschimpfte ihn und ließ sich von niemandem beruhigen, auch nicht von mir. Theo wankte ins Haus, legte sich auf die Couch und schlief ein, nachdem er ihr wie so oft gedroht hatte, dass er sie umbringen würde. Wahrscheinlich wäre überhaupt nichts passiert, wenn sie ihn in Ruhe seinen Rausch hätte ausschlafen lassen, aber nein, sie konnte einfach nicht. Die anderen waren alle weg, auch ich war im Aufbruch begriffen. Ich war gerade mit meiner Verlobten zusammengezogen, wir planten unsere Hochzeit, und ich wollte so schnell wie möglich nach Hause. Auf dem Weg zum Auto hörte ich meine Großmutter schreien, also habe ich auf dem Absatz kehrtgemacht. Als ich in die Küche kam, hatte Theo eine Sektflasche in der Hand und wollte sie meiner Großmutter auf den Kopf schlagen. Er war betrunken und wütend und ich konnte ihm die Flasche gerade noch abnehmen.« Reifenrath hielt kurz inne und schüttelte leicht den Kopf. »Ich habe den Ernst der Situation unterschätzt. Theo verließ die Küche, und ich habe versucht, meine Großmutter zu beruhigen, aber das war unmöglich. Auf einmal stand er da, mit der Pistole in der Hand. ›Geh da weg, Junge‹, hat er gesagt. ›Jetzt mach ich sie kalt, die Hexe.‹ Sie hat nur gelacht, und das war ihr Fehler. Er drückte ab und schoss ihr in den Bauch. Ich war vor Entsetzen wie gelähmt. In dem Augenblick ging mir alles durch den Kopf: Notarzt rufen. Polizei rufen. Ich sah schon die Schlagzeilen in den Zeitungen. Mein Schwiegervater war damals noch der Vorstandsvorsitzende eines internationalen Konzerns, sein Name weltbekannt. In seinen Augen war ich nur ein Emporkömmling. Ein Mörder als Großvater wäre für ihn ein gefundenes Fressen gewesen und er hätte die Hochzeit sicherlich verboten.«

»Er war schon vor zwanzig Jahren derselbe Egoist wie heute«, stellte Dr. Harding fest. »Unfähig, Mitgefühl zu empfinden. Er hat selbst in dieser Situation nur an sich und an die Nachteile gedacht, die sich für ihn daraus ergeben könnten.«

Egomistischer Mistkerl, dachte Pia.

»Die Kugel hatte wohl die Bauchschlagader getroffen«, schilderte Reifenrath die Ereignisse. »Meine Großmutter ist innerhalb von ein paar Minuten auf dem Küchenfußboden verblutet. Theo hat sich einfach wieder aufs Sofa gelegt und ist eingeschlafen. Und ich stand da und wusste nicht, was ich tun sollte.«

»Sind Sie auf die Idee mit dem Selbstmord gekommen?«, wollte Bodenstein wissen.

»Nein, das war Joachim«, erwiderte Reifenrath. »Ich wusste mir keinen anderen Rat, als ihn anzurufen. Er war mein bester Freund und der einzige Mensch, dem ich vertrauen konnte. Er hat sich gleich ins Auto gesetzt und war zwei Stunden später da. Ich war in Panik. Ich hatte die ganze Zeit Angst, jemand könnte den Schuss gehört haben und die Polizei rufen. Wir haben die Leiche in den Brunnenschacht gelegt. Theo kam irgendwann dazu und warf die Sektflasche hinterher. Wir haben die Eisenplatte auf den Brunnenschacht gelegt, Erde drüber geschaufelt und die halbe Nacht die Küche geputzt. Dann hatte Joachim die Idee, das Auto von Rita irgendwohin zu fahren und die Geschichte mit dem Selbstmord zu erzählen. Na ja, und das haben wir dann auch so gemacht.«

»Wieso sind Sie ausgerechnet nach Eltville gefahren?«

»Ich kannte diesen Parkplatz, weil ich in Oestrich-Winkel studiert habe und oft dran vorbeigefahren bin. Joachim meinte, es müsse so aussehen, als ob sie in den Rhein gesprungen ist. Der führte gerade Hochwasser. Ich wollte sie schon wieder aus dem Brunnen rausholen und ihre Leiche wirklich in den Fluss werfen, aber dann fiel uns ein, dass sie ja eine Schussverletzung hatte. Wenn man sie gefunden hätte, wäre alles rausgekommen und dann wäre ich dran gewesen wegen Vertuschung einer Straftat oder wie man das nennt.«

»Der korrekte Ausdruck lautet Strafvereitelung«, sagte Bodenstein. »Allerdings wäre nur Herr Vogt dafür strafrechtlich zur Rechenschaft gezogen worden. Sie wären nach § 258 Absatz 6 StGB straffrei ausgegangen, weil Sie die Tat zugunsten eines Angehörigen begangen haben.«

»Tatsächlich?« Reifenrath starrte ihn an, dann seufzte er und fuhr sich mit der Hand durch das kurz geschnittene Haar. »Wie auch immer. Joachim ist damals gleich wieder weggefahren. Ich habe Theo, als er nüchtern war, eingebläut, was er zu sagen hat. Offenbar hat er wirklich den Mund gehalten und nicht einmal

Claas etwas erzählt, was mich im Nachhinein noch wundert. Na ja. Heute würde ich mich vielleicht anders verhalten, aber damals schien es mir alternativlos. Auf jeden Fall habe ich danach vermieden, nach Mammolshain zu kommen. Der Gedanke an das, was da unter dem Rosenpavillon liegt, war für mich nur schwer zu ertragen.«

»Er entpersonalisiert seine Großmutter«, murmelte Dr. Harding. »Erwähnt ihren Namen nicht mehr. Der Verstand sagt ihm, dass das, was passiert ist, nicht in Ordnung war, aber es berührt ihn nicht.« Er erhob sich von seinem Stuhl. »Er ist nicht unser Mann.«

»Das glaube ich auch nicht mehr.« Noch gestern hatte Pia es für möglich gehalten, dass Fridtjof Reifenrath der Killer war, den sie suchten, aber jetzt revidierte sie ihre Meinung. Aus Sorge um seine Reputation und seine Zukunft hatte er sich zu etwas hinreißen lassen, was zwar jämmerlich, aber durchaus menschlich war. Ihm ging es einzig und allein um sich selbst.

»Reifenrath sucht seinen Kick im beruflichen Umfeld«, diagnostizierte Dr. Harding. »Ihm würde es niemals in den Sinn kommen, komplizierte Pläne zu schmieden, um Leute auszuspionieren und dann diesen Plan auch durchzuführen. Ihm fehlen dafür auch die handwerklichen Fähigkeiten. Er ist ein Bestimmer. Einer, der Dinge delegiert. Kein Macher.«

Der Profiler ging zur Tür. Sein Interesse an Fridtjof Reifenrath war erloschen. »Wir sehen uns gleich oben.«

Die Tür fiel hinter ihm ins Schloss. Gleichzeitig summte Pias Handy.

»Pia, ich will dir keinen Schreck einjagen«, hörte sie Kais Stimme. »Aber ich habe eben eine Nachricht von einem Kollegen aus Bad Homburg bekommen. Gestern wurde ein Auto auf einem Waldparkplatz in der Nähe der Saalburg gefunden. Es stand wohl seit Freitag abgeschlossen da.«

»Was für ein Auto?«, fragte Pia.

»Ein grüner Fiat 500. Kennzeichen F-KF 8168«, erwiderte Kai. »Fahrzeughalterin ist Katharina Freitag. Montgolfier-Allee 164 in Frankfurt.«

***

›Wo bin ich?‹, dachte Fiona benommen. ›Was ist passiert? Warum ist es schon dunkel?‹

Das Denken fiel ihr schwer, aber sie erinnerte sich vage daran, dass sie irgendwohin gehen und nach jemandem hatte fragen wollen. Nur nach wem?

Vergeblich versuchte sie, ihre Augen zu öffnen. Ihr ganzer Körper fühlte sich taub an, und ihre Muskeln taten so weh, als ob sie zu viel Sport gemacht hätte. Sie wollte ihre Arme und Beine bewegen, doch das ging nicht. Warum konnte sie den Mund nicht aufmachen? Die Zunge klebte ihr am Gaumen, irgendetwas steckte zwischen ihren Zähnen. Sie spannte die Muskeln an, befahl sich, ihre Hände zu bewegen oder die Füße oder den Kopf, aber nichts geschah. Sosehr sie sich auch bemühte, sie konnte nicht einmal einen Finger krümmen!

Hatte sie einen Unfall gehabt? Ihr Körper war von Kopf bis Fuß in irgendetwas Unnachgiebiges eingezwängt.

Die Angst loderte in ihrem Innern empor wie eine Stichflamme, und ihr Herz hämmerte gegen ihre Rippen. Lag sie in einem Leichensack oder war lebendig begraben? Fiona wollte mit den Füßen strampeln und schreien, doch alles, was sie hervorbrachte, war ein dumpfes Stöhnen. Ihre Lippen kribbelten, dann auch ihre Finger und ihre Füße. Ihr Atem ging immer schneller und flacher, ihr Zwerchfell verkrampfte, und die Angst verwandelte sich in grelle Panik, weil sie das Gefühl hatte, ersticken zu müssen. Sie hyperventilierte!

›Ruhig bleiben!‹, befahl sie sich. ›Halt die Luft an!‹

Aus ihrer Zeit vom Jugendrotkreuz wusste Fiona, was gerade mit ihr passierte: Sie atmete zu viel Sauerstoff ein und zu wenig Kohlendioxid aus, und sie wusste auch, dass sie nur ein paar Minuten in eine Papiertüte atmen müsste, um ihre Atmung wieder in den Griff zu bekommen, aber sie hatte keine Papiertüte. Mit ihrer Zunge ertastete sie ein Röhrchen aus Plastik, das von außen in ihre Mundhöhle ragte.

Das war kein Albtraum, sondern Realität. Irgendetwas war ihr zugestoßen, und niemand wusste, wo sie war! Es gab keinen Menschen, der sie vermisste! Doch, halt! Es gab jemanden! Sie hatte Silvan geschrieben, dass sie nach Frankfurt gefahren war.

Vielleicht würde er versuchen, sie zu erreichen. Vielleicht würde er bemerken, dass sie nicht nach Hause zurückgekehrt war. Vielleicht würde er sie retten.

***

Für ein paar Sekunden war Pia wie erstarrt. Die Bedeutung von Kais Worten sickerte nur allmählich in ihr Bewusstsein. Man hatte Kims Auto auf einem Waldparkplatz gefunden, wo es seit Freitag stand! Sie verspürte das Prickeln echter Panik im Nacken und bekam kaum noch mit, was Bodenstein und Fridtjof Reifenrath hinter der Glasscheibe sprachen. Sie vergaß vor lauter Sorge um Kim, ihrem Chef zu sagen, dass Vogt sie angelogen hatte.

»Bleib ruhig!«, ermahnte sie sich selbst. Gestern hatte Kim ihr doch noch auf ihre Nachricht geantwortet! Pia stand auf, verließ den Nebenraum mit weichen Knien und klopfte an die Tür des Vernehmungszimmers. Der uniformierte Kollege öffnete von innen. Die Kriminaldirektorin warf ihr einen ungehaltenen Blick zu, Bodenstein einen fragenden.

»Ich muss Sie dringend sprechen.« Pia bebte am ganzen Körper. »Sofort!«

»Wir sind gleich zurück«, hörte sie ihren Chef zu Fridtjof Reifenrath sagen, dann war die Tür wieder zu. Pia lief in dem schmalen Flur auf und ab wie ein Raubtier im Käfig, unfähig, still dazustehen und zu warten. Es musste irgendeine schlüssige Erklärung dafür geben, dass Kims Auto seit Freitag auf einem Waldparkplatz bei der Saalburg stand! Lag nicht die Klinik, in der sie als ärztliche Direktorin arbeitete, in Dornholzhausen, also nicht weit von diesem Parkplatz entfernt? Hatte sie vielleicht ihr Auto einfach dort abgestellt, als sie nach Frankreich gefahren war?

Die Tür des Vernehmungsraumes ging auf.

»Pia!«, sagte Bodenstein besorgt. »Was ist denn passiert?«

Hinter ihm tauchte die Kriminaldirektorin auf.

»Man hat auf einem Waldparkplatz an der Saalburg Kims Auto gefunden.« Pia musste sich zusammenreißen, um nicht loszuschreien. »Es stand seit letztem Freitag dort. Abgeschlossen.«

»Ach du Scheiße!«, rutschte es Bodenstein heraus, und da verlor Pia die Beherrschung.

»Warum sind wir bloß gestern Abend nicht mehr zu ihrer Wohnung gefahren?«, stieß sie hervor. »Ich habe sie im Stich gelassen! Ich habe meine kleine Schwester im …«

»Hören Sie sofort auf damit!«, zischte Nicola Engel mit eisiger Stimme, und Pia verstummte. »Wenn ihr Auto seit Freitag auf dem Parkplatz steht, dann hätten Sie gestern an ihrer Wohnung gar nichts ausrichten können. Also nehmen Sie sich jetzt zusammen und bleiben Sie vernünftig!«

Pia öffnete schon den Mund zu einer heftigen Entgegnung, als sie bemerkte, dass ihre Chefin ganz blass geworden war. Sie war nicht weniger besorgt als sie selbst, hatte sich nur besser unter Kontrolle.

»Lassen Sie Herrn Dr. Reifenrath gehen, sobald er das Protokoll unterschrieben hat«, wies sie Bodenstein an. »Er soll seinen Reisepass abgeben und sich jeden Tag einmal bei der Polizeidienststelle in Königstein melden. Und dann kommen Sie sofort hoch.«

»In Ordnung.« Bodenstein nickte.

»Frau Sander, kommen Sie mit!« Damit drehte sie sich auf dem Absatz um und ließ Bodenstein und Pia stehen.

»Wir müssen ein Bewegungsprofil von Kims Handy beantragen«, sagte Pia, ihre Gedanken überschlugen sich. »Ich muss in dieser Klinik anrufen! Jemand muss sich ihr Auto ansehen! Und ich fahre jetzt zu ihrer Wohnung. Vielleicht finde ich einen Hinweis! Ja, vielleicht ist sie ja sogar zu Hause, und ihr Auto ist einfach nicht mehr angesprungen oder …«

Ihre Stimme versagte, denn plötzlich überwältigte sie das Gefühl, dass es längst zu spät war.

»Du fährst nicht alleine! Ich erledige das hier noch mit Reifenrath und dann komme ich mit«, sagte Bodenstein bestimmt. Bevor er in den Vernehmungsraum zurückkehrte, tat er etwas, was er in all den Jahren, in denen sie zusammenarbeiteten, noch nie getan hatte. Er nahm Pia in die Arme, zog sie ganz fest an sich und strich ihr tröstend über den Rücken.

»Du hast sie nicht im Stich gelassen«, flüsterte er an ihrem Ohr. »Du hast immer und immer wieder versucht, sie zu erreichen.«

»Aber wenn Reker ihr etwas angetan hat! Wieso haben wir ihn bloß einfach so gehen lassen am Montag?«

»Weil wir nichts gegen ihn in der Hand hatten, was es gerechtfertigt hätte, ihn länger festzuhalten. Wir finden Kim, das verspreche ich dir! Wir werden alle Hebel in Bewegung setzen. Mach dir nicht zu große Sorgen und vor allen Dingen keine Vorwürfe. Du hast nichts falsch gemacht, okay?«

»Okay.« Sie schmiegte ihr Gesicht an seine Schulter und kämpfte gegen die Tränen und gegen ihre Angst. Sie wusste, dass Kim etwas zugestoßen war, das fühlte sie.

***

Die Nachricht, dass Kims Auto auf einem Waldparkplatz gefunden worden war, breitete sich wie ein Lauffeuer in der RKI aus. Die Parallele zum Modus Operandi des Serientäters war unübersehbar. Jeder kannte Pias Schwester, schließlich war sie des Öfteren bei schwierigen Ermittlungen als Beraterin hinzugezogen worden. Außerdem war allgemein bekannt, auch wenn niemand darüber sprach, dass sie die Lebensgefährtin der Kriminaldirektorin war. Pia bemerkte die Betroffenheit in den Mienen ihrer Kollegen und erkannte an der Art, wie sie verstummten und ihr befangene Blicke zuwarfen, sobald sie sich näherte, dass sie mit ihrer Befürchtung nicht alleine war.

Im Besprechungsraum hatten sich alle Mitarbeiter der SoKo versammelt. Frau Dr. Engel, Cem, Kathrin und Tariq lauschten dem Profiler, und Pia sah, wie ihre Chefin immer wieder nickte.

»Hast du erfahren, wo das Auto jetzt ist?«, wandte Pia sich an Kai, der auf seinen Bildschirm starrte, den Telefonhörer zwischen Schulter und Ohr geklemmt.

»Ja.« Er blickte auf. »Auf dem Hof des Abschleppunternehmens in der Daimlerstraße in Bad Homburg.«

Pia fürchtete sich vor der Antwort auf ihre nächste Frage, aber sie musste sie stellen. Sie war Ermittlerin, auch wenn es um ihre Schwester ging, musste sie sich wie eine solche verhalten, sonst würde die Engel es fertigbringen und sie von den Ermittlungen ausschließen. »Hat jemand in den Kofferraum geschaut?«

»Soweit ich weiß nicht.« Kai gab sich professionell, aber in seinen Augen las Pia Mitgefühl und Sorge. »Ich habe schon veranlasst, dass es zum LKA gebracht wird. Die Auto-Spezialisten dort wissen Bescheid und nehmen es sich gleich vor.«

»Danke.«

»Gibt es etwas Neues von Claas Reker?« Bodenstein trat an Kais Schreibtisch.

»Leider nein. Ich habe übrigens gerade mit der Klinik Dr. Assmann telefoniert. Kim hat sich einen Tag vor Ostern kurzfristig zwei Wochen Urlaub genommen. Unsere Kollegen vom LKA kümmern sich schon um ein Bewegungsprofil von Kims Handy.«

Nicola Engel, Dr. Harding, Cem, Tariq und Kathrin kamen zu ihnen herüber. Kathrin legte ihre Hand auf Pias Arm und drückte ihn stumm.

»Wir werden jetzt zur Wohnung von Frau Dr. Freitag fahren«, sagte die Kriminaldirektorin. »Dort werden wir mit Nachbarn sprechen, um herauszufinden, wann sie das letzte Mal gesehen wurde.«

»Ich habe neulich noch mit ihr telefoniert«, bemerkte Pia.

»Was heißt ›neulich‹?«, fragte ihre Chefin.

»Ähm ... ich weiß nicht mehr genau«, stotterte Pia. »Kurz nachdem wir das Skelett von Rita Reifenrath gefunden hatten.«

»Das war letzte Woche Donnerstag«, half Tariq ihr.

»Und danach?«, wollte Dr. Harding wissen. »Haben Sie einander noch einmal geschrieben?«

»Vorgestern. Nein, gestern. Gestern Abend hat sie mir geschrieben, sie würde sich melden, sie hätte gerade schlechten Empfang und kein WLAN. Und dann hat sie noch so ein Emoji von einer französischen Flagge hinzugefügt.«

»War das eine für Kim typische Art der Kommunikation?«, forschte der Profiler und sah Pia ernst an. »Waren das Formulierungen, die Ihre Schwester sonst auch benutzt, oder war etwas anders?«

»Ich ... ich weiß nicht, was Sie meinen.« Pia war irritiert.

»Es geht mir um die zeitliche Eingrenzung«, antwortete Dr. Harding. »Wenn Kim gestern Abend noch mit Ihnen kommuniziert hat, dann können wir mit großer Wahrscheinlichkeit davon ausgehen, dass alles in Ordnung ist und sie sich vielleicht nur zurückgezogen hat, um ihre Ruhe zu haben.«

Pia begriff, was er meinte. Sie zog ihr Handy hervor, rief ihren Chat mit Kim auf. Wo war die letzte Nachricht von Kim? Sie scrollte zurück zu den WhatsApps älteren Datums. Nichts! Aber Kim hatte ihr doch gestern Abend geschrieben! Das hatte sie sich doch nicht eingebildet! Auf einmal war es rings um sie ganz still, und Pia wurde bewusst, dass alle Blicke auf ihr ruhten.

»Ich dachte, ich hätte …«, begann sie, brach aber wieder ab. Ihre Hände zitterten. Sie ging ins Hauptmenü. Und da fiel es ihr ein. »Sie hat mir eine SMS geschrieben, keine WhatsApp! Am Mittwoch um 21:24 Uhr.« Rasch tippte sie auf die App, fand Kims Nachricht sofort und las erleichtert den kurzen Text vor. *Hi konnte nicht ans Telefon gehen bin unterwegs hab nicht immer netz und kein WLAN. Melde mich!*

»Ist das Kims Art zu schreiben?«, vergewisserte Dr. Harding sich.

»Ja. Ja, klar.« Pia nickte.

»Zeigen Sie mal her.« Frau Dr. Engel streckte die Hand aus und Pia reichte ihr das Smartphone.

»Das hat Kim nicht geschrieben«, behauptete die Kriminaldirektorin. »Sie würde nie die Interpunktion vergessen. Außerdem pflegt sie in ganzen Sätzen zu schreiben mit korrekter Groß- und Kleinschreibung. Und ich habe noch nie erlebt, dass sie als Begrüßung das Wort ›Hi‹ verwendet.«

»Vielleicht hat sie während des Autofahrens geschrieben«, wandte Pia ein, aber sie wusste, dass ihre Chefin recht hatte. Kim regte sich immer darüber auf, wenn die Leute in Kurznachrichten die Sprache verstümmelten, nur weil sie sich keine Zeit nahmen. Und die letzte SMS hatte Pia von ihr vor Jahren bekommen, als es WhatsApp noch nicht gegeben hatte.

»Und was bedeutet das jetzt?«, fragte sie und hörte, dass ihre Stimme zittrig klang.

»Es könnte bedeuten, dass Kim schon vor Mittwochabend nicht mehr in der Lage war, Nachrichten zu schreiben oder zu telefonieren«, erwiderte Dr. Harding. »Es tut mir leid, Pia, aber wir müssen der Realität ins Auge sehen.«

***

Es musste an dem Wasser liegen. Jedes Mal, wenn sie ein paar Schlucke getrunken hatte, dauerte es nicht lange, bis ihr die Augen zufielen. Eine bleierne Schwere ergriff erst von ihren Gliedern, dann von ihrem Gehirn Besitz und ließ sie in einen tiefen, traumlosen Schlaf fallen, aus dem sie irgendwann mit bohrenden Kopfschmerzen und brennendem Durst erwachte. Fiona hatte jegliches Zeitgefühl verloren. Sie wusste nicht, wo und in wessen Gewalt sie sich befand und warum sich überhaupt jemand die Mühe gemacht hatte, sie zu entführen. Soweit sie das in ihrem benebelten Zustand beurteilen konnte, war sie nicht vergewaltigt worden. Sie trug noch dieselbe Kleidung, die sie an dem letzten Tag, an den sie sich erinnern konnte, angezogen hatte. Das Erstaunliche war, dass sie nicht einmal wirkliche Angst verspürte, dazu war sie viel zu benommen. Der Raum, in dem sie sich befand, war rechteckig und vollkommen leer, Fußboden und Wände bestanden aus glattem Beton. An der Decke in ungefähr vier Metern Höhe hing eine Leuchtstoffröhre und an der gegenüberliegenden Wand führte ein dunkler Schacht nach oben. Über ihr an der Wand, aber außer ihrer Reichweite, war eine halbrunde Kamera angebracht, deren rotes Kontrolllämpchen alle sechzig Sekunden blinkte. Sonst gab es nur noch eine massive Stahltür, wie Fiona sie von Heizungskellern kannte. Es war trocken und ziemlich warm, und der nackte Fußboden, auf dem sie lag, war sauber. Als sie zum ersten Mal aufgewacht war, hatte sie einen Eimer mit Deckel bemerkt, der in einer Ecke des Raumes stand und ihr wohl als Toilette dienen sollte, daneben standen zwanzig Halbliter-Plastikflaschen mit Wasser, das ein bisschen salzig schmeckte, und mehrere Packungen Butterkekse. Wenigstens würde sie so bald nicht verhungern und verdursten. War das ein gutes oder ein schlechtes Zeichen? Immerhin bedeutete es, dass ihre Entführer sie nur für eine Weile gefangen halten, aber nicht töten wollten. Obwohl sie dringend pinkeln musste, blieb Fiona liegen und rührte sich nicht. Sie brachte es einfach nicht über sich, sich auf den Plastikeimer zu hocken, während ein Unbekannter ihr dabei zusah, außerdem fehlte ihr schlichtweg die Kraft, sich aufzurichten und die drei Schritte zu gehen. Um sich von dem Druck ihrer Blase abzulenken, versuchte sie, ihre Gedächtnislücken mit Erinnerungen zu füllen. Das Letzte, woran sie sich gut erinnern konnte, war, dass sie im Hotel ausgecheckt hatte. Sie hatte mit dem Zug nach Zürich zurückfahren wollen. Wie lange war das wohl her? Seit wann lag sie hier? Und warum?

Es war anstrengend, nachzudenken. Kein Gedanke ließ sich länger als ein paar Sekunden festhalten. Fiona fuhr sich mit der Zunge über ihre rissigen Lippen. Sie sehnte sich nach einer eiskalten Cola, mit Eiswürfeln und einer Scheibe Zitrone. Nach einer Zigarette. Nach einem Schnitzel mit Rösti. Nach ihrem Bett und nach Büchern. Nach dem Blick über den Zürichsee und nach ihrem Garten. Die Angst tröpfelte durch ihre Adern wie schleichend wirkendes Gift. Was, wenn sie nie mehr hier rauskäme? Wenn ihre Entführer feststellten, dass sie die Falsche war? Wenigstens ein einziges Mal wollte sie noch mit Silvan sprechen! Den blauen Himmel sehen! Frische Luft auf ihrer Haut spüren! Sie wollte weinen, aber ihre Augen blieben trocken. Der Durst wurde quälend. Fiona streckte die Hand aus und ergriff eine der Flaschen, schraubte den Verschluss ab und trank das lauwarme Wasser in langen Zügen, bis die Flasche leer war. Sie schloss die Augen und überließ sich der süßen Schwere, die alle Fragen aus ihrem Kopf löschte und die Angst vertrieb.

***

Kims Wohnung lag im obersten Geschoss eines siebenstöckigen Hauses in dem neuen Stadtviertel, das vor ein paar Jahren zwischen der Kuhwaldsiedlung, dem Rebstockbad und dem Europaviertel entstanden war. Sie hatte die Wohnung schon vor drei Jahren gekauft, wie Pia auf der Fahrt von Hofheim nach Frankfurt von Frau Dr. Engel erfuhr.

»Das wusste ich ja gar nicht«, sagte sie. »Ich dachte, sie hätte sie erst vor Kurzem gemietet!«

Noch eine Sache, von der Kim ihr nie erzählt hatte.

»Seit wann wohnt sie dort?«, wollte Bodenstein, der am Steuer saß, wissen.

»Ungefähr seit einem Jahr«, erwiderte die Kriminaldirektorin von der Rückbank aus.

»Ich dachte, ihr wohnt zusammen?« Bodenstein war erstaunt.

»Das hat nicht funktioniert«, räumte die Kriminaldirektorin ein. »Außerdem haben wir uns vor ein paar Wochen getrennt.«

»Ach! Warum?«

»Ich wüsste nicht, was das jemanden angeht.«

»Im Normalfall hättest du recht«, entgegnete Bodenstein. »Aber Kim ist möglicherweise etwas zugestoßen. Und deshalb könnte der Grund für eure Trennung wichtig für unsere Ermittlungen sein.«

»Wir haben einfach erkannt, dass es nicht mehr geht«, sagte Nicola Engel. »Unsere Trennung war einvernehmlich.«

»Ihr Streit auf dem Parkplatz neulich sah mir aber nicht gerade nach einvernehmlicher Trennung aus.« Pia drehte sich um, damit sie ihre Chefin angucken konnte.

»Haben Sie uns etwa belauscht?« Nicola Engel funkelte sie ärgerlich an.

»Nein, das habe ich nicht«, antwortete Pia. »Ich habe Kim zwar herumschreien hören, aber kein Wort verstanden.«

»Nicola, bitte«, schaltete sich Bodenstein wieder ein. »Kann es sein, dass Kim sich etwas angetan hat? Oder hat sie jemand anders kennengelernt, bei der oder dem sie jetzt gerade ist?«

»Das ist zu persönlich«, wehrte die Kriminaldirektorin ab.

In Pia wallte heißer Zorn auf. War es vielleicht doch ganz anders, als sie zuerst gedacht hatte? Hatte die Engel ihre Schwester abserviert und nicht etwa umgekehrt? Sie wusste nur zu gut, mit welch erschreckender Präzision ihre Chefin jeden wunden Punkt treffen konnte. An die Möglichkeit, dass Kim sich etwas angetan haben konnte, hatte sie bisher noch gar nicht gedacht, denn so etwas hätte sie ihrer Schwester nicht zugetraut. Aber sie musste sich schmerzlich eingestehen, dass sie Kim wohl nicht besonders gut kannte.

»Ich wette, Sie haben Kim fertiggemacht!«, platzte es aus ihr heraus. »Ganz sicher haben Sie sie schikaniert, wie Sie es mit allen machen, die nicht nach Ihrer Pfeife tanzen!«

»Das ist nicht wahr«, widersprach Nicola Engel.

»Sie sind eiskalt! Jeder weiß, dass Ihnen die Gefühle anderer Menschen komplett egal sind!« Pia übersah Bodensteins warnende Blicke. Sie war so aufgebracht, dass sie die zornigen Worte, die aus ihrem Innern emporquollen wie glühendes Magma, nicht zurückhalten konnte.

»Pia!«, mahnte Bodenstein, aber vergeblich.

»Sie haben alles getan, um Kim von mir fernzuhalten!«, warf sie ihrer Chefin vor. »Dass sie sich so von mir zurückgezogen hat, ist allein Ihre Schuld! Sie hat mich nicht mehr besucht, uns nie eingeladen! Ich weiß, dass es Ihnen nie gepasst hat, dass die Schwester Ihrer Lebenspartnerin eine Untergebene ist. So misstrauisch und kontrollwütig, wie Sie sind, hatten Sie wahrscheinlich Angst davor, ich könnte Einblicke in Ihr Privatleben gewinnen und irgendetwas bei den Kollegen herumerzählen!«

Sie verstummte. Ein unbehagliches Schweigen breitete sich aus.

»Ich halte Ihnen zugute, dass Sie gerade sehr aufgewühlt sind«, sagte die Kriminaldirektorin, die trotz dieser massiven Anschuldigungen nicht die Fassung verlor. »Sonst hätte Ihr Ausbruch für Sie ernsthafte Konsequenzen. Ihre Unterstellungen entbehren jeder Grundlage.«

Pia stieß ein frustriertes Schnauben aus und winkte ab. Es hatte keinen Sinn. Die Engel würde niemals irgendetwas zugeben, was sie schlecht dastehen ließ. Aber sie würde auch ohne ihre Hilfe herausfinden, was mit Kim geschehen war. Und wenn die Engel es irgendwie verschuldet hatte, dann gnade ihr Gott!

Eine Weile sprach niemand ein Wort. Auf der A 66 staute sich in Höhe des Main-Taunus-Zentrums der Verkehr wegen einer Baustelle. Pia nutzte die Zeit, um ihre Mutter und ihren Bruder Lars anzurufen und sie zu fragen, wann sie das letzte Mal mit Kim gesprochen hatten.

»Mein Bruder hat zum letzten Mal an Weihnachten mit Kim gesprochen«, verkündete sie düster. »Und bei meinen Eltern hat sie sich zuletzt ein paar Tage vor Ostern gemeldet.«

»Mit wem könnten wir noch reden?«, wandte Bodenstein sich an die Kriminaldirektorin. »Hatte Kim irgendwelche Freundinnen oder Kollegen, denen sie etwas anvertraut haben könnte?«

»Nicht dass ich wüsste«, erwiderte Frau Dr. Engel. »Zumindest ist mir niemand bekannt.«

* * *

Der Mann vom Schlüsseldienst und die Besatzung eines Streifenwagens warteten schon vor dem Haus in der Montgolfier-Allee, als Bodenstein den Dienstwagen in einer Parkbucht abstellte. Die Stadt Frankfurt gehörte nicht mehr in den Zuständigkeitsbereich der Hofheimer Kriminalpolizei, deshalb hatte er vorsichtshalber die Frankfurter Kollegen über ihren Einsatz informiert. Zwölf Parteien wohnten in dem Haus, und Bodenstein drückte auf eine Klingel nach der anderen, bis sich endlich jemand über die Sprechanlage meldete und sie hereinließ. Florian Faust, ein dicklicher Mittvierziger mit rasierter Glatze, wohnte im sechsten Stock. Normalerweise war er tagsüber arbeiten, aber er laborierte seit dem Wochenende an einer Grippe und war deshalb seit Montag zu Hause.

»Ich habe Frau Dr. Freitag letzte Woche Donnerstag zuletzt gesehen«, erzählte er bereitwillig. »Unsere Parkplätze in der Tiefgarage liegen direkt nebeneinander. Sie hatte es eilig. Ich meine, sie ist sowieso keine, die stundenlang mit einem quatscht, aber an dem Abend hat sie nur Hallo gesagt und ist direkt zu ihrem Aufzug gegangen.«

»Zu *ihrem* Aufzug?«, wiederholte Pia fragend.

»Ja. Die Penthousewohnung hat einen separaten Aufzug«, erwiderte der Nachbar. »Deshalb begegne ich ihr höchstens mal unten in der Tiefgarage oder an den Briefkästen.«

»Ist Ihnen seitdem irgendetwas aufgefallen? Hat jemand nach Frau Dr. Freitag gefragt?«, wollte Bodenstein wissen.

»Ihr Bruder war zu Besuch«, sagte Florian Faust, und Pia horchte auf. »Netter Kerl. Hatte die Haustür zufallen lassen und den Schlüssel in der Wohnung vergessen, deshalb hat er bei mir geklingelt. So wie Sie jetzt auch.«

»Wann war das?«

»Hm, lassen Sie mich mal nachdenken.« Der Nachbar legte die Stirn in Falten. »Am Montag oder Dienstag. Mir ging es ziemlich schlecht, ich hatte Fieber und Schüttelfrost. Ja, ich glaube, es war am Dienstag, gegen Nachmittag. Er hat mir erzählt, er käme aus Köln und hätte beruflich in Frankfurt zu tun, das würde er mit einem Besuch bei seiner Schwester verbinden.«

»Wie sah der Mann aus?«, fragte Pia.

»Er war ungefähr so groß wie Sie«, erwiderte Florian Faust. »Bisschen kräftiger. Braune Augen.«

Pia rief auf ihrem Smartphone das Foto auf, mit dem nach Claas Reker gefahndet wurde, und zeigte es dem Nachbarn.

»Ja, der war das«, bestätigte Florian Faust, dann dämmerte ihm, dass er hereingelegt worden war. »War das gar nicht der Bruder von Frau Dr. Freitag?«

»Wahrscheinlich nicht«, sagte Pia.

Sie bedankten sich und gingen die Treppe hinauf, die zum Penthouse führte. Mit jeder Stufe wuchs ihre Angst vor dem, was sie in Kims Wohnung wohl erwartete.

»Kims Auto hat seit Freitag vergangener Woche auf dem Parkplatz an der Saalburg gestanden.« Nicola Engel war angestrengt um professionelle Sachlichkeit bemüht. »Reker wurde erst am Montagabend auf freien Fuß gesetzt. Am Dienstag war er hier. Was hat das zu bedeuten?«

»Vielleicht hatte er sie schon vorher in seine Gewalt gebracht und wollte nur noch etwas holen oder Spuren beseitigen«, antwortete Bodenstein. Sie blieben vor der Wohnungstür stehen. Der Mann vom Schlüsseldienst brauchte nur drei Minuten, um die Tür zu öffnen, und Pia musste sich mit Gewalt zusammenreißen, um sich nicht grob an ihm vorbei in die Wohnung zu drängen.

»Ich schaue mich erst mal alleine um.« Bodenstein zog seine Dienstwaffe aus dem Schulterholster. »Ihr bleibt hier draußen, bis ich euch Bescheid sage, okay?«

Pia wollte zuerst widersprechen und darauf bestehen, ihn zu begleiten, aber dann zuckte sie nur die Schultern und nickte. Nicola Engel und sie blieben im Flur zurück und vermieden es, sich anzusehen.

»Kim hat mich verlassen, nicht ich sie«, sagte die Kriminaldirektorin auf einmal mit gesenkter Stimme. »Sie hat mir schon vor ein paar Monaten gesagt, sie würde sich in der Beziehung mit mir eingeengt fühlen. Trotzdem kam sie immer noch vorbei, wenn sie Lust auf Gesellschaft hatte oder jemanden brauchte, bei dem sie sich ausheulen konnte. Das wollte ich nicht mehr. Ich habe sie mehrfach gebeten, ihre Sachen bei mir abzuholen und meinen Wohnungsschlüssel zurückzugeben, aber das hat sie nicht getan.

Ich habe dann ein neues Schloss einbauen lassen und ihre Sachen in Kisten gepackt und vor die Tür gestellt. Deshalb hat sie sich neulich morgens so aufgeregt.«

Überrumpelt von diesem unerwarteten Geständnis, wusste Pia nicht, was sie sagen sollte.

»Und dass Kim nicht mehr zu Ihnen gekommen ist, lag auch nicht an mir«, fuhr ihre Chefin fort, den Blick fest auf die Wand gerichtet. »Sondern an Ihrem Mann.«

»An *meinem Mann*?« Pia war für einen Moment sprachlos.

»Er hat etwas zu ihr gesagt, was sie sehr gekränkt hat«, erwiderte Nicola Engel. »Vor vielen Jahren schon. Sie hat es mir erzählt, und ich muss leider sagen, dass er recht hatte.«

Pia blickte ihre Chefin an. Ihr wurde flau im Magen. Was hatte Christoph zu Kim gesagt? Und wieso hatte er ihr nie etwas davon erzählt, dass er sich mit ihrer Schwester gestritten hatte? So oft hatte sie mit ihm darüber gesprochen, warum Kim sie wohl nicht mehr besuchen kam und weshalb es nie eine Gegeneinladung gegeben hatte in all den Jahren – jedes Mal hatte er so getan, als wisse er den Grund nicht! Plötzlich fühlte sie sich elend. Hatte Christoph, dem sie mehr vertraute als je einem Menschen zuvor, sie hintergangen?

»Was hat …?«, begann sie, doch da tauchte Bodenstein wieder auf. Seine Miene war ernst.

»Von Kim keine Spur«, sagte er. »Aber im Badezimmer liegt Claas Reker. Er ist tot.«

* * *

Noch nie zuvor in ihrem Leben hatte sie derart höllische Kopfschmerzen gehabt! Fiona traute sich nicht, die Augen zu öffnen, aus Angst vor dem grellen Licht, das ihr in die Netzhaut stach wie tausend Nadeln. Vom Liegen auf dem harten Betonboden tat ihr alles weh: das Steißbein, die Hüften, die Schultern. Aber am schlimmsten war ihr Kopf. Es fühlte sich so an, als müsste sich jeder Gedanke mühsam durch die Hirnwindungen quetschen und würde dabei dauernd anecken, wie ein sperriges Möbelstück in einem zu engen Flur. Sie zählte lautlos bis hundert. Dann noch mal. Irgendwann würde sie die Augen öffnen müssen, denn sie musste dringend Pipi machen. Warum konnte sie sich bloß an nichts erinnern? Je mehr die Benommenheit wich, desto schlimmer wurde die Angst. In den ersten Minuten des Wachseins war sie nur eine ferne Ahnung, so harmlos und vage wie die verschwommenen Fetzen eines Traums. Anders als die Traumfetzen verschwand die Angst jedoch nicht, sondern wurde immer heftiger und vernichtender, bis sie schließlich in eine Panikattacke eskalierte, die sie schreien, kreischen und gegen die Betonwand treten ließ, bis ihr die Füße wehtaten und sie in ein hysterisches Schluchzen ausbrach. Die Gewissheit, dass sie in diesem Betonverlies sterben würde, raubte ihr fast den Verstand. Warum? Warum sie? Was hatte sie getan? Wer hatte einen Grund, sie zu kidnappen und einzusperren? Keine Antworten auf diese Fragen zu haben war schon schlimm genug. Viel schrecklicher war allerdings das Wissen darum, dass niemand sie vermisste. Möglicherweise würde ihren Nachbarn irgendwann auffallen, dass sie nicht mehr nach Hause kam, aber würden die deswegen die Polizei anrufen? Und was war mit Silvan? Ob er ihre Mail wohl bekommen hatte und sich Sorgen machte, wenn er nichts mehr von ihr hörte? Fiona versuchte, sich abzulenken und an schöne Dinge zu denken. An ihren Lieblingsgeruch, den Duft von Regen auf warmem Asphalt an Sommertagen zum Beispiel. Oder an das rosa Licht der Morgensonne auf den schneebedeckten Gipfeln der Glarner Alpen. Ein Geräusch ließ sie innehalten. Da war es wieder! Fiona erstarrte. Die Härchen auf ihren Armen stellten sich auf, als sie ein leises Wimmern hörte. Vorsichtig, ohne sich zu bewegen, öffnete sie die Augen. Ihr Herz machte einen Satz. Sie war nicht mehr alleine! Auf der anderen Seite des Raumes, keine fünf Meter von ihr entfernt, lag mit dem Rücken zu ihr ein Mensch! Der Anblick der Frau, deren Oberkörper vom Hals bis zu den Hüften in einem Kokon aus Plastikfolie steckte, weckte in Fiona die verschwommene Erinnerung daran, dass auch sie so ausgesehen hatte. Aber warum hatte man sie aus der Folie befreit und die Frau nicht? Um ihren Kopf war zusätzlich silbernes Gewebeklebeband gewickelt, nur die Nase war frei. Fiona kroch auf allen vieren zu ihr hinüber. Die Frau wimmerte wieder und zuckte erschrocken zusammen, als Fiona sie berührte.

»Keine Angst«, flüsterte sie. »Ich tue Ihnen nichts.«

Es war gar nicht so leicht, das Klebeband zu entfernen. Es saß so fest, dass sie der Frau mit Sicherheit wehtat. Dabei fürchtete sie die ganze Zeit, dass die Tür aufgehen und derjenige, der sie entführt hatte und sie sicherlich beobachtete, auftauchen könnte. Womöglich würde er sie zur Strafe auch wieder einwickeln! Sie schwitzte vor Angst, und ihre Finger zitterten, dabei sprach sie beruhigend auf die Frau ein und wunderte sich, dass diese gar nicht reagierte. Erst, als sie die letzte Schicht des Klebebands entfernt hatte, stellte sie fest, dass in ihren Ohren Ohropax steckte. Endlich hatte sie es geschafft, und das, ohne ihr zu viele Haare oder Wimpern auszureißen! Die Frau hustete und schnappte nach Luft, dann öffnete sie die Augen. Und in dieser Sekunde traf Fiona die Erkenntnis wie ein Schock. Die blonden Haare. Die hohen Wangenknochen. Die blauen Augen. Vor ihr lag die Frau, wegen der sie nach Deutschland gekommen war. Die Frau auf dem Betonfußboden war Dr. Katharina Freitag. Kata. Ihre Mutter.

»Durst!«, krächzte sie. »Bitte, Wasser!«

Fiona kroch zurück zu ihrem Platz und schraubte eine der Wasserflaschen auf. Sie knackte nicht beim Öffnen, wie das bei originalverpackten Flaschen der Fall war. Ganz sicher war das Wasser mit irgendeiner Droge präpariert worden. Welch teuflische Idee! Ihnen blieb also nur die Wahl, zu verdursten oder immer wieder aufs Neue bewusstlos zu werden. Fiona zögerte, doch dann entschloss sie sich, der Frau, ihrer Mutter, etwas zu trinken zu geben.

»In dem Wasser ist etwas drin, was einen ausknockt«, sagte sie.

»Egal«, flüsterte Katharina Freitag.

Fiona hielt ihr die Flasche an die ausgetrockneten Lippen. Sie schluckte gierig, trank fast die halbe Flasche leer. Jetzt erst merkte Fiona, wie durstig auch sie war. Sie trank den Rest aus. Besser, bewusstlos zu sein, als hier drin verrückt zu werden.

***

Claas Reker lag mit weit geöffneten Augen am Grund der mit Wasser gefüllten Badewanne. Er war komplett bekleidet, an den Händen trug er Latexhandschuhe.

Pia verließ das Badezimmer und lehnte sich im Flur an die Wand. Dem ersten Schreck war jähe Erleichterung gefolgt, bis ihr mit Entsetzen klar geworden war, was Claas Rekers Tod zu bedeuten hatte. Wenn er Kim in seine Gewalt gebracht hatte, dann konnte er ihnen nicht mehr verraten, was er mit ihr gemacht hatte. Warum war er am Dienstag hierhergekommen? Was hatte er hier gewollt? Und vor allen Dingen: Wer hatte ihn umgebracht?

Um Todesursache und einen annähernden Todeszeitpunkt zu erfahren, hatte Bodenstein Henning angerufen, und der hatte versprochen, umgehend zu kommen. Außerdem hatte er das Frankfurter K 11 informiert, und nur eine halbe Stunde später waren zwei Ermittler erschienen. Nun legten Bodenstein und die Kriminaldirektorin den Kollegen die komplizierte Situation dar. Sie telefonierten mit ihrem Vorgesetzten, der sprach wiederum mit Frau Dr. Engel, und man wurde sich einig, dass Bodenstein den Fall übernehmen sollte, da er zum Taunusripper-Fall, der seit Tagen Schlagzeilen machte, zu gehören schien.

Erst als das geklärt war und Bodenstein Christian Kröger herbeordert hatte, sah sich Pia in der Wohnung ihrer Schwester um. Sie fühlte sich nicht wohl dabei, in Kims Privatleben herumzuschnüffeln, aber es ließ sich nicht vermeiden. Die Wohnung als solche war ein Traum: vier lichtdurchflutete Zimmer mit bodentiefen Fenstern, zwei Badezimmer, eine Gästetoilette und ein umlaufender Balkon, der vor der Glasfront des Wohnzimmers in eine großzügige Dachterrasse mündete. Der Aufzug neben der Garderobe erinnerte Pia an die Wohnung von Alexis Colby in der Achtzigerjahre-Fernsehserie »Denver Clan«. Die karge, asiatisch anmutende Einrichtung besaß den unpersönlichen Charme eines Hotelzimmers. Die zum Wohnzimmer offene Küche war ordentlich aufgeräumt. Im Kühlschrank stand nur ein Liter Sojamilch und ein abgelaufener Joghurt. Die Spülmaschine war ebenso leer, im Mülleimer lagen nur zwei leere Joghurtbecher. Alles war klinisch sauber, und es gab absolut nichts, was Rückschlüsse auf Kims Persönlichkeit zuließ: Weder im Wohnzimmer noch im

Schlafzimmer hingen Bilder an den Wänden. Nirgendwo standen Fotos oder Mitbringsel von den vielen Reisen, die Kim unternommen hatte. Ein Zimmer war gar nicht eingerichtet. Neben einem Bügelbrett stapelten sich ein paar Umzugskisten. Nur das Arbeitszimmer ließ erkennen, dass hier jemand wohnte. Ein Bücherregal voller Bücher, auf dem Schreibtisch Stöße von Unterlagen.

»Ihr MacBook fehlt«, stellte Nicola Engel fest. Es war das Erste, was sie sagte, seitdem Pia und sie mit dem Rundgang begonnen hatten.

»Vielleicht hatte sie es dabei und es liegt in ihrem Auto«, erwiderte Pia und betrachtete Kims handschriftliche Notizen. Sie schien an einem Gutachten gearbeitet zu haben. Nach und nach verlor Pia ihre Scheu und behandelte die Wohnung so, wie sie jede andere Wohnung behandelt hätte, in der ein Toter lag und deren Bewohner verschwunden war.

»Helfen Sie mir, die Umzugskisten durchzusehen?«, fragte sie ihre Chefin.

»Natürlich.«

Kröger und drei seiner Leute trafen ein, Tariq und Cem begleiteten sie. Wenig später tauchte auch Henning auf. Als Pia ihm erzählte, dass dies Kims Wohnung sei und sie befürchteten, sie könne entführt worden sein, nahm er sie nur stumm in den Arm.

Bodenstein und Cem waren im Haus unterwegs, klingelten an allen Türen und befragten die Bewohner, die nach und nach von der Arbeit nach Hause kamen. Ein Kollege vom Erkennungsdienst hatte den Hausmeister ausfindig gemacht und ließ sich von ihm die Aufnahmen der Überwachungskameras aus der Tiefgarage geben.

In den Umzugskisten stießen Pia, Tariq und Frau Dr. Engel auf noch mehr Bücher, Aktenordner und Unterlagen, unter anderem auf einen Ordner, in dem sich Briefe von ehemaligen Patienten befanden. In einer Kiste waren endlich ein paar persönliche Dinge, Kindheitserinnerungen wie ein ungeschickt gestrickter Bär aus gelber Wolle, Fotoalben, alte Schulhefte, ein Poesiealbum und allerhand Krimskrams. Pia blätterte die Fotoalben durch, die Bilder weckten Erinnerungen an ihre Kindheit und diverse Familienurlaube.

»Wahnsinn!«, murmelte Tariq, der die Patientenbriefe überflog. »Die sind zum Teil echt bedrohlich! Einer schildert hier *en detail*, dass er davon träumt, jemanden aufzuschlitzen und seine Eingeweide zu essen! Wieso hebt sie so etwas auf?«

»Das habe ich mich auch immer gefragt«, erwiderte Nicola Engel. »Sie sagte, sie bräuchte sie für ihre Buchprojekte.«

»Ist ja krank.« Tariq schüttelte den Kopf und ließ offen, ob er die Verfasser der Briefe oder Kim damit meinte.

Pia nahm sich das letzte Album vor. *Abschlussfahrt Paris, 3. bis 10. Mai 1986. St. Peter-Ording, Sommer 1986. Abschlussball Tanzschule Kratz, Oktober 1986.* Neben das obligatorische Gruppenfoto hatte Kim ihre Tanzkarte eingeklebt, und Pia stockte der Atem, als sie den Namen von Kims Tanzpartner las. Sie blätterte eine Seite weiter. Ein Fotografenfoto von Kim in einem bodenlangen azurblauen Kleid, an das Pia sich noch gut erinnerte. Neben ihr in dunklem Anzug mit der damals modernen dünnen Krawatte ihr Tanzpartner. Er hatte seitdem sicherlich fünfundzwanzig Kilo zugenommen, aber es handelte sich unverkennbar um Dr. Raik Gehrmann.

***

Es war schon kurz nach zehn Uhr abends, als sich das Team des K 11 in der SoKo-Zentrale traf. Auf Pias Entdeckung hin hatte Nicola Engel eine Überwachung des Wohnhauses von Dr. Gehrmann angeordnet. Kai hatte für die ganze Mannschaft Pizza bestellt, alle aßen mit Heißhunger, bis auf Pia und Nicola Engel.

Aus dem Kriminallabor waren die Sachen gekommen, die sich im Kofferraum von Kims mintgrünem Fiat 500 befunden hatten: ihre Tasche, eine Jacke, Joggingschuhe, ein Regenschirm. Kims MacBook und ihr Smartphone waren nicht dabei gewesen. Ihr Schlüsselbund und der Autoschlüssel fehlten ebenfalls.

Ihre Nachbarn im Haus hatten Kim seit Tagen nicht mehr gesehen, leider konnte sich außer Florian Faust jedoch niemand an ein genaues Datum erinnern. Sie hatten die Post aus Kims Briefkasten durchgesehen, aber außer einer Telefonrechnung waren es nur Werbesendungen gewesen. Morgen würde jemand zur Klinik Dr. Assmann fahren und auch dort Kims Post abholen.

Die Auswertung der Überwachungskameras in der Tiefgarage hatte ergeben, dass am Dienstagabend um 23:07 Uhr ein Mann den Aufzug, der ins Penthouse fuhr, betreten hatte. Erst um 1:43 Uhr hatte er den Aufzug wieder verlassen. Kein Zweifel, bei ihm handelte es sich um den Mörder von Claas Reker und mit hoher Wahrscheinlichkeit um den Mann, der Kim in seiner Gewalt hatte, denn er hatte den Schlüssel für den Aufzug gehabt. Die Qualität des Films war schlecht, und der Mann hatte es vermieden, in die Kamera zu schauen, aber dennoch konnte man ihn gut genug erkennen, um festzustellen, dass es sich um keinen aus dem Kreis ihrer Verdächtigen handelte. Er war schätzungsweise Ende sechzig bis Anfang siebzig, korpulent bis dick, hatte schlohweißes Haar und einen weißen Bart.

»Kims Handy hat sich am Mittwoch, den 26. April um 21:17 Uhr zum letzten Mal ins Mobilfunknetz eingewählt«, berichtete Kai. »Leider ist eine genaue Triangulierung im Frankfurter Stadtgebiet unmöglich, außerdem war das GPS und das Bewegungsprofil des Handys deaktiviert.«

»Das war genau der Zeitpunkt, zu dem sie mir die SMS geschrieben hat!«, sagte Pia aufgeregt.

»Tut mir leid, Pia, aber ich fürchte, die SMS hat jemand anderes von ihrem Handy aus geschrieben«, entgegnete Kai. »Wie ihr wisst, zeichnen die Mobilfunkbetreiber die Standortdaten jedes Handys auf, selbst wenn man sein Bewegungsprofil abschaltet. Das funktioniert allerdings nur, wenn das Gerät eingeschaltet ist, und das war bei Kims Handy in den vergangenen sieben Tagen genau vier Mal der Fall. Die Telekom war erfreulicherweise sehr kooperativ und hat mir alle Daten zur Verfügung gestellt. Das Handy hat sich zweimal in Eschborn und einmal in Kronberg ins Netz eingewählt, jeweils nur für ein paar Minuten.«

Niedergeschlagen griff Pia nach einem Stück Pizza. Thunfisch und Sardellen, ihre Lieblingspizza. Sie biss hinein, denn ihr Magen knurrte, aber es schmeckte ihr nicht. Immer wieder musste sie daran denken, was ihre Chefin vorhin gesagt hatte. Kim war Christophs wegen nicht mehr zu ihr gekommen!

»Raik Gehrmann hat seine Praxis in Kronberg«, bemerkte Cem gerade.

»Sascha Lindemann wohnt in Eschborn«, ergänzte Tariq kauend.

»Ich würde darauf nicht viel geben«, meldete sich Dr. Harding zu Wort. »Unser Täter ist sehr viel cleverer, als wir angenommen haben. Er weiß um alle Fehler, die Serienkiller gerne machen, und vermeidet sie bewusst.«

»Welche Fehler meinen Sie?«, fragte Cem.

»Zum Beispiel den, das Handy eines Opfers bei sich zu Hause einzuschalten«, erwiderte der Profiler. »Er hinterlässt keine Spuren. Und ich glaube, er verkleidet sich. Der alte Mann in der Tiefgarage … schaut auch mal an, wie er sich bewegt, als er den Aufzug verlässt!«

Kai spielte den Film auf den großen Bildschirm. Der Mann mit dem weißen Bart tauchte am rechten Bildrand zwischen den geparkten Autos auf und ging mit steifen Schritten ohne hochzublicken zum Aufzug. Als er gut zwei Stunden später zurückkehrte, lief er rasch und leichtfüßig.

»Er hat eine Tasche über der Schulter hängen, die er vorher nicht hatte!«, rief Tariq.

»Wahrscheinlich das MacBook«, nickte der Profiler ernst. »Er ist der Mann, den wir suchen. Der Muttertagskiller!«

»Wenn …«, begann Pia, brach ab und räusperte sich. Auszusprechen, was wohl allen am Tisch durch den Kopf ging, fiel ihr schwer. »Wenn er wirklich Kim entführt hat, wie groß sind die Chancen, dass sie noch lebt?«

Dr. Harding antwortete nicht sofort.

»Der Mann, den wir suchen, folgt einem bestimmten Ritual«, sagte er dann. »Dieses Ritual ist ihm extrem wichtig, er befolgt es exakt. Er plant bis ins kleinste Detail, sucht sich ein Opfer aus, nimmt Kontakt zu ihm auf. Das fängt er schlau an, indem er sich mitunter hinter einer falschen Identität versteckt, die er sorgfältig entwirft. Es kommt zu einer Annäherung. Er überwältigt sein Opfer und wickelt es in Folie, damit er es besser kontrollieren kann. Dann ertränkt er es und anschließend friert er es ein. Aus welchem Grund er dies tut, wissen wir noch nicht. Ich glaube nicht, dass er seine Opfer einfriert, um sie bei sich zu behalten. Wahrscheinlich geht es ihm eher um den optimalen Zeitpunkt der Entsorgung.«

Pia musste die Zähne zusammenbeißen, um nicht aufzuspringen und hinauszulaufen. Plötzlich verstand sie die junge Kollegin, die Hardings nüchterne Ausdrucksweise nicht mehr ertragen hatte. Bisher war es ihr gelungen, die innere Distanz zu wahren, die in ihrem Job unabdingbar war. Natürlich hatte sie Mitleid für die Opfer empfunden, und all der Kummer und der Schmerz der Angehörigen hatten sie berührt. Aber jetzt war alles anders. Jetzt ging es um Kim. Um ihre kleine Schwester. Allein die Vorstellung, jemand könnte sie ertränken, brachte Pia fast um den Verstand.

»Dieses Ritual *muss* am Muttertag stattfinden«, fuhr Dr. Harding fort. »Deshalb wäre sein Vorgehen, falls er Kim in seine Gewalt gebracht haben sollte, unüblich und abweichend. Er würde sich dabei nicht wohlfühlen und unter enormem Stress stehen, was die Gefahr für Kim erhöhen würde. Aber ich verstehe nicht, warum er Kim ausgewählt haben sollte. Sie erfüllt sein wichtigstes Kriterium nicht.«

»Und welches Kriterium ist das?«, wollte Nicola Engel wissen.

»Sie hat kein Kind, das sie verlassen hat«, erwiderte der Profiler. »Der Muttertag ist sein Stressor, weil er ihn mit einer traumatischen Erfahrung verbindet. Sein Trigger ist aber nicht der Muttertag selbst, dann würde er wie ein Massenmörder einfach irgendjemanden töten. Auslöser für seine Mordfantasien ist immer die Begegnung mit einer Frau, die ihr Kind verlassen hat, so, wie seine Mutter ihn verlassen hat. Jedes seiner Opfer hat ein oder mehrere Kinder im Stich gelassen, um ein besseres oder anderes Leben zu führen.«

Pias Herz machte einen Satz. Kim entsprach nicht dem Beuteschema des Mörders!

»Elke von Donnersberg hat aber doch ihre Kinder nicht verlassen«, erhob Cem Einspruch gegen diese Theorie.

»Das wissen wir nicht«, antwortete Dr. Harding. »Vielleicht ja doch. Wir sollten so schnell wie möglich mit ihrem Witwer sprechen. Nach wie vor bin ich der Überzeugung, dass wir den Täter nur über seine Opfer finden. Mit wessen Hinterbliebenen haben wir noch nicht gesprochen?«

»Rianne van Vuuren und Elke von Donnersberg«, sagte Tariq.

»Dann tun Sie das unbedingt.« Der Profiler lehnte sich zurück.

Er rieb sich mit beiden Händen das Gesicht. Auch bei ihm hinterließen die letzten Tage und die Nächte mit zu wenig Schlaf allmählich ihre Spuren. Er wirkte erschöpft, dennoch blieb er konzentriert. »Unser Täter ist zwischen 40 und 50 Jahren alt. Er ist intelligent, körperlich stark und fit. Er ist selbstständig oder hat flexible Arbeitszeiten. Er hat eine Möglichkeit, seine Opfer gefangen zu halten. Ein eigenes Haus, zum Beispiel.«

»Das trifft auf Lindemann, Vogt, Doll und Dr. Gehrmann zu«, sagte Bodenstein enttäuscht.

»Was war mit der Mutter von Raik Gehrmann?«, erkundigte sich der Profiler.

»Das haben wir noch nicht überprüft«, gab Bodenstein zu. »Von ihr war nie die Rede. Sein Vater war ein guter Freund von Theo Reifenrath. Mehr wissen wir nicht.«

»Finden Sie es heraus«, riet Dr. Harding.

»Vogt hat gelogen, als er sagte, er wisse nicht, was mit Rita passiert ist«, fiel Pia ein. »Wie mir scheint, lügen hier alle«, sagte Bodenstein.

Nicola Engels Handy klingelte. Sie stand auf und ging hinaus auf den Flur. Im Besprechungsraum war es ganz still. Zwei Minuten später kehrte sie zurück und blieb vor dem Tisch stehen.

»Wir haben den richterlichen Beschluss, die Mobiltelefone aller vier Verdächtigen orten und abhören zu dürfen«, teilte sie mit. Kai, der auf diese Genehmigung bereits gewartet hatte, griff ungeachtet der späten Uhrzeit sofort zum Telefon, um die Abhörspezialisten des LKA anzufordern, die mittels eines IMSI-Catchers und stillen SMS herausfinden konnten, wo sich die Zielpersonen gerade aufhielten. »Außerdem lassen wir Lindemann, Doll, Vogt und Gehrmann observieren. Bodenstein, setzen Sie sich bitte mit den Kollegen in Kelkheim, Königstein und Niederhöchstadt in Verbindung und geben Sie die Adressen durch!«

Bodenstein nickte. Pia war ihrer Chefin dankbar, denn normalerweise genehmigte sie derart personalintensive Maßnahmen nur sehr zögerlich oder gar nicht.

Tag 11

Freitag, 28. April 2017

Kathrin Fachinger war nach Hause gefahren, Cem und Tariq hatten sich im Aufenthaltsraum aufs Ohr gelegt. Pia hatte die Füße auf einen Stuhl gelegt und grübelte vor sich hin. Sie hatte Christoph eine Nachricht geschrieben, dass sie wohl nicht nach Hause kommen würde. Dr. Harding kehrte ihnen den Rücken zu und starrte die Whiteboards an. Bodenstein und Nicola Engel hatten sich mit gesenkten Stimmen unterhalten, waren aber mittlerweile auch verstummt. Die einzigen Geräusche waren das Klappern von Kais Tastatur und das Summen einer der Leuchtstoffröhren an der Decke.

Kurz nach Mitternacht betrat Christian Kröger den Besprechungsraum.

»Und?«, fragte Bodenstein. »Habt ihr irgendetwas gefunden?«

»Nichts.« Kröger ließ sich auf einen Stuhl fallen und nahm sich ein kaltes Stück Pizza. »Absolut gar nichts! Kein Haar, keine Fingerabdrücke, außer denen, die wir der Bewohnerin zuordnen, weil sie überall zu finden sind. Es ist zum Kotzen!«

»Die *Bewohnerin*, wie du sie nennst, ist meine Schwester«, bemerkte Pia.

»Ich weiß, Pia.« Kröger überhörte den Vorwurf und bedachte sie mit einem mitfühlenden Blick. »Deshalb haben wir uns noch mehr Mühe gegeben, als wir es sowieso immer tun.«

»Entschuldige bitte«, murmelte Pia. »Meine Nerven sind ein bisschen überreizt.«

»Schon gut.« Kröger biss in die Pizza.

In die Stille drang das schrille Klingeln von Pias Handy. Es war Henning.

»Hab ich dich geweckt?«, erkundigte er sich.

»Nein«, antwortete Pia. »Ich bin noch im Büro. Wir sind alle hier.«

»Ah, okay, hör zu«, sagte er. »Da ich wusste, dass es euch eilig ist, haben Böhme und ich eben die Badewannen-Leiche obduziert. Todesursache war eindeutig Ertrinken. Er hatte ein bisschen Alkohol im Blut und ungefähr zwei Stunden vor seinem Tod Joghurt gegessen.«

Pia fielen die leeren Joghurtbecher im Mülleimer in Kims Wohnung ein. Offenbar hatte Reker dort eine ganze Weile gewartet.

»Was aber für euch interessanter sein dürfte: Ich habe an der rechten Halsseite des Opfers zwei Strommarken festgestellt, die von einem Elektroimpulsgerät stammen könnten.«

»Du meinst, er ist mit einem Elektroschocker außer Gefecht gesetzt worden?« Pia richtete sich auf. Auch Bodenstein und Dr. Engel horchten auf. Kai hörte auf zu tippen. Kröger spitzte die Ohren und Dr. Harding wandte sich auf seinem Stuhl um.

»So könnte es gewesen sein«, bestätigte Henning. »Diese Marken habe ich übrigens auch bei zwei von den Fettwachsleichen festgestellt, du erinnerst dich vielleicht. Das Opfer trug Latexhandschuhe und um den Hals eine Art Sturmhaube aus schwarzem Baumwollstoff. In seiner rechten Hand haben wir einen Metalldraht mit Holzstücken an beiden Enden gefunden. Ich schicke dir ein Foto von dem Ding. Böhme meint, dabei könnte es sich um eine Garrotte handeln, wie sie die Mafia benutzt, um missliebige Personen unauffällig zu liquidieren.«

»Danke, Henning«, sagte Pia.

»Bitte. Ach, Pia?«

»Ja?«

»Du weißt ja, dass Kim und ich uns nie grün gewesen sind. Aber ich wünsche mir wirklich, dass ihr sie rechtzeitig findet.«

»Danke.« Pia beendete das Gespräch. Plötzlich schossen ihr die Tränen in die Augen, und es gelang ihr nur mit Mühe, sie zurückzuhalten. Sie dachte an die Fotos in den Alben in Kims Wohnung, sah das süße blonde Mädchen vor sich, das Kim einmal gewesen war. Alle hatten sie geliebt. Wann hatte sich das geändert? Warum gab es kaum jemanden, der Kim mochte? Was hatte sie getan, dass gleich zwei Männer entschlossen waren, sie zu töten?

Sie gab kurz wieder, was Henning ihr erzählt hatte. Dr. Harding sprang auf.

»Der Elektroschocker könnte die Lösung des Rätsels sein, wie er die Frauen in seine Gewalt bringt!«, rief er. »Lasst uns noch einmal die Obduktionsberichte der Opfer durchgehen!«

Bodenstein und Nicola Engel nahmen sich die Unterlagen vor, Dr. Harding setzte sich zu ihnen an den Tisch und zog die restlichen Ordner zu sich heran.

»Ich geh mal kurz raus, ein bisschen frische Luft schnappen.« Pia schob ihren Stuhl zurück. »Oliver, hast du zufällig Zigaretten dabei?«

Bodenstein griff in seine Jackentasche und reichte ihr stumm ein Päckchen Zigaretten und ein Feuerzeug. Sie fragte ihn nicht, ob er sie begleiten wolle, und er bot es ihr nicht an. Sicher ahnte er, dass sie einen Moment für sich sein wollte.

* * *

Es hatte angefangen zu regnen. Die Regentropfen prasselten auf das gläserne Vordach, Wasser gluckerte in den Fallrohren. Eine Außenlampe erhellte den Hinterhof der RKI. In den Mietshäusern jenseits des Zauns war alles dunkel. Pia saß auf der obersten Treppenstufe, den Rücken an die Hauswand gelehnt, und rauchte ihre erste Zigarette seit Monaten. Das Nikotin wirkte sofort. Ihre Hände hörten auf zu zittern, das Gedankenkarussell verlangsamte sich. Sie legte den Kopf gegen die Wand und schloss die Augen.

In dem Moment öffnete sich die Tür. Pia traute ihren Augen nicht, als sich Dr. Nicola Engel auf die Treppe setzte.

»Haben Sie eine Zigarette für mich?«, fragte sie, und Pia reichte ihr das Päckchen. Die Kriminaldirektorin zündete sich eine an und tat zwei tiefe Züge. Sie hatte sich umgezogen. Zum ersten Mal, seit Pia sie kannte, trug sie kein Kostüm und keine Stilettos, sondern eine Jeans und weiße Sneakers.

»Es tut mir leid, was ich vorhin zu Ihnen gesagt habe«, sagte Pia. »Ich wollte Sie nicht kränken.«

»Ich weiß. Schon gut.« Dr. Nicola Engel stieß einen tiefen Seufzer aus. »Sie hatten mit vielem recht.«

Eine Weile rauchten sie schweigend.

»Sie haben überhaupt oft recht«, sagte die Kriminaldirektorin in die Dunkelheit. »Sie haben eine gute Intuition. Sie stehen für Dinge ein, von denen Sie überzeugt sind, und lassen sich nicht von Ihrem Weg abbringen. Nicht mal von mir.«

Pia hielt die Luft an. Was war denn plötzlich mit der Engel los?

»Sie verkörpern für Kim all das, was sie selbst nie war und niemals sein wird«, fuhr Nicola Engel fort, ohne Pia anzusehen. »Egal, welche Probleme sich Ihnen in den Weg stellen, Sie gehen sie an und lösen sie. Sie sind eine Kämpferin. Sie treffen Entscheidungen. Sie können stur sein, und wenn Ihnen etwas wichtig ist, dann ist es Ihnen völlig egal, wen Sie dabei vor den Kopf stoßen. Kim dagegen ist eine Flüchterin. Sie will von allen Menschen geliebt und bewundert werden. Sobald es Konflikte gibt, weicht sie aus und versucht, sich ihnen zu entziehen. Sie hat nie viel über ihre Kindheit und Jugend gesprochen, aber aus dem, was sie mir erzählt hat, habe ich geschlossen, dass sie auch nie kämpfen musste. Ihr ist wohl vieles in den Schoß gefallen.«

»Ja, das stimmt.« Pia nickte. »Sie war die Jüngste und sie war so hübsch. Viel hübscher als ich. Die ganze Verwandtschaft betete sie an. Ich hatte Babyspeck und Pickel, Kim nicht. Sie hatte immer eine Art Hofstaat an Bewunderern, aber keine echten Freundinnen. Meine Freunde fanden sie anstrengend, weil sie alles besser wusste.«

»Das klingt ganz nach Kim.« Frau Dr. Engel lächelte, wurde aber gleich wieder ernst. »Sie hat sich oft bei mir beklagt. Fühlte sich nicht wertgeschätzt, nicht genug beachtet, war eifersüchtig und machte mir dauernd Szenen. Sie wollte immer im Mittelpunkt stehen, und wenn das mal nicht der Fall war, war sie sofort verunsichert und verdammte alles und jeden. Ich verstehe bis heute nicht, warum eine Frau, die so attraktiv und erfolgreich ist, so wenig Selbstwertgefühl hat. Kim ist scharfsinnig, eloquent, belesen, finanziell unabhängig. In ihrem Beruf ist sie eine anerkannte Koryphäe. Aber in emotionaler Hinsicht ist sie vierzehn Jahre alt geblieben.«

»Und was hat mein Mann zu ihr gesagt?«, wollte Pia wissen. »Hat sie Ihnen das erzählt?«

»Ja. So ungefähr auf jeden Fall.« Nicola Engel drückte ihre

Zigarette auf der Treppenstufe aus und schnippte die Kippe in den Standaschenbecher. »Sie muss sich bei ihm über irgendetwas beklagt haben. Daraufhin hat er ihr geraten, sie solle doch endlich mal aufhören, eine Schau abzuziehen und versuchen, einfach sie selbst zu sein. Dann würde sie vielleicht auch echte Freunde finden und eine gute Beziehung haben und müsse nicht länger die Lesbe spielen, die sie in Wahrheit doch gar nicht sei.«

Pia, die sich etwas viel Schlimmeres vorgestellt hatte, war erleichtert. Dieses Gespräch zwischen Christoph und Kim hatte in der Zeit, als ihre Schwester bei ihnen auf dem Birkenhof gewohnt hatte, stattgefunden. Pia erinnerte sich daran, dass Christoph ihr davon erzählt hatte.

»Ihr Mann hatte recht«, sagte die Kriminaldirektorin. »Er hatte Kim durchschaut, und das konnte sie nicht ertragen. Sie hat ein Bild von sich selbst vor Augen, dem sie entsprechen möchte. Sie will besonders sein und unabhängig, aber gleichzeitig beneidet sie Sie um Ihren Mann, Ihr Zuhause und Ihre Art, das Leben zu meistern.«

»Kim beneidet *mich*?« Pia war verwirrt. »Aber wieso hat sie denn dann den Kontakt zu mir abgebrochen? Warum hat sie mich so von oben herab behandelt, als es damals um diese Klamotten-Sache ging?«

»Keine Ahnung.« Nicola Engel zuckte die Schultern. »Sie ist ein schwieriger Mensch. Sie ist unzufrieden, aber es gelingt ihr nicht, sich zu ändern. Sie hört auf keinen noch so gut gemeinten Ratschlag. Sie entwickelt sich einfach nicht. Und das ist der Grund, weshalb es zwischen uns ständig Probleme gab. Ich wollte nie Kinder haben, und Kim hat sich mehr und mehr wie eine Pubertierende benommen. Auf einmal hatte ich eine Art Mutterrolle und Kim fühlte sich von mir bevormundet.«

Ihre schonungslose Ehrlichkeit schockierte und erfreute Pia zugleich. Auch wenn sie sich oft über ihre Chefin ärgerte, so schätzte sie sie andererseits für ihre Entscheidungskraft, ihren Mut und ihren analytischen Verstand. Nun solche Worte von ihr zu hören wertete Pia als großen Vertrauensbeweis.

»In der Klinik in Hamburg hat sie es so lange ausgehalten, weil es dort niemanden gab, der ihr widersprach oder sie ernsthaft infrage stellte«, sprach Nicola Engel weiter. »Die Patienten waren ihr ausgeliefert. Schwerstkriminelle, psychisch kranke Straftäter, über deren Wohl und Wehe sie zu entscheiden hatte. Aber dann gewährte sie einem Serienvergewaltiger nach 25 Jahren Ausgang. Nur 24 Stunden. Er schüttelte seine Bewacher ab, flüchtete, vergewaltigte und tötete ein achtjähriges Mädchen. Kim geriet in die Kritik. Anstatt diese Krise durchzustehen, aus ihr zu lernen und daran zu wachsen, kündigte sie.«

»Davon wusste ich ja gar nichts«, sagte Pia. »Das hat sie mir nie erzählt.«

»Mir auch nicht«, erwiderte die Kriminaldirektorin mit düsterer Miene. »Ich habe es durch Zufall erfahren, aber als ich mit ihr darüber sprechen wollte, blockte sie ab. Kim ignoriert ihre Niederlagen, anstatt sie zu akzeptieren. Sie ist ein Mensch mit vielen Geheimnissen. Und ich fürchte, eines dieser Geheimnisse hat sie jetzt eingeholt.«

Der Regen wurde stärker. Die Luft roch metallisch und frisch. Die Mischung aus Nikotin, Übermüdung und der unerwarteten Offenheit ihrer Chefin hatte Pia ganz benommen gemacht. Sie wusste, dass Nicola Engel sie für eine gute Polizistin hielt, das stand in ihren Beurteilungen, und sie hatte sie zu Bodensteins Vertretung gemacht, als er ein Jahr pausiert hatte. Aber so detailliert hatte sie sich nie zuvor ihr gegenüber geäußert.

»Mir wird kalt«, sagte Dr. Engel und stand auf. »Ich gehe wieder rein.«

»Ich komme mit.« Pia erhob sich ebenfalls.

»Ich hoffe, worüber wir gerade gesprochen haben, bleibt unter uns.« Ihre Chefin sah sie scharf an.

»Natürlich«, erwiderte Pia. »Ich werde niemandem davon erzählen. Außer meinem Mann.«

Da flog ein spöttisches Lächeln über das Gesicht von Nicola Engel.

»Das schätze ich an Ihnen, Frau Sander«, sagte sie und hielt Pia die Tür auf. »Sie sind immer ehrlich.«

***

Die Tür war gerade hinter ihnen ins Schloss gefallen, als Bodenstein im Laufschritt um die Ecke bog. Ein Blick auf seine angespannte Miene reichte Pia, um zu wissen, dass er schlechte Nachrichten hatte.

»Was ist passiert?«, fragte sie ängstlich.

»Kai hat Kims GMail-Account gehackt«, erwiderte Bodenstein. »Kommt mit.«

Sie eilten den Flur entlang und stießen beinahe mit Cem und Tariq zusammen, die gerade aus dem Treppenhaus traten.

»Es ist mir gelungen, Kims E-Mail-Postfach zu öffnen«, erklärte Kai ein paar Minuten später. »Alle Mails vor dem 22. April sind gelöscht. Aber ich habe eine bisher ungelesene Mail vom 24. April gefunden. Absender ist eine Fiona Fischer.«

Pia und Dr. Engel wechselten einen Blick, die Kriminaldirektorin deutete mit einem Achselzucken an, dass ihr der Name unbekannt war. Die Mail erschien auf einem von Kais Bildschirmen. Sie beugten sich über seine Schulter, um den kurzen Text zu lesen.

Hallo, ich bin's noch mal, las Pia. *Schade, dass Sie/Du mir nicht geantwortet hast. Vielleicht später einmal, Sie haben ja meine Kontaktdaten. Viele Grüsse, Fiona Fischer.*

»Und?«, fragte Pia. »Was soll das jetzt bedeuten?«

»Fiona hatte Kim schon vorher eine Mail geschrieben, und zwar am 16. April«, antwortete Kai. »Auf diese Mail hatte Kim wohl nicht geantwortet. Fiona hat sie im Anhang noch mal mitgeschickt.«

Er bewegte die Maus und betätigte ein paar Tasten, dann rollte er mit seinem Stuhl ein Stück zurück, damit Pia und Nicola Engel die Mail lesen konnte.

Hallo, mein Name ist Fiona Fischer. Ich bin am 4. Mai 1995 in Zürich geboren. Bis vor sechs Wochen glaubte ich noch, die Tochter von Christine und Ferdinand Fischer zu sein, aber dann erfuhr ich, dass das nicht der Fall ist. Es hat mich einige Zeit und Mühe gekostet, um herauszufinden, wer die Frau ist, die mich direkt nach meiner Geburt in die Hände von Fremden gegeben hat. Mir ging es immer sehr gut bei meiner Mutter. Ich hatte eine schöne Kindheit. Trotzdem bin ich neugierig und würde Sie/Dich gerne kennenlernen. Ich bin momentan in Frankfurt und würde mich freuen, von Ihnen/Dir zu hören oder zu lesen.

Wie betäubt starrte Pia auf den Bildschirm. Die Buchstaben verschwammen vor ihren Augen.

»Kim hat ein Kind?«, flüsterte sie ungläubig.

»Davon wusste ich auch nichts.« Nicola Engel war mindestens genauso schockiert wie Pia.

»Kim kam im Juni 1995 nach Quantico«, meldete sich Dr. Harding zu Wort. »Sie muss das Baby nur ein paar Wochen vorher entbunden haben.«

Die drei sahen sich an. Betroffen. Entsetzt. Jeder von ihnen hatte geglaubt, Kim Freitag zu kennen. Jetzt mussten sie einsehen, dass sie sie alle überhaupt nicht gekannt hatten. Kim war es gelungen, dieses Geheimnis für sich zu behalten.

»Ihr wisst, was das bedeutet«, sagte Bodenstein.

***

Warum hatte Kim das getan? Weshalb hatte sie ihr Baby direkt nach der Geburt weggegeben und niemandem davon erzählt? Wie hatte sie ihre Schwangerschaft vertuschen können? Pia hatte ihren Kopf in die Hände gestützt und versuchte, sich an den Mai 1995 zu erinnern. Damals war sie 28 Jahre alt gewesen. Hatte sie zu dieser Zeit Kontakt zu Kim gehabt? Mühsam rekonstruierte Pia in Gedanken die Zeit. An Hennings 30. Geburtstag, dem 24. März 1995, hatte sie im Krankenhaus gelegen. In einer Notoperation hatte man ihr die Eileiter entfernen müssen. Sie erinnerte sich genau an den schrecklichen Moment, als die Ärzte ihr mitgeteilt hatten, dass sie auf natürliche Weise nicht mehr schwanger werden konnte, dabei hatte sie sich nichts mehr gewünscht als ein Baby! Damals war sie auf Hennings Wunsch nicht arbeiten gegangen und hatte mehr oder weniger nur zu Hause herumgesessen, wenn sie nicht bei ihren Pferden gewesen war. Sie hatte gelitten wie ein Hund und wäre um ein Haar depressiv geworden. Wohin sie auch geschaut hatte, überall hatte sie schwangere Frauen und Mütter mit Kinderwagen gesehen!

Sie hatte sich wertlos gefühlt und unzulänglich, wie eine Versagerin. Henning war ihr keine große Unterstützung gewesen, und sie hatte ihm sogar unterstellt, dass er keine Kinder wollte und insgeheim froh war, weil sie nun keine kriegen konnte. Ja, damals hatte sie sogar ziemlich regelmäßig mit Kim telefoniert, die gerade in Berlin an der Charité ihre Facharztausbildung abgeschlossen hatte, und ihrer Schwester die Ohren vollgeheult.

Kummer und Enttäuschung pressten Pias Herz zusammen, und in ihrer Kehle saß ein Kloß ungeweinter Tränen. Kim hatte genau gewusst, wie sehnlich sie sich ein Kind gewünscht hatte! Sie hatte gewusst, wie sehr sie gelitten hatte! Warum, *warum* hatte sie das Baby nicht *ihr* gegeben? Lieber hatte sie es irgendwelchen Fremden überlassen! Warum? Hatte sie es ihr nicht gegönnt? War sie damals schon neidisch auf sie gewesen? Plötzlich stieg Zorn in Pia auf. Wie dumm war sie all die Jahre gewesen! Sie hatte Kim mit offenen Armen empfangen und in ihr Leben gelassen, obwohl sie sich zehn Jahre lang nicht bei ihr gemeldet hatte. Nie hatte sie ihr einen Vorwurf gemacht, hatte respektiert, dass Kim nicht über sich sprechen wollte! Die ganze Kindheit und Jugend über hatte sie Kim beschützt und verteidigt. Sie hatte ihre Schwester geliebt, selbst dann noch, als Kim sie verletzt und verraten und ihr ins Gesicht gesagt hatte, dass sie sich für sie schämen würde. Das Schicksal hatte ein Füllhorn an Glück, Intelligenz und Schönheit über ihrer kleinen Schwester ausgeschüttet, aber da war etwas Dunkles in ihrem Innern, eine Missgunst und Unehrlichkeit, die Henning und auch Christoph bemerkt hatten, die sie selbst aber nie hatte sehen wollen.

»Alles okay, Pia?« Bodenstein setzte sich auf den Stuhl neben sie und sah sie besorgt an. Sie würde ihm nicht erzählen, was in ihr vorging. Sie war schon mit so vielen Enttäuschungen in ihrem Leben klargekommen, sie würde es auch diesmal schaffen. Wenn Kim durch ein Wunder lebend aus dieser Sache herauskam, dann gab es sehr viel zu reden – oder aber gar nichts.

»Ja.« Pia nickte und straffte die Schultern. »Ja, alles okay.«

***

Gegen vier Uhr morgens meldete sich die Streife, die das Haus von Lindemanns in Niederhöchstadt observierte. Sascha und Ramona Lindemann waren gerade nach Hause gekommen.

»Wir fahren gleich hin«, beschloss Bodenstein. »Harding und Pia, ihr kommt mit! Packt die Fotos der Opfer ein, wir werden sie damit konfrontieren. Christian, ihr fahrt auch hin!«

»Was ist mit einem Durchsuchungsbeschluss?«, fragte Kröger.

»Den besorge ich«, sagte Dr. Nicola Engel. »Bis dahin gilt: Gefahr im Verzug.«

Es hatte aufgehört zu regnen, und die Wolken hatten sich verzogen, als sie das Gebäude verließen und zum Parkplatz gingen. Am schwarzen Nachthimmel glitzerten die Sterne. Pia nahm auf der Rückbank Platz und lehnte erschöpft die Stirn an die kühle Scheibe.

›Fiona‹, dachte sie. ›Wo bist du jetzt?‹

Kai hatte ein Auskunftsersuchen an das Züricher Personenmeldeamt gemailt. Da sie unter die Mail an Kim ihre Mobilfunknummer geschrieben hatte, würde er versuchen, über den Schweizer Mobilfunkbetreiber ein Bewegungsprofil ihres Handys zu bekommen. Er hatte zunächst versucht, die junge Frau zu erreichen, aber ihr Handy war ausgeschaltet, deshalb hatte er sie angeschrieben mit der Bitte, sich umgehend bei ihm zu melden.

Eine andere Frage war, wie der Muttertagskiller davon erfahren hatte, dass Kim ihr Kind verlassen hatte. Soweit Pia wusste, war ihre Schwester zwar in vielen Talkshows zu Gast gewesen, aber immer als Expertin für ihr Fachgebiet. War sie in irgendwelchen Foren im Internet aktiv? Oder hatte Fiona Fischer auf ihrer Suche unabsichtlich den Killer auf Kim aufmerksam gemacht? Sie mussten die junge Frau dringend finden, deshalb hatte Tariq sofort eine Fahndungsmeldung herausgegeben. Das Einzige, was ihnen fehlte, war ein Foto von Fiona, aber Tariq durchforstete bereits das Internet und die sozialen Medien nach Informationen über die junge Frau. Wie mochte sie wohl aussehen? Ähnelte sie Kim? Und wer war ihr Vater?

***

Ramona Lindemann öffnete im Schlafanzug die Tür. Ihre Verschlafenheit verflog schlagartig, als sie die Polizisten vor sich sah.

»Wo ist Ihr Mann?«, fragte Bodenstein, ohne sich mit einem Gruß aufzuhalten.

»Der liegt im Bett und schläft«, erwiderte die Frau und wich zurück, als sich Kröger und vier seiner Leute in weißen Overalls an ihr vorbeidrängten. »He, was soll denn das hier? Was fällt Ihnen ein, mitten in der Nacht in unser Haus einzudringen? Haben Sie überhaupt einen Hausdurchsuchungsbefehl oder wie man das nennt?«

»Den reichen wir nach«, antwortete Bodenstein. »Wo ist das Schlafzimmer?«

»Ich glaub, es geht los!«, zeterte Ramona Lindemann. »Das sind ja die reinsten Stasi-Methoden! Ich werde mich beschweren!«

Zwei uniformierte Beamte blieben bei ihr und hinderten sie daran, Bodenstein und Pia in den ersten Stock zu folgen. Dr. Harding blieb ebenfalls unten. Oben drückte Pia auf den Lichtschalter, Bodenstein öffnete jede Zimmertür, bis er das Schlafzimmer am Ende des Flurs gefunden hatte. Unsanft schreckten sie Sascha Lindemann aus dem Tiefschlaf. Der Mann blickte sich irritiert um. Von unten drang die schrille Stimme seiner Frau zu ihnen herauf.

»Würden Sie bitten aufstehen und sich etwas anziehen?«, sagte Bodenstein. »Wir müssen Ihnen ein paar Fragen stellen.«

»Aber … wieso … was für Fragen?«, stammelte der Mann, der in seinem Nachthemd mehr denn je wie eine Frau aussah. Eingeschüchtert schob er die Bettdecke weg und wuchtete sich aus dem Bett.

Fünf Minuten später saß er unten am Esstisch, seine Frau stand mit verschränkten Armen hinter ihm, während Kröger und seine Leute ausschwärmten, um das Haus vom Keller bis zum Dachboden nach Hinweisen zu durchsuchen.

»Nein, die kenne ich nicht. Tut mir leid.« Lindemann schüttelte den Kopf, als Pia ihm ein Foto von Eva Tamara Scholle zeigte. Er kannte angeblich auch Mandy Simon, Annegret Münch, Jutta

Schmitz, Elke von Donnersberg, Rianne van Vuuren, Nina Mastalerz und Jana Becker nicht.

»Würden Sie uns wohl endlich mal verraten, was das alles soll?« Ramona Lindemann stemmte die Hände in die ausladenden Hüften und schob das Kinn vor wie ein aggressiver Boxer. »Was sind das für Frauen? Was wollen Sie von meinem Mann?«

»Die Leichen dieser drei Frauen haben wir unter dem Hundezwinger Ihres verstorbenen Pflegevaters gefunden.« Bodenstein legte den Lindemanns die Fotos vor. »Sie wurden ertränkt, in Frischhaltefolie gewickelt und eingefroren, bevor sie vergraben wurden.«

Pia konstatierte, wie Sascha Lindemann alle Farbe aus dem Gesicht wich. Er begann am ganzen Körper zu zittern.

»Die anderen Frauen haben dasselbe Schicksal erlitten. Ihre Leichen wurden in ganz Deutschland gefunden.« Bodenstein hatte Lindemann gegenüber Platz genommen. Dr. Harding stützte die Unterarme auf eine Stuhllehne und ließ den Mann nicht aus den Augen. »Bernkastel-Kues an der Mosel. St. Avold in Frankreich. Winterberg im Sauerland. Die Elbe bei Hamburg.«

»Wir haben nachvollzogen, dass Sie an all diesen Orten waren beziehungsweise auf Ihren beruflichen Fahrten daran vorbeikommen«, ergänzte Pia.

»Bitte!«, formte Lindemann lautlos mit den Lippen, seine Augen waren weit aufgerissen vor Angst. Er hob flehend die Hände. »Ich weiß nicht, wovon Sie reden! Ich kenne diese Frauen nicht, das müssen Sie mir glauben!«

»Stimmt es, dass Sie als Kind von Rita Reifenrath in Folie eingewickelt, unter Wasser getaucht und in eine Kühltruhe gesperrt wurden?«, fragte Bodenstein.

Lindemanns Unterlippe begann zu zittern. Die Augen des Mannes füllten sich mit Tränen. Er schlug den Blick nieder und nickte.

»Was fällt Ihnen ein …?«, begann Ramona Lindemann wütend, aber Bodenstein sprach einfach weiter.

»Stimmt es, dass Sie und André Doll das auch mit anderen Kindern gemacht haben? Zum Beispiel mit einem Klassenkameraden namens Raik Gehrmann?«

»Ja!« Lindemann schluchzte gequält auf. »Ja, das stimmt, das haben wir gemacht! Raik hatte mitbekommen, dass Rita das mit mir gemacht hat. Er hat es überall in der Schule herumerzählt! Alle haben über mich gelacht!«

»*Ich* hatte die Idee, diesen kleinen Mistkerl zu bestrafen!«, mischte Ramona Lindemann sich mit blitzenden Augen ein. »Ich habe ihm ein paar Mal gesagt, er soll damit aufhören, aber das tat er nicht. Immer wieder hat er Witze darüber gemacht! Eines Tages haben wir ihn uns geschnappt. Danach hat er nicht mehr gelacht. Nie wieder hat er davon gesprochen. Seitdem war Ruhe. Wir haben Schreckliches erlebt bei Reifenraths, das können Sie mir glauben! Es war die Hölle, und es verfolgt uns bis heute! Mein Mann ist seit Jahren in psychologischer Behandlung deswegen, und da kommen Sie daherspaziert und verdächtigen ihn, Frauen umgebracht zu haben? Das ist ja wohl das Allerletzte!«

Sie legte eine Hand auf die Schulter ihres weinenden Mannes, mit der anderen strich sie ihm tröstend über den Kopf. In dieser Geste lag so viel Zuneigung, dass Pia sich augenblicklich schlecht fühlte, weil sie den Mann so hart angegangen waren. Dennoch blieb sie misstrauisch. Jeder Verdächtige beteuerte seine Unschuld, egal wie hieb- und stichfest die Beweise waren. Im Fall Sascha Lindemann hatten sie jedoch keine Beweise, nur vage Vermutungen.

»Wo waren Sie in der vergangenen Nacht?« Bodenstein veränderte seinen Tonfall. »Und wo waren Sie am Dienstagabend zwischen 23 Uhr und zwei Uhr morgens?« Statt aggressiv klang er nun mitfühlend.

»Das geht Sie nichts an«, schnappte Ramona Lindemann.

»Leider schon«, erwiderte Bodenstein unerbittlich. »Wir verdächtigen Sie, eine Frau in Ihre Gewalt gebracht, in ihre Wohnung eingedrungen zu sein und dort Ihren Pflegebruder Claas Reker ermordet zu haben.«

»Claas ist tot? Ist das wahr?« Beide Lindemanns rissen die Augen auf, und Pia dachte, dass man eine solch spontane Überraschung nicht spielen konnte. Die Anspannung fiel von ihr ab und verwandelte sich in Enttäuschung. Falsche Fährte. Ihr bevorzugter Verdächtiger war unschuldig.

»Das ist ja wunderbar!« Ramona Lindemann frohlockte.

»Dieses miese, sadistische Dreckschwein! Hoffentlich musste er lange leiden!«

»Also, wo waren Sie?«, beharrte Bodenstein.

»Am Dienstag war ich geschäftlich in Luxemburg«, erwiderte Sascha Lindemann. »Ich kann Ihnen den Namen des Hotels geben, in dem ich abgestiegen bin.«

»Und wo waren Sie vorhin?«

Er zögerte. Blickte über seine Schulter zu seiner Frau und senkte seine Stimme.

»Wir waren in Hamburg«, flüsterte er. »Im Musical *König der Löwen.* Das hatte meine Frau mir zum Geburtstag geschenkt.«

»Wieso flüstern Sie?«, wollte Pia wissen.

»Damit Sandra das nicht hört. Wir haben ihr erzählt, wir wären auf den Geburtstag eines Kollegen eingeladen. Sonst hätte sie sicherlich mitgewollt.«

***

Sandra Reker hatte unter dem Einfluss von Schlafmitteln so tief und fest geschlafen, dass sie den Besuch der Polizei beinahe verpasst hätte. Sie war erst aufgetaucht, als Bodenstein, Pia und Dr. Harding schon im Aufbruch begriffen waren. Ramona Lindemann hatte ihr sofort auf die Nase gebunden, dass ihr Ex-Mann tot war und sie keine Angst mehr vor ihm haben musste. Statt erleichtert zu sein, war Sandra Reker jedoch schluchzend zusammengebrochen.

Sie hatten allerdings von Frau Lindemann noch eine wertvolle Information erhalten, nämlich die, dass Raik Gehrmann bei seinem Vater aufgewachsen war, nachdem seine Mutter Mann und Sohn früh verlassen hatte. Der Tierarzt war kinderlos und bewohnte sein Elternhaus mit seiner Ehefrau, einer Ärztin, die in Frankfurt an einer Klinik arbeitete.

Obwohl sie nicht mehr glaubten, dass Sascha Lindemann ihr Muttertagskiller war, untersuchten die Spurensicherer die Kofferräume der beiden Autos und nahmen Proben des Fleisches aus den Kühltruhen in der Garage mit. Die Alibis mussten überprüft und ein Hausdurchsuchungsbeschluss nachgereicht werden. Pia fuhr kurz nach Hause, um zu duschen und sich umzuziehen. Es brannte ihr auf der Seele, Christoph zu erzählen, was sie über Kim erfahren hatte, aber er war bereits im Zoo, also musste sie sich gedulden. Sie hatte überlegt, ob sie ihre Eltern informieren sollte, dass Kim verschwunden war, hatte sich doch vorerst dagegen entschieden. Wozu sollte sie die alten Leutchen unnötig aufregen? Sie konnten ohnehin nichts tun, und solange Bodenstein oder die Engel nicht anordneten, Kim zur Fahndung auszuschreiben, war es besser, wenn sie nichts von der Gefahr wussten, in der ihre jüngste Tochter schwebte.

Ihr Chef hatte sich auch zu Hause schnell umgezogen und rasiert und betrat gleichzeitig mit Pia den Besprechungsraum.

Die Ortung der Mobiltelefone hatte ergeben, dass sich Raik Gehrmann, Joachim Vogt und André Doll – oder zumindest ihre Handys – in der vergangenen Nacht zu Hause aufgehalten hatten. Die exakten Bewegungsprofile sollten im Laufe des Vormittags von den betreffenden Mobilfunkanbietern geliefert werden.

Cem hatte bereits mit dem Witwer von Rianne van Vuuren und einer ehemaligen Arbeitskollegin telefoniert, aber beide hatten nichts zu erzählen gehabt, was ihnen irgendwie weiterhelfen konnte. Das Geheimnis, wo sie ihren Mörder kennengelernt und wie er von ihrem Kind erfahren hatte, hatte Rianne mit ins Grab genommen.

Um halb neun erschien Frau Dr. Engel. Statt eines strengen Kostüms und farblich darauf abgestimmten Pumps trug sie auch heute Jeans, dazu einen grauen Kaschmirpullover und braune Schnürstiefeletten. Das tizianrote Haar hatte sie mit Gel zurückfrisiert, nur ihr Make-up war perfekt wie immer und verdeckte die Schatten unter ihren Augen, die die schlaflose Nacht hinterlassen hatte. Was sie nicht wegschminken konnte, waren die geschwollenen Lider. Sie sah zehn Jahre jünger aus und wirkte so verletzlich, wie Pia sie noch nie gesehen hatte. Pia dachte an die Vorwürfe, die sie ihrer Chefin gestern auf der Fahrt nach Frankfurt ins Gesicht geschleudert hatte, und wünschte, sie könnte sie wieder zurücknehmen.

»Ich habe gerade mit Gero von Donnersberg telefoniert«, sagte Bodenstein nun. »Er war konsterniert, als ich ihn fragte, ob seine verstorbene Frau ein uneheliches Kind gehabt haben könnte, und hält es für unmöglich. Als er sie kennenlernte, war sie 22 und hatte gerade eine Ausbildung als Groß- und Einzelhandelskauffrau bei der Kaffeerösterei Donnersberg & Söhne angefangen. Interessant ist, dass sie aus Bad Camberg stammte. Und noch interessanter finde ich, dass sie jedes Jahr am Muttertag ihre Mutter dort besuchte. Nach deren Tod 1980 gab sie ihre Fahrten nach Bad Camberg am Muttertag auf. Anfang der Achtzigerjahre war sie wegen schwerer Depressionen in einer Klinik. Als sie verschwand, dachte Donnersberg zuerst, sie könnte sich das Leben genommen haben, aber das hielt er dann doch für ausgeschlossen. Ihre beiden Söhne waren extra zum Muttertag aus England angereist, um sie zu sehen. Wenn sie sich umgebracht hätte, dann ganz sicher nicht an diesem Tag.«

»Es gibt also niemanden, der weiß, ob sie ein uneheliches Kind hatte oder nicht«, stellte Pia fest. »Eine Sackgasse.«

»Nicht unbedingt«, widersprach Bodenstein. »Donnersberg hat mich eingeladen, bei ihm zu Hause die Kisten zu durchsuchen, in denen sich die gesamte persönliche Habe seiner verstorbenen Frau befindet. Als er 2006 zum zweiten Mal geheiratet hat, hat er alles weggepackt und für seine Söhne aufgehoben.«

»Willst du nach Hamburg fliegen?«, fragte Nicola Engel.

Kai warf Pia einen verstohlenen Blick zu und hob eine Augenbraue. Der Fall musste sie wirklich mitnehmen. Noch nie zuvor hatte sie Bodenstein in großer Runde geduzt.

»Ja«, antwortete Bodenstein. »Heute noch.«

»Gut.« Die Kriminaldirektorin nickte. »Ich sage meiner Assistentin Bescheid, dass sie zwei Flüge bucht. Ich komme mit.«

***

Anhand der IP-Adresse des Servers, über den Fiona Fischer die Mail an Kim geschickt hatte, hatte Tariq herausgefunden, von wo aus sie geschrieben hatte. In der Hoffnung, sie dort anzutreffen, fuhren Pia und Tariq gleich nach der morgendlichen Teambesprechung zum »Holiday Inn Express Hotel«, das sich in der Nähe des Frankfurter Bahnhofs befand. Das Züricher Personenmeldeamt hatte sich so früh am Morgen noch nicht gemeldet, genauso wenig wie der Schweizer Mobilfunkanbieter Swisscom. Fiona Fischer war in den sozialen Medien nicht sonderlich aktiv gewesen. Bei Instagram hatte Tariq mehr als fünfzig Personen dieses Namens gefunden, immerhin vier davon lebten in der Schweiz, und sie alle hatten ihren Account so geschützt, dass man ihre Bilder nur sehen konnte, wenn man sie abonniert hatte.

Pia hatte Tariq das Steuer des Dienstwagens überlassen, da sie in ihrer derzeitigen Verfassung keine Geduld für den morgendlichen Berufsverkehr hatte. Dr. Harding hatte davon abgeraten, Kim öffentlich zur Fahndung auszuschreiben, um den Täter nicht zusätzlich unter Druck zu setzen und womöglich zu einer Kurzschlussreaktion zu verleiten.

Joachim Vogt und André Doll hatten wie jeden Morgen ihr Haus verlassen und waren ganz normal zur Arbeit gefahren. Fridtjof Reifenrath war noch in seiner Suite im »Kempinski« in Falkenstein, und Dr. Raik Gehrmann war um kurz nach sieben ohne Umwege in seine Praxis nach Kronberg gefahren.

Wo war Kim? Lebte sie noch?

Im »Holiday Inn Express« in der Elbestraße erinnerte sich die junge Frau an der Rezeption zum Glück gut an Fiona Fischer. Sie hatte am Mittwoch um elf Uhr ausgecheckt und war zum Hauptbahnhof gelaufen, wo sie sich einen Mietwagen nehmen wollte.

»Wie lange hat Frau Fischer hier gewohnt?«, fragte Tariq.

»Das darf ich Ihnen eigentlich nicht sagen, aus Datenschutzgründen.«

»Der Polizei dürfen Sie das sagen«, versicherte Tariq ihr.

»Okay.« Bedia Karabulut sah sich unauffällig nach ihren Kolleginnen um, die beide mit abreisenden Gästen beschäftigt waren, dann konsultierte sie ihren Computer. »Sie ist am 13. April angereist und hat dreizehn Nächte bei uns gewohnt.«

»Haben Sie mal mit ihr gesprochen?«, wollte Pia wissen.

»Ja. Wir waren sogar nach Feierabend zusammen was trinken«, erwiderte die Frau mit gesenkter Stimme. Erst jetzt schien sie sich zu fragen, weshalb sich die Kriminalpolizei für Fiona Fischer interessierte. Ihre Augen wurden groß. »Ist ihr etwas zugestoßen?«

»Das wissen wir nicht.« Tariq lächelte beruhigend. »Wir wollen sie nur etwas fragen. Haben Sie zufällig ein Foto von ihr?«

»Ich glaube schon.« Bedia Karabulut zückte ihr Smartphone, rief ihre Fotos auf und suchte in den Aufnahmen, bis sie etwas gefunden hatte. Das Bild versetzte Pia einen Schock. Die junge blonde Frau, die in die Kamera lächelte, sah aus wie Kim mit Anfang zwanzig!

Tariq ließ sich das Foto via Airdrop auf sein Smartphone schicken, dann erklärte er einer betroffenen Bedia Karabulut, dass Fiona wahrscheinlich unabsichtlich in einen Kriminalfall verwickelt worden sei und sie das Foto gerne für die Fahndung nach ihr benutzen würden.

Am Hauptbahnhof fragten Pia und Tariq bei den Autovermietungen nach und wurden schließlich bei Sixt fündig. Fiona Fischer hatte dort am 26. April um 12:07 Uhr einen weißen Renault Clio für einen Tag gemietet. Allerdings hatte sie das Auto bisher nicht zurückgegeben, das zeigte der Computer an.

»Sie hat als Sicherheit eine Kreditkarte hinterlegt«, teilte ihnen der Mitarbeiter mit. »Falls sie mit dem Auto in die Schweiz gefahren ist, wird das ein teurer Spaß für sie.«

Er gab ihnen die Adresse, die Fiona Fischer auf dem Mietvertrag eingetragen hatte.

»Sind Ihre Mietwagen mit GPS-Trackern ausgestattet?«, wollte Tariq wissen.

»Erst die Fahrzeuge ab gehobener Mittelklasse«, bedauerte der Mitarbeiter. »Die Kleinwagen leider nicht.«

***

Pia und Tariq hatten gerade ihr Auto erreicht, als Pias Telefon klingelte. Es war Kai.

»Hast du das Foto von Fiona Fischer …?«, begann sie, aber Kai würgte sie ab.

»Die Jungs, die den Gehrmann observieren, haben sich gerade gemeldet!«, teilte er ihr mit. »Der Kerl hat gerade im Hinterhof seiner Tierarztpraxis in Kronberg einen großen Sack aus einem Nebengebäude in den Kofferraum seines Autos gewuchtet und ist losgefahren. Was sollen sie jetzt machen?«

»Ihm folgen, aber unauffällig!«, rief Pia aufgeregt. »Sie sollen mich auf dem Laufenden halten. Ich will wissen, wohin er fährt!«

»Geht klar.«

»Los! Gib Gas!«, wies Pia Tariq an. Sie angelte mit zitternden Fingern hinter dem Beifahrersitz nach dem mobilen Blaulicht, ließ das Fenster herunter und setzte das Gerät aufs Dach. »Fahr schneller!«

»Wohin soll ich fahren? Was ist überhaupt los?«

»Gehrmann hat gerade seine Praxis verlassen«, informierte Pia ihn. »Mit einem großen Sack im Kofferraum. Fahr in Richtung Kronberg!«

Tariq schlängelte sich durch den Verkehr, überfuhr an der Messe jede rote Ampel und trat stadtauswärts aufs Gaspedal. Pia saß stumm neben ihm und hielt ihr Handy fest umklammert. War Kim tot? Hatte der Tierarzt ihre Leiche in den Sack gestopft, um sie irgendwo zu entsorgen? Sie bekam eine Gänsehaut bei dem Gedanken. Wie sollte sie bloß ihren Eltern beibringen, dass Kim … Nein! Sie zwang sich, nicht an so etwas zu denken. Noch gab es eine Chance, dass ihre Schwester lebte.

In der Höhe von Eschborn meldete Kai sich wieder. Gehrmann war am Schafhof nach Mammolshain abgebogen. Er schien nach Hause zu fahren.

Tariq wollte sofort von der Autobahn abfahren, aber Pia befahl ihm, erst beim Main-Taunus-Zentrum auf die B 8 und weiter die B519 hoch nach Königstein zu fahren. Das war zwar eine etwas weitere Strecke, die aber erheblich schneller war, weil es nur vor dem Königsteiner Kreisel eine Ampel gab.

Eine Viertelstunde später passierten sie das Ortsschild von Mammolshain, und Pia dirigierte Tariq durch die Straßen des kleinen Ortes, vorbei an der Grundschule. Per Funk standen sie in Kontakt mit den Kollegen der Zivilstreife, die bestätigten, dass Gehrmann zu seinem Haus gefahren war.

»Stopp!«, sagte Tariq scharf, als er vor dem Haus bremste und Pia die Tür aufriss, bevor das Auto zum Halten gekommen war. »Zuerst ziehen wir uns Schutzwesten an! Und dann lässt du mich vorgehen!«

Die Kollegen hatten ein Stück weiter oben geparkt und näherten sich auf der anderen Straßenseite. Pia öffnete den Kofferraum, zerrte ungeduldig eine der Schutzwesten heraus und zog sie sich über. Ihr Herz klopfte zum Zerspringen. Angst und Hoffnung vollführten in ihrem Innern eine wilde Achterbahnfahrt. Zu viert betraten sie Gehrmanns Grundstück. Pia erhaschte einen Blick auf den silbernen Kombi, der mit geöffneter Heckklappe im Hof vor der etwas zurückgesetzten Doppelgarage stand.

»Los!«, befahl Tariq leise. Sie huschten quer über den Hof und gingen hinter dem Auto mit gezogenen Waffen in die Hocke. Es war niemand zu sehen, aber aus der Garage drang ein Rumoren. Ein paar Sekunden später erschien die massige Gestalt des Tierarztes im geöffneten Garagentor. Er pfiff vor sich hin und beugte sich in den Kofferraum. Tariq nickte Pia zu.

»Hallo, Herr Dr. Gehrmann!« Sie stand auf und richtete ihre Dienstwaffe auf ihn.

»Ach du Sch…!« Der Mann fuhr erschrocken zurück, dabei stieß er sich den Hinterkopf an der Heckklappe. Mit angstvoll aufgerissenen Augen starrte er auf die Waffe in Pias Hand. Tariq und die beiden anderen Kollegen erhoben sich ebenfalls und näherten sich dem Tierarzt von beiden Seiten.

»W…w…was wollen Sie von mir?«, stotterte der Mann. Sein Gesicht war schneeweiß geworden, er zitterte vor Schreck.

»Hände hinter den Kopf!«, befahl Pia mit bebender Stimme, und Gehrmann gehorchte. »Gehen Sie vom Auto weg! Sofort!«

Sie musste sich dazu zwingen, den schwarzen Müllsack anzusehen, der auf der Ladefläche des Kombis lag. Ihr Magen drehte sich um, sie schmeckte Galle und musste würgen, als ihr ein leichter Verwesungsgeruch in die Nase drang.

***

Der Lufthansa-Flug LH 12 landete pünktlich um zwölf Uhr auf dem Flughafen in Fuhlsbüttel. Da sie kein Gepäck aufgegeben hatten, konnten Bodenstein und Nicola Engel ohne Umweg über die Gepäckabholung das Flughafengebäude verlassen. In Hamburg war der Himmel blau, die Luft frühlingshaft frisch.

»Es ist das erste Mal seit 35 Jahren, dass wir beide zusammen in Hamburg sind«, stellte die Kriminaldirektorin fest und winkte ein Taxi herbei. »1982 war das. Mein Gott, wie die Zeit vergeht!«

»Viel passiert seitdem«, brummte Bodenstein.

Sie nahmen auf der Rückbank eines Mercedes Vito Platz und er nannte dem Taxifahrer die Adresse von Gero von Donnersberg in Othmarschen. Während der Fahrt sprachen sie nicht viel, und Bodenstein erinnerte sich daran, wie er Nicola im November 1980 auf der Party eines Kommilitonen kennengelernt hatte. Ihm hatte zu der Zeit nicht der Sinn nach einer Beziehung gestanden. Im Jahr zuvor hatte er einen schweren Reitunfall gehabt, der seinem Traum von einer Karriere als Springreiter ein jähes Ende gesetzt hatte. Als er dann auch noch festgestellt hatte, dass seine Jugendliebe Inka Hansen mit Ingvar Rulandt zusammen war, seinem schärfsten Konkurrenten, war er Hals über Kopf zum Jurastudium nach Hamburg gezogen, möglichst weit weg vom Taunus und allen schmerzlichen Erinnerungen. Nicola hatte ihn auf der Fete angesprochen und regelrecht von ihm Besitz ergriffen. Er hatte es geschehen lassen, denn es hatte ihn von seinem Schmerz abgelenkt. Ein paar Wochen später war Nicola in seine Studentenbude im Schanzenviertel eingezogen und hatte sein Leben in die Hand genommen. Sie hatte schon bald davon geträumt, Frau von Bodenstein zu sein, und er hatte ihrer besitzergreifenden Art wenig entgegenzusetzen gehabt. Auf der Party, die Nicola zur Feier ihrer Verlobung organisiert hatte, war Cosima aufgetaucht und hatte Bodenstein vom ersten Moment an in ihren Bann gezogen. Ein halbes Jahr später hatte er das Jurastudium aufgegeben, war zurück nach Hessen gezogen und hatte dort eine Ausbildung bei der Polizei begonnen. Ein Jahr nach ihrem Kennenlernen hatten Cosima und er geheiratet, sechs Wochen später war Lorenz zur Welt gekommen.

»Hast du dich manchmal gefragt, was aus uns geworden wäre, wenn Cosima nicht auf diese Party gekommen wäre?«, brach Nicola nach einer Weile das Schweigen. Sie dachte also über dasselbe nach wie er.

»Gelegentlich, ja«, gab Bodenstein zu. »Ich glaube, es wäre mit uns nicht gut gegangen, Cosima hin oder her.«

»Ich fürchte, du hast recht«, pflichtete Nicola ihm bei. Wehmut schwang in ihren Worten mit, aber sie lächelte, als sie sich ihm nun zuwandte. »Trotzdem war es meine glücklichste

Zeit, diese zwei Jahre mit dir hier in Hamburg. Wir waren so jung!«

»Das waren wir in der Tat.« Bodenstein lächelte. »Ich war neunzehn, du warst gerade zwanzig geworden.«

»Weißt du noch, wie wir nach Sylt getrampt sind?« Sie lachte. »Wir hatten keine Ahnung, dass man mit dem Zug auf die Insel fahren muss, und als wir in Westerland waren, hatten wir keinen Pfennig Geld mehr!«

»Wir haben in einem Strandkorb übernachtet«, schmunzelte Bodenstein. »Und in den Dünen. Bis man uns wegen Landstreicherei festnehmen wollte!«

Eine Weile hingen sie ihren Erinnerungen an Wochenendtrips nach Dänemark und an die Ostsee nach, an Segeltörns mit Kommilitonen in der Flensburger Förde und Fahrten mit einem Hausboot auf der Schlei.

»Irgendwie haben wir ständig gefeiert«, kicherte Nicola. »Ich glaube, ich habe in den zwei Jahren mindestens so viel Alkohol getrunken wie in meinem restlichen Leben.«

»Es war ungesund, aber außerordentlich lustig«, fand Bodenstein.

»Eine richtige Studentenzeit.«

Ein Jahr später war es für ihn als Ehemann und Vater vorbei gewesen mit spontanen Kurzurlauben, Saufgelagen und dem Besuch von Konzerten irgendwelcher Bands, von denen er vorher nie gehört hatte.

Das Taxi fuhr durch Eimsbüttel an der Neuen Flora vorbei und bog in die Holstenstraße ein. An der nächsten Kreuzung ging es schon in die Max-Brauer-Allee, die bis hinunter an die Elbe führte. »Bin ich misstrauisch und kontrollwütig?«, fragte Nicola plötzlich. »Schikaniere ich andere Leute?«

Das war es also, was ihr zu schaffen machte!

»Na ja.« Bodenstein überlegte, was er ihr darauf antworten sollte, aber dann beschloss er, aufrichtig zu sein. »Du hast gerne alles unter Kontrolle, das stimmt. Und es macht durchaus den Eindruck, dass du anderen Menschen wenig vertraust.«

»Ich habe eben die Erfahrung gemacht, dass man im Leben nicht zu vertrauensselig sein darf«, entgegnete Nicola. »Ich bin so oft enttäuscht worden. Das fing bei dem Typen an, mit dem ich vor dir zusammen war, ging mit dir weiter und zog sich durch jede meiner Beziehungen, bis hin zu Kim.«

»Vielleicht liegt es ja auch an dir«, sagte Bodenstein. »Du kannst schon ganz schön furchteinflößend sein.«

»Aber ich bin nicht eiskalt!«, begehrte sie auf. »Es hat mich wirklich getroffen, dass Frau Sander mir so etwas vorwirft!«

»Es steht mir nicht an, dir irgendwelche Lebenshilfe-Tipps zu geben«, antwortete Bodenstein. »Ich habe selbst auch immer Probleme gehabt, mich jemandem zu öffnen. Aber wenn man das nicht irgendwann lernt und anfängt, anderen Menschen Vertrauen entgegenzubringen, dann wird man einsam und unglücklich bleiben.«

Nicola biss sich auf die Lippen.

»Die Beziehung mit Kim war von Anfang an ein Selbstbetrug«, sagte sie, als sie am Altonaer Rathaus vorbeifuhren. Durch die blattlosen Bäume konnte man die Verladekräne des Hamburger Hafens erkennen.

»Dafür seid ihr aber ziemlich lange zusammen gewesen«, erwiderte Bodenstein trocken.

»Ich fand die Vorstellung reizvoll«, räumte Nicola ein. »Zwei erfolgreiche Frauen, die keinen Mann finden, weil Männer vor erfolgreichen Frauen Angst haben. Außerdem hatte ich es genauso satt wie Kim, alleine zu sein. Aber letztlich habe ich sie nie richtig gekannt. Sie hatte kein Vertrauen zu mir, sonst hätte sie mir doch erzählt, dass sie mal ein Kind bekommen hat, oder?«

»Wie viel Vertrauen hattest du denn zu ihr?«, fragte Bodenstein. »Was hast du ihr von deinen Geheimnissen erzählt?«

Nicola stieß einen tiefen Seufzer aus.

»Du hast recht. Ich war auch nicht besser. Wir waren beide nie aufrichtig zueinander. Wären wir das gewesen, wären wir gar nicht erst zusammengekommen.«

Das Taxi hielt vor einem großen schmiedeeisernen Tor auf der Landseite der Elbchaussee, Bodenstein zahlte und sie stiegen aus.

***

»Das ist Momo«, sagte Dr. Gehrmann mit den Händen hinter dem Kopf. »Ich musste ihn vor ein paar Tagen einschläfern.«

Wie betäubt starrte Pia auf das leblose Fellbündel, das zum Vorschein gekommen war, als ihr Kollege den schwarzen Müllsack aufgerissen hatte. Sie brauchte ein paar Sekunden, um zu begreifen, dass keine Leiche in dem Sack gewesen war, sondern ein toter Leonberger Rüde.

»Mein Kühlhaus in der Praxis ist kaputtgegangen«, hörte sie den Tierarzt sagen. »Meine Helferin hat es erst vorhin bemerkt, als sie eine Katze hineinlegen wollte. Es muss schon vor ein paar Tagen passiert sein, deshalb riecht Momo ein bisschen streng. Ich lagere die toten Tiere jetzt in der Kühltruhe in meiner Garage, bis der Abdecker oder der Tierbestatter die Kadaver abholen.«

»Entschuldigung«, sagte Pia und steckte ihre Waffe zurück ins Holster. »Wir haben gedacht … na ja, egal.«

»Darf ich die Hände wieder runternehmen?«

»Ja, natürlich.« Ihre Knie waren so weich, dass sie sich einen Moment an den Kotflügel des Kombis lehnen musste. Alle Kraft hatte sie verlassen.

Tariq half Dr. Gehrmann, den toten Leonberger zur Kühltruhe in die Garage zu schleppen. In der Truhe befanden sich bereits zwei tote Katzen und eine tote Mischlingshündin.

»Heute Nachmittag kommen die Leute von *Anubis*«, erklärte Dr. Gehrmann. »Die nehmen die beiden Hunde und eine Katze mit zur Einäscherung.«

»Es tut mir leid, wenn wir Sie erschreckt haben.« Pia hatte nicht vor, dem Tierarzt zu sagen, dass sie ihn für einen Serienkiller gehalten hatte. Tariq hatte unterdessen die Fotos der Opfer aus dem Auto geholt und zeigte Dr. Gehrmann eines nach dem anderen.

Er erkannte keine der Frauen.

Der Schreck war ihm in die Glieder gefahren, die Polizisten auf seinem Hof machten ihn nervös. Pia glaubte ihm, denn er war weder geistesgegenwärtig noch kaltblütig genug, um in diesem Moment zu lügen. Zwischen den Fotos der Opfer steckte eines von Kim, und als Gehrmann dieses sah, weiteten sich seine Augen und er blickte Pia an.

»Ich glaube, diese Frau kenne ich!«, sagte er. »Sie erinnert mich an eine Bekannte von früher, aber ich komme gerade nicht auf ihren Namen.«

»Katharina Freitag«, half Pia ihm.

»Ja richtig! Kata!« Sein Mondgesicht erhellte sich. »Sie war ein paar Jahre älter als ich, aber ich fand sie toll!«

»Sie waren ihr Tanzpartner beim Abschlussball der Tanzschule Kratz«, sagte Pia, und Gehrmann sah sie verblüfft an.

»Das stimmt!« Er schüttelte ungläubig den Kopf. »Daran hätte ich gar nicht mehr gedacht.«

»Wie kam es dazu?«, wollte Pia wissen. »Normalerweise geht man doch mit gleichaltrigen Jungs in die Tanzstunde, oder nicht?«

»Es gab nie genug Herren«, erwiderte der Tierarzt. »Ich habe schon mit vierzehn mit dem Tanzen angefangen und durfte immer einspringen, wenn mal ein Herr fehlte. Aber warum haben Sie ein Foto von ihr dabei? Ist ihr etwas passiert?«

»Das wissen wir nicht genau. Wo waren Sie am Dienstagabend zwischen 23 Uhr und zwei Uhr morgens?«

»Was?« Ein furchtsamer Ausdruck trat in die Augen des Tierarztes. »Warum wollen Sie das wissen?«

Pia entschied sich für die halbe Wahrheit.

»Wir haben Claas Reker tot aufgefunden«, sagte sie deshalb. »Wir befragen alle Leute, die ihn kannten.«

»Claas ist tot?« Gehrmann stieß ein schnaubendes Geräusch aus. »Das ist ja ein Ding! Ich habe ihn seit Jahren nicht mehr gesehen.«

»Dann können Sie uns ja verraten, wo Sie am Dienstagabend waren.«

»Ich war zu Hause und lag im Bett, tut mir leid. Leider habe ich nur meine Frau dafür als Zeugin.« Er furchte nachdenklich die Stirn. »Wir haben uns bei ›MyThai‹ in Königstein etwas zu essen geholt und später noch auf Netflix zwei Folgen ›House of Cards‹ geguckt.«

»Wo ist Ihre Frau jetzt?«

»Ich hoffe doch sehr, dass sie arbeiten ist.« Gehrmann lächelte schief. »Sie ist Ärztin. In Frankfurt im Markus-Krankenhaus.«

»Welches Fachgebiet?«

»Radiologie.«

Pia reichte ihm eine Visitenkarte mit der Bitte, seine Frau solle sich umgehend bei ihr melden.

»Ach, Herr Dr. Gehrmann.« Pia fiel noch etwas ein. »Wussten Sie eigentlich, dass Theo Reifenrath Sie in seinem Testament zum Alleinerben bestimmt hat?«

»Wie bitte? Mich? Das gibt's doch nicht!«

»Das dachte ich mir allerdings auch.« Pia musterte den Mann. »Zumal Sie mir bei unserer ersten Begegnung erzählt haben, Sie hätten ihn nur flüchtig gekannt.«

Der Tierarzt wirkte peinlich berührt.

»In Wahrheit sind Sie quasi bei Reifenraths aufgewachsen. Und wir kennen übrigens mittlerweile auch den Grund, weshalb Sascha, Ramona und André Sie in Folie gewickelt und in den Bach gelegt haben.«

Beschämt senkte der große Mann den Kopf.

»Wer schon in solchen Kleinigkeiten lügt«, sagte Pia, »der darf sich nicht wundern, wenn er plötzlich unter Mordverdacht gerät.«

***

Am Ende einer langen Auffahrt bot eine schneeweiße Gründerzeitvilla mit Portikus und weißen Säulen einen grandiosen Anblick.

»Mein lieber Mann!«, sagte Nicola beeindruckt, dann warf sie Bodenstein einen spöttischen Seitenblick zu. »Du gehst in solchen Schlössern wahrscheinlich ein und aus, was?«

»Ich fürchte manchmal, du glaubst so etwas wirklich.« Bodenstein betätigte kopfschüttelnd die Klingel. Er nannte seinen Namen, ein Summer ertönte, und er öffnete das für Fußgänger gedachte Tor.

»Gero von Donnersberg«, sagte Nicola. »Ist er adeliger als du?«

»Nein, er ist nur ein Freiherr«, erwiderte Bodenstein und ärgerte sich im gleichen Moment darüber, dass er das Wörtchen »nur« benutzt hatte. Er spielte seine adelige Herkunft gerne herunter. »Die von Bodensteins sind als Titulargrafen ohne Herrschaftsrechte dem niederen Adel zugehörig. Ein Freiherr steht eine Stufe unter dem Grafen.«

»Also müsste er sich theoretisch vor dir verbeugen«, malte Nicola sich amüsiert aus, während sie über die sauber geharkte Kiesauffahrt auf die Villa zugingen.

»In Deutschland verbeugt man sich heute vor niemandem mehr«, sagte Bodenstein. »Außer vor Mitgliedern regierender Königshäuser.«

Lydia von Donnersberg, die Nachfolgerin der ermordeten Elke, erwartete sie an der Haustür. Sie war eine aparte, rundliche Frau in mittleren Jahren mit tadellos frisiertem kastanienbraunem Haar und warmen braunen Augen.

»Ihr Anruf heute Morgen hat meinem Mann einen schweren Schock versetzt«, sagte sie mit gesenkter Stimme. »Er ist über Elkes Tod nie wirklich hinweggekommen. Zwar spricht er nie darüber, aber ich denke, er kann nicht damit abschließen, weil nie geklärt wurde, warum sie sterben musste und wer sie umgebracht hat. Wissen Sie, er hat sie sehr geliebt, und der Gedanke, sie könnte ein Geheimnis vor ihm gehabt haben, ist für ihn entsetzlich.«

Ihre Worte waren voller Mitgefühl und ohne jeglichen Groll, obwohl es für sie nicht leicht sein musste, ein Leben im Schatten der verstorbenen Vorgängerin zu führen.

»Er hat die Kisten mit Elkes Habseligkeiten vom Speicher holen lassen«, verriet Lydia von Donnersberg. »Es ist das erste Mal seit vielen Jahren, dass er sich die Sachen angesehen hat. Und dabei ist er auf etwas gestoßen, was … nun ja … den Verdacht nahelegt, Elke könnte tatsächlich ein Kind gehabt haben, von dem sie nie gesprochen hat.«

Bodenstein bekam bei diesen Worten vor Aufregung eine Gänsehaut. Es war immer wieder ein unglaublicher Moment, wenn aus einer Möglichkeit eine Wahrscheinlichkeit wurde.

»Bitte kommen Sie mit«, sagte die Hausherrin. »Mein Mann erwartet Sie im Blauen Salon.«

Bodenstein hatte keinen Blick für die erlesene Einrichtung der schönen Villa, aus deren Fenstern man die Elbe und die Docks sah.

Der Blaue Salon verdankte seinen Namen offensichtlich nicht der Farbe seiner Tapeten, sondern einem expressionistischen Gemälde, das über dem offenen Marmorkamin hing. Es stellte ein blaues Pferd dar und war möglicherweise ein echter Franz Marc.

Gero von Donnersberg saß an einem spiegelblank polierten Mahagonitisch, auf dem eine Unmenge an Unterlagen ausgebreitet waren. Dutzende von Aktenordnern reihten sich aneinander.

»Gero?«, sagte Lydia von Donnersberg. »Die Herrschaften von der Kriminalpolizei sind da.«

Der alte Mann blickte auf, setzte seine Brille ab und erhob sich. Er war groß und hager mit einem fahlen Teint, die altersfleckige Kopfhaut schimmerte durch das dünne weiße Haar. Früher musste er ein wahrer Titan gewesen sein, Bodenstein hatte jede Menge Bilder von ihm im Internet gesehen, aber Alter, Krankheit und wohl auch der Kummer um seine ermordete Frau hatten ihn bis auf die Knochen ausgezehrt. Er trug eine bordeauxrote Strickjacke und ein Seidentuch am Hals, seine Bewegungen waren langsam, aber der Blick aus seinen blauen Augen war hellwach. Trotz seiner 78 Jahre war er noch immer geschäftsführender Gesellschafter der traditionsreichen Kaffeerösterei Donnersberg & Söhne und eine bedeutende Stütze der Hamburger Gesellschaft, großzügiger Mäzen von Kulturveranstaltungen und Rennsportereignissen und erfolgreicher Züchter von Galopprennpferden auf einem eigenen Gestüt in Schleswig-Holstein.

»Elkes Verschwinden jährt sich in wenigen Tagen zum zwanzigsten Mal«, sagte er nach einer höflichen Begrüßung. »Zwanzig Jahre der Ungewissheit liegen hinter uns allen. Die Polizei konnte nie herausfinden, was damals wirklich geschehen ist. Zuerst nahm man an, Elke sei entführt worden, um Lösegeld zu erpressen. Beinahe habe ich mir das gewünscht. Ich wäre bereit gewesen, jede Summe zu zahlen. Aber dann fand man ihre Leiche.« Seine Stimme versagte. Er räusperte sich und sprach gefasst weiter. »Wir haben alle Hebel in Bewegung gesetzt. Ich habe eine Belohnung für Hinweise ausgesetzt, aber es meldeten sich nur Spinner. Tag und Nacht habe ich darüber nachgedacht, was ihr wohl zugestoßen sein mag. Irgendwann habe ich beschlossen, mich damit abzufinden, dass ich es wohl nie erfahren werde. Aber nach Ihrem Anruf heute früh habe ich mir erlaubt, noch einmal in Elkes Unterlagen und Aufzeichnungen zu lesen.«

Er machte eine Handbewegung in Richtung des Tisches und Bodenstein sank angesichts der Menge an Papier der Mut.

»Ich muss vorausschicken, dass meine verstorbene Frau viele wohltätige Projekte gefördert hat«, fuhr er fort. »In diesen Ordnern sind Hunderte von Dankesbriefen abgeheftet. Nach ihrem Verschwinden und als dann später feststand, was ihr zugestoßen war, hat die Kriminalpolizei jeden Brief gelesen und wohl jedes Blatt umgedreht, aber nichts gefunden, was sie auf eine heiße Spur gebracht hätte. Nach dem was Sie, Herr Bodenstein, mir vorhin erzählt haben, bekommt allerdings ein Teil der Korrespondenz, der zuvor nicht weiter beachtenswert erschien, eine gänzlich andere Bedeutung. Bitte, nehmen Sie Platz und sehen Sie sich diese Briefe an.«

Bodenstein nestelte seine Lesebrille aus der Innentasche seines Sakkos und setzte sich hin. Er zog die Blätter, die Donnersberg säuberlich gestapelt hatte, zu sich heran. Als sein Blick auf die erste Zeile des Briefes fiel, der mit Schreibmaschine auf ein mittlerweile ziemlich vergilbtes Blatt Briefpapier geschrieben worden war, zuckte ein Adrenalinstoß durch seinen Körper.

Mammolshain, den 17. November 1973

Sehr verehrte Frau von Donnersberg,

ich bedanke mich recht herzlich für die großzügige Spende, die Sie uns zukommen ließen! Der kleine Joachim hat sich auch sehr über den Teddybär gefreut, den er am liebsten gar nicht mehr loslassen möchte. Er hat sich gut eingelebt und entwickelt sich sehr gut. Von der Mittelohrentzündung ist er gut genesen, und er mag den Vitaminsaft, den Sie freundlicherweise schickten, viel lieber als Lebertran. Der Kinderarzt hat festgestellt, daß Joachim ganz gesund ist. Wir üben jeden Tag fleißig mit ihm das Sprechen, so daß er Sie bei Ihrem nächsten Besuch vielleicht schon mit einem kleinen Gedicht überraschen kann.

Hochachtungsvoll,
Ihre sehr ergebene
Rita Reifenrath

***

Pia und Tariq fuhren gerade durch den Wald in Richtung Königstein, als Kai anrief.

»ViCLAS hat mir einen ungeklärten Mordfall aus dem August 1987 gemeldet«, sagte er. »Und zwar aus Griechenland.«

»Moment, ich schalte gerade mal mein Bluetooth ein, damit Tariq mithören kann«, unterbrach Pia ihren Kollegen. Sekunden später ertönte seine Stimme aus dem Lautsprecher.

»Am 12. August 1987 verschwand auf Kreta die 21-jährige Magalie Beauchamp, eine französische Rucksacktouristin aus Lyon, spurlos. Ihre Leiche verfing sich zehn Tage später in einem Fischernetz. Sie ist ertrunken, man stellte Würgemale an ihrem Hals und deutliche Abwehrverletzungen an ihren Armen fest. Zeugen zufolge soll sie in einem kleinen Hotel in Fotia gewohnt haben; sie wurde mehrmals mit einer Gruppe junger Deutscher gesehen, die auch in dem Hotel gewohnt haben. Sie reisten am 13. August überstürzt ab.«

»Aha.« Pia begriff nicht, warum Kai glaubte, dass dieser Fall dem Muttertagskiller zuzuordnen sein könnte.

»Der jungen Frau wurde eine Haarsträhne abgeschnitten«, antwortete er auf ihre Frage. »Und ihr Armband fehlte, als man die Leiche fand.«

Das erschien Pia als Parallele ziemlich schwach, und sie überlegte, Ramona Lindemann anzurufen und zu fragen. Die Frau hatte ein phänomenales Gedächtnis, möglicherweise erinnerte sie sich an irgendetwas. Sie hatte die Nummer schon eingegeben, als sie sich anders besann. Ramona Lindemann war eine unbezähmbare Tratschtante. Es konnte ein fataler Fehler sein, sie mit Informationen zu versorgen, die, wenn sie dem Täter zu Ohren kamen, eine Kettenreaktion auslösen konnten, die Kim das Leben kostete.

»Was ist?«, wollte Tariq wissen.

»Wie kriegen wir raus, ob jemand von unseren Verdächtigen im Sommer 1987 auf Kreta war, ohne dabei zu viel Staub aufzuwirbeln?« Pia kaute an ihrer Unterlippe. »Wen können wir danach fragen?«

»Dr. Gehrmann?«, schlug Tariq vor.

»Woher sollte der das wissen?«, überlegte Pia.

»Er war doch dauernd bei Reifenraths«, antwortete Tariq.

»Einen Versuch ist es wert«, stimmte Pia ihrem Kollegen zu.

Tariq umrundete den Königsteiner Kreisel einmal und nahm dann den Weg zurück, den sie gekommen waren.

***

»Gibt es noch mehr Briefe von Frau Reifenrath?«, erkundigte sich Nicola Engel.

»Ich bin bei der Aktendurchsicht erst bis zum Jahr 1977 gekommen«, erwiderte Gero von Donnersberg. »Aber von April 1973 bis Dezember 1977 hat sie jeden Monat geschrieben.«

Er hielt inne, schüttelte den Kopf und stieß einen Seufzer aus.

»Aus der Korrespondenz geht hervor, dass Elke jedes Jahr am Muttertag einem Jungen namens Joachim einen Besuch abgestattet hat.«

»Hieß Ihre verstorbene Frau mit Mädchennamen Vogt?«, wollte Bodenstein wissen, und es überraschte ihn nicht, dass Gero von Donnersberg nickte. Nicola Engel blätterte auf Bodensteins Geheiß den Ordner des Jahres 1980 durch. Elke von Donnersbergs Mutter war im Januar 1980 verstorben, danach hatte Elke ihre Fahrten nach Hessen am Muttertag eingestellt und wohl auch Joachim nicht mehr besucht. Allerdings hatte sie ihren Sohn weiterhin finanziell unterstützt. Am Anfang hatte Rita Reifenrath den Jungen noch erwähnt, später nicht mehr. Auch hatte sie nicht mehr jeden Monat geschrieben. In einem Brief vom September 1984 hatte sie versichert, Joachim wisse nicht, woher das Geld von Elke komme und kenne auch nicht den Namen seiner Mutter.

Für Bodenstein war jetzt völlig klar, weshalb Theodor Reifenrath niemals versucht hatte, Joachim Vogt weiszumachen, er sei dessen leiblicher Vater. Dieses Spiel hatte er nur mit den Kindern getrieben, die ihre Mütter nicht kannten.

»Warum hat sie das getan?« Gero von Donnersberg war zutiefst betroffen, als Bodenstein ihm die Zusammenhänge erklärt hatte. Der letzte Rest Farbe war aus dem Gesicht des alten Mannes gewichen. Die Frau, die er über alles geliebt hatte, mit der er 26 Jahre verheiratet gewesen war, hatte ihn angelogen! Nicht ein Mal, sondern über Jahre hinweg!

»Wieso die Heimlichkeit? Weshalb hat sie mir nicht vertraut?«

Darauf wusste Bodenstein keine Antwort. Ihm war so vieles, was Menschen taten, rätselhaft. Mit anzusehen, wie fassungslos Donnersberg angesichts dieses unglaublichen Vertrauensbruchs war, tat ihm in der Seele weh. Im Nachhinein war das heimliche Kind die Erklärung für alles: Elkes immer wiederkehrende Anfälle von Melancholie, die sich zu einer Depression ausgewachsen hatten, die stete Trauer in ihren Augen, ihr beinahe schon an Besessenheit grenzendes karitatives Engagement für Waisen- und Heimkinder. Das Wissen um ihre Lüge würde von nun an jede Erinnerung an seine erste Frau überschatten. Zurückbleiben würde die bittere Erkenntnis, dass seine Frau ihr ganzes Leben lang unglücklich gewesen war und ihm nicht genug vertraut hatte, um ihm ihr größtes Geheimnis zu offenbaren.

»Ich kann es nicht verstehen«, flüsterte er heiser, und eine Träne rann über seine runzlige Wange. »Der Junge hätte doch bei uns aufwachsen können! Ich hätte ihn adoptieren können und er wäre der große Bruder von Jasper und Sören gewesen!«

Er holte schluchzend Luft. Seine Frau, die sich bis dahin diskret im Hintergrund gehalten hatte, ging zu ihm. Er ergriff ihre Hand und krümmte sich zusammen. Der magere Körper wurde von einem Weinkrampf geschüttelt.

Bodenstein zögerte einen Moment. Doch dann entschloss er sich, dem alten Mann die ganze Wahrheit zu sagen.

»Es tut mir leid, Ihnen das sagen zu müssen«, sagte er. »Aber höchstwahrscheinlich musste Ihre Frau deswegen sterben. Sämtliche Opfer der Mordserie, die wir gerade untersuchen, waren Frauen, die ihre Kinder verlassen haben.«

Während er diesen Satz aussprach, schoss ihm eine Vermutung

durch den Kopf. Die Tatsache, dass Elke von Donnersberg die leibliche Mutter von Joachim Vogt gewesen war, bedeutete nicht automatisch, dass dieser auch der Täter war, den sie suchten. Es war Fridtjof, der unter der Existenz der elternlosen Kinder gelitten hatte, der es gehasst hatte, dass sich im Haus seiner Großeltern alles ständig um diese Kinder gedreht hatte. Und war er selbst nicht auch von seiner Mutter verlassen worden? Was, wenn er herausgefunden hatte, wer die Mutter seines besten Freundes war? Wenn er ihm davon erzählt hatte? Wenn die beiden gemeinsam einen Plan geschmiedet hatten, der ...

Bodensteins Handy summte. Pia rief an! Er entschuldigte sich, sprang auf und verließ den Blauen Salon, um das Gespräch entgegenzunehmen.

***

»Wir haben wahrscheinlich noch ein Opfer!«, rief Pia, als ihr Chef sich meldete. »Im August 1987 verschwand auf Kreta eine 21-jährige Französin und wurde eine Woche später ertrunken aufgefunden. Und du wirst es nicht glauben, wer im August 1987 auf Kreta Urlaub gemacht hat und im selben Hotel war wie Magalie Beauchamp: Fridtjof Reifenrath und Joachim Vogt mit ein paar Freunden!«

»Woher weißt du das?«, fragte Bodenstein.

»Dr. Gehrmann hat uns das erzählt«, berichtete Pia aufgeregt. »Kai hat noch mal gründlich die Kartons durchsuchen lassen, die wir bei Reifenrath auf dem Dachboden gefunden haben, und in dem Karton mit Fridtjofs Sachen haben wir doch tatsächlich einen Kassenbon vom Hotel Agia Fotia vom 11. August 1987 gefunden! Außerdem einen Stapel Fotos aus der Zeit. Die sind aber nicht sortiert und zeigen alle möglichen Leute. Ich will jetzt ...«

»Hör mir mal bitte kurz zu, Pia!«, unterbrach Bodenstein sie. »Wir sind in den Unterlagen von Elke von Donnersberg auf Briefe von Rita Reifenrath gestoßen! Elke war die Mutter von Joachim Vogt! Sie hat ihn bis 1979 jedes Jahr am Muttertag besucht!«

Pias Gedanken überschlugen sich.

»Dann ist er unser Täter!«, rief sie.

»Das ist möglich«, erwiderte Bodenstein. »Aber es könnte

auch Fridtjof gewesen sein. Oder sie waren es gemeinsam! Du darfst jetzt nichts Unbesonnenes tun, hörst du, Pia? Keiner der beiden darf merken, dass wir ihnen auf den Fersen sind. Sonst bringen wir Kim in Lebensgefahr!«

»Oh Gott!« Pia schloss die Augen. »Und unter Umständen auch Fiona Fischer! Sie hat am Mittwoch in dem Hotel, in dem sie dreizehn Tage gewohnt hat, ausgecheckt und sich am Hauptbahnhof einen Mietwagen genommen, den sie bisher nicht zurückgegeben hat. Der Typ bei SIXT hat die Adresse rausgerückt, die sie im Mietvertrag angegeben hatte. Kai hat die Kollegen von der Kantonspolizei gebeten, dort mal vorbeizuschauen. Und wir haben jetzt ein Foto von ihr! Oh, Oliver, sie sieht genauso aus wie Kim, als sie jung war!«

Angst flatterte in ihrer Brust, sie konnte kaum noch ruhig atmen, geschweige denn klar denken. Was hatte Fiona gemacht, um ihre Mutter zu finden? Mit wem hatte sie gesprochen? Wie war sie überhaupt auf ihre Spur gekommen? Hatte sie womöglich bei ihren Nachforschungen unabsichtlich in ein Wespennest gestochen und dadurch nicht nur Kim, sondern auch sich selbst in Lebensgefahr gebracht? Plötzlich wünschte sie sich nichts sehnlicher, als diese unbekannte Nichte kennenzulernen. Ihr durfte nichts zustoßen!

»Wir versuchen, die Maschine um 16 Uhr zu kriegen«, sagte Bodenstein gerade. »Unternimm bitte gar nichts, bis wir zurück sind, okay?«

»Ja. Ja, okay. Ich mache nichts. Schick mir eine Nachricht, mit welchem Flug ihr kommt, ich lasse euch dann am Flughafen abholen.«

***

Pia war völlig erschöpft und kaum mehr in der Lage, sich zu konzentrieren. Es war der Albtraum eines jeden Polizisten, die Leiche eines Angehörigen zu finden, und je länger die Ungewissheit um Kim und Fiona andauerte, umso größer wurde Pias Sorge, dass sie es nicht rechtzeitig schaffen würden, sie zu finden. Sie versuchte, sich für ein paar Minuten hinzulegen und ein wenig zu schlafen, aber sie kam nicht zur Ruhe. Sobald sie die Augen schloss, sah sie Bilder von Kim und Fiona, die in Folie verpackt hilflos im Wasser trieben, deshalb beschloss sie, sich noch einmal die Umzugskartons aus Kims Wohnung vorzunehmen. Als sie die SoKo-Zentrale betrat, wartete Kai mit Neuigkeiten auf. Die Züricher Kantonspolizei hatte unter der Adresse, die Fiona Fischer bei der Autovermietung angegeben hatte, niemanden angetroffen. Eine Nachbarin hatte erzählt, sie habe Fiona zuletzt vor vierzehn Tagen gesehen. Seit dem Tod ihrer Mutter vor wenigen Wochen lebte sie alleine in der großen Villa im Züricher Bezirk Fluntern.

»Das war noch nicht alles«, hielt Kai Pia zurück, als die sich schon abwenden wollte. Er warf einen Blick auf einen Notizzettel. »Die Personenfahndung nach Fiona Fischer hat einen Hinweis ergeben! Eine Dame namens Beatrice Thoma hat sich gemeldet. Sie arbeitet an der Uniklinik in Frankfurt und ist die Vorzimmerdame des Chefarztes der Gynäkologie.«

»Aha.«

»Bis kurz vor Ostern war ihr Chef eine Chefin. Und zwar eine Frau Professor Dr. Martina Siebert. Fiona Fischer hatte am 13. April um 14:30 Uhr bei ihr einen Termin, der länger als geplant gedauert hat. Nach diesem Termin sei die Frau Professor sehr aufgewühlt gewesen, sagt Frau Thoma. Eigentlich hatte abends noch eine Abschiedsfeier stattfinden sollen, weil es ihre letzte Woche an der Uniklinik war, aber die hat sie platzen lassen.«

»Martina Siebert«, murmelte Pia. Was hatte Fiona bei der Ärztin gewollt? Sie war doch nicht extra aus Zürich angereist, um einen Termin bei einer Frauenärztin zu machen!

»Die gute Frau Thoma hat mir eine Handynummer ihrer ehemaligen Chefin gegeben.« Kai hielt Pia einen Zettel hin. »Sie arbeitet jetzt an einer Kinderwunsch-Klinik im sonnigen Marbella.«

»Super. Danke, Kai.« Pia rang sich ein Lächeln ab. »Ich werde die Frau gleich mal anrufen und hören, was Fiona bei ihr wollte.«

Sie verließ den Raum, um von ihrem Büro aus ungestört telefonieren zu können. Just in dem Moment, als sie die Feuerschutztür des Treppenhauses öffnete, verbanden sich ein paar Synapsen in ihrem Gehirn und ihr fiel der Name von Kims Freundin ein, mit der sie damals die Südostasienreise gemacht hatte. Sie hatte Tina geheißen und in Fischbach gewohnt! Tina – Martina? Konnte es sein, dass es sich bei Frau Professor Siebert um diese Martina handelte?

Sie stürmte die Treppe hoch, immer drei Stufen auf einmal nehmend. Plötzlich kamen ihr längst vergessen geglaubte Erinnerungen in den Sinn. Martina und Kim hatten zusammen in Frankfurt in einer WG gewohnt! Sie hatten beide Medizin studiert! Sie waren alte, gute Freundinnen. Freundinnen, die sich gegenseitig halfen, wenn eine in der Klemme war!

Pia warf sich auf ihren Schreibtischstuhl, zog das Telefon heran und wählte die Nummer, die Kai notiert hatte. Ihre Hand, die den Hörer hielt, zitterte, während sie auf das Freizeichen wartete.

»Siebert?« Eine sympathische, angenehme Stimme.

»Guten Tag, Frau Professor Siebert. Mein Name ist Pia Sander von der Kriminalpolizei Hofheim«, erwiderte Pia. »Ich habe Ihre Telefonnummer von Ihrer früheren Mitarbeiterin Frau Thoma bekommen.«

»Was kann ich für Sie tun?«

Pia überlegte kurz. Sollte sie der Ärztin verraten, dass sie Kims Schwester war? Nein, es war besser, als neutrale Polizistin aufzutreten.

»Es geht um eine Frau namens Fiona Fischer«, sagte sie also.

»Aha.« Die Stimme der Ärztin wurde um ein paar Grad kühler.

»Wir befürchten, dass sie Opfer eines Verbrechens geworden sein könnte.«

»Warten Sie, ich mache kurz die Tür zu.«

Pia ballte die Faust und atmete tief durch.

»Was wollen Sie von mir wissen?«, fragte die Ärztin.

»Wir versuchen nachzuvollziehen, warum Frau Fischer nach Frankfurt gekommen ist«, erwiderte Pia, und es erforderte all ihre Kraft, um über Kim zu sprechen wie über eine fremde Person. »Eigentlich geht es um eine Frau namens Katharina Freitag. Sie ist seit ein paar Tagen verschwunden. Wir haben bei unseren Ermittlungen eine E-Mail von Frau Fischer gefunden, aus der wir schließen, dass sie die Tochter von Frau Freitag ist. Da Frau Fischer auch nicht auffindbar ist, fürchten wir nun, dass den beiden etwas zugestoßen sein könnte.«

Am anderen Ende der Leitung war es für einen Moment still.

»Das ist eine sehr persönliche Geschichte«, sagte Frau Dr. Siebert. »Ich möchte sichergehen, dass Sie auch diejenige sind, für die Sie sich ausgeben. Geben Sie mir bitte Ihre Telefonnummer, ich rufe Sie zurück.«

Pia tat wie gebeten und legte auf. Nur dreißig Sekunden später klingelte ihr Telefon.

»Pia Sander, Kriminalpolizei Hofheim.«

»Sie heißen Pia mit Vornamen?«, fragte die Ärztin. »Das ist ja ein Zufall! Katharina Freitag hat eine Schwester, die so heißt.«

Diesmal war es Pia, die kurz zögerte, dann entschloss sie sich, die Wahrheit zu sagen.

»Katharina ist meine Schwester«, sagte sie also. »Und Sie sind wahrscheinlich Tina, mit der sie nach dem Abitur diese Südostasienreise gemacht hat, oder?«

»Ja, das stimmt. Kata – so nannte sie sich früher – und ich kennen uns seit unserer Schulzeit«, antwortete Dr. Martina Siebert. »Wir waren Freundinnen. Gute Freundinnen.«

»Was wollte Fiona bei Ihnen?«

»Das ist eine längere Geschichte.«

»Ich habe Zeit«, sagte Pia.

»Nun ja ... hm ... Kata und ich kennen uns seit der elften Klasse«, begann Frau Dr. Siebert. »Wir waren beide Außenseiter in der Schule, weil wir ziemlich ... hm ... strebsam waren. Wir schafften den NC für Medizin und fingen dann im Wintersemester 1987 mit dem Studium in Frankfurt an. Ich wollte von zu Hause weg und zog in die WG eines Bekannten, Kata kam ein Jahr später auch dazu. Sie war damals in einen Jungen verliebt. In dieser Beziehung ging es ständig hin und her, und als dann endgültig Schluss war, weil er in die USA ging, wollte Kata aus Frankfurt weg und setzte ihr Studium in Berlin fort.«

Natürlich hatte Pia damals mitbekommen, dass ihre Schwester nach Berlin gezogen war, aber über ihre Beweggründe hatte Kim nie mit ihr gesprochen.

»Hieß dieser Freund zufällig Fridtjof Reifenrath?«, fragte sie.

»Ja. Genau.« Frau Dr. Siebert klang ein wenig überrascht. »Katas Herz war gebrochen. Angeblich konnte sie Frankfurt ohne Fridtjof nicht mehr ertragen, zumal ich mein Studium in

Zürich fortsetzte. Unser Kontakt schlief immer mehr ein. Aber eines Tages tauchte sie bei mir auf. Sie war verzweifelt, denn sie war schwanger.«

»Wann war das?«

»Im Januar 1995. Es war zu spät für einen Abbruch, aber Kata wollte das Kind auf keinen Fall behalten. Sie wohnte vier Monate lang bei mir und verließ meine Wohnung so gut wie überhaupt nicht mehr. Stattdessen lernte sie wie eine Besessene, weil sie im Juni auch nach Amerika gehen wollte, zum FBI nach Quantico – eine Riesenchance für sie. Die wollte sie sich nicht durch ein Kind kaputt machen. Ich konnte mit ihr nicht über das Kind reden, sie blockte jedes Mal ab, wenn ich ihr Fragen stellte, deshalb dachte ich mir, sie sei vielleicht vergewaltigt worden. In der Klinik in Zürich hatte ich fast ausschließlich mit Frauen zu tun, die ungewollt kinderlos waren. Eine Frau war ein besonders schwerer Fall. Sie hatte schon alle Behandlungen hinter sich.« Frau Dr. Siebert seufzte. »Ich habe mich zu einem schrecklichen Fehler verleiten lassen. Aber ich dachte eben, Freundinnen helfen einander. Kata wollte keine Adoption, denn sie wollte alle offiziellen Spuren vermeiden. Ich habe nicht genug darüber nachgedacht, was das für das Kind selbst später bedeuten würde. Die Schweizerin war bereit, eine Schwangerschaft vorzutäuschen, ich half ihr dabei. Als Kata ihr Baby bekommen hatte, brachte ich der Frau und ihrem Mann das Neugeborene, ein kleines Mädchen, und bescheinigte ihr eine Hausgeburt. Alles lief glatt. Kata verschwand zwei Tage später, sie hatte die Leute, zu denen ihr Kind gekommen ist, nicht einmal kennenlernen wollen. Danach haben wir uns noch ein paar Mal geschrieben, aber irgendwann antwortete sie nicht mehr. Über zwanzig Jahre habe ich nichts mehr von ihr gehört. Und dann stand plötzlich Fiona vor mir. Meine Sünde hatte mich eingeholt.«

Pia war fassungslos, als sie diese Geschichte hörte.

»Ich habe oft an das Baby gedacht, denn ein paar Monate später wurde ich selber schwanger«, fuhr die Ärztin fort. »Innerhalb von zwei Jahren hatte ich zwei Töchter, meinem Mann fiel plötzlich ein, dass er eigentlich doch keine Kinder haben wollte, und ich war mit Anfang dreißig alleinerziehende Mutter. Ich bin wieder zu meinen Eltern gezogen, weil ich einen Job in Wiesbaden angeboten bekommen hatte. Und dann bin ich zufällig dem alten Bekannten wieder über den Weg gelaufen, mit dem ich zu Studentenzeiten in einer WG gewohnt hatte. Wir sind jetzt seit achtzehn Jahren verheiratet und für die Mädchen ist er ihr Vater.«

»Wie ging die Sache mit Fiona Fischer weiter?«, erkundigte sich Pia, bevor die Ärztin zu weit abschweifte.

»Fionas Mutter ist vor ein paar Wochen gestorben, und da hat sie erfahren, dass sie nicht deren leibliche Tochter gewesen ist«, erzählte Frau Dr. Siebert. »Sie fand meinen Namen heraus. Ich war schockiert, als plötzlich diese Frau vor mir stand, die Kata unglaublich ähnlich sieht. Gleichzeitig war ich froh zu sehen, dass aus dem Baby eine schöne, intelligente junge Frau geworden war. In diesem Augenblick ist mir allerdings erst die ganze Tragweite meines damaligen Tuns bewusst geworden. Dadurch, dass es keine Adoption gab, hatte das Mädchen überhaupt keine Chance, etwas über ihre Herkunft herauszufinden. Ich war die Einzige, die ihr dabei helfen konnte. Deshalb habe ich mich mit ihrer Mutter in Verbindung gesetzt. Aber Kata wollte nichts von Fiona wissen. Sie hat mich am Telefon beschimpft und mir vorgeworfen, ich würde mich nicht an unsere Abmachung halten – nach zweiundzwanzig Jahren! Da ist mir der Kragen geplatzt und ich habe Fiona die Kontaktdaten geschickt.«

Und genau da musste irgendetwas geschehen sein, was Kim ins Visier des Killers gebracht hatte! Mit wem hatten Frau Dr. Siebert und Fiona darüber gesprochen?

»Ich habe mit niemandem darüber gesprochen«, versicherte Frau Dr. Siebert. »Wenn das, was ich damals getan habe, jemals an die Öffentlichkeit kommt, bin ich beruflich erledigt.«

»Es muss aber jemand davon erfahren haben«, insistierte Pia. »Wir suchen einen Serienkiller, der es auf Frauen abgesehen hat, die ihre Kinder im Stich gelassen haben. Bisher kennen wir acht Opfer aus einem Zeitraum von fünfundzwanzig Jahren.«

»Ein *Serienkiller*?« Die Ärztin schnappte entsetzt nach Luft.

»Vor einer Woche haben wir auf einem Grundstück in Mammolshain unter einem Hundezwinger drei Frauenleichen gefunden«, sprach Pia weiter. »Zuerst dachten wir, der alte Mann, den wir tot in seinem Haus gefunden haben, sei der Täter. Aber später konnten wir fünf weitere bis dahin ungeklärte Mordfälle eindeutig damit in Verbindung bringen. Die letzten drei Morde geschahen zwischen 2012 und 2014.«

»Sagten Sie eben Mammolshain?«, fragte Frau Dr. Siebert nach.

»Ja. Der Mann, dem das Grundstück gehörte, hieß Theodor Reifenrath«, antwortete Pia. »Er war der Großvater von Fridtjof Reifenrath, den Sie ja von früher kennen.«

»Oh mein Gott!«, flüsterte die Ärztin betroffen. »Mein Mann war früher ein Pflegesohn von Theodor Reifenrath! Ich habe ihn auch gut gekannt!«

»Ihr Mann war ein Pflegesohn von Reifenraths?« Pias Hand, mit der sie den Telefonhörer hielt, war plötzlich schweißnass.

»Ja. Wir waren schon zu Schulzeiten alle in einer Clique und dann bin ich ja damals zu ihm in die Studenten-WG gezogen …«

Pia konnte kaum noch verstehen, was die Frau sagte, so laut rauschte das Blut in ihren Ohren.

»… haben uns zufällig wiedergetroffen, als ich mit meinen Kindern zu meinen Eltern gezogen bin, und ein halbes Jahr später haben wir geheiratet.«

»Wie heißt Ihr Mann, Frau Dr. Siebert?«, krächzte Pia.

»Joachim«, erwiderte die Ärztin. »Joachim Vogt.«

***

Fiona wusste nicht, wie lange sie bewusstlos gewesen war, nachdem sie das letzte Mal getrunken hatte. Ihre Kräfte kehrten allmählich zurück und die dröhnenden Kopfschmerzen ließen etwas nach. Sie lag seit einer ganzen Weile einfach nur da und betrachtete ihre schlafende Mutter, dabei tobten widerstreitende Gefühle in ihr.

Endlich kam auch Katharina Freitag wieder zu sich. Es fiel ihr schwer, die Augen offen zu halten. Wenn Fiona Antworten von ihr bekommen wollte, musste sie sie davon abhalten, das vergiftete Wasser zu trinken, sonst würde sie gleich wieder einschlafen. Obwohl ihre Mutter – wie seltsam es sich anfühlte, diese fremde Frau in Gedanken so zu nennen – in einem noch schlechteren

Zustand war als sie selbst, war ihre Anwesenheit tröstlich, denn es gab kaum etwas Schlimmeres als Isolation und Ungewissheit. Nach wie vor quälte sie das schwarze Loch in ihrem Kopf, dieser Filmriss, der jedes Mal, wenn sie aus einer neuen Bewusstlosigkeit erwachte, einen längeren Zeitraum zu umfassen schien.

Katharina Freitag lehnte mit geschlossenen Augen an der Wand und begann mit kraftlosen Bewegungen ihre Arme zu massieren. Fiona kam es vor, als würde sie in einen Zerrspiegel blicken, der ihr eigenes Gesicht zwanzig Jahre altern ließe. Die Ähnlichkeit war deutlicher zu erkennen als auf den Fotos im Internet.

Sie hob den Blick, sah Fiona an. Eine ganze Weile saßen sie sich so gegenüber, in diesem Betonverlies.

»Du bist Fiona, nicht wahr?«, flüsterte Katharina Freitag. Ihre Lippen waren ausgetrocknet und rissig.

»Ja.«

»Schon seltsam«, sagte sie. »In meiner Vorstellung hattest du nie einen schweizerischen Akzent.«

»In deiner ... Vorstellung?«, fragte Fiona verblüfft.

»Ja. Ich habe oft an dich gedacht.« Die Andeutung eines Lächelns umspielte die Lippen der Frau, die sie geboren hatte. »Wo du lebst. Ob es dir gut geht. Wie du aussiehst. Und wie sie dich wohl genannt haben.«

»Ist das wahr?«, hauchte Fiona.

Tief in ihrem Innern flammte ein Funke auf, und plötzlich erfüllte ein warmes Glücksgefühl jede Zelle ihres Körpers und trieb ihr die Tränen in die Augen. Sie hatte kaum noch damit gerechnet, ihre Mutter zu finden. Und gerade jetzt, in dieser ausweglosen Lage, in der sie eigentlich vor Angst halb verrückt sein müsste, war sie so glücklich wie noch nie zuvor in ihrem Leben. Vergessen war der Zorn auf die Frau, die sie einfach weggegeben hatte, sie fühlte nur noch Freude und Erleichterung und den unbändigen Drang, zu überleben, um sie kennenzulernen.

»Ich weiß nicht, wie viel Zeit uns bleibt«, sagte Katharina Freitag. »Deshalb frag mich, was du mich fragen willst.«

»Wie soll ich dich nennen?«

»Wie es dir gefällt. Meine Familie und meine Freunde nennen mich Kim.«

»Okay. Kim.« Fiona lächelte. »Habe ich Cousins und Cousinen?«

»Ja, zwei. Sie sind die Kinder von meinem großen Bruder Lars. Außerdem habe ich noch eine große Schwester. Sie heißt Pia.«

»Warum wolltest du mich nicht sehen?«

»Ich hatte Angst«, gab Kim zu. »Davor, dass du mir Vorwürfe machen würdest. Eigentlich wollte ich auf deine Mail antworten, aber dann …« Sie verzog das Gesicht. »Dann … ich weiß gar nicht genau, was passiert ist. Alles ist so verschwommen in meiner Erinnerung.«

»In meiner auch. Das liegt wohl an dem Zeug im Wasser. Ich glaube, das sind K.o.-Tropfen«, erwiderte Fiona. »Mir ist vorhin wieder etwas eingefallen. Ich wollte nach Zürich zurück. Aber davor wollte ich noch mal mit Frau Dr. Siebert sprechen. Ich kann mich erinnern, dass ich ihre Adresse ins Navi eingegeben habe.«

»Martina!« Kim kniff die Augen zusammen und presste die Hände gegen ihre Schläfen. »Sie hat einen neuen Job, hat sie mir am Telefon gesagt.«

»Marbella!«, fiel Fiona ganz plötzlich ein. Aufgeregt richtete sie sich auf. »Genau! Ich war bei ihr zu Hause, aber sie war nicht da! Ihr Mann hat mich reingelassen …«

»Martinas Mann?« Kim starrte sie an. »Joachim?«

»Ich weiß nicht, wie er heißt.« Fiona zuckte die Schultern. »Das Letzte, woran ich mich erinnere, ist … der Tee. Nein, da war noch etwas …«

Sie versuchte, sich zu konzentrieren. Der Tee. Die Stimme von Martina Siebert. Marbella! Die Garage! Ihr wurde ganz kalt.

»Er hat irgendetwas mit mir gemacht!«, flüsterte sie. »Dann ist er es, der uns entführt hat?«

»Joachim! Aber warum?«, murmelte Kim verwirrt. »Wir waren früher einmal Freunde. Haben zusammen in einer WG gewohnt und … Oh mein Gott!« Sie brach ab, legte die Hände vor Mund und Nase und schloss die Augen.

»Was ist denn? Was hast du?« Fiona rutschte neben sie und berührte vorsichtig Kims Arm. »Kim? Kim! Bitte! Was ist mit dem Typ?«

»Ich weiß es auch nicht.« Kim sprach weiter, erst stockend,

dann immer flüssiger. »Früher war er mein bester Kumpel. Er … er war immer ein bisschen verliebt in mich, aber … aber ich nicht in ihn. Ich habe seinen besten Freund geliebt, Fridtjof. Ich war verrückt nach ihm, aber irgendwie … irgendwie klappte es nicht mit uns. Als Schluss war, habe ich in Berlin weiterstudiert. Ich konnte in Frankfurt alles nicht mehr ertragen. Und … eines Tages hat Fridtjof mich auf eine Party eingeladen, ein Sommerfest, das im Haus von Freunden stattfand. Ich hätte nicht hingehen sollen.«

Sie verstummte, schüttelte den Kopf.

»Warum nicht?«, wollte Fiona wissen.

Kim blickte sie an. Ein zärtlicher Ausdruck flog über ihr Gesicht. Sie streckte den Arm aus und strich Fiona über die Wange.

»An diesem Abend bist du gezeugt worden«, flüsterte sie heiser.

»Du weißt, wer mein Vater ist?« Fiona starrte sie verblüfft an.

»Leider nicht so genau«, antwortete Kim düster. »Fridtjof hat mich in der Garage verführt, als ich schon ein bisschen was getrunken hatte. ›Um der alten Zeiten willen‹, hat er gesagt, und ich habe mich drauf eingelassen, obwohl ich wusste, dass er eine Freundin hatte.« Sie stieß einen tiefen Seufzer aus. »Eine Stunde später hat er mit seiner Freundin im Arm ihre Verlobung verkündet. Es war eine schreckliche Demütigung für mich, und ich wollte nur noch weg.«

»Das war ja mies!«, sagte Fiona mitfühlend. »Du Arme!«

»Die Geschichte geht leider noch weiter.« Kim kämpfte mit sich, aber dann fuhr sie fort. »Joachim war da. Er hat mich mit zu sich nach Hause genommen, weil ich mich in meinem Frust total betrunken habe. Ich hatte einen kompletten Filmriss, und das hat er ausgenützt …«

»Er hat dich vergewaltigt!«, rief Fiona voller Empörung. »Was für ein Schwein!«

»Tja.« Kim betrachtete sie und seufzte wieder. »Einer von diesen beiden Mistkerlen ist leider dein biologischer Vater.«

* * *

Kommt alle sofort hoch in mein Büro, tippte Pia mit einem Finger in die Chatgruppe des K 11, während Dr. Martina Siebert weiter über ihren Mann sprach und wie sie sich nach so vielen Jahren wiedergetroffen hatten. *Joachim Vogt ist unser Mann!*

Cem und Tariq stürzten nur eine Minute später in ihr Büro und blickten Pia neugierig an. Sie bedeutete ihnen, still zu sein, dann drückte sie auf die Lautsprechertaste ihres Telefons.

»Haben Sie Ihrem Mann von der Sache mit Kims Tochter erzählt?«, fragte sie die Ärztin.

»Äh, ja«, erwiderte diese. »Ja, stimmt. Mit ihm habe ich darüber gesprochen. Er kennt Kata ja auch von früher.«

Kai erschien im Türrahmen, gefolgt von Dr. Harding. Beide stellten sich neben die Kollegen.

»Wie hat er darauf reagiert?«, wollte Pia wissen. Sie hatte aufgehört zu zittern. Ihr Kopf funktionierte wieder. Das hier war er, der Durchbruch, auf den sie gewartet hatten!

»Hm. Eigentlich nur mit einem Kopfschütteln. Ja, okay, ich hatte Kata damals versprochen, nicht über diese Sache zu sprechen, aber ich war an dem Abend so sauer auf sie!«, rechtfertigte sich Frau Dr. Siebert. »Sie wollte nichts damit zu tun haben. Es interessierte sie nicht, wie verzweifelt das Mädchen war! Ich musste am nächsten Morgen nach Spanien fliegen und war gerade am Kofferpacken, und da beleidigt Kata mich aufs Übelste, dabei habe ich all die Jahre mein Versprechen gehalten!«

»Frau Dr. Siebert, wie ist Ihre Ehe?«, fragte Pia.

»Wieso wollen Sie das wissen?« Das klang verwundert. »Gut. Vertrauensvoll. Das muss eine Ehe auch sein, wenn man so weit voneinander entfernt lebt. Ich baue uns hier unten in Spanien eine neue Existenz auf, weil wir unseren Lebensabend gerne im Süden verbringen wollen und …«

»Ist um das Jahr 2012 herum irgendetwas geschehen?«, unterbrach Pia den Wortschwall der Ärztin. »Gab es eine Krise in Ihrer Ehe?«

Cem, Tariq, Kai und der Profiler lauschten gespannt.

»Äh, ich wüsste nicht, was Sie …«, begann Frau Dr. Siebert, aber Pia ließ sie nicht ausreden.

»Der Killer, den wir suchen und von dem wir glauben, dass

er Kata und ihre Tochter in seiner Gewalt hat, hat von 1997 bis 2011 nicht gemordet. Die Serie ging erst im Mai 2012 weiter«, sagte sie.

Für einen Moment schwieg Frau Dr. Siebert.

»Sie wollen jetzt aber nicht behaupten, dass mein Mann ein Serienkiller ist, oder?« Die Ärztin lachte etwas zu schrill und versuchte so zu klingen, als würde sie diese Vorstellung für einen Witz halten.

Die Antwort war heikel. Wenn Frau Dr. Siebert den Ernst der Lage nicht begriff, oder wenn ihr Kims und vielleicht auch Fionas Schicksal gleichgültig war, dann wäre es höchst gefährlich, ihr die Wahrheit zu sagen. Sie würde aus Loyalität ihren Mann anrufen und ihn warnen, und er würde Kim umbringen oder sich selbst. Dann würden sie nie erfahren, wo er sie gefangen hielt.

Um ihn in Sicherheit zu wiegen, damit er keine Spuren verwischte, brauchten sie die Unterstützung seiner Frau.

»Er gehört zum Kreis der Verdächtigen«, bestätigte Pia. »Allein deshalb, weil er ein Pflegesohn von Reifenraths war.«

Kai zog sein Handy hervor und ging hinaus in den Flur. Dr. Harding nahm sich einen Zettel von Pias Schreibtisch, zückte seinen Kugelschreiber und schrieb etwas auf.

»A… a…aber das kann nicht sein«, stammelte Frau Dr. Siebert verstört. »Wieso … wieso sollte Joachim so etwas tun? Ich meine … er … er ist so ein lieber Mensch! Er ist zuverlässig und … und … großzügig, er lässt mir jede Menge Freiraum und liebt die Mädchen, als wären es seine eigenen Kinder! So jemand geht doch nicht her und … und … bringt jemanden um!«

Dr. Harding hielt Pia das Blatt hin.

ERSCHÜTTERN SIE IHR VERTRAUEN IN IHN!!!!

Pia nickte und hob den Daumen.

»Was war 2012?«, wiederholte sie ihre Frage.

»Ich … ich hatte eine Affäre mit einem Kollegen«, gestand die Ärztin. »Es war völlig unbedeutend. Aber Joachim hatte irgendwie davon Wind bekommen. Er war am Boden zerstört.«

»Wann hatte er von Ihrer Affäre erfahren?«

»Ich weiß nicht genau. Ich glaube, um Ostern herum.«

Im Mai 2012 war Rianne van Vuuren ermordet worden.

»Er hat es mir aber erst im Sommer gesagt, dass er Bescheid gewusst hatte. Kurz vor unserem Urlaub. Ich hatte die Affäre längst beendet. Joachim und ich haben über alles geredet. Wir waren sogar bei einer Eheberatung, und wir haben uns zusammengerauft und beschlossen, die Verwirklichung unseres gemeinsamen Traums von einem Leben im Süden anzugehen.« Sie hielt kurz inne. »Nein, Sie müssen sich irren! Joachim ist so ein sensibler, gutherziger Mann! Er kann keiner Fliege etwas zuleide tun, glauben Sie mir!«

»Wann waren Sie zum ersten Mal in der Toskana?«, fragte Pia.

»Das ist lange her. Im Sommer 1997. San Gimignano. In der Woche nach diesem Urlaub sind wir nach Wildsachsen gezogen.«

»Wo haben Sie vorher gewohnt?«

»Die Mädchen und ich bei meinen Eltern, das war praktisch, weil ich arbeiten gehen konnte. Joachim hatte damals noch ein Häuschen in Diedenbergen gemietet, das aber für uns zu viert viel zu klein war.«

Joachim Vogt hatte das Fundament des Hundezwingers betoniert, gleich nach seinem ersten Toskana-Urlaub, also 1997. Hatte er wegen des bevorstehenden Umzugs in ein gemeinsames Haus diese Gelegenheit genutzt, um die Leichen von Mandy Simon, Annegret Münch und Jutta Schmitz, die er bis dahin irgendwo aufbewahrt hatte, auf diese Weise unauffällig loszuwerden?

»Hören Sie«, sagte die Ärztin. »Ich kenne meinen Mann. Er wäre niemals zu solchen Dingen fähig! Wir haben keine Geheimnisse voreinander. Wir vertrauen uns.«

»Hat Ihr Mann Ihnen erzählt, dass er seine leibliche Mutter kannte?«, fragte Pia.

»N... nein.« Das kam zögerlich. So viel zum Thema Geheimnisse. »Sie ist bei seiner Geburt gestorben. Deshalb kam er ja in eine Pflegefamilie.«

»Das stimmt leider nicht. Die Mutter Ihres Mannes hieß Elke Vogt und stammte aus Bad Camberg. Sie hat Joachim direkt nach der Geburt zur Adoption freigegeben. Aus irgendwelchen Gründen wurde er aber nicht adoptiert und landete schließlich bei Reifenraths. Kurz danach heiratete sie einen wohlhabenden Kaffeeimporteur in Hamburg und hieß danach Elke von Donnersberg.

Am Muttertag im Mai 1997 wurde sie ermordet. Auf die gleiche Weise wie alle anderen Opfer. Ihr Mann kannte sie, denn sie hat ihn früher immer am Muttertag bei Reifenraths besucht.«

»Am Muttertag …«, flüsterte Frau Dr. Siebert.

»Am Muttertag 1995 hat Theo Reifenrath seine Frau Rita erschossen«, sagte Pia. »Fridtjof und Joachim haben ihm geholfen, den Mord zu vertuschen und als Selbstmord darzustellen. Letzte Woche haben wir die sterblichen Überreste von Rita Reifenrath auf dem Grundstück in Mammolshain gefunden.«

Schweigen.

»War Ihr Mann mal auf Kreta?«

»Ja. Nach dem Abitur. Zusammen mit Fridtjof und zwei anderen Jungs aus dem Jahrgang.«

»Sie waren in einem kleinen Hotel in einem Städtchen namens Fotia, stimmt's?«, sagte Pia.

»Das ist möglich.«

»In dem Hotel wohnte auch eine französische Rucksacktouristin. Magalie Beauchamp. Sie wurde ein paar Mal mit den deutschen Jungen zusammen gesehen. Am 12. August verschwand sie. Die Jungs reisten am selben Tag ab. Kurze Zeit später wurde ihre Leiche gefunden.«

»Nein, nein«, flüsterte die Ärztin. »Das kann doch alles gar nicht sein! Fridtjof würde ich so etwas zutrauen. Der war schon immer eiskalt und ging über Leichen. Was glauben Sie, wie er Kata damals abserviert hat? Er hat sie auf eine Party eingeladen, auf der er seine Verlobung bekannt gegeben hat, dieser gefühllose Mistkerl!«

»Wann war diese Party?«, hakte Pia nach.

»Ich weiß nicht genau. Ein paar Jahre, bevor ich Joachim wiedergetroffen habe. Aber er hat mir davon erzählt. Er war auch dort und hat Kata von der Party weggebracht.«

Die Puzzlestücke in Pias Kopf setzten sich zusammen. Das ganze Bild wurde immer klarer. Fridtjof und Joachim hatten Kim gut gekannt. Kim hatte Fridtjof geliebt, aber der hatte eine andere Frau geheiratet. War einer der beiden Fionas Vater? Hatte Kim deshalb unbedingt verhindern wollen, dass jemand von ihrer Schwangerschaft und dem Kind erfuhr?

»Frau Dr. Siebert, würden Sie hierherkommen?« Pia ließ ihre Stimme sanft und mitfühlend klingen. »Wir können Ihnen einen Flug von Málaga nach Frankfurt buchen.«

»Hm ... ich ... ja ...« Die Frau schluchzte auf. Sie stand unter Schock, was ihr nicht zu verdenken war.

»Sie dürfen mit Ihrem Mann auf keinen Fall über das, was Sie gerade erfahren haben, sprechen. Auch mit Ihren Töchtern nicht. Mit wirklich absolut niemandem«, sagte Pia eindringlich. »Falls Sie heute oder morgen früh mit ihm sprechen, tun Sie so, als wäre alles wie immer. Schaffen Sie das?«

»J... ja. Ja, das schaffe ich.«

»Wenn er tatsächlich der ist, für den wir ihn halten, dann wird er die beiden Frauen, die er in seiner Gewalt hat, auf der Stelle töten und versuchen, alle Spuren zu verwischen.«

»Ich verstehe.« Frau Dr. Sieberts Stimme klang gefasst. »Heute um 20 Uhr geht ein Flug von Málaga nach München. Wenn ich mich etwas beeile, kann ich den bekommen.«

»Informieren Sie mich bitte«, sagte Pia. »Wir holen Sie dann in München am Flughafen ab und bringen Sie nach Frankfurt.«

***

Es ist zum Verrücktwerden! Zum ersten Mal in all den Jahren finde ich keine Lösung für meine Probleme. Weil ich keinen Plan hatte. Weil ich gezwungen war, spontan zu handeln. Weil mir die Zeit fehlte, alle Eventualitäten genau abzuwägen. Und deshalb macht mir die ganze Sache keinen Spaß. Dass mir die Polizei dicht auf den Fersen ist, stört mich nicht. Es war absehbar, dass das eines Tages passieren könnte, und irgendwie erhöht es sogar den Reiz. In meinem Leben gibt es nichts, was ich nicht innerhalb von fünf Minuten zurücklassen könnte. Ich habe alle Vorbereitungen getroffen, um zu verschwinden, wenn mir der Boden zu heiß wird. Was mich ärgert, ist, dass ich mich dem Zufall ausgeliefert habe. Das ist mir noch nie passiert! Mit diesem Unfall in St. Petersburg hat alles angefangen! Wäre ich zu Hause gewesen, hätte Theo nicht tagelang tot herum gelegen. Dann hätte der dumme Claas den Hund nicht in den Zwinger gesperrt. Es wäre nichts passiert. Die drei Frauen wären nie entdeckt worden. Aber so ist alles nach und nach herausgekommen, wie beim Stricken, wenn eine Masche fällt und sich alles auflöst. Das Schlimmste für mich ist, dass ich keine Lust habe, die beiden Frauen zu töten. Es fühlt sich nicht richtig an, diesmal. Noch nie habe ich aus Lust getötet, sondern immer nur deshalb, weil es sein musste. Damit das Gleichgewicht in meinem Innern wiederhergestellt ist. Und dafür muss alles passen. Seit einer Woche denke ich über Kata nach. Warum sie so etwas getan hat. Das ist schlimmer als jeder Verrat. Ich war längst über Kata hinweg. Über die Kata, die ich geliebt habe. Die gibt es nicht mehr. Die Frau, die jetzt da unten in dem Keller sitzt, ist eine Fremde. Sie sieht alt aus. Sie riecht alt und verlogen. Das Problem ist die junge Kata. Sie hat nichts getan, wofür sie bestraft werden müsste. Ich töte keine Unschuldigen. Mal abgesehen von Claas, aber der hatte es sowieso verdient. Ich rufe die Kamera auf und beobachte die beiden ein paar Minuten. Vielleicht ist es das Beste, wenn ich sie einfach vertrocknen lasse. Bis man die Leichen findet, bin ich in Spanien. Und wenn ich es geschickt drehe, dann werden sie glauben, Claas hätte sie dort unten eingesperrt.

***

In der SoKo-Zentrale brach fiebrige Geschäftigkeit aus. Kai beantragte einen Durchsuchungsbeschluss für das Haus von Joachim Vogt in Wildsachsen und die Genehmigung für eine Telefonüberwachung. Von Fiona Fischer gab es weiterhin kein Lebenszeichen, deshalb musste davon ausgegangen werden, dass sie entweder tot oder auch in Vogts Gewalt war. Pia hatte Cem und Tariq nach Falkenstein geschickt, um Fridtjof Reifenrath zu einer neuerlichen Vernehmung abzuholen. Sie hatte vor, ihn nicht in ihrem Büro oder in einem der Vernehmungsräume zu befragen, sondern in der SoKo-Zentrale. Gemeinsam mit Dr. Harding, Kathrin und Kai arrangierte sie die Whiteboards so, dass Reifenrath von seinem Stuhl aus die Fotos der Opfer und ihrer Leichen ständig vor Augen haben würde. So würde er hoffentlich den Ernst der Lage begreifen. Kai hatte die Fotos von Magalie Beauchamp aus der ViCLAS-Datei ausgedruckt und an ein Whiteboard geheftet, dazu ein vergrößertes Foto der Quittung des Hotels in Fotia.

Alles, was Dr. Siebert Pia am Telefon erzählt hatte, passte zu dem Profil, das Dr. Harding erstellt hatte: Joachim Vogt hatte keine Freunde und außerhalb seines Jobs so gut wie keine Sozialkontakte. Er war beruflich viel unterwegs, in seiner Position musste er keine Rechenschaft darüber abgeben, wann er wo war, und er konnte auch von zu Hause aus arbeiten. Jetzt war auch klar, weshalb er sich in den letzten Jahren so intensiv um die Belange seines ehemaligen Pflegevaters gekümmert hatte, denn so hatte er das Grundstück in Mammolshain jederzeit im Blick und konnte schnell reagieren, falls nötig. Sein Pech, dass er ausgerechnet in dem Moment, als Reifenrath gestorben war, einen Unfall gehabt hatte!

Fridtjof Reifenrath hingegen, das hatte Kais Hintergrundrecherche ergeben, führte in England das typische Leben der britischen Upperclass. Mit seiner Frau und zwei Hunden bewohnte er einen Landsitz ein Stück außerhalb von London, die fast erwachsenen Kinder gingen in Eton aufs College, seine Frau und er hatten häufig Gäste, machten mehrmals im Jahr mit der ganzen Familie Urlaub. Es war ziemlich unwahrscheinlich, dass er ein Serienkiller war, der seine Opfer in ganz Deutschland gesucht hatte.

Pia nahm sich Kims Fotoalben und die Kiste mit Fridtjof Reifenraths Jugenderinnerungen vor und suchte Fotos heraus, die sie Reifenrath gleich vorlegen wollte. In der Kiste, auf der Joachim Vogts Name stand, hatte sich nichts befunden, was Rückschlüsse auf seine Persönlichkeit und Vergangenheit zuließ, und Dr. Harding hatte den Verdacht, dass Vogt schon vor vielen Jahren den Inhalt überprüft und alles Verräterische entfernt hatte. Der Profiler hielt es ebenso für möglich, dass Joachim Vogt bei der Planung seiner Taten die Lebensumstände und Bewegungsradien seiner Pflegebrüder berücksichtigt hatte, um im Falle einer polizeilichen Ermittlung den Verdacht auf sie zu lenken.

»Er ist extrem clever«, sagte Dr. Harding, und sein Tonfall verriet widerwillige Bewunderung. »Nehmen Sie zum Beispiel die Geschichte über das Betonfundament des Hundezwingers. Ihnen hat er erzählt, Theo habe schon mit der Arbeit angefangen, als er zufällig dazukam. Ich denke viel eher, er hat die Arbeiten von Doll und Lindemann gesehen und die Möglichkeit erkannt, die drei Leichen loszuwerden, die er wohl noch in der Kühltruhe gelagert hatte, für die er aber schnell eine Lösung finden musste, weil der Umzug in das neue Haus bevorstand.«

»Ein guter Platz«, bestätigte Kai. »Er konnte sich ganz sicher sein, dass so bald niemand mehr den Hundezwinger anfassen würde.«

»Vielleicht hat er auch geglaubt, er oder sein Kumpel Fridtjof würden das Anwesen eines Tages erben, und dann wäre es für ewig unproblematisch gewesen«, vermutete Kathrin.

»Ein ärgerlicher Zufall, dass Theo starb, als er gerade nicht in der Nähe war.« Dr. Harding nickte. »Und noch ärgerlicher für ihn, dass Claas Reker den Hund in den Zwinger gesperrt hat.«

»Dafür müssen wir Reker wirklich dankbar sein.« Pia schob die Fotos zu einem Stapel zusammen. »Ohne die Knochen im Zwinger hätten wir die Ermittlungen schnell eingestellt.«

Bodenstein und Dr. Engel trafen ein und Pia setzte die beiden rasch über ihr Gespräch mit Dr. Martina Siebert in Kenntnis.

»Wenn sie es tatsächlich nur ihm erzählt hat, besteht kein Zweifel mehr daran, dass Vogt unser Mann ist«, sagte Bodenstein. »Was hoffst du, von Reifenrath zu erfahren?«

»Was 1987 auf Kreta passiert ist«, antwortete Pia. »Wie Vogt die Wahrheit über seine Mutter erfahren hat. Wir haben bis jetzt keinen einzigen handfesten Beweis, dass Vogt die Morde begangen hat, also brauchen wir wenigstens eine schlüssige Indizienkette, sonst hauen die Juristen uns den Fall um die Ohren, und im schlimmsten Fall spaziert Vogt frei aus dem Gerichtssaal. Seine Frau fliegt heute Abend nach München und ist morgen früh hier. Sie wird bei der Hausdurchsuchung dabei sein.«

Ihr fiel auf, dass die Kriminaldirektorin mit abwesender Miene aus dem Fenster starrte. Wie niederschmetternd musste es sein, wenn man erfuhr, dass ein Mensch, den man zu kennen geglaubt und dem man vertraut hatte, so viele Geheimnisse vor einem gehabt hatte?

»Was für eine unnötige Tragödie! Joachim Vogt hätte als Adoptivsohn von Gero von Donnersberg aufwachsen können«, sagte Bodenstein. »Wenn seine Mutter den Mut gehabt hätte, ihrem Mann von ihrem unehelichen Kind zu erzählen.«

»Aus heutiger Sicht kann man das leicht sagen«, warf Dr. Harding ein. »Aber in den Sechzigern war ein uneheliches Kind eine Katastrophe. Wahrscheinlich hatte sie Angst, dass ihr Mann sie verstoßen würde.«

»Sie wollte ihr luxuriöses Leben nicht gefährden.« Bodenstein schüttelte den Kopf. »Das hat sie mit fünfundzwanzig Jahren Heimlichkeiten, mit Depressionen und schließlich mit einem grausamen Tod bezahlt. Wie dumm und wie unnötig!«

»Acht Frauen könnten noch leben, wenn sie das nicht getan hätte«, sagte Pia mit plötzlicher Erbitterung. »Und jetzt ist auch noch meine Schwester in Gefahr, nur weil diese eine Frau so feige und egoistisch gewesen ist!«

»Man kann nicht die ganze Schuld dieser Frau in die Schuhe schieben.« Frau Dr. Engel erwachte aus ihrer Erstarrung. »Das hieße ja, dass Vogt für sein Tun nicht verantwortlich wäre. Aber das ist er. Andere Kinder wurden auch von ihren Eltern verlassen und sind nicht zu Mördern geworden.«

»Wir haben sämtliche Briefe von Rita Reifenrath an Elke von Donnersberg mitnehmen dürfen«, sagte Bodenstein. »Aus ihnen geht klar hervor, dass sie ihren Sohn zuletzt am Muttertag 1979 besucht hat. 1981 wurde Nora Bartels getötet, und ich halte es für sehr wahrscheinlich, dass dies Vogts erster Mord war. Er hat das Mädchen ertränkt und das hat ihm gefallen.«

Pias Handy summte. Cem und Tariq waren mit Fridtjof Reifenrath eingetroffen. Auch Staatsanwalt Rosenthal war gekommen, um die Vernehmung zu verfolgen.

»Wir wollen ihn hier, im SoKo-Raum, befragen«, sagte sie. »Ich will, dass er die Fotos der Opfer und der Leichen sieht. Er soll begreifen, um was es hier geht.«

»Tun Sie das.« Dr. Engel nickte und lächelte grimmig. »Wir werden alle dabei sein. Das sollte ihn unter Druck setzen.«

***

Fridtjof Reifenrath hatte zunächst eine kühle Überheblichkeit an den Tag gelegt, die in eine schlecht kaschierte Nervosität umschlug, als Cem und Tariq ihn in die SoKo-Zentrale führten. Pia hatte ihr Team und die anderen Kollegen genau instruiert, und die sorgfältige Inszenierung zeigte Wirkung. Niemand bot Reifenrath etwas zu trinken oder einen Kaffee an. Man warf ihm prüfende und neugierige Blicke zu, sprach ihn aber nicht an. Bodenstein, Pia, Nicola Engel, Harding, Cem und Tariq standen um Kais Tisch herum und unterhielten sich leise, blickten dabei aber gelegentlich zu Reifenrath hinüber, der auf einem Stuhl mit dem Rücken zum Fenster saß. Keine fünf Meter von ihm entfernt und von seiner Position aus gut zu erkennen standen die Whiteboards mit den grauenhaften Fotos. Ihm gelang es keine volle Minute, ruhig zu sitzen. Immer wieder schweiften seine Blicke zu den Fotos. Er rutschte auf dem Stuhl hin und her, veränderte alle paar Sekunden seine Sitzposition, zupfte an seiner Nase, fuhr sich durchs Haar und schwitzte. Es war deutlich zu erkennen, wie unwohl er sich fühlte, und genau das hatte Pia beabsichtigt.

»Warum muss ich hier sitzen?«, beschwerte er sich, als Pia und Bodenstein schließlich zu ihm kamen. »Wieso nötigen Sie mich, mir diese Bilder anzusehen?«

Seine Empörung war nur aufgesetzt. Er hatte Angst.

Pia sprach die notwendigen Informationen auf Band, wies Reifenrath darauf hin, dass das Gespräch auch auf Video aufgezeichnet wurde und er als Zeuge gehört wurde, nicht als Beschuldigter. Die Frage, ob er einen Anwalt hinzuziehen wolle, verneinte er.

»Erkennen Sie jemanden auf den Fotos?«, fragte Bodenstein ihn.

»Nein.« Reifenrath schüttelte nachdrücklich den Kopf.

»Schauen Sie mal genauer hin.«

Nur widerwillig folgte Reifenrath Bodensteins Aufforderung. Pia entging nicht der Ausdruck des Erschreckens, der in seinen Augen aufblitzte, als er das Foto von Magalie Beauchamp betrachtete.

»Erinnern Sie sich an sie?«, wollte Pia wissen. »Sie haben sie 1987 in Ihrem Urlaub auf Kreta kennengelernt.«

Reifenrath lief rot an. Schluckte nervös.

»Wir haben in dem Urlaub viele Mädchen kennengelernt«, antwortete er. »Was ist mit ihr?«

»Magalie verschwand am 12. August 1987. Ihre Leiche verfing

sich ein paar Tage später in einem Fischernetz«, sagte Bodenstein.

Reifenraths Augen weiteten sich.

»Sie ist ertrunken, nachdem sie gewürgt wurde. Sie hat sich heftig gewehrt.« Bodenstein machte eine Geste in Richtung der Whiteboards. »All diese Frauen wurden ertränkt. Genau wie Nora Bartels.«

»Und was habe ich damit zu tun?«, fuhr Reifenrath auf.

»Erzählen Sie uns, was im August 1987 auf Kreta passiert ist«, sagte Pia. »Haben Sie Magalie erwürgt und ihre Leiche ins Meer geworfen, um die Tat zu vertuschen?«

»Nein!« Fridtjof Reifenrath sprang von seinem Stuhl auf. »Nein, ich habe ihr nichts angetan!«

»Setzen Sie sich hin.« Bodenstein beugte sich vor und stützte die Ellbogen auf seine Knie. Er wartete, bis Reifenrath wieder Platz genommen hatte. »Gut, dass Sie sich an sie erinnern. Schildern Sie uns bitte, was Ihnen noch einfällt!«

Reifenrath begriff, dass er sich verraten hatte. Wie es seine Art war, haderte er jedoch nicht lange mit seinem Fauxpas und begann zu reden. Im Sommer nach dem Abitur war er mit drei Freunden nach Kreta geflogen, um Urlaub zu machen, bevor im Oktober das Studium begann. Sie waren auf der Insel herumgereist, bis sie schließlich in Fotia gelandet waren, einem kleinen Küstendorf, in dem sich viele junge Leute aufhielten. Am Strand hatte er Magalie kennengelernt. Sie reiste alleine und sie hatte ihm auf Anhieb gefallen. Den ganzen Tag hatte sie mit ihm geflirtet, und abends waren sie zusammen auf einer Party gewesen, wo sie beide viel Alkohol getrunken hatten.

»Ich war ziemlich betrunken an dem Abend«, gab Reifenrath zu. »Irgendwie bin ich aufs Zimmer gekommen und habe geschlafen. Am nächsten Tag sind wir abgereist, ziemlich überstürzt. An den Grund dafür kann ich mich nicht erinnern. Von dem Mädchen habe ich nichts mehr gesehen und auch später nie mehr etwas gehört.« Er verzog das Gesicht zu einem schiefen Lächeln. »Jetzt wundert mich das natürlich nicht mehr.«

»Das glauben wir Ihnen nicht«, sagte Pia. »Sie wissen genau, was mit Magalie passiert ist.«

»Ich habe ihr nichts angetan.«

»Wer dann?«

Schweigen.

»Magalie hatte einen kleinen Sohn, den sie bei ihren Eltern gelassen hatte, weil sie die Welt kennenlernen wollte. Hat sie Ihnen von dem Jungen erzählt?«

»Nein!« Reifenrath schüttelte den Kopf. »Davon wusste ich nichts!«

»Jemand muss es erfahren haben. All diese Frauen, die Sie hier auf den Fotos sehen, hatten kleine Kinder, die sie verlassen haben. So, wie alle Ihre Pflegegeschwister von ihren Müttern verlassen wurden und im Heim landeten.«

Reifenrath fixierte Pia mit ausdrucksloser Miene. Nur das Mahlen seines Kiefers verriet seine innere Anspannung.

»Wir vermuten, Magalie musste aus genau diesem Grund sterben«, sagte Pia. »Ihr Mörder hat im Laufe der Zeit sein Handwerk verfeinert. Er hat seine Opfer mithilfe eines Elektroschockers überwältigt, sie von Kopf bis Fuß in Frischhaltefolie gewickelt, damit sie wehrlos waren. Dann hat er sie ertränkt, sie anschließend in einer Kühltruhe tiefgefroren und später entweder vergraben oder die Leiche irgendwo abgelegt.«

Alle Farbe wich aus Reifenraths Gesicht.

»Wir vermuten, dass das Verlassenwerden in früher Kindheit ein Trauma verursacht hat, das durch die Misshandlungen durch Ihre Großmutter und andere Jugendliche noch verstärkt wurde und diesen Mann zum Serienmörder werden ließ«, fuhr Pia fort. »Er tötet nicht aus Mordlust und auch nicht aus Rache oder sexueller Motivation, sondern er führt einen Kreuzzug. Er betrachtet es als seine Mission, Frauen, die ihre Kinder aus egoistischen Gründen im Stich lassen, zu töten.«

»Wir glauben, dass er auch seine eigene Mutter umgebracht hat«, ergänzte Bodenstein. »Und wir sind davon überzeugt, dass Sie diesen Mann kennen.«

Die Gespräche in dem großen Raum waren verstummt. Es war totenstill. Gespannt warteten alle auf eine Reaktion.

Reifenrath saß kerzengerade und wie versteinert auf seinem Stuhl, nur sein Kehlkopf bewegte sich ruckartig auf und ab. Auf seiner Stirn hatten sich Schweißtröpfchen gebildet und rannen seine Schläfen hinab. In seiner sonst so beherrschten Miene konnte man plötzlich lesen wie in einem offenen Buch: Jahrzehntealte Loyalität kämpfte gegen die Erkenntnis einer schrecklichen Wahrheit. Pia erhöhte den Druck.

»Er hat in diesem Moment eine Frau in seiner Gewalt, die Sie ebenfalls kennen«, sagte sie. »Sie heißt Katharina Freitag. Früher nannte sie sich Kata oder Kim.«

Reifenraths Augenbrauen schnellten hoch. Er gab eine Mischung aus Seufzen und Aufstöhnen von sich.

»Und dieser Mann hat am Mittwochabend in der Wohnung von Katharina Freitag Claas Reker getötet.«

Reifenraths Mundwinkel zuckten, aber er schwieg. Der Mann war ein harter Brocken.

Pia konnte nachvollziehen, dass sich eine vierzig Jahre alte Freundschaft nicht so leicht erschüttern ließ, dennoch war sie frustriert. Ihr Plan ging nicht auf. Sie hatten fast alle Register gezogen, aber ihr Gegenüber nicht zum Reden gebracht. Es gab nur noch eine allerletzte Chance, und die basierte auf der Annahme, dass Reifenrath kein Mensch war, der sich für andere opferte, nicht einmal für seinen ältesten Freund.

»Okay, das war's dann«, sagte sie deshalb, erhob sich und schob ihre Unterlagen und Notizen zusammen. Sie blickte ihn nicht an. »Wir brechen hier ab. Sie sind vorläufig festgenommen wegen Beihilfe zum Mord in mindestens acht Fällen und werden in die Justizvollzugsanstalt Weiterstadt gebracht. Ich rate Ihnen, einen Anwalt anzurufen, denn morgen früh werden Sie dem Haftrichter vorgeführt. Sie müssen nichts sagen, was Sie selbst belasten könnte, und …«

»Moment!«, rief Reifenrath in einem Anflug von Panik. »Ich habe nichts damit zu tun! Ich wusste nichts von all diesen Morden, außer von …«

Er brach ab, schüttelte den Kopf, besann sich und setzte erneut zum Sprechen an.

»Joachim hat Magalie damals umgebracht.« Seine Stimme klang plötzlich heiser. »Ich hatte keine Ahnung davon, bis er es mir am nächsten Tag gesagt hat, als ich wieder nüchtern war. Er hat behauptet, Magalie habe mich anzeigen wollen, wegen Vergewaltigung, und er hätte sie töten müssen, weil sie sonst zur Polizei gegangen wäre. Er … er hat das getan, um mich zu … beschützen.«

***

Fiona war heiser vom Schreien. Als Kim ihr die ganze schreckliche Geschichte erzählt hatte, war sie so durstig gewesen, dass sie eine ganze Flasche Wasser ausgetrunken hatte. Danach hatte es nur ein paar Minuten gedauert, bis sie eingeschlafen war. In der Stille hatte Fiona ganz gedämpft eine Autohupe und das Klirren von Metall auf Metall vernommen und begriffen, dass irgendwo über ihnen Menschen waren! Sie hatte versucht, auf sich aufmerksam zu machen, hatte geschrien, so laut sie konnte, und gegen die Metalltür getreten, bis ihr die Füße wehgetan hatten, aber nichts war passiert! Ihre Kehle schmerzte und sie war so durstig, dass sie nahe davor war schwach zu werden und auch eine Flasche leer zu trinken. Aber sie hatte sich beherrscht. Ein paar Tropfen hatte sie von ihrer Handfläche geleckt und nichts war passiert.

Nun lag sie erschöpft neben ihrer Mutter auf dem Betonboden und dachte über all das nach, was sie gehört hatte. Kim war nach dieser Party tief gedemütigt nach Berlin zurückgereist und hatte alles darangesetzt, einen Job irgendwo im Ausland zu bekommen. Tatsächlich war ihr eine befristete Stelle beim FBI in Washington angeboten worden. Sie hatte viel zu spät gemerkt, dass sie schwanger war und in ihrer Verzweiflung hatte sie sich an ihre beste Freundin Martina gewandt. Die Vorstellung, ein Kind zu haben, das sie immer wieder an diese schreckliche Nacht erinnern würde, war für sie unerträglich gewesen und sie hatte sich mit dem Wissen getröstet, dass es ihrem Baby gut ging. Dann war sie nach Amerika gegangen und als sie ein paar Jahre später erfahren hatte, dass Joachim ihre beste Freundin geheiratet hatte, hatte sie jeglichen Kontakt zu ihr abgebrochen.

Fiona schmolz das Herz, wenn sie daran dachte, wie Kim sich gefühlt, wie es sie gequält haben mochte, die Entscheidung zu treffen, ihr Kind fremden Menschen zu überlassen. Es hatte ihr ganzes Leben zerstört.

Nein, sie machte ihrer Mutter keinen Vorwurf! Das Einzige, was sie sich wünschte, war Zeit zu haben. Zeit, um Kim besser kennenzulernen, ihre Tante und ihren Onkel, ihre Großeltern und die Cousins und Cousinen zu sehen. Sie wollte nicht sterben, hier, in diesem Verlies! Nicht jetzt, wo sie endlich eine große Familie und eine Mutter hatte!

***

»Das war gelogen«, sagte Bodenstein. »Und Sie sind auf diese Lüge hereingefallen.«

»Joachim Vogt hat Sie nur benutzt«, schlug Pia in dieselbe Kerbe. »Auch wenn Sie immer dachten, Sie seien derjenige, der in Ihrer Freundschaft das Sagen hatte, so war es in Wirklichkeit umgekehrt. Joachim hat sich für Sie unentbehrlich gemacht: Er hat Sie durch die Schulzeit mitgeschleift, Ihre Probleme gelöst, Dinge für Sie geregelt. Das alles hat er nicht für Sie getan, sondern einzig und allein für sich selbst und seinen eigenen Vorteil. Jeder hat das übrigens gesehen – nur Sie nicht! Sie haben nie begriffen, was wirklich ablief und wie Vogt Sie manipuliert hat.« Pia sah Fridtjof Reifenrath an, wie ihm dämmerte, dass sie recht hatten und wie tief ihn diese Erkenntnis erschütterte.

Ein weniger egozentrischer Mensch als Reifenrath hätte die Dynamik dieser Freundschaft vielleicht irgendwann durchschaut, aber Joachim Vogt hatte es geschickt angefangen und seinen Freund in dem Glauben gelassen, er sei der Tonangebende. Reifenrath konnte nur an eines denken, nämlich an sich selbst. Aber er hatte es unter anderem dadurch im Leben so weit gebracht, weil er in der Lage war, Niederlagen an sich abperlen zu lassen. Blitzschnell gewann er die Fassung zurück.

»Das passiert, wenn man gutmütig ist und einem Menschen rückhaltlos vertraut«, sagte er, und wäre es nicht so ernst gewesen, hätte Pia über diese Volte gelacht.

»Wann haben Sie Katharina Freitag zuletzt gesehen?«, fragte Bodenstein.

»Das ist ewig her«, erwiderte Reifenrath. »Ich glaube, das war auf meiner Verlobungsparty. Im Sommer 1994.«

»Sie war doch mal Ihre Freundin, oder?«

»Ja, schon. Aber das war nichts Ernstes. Wir waren mal zusammen und mal nicht.« Er zuckte die Schultern. »Eigentlich war sie Joachims große Liebe. Mein bester Freund bedeutete mir mehr als eine Frau. Kata war sowieso nicht die Richtige für mich.«

»Wieso nicht?« Pia konnte den abfälligen Unterton, der sich in seine Stimme geschlichen hatte, kaum ertragen, aber sie biss die Zähne zusammen. »Sie war doch ein hübsches Mädchen, oder nicht?«

»Ja, stimmt. Sie war hübsch, sie war intelligent. Vielleicht wäre es etwas mit uns geworden, wenn sie aus einer anderen Familie gekommen wäre. Ich wollte raus aus Mammolshain, weg von meinen kleinkarierten Großeltern. Das schafft man am schnellsten durch die Heirat in eine höhere Gesellschaftsschicht.«

Es war keine Seltenheit, dass Leute, die darauf bedacht waren, der Öffentlichkeit ein makelloses Bild von sich zu präsentieren, in einer Vernehmung eine unverblümte Offenheit an den Tag legten – ganz so, als wären Polizisten so etwas wie Beichtväter und Geheimnisse bei ihnen sicher aufgehoben. Reifenrath erwartete jedoch keine Absolution, ihn trieb auch nicht das Bedürfnis, sich etwas von der Seele zu reden. Es war ihm schlichtweg egal, wen er auf seinem Weg nach oben verletzt, gedemütigt oder vernichtet hatte. Pias Zorn wuchs bei jedem Wort, das er sagte.

»Was passierte auf Ihrer Party?«

»Nichts. Was soll passiert sein?«

»Katharina Freitag hat im Mai 1995 ein Kind bekommen«, sagte Pia. »Sie wollte es nicht, deshalb hat sie es weggegeben. Und genau deshalb ist sie jetzt ins Visier des Killers geraten.«

Reifenrath begriff und erbleichte. Diese Reaktion war für Pia Beweis genug.

»Haben Sie an dem Abend mit ihr geschlafen? Auf Ihrer *Verlobungs*party?«

»Großer Gott, ja!« Er zuckte die Schultern. »Ich war angetrunken! Kata kam mir in die Garage nach, als ich Sekt aus dem Kühlschrank holen wollte. Sie hat mich verführt! Hat so etwas wie ›um der alten Zeiten willen‹ gesagt. Na ja. Es ist halt passiert.«

»Wusste sie da schon, dass Sie sich verlobt hatten?«

»Nein«, gab Reifenrath ohne eine Spur von Reue oder Verlegenheit zu. »Das haben wir erst gegen Mitternacht bekannt gegeben. Joachim hat mir später erzählt, Kata hätte sich so betrunken, bis sie nicht mehr laufen konnte. Er hat sie mit zu sich nach Hause genommen, denn so wollte er sie nicht zu ihren Eltern bringen. Sie lebte ja damals in Berlin, war nur für die Party nach Frankfurt gekommen. Und seine ritterliche Tat hat sich für ihn dann wohl auch ausgezahlt. Zehn Jahre lang war er nur ihr bester Kumpel, obwohl er immer davon geträumt hat, sie mal ... äh ... ihr ... hm ... Liebhaber zu sein.«

Pia wurde kalt bis ins Mark, als sie die Bedeutung hinter seinen Worten erfasste. Kim hatte an jenem Abend nicht nur mit Fridtjof, sondern auch mit Joachim geschlafen. Neun Monate später hatte sie ein Baby bekommen. Entweder war Fridtjof, der sie so tief verletzt hatte, der Vater des Kindes, oder Joachim, der sie höchstwahrscheinlich vergewaltigt hatte, als sie betrunken war. Beide Alternativen waren katastrophal, deshalb hatte sie das Baby unter allen Umständen loswerden wollen. Ironie des Schicksals, dass ihr ausgerechnet die spätere Ehefrau von Joachim Vogt dabei geholfen hatte! Wobei es einem Mann wie Vogt, der nichts dem Zufall überließ, durchaus zuzutrauen war, dass er Martina Schmidt mit dem Kalkül geheiratet hatte, über sie den Kontakt zu seiner großen Liebe aufrechterhalten zu können.

Jetzt war Kim in seiner Gewalt. Ob er wohl wusste, dass er Fionas Vater sein konnte? Oder – schlimmer noch – wusste er, dass auch sein bester Freund als Vater infrage kam? Würde er zögern, Kim etwas anzutun, weil er sie einmal sehr geliebt hatte, oder war genau das Gegenteil der Fall, und er hasste sie jetzt umso mehr, weil sie ihn um sein Kind betrogen hatte?

Inzwischen war die alte Loyalität wie weggefegt und Reifenrath packte gnadenlos aus.

»Joachim hat Nora Bartels umgebracht«, sagte er, getrieben von der Rachsucht des Betrogenen. »Er war zufällig am See, als Claas und Nora dort rudern waren. Claas hatte das Boot absichtlich zum Kentern gebracht und war abgehauen, aber Noras Fuß hatte sich in Algen verfangen.« Er lachte auf. »Mir hat Joachim erzählt, er hätte Nora unter Wasser gedrückt, weil sie schlecht über mich geredet hatte, aber wahrscheinlich war das auch gelogen! Ich glaube eher, er wollte Claas eins auswischen, und das hat er ja auch hingekriegt.«

»Wussten Sie, was Claas mit ihm gemacht hatte?«, erkundigte sich Bodenstein.

»Ja, irgendwie schon, obwohl er es vor mir immer heruntergespielt hat«, erwiderte Reifenrath. »Claas hat ihn gehasst, er war neidisch auf Joachims Privilegien.«

»Hat er ihn auch in Folie gewickelt und unter Wasser getaucht?«

»Hm. Ja.« Reifenrath zuckte die Schultern.

»Und Sie haben ihn nicht beschützt.«

»Ich habe es ein paar Mal meiner Großmutter erzählt, und die hat Claas dafür bestraft. Aber danach war Claas jedes Mal noch wilder. Joachim wäre in der Kühltruhe erstickt, wenn ich ihn nicht in letzter Sekunde gefunden hätte!«

Eines Tages hatte Fridtjof Namen und Adresse von Joachims leiblicher Mutter herausgefunden und seinen Freund gedeckt, als dieser nach Hamburg gefahren war, um seine Mutter zu besuchen.

»Hat er mit ihr gesprochen?«, fragte Bodenstein.

»Ich glaube nicht«, erwiderte Fridtjof Reifenrath. »Er hat das Haus gesehen und erfahren, dass er zwei Halbbrüder hat. Das hat ihm wohl gereicht. Danach hat er jedenfalls nie wieder ein Wort darüber verloren.«

»Aber ein paar Jahre später ist er nach Hamburg gefahren und hat seine Mutter umgebracht«, entgegnete Bodenstein.

»Ziemlich kurzsichtig von ihm.« Reifenrath zuckte mitleidslos die Schultern. »Sie hatte eine Villa an der Elbchaussee und ihr Mann hat Geld wie Heu. Ich an seiner Stelle hätte alles drangesetzt, sein Stiefsohn zu werden, statt sie umzubringen.«

***

Pia konnte den Mann keine Sekunde länger mehr ertragen und gab Bodenstein ein Zeichen, dass sie eine Pause brauchte. Er konnte allein mit Reifenrath weitermachen, oder zusammen mit Nicola Engel. Sie verließ den Besprechungsraum und ging zum Getränkeautomaten. Ihr Kopf dröhnte und ihr Rücken schmerzte höllisch. Die Anspannung der letzten achtundvierzig Stunden und die Ungewissheit über Kims und Fionas Schicksal hatten alle Kraft aus ihrem Körper gesaugt. Eine bleierne Müdigkeit, gegen die auch eine Flasche Cola nichts ausrichten konnte, breitete sich in ihr aus.

»Pia?« Kai tauchte hinter ihr auf.

»Ja?« Am liebsten hätte sie ihn abgewimmelt, aber das wäre ungerecht gewesen.

»Du hast dein Handy bei mir liegen lassen.« Er reichte ihr das Smartphone und musterte sie besorgt. »Fahr nach Hause und versuch ein bisschen zu schlafen.«

»Ich leg mich oben auf die Couch«, erwiderte sie.

»Rosenthal hat beim Richter alles durchgekriegt«, informierte Kai sie. »Durchsuchungsbeschluss von Vogts Privathaus und Büro. Telefonüberwachung von Handy und Festnetz, Observierung, Bewegungsprofil. Wir dürfen sogar die Techniker vom LKA mit einer Wärmebildkamera und einem TTWS* am Haus einsetzen, damit sie checken können, ob er Kim und Fiona Fischer möglicherweise dort gefangen hält.«

»Und wenn sie nicht dort sind?« Pia lehnte sich an die Wand.

»Darüber habe ich mit dem Staatsanwalt auch gesprochen«, erwiderte Kai. »Vogt hat sich in den letzten drei Tagen ausschließlich zwischen seinem Haus und seiner Arbeitsstelle hin und her bewegt. Er war nirgendwo sonst.«

»Sein *Handy* war nirgendwo sonst«, verbesserte Pia ihn. Sie gähnte und rieb sich die Augen.

»Er wird observiert. Um 19:40 Uhr ist er am Flughafen aus dem Parkhaus gefahren und war um 20:35 Uhr zu Hause.«

»Wann läuft der Einsatz mit der Wärmebildkamera?«

»Die Jungs sind schon auf dem Weg hierher. Dann geht's gleich los. Aber das kann der Chef übernehmen. Leg du dich mal aufs Ohr.«

Es war fast halb zehn. In anderthalb Stunden würde Dr. Martina Siebert in München landen. Ein Fahrer war schon auf dem Weg, um sie abzuholen und nach Hofheim zu bringen.

---

* Through-the-wall Sensor

»In Ordnung«, erwiderte Pia. »Falls was ist, sagt mir Bescheid.«

»Machen wir.« Kai klopfte ihr auf die Schulter.

Sie holte ihre Jacke und ihre Tasche, schleppte sich die Treppe hoch in den ersten Stock und warf sich im Besprechungsraum auf die zerkratzte Ledercouch. ›Ich muss Christoph wenigstens schnell schreiben‹, dachte sie noch, aber da übermannte sie schon die Müdigkeit und sie schlief ein.

Tag 12

Samstag, 29. April 2017

»Pia? Pia, wach auf!«

Jemand berührte ihre Schulter und katapultierte sie so aus den Tiefen eines schweren, traumlosen Schlafs empor. Benommen blinzelte sie in helles Licht und erkannte das Gesicht von Christian Kröger. Von irgendwoher hörte sie Stimmen, es roch nach Kaffee.

»Wie viel Uhr ist es?«, murmelte sie und fuhr sich mit der Hand über die Augen.

»Gleich halb vier. Wir haben den Mietwagen von Fiona Fischer gefunden!«

Pia war sofort hellwach. Sie richtete sich auf.

»Wo?«

»Auf dem Parkplatz von REWE in Breckenheim! Und was das Beste ist: Wir haben innen am Türgriff, am Blinkerhebel und am Rucksack und an der Reisetasche von Fiona Fischer, die im Kofferraum lagen, Blut festgestellt. Jetzt haben wir eine DNA, und wenn es die von Vogt ist, haben wir einen Beweis!«

»Ihr Gepäck lag im Kofferraum? Dann hat er nicht nur meine Schwester, sondern auch sie.« Pia löste ihr Haargummi, fuhr sich mit allen zehn Fingern durch das zerwühlte Haar und band es im Nacken zu einem Knoten. »Was hat die Wärmebildkamera gezeigt?«

»Leider nur eine Person und etwas Kleines, wahrscheinlich ein Haustier. Wir sind mehrfach mit einer Drohne übers Haus geflogen, aber es gab keine Spur von Kim und ihrer Tochter, zumindest nicht im Erdgeschoss oder im ersten Stock. Falls er sie im Keller eingesperrt hat, kann man das nicht sehen. Bei massiven Betondecken stoßen Wärmebildkameras an ihre Grenzen.«

Bodenstein betrat den Besprechungsraum.

»Ich habe dir doch gesagt, du sollst Pia schlafen lassen!«, raunzte er Kröger an.

»Schon gut.« Pia stand vorsichtig auf und streckte ihr schmerzendes Kreuz. »Ich bin wieder betriebsbereit. Wo ist Reifenrath?«

»Unten in einer Zelle«, erwiderte Bodenstein. »Das erschien mir sicherer. Nicht dass er Vogt warnt. Frau Dr. Siebert wartet unten. Sie ist vor einer Stunde eingetroffen und wollte nicht ins Hotel.«

»Dann lasst uns gleich mit ihr reden. Ich mach mich nur schnell etwas frisch.« Pia ging hinunter zu den Umkleideräumen. In ihrem Spind hatte sie für Fälle wie diesen eine Zahnbürste und Zahnpasta und andere Toilettenartikel, außerdem Klamotten zum Wechseln.

Zehn Minuten später fühlte sie sich schon viel besser und ihr Spiegelbild sah vergleichsweise ausgeruht aus. Auf dem Weg nach oben antwortete sie Christoph auf seine Nachricht von gestern Abend. Hatte sie ihm eigentlich erzählt, dass Kim eine Tochter hatte und beide wahrscheinlich in der Gewalt eines Serienkillers waren? Die letzten 72 Stunden waren in ihrer Erinnerung zu einem einzigen Tag verschmolzen, und sie konnte gar nicht sagen, wann sie das letzte Mal mit ihrem Mann gesprochen hatte.

Dr. Harding und Cem hatten sich ebenfalls etwas Schlaf gegönnt, aber die ganze Mannschaft ging mittlerweile auf dem Zahnfleisch. Kai und Tariq hatten mehrere Nächte fast durchgearbeitet und sich mit ein paar Nickerchen zwischendurch und literweise Kaffee und Energydrinks wach gehalten. Auch Frau Dr. Engel und Bodenstein sah man die Anstrengung an. Nur Christian Kröger war hellwach und voller Energie wie immer.

»Ich habe mir noch mal die alten Fallakten vorgenommen und dabei festgestellt, dass 1988 an der Kleidung von Eva Tamara Scholle eine fremde DNA gefunden wurde«, berichtete er geradezu euphorisch. »Damals konnten sie zwar noch nichts damit anfangen, aber sie haben sie aufgehoben und wir können sie testen! Wahnsinn, oder? Ein Jahr später und die Dreißig-Jahres-Frist wäre abgelaufen gewesen, dann hätten sie die Asservate wahrscheinlich vernichtet.«

Martina Siebert saß an einem Tisch im vorderen Teil der SoKo-Zentrale. Sie hatte die Hände um eine Tasse gelegt und starrte vor sich hin. Pia betrachtete die zierliche Frau mit dem kurz geschnittenen braunen Haar, das von grauen Strähnen durchsetzt war, und erkannte in ihr das fröhliche Mädchen von den Fotos in Kims Alben. Sie erinnerte sich jedoch nicht daran, ihr jemals begegnet zu sein.

»Hallo, Frau Doktor Siebert.« Pia blieb neben dem Tisch stehen. »Danke, dass Sie so schnell hergekommen sind.«

Die Frau blickte auf. Unter ihren geröteten Augen lagen dunkle Schatten.

»Hallo«, sagte sie nur und umklammerte wieder die Tasse, als wäre sie ihr einziger Halt.

»Dürfen wir uns zu Ihnen setzen?«

Pia wusste, wie schrecklich es für die Angehörigen eines Mörders war, wenn sie begriffen, was ein Mensch, den sie geliebt und dem sie vertraut hatten, angerichtet hatte. Die Schuldgefühle waren schon schlimm, wenn es sich um Affekttaten gehandelt hatte, doch wie musste es sich erst anfühlen, wenn man erfuhr, dass der eigene Mann über Jahrzehnte hinweg Frauen zu Tode gequält hatte? Die Frage, was in ihrer Beziehung nicht gelogen gewesen war, verfolgte Angehörige für den Rest ihres Lebens genauso wie die, ob sie etwas hätten bemerken und womöglich verhindern können.

»Natürlich«, sagte Frau Dr. Siebert.

Bodenstein und Dr. Harding setzten sich ebenfalls an den Tisch.

Martina Siebert drehte die leere Tasse zwischen ihren Fingern und hielt den Blick auf die Tischplatte gesenkt.

»Sind Sie denn sicher, dass …?« In einem Winkel ihres Herzens schien sie zu hoffen, dass das alles nur ein Irrtum war. Sie hob den Kopf und sah Bodenstein flehend an.

»Wir sind leider ziemlich sicher«, bestätigte dieser. »Ihr Mann hat bereits als Kind ein Nachbarmädchen ertränkt und später, als junger Mann, eine französische Rucksacktouristin auf Kreta.«

»Oh mein Gott!« Eine Träne quoll aus ihrem Augenwinkel. »Ich kann das alles überhaupt nicht fassen. Ich dachte, ich würde meinen Mann kennen! Was müssen Sie jetzt nur von mir denken?«

»Wir denken, dass Ihr Mann seit Jahrzehnten ein perfektes Doppelleben führt«, sagte Dr. Harding sanft.

»Wenn ich nicht eine solche Egoistin gewesen wäre, hätte ich etwas bemerken müssen.« Die Ärztin zerfleischte sich mit Selbstvorwürfen. »Aber ich habe nur an meine Karriere gedacht, an meine Töchter, an meine Tiere. Mein Mann hat nie Ansprüche gestellt. Er war mit allem zufrieden, hat mir die Entscheidungen überlassen ... Ich habe mich zu wenig um ihn gekümmert. Ich bin schuld, dass diese Frauen sterben mussten. Und daran, dass jetzt vielleicht auch Kata und ihre Tochter sterben müssen.« Sie schluchzte auf. »Wenn er zu Hause war, saß er meistens an seinen Computern. Und er war beruflich viel unterwegs, seitdem ich ihn kannte. Ich habe mir nichts dabei gedacht. Ich hätte doch im Traum nicht daran gedacht, dass er ... dass er ... *Frauen umbringt*!«

»Sie haben ihm vertraut«, sagte Dr. Harding. »Und er hat Ihr Vertrauen ausgenutzt. Sie trifft keine Schuld.«

»Doch!«, rief sie, und die Tränen strömten ihr über das Gesicht. »Ich habe ihm von Kata erzählt! Nur so hat er ja von dem Baby erfahren! All die Jahre habe ich mein Versprechen gehalten und mit niemandem darüber gesprochen, aber an dem Abend habe ich mich dazu hinreißen lassen, weil ich in dem Moment so wütend auf sie war! Sie war meine beste Freundin, und ich habe ihr geholfen, ohne Fragen zu stellen und gegen meine Überzeugung. Sofort danach ist sie verschwunden und hat dann irgendwann auf keinen Brief und keine Mail mehr von mir reagiert! Ich war so ratlos und so gekränkt, und ich ... ich habe sie so sehr vermisst!«

Ihre Verzweiflung traf Pia mitten ins Herz.

»Sie konnten wirklich nicht ahnen, dass Ihr Mann so etwas tun würde«, mischte Pia sich ein. »Und ich denke, wir wissen mittlerweile, warum Kim – Kata – sich von Ihnen distanziert hat. Hat sie gewusst, dass Sie Joachim Vogt geheiratet haben?«

»Ja, ich habe ihr damals eine Hochzeitsanzeige geschickt.« Martina Siebert zog ein Papiertaschentuch aus der Jackentasche und putzte sich die Nase.

Pia erzählte ihr die Kurzfassung dessen, was sie vorhin von

Fridtjof Reifenrath erfahren hatten, und Martina Siebert war erneut fassungslos.

»Das heißt, Fiona Fischer könnte das Kind meines Mannes sein?«, fragte sie mit zittriger Stimme.

»Theoretisch ist das möglich.« Pia nickte mitfühlend.

Die Ärztin sah aus, als ob sie nicht mehr viele Hiobsbotschaften verkraften würde, dabei hatten sie gerade erst angefangen. Dr. Harding legte ihr die Fotos der Opfer vor, allerdings nicht die Bilder der Leichen.

»Diese Frau kenne ich!«, rief sie und deutete auf das Bild von Eva Tamara Scholle. »Sie ist ... sie war die Cousine eines Jungen, der mit uns in der WG gewohnt hat. Thomas hieß er. Thomas Scholle. Eva war hin und wieder bei ihm zum Übernachten, wenn sie in Frankfurt ausgegangen ist.«

Damit war das Rätsel gelöst, wie Joachim Vogt sein drittes Opfer kennengelernt hatte.

»Oh mein Gott, oh mein Gott«, flüsterte die Ärztin. »Wir waren auf ihrer Beerdigung damals! Wir alle. Auch ... auch mein Mann! Wie konnte er das tun?«

Sie schluchzte haltlos.

»Alle Frauen wurden jeweils kurz vor oder am Muttertag entführt«, sagte Bodenstein, als sie sich ein wenig beruhigt hatte. »2012, 2013 und 2014. Können Sie sich erinnern, ob Ihr Mann am Muttertag in diesen Jahren zu Hause war oder nicht?«

Frau Dr. Siebert griff sich an die Kehle.

»Er ... er war am Muttertag nie da«, flüsterte sie heiser. »Er findet dieses Fest albern. Reine Geldmacherei nennt er das, wie der Valentinstag. Ich lege auch keinen großen Wert darauf. Mein Mann ... er ... er war an diesen Tagen immer ... arbeiten.« Sie schlug die Hände vors Gesicht.

***

Joachim Vogt hatte schon als Jugendlicher ein Faible für Computer gehabt, so war sein Weg in die IT vorgezeichnet gewesen, allerdings hatte er nach dem zweiten Semester seine Studienfächer gewechselt und Elektrotechnik und Physik studiert. Anfang der Neunziger hatte er parallel zu seinem Studium beim

SWR in Stuttgart gejobbt und dort bei einer Livesendung Mandy Simon kennengelernt, sein viertes Opfer. Seine Fassade war perfekt gewesen. Überall galt er als zuverlässig, freundlich und hilfsbereit.

Ein weiteres Rätsel konnte dank Martina Siebert auch gelöst werden, nämlich, wie DNA-Spuren von Nina Mastalerz und Jana Becker in eine Kühltruhe im Schlachthaus von Theo Reifenrath gelangt waren. Joachim Vogt hatte diese Kühltruhe, die ursprünglich in seiner Garage in Wildsachsen gestanden hatte, vor ein paar Jahren seinem Pflegevater geschenkt, mit dem Pferdehänger nach Mammolshain transportiert und als Ersatz dafür gleich eine neue Truhe mitgebracht. Die Tatsache, dass ihr Mann die Leichen seiner Opfer zeitweise in der Garage ihres Hauses gelagert haben musste, hatte der Ärztin einen neuerlichen Schock versetzt. Nun verstand sie, weshalb er so vehement gegen die Anschaffung eines praktischeren Tiefkühlschranks mit Schubladen gewesen war.

»Wie sicher sind Sie, dass Vogt unser Mann ist?«, fragte Nicola Engel Dr. Harding, nachdem Frau Dr. Siebert den Raum in Begleitung einer Polizeibeamtin verlassen hatte.

»Hundertprozentig sicher«, erwiderte der Profiler, ohne zu zögern. »Das Profil passt genau. Wir wissen, dass er Nora Bartels und Magalie Beauchamp umgebracht hat, und man kann nachvollziehen, wie er Verbindung zu seinen Opfern aufgenommen hat. Er hat die Ablageorte der Leichen und die Pseudonyme in Internetforen so gewählt, dass im Falle einer Ermittlung der Verdacht auf seine ehemaligen Pflegebrüder fällt, was dafür spricht, dass er ständig über deren Aktivitäten informiert ist und nichts dem Zufall überlässt.«

»Gut.« Die Kriminaldirektorin nickte. »Dann geht's jetzt los.«

Gegen sieben Uhr erschien Kathrin Fachinger, beladen mit mehreren Einkaufstüten, aus denen sie belegte Brötchen, Joghurts, Müsli und Obstsalat auspackte. Sie nötigte ihre Kollegen zu frühstücken, bevor die Einsatzbesprechung losging. Pia bat sie, auch Martina Siebert und Fridtjof Reifenrath Frühstück zu bringen. Beide waren in ein Besprechungszimmer im Erdgeschoss gebracht worden, wo sie von Merle Grumbach, einem Psychologen und zwei Polizeibeamten betreut und gleichzeitig bewacht wurden. Falls Joachim Vogt Kontakt zu seiner Frau aufnahm, konnte Martina Siebert dies nicht verheimlichen.

Immer mehr Kollegen trafen ein, darunter die Spezialisten vom LKA und der Einsatzleiter des MEK, das Bodenstein für alle Fälle am Flughafen in Rufbereitschaft haben wollte. Staatsanwalt Rosenthal tauchte auf, wenig später kam auch der Polizeipräsident hinzu.

Pressesprecher Smykalla hatte seine liebe Not mit den zahlreichen Anfragen von Journalisten. Vor den Toren der RKI sammelten sich immer mehr Ü-Wagen, manche Reporter hatten die ganze Nacht dort kampiert. Natürlich regte die Tatsache, dass Fridtjof Reifenrath erneut eine Nacht in Polizeigewahrsam verbracht hatte, zu wilden Spekulationen an, und einige Boulevardblätter und Online-Nachrichtendienste verkündeten in zentimeterhohen Schlagzeilen, dass die Polizei ihn im Rahmen des Taunusripper-Falles verhöre.

»Er wird uns verklagen«, befürchtete Smykalla. »Wir müssen das unbedingt richtigstellen.«

»Wir stellen überhaupt nichts richtig«, fuhr Nicola Engel ihm über den Mund. »Das ist ein Täuschungsmanöver. Ich habe diese Information über Umwege an die Presse lanciert. Reifenrath war damit einverstanden.«

»Wie bitte? Er war *einverstanden*?« Smykalla, der gerade Obstsalat in seine Müslischüssel schaufelte, hielt überrascht inne.

»Mehr oder weniger«, entgegnete seine Chefin kühl. »Wir wollen Vogt in Sicherheit wiegen. Er darf auf keinen Fall Verdacht schöpfen.«

»Und wann sollte *ich* bitte schön davon erfahren?«, fragte Smykalla konsterniert.

»Sie wissen es ja jetzt«, versetzte Nicola Engel.

»Wärst du letzte Nacht hier gewesen statt in deinem Bettchen, dann wüsstest du Bescheid«, frotzelte Kröger.

Joachim Vogt war noch zu Hause, aber er würde spätestens gegen Mittag zur Arbeit fahren. Das machte er laut seiner Frau häufig so, denn die Wartung oder Neuimplementierung von EDV-Systemen wurde meistens dann durchgeführt, wenn der

Flugbetrieb pausierte und die Shops und Lounges geschlossen waren. In der Nacht von Samstag auf Sonntag sollte zum Beispiel ein Update für die Computersteuerung der Gepäckförderanlage eingespielt werden, an dem Joachim Vogt und sein Team seit Monaten gearbeitet hatten.

Sobald er sein Haus in Wildsachsen verlassen hätte, würden sich die Bewacher an seine Fersen heften, um sicherzugehen, dass er tatsächlich zum Flughafen fuhr und nicht nur zum Bäcker. Erst wenn er sein Auto im Personalparkhaus abgestellt hatte, würden sie das Haus betreten und vom Dachboden bis zum Keller durchsuchen.

Nach dem Frühstück rief Pia ihren alten Bekannten Jens Hasselbach an und erzählte ihm unter dem Siegel äußerster Verschwiegenheit von ihrem Verdacht, dass zwei Frauen irgendwo auf dem Gelände des Flughafens gefangen gehalten wurden. Sie hoffte, dass Hasselbach sofort eine Idee haben könnte, wo man zwei Menschen über einen längeren Zeitraum hinweg verstecken konnte, aber seine Antwort war entmutigend. Selbst er kenne längst nicht jeden Winkel des zwanzig Quadratkilometer großen Flughafengeländes. Unglücklicherweise kannte Joachim Vogt sich sehr gut aus, und darüber hinaus besaß er die höchste Sicherheitsfreigabe, konnte sich also in allen Bereichen des Flughafens frei bewegen. Ein Mann mit einer gelben Fraport-Warnweste, Helm und einem gelben Flughafenausweis erregte nirgendwo Aufsehen.

Der Polizeipräsident übertrug Dr. Nicola Engel die Koordination von Einsatzleitung und Flughafenbetreibergesellschaft und setzte sich dazu direkt mit dem Vorstand von Fraport in Verbindung. Der Kreis der Eingeweihten musste so klein wie möglich bleiben, bis auf einige wenige Leute durfte niemand wissen, um was es wirklich ging.

»Der Super-GAU wäre, wenn Vogt ums Leben kommt, durch eigene Hand oder wie auch immer«, sagte Bodenstein. »Oberste Priorität hat das Leben der beiden Frauen, die er mutmaßlich in seiner Gewalt hat.«

***

Nach der Einsatzbesprechung begann die Warterei. Stunde um Stunde verging, ohne dass Joachim Vogt Anstalten machte, sein Haus zu verlassen. Zwei Zivilfahrzeuge der Polizei wechselten sich bei der Observierung ab. Das Team des K 11 saß tatenlos in der SoKo-Zentrale herum, die Nerven aller waren zum Zerreißen gespannt. Jeder fragte sich insgeheim, ob die beiden Frauen überhaupt noch am Leben waren. Um neun Uhr waren die Spurenträger des Mordfalls Eva Tamara Scholle aus der Asservatenkammer des Landeskriminalamts im Labor eingetroffen und sofort einem DNA-Test unterzogen worden.

Kurz vor zwölf klingelte Christian Krögers Telefon. Er lauschte ein paar Sekunden, dann bedankte er sich. Gespannt blickten alle zu ihm hinüber.

»Ja!«, rief er und reckte triumphierend die geballte Faust in die Luft. »Die DNA an der Kleidung von Eva Tamara Scholle ist dieselbe wie die, die wir am Mietwagen gefunden haben!«

Pia und Bodenstein wechselten einen Blick. Sobald sie in Vogts Haus waren, konnten sie seine DNA von einer Haar- oder Zahnbürste nehmen und im Schnellverfahren sequenzieren. Stimmte sie überein, hatten sie einen unwiderlegbaren Beweis gegen Vogt in der Hand.

Kai Ostermann stand mit den Überwachungsteams in Wildsachsen in Verbindung. Im Haus regte sich nichts, Vogts Auto stand noch immer in der Einfahrt, obwohl es mittlerweile schon kurz vor eins war.

»Wir fahren hin«, entschied Bodenstein. »Das dauert mir alles zu lange. Ich habe das Gefühl, dass da etwas nicht stimmt.«

Am Flughafen war man in Alarmbereitschaft. Die Sicherheitskontrollen waren verschärft worden, und das MEK hatte rings um das Gebäude, in dem sich Vogts Büro befand, unauffällig Position bezogen.

Bodenstein, Pia, der Polizeipräsident und Nicola Engel diskutierten per Konferenzschaltung mit dem Leiter des MEK und dem Vorstand von Fraport, ob es nicht besser wäre, Vogt gleich nach Verlassen seines Hauses oder spätestens im Parkhaus festzunehmen. Der Krisenstab von Fraport und der MEK-Chef waren für diese Variante, denn sie hatten in erster Linie die Sicherheit des Flugbetriebs und der Menschen in den Terminals im Auge. Sollte es Vogt gelingen, auf dem Gelände unterzutauchen, so käme das einer Katastrophe gleich, weil niemand wusste, was er tun würde, wenn er sich in die Enge getrieben fühlte.

»Aber wir hoffen, dass er nach seinen Geiseln schaut«, wandte Pia ein. »Wenn er uns nicht zu ihnen führt, dann haben wir keine Chance, sie zu finden!«

»In menschlicher Hinsicht habe ich dafür größtes Verständnis«, erwiderte die für die Flughafensicherheit zuständige Dame vom Fraport-Vorstand. »Aber man sollte die Relation bedenken. Wir haben Tausende von Menschen am Flughafen, ständig Dutzende von Maschinen im An- und Abflug. Wir tragen die Verantwortung dafür, dass hier nichts passiert, und dürfen kein Risiko eingehen.«

Frustriert merkte Pia, dass der Polizeipräsident geneigt war, den Argumenten der Fraport-Leute zuzustimmen. Sie wusste, dass sie recht hatten. Wie würde sie entscheiden, wenn es sich bei den beiden Frauen nicht um ihre Schwester und Nichte, sondern um Fremde handelte?

Bodenstein wies Tariq an, Martina Siebert zu holen, die sie nach Wildsachsen begleiten sollte. Kröger und drei seiner Techniker waren abfahrbereit.

»Er verlässt das Haus!«, rief Kai Ostermann in diesem Moment. »Es geht los!«

»Was ist nun?« Dr. Nicola Engel sah den Polizeipräsidenten abwartend an. Der legte die Stirn in Falten, dachte kurz nach und fällte eine Entscheidung.

»Zugriff«, ordnete er an. »Sofort!«

Es war 13:22 Uhr, als Kai den Befehl an die Kollegen in Wildsachsen weitergab. Pia schloss die Augen. Ihre Schultern sackten nach vorne, sie stieß einen Seufzer aus. Damit war die Hoffnung, Kim und Fiona noch lebendig zu finden, so gut wie dahin.

* * *

»Das ist nicht Vogt!«, quakte eine Stimme aus dem Lautsprecher der Telefonanlage auf Kais Schreibtisch. »Das ist eine Frau!«

»Wo ist Frau Dr. Siebert?«, fragte Nicola Engel und streckte fordernd die Hand aus, woraufhin Kai ihr den Telefonhörer reichte. »Was soll das heißen? Wo ist er denn?«

»Keine Ahnung … warten Sie …«

Pia, die schon auf dem Weg nach draußen gewesen war, kehrte um. Aus dem Lautsprecher drang Stimmengewirr, dann eine hysterische Frauenstimme.

»… sein Auto steht in der Einfahrt …«

»Ich dachte, die Wärmebildkamera hätte eindeutig festgestellt, dass sich nur eine Person im Haus aufgehalten hat!«, sagte der Polizeipräsident in eisigem Tonfall.

»Das war auch so«, entgegnete der LKA-Spezialist, der die nächtliche Überwachungsaktion geleitet hatte. »Um kurz vor fünf sind wir abgezogen.«

»Es ist die Putzfrau«, meldete sich nun der Beamte, der vor Vogts Haus stand.

»Wie kommt denn wohl die Putzfrau unbemerkt in das Haus?«, fragte Nicola Engel in einem unheilverkündenden Tonfall, bekam aber keine Antwort.

»… ist um halb neun gekommen … da war Vogt noch da. Sie hat in der Küche noch mit ihm einen Kaffee getrunken. Wann er das Haus verlassen hat, weiß sie nicht.«

»Wie kann denn das sein?«, tobte die Kriminaldirektorin los. »Sie haben das Haus doch die ganze Zeit observiert, oder etwa nicht?«

»Wir haben nicht direkt vor der Einfahrt geparkt«, verteidigte sich der Beamte. »Dann hätten wir gleich an der Haustür klingeln können.«

»Ich fasse es nicht! Wo waren Sie? Haben Sie ein Nickerchen gemacht oder waren Sie irgendwo gemütlich frühstücken?«

»Natürlich nicht! Aber wir mussten ein paar Mal unsere Position wechseln, damit wir nicht auffallen. Das ist hier eine Sackgasse, die nur von Anliegern benutzt wird. Als es hell geworden ist, sind wir ein Stück weiter hoch an den Waldrand gefahren. Von dort aus hatten wir das Tor gut im Blick. Was sollen wir jetzt machen? Sollen wir die Putzfrau gehen lassen?«

Tariq kehrte mit Frau Dr. Siebert zurück.

»Scheiße, scheiße, scheiße!«, fluchte Nicola Engel zur Verblüffung ihrer Untergebenen. Noch nie hatte jemand erlebt, dass die Kriminaldirektorin derart die Contenance verlor. Ihr Blick fiel auf Vogts Ehefrau.

»Haben Sie etwa Ihren Mann gewarnt?«, fiel sie über die Frau her.

»Nein, das habe ich nicht!«, antwortete die Ärztin. Sie blickte unsicher in die Gesichter der Umstehenden, begriff, dass etwas schiefgelaufen sein musste.

»Unsere Putzfrau kommt alle vierzehn Tage gegen halb neun«, bestätigte sie. »Sie hat einen Schlüssel für das Haus. Vielleicht ist mein Mann mit dem Fahrrad zur Arbeit gefahren. Das macht er, wenn das Wetter gut ist, öfter mal.«

»Vielen Dank, dass Ihnen das jetzt auch schon einfällt!«, zischte Nicola Engel grimmig. »Wie konnte er denn das Haus verlassen, ohne gesehen zu werden?«

»Auf der Rückseite des Grundstücks ist eine Gartentür«, antwortete die Ärztin eingeschüchtert. »Mit dem Fahrrad ist es kürzer, wenn man durch den Wald direkt nach Langenhain fährt.«

Die Kriminaldirektorin starrte sie an, dann holte sie tief Luft, hielt sie einen Moment an und stieß sie wieder aus.

»Ich würde sagen, das ist gründlich in die Hose gegangen«, stellte sie fest. »Informieren Sie die Flughafen-Leute und das MEK. Wir brauchen einen neuen Plan.«

***

Die Hälfte meines Teams steht rauchend vor dem Eingang. Sie scherzen gutmütig über meine Radlerklamotten. Ich bleibe kurz bei ihnen stehen, obwohl mir der Zigarettenqualm zuwider ist, genauso wie die neuartigen Verdampfer, an denen drei von ihnen nuckeln.

»Wir sind in fünf Minuten oben«, sagt einer, und ich nicke lächelnd. Das Lächeln ist mir längst zur zweiten Natur geworden und man hält mich für einen freundlichen Menschen. Mein Team liebt mich, dabei finde ich sie alle furchtbar oberflächlich und primitiv. Ich hasse die Respektlosigkeit, die diese jungen Typen an sich haben, aber das lasse ich mir nie anmerken. Mittlerweile bin ich der Älteste hier und auch der Teuerste, deshalb versucht

die Firma seit Jahren, mich aus Gründen der Kostenreduzierung loszuwerden und zu dem Subunternehmer abzuschieben, an den sie das komplette Rechenzentrum ›outgesourct‹ haben, wie das heutzutage heißt. Diese Undankbarkeit ärgert mich, aber auch darüber verliere ich nie ein Wort.

Ich fahre mit dem Aufzug in den dritten Stock. In meinem Büro ziehe ich mich um. Eine Stunde und dreißig Minuten habe ich heute für die Strecke gebraucht, eine neue Bestzeit. Ich bin topfit. Die Rückfahrt wird länger dauern, weil es bergauf geht, aber das stört mich nicht. Beim Radfahren kommen mir die besten Ideen, wobei ich mir noch immer nicht klar darüber bin, was ich mit Fiona mache.

Zehn Minuten später betrete ich den Kontrollraum im sechsten Stock. Es sind noch einige Vorbereitungen zu treffen, bevor wir das Update launchen können. Ohnehin kann es erst losgehen, wenn die letzte Maschine für heute reingekommen ist und die Gepäckförderanlage stillsteht. Genug Zeit, um alles in Ruhe vorzubereiten. Ich konzentriere mich auf meine Arbeit. Ich will, dass es perfekt klappt. Dieses Ziel habe ich bei allem, was ich tue.

***

Bodenstein saß am Steuer des Dienstwagens, Pia hatte auf dem Beifahrersitz Platz genommen, und Dr. Harding und Frau Dr. Siebert saßen auf der Rückbank. Kröger und sein Team folgten ihnen in zwei VW-Bussen. Um bei der wartenden Presse kein Aufsehen zu erregen, hatten sie den Wirtschaftshof über einen Schleichweg verlassen.

»Ich kann Joachim vielleicht davon überzeugen, uns zu verraten, wo Kata und Fiona sind«, sagte Martina Siebert.

»Sie werden ihn jetzt nicht anrufen!«, gebot Bodenstein. »Wir wissen nicht, wo er gerade ist und was er vorhat.«

»Machen Sie sich bitte nicht die Hoffnung, Sie könnten bei Ihrem Mann etwas ausrichten«, sagte der Profiler zu Martina Siebert, als sie die Erdbeermeile Richtung Autobahn hinunterfuhren. »Er wird nicht auf Sie hören. Ihr Mann ist ein Psychopath allerschlimmster Ausprägung. Menschen wie er können für andere Menschen nichts empfinden.«

»Das stimmt nicht«, widersprach die Ärztin ohne großen Nachdruck, eher so, als wollte sie sich selbst davon überzeugen. »Joachim liebt unsere Töchter und mich! Es gibt nichts, was er nicht für uns täte! Er ist aufmerksam und fürsorglich und einfühlsam!«

»Ich weiß, dass es Ihnen schwerfällt, das zu glauben«, erwiderte Dr. Harding, »aber Psychopathen wie Ihr Mann sind in der Lage, sich an gesellschaftliche Normen anzupassen und auf diese Weise ein weitgehend unauffälliges Leben zu führen. Sie können Respekt, Zuneigung und Mitgefühl perfekt simulieren. Das, was wir bei solchen Menschen für Gefühle halten, sind jedoch nur Darstellungen von Emotionen. Schauspielerei.«

»Das hätte ich aber doch in achtzehn Jahren merken müssen!«, entgegnete Martina Siebert unglücklich.

»Haben Sie jemals gemeinsam mit Ihrem Mann einen Horrorfilm geschaut? Oder einen Film, bei dem Sie weinen mussten oder nicht mehr hinschauen konnten, wenn etwas Grausames geschah?«

»Ich ... ich denke schon.«

»Hat Ihr Mann auch mal weinen müssen? Oder ›Autsch‹ gerufen, das Gesicht verzogen oder sich vom Bildschirm abgewendet?«

Die Ehefrau von Joachim Vogt überlegte, schließlich schüttelte sie zögernd den Kopf.

»Nein«, flüsterte sie niedergeschmettert.

»Bitte verzeihen Sie die indiskrete Frage, aber haben Sie noch regelmäßig Sex gehabt?«

»Nein.« Martina Siebert senkte den Kopf und biss sich auf die Unterlippe. »Darauf hat er nie viel Wert gelegt. Deshalb ... deshalb hatte ich ja diese ... Affäre.«

Pia hörte dem Dialog schweigend zu. *Aktives Ignorieren* hatte Christoph das genannt. Als Martina Siebert zu Dr. Harding sagte, es könne ja alles gar nicht stimmen, denn wenn ihr Mann wirklich ein solch schlimmer Psychopath sei, hätte er ihr oder ihren Töchtern ja auch etwas angetan, reichte es Pia.

»Wie naiv sind Sie eigentlich?«, fuhr sie die Frau an, die einmal die beste Freundin ihrer Schwester gewesen war. »Ihr Mann hat

Sie und Ihre Kinder nur als Tarnung für seine perversen Gelüste benutzt! Sie sind ihm völlig gleichgültig – und er Ihnen wahrscheinlich auch, sonst wäre Ihnen irgendwann mal aufgegangen, dass Ihre Beziehung nicht normal war!«

»Wie können Sie so etwas sagen?«, flüsterte Martina Siebert mit tränenerstickter Stimme. »Ich fühle mich sowieso schon schuldig.«

Plötzlich war Pia elend zumute. Ihr Zorn verrauchte, zurück blieb eine schmerzhafte Leere. Sie dachte an Fiona, ihre Nichte, die völlig unverschuldet in Gefahr geraten war und nun die Fehler ihrer Mutter womöglich mit dem Leben bezahlen musste. Ihr Herz krampfte sich zusammen.

»Es tut mir leid.« Sie wandte sich um und sah Martina Siebert an. »Das hätte ich nicht sagen sollen. Ich mache mir nur solche Sorgen.«

»Schon gut.« Die Ärztin streckte die Hand aus und drückte stumm Pias Schulter. »Mir geht es doch genauso.«

***

Ein zweites Team der Spurensicherung traf kurz nach ihnen an Vogts Haus ein. Zehn Mann durchsuchten jeden Winkel des Bungalows. Die schwarze Katze war durch die Haustür gehuscht und hatte angesichts der vielen Leute die Flucht ergriffen. Pia ging durch die Räume, die Hände in den Taschen ihrer Jacke vergraben, um ja nichts zu berühren. Sie schauderte. Das freundliche mediterrane Ambiente erschien ihr plötzlich wie eine groteske Kulisse.

Martina Siebert stand mitten in der Küche und starrte an die Wand.

»Möchten Sie etwas trinken?« Pia erinnerte sich an ihren letzten Besuch und daran, wie Joachim Vogt die Tränen in den Augen gestanden hatten. Sie hatte ihm einen Cognac eingeschenkt, weil sie geglaubt hatte, er stehe unter Schock. Die Vorstellung war so glaubhaft gewesen, dass sie keine Sekunde lang gezweifelt hatte.

»Er hat die Frauen hierher gebracht«, flüsterte Martina Siebert, ohne auf Pias Frage zu antworten. »Hier in dieses Haus. Hat er sie auch hier … getötet?«

Ihre Welt lag in Schutt und Asche. Nichts würde für sie jemals wieder so sein wie früher. Sie würde damit leben müssen, dass der Mann, mit dem sie verheiratet war, dem sie vertraut und den sie geliebt hatte, ein Serienmörder war. Ein Monstrum, eiskalt und mitleidslos, der ihr Leben, ihr Haus und jede Erinnerung mit dem Bösen infiziert und für immer zerstört hatte.

Pia brachte es nicht übers Herz, ihr zu sagen, dass seine Opfer wahrscheinlich schon tot gewesen waren, wenn Vogt sie hergebracht hatte.

»Ich glaube nicht«, sagte sie deshalb. Sie füllte Wasser in den Kocher und schaltete ihn ein, dann durchsuchte sie die Küchenschränke, fand einen Becher, schwarzen Tee und Honig. Während das Wasser zu kochen begann, führte sie Martina Siebert zum Küchentisch und drückte sie sanft auf den Stuhl.

»Ich habe nichts davon gewusst«, flüsterte die Ärztin. »Wie kann das sein? Wie kann es sein, dass ich *nichts* bemerkt habe?«

»Er ist sehr gut darin, sich zu verstellen«, erwiderte Pia, goss das kochende Wasser über den Teebeutel und gab einen Löffel Honig in die Tasse. »Er hat jeden getäuscht. Auch mich.«

Kröger und Bodenstein betraten die Küche. Mit einem Blick in ihre Gesichter wusste Pia, dass sie auf etwas gestoßen waren. In der Garage stand eine Tiefkühltruhe. Martina Siebert hatte erzählt, sie werde als Lager für das Tierfutter benutzt und im Sommer außerdem für die gereinigten Pferdedecken. Jetzt war sie allerdings leer und Krögers Leute hatten darin ein blondes Haar gefunden. In einem Regal lagerten neben Kanistern mit Scheibenreiniger, Rasenmäherbenzin und anderen gewöhnlichen Dingen mehrere große Rollen Frischhaltefolie.

»Wozu benutzen Sie die?«, wollte Kröger von Frau Dr. Siebert wissen.

»Ich habe, ehrlich gesagt, keine Ahnung.« Tapfer beantwortete die Ärztin alle Fragen, aber ihr war anzusehen, dass die Grenze ihrer Belastbarkeit längst überschritten war. Sie stand unter Schock, und es konnte sie kaum noch erschüttern, als sie begriff, dass ihr Mann sich nicht einmal die Mühe gemacht hatte, seine Mord- und Folterwerkzeuge vor ihr zu verstecken.

Vogts Arbeitszimmer im Untergeschoss war ein völlig normales Büro: Aktenschränke, Bücherregale voller Fachliteratur, ein Computer auf dem aufgeräumten Schreibtisch. Drucker, Faxgerät, Scanner, Kopierer. In den Schränken lagerte Büromaterial. Sie zogen Schubladen auf, öffneten Schranktüren, blätterten Aktenordner und Kontoauszüge durch. Alles war ordentlich, fast spießig abgelegt und sortiert. Nicht der geringste Hinweis auf das Doppelleben, das der Mann führte.

»Den Computer können wir uns sparen.« Bodenstein setzte sich an den Schreibtisch. »Der wird so gesichert sein, dass wir ihm sowieso nichts entlocken.«

Er blickte sich auf der Tischplatte um, zuckte die Schultern und stand wieder auf. Beim Verlassen des Arbeitszimmers stutzte er.

»Was hast du?«, fragte Pia.

Bodenstein blickte in den Flur, dann wieder in Vogts Büro.

»Ich glaube, ich hab's gefunden!«, sagte er aufgeregt, stürmte zurück in den kleinen Raum und begann, die Bücher aus einem Regal zu reißen und auf den Boden zu werfen. Verständnislos sah Pia ihrem Chef dabei zu.

»Komm mal her, Pia!«, rief er atemlos. »Hilf mir mal das Bücherregal wegzurücken!«

Pia fasste mit an. Gemeinsam schoben sie das Holzregal zur Seite. Dahinter kam eine unscheinbare graue Metalltür zum Vorschein.

»Wie konntest du das wissen?«, fragte Pia verblüfft.

»Der Raum erschien mir im Gegensatz zum Flur zu klein«, erwiderte Bodenstein. »Er hat ein Stück mit einer Trockenmauer abgeteilt.«

***

Die Boeing 747-8 mit der Flugnummer LH 717 war um 15:15 Uhr Japan Standard Time in Tokio-Haneda gestartet. Unter normalen Umständen dauerte die Flugzeit für die Strecke von 9482 Kilometern elf Stunden und vierzig Minuten, aber sie waren erst mit einer vollen Stunde Verspätung in die Luft gekommen. Flugkapitän Bernd Metzner war fest entschlossen, diese verlorene Stunde wieder reinzuholen, er hatte seiner Frau nämlich fest versprochen, pünktlich zu ihrer Geburtstagsparty zu Hause zu sein.

Es war immerhin der Vierzigste. Ein ganz besonderes Geschenk hatte er ihr in Tokio besorgt, und er freute sich schon auf ihren Gesichtsausdruck, wenn sie es vor allen Gästen auspackte.

»Ich geh mal kurz für kleine Jungs«, sagte der First Officer und schnallte sich los. »Soll ich Kaffee mitbringen?«

»Mir nicht, danke«, erwiderte Flugkapitän Metzner.

»Schwarz, bitte«, sagte der Senior First Officer.

Noch gut drei Stunden bis Frankfurt. Über Sibirien hatten sie ihre Flughöhe verlassen müssen, damit der Sprit nicht einfror, und das hatte wiederum Zeit gekostet, deshalb hatte Metzner seinen FO angewiesen, die Fluggeschwindigkeit zu erhöhen. Der Flug war ruhig, die 364 Passagiere hinter ihm hatten auch für den Rest der Strecke keine Turbulenzen zu erwarten. Sie waren schon an St. Petersburg vorbei und näherten sich Tallinn. Metzner checkte die Instrumente, dann warf er einen Blick aus dem Fenster und konnte tief unter sich die Ostsee sehen. Er lächelte zufrieden. Sie hatten die Verspätung aufgeholt und würden pünktlich um 18:45 Uhr in Frankfurt landen.

***

»Die Tür ist höchstwahrscheinlich gesichert«, vermutete Christian Kröger. »Wenn wir Pech haben, lösen wir beim Öffnen einen Alarm aus.«

»Das müssen wir riskieren«, erwiderte Bodenstein und zückte sein Handy. »Ich rufe Dr. Engel an und höre mal nach, wie weit sie am Flughafen sind. Vielleicht haben sie ihn ja schon festgenommen.«

Er ging hinaus, sie hörten ihn leise sprechen.

Martina Siebert lehnte im Türrahmen, die Tasse in beiden Händen, die Augen weit aufgerissen. Sie hatte von der Existenz dieser Tür und eines Raumes dahinter nichts gewusst, und das, obwohl sie seit beinahe fünfzehn Jahren in diesem Haus wohnte.

»Das ist Trockenbau«, stellte Kröger fest, nachdem er die Wand mit der Faust abgeklopft hatte. »Sie ist nachträglich eingezogen worden. Der Raum muss ursprünglich größer gewesen sein.«

Bodenstein kehrte zurück.

»Vogt ist an seinem Arbeitsplatz«, verkündete er. »Das MEK

steht bereit und der Sicherheitsdienst des Flughafens hat das Gebäude unauffällig abgeriegelt. Wir sollen die Tür aufmachen.«

»Okay.« Kröger nickte. Entschlossen machten er und ein Kollege sich an die Arbeit, aber die massive Metalltür widerstand ihren Bemühungen.

»Lasst uns die Wand einreißen«, schlug einer der Techniker vor. »Ist nur Rigips. Mit einer Axt kriegen wir die ruckzuck klein.«

»Dann los.« Bodenstein nickte.

Sie sahen zu, wie die Männer die Aktenschränke zur Seite schoben. Pia spürte, wie sich ihre Fingernägel in die Handballen bohrten und ihre Zähne knirschten. Sie musste sich zwingen, die Fäuste zu öffnen und die Kiefer zu lockern. Hatte die Wärmebildkamera das Metall der Schränke und der Tür und die Betondecke des Raumes durchdringen können? Was, wenn nicht? Waren Kim und Fiona hinter dieser Tür gefangen? Würden sie sie lebendig finden oder womöglich nur noch ihre Leichen?

Martina Siebert stand in derselben ängstlichen Erwartung so dicht neben ihr, dass sich ihre Ellbogen fast berührten. Sie hatte ihre Tasse irgendwo abgestellt und ihre Arme so fest um den Oberkörper geschlungen, als würde sie sonst auseinanderbrechen.

Wenige Axtschläge genügten, um die Gipsplatten und das Ständerwerk aus Aluminium in einer Staubwolke bersten zu lassen. Hustend bahnte Kröger sich einen Weg durch die Trümmer, verschwand hinter den Resten der Wand. Licht flammte auf.

»Ach du meine Güte!«, rief er.

»Sind sie da drin?« Pia stürzte los, bevor Bodenstein sie daran hindern konnte, sie stolperte über ein Stück Gipsplatte und riss sich Handschuh und Handballen an einem Metallstück auf, das aus der geborstenen Wand ragte. Sie konnte nur diffuse Helligkeit sehen, in der der Staub tanzte.

»Nein, hier ist niemand«, antwortete Kröger. »Aber ich glaube, wir haben seine Trophäen gefunden!«

In einem schlichten Holzregal standen elf durchsichtige Plastikboxen. Zehn von ihnen waren sorgfältig mit Namen und Todesdatum der Opfer beschriftet.

»Die Trophäen«, sagte Bodenstein mit rauer Stimme. »Haarsträhnen. Autoschlüssel. Halskettchen. Hier ein Gürtel. Dazu … Fotos.«

»Er hat alles aufgehoben«, bestätigte Kröger. »Großer Gott, wie gruselig! Schaut euch das an!«

Der Staatsanwalt würde sich nicht nur auf Indizien und Zeugenaussagen verlassen müssen, um Joachim Vogt seine Taten nachzuweisen, hier gab es mehr Beweise für seine Schuld, als sie es sich gewünscht hatten.

Der Anblick der elften Box raubte Pia den Atem, und einen Augenblick fühlte sie sich beinahe schwerelos, als würde sie in einen Abgrund stürzen. *Katharina Freitag* stand in akkurater Handschrift auf dem Schild. Durch das milchige Plastik sah sie einen Autoschlüssel und einen Schlüsselbund. Sie erkannte den Schlüsselanhänger, einen abgenutzten Stofflöwen, den sie oft in Kims Hand gesehen hatte.

»Und guckt euch das an.« Kröger hatte einen Karton geöffnet und förderte mit spitzen Fingern eine weiße Perücke und einen weißen Bart zutage. »Seine Verkleidung. Hier sind noch mehr Perücken drin. Brillen, Masken, Stiefel mit hohen Absätzen.«

»Offenbar hat er sich manchmal auch als Frau verkleidet.« Bodenstein runzelte die Stirn. »So hat er sich seinen Opfern also genähert.«

»Lassen Sie mich los! Ich will da rein«, ertönte die Stimme von Martina Siebert.

»Tun Sie das nicht, Frau Dr. Siebert«, beschwor Dr. Harding die Ärztin. »Bitte lassen Sie uns hochgehen, damit die Spurensicherung ihre Arbeit machen kann.«

»Aber ich will sehen, was dieses Schwein hier in meinem Haus und hinter meinem Rücken getrieben hat! Ich will sehen, was …« Sie drängte sich durch das Loch, das Krögers Leute inzwischen erweitert hatten, und verstummte. Ihr Blick glitt über die Plastikboxen. Sie schwankte. Dann öffnete sie den Mund und begann zu schreien.

***

Mein Puls schießt wie eine Rakete in die Höhe, als ich während einer kurzen Pause auf mein Smartphone schaue, das ich lautlos gestellt habe, wie immer, wenn ich konzentriert arbeite. Ich habe sieben Alarmmeldungen meiner Smart-Home-App, und ich weiß sofort, was sie zu bedeuten haben. Und obwohl ich seit Jahren damit rechne, dass dieser Augenblick kommt, bin ich für ein paar Sekunden wie betäubt vor Schreck. Beiläufig tippe ich auf die App. Meine Hand zittert. Sie haben die Tür gefunden! Sie haben mein Heiligtum geöffnet! Und das bereits vor einer Stunde! Verdammt! Hoffentlich komme ich hier noch raus.

Ich atme ein paar Mal tief durch, um mich wieder unter Kontrolle zu bekommen. Irgendwo ist mir ein Fehler unterlaufen, wie ich es schon befürchtet hatte. Aber ich habe schon lange vorgesorgt. Sie werden mich nicht kriegen. Sie werden die beiden nicht finden, höchstens als Leichen.

Jetzt darf ich mir nichts anmerken lassen.

»Ich bin gleich zurück«, sage ich zu dem Jungen, der links von mir sitzt und kaugummikauend auf seine Bildschirme glotzt. Er nickt nur. Ich stehe auf, verlasse den Kontrollraum, gehe ruhig zum Aufzug und drücke auf den Knopf. Während ich warte, schaue ich durch die Glasfront hinunter auf den Vorplatz. Beim Anblick der schwarz gekleideten Gestalten weiß ich Bescheid. Sie sind schon hier. In Sekundenbruchteilen muss ich meinen Plan ändern. Ich gehe die Treppe hinunter, niemand hindert mich daran. Im fünften Stock verschwinde ich in der Damentoilette. Dort öffne ich die Tür zur Putzmittelkammer, durch die man die Hintertreppe erreicht, die ins Untergeschoss führt. Am Flughafen gibt es 1260 Überwachungskameras, aber keine auf dem Fluchtweg, den ich seit Jahren geplant habe, dafür habe ich gesorgt. Mit etwas Glück schaffe ich es, ihnen zu entkommen.

Ich bin völlig ruhig. Meine Finger zittern nicht einmal, als ich die Eisentür im Untergeschoss öffne. Tausend Mal habe ich die Situation in jeder erdenklichen Variation im Kopf durchgespielt. Ich habe nicht damit gerechnet, dass es so knapp werden könnte, das muss ich mir eingestehen. Eigentlich dachte ich, ich hätte mehr Zeit und könnte mich in Ruhe absetzen. Jetzt muss ich flüchten und es bleibt mir kein anderer Weg als der durch die Katakomben. Aber meine Abschiedsvorstellung wird meine Verfolger ablenken. Sie werden alle Hände voll zu tun haben, um das Chaos in den Griff zu bekommen, das ich ihnen als Dank für ihren Mangel an Wertschätzung hinterlasse.

Ich brauche exakt eine Minute und siebzehn Sekunden, um von meinem Smartphone aus Harmageddon.bin zu aktivieren und ihn durch eine Hintertür in den Main Cluster einzuspielen. Niemand kennt das System so gut wie ich. Die 146 Terabyte der Back-up-Maschinen werden nutzlos sein. In ungefähr fünfundvierzig Minuten wird das Hochleistungsrechenzentrum unter der Erde komplett lahmgelegt sein. Überall am Flughafen, in den Terminals, den Büros, den Lounges, den Ladenstraßen, auf dem Vorfeld, in der Gepäckförderanlage, im Cargobereich, auf den Feuerwachen, ja, einfach überall, wird ein heilloses Chaos ausbrechen, denn nachdem sie vor zehn Jahren geglaubt haben, sie bräuchten mich nicht mehr und könnten das Rechenzentrum, den Service Desk und das gesamte Netzwerk einfach outsourcen, habe ich mir den Spaß erlaubt, Harmageddon.bin zu schreiben.

Fast schade, dass ich nicht miterleben kann, wie sie versuchen, das Problem zu lösen und irgendwann feststellen, dass sie keinen Zugriff mehr haben! Sie werden sich noch eine Weile in Sicherheit wiegen, weil sie so clever waren, ein zweites Rechenzentrum zu installieren, und dazu all die Back-up-Szenarien und verschiedenen Notfallebenen, aber es wird die blanke Panik ausbrechen, wenn sie merken, dass sich alles längst mit Harmageddon.bin infiziert hat. Ich hatte zehn Jahre Zeit, mir jedes Detail zu überlegen und daran zu feilen. Falls nicht alles klappt, nicht so schlimm. Ich brauche im Optimalfall siebenunddreißig Minuten, um den Flughafen auf unterirdischen Wegen zu verlassen, das habe ich oft genug trainiert. Es wird ein bisschen schwieriger werden, weil ich nun nicht mehr an meine Verkleidung, das neue Handy, die gefälschten Ausweispapiere und den neuen Flughafenausweis komme. Auch um meine Erinnerungen, die jetzt den Bullen in die Hände fallen, tut es mir leid, aber ich kann mir ja neue schaffen. Mein Smartphone lasse ich auf dem Boden liegen, es muss noch eine Weile arbeiten. Aber das kann es auch ohne mich.

***

Joachim Vogt war wie vom Erdboden verschluckt, als Bodenstein, Dr. Harding und Pia um kurz vor fünf in der Konzernzentrale des Flughafenbetreibers eintrafen, wo sich der Krisenstab in einem Besprechungsraum hinter dem Empfangstresen eingerichtet hatte. Dr. Nicola Engel und der Polizeipräsident waren da, dazu der gesamte Fraport-Vorstand und ein gutes Dutzend Sicherheitsexperten.

Vogt hatte unbehelligt an seinem Arbeitsplatz im Kontrollraum des Rechenzentrums gesessen. Vor etwa zwanzig Minuten war er auf die Toilette gegangen und nicht mehr zurückgekehrt. Das MEK und der Sicherheitsdienst des Flughafens waren noch immer dabei, das achtstöckige Gebäude zu durchkämmen. Eine Hundestaffel mit speziell als Mantrailern ausgebildeten Hunden war angefordert worden.

»Wie konnte das passieren?« Pia war fassungslos über diese zweite eklatante Panne. »Wieso ist er nicht gleich festgenommen worden? Dazu war ja wohl Zeit genug!«

»Er hatte den Raum hinter seinem Arbeitszimmer mit einer Kamera gesichert«, fügte Bodenstein hinzu. »Ganz sicher hat er eine Warnung gekriegt und sich dann sofort abgesetzt.«

»Man wollte das *unauffällig* erledigen«, erwiderte Dr. Engel und warf dem Polizeipräsidenten einen gereizten Blick zu. »Außerdem ist die Kontrollzentrale des Rechenzentrums das Gehirn des Flughafens, und man hatte die Befürchtung, dass Vogt sich seiner Festnahme widersetzen und Schaden anrichten könnte.«

»Wir müssen den Leuten hier reinen Wein einschenken«, drängte Bodenstein seine Chefin und den Polizeipräsidenten. »Wir brauchen alle Unterstützung, die wir kriegen können, wenn wir Vogts Opfer noch rechtzeitig retten wollen.«

»Weshalb sind Sie sich denn überhaupt so sicher, dass sie hier am Flughafen sind?«, fragte der Polizeipräsident, der als Verfechter einer restriktiven Informationspolitik gegenüber Zivilisten bekannt war.

»Weil sie nicht bei ihm zu Hause waren«, antwortete Dr. Harding an Bodensteins Stelle. »Ein Täter wie Vogt würde seine Opfer niemals an einem Ort unterbringen, an dem sie zufällig gefunden werden könnten oder wo er sie nicht unter Kontrolle hat. Das Flughafengelände ist seine Komfortzone. Hier kennt er sich aus und fühlt sich deshalb sicher. Die beiden Frauen sind hier irgendwo. Hundertprozentig.«

Sie gingen zurück zum Besprechungstisch. Pläne des Flughafengeländes waren auf dem Tisch ausgebreitet. Die ersten Schritte eines Notfallplans wurden eingeleitet. Immer mehr Leute kamen dazu. Die Leiter der unterschiedlichen Abteilungen. Vogts direkter Vorgesetzter und einer seiner engsten Mitarbeiter, ein junger bärtiger Nerd mit Nickelbrille und schulterlangen Dreadlocks, erschienen.

Wertvolle Minuten verrannen.

»Wir können doch nicht hier nur einfach so herumstehen!« Pia hasste es, so zur Untätigkeit verdammt zu sein. »Warum tun die nichts?«

»Sie haben recht.« Dr. Harding ging direkt zu den vier Vorstandsmitgliedern, die am Kopfende des Tisches standen, und unterbrach deren Gespräch, indem er energisch in die Hände klatschte. Das Stimmengewirr brach ab, alle Augen richteten sich auf den Mann mit dem Seehundschnauzbart und dem schlecht sitzenden braunen Anzug.

»Mein Name ist Dr. David Harding«, sagte er, und seine sonore Stimme durchdrang den Raum. »Ich war fünfundzwanzig Jahre lang Leiter der Verhaltensanalyseeinheit des FBI und bin Spezialist für Serienkiller. Ich bin Berater der Hofheimer Kriminalpolizei in einer Mordserie.«

Spätestens jetzt hatte er die ungeteilte Aufmerksamkeit aller Anwesenden.

»Der Mann, den wir suchen und den Sie alle kennen, ist ein Serienmörder«, fuhr er fort. Im Besprechungsraum wurde es so still, dass man eine Stecknadel hätte fallen hören können. Entsetzt lauschten alle Hardings Worten.

»In seinem Haus haben wir gerade eben Beweise dafür sicherstellen können, dass er mindestens zehn Frauen auf bestialische Art umgebracht hat. Aktuell hat er zwei Frauen in seiner Gewalt, von denen wir annehmen, dass er sie irgendwo hier auf dem Gelände des Flughafens versteckt hat. Joachim Vogt ist gewarnt worden, sein Haus war alarmgesichert. Also weiß er, dass wir ihn enttarnt haben, und ist auf der Flucht. Er wird alles daransetzen, seine beiden Opfer zu töten und danach zu entkommen, dazu wird ihm jedes Mittel recht sein. Ich gehe davon aus, dass er seine Flucht von langer Hand geplant und Fluchtwege ausgekundschaftet hat. Das Gebäude, in dem er zuletzt gesehen wurde, hat er ganz sicher längst verlassen.«

»Was glauben Sie, was er vorhat?«, erkundigte sich der Leiter des Infrastrukturmanagements, der sich als Erster vom Schock dieser Nachricht erholt hatte.

»Er will sich so schnell wie möglich absetzen«, antwortete Harding.

Der Mann runzelte die Stirn.

»Vogt kennt sich am Flughafen sehr gut aus. Er hat die Implementierung der IT-Infrastruktur koordiniert. Außerdem hat er die höchste Sicherheitsfreigabe. Er kann überall hin.«

»Aber das muss man doch aufheben können«, wandte Nicola Engel ein. »Sperren Sie seine Freigabe! Informieren Sie alle Mitarbeiter, damit sie nach ihm Ausschau halten!«

»Ihm darf nur nichts zustoßen«, sagte Pia. »Er hat zwei Frauen in seiner Gewalt. Die müssen wir finden.«

»Die Hundeführer können mit den Suchhunden die Rohrschachtkeller absuchen«, schlug jemand vor.

Plötzlich redeten wieder alle durcheinander, bis sich der Vorstandsvorsitzende Gehör verschaffte.

»Die wichtigste Frage ist jetzt die«, sagte er an Vogts direkten Chef, einen smarten Glatzkopf Mitte vierzig, gewandt. »Welchen Schaden kann Vogt als Fachgebietsleiter des Rechenzentrums anrichten?«

»Ich halte es für ziemlich ausgeschlossen, dass er irgendeinen Schaden anrichten kann«, erwiderte der Glatzkopf mit einer Selbstsicherheit, die an Arroganz grenzte. »Das ist hier kein Home-Netzwerk, in das sich mal fix einer reinhacken kann. Unsere Programme sind so speziell, dass wir sie alle selbst schreiben. Die gesamte Steuerung wird vom Kontrollzentrum aus überwacht und …«

Der Vorstandsvorsitzende ließ ihn nicht ausreden.

»Aber wenn ich das richtig verstehe, dann gehört Vogt zu denjenigen, die das ganze System mit aufgebaut haben.«

»Alle unsere Applikationen basieren auf Programmen, die er geschrieben hat«, mischte sich der Dreadlock-Nerd besorgt ein.

Der Vorstandsvorsitzende wechselte einen raschen Blick mit seinen Vorstandskollegen.

»Er müsste sich also gar nicht reinhacken. Er hat sowieso Zugriff auf das System, oder?«, fragte er.

»Im Prinzip schon«, räumte der Glatzkopf widerwillig ein. »Aber so einfach ist das nicht. Alle Systeme sind gespiegelt. Die wichtigsten Steuerungsprogramme des Flughafens laufen in einem zweiten Rechenzentrum parallel zu denen im ersten. Wir sichern ununterbrochen alle Daten. Nein, nein, unsere Computersysteme sind absolut safe.«

»Joachim Vogt hat nichts mehr zu verlieren«, gab Dr. Harding zu bedenken. »Er ist ein kontrollbesessener Psychopath, der ganz sicher mehrere Exit-Szenarien in petto hatte.«

Der Glatzkopf setzte den resigniert-geduldigen Gesichtsausdruck eines Astrophysikers auf, der sich Fragen von Grundschülern stellen musste. »Wir sind gegen jede Art von Angriff auf unser System gerüstet. Ein Zugriffsschutz regelt, dass niemand alleine in dem System herumfuhrwerkt. Und unser 24/7 Monitoring sorgt dafür, dass alles reibungslos läuft. Es gibt über 1000 Server.«

Das Handy des Dreadlock-Nerds schrillte. Er ging dran und lauschte ein paar Sekunden. Es war interessant, mit anzusehen, wie sich seine Miene und seine Körpersprache schlagartig veränderten.

»Fuck!«, stieß er hervor und gab seinem glatzköpfigen Chef einen Wink. »Wir haben ein Problem! Ein Server nach dem anderen verweigert uns den Zugriff!«

»Ziemlich ausgeschlossen, dass was passiert, hm?«, sagte Pia. »Ich fürchte, Joachim Vogt hat sich zum Abschied etwas ganz Besonderes einfallen lassen.«

Der Glatzkopf stürmte davon.

»Warten Sie!«, hielt Bodenstein den jungen Mann mit den Dreadlocks zurück, als er seinem Chef folgen wollte.

»Keine Zeit, sorry!«, beschied der Computerspezialist ihn.

»Ich kenne jemanden, der Ihnen vielleicht helfen könnte«, sagte Bodenstein zu Pias Überraschung.

»Vielleicht eure Polizei-IT'ler? Vergessen Sie's. Das ist 'ne Nummer zu groß für die.«

»Sagt Ihnen der Name Lukas van den Berg etwas?« Bodenstein überhörte den Sarkasmus.

»Klar. Der Typ ist 'ne verfickte Legende! Haben Sie zufällig seine Handynummer?« Der Nerd feixte und war schon fast zur Tür hinaus, als Bodenstein kühl erwiderte: »Klar haben wir die. Er ist zufällig der Schwiegersohn meiner Kollegin.«

***

Schnell war klar, dass Dr. Harding recht behalten hatte. Vogt hatte einen Virus in das Computernetzwerk des Frankfurter Flughafens eingeschleust, der nach und nach auf alle Systeme übergriff und sich rasend schnell ausbreitete. Zuerst versagten die Sicherheitssysteme. Türen blockierten oder öffneten sich nicht mehr, Rolltreppen blieben stehen, Aufzüge steckten fest. In den An- und Abflughallen und an den Gates in beiden Terminals fielen die Anzeigetafeln aus, die Sprinkleranlagen gingen an. Die Gepäckförderanlage spielte verrückt. Notfallpläne traten in Kraft, der Tower wurde informiert.

Pia hatte Lukas erreicht, der glücklicherweise zu Hause war. Innerhalb von Minuten war organisiert worden, dass ein Hubschrauber ihn vom Dach des Bad Sodener Krankenhauses abholen und zum Flughafen bringen würde; jetzt saß er im Kontrollraum des Rechenzentrums und tat alles, um seinem Ruf als bester Hacker Deutschlands gerecht zu werden.

Das Interesse der Flughafen-Verantwortlichen am Schicksal von Kim und Fiona tendierte angesichts des herrschenden Chaos gegen null, und man war auch nicht gewillt, den Sicherheitsdienst in die Katakomben zu schicken, um dort nach Vogt zu suchen. Jeder Mann wurde gebraucht, um die Menschen aus den Terminals zu evakuieren und eine drohende Massenpanik abzuwenden.

Nicola Engel, Dr. Harding und Pia waren allein in dem Besprechungsraum zurückgeblieben. Bodenstein war im Kontrollraum des Rechenzentrums, der Einsatzleiter des MEK wartete irgendwo draußen mit seinen Jungs und den Beamten von der Hundestaffel auf den nächsten Einsatzbefehl.

»Ich habe den Grad seiner Besessenheit unterschätzt«, sagte Dr. Harding niedergeschlagen. Er stand vor einem Plan des Flughafens, die Stirn in Falten gelegt. »Und ich glaube mittlerweile, er hat dieses Chaos nicht nur ausgelöst, um sich aus dem Staub machen zu können.«

Pia hatte sich hingesetzt und die Füße auf den Tisch gelegt. Ihr Rücken schmerzte so sehr, dass sie nicht mehr stehen konnte.

»Welchen Grund könnte er sonst dafür gehabt haben?« Die Kriminaldirektorin, die unablässig hin und her tigerte, blieb stehen.

»Er will beenden, was er angefangen hat«, antwortete der Profiler, ohne den Blick von der Karte zu nehmen, auf der jedes Gebäude eingezeichnet war. »Und dazu braucht er Wasser.«

»Wasser?«

»Er muss seinem Plan folgen. Das ist ein innerer Zwang. Er muss die Sache beenden und dazu muss das Ritual befolgt werden.«

Das Klingeln von Pias Handy zerriss die Stille. Es war Jens Hasselbach, der zu keinem der Krisenstäbe gehörte.

»Ich sollte dich doch anrufen, wenn ich etwas höre oder sehe«, sagte er mit gesenkter Stimme. »Vogt ist vor drei Minuten durch eine Tür in den Rohrschachtkeller verschwunden.«

»Bist du dir ganz sicher, dass er es war?« Pia sprang wie elektrisiert von ihrem Stuhl auf.

»Klar! Ich kenne ihn doch!«

»Wo ist er jetzt?«

»Das kann ich dir nicht genau sagen.«

»Wir müssen hinter ihm her!« Pias Herz hämmerte. »Wo bist du jetzt?«

»Unten in der Technikzentrale. Hier ist die Hölle los! Alle Computersysteme fallen aus und die Sprinkleranlagen sind angegangen …«

»Wie kommen wir zu dir?«

»Ihr müsst durch Tor 3 und dann durch Tor 11a«, sagte Hasselbach. »So wie neulich, als ihr mit Reker gesprochen habt.«

»Alles klar. Bis gleich.« Pia beendete das Gespräch, dann erzählte sie Dr. Engel und dem Profiler, was sie erfahren hatte.

»Hab ich's mir doch gedacht, dass er noch hier ist.« Dr. Harding lächelte grimmig. »Er kann nicht weg, bevor er es nicht beendet hat. Und das ist unsere Chance!«

***

Flug LH 717 aus Tokio befand sich 50 Kilometer nordöstlich vom Taunus im Gedern Holding, einer Warteschleife, zu der sie die Flugsicherung angewiesen hatte. Eine Maschine nach der anderen wurde zu Ausweichflughäfen geschickt. Irgendetwas stimmte nicht in Frankfurt, aber es gab keine Informationen. Der First Officer hatte der Flugsicherung und der Lufthansa Operations mitgeteilt, dass sie nicht genug Treibstoff hatten, um nach Hahn, Düsseldorf oder Köln/Bonn zu gelangen. Endlich kam die Freigabe.

»Request further descent«, sagte Flugkapitän Bernd Metzner. »Seat belts on!«

»Wetter ist gut, wir erwarten die 07 rechts. Spritsituation: Wir sind am Minimum, haben aber mehrere Runways.«

»Checked«, antwortete der First Officer. Metzner schaltete die Landelichter ein. Der Autopilot steuerte den Jumbo zwischen Frankfurt und den Bergen des Taunus hindurch in Richtung Wiesbaden. Die Wolkenkratzer Frankfurts und der Flughafen lagen auf der linken Seite, der Vordertaunus rechts. Hinter Wiesbaden ging es mit einer Linkskurve nach Süden.

›So, dann nichts wie runter‹, dachte Flugkapitän Metzner.

»Lufthansa 717«, meldete sich die Flugsicherung. *»Turn left, heading 100, cleared ILS* 07 right and change Tower one-one-nine-point-nine!«*

Der First Officer las die Anweisung exakt so zurück.

Flugkapitän Metzner reduzierte die Geschwindigkeit.

»Flaps 10«, kommandierte er.

---

* ILS = Instrumentenlandesystem

»Flaps 10«, wiederholte der FO und setzte die Landeklappen auf 10.

Der Autopilot drehte auf den Endanflug ein. Noch ein paar Minuten, dann waren sie nach einem langen Flug zu Hause.

***

Sämtliche Bildschirme im Kontrollzentrum waren schwarz oder zeigten wirre Symbole an. Jeder Versuch, in die Steuerung des Computersystems zu gelangen, schlug fehl.

Bodenstein stand zwischen dem Chief Information Officer und dem glatzköpfigen Leiter des Rechenzentrums und kam sich vor wie ein Statist in einem Hollywood-Katastrophenfilm. Dem Glatzkopf rann der Schweiß in Strömen über das Gesicht, er telefonierte unablässig und sah aus, als wäre er kurz vor dem Herzinfarkt, während die Computerspezialisten und Lukas versuchten, den Server im abgesicherten Modus zu starten, um mithilfe des Root-Accounts in die Konfiguration zu gelangen. Ihre Hoffnung war es, so auf den Servern die Virussoftware zu erkennen, die dort nicht hingehörte.

»Wir lassen GammaRay über die Script-Dateien laufen«, schlug Lukas gerade vor. »Mit etwas Glück findet der das Delta und dann können wir das mit den Dateien auf dem Back-up vergleichen.«

»GammaRay ist sauschnell«, stimmte der Dreadlock-Typ zu. »Die schafft ein paar Millionen Codezeilen pro Minute. Aber bei unseren Riesendatenmengen kriegen wir maximal fünfzig Server am Tag hin! Das dauert ewig, bis das ganze System wieder läuft, selbst, wenn wir nur die wichtigsten Server raussuchen. Oder wir nehmen das Image der VM Systeme und spielen das auf neue isolierte Server ein.«

»Der Virus ist in den Main-Cluster eingespielt worden«, sagte ein anderer. »Dadurch ist die Disaster Recovery Site auch infiziert worden. Wir haben kein sauberes Back-up.«

»Haben wir doch!«, mischte sich ein anderer ein.

Während sie miteinander redeten, Erkenntnisse und Vorschläge austauschten, hämmerten sie auf ihre Tastaturen. Die Bildschirme waren nicht länger schwarz, sondern zeigten Codes, die in rasender Geschwindigkeit abliefen, was für Bodensteins Laienverstand noch viel bedrohlicher wirkte.

»Fuck, ich bin drin!«, stieß Lukas hervor. »Wir checken die Verzeichnisse manuell und löschen alles raus, was nicht da reingehört.«

Niemand widersprach ihm, denn offenbar hatte niemand einen besseren Vorschlag, nur der Glatzkopf zweifelte.

»Oh Gott, oh Gott, oh Gott«, murmelte er. »Ich hoffe, die wissen, was sie tun!«

***

Ich werfe einen Blick auf meine Uhr. Die da oben haben jetzt sicherlich etwas Besseres zu tun, als mich zu verfolgen. Harmageddon.bin wird sie in Atem halten. Bei der Vorstellung, wie sie verzweifelt versuchen, den Virus im System zu finden, muss ich schmunzeln. Allerdings vergeht mir das Lachen, als ich feststelle, dass ich den Weg, den ich geplant habe, nicht nehmen kann. Im Rohrschachtkeller gibt es tatsächlich noch zwei Türen, für die man altmodische Schlüssel braucht. Nicht, dass ich diese Schlüssel nicht hätte, aber sie liegen leider in meiner Notfalltasche, an die ich nicht mehr drangekommen bin, weil ich so überstürzt flüchten musste. So ein Mist! Der Umweg durch den Luftkanal kostet mich locker eine Viertelstunde! Ich überschlage, wann ungefähr der Strom ausfallen wird. Das wird sehr knapp für mich. Ohne Taschenlampe muss ich mich mühsam vorantasten, und ich darf nirgendwo eine falsche Abzweigung nehmen. Dieses Problem verärgert mich über alle Maßen. Ich beschleunige meine Schritte und hoffe, dass mir niemand entgegenkommt, denn ich habe keine Lust darauf, unnötig Energie und Zeit zu verschwenden. Den Zugang zum Luftkanal finde ich auf Anhieb. Jetzt sind es noch ungefähr anderthalb Kilometer, dann habe ich die Sicherheitstür in Höhe des alten Tors 33 erreicht. Von dort aus sind es dann nur noch ein paar Hundert Meter zum Tor 105 und zur Feuerwache 3. Ich muss mich beeilen, sonst sitze ich in der Falle.

***

Jens Hasselbach hatte nicht nur seine Mitarbeiter in der unterirdischen Technikzentrale zusammengetrommelt, sondern auch Kollegen aus den Bereichen Objekt- und Facility-Management und von der Feuerwehr. Jeder von ihnen kannte seinen Arbeitsbereich wie seine Westentasche. Die Sprinkler setzten nicht nur die Kellerfahrstraße, sondern auch die Technikzentrale langsam, aber sicher unter Wasser, bis es jemandem gelang, den Haupthahn im Pumpenwerk manuell zu schließen.

Sie hatten sich vor einem Lageplan des Flughafens versammelt, und Hasselbach erklärte, wo sie sich genau befanden.

»Wo kann er von hier aus hingelangen?«, fragte der Leiter des MEK.

»Leider überall hin«, entgegnete Hasselbach. »Die Tunnel unterhalb des Flughafens führen unter beiden Terminals, dem Vorfeld und den Rollbahnen entlang bis zur Cargo City Süd und weiter bis Tor 33 im Osten. Weil früher immer mal Unbefugte eingedrungen sind, sind alle paar Hundert Meter alarmüberwachte Türen eingebaut worden, die man nur mit einem bestimmten Code öffnen kann. Auch von außen kann man nicht mehr ins Tunnelsystem rein, es sei denn, man hat die dafür notwendige Sicherheitsfreigabe. Wenn eine von diesen Türen länger als drei Minuten geöffnet bleibt, wird sofort die Airport Security alarmiert.«

»Und was ist mit diesen Türen, wenn es einen Computerausfall gibt?«, wollte Dr. Harding wissen.

»Es gibt nie einen kompletten Computerausfall«, behauptete Hasselbach voller Überzeugung.

»Ich fürchte doch«, sagte Pia. »Joachim Vogt hat einen Virus ins System eingespeist, damit er ungehindert fliehen kann. Aber vorher will er noch die beiden Frauen umbringen, die er hier irgendwo gefangen hält. Wir müssen sie finden, bevor er ihnen etwas antun kann!«

Alle überlegten hin und her, an welchen Orten man zwei Menschen über einen längeren Zeitraum hinweg unentdeckt verstecken konnte.

»Er muss immer mal wieder zu ihnen gehen können, ohne dass es auffällt«, gab Bodenstein zu bedenken, der zu ihnen gestoßen war, weil er im Kontrollraum nichts ausrichten konnte. »Gibt es nicht irgendeinen Ort, den er erreichen kann, ohne durch die Kellerfahrstraße zu müssen?«

»Jede Menge«, erwiderte Hasselbach. »Aber er muss ja die Frauen auch irgendwie dahin transportiert haben …«

»Wo gibt es größere Mengen Wasser?«, fragte Dr. Nicola Engel.

»Wasser?« Hasselbach kratzte sich am Kopf.

»Ja, Wasser!«, wiederholte die Kriminaldirektorin ungeduldig.

»Ei, die Reescherückhaldebecke gibt's«, meldete sich ein Mann zu Wort, der bisher nichts gesagt hatte. »Uff dere anner Seit und unner dene Rollbahne.«

»Stimmt«, bestätigte Jens Hasselbach. »Es gibt mehrere Regenrückhaltebecken, um das Oberflächenwasser der Rollbahnen und vom Vorfeld aufzunehmen. Aber in die kommt man nicht rein.«

Auf einmal sprachen alle durcheinander.

»Einer nach dem anderen, bitte!« Dr. Harding hob die Arme und die Männer verstummten.

»Die Regenrückhaltebecken 30/31, in die der Betriebsbereich Cargo City Süd entwässert, liegen ganz in der Nähe vom ehemaligen Tor 30«, wusste einer der Männer. »Früher konnte man ja unterirdisch um das ganze Gelände rumfahren, bevor überall die Türen zwischen den Sektoren eingebaut worden sind. Soweit ich weiß, gibt's die Zufahrt zu dem Stollen noch. Halt mit 'nem Gittertor und 'ner Menge Unkraut davor.«

»Wo ist das?«, wollte Bodenstein wissen.

»Hier!« Einer der Feuerwehrleute zeigte zielsicher auf einen Punkt auf dem Lageplan, der sich genau auf der anderen Seite des riesigen Geländes befand. »Die Zufahrt liegt bei Tor 105 a, neben dem Parkplatz von Feuerwache 3.«

»Wie muss man sich dieses Regenrückhaltebecken vorstellen?« Pia war wie elektrisiert.

»Der Zugang ist bei der Trafostation ASW, kurz vor der Lufthansa Technik Werft. Man geht 'ne Treppe runter und dann einen unterirdischen Gang entlang. Da gibt's einen Technikraum mit allen möglichen Steuerungsgeräten. Einen Schutzraum mit …«

»Ein Schutzraum?«, fragte Bodenstein nach.

»Ja. Mit einer feuerfesten Tür. Für den unwahrscheinlichen Fall, dass das Becken mal überläuft. Der Raum hat einen Entwässerungsschacht, der direkt zwischen den beiden Start- und Landebahnen rauskommt.«

»Ich versuche, den zuständigen Ingenieur vom Facility-Management zu erreichen«, sagte Hasselbach. »Das könnte eine Möglichkeit sein.«

Er griff nach einem der Funkgeräte, die im Regal neben dem Lageplan lagen. In diesem Moment erlosch das Licht.

***

Fiona zählte bis sechzig. Für jede Minute kratzte sie mit dem Metallgehäuse der Überwachungskamera, das sie mithilfe einer vollen Wasserflasche von der Wand geschlagen hatte, einen Strich an die Betonwand. Jetzt konnte das Schwein sie nicht mehr beobachten! Sie lief im Kreis, machte Sit-ups, Liegestützen und Dehnübungen, um ihre Muskulatur geschmeidig zu halten. Wenn der Scheißkerl kam, um sie zu töten, dann sollte er sich wundern! Sie war bereit, um ihr Leben und das ihrer Mutter zu kämpfen. Ihr Blick fiel auf die Wand hinter ihr. Dann vernahm sie ein stetiges Rauschen. Aus dem Schacht an der Decke lief Wasser! Nein, es lief nicht, es strömte! Fiona sprang auf, legte ihre Hände an die Wand und schnupperte. Das war wirklich Wasser! Klares, wunderbares Wasser! Sie leckte die Wand ab. Nie zuvor in ihrem Leben hatte simples Wasser so köstlich geschmeckt!

»Kim!«, rief sie aufgeregt. »Kim, wach auf!«

Aber ihre Mutter machte keine Anstalten aufzuwachen. Ihr Atem klang rau und ihre Brust hob sich in unregelmäßigen Abständen.

Fiona nahm eine der leeren Wasserflaschen, hielt sie in das herabströmende Wasser. Sie spülte die Flasche aus, dann ließ sie sie volllaufen und kniete sich neben Kim. Vorsichtig, damit ihr nichts in Nase oder Mund geriet, goss sie ihr den Inhalt über das Gesicht. Und endlich, endlich regte sie sich! Sie bewegte die ausgetrockneten Lippen, ihre Lider flatterten, aber sie erwachte nicht aus dem komatösen Zustand, in dem sie sich schon viel zu lange befand.

»Mama, Mama!«, schluchzte Fiona und umarmte sie. Ihr Körper glühte im Fieber. »Wach auf, bitte, bitte, mach die Augen auf! Wir müssen durchhalten, hörst du? Irgendwann wird er hier auftauchen und dann …«

Plötzlich ging das Licht aus. Fiona saß wie erstarrt in der völligen Dunkelheit und wagte nicht, sich zu rühren. Das Rauschen des Wassers und die rasselnden Atemzüge ihrer Mutter waren die einzigen Geräusche. Und auf einmal kam Fiona ein Gedanke, der so grauenhaft war, dass sie ihn nicht zu Ende denken wollte. Woher kam auf einmal das Wasser? Es floss schon über den Boden. Was, wenn dieses Schwein gar nicht vorhatte, sie aus diesem Verlies zu befreien? Vielleicht wollte er sie hier drin ertrinken lassen!

»Nein!«, schrie Fiona, bis ihre Stimmbänder schmerzten. »Nein! Wir sterben nicht! Das kannst du vergessen, du Scheißkerl!«

***

Lufthansa Flug LH 717 befand sich im Landeanflug.

»Frankfurt Tower, guten Abend«, sagte der First Officer. »Lufthansa 717, ILS 07 right.«

»LH 717, wir haben hier …«, ertönte die Stimme des Fluglotsen aus dem Kontrollturm, dann brach die Verbindung zum Tower ab.

»Frankfurt Tower, Lufthansa 717«, wiederholte der FO. »Könnt ihr uns hören?«

Keine Antwort. Der Jumbo begann, auf dem Gleitpfad in Richtung Landebahn zu sinken.

»Robsa 4000 feet, altitude checked!«, sagte der First Officer.

Noch zwei Minuten bis zur Landung.

»Go around altitude 5000 feet set, gear down«, sagte Flugkapitän Metzner.

»Gear down«, wiederholte der First Officer.

Die Maschine ruckelte ein bisschen, als das Fahrwerk ausfuhr.

Aus dem Nichts leuchteten plötzlich rote Master Warning Lights auf, laute Warntöne schrillten durch das Cockpit, gleichzeitig fielen alle drei Autopiloten aus.

»I have control« Flugkapitän Metzner packte den Steuerknüppel fester. »Was ist denn jetzt los? Die Autopiloten sind ausgefallen!«

»Und das ILS-Signal ist weg!«, bemerkte der First Officer.

»*One thousand*«, meldete die Stimme des Radiohöhenmessers.

»Da unten ist's ganz dunkel«, stellte der Senior First Officer fest. »Ich sehe die Landebahnen nicht! Sieht aus wie ein Stromausfall!«

»Gibt's doch gar nicht. Das muss gleich wiederkommen.« Flugkapitän Metzner blieb ruhig. Er hatte schon kritischere Situationen erlebt.

»Hallo, Tower?«, funkte der FO erneut. »Tower Frankfurt von der Lufthansa 717!«

Keine Antwort. Frankfurt Tower blieb stumm.

»Was machen wir?«, fragte der Senior First Officer. »Go around?«

»Dazu reicht unser Sprit nicht mehr.« Metzner schüttelte den Kopf. »Wir müssen runter. Was sagen die anderen? Können wir jemanden erreichen?«

»Ich versuch's mal.« Der Senior First Officer funkte die Flugsicherung in Langen an, und sie erfuhren, dass irgendetwas in Frankfurt nicht stimmte, aber was genau, wusste man dort auch nicht. Als der Lotse die Anweisung gab, abzudrehen und nach Düsseldorf weiterzufliegen, lehnte Metzner ab.

»Wir kommen mit unserem Sprit nicht mehr bis Düsseldorf.«

»*Five hundred*«, meldete der Radiohöhenmesser.

Der Flugkapitän und der First Officer wechselten einen raschen Blick.

»Wir haben keine Alternative«, sagte Metzner. »Wir müssen runter. Und zwar jetzt.«

***

Ausgerüstet mit Stirnlampen liefen Pia, Nicola Engel und Bodenstein hinter Jens Hasselbach die begehbaren Luftkanäle des Rohrschachtkellers entlang. Die Zeit war zu knapp, um das MEK von der anderen Seite aus in das Tunnelsystem klettern zu lassen, um Vogt den Weg abzuschneiden, deshalb blieb ihnen nur die

Hoffnung, dass die Computerspezialisten die Sicherheitssysteme wieder in Gang setzten, bevor er durch die Tür nach draußen spazieren und verschwinden konnte. Die Luft war stickig, denn die Klimaanlagen waren ebenso ausgefallen wie die Beleuchtung. Pia verbot sich jeden Gedanken daran, was passierte, wenn Vogt tatsächlich die Ventilsteuerung des Regenrückhaltebeckens manipuliert hatte. Weiter, immer weiter, auch wenn ihr Rücken wehtat und ihre verletzte Hand pochte. Sie mussten den Mann kriegen, koste es, was es wolle!

***

»*Harmageddon.bin* hat er das Ding genannt!«, schnaubte Lukas van den Berg im Kontrollraum des Rechenzentrums. »Bisschen großkotzig, was?«

Er hämmerte auf die Tastatur ein, den Blick auf den Bildschirm geheftet. Allmählich begriff er, was Vogt getan hatte. Harmageddon.bin legte zwar alle Systeme lahm, aber er würde sie nicht zerstören.

»Er hat einen Scheduler eingebaut!«, verkündete Lukas. »Ich vermute, dass das System rebooten wird, wenn alles runtergefahren ist.«

»Und wann wird das sein?«, wollte der Glatzkopf, der ihm über die Schulter sah, wissen. »Da draußen herrscht das pure Chaos!«

»Keine Ahnung«, brummte Lukas, ohne aufzublicken. »Ich lerne das Kerlchen ja gerade erst kennen. Wenn Sie jetzt mal die Klappe halten, finde ich vielleicht eine Möglichkeit, es zu stoppen.«

***

Das Funkgerät von Jens Hasselbach knarzte. Der Ingenieur des Facility-Managements, der die Regenrückhaltebecken im Südwesten des Flughafens überprüfen sollte, meldete sich. Er war nur schlecht zu verstehen.

»… keine Chance, da reinzukommen … Tür ist zu … Das Steuerungspanel ist tot … kein Strom!«

Die Crux der Digitalisierung. Früher hatte es für Türen Schlüssel gegeben, heute wurde alles elektronisch gesteuert.

»So ein Scheiß!«, fluchte Jens Hasselbach.

Sie erreichten eine Kreuzung, an der sich die Rohrschächte gabelten.

»Wo entlang?« Der Mann, der ganz vorne lief, blieb stehen.

»Links!«, rief ein anderer. »Rechts geht's zur Cargo City Nord.«

Pia rann der Schweiß in die Augen. Ihr Rücken fühlte sich an, als würde er gleich durchbrechen. Außerdem hatte sie Seitenstechen. Keuchend presste sie eine Hand in die Seite und schnappte nach Luft. Jetzt rächte sich, dass sie seit Monaten keinen Sport mehr gemacht hatte! Jede Faser ihres Körpers protestierte gegen diese Anstrengung, aber sie konnte nicht einfach aufgeben, obwohl sie sich am liebsten auf den Boden gelegt und verzweifelt geweint hätte.

»Weiter!«, befahl Nicola Engel, und sie setzten sich wieder in Bewegung.

Die Feuerwehr von Wache 3 war aufs Flughafengelände ausgerückt, es war niemand in der Nähe des stillgelegten Stollens, der Vogt entgegenlaufen und ihm den Weg versperren konnte.

Pia zwang sich weiter. Joachim Vogt durfte ihnen nicht entkommen! Sie war es seinen Opfern schuldig, sie war es Kim schuldig und Fiona. Fiona! Pia wollte ihre Nichte so gerne kennenlernen! Erinnerungen an einen anderen dunklen Gang flackerten in ihr auf. Erinnerungen an einen anderen Psychopathen, der Christophs Enkeltochter Lilly entführt hatte und mit ihr in die nachtschwarze Nidda gesprungen war. Dieses Schwein hatte sich damals seiner Verhaftung entzogen, indem er durch den Fluss geschwommen war, und sie hatte hilflos dabei zusehen müssen. Diesmal würde sie alles tun, um so etwas zu verhindern! Die Angst, die alles in ihrem Innern absorbiert hatte, verwandelte sich in Wut. In eine kalte, glasklare Wut, die Schmerzen und Erschöpfung verdrängte.

»Da vorne ist er!«, rief der Mann, der voranging, aufgeregt.

Im Licht der Maglite leuchteten im dunklen Tunnel die Reflektoren einer gelben Warnweste. Pia drängte sich an den Männern vorbei, bevor sie jemand daran hindern konnte. Im Laufen öffnete sie ihr Schulterholster und zog die SigSauer heraus.

»Joachim Vogt!«, schrie sie. »Bleiben Sie stehen! Sie haben keine Chance mehr!«

***

In den sechzehn Jahren, die Gereon Richter als Fluglotse am Frankfurter Flughafen arbeitete, hatte er eine Situation wie diese noch nie erlebt. Innerhalb von wenigen Minuten waren nicht nur alle Computersysteme ausgefallen, sondern gleichzeitig auch der Strom. Die Start- und Landebahnbefeuerung erlosch, sämtliche Lichter gingen aus. Auch die Vorfeldkontrolle war lahmgelegt. Es herrschte eine beängstigende Stille. In der hereinbrechenden Dunkelheit waren nur die Lichter der Flugzeuge zu sehen, die über die Taxiways zu den Gates oder zu den Startbahnen rollten.

»Wir schwenken! Beeilt euch!«, befahl der Supervisor, nachdem er die Flugsicherung in Langen per Handy darüber informiert hatte, dass alle ankommenden Flugzeuge an andere Flughäfen umgeleitet werden mussten. Gereon Richter und seine Kollegen packten in dem Dämmerlicht, das durch die großen Scheiben fiel, ihre Sachen zusammen. Ein einziges Mal, vor mittlerweile drei Jahren, hatten sie in einem Testlauf den Ernstfall geprobt und waren an einem Abend zwischen 22 und 23 Uhr von dem neuen Tower am Terminal 1 in den alten Kontrollturm im Süden des Flughafens umgezogen, der als »Hot Standby« für Krisensituationen von der DFS betrieben wurde. Einmal pro Woche wurden alle Rechner hochgefahren, um die Systeme zu kontrollieren.

»Fragt sich, ob wir da drüben mehr Strom haben als hier«, sagte einer von Richters Kollegen. »Ich sehe keine Lichter.«

»Was ist überhaupt passiert?«, erkundigte sich ein anderer.

»Egal jetzt, beeilt euch, Jungs!«, trieb der Supervisor sie an. »Wir müssen so schnell wie möglich wieder betriebsbereit sein.«

Gereon Richter warf noch einen letzten Blick über die Schulter. Ihm wurde heiß vor Schreck.

»Scheiße!«, rief er. »Wieso kommt da noch einer rein?«

Seine Kollegen blieben stehen, einer griff zum Fernglas.

»Das ist die LH 717 aus Tokio«, stellte er fest. »Eine 747-8!«

»Der kann doch hier nicht runter! Er hat kein ILS und keine Befeuerung!«

»Oh mein Gott!«, rief der Lotse, der durchs Fernglas schaute. »Auf der rechten Landebahn laufen Leute herum!«

»Verdammt!« Der Supervisor riss die Signalpistole aus seinem Schreibtisch und stürmte zur Tür, die hinaus ins Freie führte.

* * *

Bevor sie ihn erreicht hatten, war Joachim Vogt eine Steigleiter hochgeklettert und hatte den Gullydeckel aufgestemmt.

»Was ist da oben?«, wollte Pia wissen.

»Direkt über uns sind die Landebahnen!«, rief Jens Hasselbach.

Ohne an die Verletzung an ihrer linken Hand zu denken, griff Pia nach einer Sprosse. Ein glühender Schmerz durchzuckte ihren Arm, sie stieß einen Schrei aus, ließ los und prallte gegen einen der MEK-Beamten, der so auf die Verfolgung der Zielperson fokussiert war, dass er nicht daran dachte, sie aufzufangen. Sie stürzte zu Boden und prallte mit dem Kopf hart gegen die Betonwand. Etwas zerbrach mit einem splitternden Geräusch. Ihr wurde für einen Moment schwarz vor Augen, keuchend lag sie da. Etwas Warmes rann ihr über das Gesicht. Jemand versuchte, ihr die Waffe aus der Hand zu nehmen.

»Jetzt lassen Sie schon los!«, hörte sie Nicola Engels Stimme. Sie öffnete erst die Hand, dann die Augen. Über sich erblickte sie ein kreisrundes Stück Nachthimmel, dann wurde sie von grellem Licht geblendet.

»Er darf uns nicht entkommen«, murmelte Pia benommen und kniff wieder die Augen zu.

»Das wird er nicht«, erwiderte die Kriminaldirektorin. »Aber jetzt sollten Sie mal den Männern den Vortritt lassen. Sie bluten ziemlich stark und sind voller Splitter.«

Pia wollte den Kopf heben, wurde aber zurückgedrückt.

»Herrgott, Sie sture Person!«, schimpfte ihre Chefin. »Lassen Sie mich wenigstens die Splitter wegmachen.«

Pias Herz schlug heftig. Die Engel drückte ihr ein Stück Stoff in die Hand.

»Jetzt draufpressen!«, befahl sie. Dann half sie Pia beim Aufstehen. Ihre Knie waren weich. Ihr ganzer Körper schmerzte. Sie musste sich kurz gegen die Wand lehnen.

Plötzlich flackerten die Leuchtstoffröhren und sprangen an. Der Strom war wieder da! Was hatte das zu bedeuten? Funktionierten auch die Computersysteme wieder?

»Kim!«, stieß Pia hervor. »Wir müssen sie finden!«

Nicola Engel setzte ihre Stirnlampe ab. Pia sah, dass ihre Chefin nur noch ein weißes T-Shirt trug, das voller Blut war.

»Sie sind ja verletzt!«, stammelte sie erschrocken.

»Bin ich nicht.« Die Kriminaldirektorin schüttelte den Kopf. »Sie haben ein Loch im Kopf und bluten wie ein Ferkel. Schaffen Sie es, die Leiter hochzuklettern?«

»Klar.« Pia sammelte ihre Kräfte, aber dennoch gelang es ihr nur mit Nicola Engels Hilfe, Sprosse um Sprosse die Steigleiter zu erklimmen. Ihre Chefin rief irgendetwas, aber in Pias Kopf herrschte ein ohrenbetäubender Lärm. Sie musste sich schlimmer verletzt haben, als sie angenommen hatte. Sie streckte den Kopf aus dem Schacht. Nur noch eine Sprosse, dann hatte sie es geschafft. Der Lärm wurde lauter. Mit letzter Kraft wuchtete sie sich aus dem Loch und blieb nach Luft ringend auf dem Bauch liegen, die Wange auf dem rauen Beton.

›Steh auf!‹, befahl sie sich selbst, aber ihre Muskeln gehorchten nicht mehr. Überall um sie herum waren Lichter. Sie schmeckte Blut. Öffnete die Augen und erstarrte vor Schreck. Ein gewaltiges Flugzeug raste direkt auf sie zu.

***

Sechzig Meter Höhe, 300 Stundenkilometer schnell und keine Landefreigabe! Flugkapitän Metzner merkte, wie ihm der Schweiß ausbrach. Spätestens jetzt hätte er durchstarten müssen. Er wandte den Blick nach links zum Tower. Der Schreck fuhr ihm in alle Glieder, als er das rote Lichtsignal aufblitzen sah.

»Durchstarten!«, schrie der First Officer.

»Zu spät!«, erwiderte Flugkapitän Metzner. »Gott steh uns bei!«

Der Höhenmesser zeigte 50 Fuß, als sie die Landebahnschwelle überflogen.

Die monotone Computerstimme sagte: *»Fourty – thirty – twenty – ten …«*

Noch hundert Meter bis zum Touchdown.

Plötzlich flammte die Landebahnbefeuerung auf. Und da sah Flugkapitän Metzner den Grund, weshalb ihn der Tower mit dem Lichtsignal vom Landen abhalten wollte: Am 1000-Fuß-Punkt liefen direkt neben der Landebahn Leute herum! Mehrere Löschzüge der Flughafenfeuerwehr näherten sich in hoher Geschwindigkeit über einen Taxiway auf elf Uhr.

»Scheiße!«, schrie der First Officer in diesem Moment. »Da liegt was!«

***

Der Jumbo raste direkt auf sie zu. Die vier Triebwerke heulten ohrenbetäubend laut. Der grelle Scheinwerfer am Bug der gewaltigen Maschine blendete sie, und Pia rollte sich vor Schreck zusammen und presste die Hände auf die Ohren. In der nächsten Sekunde war das Flugzeug direkt über ihr und setzte nur ein paar Meter weiter auf. Erst jetzt realisierte sie, dass sie sich direkt auf der Landebahn befand. Nicola Engel streckte den Kopf aus dem Gully.

»Ist alles okay?«, erkundigte sie sich.

Pia nickte benommen und richtete sich auf. Dabei war nichts okay! Sie wäre fast unter die Räder eines landenden Flugzeugs geraten! Ihr Kopf schmerzte zum Zerspringen, Blut lief ihr übers Gesicht, und sie konnte ihre linke Hand kaum noch bewegen.

»Kommen Sie! Wir müssen von der Landebahn runter!« Ihre Chefin ergriff ihren rechten Arm und zog sie vom Boden hoch. Ein paar Löschzüge der Feuerwehr näherten sich. Die Suchscheinwerfer tauchten die ganze Umgebung in taghelles Licht, dann bogen sie ab und fuhren von ihnen weg in nördliche Richtung.

Pia stolperte hinter Nicola Engel her, die ihr rechtes Handgelenk umklammert hielt. Sie hatte völlig die Orientierung verloren. Vor ihnen lagen riesige Gebäude und Hallen. Wo war Bodenstein? Wohin waren Hasselbach und seine Leute und die MEK-Beamten gelaufen? Hatten sie Vogt erwischt?

»Wir laufen in die falsche Richtung!«, rief Pia atemlos.

Die Kriminaldirektorin ließ sie los und sie blieben stehen.

»Das da vor uns dürfte die Cargo City Süd sein«, sagte sie.

»Und wenn ich das vorhin auf dem Lageplan richtig gesehen habe, dann müsste hier irgendwo der Zugang zum Regenrückhaltebecken sein.«

Natürlich! Das Regenrückhaltebecken! Vor lauter Aufregung hatte Pia Kim und Fiona für einen Moment vergessen! Sie fand ihr Handy in der Gesäßtasche ihrer Jeans, zog es heraus, rief die Anrufliste auf und tippte auf Bodensteins Nummer. Er meldete sich nur Sekunden später.

»Wir haben ihn aus den Augen verloren!«, sagte er. »Wo bist du?«

»Irgendwo neben der Landebahn.« Pia drehte sich um ihre eigene Achse. »Die Engel meint, hier wäre irgendwo der Zugang zum Regenrückhaltebecken.«

»Alles klar. Bleibt, wo ihr seid«, antwortete Bodenstein. »Wir kommen zu euch. Die Feuerwehr und die Airport Security sind hier. Die Computersysteme funktionieren wieder.«

Aus der Dunkelheit tauchte eine Gestalt auf, die zielstrebig auf die Gebäude der Cargo City Süd zulief. Ihr Herz setzte für ein paar Schläge aus. Sie drückte Bodenstein weg. Das war Joachim Vogt! Er hatte die gelbe Weste ausgezogen, wahrscheinlich um sich im Dunkeln unauffälliger bewegen zu können.

»*Die Engel*, so, so.« Die Kriminaldirektorin fixierte sie. »Maximal respektlos, in meiner Gegenwart so von mir …«

»Da drüben läuft Vogt!«, fiel Pia ihr ins Wort und wies auf den Mann, der nun den Lichtschein erreicht hatte. Er bewegte sich zügig, aber er rannte nicht.

»Wo ist Bodenstein?«, wollte Nicola Engel wissen.

»Zu weit weg. Kommen Sie! Wir müssen verhindern, dass er die Gebäude erreicht!« Pia rannte los und zog im Laufen ihre Weste aus. Vogt musste sich verletzt haben, denn er humpelte. Das war ihre Chance! Sie hörte die Schritte ihrer Chefin direkt hinter sich. Vogt blickte sich immer wieder nach Verfolgern um, aber er sah nicht in ihre Richtung. Etwa dreißig Meter betonierte Fläche trennten sie noch von dem Mann, der als Einziger wusste, wo Kim und Fiona waren!

»Bleiben Sie stehen und gehen Sie mir aus dem Weg!«, zischte die Kriminaldirektorin. Pia gehorchte und sah die Waffe in den

Händen ihrer Chefin. Sie selbst konnte mit ihrer verletzten Hand keinen gezielten Schuss abgeben.

»Joachim Vogt!«, schrie Nicola Engel, die SigSauer im Anschlag. »Bleiben Sie stehen!«

Der Mann wandte den Kopf in ihre Richtung, statt sofort davonzulaufen – ein Fehler!

»Stehen bleiben!«, wiederholte die Kriminaldirektorin und gab einen Warnschuss ab. Vogt rannte los. Nicola Engel zielte und drückte ab. Vogt schrie auf. Er hüpfte noch ein paar Meter auf dem linken Bein weiter, dann taumelte er, sackte in die Knie und blieb reglos liegen.

»Sie haben ihn erschossen!«, schrie Pia ihre Chefin an.

»Habe ich nicht«, erwiderte Nicola Engel kalt und drückte Pia die Dienstwaffe in die Hand. »Ich habe ihn genau dort getroffen, wo ich ihn treffen wollte – in der rechten Wade.«

Sie überquerten die Straße. Vogt lag zusammengekrümmt auf dem Beton, mit den Händen umklammerte er seinen rechten Unterschenkel.

»Sie haben auf mich geschossen!«, schluchzte er. »Mein Bein! Ich *blute*! Ich bin verletzt!«

»Wir hätten nicht schießen müssen, wenn Sie stehen geblieben wären.« Pia steckte ihre Waffe weg und nestelte ein Paar Kabelbinder von ihrem Gürtel. »Ich nehme Sie fest wegen Mordes an Eva Tamara Scholle, Nina Mastalerz und mindestens acht anderen Frauen. Sie haben das Recht zu schweigen. Sie haben ein Recht auf anwaltlichen Beistand. Alles, was Sie sagen, kann gegen Sie verwendet werden.«

»Wir haben ihn«, hörte sie Nicola Engel hinter sich sagen. »Beeilt euch! Er braucht einen Krankenwagen.«

Vogt hatte aufgehört zu jammern. Pia beugte sich über den Verletzten, zerrte dessen Arme auf seinen Rücken und fesselte seine Handgelenke. Dann richtete sie sich auf und blickte auf den Mann hinab, der mindestens zehn Menschen mitleidslos gefoltert und getötet, sich an der Todesangst seiner Opfer ergötzt und unvorstellbares Leid über viele Menschen gebracht hatte.

»Wo sind Katharina Freitag und Fiona Fischer?«, fragte sie.

Vogt hob den Kopf und sah sie an. Ein Lächeln flog über sein

Gesicht, ein freundliches, beinahe besorgtes Lächeln. Das Lächeln, mit dem er sich das Vertrauen seiner Opfer erschlichen hatte.

»Sie sind ja auch verletzt.« Seine Stimme klang mitfühlend. »Sie bluten am Kopf! Daran bin ich schuld. Das tut mir leid.«

»Sparen Sie sich Ihren Psychopathen-Charme«, antwortete Pia kühl. »Wo sind die beiden Frauen?«

»Das würden Sie gerne wissen, hm?« Sein Lächeln bekam etwas Grausames. Er bleckte die Zähne wie ein Raubtier und lachte höhnisch. »Ich verrate es Ihnen aber nicht! Da, wo sie sind, findet sie niemand, bis sie verhungert und vertrocknet sind, diese dreckigen Schlampen!«

Seine Metamorphose war erschreckend. Pia empfand ein grenzenloses Verlangen, dieses Monster in Menschengestalt zu verletzen.

»Dass Sie einen Hass auf Kata Freitag haben, kann ich nachvollziehen. Aber was hat Fiona Fischer damit zu tun? Wieso wollen Sie Ihre eigene Tochter umbringen?«, sagte sie, und Vogts Lächeln erlosch schlagartig.

»Meine Tochter?«, flüsterte er ungläubig.

»Gezeugt in der Nacht von Fridtjofs Verlobungsparty. Fridtjof hat uns erzählt, wie sehr Sie Kata verehrt haben und wie wenig sie sich aus Ihnen gemacht hat. Nur ein einziges Mal konnten Sie bei ihr landen, nämlich als sie sturzbetrunken war. In dem Zustand hätte sie sich wahrscheinlich von jedem Penner bumsen lassen.«

»Seien Sie ruhig!«, zischte Vogt wütend.

»Sie haben Kata geschwängert«, fuhr Pia fort, obwohl es ihr schwerfiel, so ungerührt von ihrer Schwester zu sprechen. »Volltreffer, würde ich sagen, bei einem einzigen jämmerlichen Versuch!«

»Halt dein Maul, du Schlampe! Wie kannst du es wagen, das in den Schmutz zu ziehen?«

»Sie hat sich vor Ihnen geekelt. Als sie gemerkt hat, dass sie schwanger war, wollte sie das Kind – Ihr Kind – loswerden, weil sie es nicht ertragen konnte, an diesen peinlichen Fehltritt erinnert zu werden.«

»Halt sofort dein dreckiges Maul!«, knirschte Vogt in ohnmächtigem Zorn und zerrte an seinen Fesseln. »Sonst ...«

»Sonst was?«, fragte Pia. »Wickeln Sie mich in Folie ein und ertränken mich, wie Sie das so gerne mit Frauen tun, Sie Schwächling? Sie armes, krankes Würstchen!«

Vogt zuckte zusammen, als ob sie ihn geohrfeigt hätte.

»Machen Sie schnell«, raunte ihr die Kriminaldirektorin zu. »Die Feuerwehr ist gleich hier.«

Pia ging in die Hocke, packte seinen Haarschopf und riss seinen Kopf grob nach hinten. Vogt starrte sie an. In seinen Augen loderte ein unbändiger Hass.

»Der Mann Ihrer Mutter hat uns gesagt, er hätte Sie adoptiert, wenn er von Ihnen gewusst hätte«, flüsterte sie. »Stellen Sie sich nur mal vor: Sie wären als Joachim von Donnersberg in einer Hamburger Villa aufgewachsen statt bei Reifenraths in Mammolshain! Aber Ihre Mutter war zu feige, deshalb hat sie ihrem Mann verschwiegen, dass sie schon ein Kind hatte!«

Das war ein Wirkungstreffer. Sie sah, wie Vogt die Tränen kamen.

»Das ist nicht wahr!«, krächzte er.

»Oh doch.« Pia ließ ihn los. »Wissen Sie eigentlich, warum Ihre Mutter Sie nicht mehr besucht hat? Nein? Ihre eigene Mutter ist 1980 gestorben, und danach hatte sie keine Lust mehr, jedes Jahr am Muttertag nach Hessen zu fahren. Dann hätte sie ihrem Mann ja erklären müssen, warum, und das war ihr die ganze Sache dann offenbar nicht wert.«

Joachim Vogt sagte nichts mehr. Er wandte den Blick ab.

»Sie sind in einem Raum unter Terminal 1«, sagte er mit tonloser Stimme. »Hinter den Müllcontainern in der Kellerfahrstraße gibt es einen Gully. Durch den gelangt man dorthin.«

»Vielen Dank!« Pia erhob sich, unendlich erleichtert. Kim und Fiona waren nicht im Regenrückhaltebecken! Sie waren in Sicherheit!

Zwei Löschzüge bremsten links und rechts von ihnen. Mehrere Autos der Airport Security und ein Krankenwagen stoppten daneben. Plötzlich war alles voller Menschen. Der Einsatzleiter des MEK und seine Truppe umringten sie. Bodenstein sprach mit Nicola Engel. Pia wandte sich noch einmal um.

»Ach, übrigens, Herr Vogt«, sagte sie. »Wussten Sie eigentlich, dass Kata auf der besagten Party früher am Abend in der Garage Sex mit Fridtjof hatte? Es ist also durchaus möglich, dass er der biologische Vater von Fiona Fischer ist, nicht Sie.«

Sie wartete seine Reaktion nicht ab, sondern ging zu Bodenstein und ihrer Chefin hinüber, ohne sich noch einmal zu ihm umzublicken.

***

Joachim Vogt hatte die Wahrheit gesagt. Eine halbe Stunde später standen Pia und Bodenstein mit Nicola Engel und Dr. Harding in der Kellerfahrstraße und sahen zu, wie die Männer der Flughafenfeuerwehr mit Unterstützung des Notarztes Kim und Fiona aus ihrem Gefängnis befreiten. Weil die Bergung durch den Rohrschachtkeller zu umständlich gewesen wäre, zogen sie die beiden Frauen mithilfe von Tragegurten nach oben.

»Dort hätten wir sie wahrscheinlich nie gefunden«, meinte Jens Hasselbach. »In den Raum gucken wir höchstens einmal im Jahr rein, denn da ist nichts drin außer einer Holzleiter und einem alten Besen aus der Zeit, als Terminal 1 gebaut worden ist.«

Zwei Krankenwagen bogen in die Sackgasse ein und hielten an. Die Türen wurden geöffnet, die Sanitäter luden die fahrbaren Tragen aus.

»Ich habe mich geirrt.« Dr. Harding schüttelte den Kopf. »Ich hätte gewettet, dass er sie irgendwo versteckt hat, wo Wasser in der Nähe ist. Aber ich habe mich noch nie so sehr darüber gefreut, im Unrecht zu sein, wie diesmal.«

»Es war doch Wasser in der Nähe«, entgegnete Bodenstein. »Wäre die Sprinkleranlage weiter gelaufen, hätte sie den Raum überflutet.«

Es war Kim, die zuerst nach oben gezogen und auf eine Trage gelegt wurde.

»Wollen Sie …?«, wandte Pia sich an ihre Chefin.

»Nein, nein. Gehen Sie erst mal«, erwiderte Nicola Engel.

»Danke!« Pia lief mit wackligen Knien los. Bei Kims Anblick durchfuhr sie ein Schreck. Ihre blonden Haare waren verfilzt, das bleiche Gesicht eingefallen und schmutzig. Ihre Kleidung war völlig durchnässt. Sie hatte die Augen geschlossen und sah aus, als wäre sie tot! Aber in ihrer Armbeuge steckte eine Kanüle. Ein Schlauch führte zu einem Infusionsbeutel.

»Kim!«, flüsterte Pia und ergriff die Hand ihrer kleinen Schwester. Sie war glühend heiß. »Kimmi, ich bin's, Pia!«

Kim schlug die Augen auf. Ihr Blick war verschwommen, und es dauerte einen Moment, bis ein Ausdruck des Erkennens in ihre Augen trat. Ihre Finger schlossen sich kurz um Pias Handgelenk.

»Es tut mir so leid«, flüsterte sie mit ausgetrockneten Lippen. »Ich ... ich habe ... ich hätte dir ... alles erzählen sollen.«

»Ich bin so froh, dass du lebst, Kimmi!« Pia konnte die Tränen nicht länger zurückhalten. »Erhol dich jetzt erst mal, und dann haben wir Zeit, um zu reden.«

»Okay.« Ein winziges Lächeln zuckte um Kims Mundwinkel, dann glitt ihr Blick zur Seite und sie schloss die Augen. Pia trat von der Trage zurück und überließ ihre Schwester den Sanitätern.

Die Feuerwehrleute hatten unterdessen auch Fiona aus dem Schacht geholt. Die junge Frau, die Kim tatsächlich unglaublich ähnelte, war in etwas besserer körperlicher Verfassung, aber auch sie war zu schwach, um stehen zu können.

»Hallo, Fiona.« Pia lächelte die junge Frau an. »Du glaubst nicht, wie sehr ich mich freue, dich kennenzulernen.«

»Ich freue mich auch.« Fiona erwiderte ihr Lächeln matt. »Kim hat mir von dir erzählt.« Ein Schatten flog über ihr Gesicht. »Was ist mit diesem Mann passiert?«

»Den haben wir erwischt«, beruhigte Pia ihre Nichte. »Du brauchst keine Angst mehr vor ihm zu haben.«

»Das ist gut.« Fiona stieß einen erleichterten Seufzer aus.

»Gibt es jemanden, den ich benachrichtigen soll, dass es dir gut geht?«, erkundigte Pia sich. Ihre Nichte zögerte kurz, dann nickte sie.

»Ja, da gibt es jemanden. Er heißt Silvan.«

Pia notierte die Telefonnummer mit Schweizer Vorwahl, dann sah sie zu, wie Fiona in den zweiten Krankenwagen verladen wurde.

»Was ist mit Ihnen?« Der Notarzt blieb vor ihr stehen. »Ihre Kopfwunde hat ganz ordentlich geblutet.«

»Da kümmere ich mich drum. Später.«

»Müssen Sie selbst wissen.« Er zuckte die Schultern.

Pia ging zu Bodenstein, Dr. Harding und der Kriminaldirektorin, die auf sie gewartet hatten.

»Kommt, Leute.« Bodenstein stieß sich von der Wand ab, an der er gelehnt hatte. »Lasst uns von hier verschwinden.«

»Hört sich gut an.« Pia lächelte matt. »Irgendwie hab ich jetzt Hunger.«

»Oh ja, ich auch!«, sagte Dr. Harding. »Ein ordentliches Steak wäre jetzt genau das Richtige.«

Sie gingen die Kellerfahrstraße entlang Richtung Ausgang. Da bremste ein VW-Bus neben ihnen. Jens Hasselbach lehnte sich aus dem Fenster.

»Taxi gefällig?«

»Sehr gerne.« Pia grinste und kletterte auf den Beifahrersitz. »Danke für deine Hilfe, Jens. Ohne euch hätten wir den Kerl nicht gekriegt.«

»Kein Problem«, erwiderte Hasselbach bescheiden. »Das Einzige, was mich wurmt, ist, dass ich nicht an diesen Raum gedacht habe.«

Tag 13

Sonntag, 30. April 2017

Es war Mitternacht, als sie die SoKo-Zentrale der RKI betraten. Kai Ostermann, Cem Altunay, Tariq Omari, Christian Kröger und Staatsanwalt Rosenthal hatten auf sie gewartet und machten sich jetzt heißhungrig über die Burger her, die sie unterwegs geholt hatten. Frau Dr. Engel lehnte einen späten Imbiss ab und ging hoch in ihr Büro.

Pia wusch sich ausgiebig die Hände und schluckte zwei Schmerztabletten. Morgen würde Zeit genug sein, zum Arzt zu gehen.

Der Staatsanwalt berichtete, dass Joachim Vogt unter strengster Bewachung in ein Krankenhaus eingeliefert worden war. Nach der Versorgung der Schusswunde würde er in die JVA Frankfurt I gebracht und morgen früh dem Haftrichter vorgeführt werden.

Kai, der mit Christophs Schwiegersohn Lukas van den Berg telefoniert hatte, wusste, dass alle Computersysteme am Frankfurter Flughafen wieder funktionierten, sodass der Flugbetrieb am nächsten Morgen wiederaufgenommen werden konnte.

»Vogt war in allem, was er getan hat, konsequent«, sagte Kai. »Nur bei seinem Virus nicht. Er hat es nicht übers Herz gebracht, sein Lebenswerk zu zerstören.«

»Und das war unser Glück.« Bodenstein, der kein Fan von Fast Food war, betrachtete den Burger in seiner Hand skeptisch. »Hätte der Stromausfall angedauert, dann wäre er uns entwischt.«

»Jetzt beiß schon rein, oder brauchst du Messer und Gabel?«, sagte Kröger kauend. »Wir haben übrigens alle Trophäen zweifelsfrei den Opfern zuordnen können. Vogt hat alles akribisch dokumentiert: Die Verkleidungen, die er benutzt hat, die Informationen über die Ablageorte der Leichen – sogar die Korrespondenz mit seinen ersten Opfern hat er aufgehoben. Im Kühlschrank haben wir mehrere Fläschchen GHB gefunden.«

»K. o.-Tropfen?«, fragte Tariq. »Aber natürlich! Damit hat er seine Opfer sicherlich ausgeknockt. Erst der Elektroschocker, dann eine Portion GHB in einem Getränk, und schon konnte er mit ihnen machen, was er wollte.«

Pia tupfte sich den Mund ab und trank ihre Coke Zero aus.

»Was für eine Tragödie das ist«, sagte sie nachdenklich. »Zehn Frauen mussten sterben. Dazu all der Schmerz, die Trauer und die jahrelange Ungewissheit der Angehörigen. Und das nur, weil Vogts Mutter nicht den Mumm hatte, ihrem Mann die Wahrheit zu sagen.«

»Warum hatte sie ihrem Mann bloß nichts von dem Jungen erzählt?«, fragte Cem sich.

»Weil Menschen in ihrem Leben viele falsche Entscheidungen treffen«, antwortete Dr. Harding. »Allerdings haben sie nur selten solch gravierende Folgen wie in diesem Fall.«

Die Runde verfiel in Schweigen. Die letzten Tage waren für alle anstrengend gewesen. Und obwohl sie einen der schlimmsten Serienmörder der deutschen Kriminalgeschichte dingfest gemacht und zehn ungeklärte Mordfälle gelöst hatten, war niemandem nach Feiern zumute.

»So, Leute. Ich geh jetzt noch eine rauchen und dann fahre ich nach Hause.« Pia stand auf und streckte sich. Die Tabletten hatten ihre Kopfschmerzen auf ein erträgliches Maß reduziert. »Den Bericht schreibe ich morgen.«

»Warte, ich komme mit.« Bodenstein erhob sich ebenfalls. »Ohne mich kannst du sowieso nicht rauchen, es sei denn, du hast dir mittlerweile mal eigene Zigaretten besorgt.«

***

Sie saßen nebeneinander auf der Treppe vor dem Hintereingang und rauchten schweigend. Die Luft war mild und erfüllt vom Duft der Zierkirschen, die in den benachbarten Gärten in voller Blüte standen. Der Frühling hatte Einzug gehalten, die Natur explodierte nach den verregneten letzten Wochen.

»Glaubst du, Vogt wollte Kim und Fiona bis zum Muttertag gefangen halten?«, fragte Pia.

»Kann schon sein«, erwiderte Bodenstein. »Allerdings waren sie in einer so schlechten körperlichen Verfassung, dass sie wohl kaum noch zwei Wochen durchgehalten hätten.«

»Sie waren beide völlig dehydriert, sagte der Notarzt.« Pia nickte.

»Er hatte ihnen Wasserflaschen hingestellt«, bemerkte Bodenstein. »Ich bin gespannt, was das Labor herausfindet. Es würde mich nicht wundern, wenn er sie mit K.o.-Tropfen präpariert hätte, um sie auf diese Weise gefügig zu halten.«

»Zehn Morde hat er auf dem Gewissen.« Pia drückte ihre Zigarette auf der Treppenstufe aus.

»Elf«, verbesserte Bodenstein sie. »Claas Reker geht auch auf sein Konto.«

»Was für ein krankes Monster.« Pia schauderte. »Und wie schlau er es angestellt hat, dass der Verdacht auf alle anderen fiel, nur nicht auf ihn!«

»Er wusste über seine Pflegebrüder genau Bescheid. Er kannte die Gebiete, in denen Lindemann unterwegs war. Er wusste, wo Doll nach Autos geschaut hat. Genau dort hat er die Leichen abgelegt.«

»Die Geschichte vom Hundezwinger!« Pia schüttelte den Kopf. »Ich habe sie ihm voll abgenommen.«

»Dr. Harding meint, er habe sich seinen Kick nicht nur durch die Morde selbst geholt, sondern schon durch die Planung«, sagte Bodenstein. »Wir können froh sein, dass wir ihn als Berater hatten.«

»Und wir können froh sein, dass die Engel so gut schießen kann.« Pia betastete vorsichtig die blutverkrustete Wunde an ihrem Kopf.

»Ach!« Bodenstein warf ihr einen erstaunten Blick zu. »Sie sagte mir, du hättest geschossen!«

»Nee, sie hat meine Dienstwaffe benutzt und den Drecksack aus mindestens dreißig Metern Entfernung über den Haufen geschossen. Wieso sagt sie dir, dass ich geschossen hätte?« Pia war verwirrt.

»Keine Ahnung.« Bodenstein gähnte. »Sie war schon auf der Polizeischule damals die Beste. Und bei der Scharfschützenausbildung auch.«

»In was ist die Frau eigentlich nicht gut?« Pia gähnte. »Garantiert hat sie einfach keinen Bock auf den ganzen Schreibkram und hat mir deswegen …«

Sie brach ab, denn hinter ihnen ging die Tür auf.

»Ostermann sagte mir, dass ich Sie hier finde.« Die Kriminaldirektorin hatte sich eine Jacke übergezogen. »Sie und Ihr Team haben einen wirklich guten Job gemacht. Das soll ich Ihnen auch vom Polizeipräsidenten und vom Innenminister ausrichten.«

»Danke.« Bodenstein, dessen gute Erziehung ihm verbot sitzen zu bleiben, wenn eine Dame stand, erhob sich von der Treppenstufe. Pia rührte sich nicht. Ihr ging durch den Kopf, was die Kriminaldirektorin zu ihr gesagt hatte. *Von mir bekommen Sie keine Rückendeckung, wenn Ihr Hasardspiel schiefgeht.*

»Lass Frau Sander und mich mal kurz allein«, sagte Nicola Engel zu Bodenstein.

»Okay.«

»Kannst du mir noch eine Zigarette dalassen?«, bat Pia ihren Chef.

»Behalt ruhig das Päckchen.« Bodenstein reichte es ihr. »Wir sehen uns morgen früh. Gute Nacht!«

»Gute Nacht«, erwiderte Pia.

Die Kriminaldirektorin wartete, bis die Glastür hinter Bodenstein ins Schloss gefallen war, dann setzte sie sich neben sie, griff nach den Zigaretten und zündete sich eine an.

»Ich wollte mich bei Ihnen entschuldigen«, sagte sie ohne Pia anzusehen. »Es war nicht in Ordnung, wie ich Sie neulich angegangen bin.«

Pia traute ihren Ohren nicht.

»Ich habe meine schlechte Laune an Ihnen ausgelassen und das war unfair.«

»Ist schon in Ordnung«, erwiderte Pia. »Im Eifer des Gefechts rutschen einem manchmal Sachen raus, die man gar nicht sagen will.«

»Das mag stimmen, aber so war es nicht.« Die Kriminaldirektorin wandte sich ihr zu. »Sie hatten recht: Kims Verhalten hatte mich sehr verletzt, und das war der Grund für meine Gereiztheit. Sie konnten gar nichts dafür.«

»Hm«, machte Pia nur, weil sie nicht wusste, was sie darauf antworten sollte.

»Ich schätze Sie sehr, Frau Sander«, fuhr Frau Dr. Engel fort. »Sie sind eine sehr gute Polizistin. Sie haben einen gesunden Menschenverstand und ein gutes Gefühl für das, was richtig und was falsch ist. Kim ...« Sie machte eine kurze Pause und seufzte. »Kim wollte nie, dass wir Sie und Ihren Mann einladen. Oder gemeinsam zu Ihnen gehen. Im Nachhinein verstehe ich ihre Beweggründe. Sie hatte wohl einfach Angst davor, durchschaut zu werden. Es gibt ja wirklich genug, was sie uns verschwiegen hat.«

»Können Sie ihr das verzeihen?«, fragte Pia.

Die Kriminaldirektorin dachte einen Moment nach.

»Nein«, antwortete sie schließlich. »Nein, ich glaube, das kann ich nicht. Ich kann ihr auch nicht mehr vertrauen. Was ist mit Ihnen? Können Sie Ihrer Schwester verzeihen, dass sie Ihnen nichts von ihrer Tochter erzählt hat?«

»Ich weiß es nicht«, erwiderte Pia ehrlich. »Ich hatte in den letzten Tagen wahnsinnige Angst um Kim. Um die kleine Schwester, die ich früher immer beschützt habe. Als ich sie eben gesehen habe, habe ich gemerkt, dass sich in mir drin etwas verändert hat. Ich denke, es liegt an ihr, ob ich es schaffe, ihr zu verzeihen. Allerdings freue ich mich darauf, meine neue Nichte kennenzulernen. Fiona ist sehr sympathisch.«

»Hoffentlich ist Vogt nicht ihr Vater!«, schnaubte Frau Dr. Engel. »Das wäre eine entsetzliche Bürde!«

»Ich glaube nicht«, antwortete Pia. »Sie sieht Fridtjof Reifenrath ähnlich. Die gleiche Mundpartie. Die gleichen blauen Augen.«

Eine Weile saßen sie schweigend da. Pia gähnte.

»Ich muss nach Hause«, sagte sie und stand auf. »Ich bin todmüde.«

»Ja, ich auch. Es waren ein paar lange Tage.« Dr. Nicola Engel drückte die Zigarette aus. »Gehen Sie morgen erst mal zum Arzt. Nicht dass Sie eine Gehirnerschütterung haben, so, wie Sie mit dem Kopf gegen die Wand geknallt sind.«

Sie standen sich gegenüber und sahen sich an. Plötzlich hielt die Kriminaldirektorin Pia ihre rechte Hand hin.

»Wir sind zwar keine Schwägerinnen mehr, aber … ich bin Nicola.«

Pia starrte ihre Chefin entgeistert an.

»Ist das jetzt Ihr Ernst oder habe ich vielleicht echt eine Gehirnerschütterung?«, fragte sie, als sie sich von ihrer Überraschung erholt hatte.

»Was ist jetzt?« Nicola Engel lächelte. »Warten Sie darauf, dass mir der Arm einschläft?«

»Das würde ich niemals wagen.« Pia grinste und ergriff ihre Hand. »Ich bin Pia.«

»Alles klar.« Die Kriminaldirektorin legte die Hand auf die Türklinke, doch dann fiel ihr noch etwas ein. Pia rechnete mit der Anweisung, in der Öffentlichkeit oder vor Kollegen das förmliche Sie beizubehalten.

»Wo ist eigentlich mein Kaschmirpullover abgeblieben?«, fragte ihre Chefin stattdessen.

»Was für ein Kaschmirpullover?«, fragte Pia verwirrt.

»Der, den ich dir vorhin im Tunnel gegeben habe.«

»Oh, das war Ihr … äh … dein Pullover?« Pia versuchte, sich daran zu erinnern, was sie damit gemacht hatte. »Ich fürchte, ich habe ihn da unten liegen lassen. Tut mir leid.«

»Na ja, gibt Schlimmeres.« Nicola Engel zuckte die Schultern. »Dann gute Nacht. Und fahr morgen ins Krankenhaus, bevor du hier auftauchst.«

»Mach ich.« Pia lächelte. »Dir auch eine gute Nacht.«

Sie blickte ihrer Chefin nach, die den Flur entlangging und im Treppenhaus verschwand. Pia widerstand der Versuchung, Bodenstein anzurufen und ihm diese Geschichte zu erzählen. Sie betrat das Gebäude und ging durch die leeren Flure zur SoKo-Zentrale, um ihre Tasche und ihre Jacke zu holen.

Der Raum war menschenleer, sogar Kai hatte Feierabend gemacht. Pia zog ihre Jacke an und hängte sich die Tasche über die Schulter. Ihr Blick glitt über die Whiteboards. Der Fall war geklärt. Die Beweise für Joachim Vogts Schuld waren erdrückend. Gleich morgen früh würde sie die Eltern von Nora Bartels anrufen, damit für sie nach 36 Jahren die Ungewissheit ein Ende hatte. Auch die Familie von Magalie Beauchamp würde endlich erfahren, was ihrer Tochter zugestoßen war. In Augenblicken wie diesen wusste Pia, wofür sie ihren Job machte.

Sie stieß einen tiefen Seufzer aus, dann drückte sie auf den Schalter und löschte das Licht.

»Gute Nacht, Pia!«, wünschte der PvD, als sie durch die Sicherheitsschleuse ging.

»Gute Nacht, Tommy!«, erwiderte sie.

Sie öffnete die Tür und trat hinaus in die Dunkelheit.

ENDE

Liste der Zitate und zur Recherche verwendeten Texte:

»Die Psychopathen unter uns« von Joe Navarro, mvg-Verlag, ISBN 978-3-86882-3

»Rechtsmedizin« von Dettmeyer, Schütz, Verhoff, 2. Auflage, Springer-Verlag, ISBN 978-3-642-55021-8

»Killerinstinkt« von Stephan Harbort, Ullstein-Verlag, ISBN 978-3-548-37477-2

»Kindheit ohne Gewissen« von Frank Thadeusz, Spiegel Online, 48/2012

Thomas Müller, Berliner zeitung vom 29. 12. 1999

»Gestörter Kreislauf« Artikel aus SPIEGEL Nr. 34/1998 vom 17. 8. 1998

»Die Logik der Tat« von Alexander Horn, Knaur-Verlag, ISBN 978-3-426-78660-4

Danksagung

Fast anderthalb Jahre hat es gedauert, bis aus der ersten Idee ein ganzer Roman geworden ist. Viele Menschen haben mich in dieser Zeit unterstützt, mir bei der Recherche geholfen, mit mir über den Plot diskutiert und mich angespornt, wenn ich vor lauter Bäumen den Wald nicht mehr gesehen habe. All diesen Menschen gilt mein Dank, allen voran meiner wunderbaren Agentin Andrea Wildgruber, der ich dieses Buch widme. Meiner großartigen Lektorin Marion Vazquez, für ihre Geduld, ihre Fähigkeit, mich zu motivieren, und ihr einfühlsames Lektorat.

Meiner Schwester Camilla Altvater, die den Text in jeder Phase sorgfältig gelesen, korrigiert und konstruktiv begleitet hat. Meiner Schwester Claudia Cohen und meiner Freundin Simone Jakobi für das Probelesen.

Herrn Kriminalhauptkommissar Lars Elsebach für ausführliche und hilfreiche Informationen rund um die Arbeit der Kriminalpolizei.

Herrn Prof. Dr. Verhoff, dem Leiter des Instituts für Rechtsmedizin der Goethe Universität Frankfurt am Main, für die Beantwortung meiner Fragen auf dem Gebiet der Rechtsmedizin.

Herrn Dr. Stefan Schulte von der Fraport AG, der es mir ermöglicht hat, den Frankfurter Flughafen besser kennenzulernen, und seinen Mitarbeitern, die mir einzigartige Einblicke hinter die Kulissen und in die »Unterwelt« des Flughafens geboten haben: Herrn Dr. Ulrich Kipper, Frau Andrea Schneider, Frau Silke Lange, Frau Marita Roth, Herrn Michael Tschöp und Herrn Falko Klein, die mir den Raum unter der Kellerfahrstraße gezeigt haben, Herrn Michael Pötz, Herrn Horst Müller, Herrn Ralf Gaßmann und allen anderen Mitarbeitern von Fraport, die dazu beigetragen haben, dass ich den Flughafen gut darstellen konnte.

Ich danke Denise Straumann für das Schwyzerdütsche.

Danke an Marcus Gonska, der mir exakt geschildert hat, wie Piloten beim Landeanflug im Cockpit kommunizieren.

Mein Dank gilt Jürgen Pohl, dem ich das richtige Wording im Bezug auf die IT verdanke.

Außerdem danke ich Christine Henrici und Murat Özbek, die dafür gesorgt haben, dass mein Rücken das lange Sitzen am Schreibtisch gut durchgehalten hat.

Natürlich danke ich allen, die mir nach einem Aufruf bei Facebook großzügig ihre Namen zur Verfügung gestellt haben und damit einverstanden waren, dass ich sie in diesem Roman verwende.

Und wie immer gilt mein größter Dank meinem Mann Matthias, der mir den Rücken freigehalten hat, damit ich in Ruhe schreiben konnte, der mich bekocht und unterstützt hat und mir wieder ein großartiger und außerordentlich geduldiger Sparringspartner war.

Bad Soden, im September 2018
Nele Neuhaus